大月市
中央道
中央本線
三ツ峠山
西桂町
富士急行線
都留市
河口湖
道志村
道
志
川
北口本宮
冨士浅間大社
忍野村
山北町
山中湖村
山中湖
富士吉田市
神奈川県
東富士五湖道路
籠坂峠
小山町
富士山
宝永山
酒
匂
川
御殿場市
南足柄市
印野胎内
金時山
明神ケ岳
小田原市
駒門風穴
越前岳
箱根町
裾野市
箱根新道
芦ノ湖
愛鷹山
御殿場線
箱根峠
長泉町
沼津市
湯河原町
東名高速
三島市
東海道本線
函南町
熱海市
柿田川
三嶋大社
相模湾
狩野川
0
5
10 km
139
413
138
246
469
1

富士山を知る事典

富士学会企画　渡邊定元・佐野充 編

日外アソシエーツ

（１）富士山の写真と撮影スポット（本文p300〜314）

御坂峠（村松茂貴撮影）

櫛形山林道（鎌田高明撮影）

河口湖・春（村松茂貴撮影）

忍野村・冬（星野和雄撮影）

（2）ダイヤモンド富士とパール富士　（松田巧撮影、本文p315〜316）

写真1　茅ケ崎市南湖付近から見たダイヤモンド富士

写真2　ダブルダイヤモンド富士

写真3 御殿場から見たパール富士

写真4 横浜みなとみらいから見たパール富士

（３）浮世絵と富士山（本文p289〜295）

『冨嶽三十六景　甲州三坂水面』（大判錦絵　渡邉木版画舗蔵）

『冨嶽三十六景　五百らかん寺さゞゐ堂』（大判錦絵　渡邉木版画舗蔵）

（４）切手になった富士山 （本文p296～297）

図１ 図２ 図３

図４ 図５

図６ 図７

図８ 図９ 図１０

（5）富士山の土地利用図（本文p235, 549〜559）

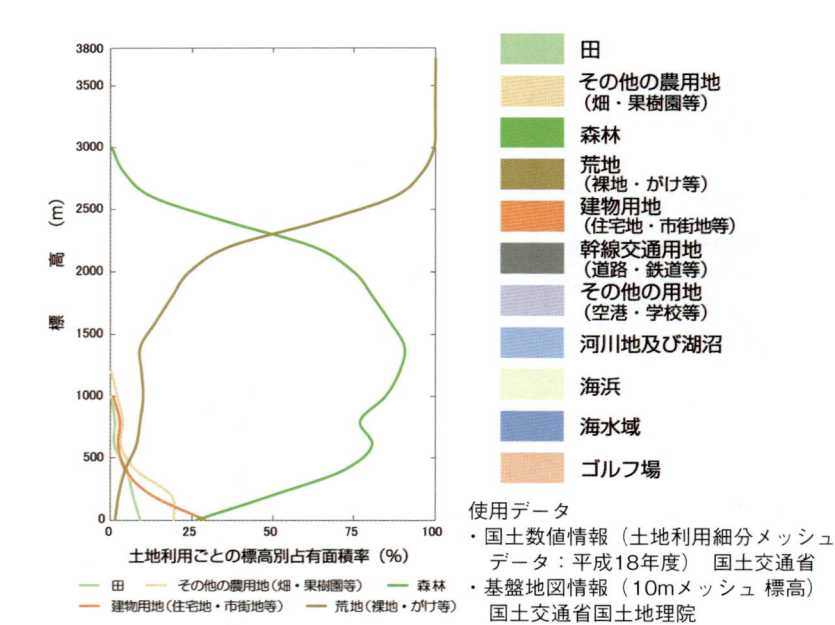

凡例：
- 田
- その他の農用地（畑・果樹園等）
- 森林
- 荒地（裸地・がけ等）
- 建物用地（住宅地・市街地等）
- 幹線交通用地（道路・鉄道等）
- その他の用地（空港・学校等）
- 河川地及び湖沼
- 海浜
- 海水域
- ゴルフ場

土地利用ごとの標高別占有面積率（％）

使用データ
・国土数値情報（土地利用細分メッシュデータ：平成18年度）　国土交通省
・基盤地図情報（10mメッシュ 標高）
　国土交通省国土地理院

『富士山を知る事典』発刊に寄せて

富士学会会長　吉田　榮夫

　富士山は、申すまでもなく我が国の最高峰であり、周辺の景観を含めたその秀麗な姿、国の中心ともいえる位置など多くの卓抜した特徴を備え、古来尊崇敬愛の念を集め、日本人であれば誰しも知らざることのない名山で在り続けた。私事にわたり恐縮であるが、筆者が小学校に入学して間もなくの頃、初めて描く稚拙な絵の画題に選んだのが「富士山」であった。現実に見たかどうか模糊としているが、幼い頭にも強く焼き付いていたのである。我々の心に育まれた富士山への憧憬は日本各地に見られる「見立て富士」に、さらには外国の火山にも富士になぞらえる姿を求めてきた。かくて、我が国の象徴としての富士は、我が国のみならず国外のひとびとからも、古くから認識されており、その世界の山岳における特別な地位を改めて、想うのである。

　富士山をめぐってはさまざまな活動が行われてきた。古くからの宗教・芸術・史学など文化の広い領域、農林水産、そして近代科学の導入による学術・技術面からの活動が富士山を対象として、また場として行われてきた。近時、富士山を取り巻く環境の変貌を憂慮し、あるいはその価値をさらに高めるべく、多様なグループがそれぞれの目的を掲げて、活発な活動を行う趨勢にある。平成14年（2002）、富士学の樹立と育成に向けて、学問の諸専門分野の枠を超えて富士山の研究を推進し、地域の発展から国際的文化交流にいたるまでの幅広い社会的貢献をも果たすべく、富士学会が設立された。爾来10年にわたり、初代富士学会会長（現名誉会長）西川治先生始め多くの方々が、その目的達成に向けて努力を重ねてこられた。そしてこの度、富士学会企画、渡邊定元博士・佐野充博士編集による本書が刊行される運びとなった。

　「富士山を知る事典」は、"読む事典"として富士学会の目的達成に資するとともに、前述のさまざまな活動にとっても、また、広く一般の富士山に関する興味や疑問に応えるものとして準備された。火山としての

富士山から、動植物、河川や湧水、文学・信仰・芸術など文化への影響、防災・地域づくり、観光開発と環境保全、日本のシンボルとしての富士山像までの100項目にわたり、60名を超える多様な場で活躍する諸分野の専門家が解説・執筆した。本書がこれまでにない読みごたえのある"読む事典"として、広く活用されることを期待したい。
 終わりに本書の上梓に当たり、ご尽力された各位に深く感謝の意を表したい。

日本の至宝―富士山

中曽根 康弘

　富士山は卓越した容姿の霊峰として古来より日本人の文化や精神面に深大な影響を及ぼしてきました。不尽・不二・不死・福慈・普慈などの山名から判るように、日本人の誰しもが富士山に対する畏敬の念を抱き、それは国民的アイデンティティとなっております。私は多感な青春時代を富士山のある街で過ごしました。フジイバラを模した校章の学舎で、歴史・文学・民族・宗教・芸術などの社会科学から、地質・地形・火山・気象・水文・生物などの自然科学まで富士山の全体像についての多くを学び、また、富士山の自然や文化に直接ふれることによって、私のアイデンティティの形成に深く関わってきたものと信じております。

　富士山における人間活動は時代とともに変化してきました。国家鎮護としての祈りは浅間大社の歴史と共に現代に受け継がれ、芸術としての感動は万葉の時代から現代絵画まで多岐にわたって文化の質を高めています。そして、二十世紀の高度経済成長は、私たちの自然に接する心にゆがみを生み、環境と開発との調和を図るための対応が要求されます。次世代に富士山の自然と文化遺産を遺し伝えていくことが大切となりました。ここに富士山の自然、文化、生活環境などの現状を明らかにし、日本の宝から世界の宝に向けて持続的に発展を期す立場があります。富士山の実態を常に明らかにするための科学的な探求が私たちの課題であります。

　二十一世紀は心の時代と言われています。富士山は日本国のシンボルとして私たちひとり一人の心をとらえ、信仰や芸術の源泉となっています。この立場から世界文化遺産登録にむけての国民運動は、日本人が心を一にして成し遂げる大事業であります。富士山を科学的な目線で捉え、市民にわかりやすく、親しみやすいハンドブック的な事典は、国民運動を皆のものに拡げるのに役立ちます。手軽に本書を開いて知識を深め、世界文化遺産登録運動の輪が広がることを願ってやみません。

凡　例

1) 本書は、日本のシンボルとして世界に知られる「富士山」を多角的・総合的に知るための解説事典である。

2) 全体構成は以下の通り。
   本文
   　　第1章　富士山の自然
   　　第2章　富士山の文化
   　　第3章　富士山の地理とまちづくり
   　　第4章　富士登山と観光
   　　第5章　富士山と日本
   資料編　　富士山キーワード／参考資料一覧
   索引

3) 本文は全5章で構成する。各章はさらに地形、動植物、文学、信仰、芸術、地理、防災、観光などの全14分野に分け、扉を付した。
   その下で、69のテーマ項目を設け、各テーマの専門家が詳しく解説した。
   また、32のコラムでは、身近な取り組み・話題などを簡潔に紹介した。

4) 資料編「富士山キーワード」では、最近のテーマ、文化財・イベント・博物館などの情報をまとめた。「参考資料一覧」では、富士山をさらに詳しく知るための参考文献300点、関連Web17サイトを一覧にした。

5) 索引では、地名、人名、文献・作品名、動植物名など、1000件のキーワードから本文項目を引くことができる。

6) 口絵（巻頭）には5テーマのカラー図版を掲載し、それぞれ関連する本文項目のページを示した。

7) 見返し（表・裏の表紙内側）には富士山周辺の地理がわかる地図2点を掲載した。

8) 巻末には、本文項目の執筆者一覧を掲載した。

目　次

　　口絵　（1）富士山の写真と撮影スポット
　　　　　（2）ダイヤモンド富士とパール富士
　　　　　（3）浮世絵と富士山
　　　　　（4）切手になった富士山
　　　　　（5）富士山の土地利用図
　　『富士山を知る事典』発刊に寄せて（吉田　榮夫）
　　日本の至宝－富士山（中曽根　康弘）
　　凡例

第1章　富士山の自然

1.1　富士山の地形　　　　　　　　　　　　　　　　　　　　　　　1
　　火山としての富士山　　　　　　　　　　　荒牧　重雄　　2
　　Column　世界の山と富士山　　　　　　　　吉田　榮夫　　14
　　宝永噴火と宝永山　　　　　　　　　　　　宮地　直道　　15
　　大沢崩れと砂防事業　　　　　　　　　　　三輪　賢志　　22
　　富士五湖の形成と富士山の火山活動　　　遠藤　邦彦・千葉　達朗　　32
　　雪代と雪代災害　　　　　　　　　　　　　安間　荘　　42
　　富士山麓の風穴・氷穴　　　　　　　　　　本多　力　　53
　　自然公園としての富士山　　　　　　　　　荒牧　重雄　　61
　　Column　熔岩樹型　　　　　　　　　　　　立原　弘　　64
　　Column　富士山の火砕流で蒸し焼きになった森　北垣　俊明　　65

1.2　富士山の動植物　　　　　　　　　　　　　　　　　　　　　　67
　　富士山の森林植生　　　　　　　　　　　　渡邊　定元　　68
　　富士山に生育する高山植物のルーツ　　　　渡邊　定元　　79
　　富士山の永久凍土と植物　　　　　　　　　増澤　武弘　　84
　　青木ケ原樹林　　　　　　　　　　　　　　中村　俊彦　　87
　　富士山の動物　　　　　　　　　　　　　　中村　司　　93
　　富士山の野生ニホンザル—分布の変遷　　　吉田　洋　　101

富士山へのライチョウ移植とその後	中村　司	105
Column　変わりゆく富士山のチョウ	清　邦彦	107

1.3 富士山の水　　　　　　　　　　　　　　　　　　　　　　　109

富士山の湧水	土　隆一	110
富士山周辺の河川	高橋　裕	121
富士山の水環境—水資源と水利用—	北川　光雄	130
富士五湖	大八木　英夫	135
Column　富士山北麓の湧水!?	大八木　英夫	149
Column　柿田川の湧水と自然環境の保全	漆畑　信昭	150

第2章　富士山の文化

2.1 富士山と文学　　　　　　　　　　　　　　　　　　　　　151

富士山の民話・伝承	渡井　正二	152
古典に見る富士山の噴火	伊藤　和明	161
能「富士山」	山口　桂三郎	170
富士山北麓の富士山民話	土橋　寿	173
江戸時代の川柳に詠まれた富士山	粕谷　宏紀	185
Column　富士山と文学	井原　博之	192
Column　富士宮の民話—富士の巻狩りと伝説—	渡井　正二	193

2.2 富士山信仰　　　　　　　　　　　　　　　　　　　　　　195

富士登拝の歴史	堀内　眞	196
富士山と仏教信仰	若林　淳之	203
富士山と浅間信仰	伊藤　昌光	215
山岳宗教としての富士山	時枝　務	220
富士と修験と自然保護—神・仏・神仙を習合した修験道の自然守護—	長野　覺	229
江戸の富士講	堀内　眞	237
富士の人穴	伊藤　昌光	244
富士信仰にみる赫夜姫(かぐやひめ)	植松　章八	249

大我講と四尾連湖の尾碕龍王碑	大寄 赳彦	269
Column　流鏑馬	渡井 正二	272
Column　考古学的な視点から見た富士浅間宮	渡井 英誉	273
Column　富士参詣曼荼羅図にみる富士登拝	大高 康正	274
Column　富士塚	荻野 裕子	275
Column　富士の人穴草子	小山 一成	276
Column　富士五山	榎木 境道	277

2.3 富士山と芸術　　279

絵画に描かれた富士―北斎と広重を中心として―	山口 桂三郎	280
浮世絵と富士山	松沼 延幸	289
切手になった富士山	中川 章	296
Column　身近な富士山―銭湯と富士山の絵	山登 一輝	298
富士山の写真と撮影スポット	村松 茂貴	300
ダイヤモンド富士とパール富士	松田 巧	315

2.4 見立て富士　　317

日本全国の見立て富士	竹林 征三	318
Column　全国ふるさと富士サミット	竹林 征三	331
Column　日本最南端の見立て富士	羽田 麻美	332
Column　世界の見立て富士	藤田 直晴	334

第3章　富士山の地理とまちづくり

3.1 富士山の地理　　335

富士山と名前の物語―呼称から地名へ―	竹林 征三	336
浅間と浅間	田中 絵里子	351
富士山の可視域―4000万人が見る山―	田中 圭	353
Column　富士山見えるかな??	大八木 英夫	363
Column　米軍が撮影した富士山の空中写真	小林 政能	364
基盤地図情報からみる富士山と周辺地域	沼尻 治樹	366
古地図の中の富士山	正井 泰夫	369
Column　伊能図に描かれた富士山	田中 圭	373

3.2 富士山の防災　375
宝永噴火と暮らし　若林 淳之　376
富士山のライブカメラ　遠藤 邦彦　388
富士山の防災―ハザードマップに残された課題―　遠藤 邦彦　390
Column　宇宙からみた富士山　田中 總太郎　403

3.3 富士山を活かした地域づくり　405
「富士山の日」と「ふじのくに」―地域ブランド・富士山―　佐野 充　406
Column　朝霧高原と酪農　望月 啓司　410
Column　ご当地ナンバー「富士山」　沼尻 治樹　411
富士伊豆さくら街道・桜道　藪崎 武彦　413
富士北麓のサクラの名所　杉本 悠樹　421
ぐるり富士山食べ歩き―食による地域おこし―　渡邊 定元　424
富士北麓の風土と生活　中村 章彦　434

第4章　富士登山と観光

4.1 富士山と交通　437
富士山周辺の鉄道整備　高橋 悠　438
ぐるり・富士山風景街道　土 隆一　450
Column　車窓の富士山　高橋 悠　453
富士山の道路整備と環境対策　田中 絵里子　454
Column　吉田口登山道の調査と整備　布施 光敏　458
富士山周辺の道の駅　新井 貴之　459

4.2 富士登山　465
富士山観光登山4ルート　佐野 充　466
村山古道の歴史と保全　畠堀 操八　469
富士登山の問題と改善提案―山小屋・トイレ・案内看板など―　佐野 充・田中 絵里子　481
富士山頂お鉢めぐり　佐野 充　491
Column　富士登山競走と富士登山駅伝　畠山 輝雄　496

4.3　富士山の観光開発と環境保全		497
国立公園としての富士山	田中　絵里子	498
科学的・学術的説明看板設置活動	荒牧　重雄・佐野　充	501
文化財としての火山洞窟	佐野　充	505
富士山の環境保全	渡邊　定元	511
富士山の世界遺産登録運動	佐野　充	517
Column　世界文化遺産登録・認定	編集部	523
Column　「富士山の日」いろいろ	沼尻　治樹	524

第5章　富士山と日本

5　日本の風景・富士山		**525**
日本人のアイデンティティ・富士山	竹谷　靱負	526
日本の風景像—アンケート調査から—	田中　絵里子・佐野　充	535
幕末における外国人の富士登山と日本人の対応	宮崎　ふみ子	539
Column　筑波山と富士山	沼尻　治樹	544
Column　中国人からみた日本の象徴—富士山	陳　晶	545
Column　富士山と桜	肖　潜輝・陳　晶	547
富士山の文化的景観と文明的景観	渡邊　定元	549
資料編　富士山キーワード		560
資料編　参考資料一覧		568
索引		580
あとがき	渡邊　定元	594
執筆者一覧		595
世界文化遺産「富士山」		
－地球の宝ものを未来に伝えるために－	佐野　充	598
見返し（表）　富士山周辺地図（地図作成：田中　圭）		
見返し（裏）　富士山の登山道（地図作成：田中　圭）		
カバー写真（望月　久）		

1.1

富士山の地形

第1章 富士山の自然

火山としての富士山

荒牧 重雄

1. 富士山は成層火山

火山としての富士山は成層火山のタイプに入る。その特徴として、溶岩流と火砕物が交互に重なる、ほぼ円錐形の山体、中央山頂部に噴火口がある、溶岩流出と爆発的噴火を繰り返した、日本で最高（3776m）・最大（約300km^3）の火山、などが挙げられる。火砕物とは破片状になった火山岩で、溶岩流が流れてそのまま固まり、それが砕けたものである。溶岩流が流れ出す、爆発的な噴火で火砕物が噴出す、この繰り返しを何千回と重ねて、富士山は形づくられた。

図1 成層火山

成層火山のモデルは、溶岩流と火砕物が何層にも重なり、中央に下からマグマが上がってくる道がある、というものである（図1）。実際の火山の形は、稜線が均一で優美な山体もあれば、侵食が少し進んでギザギザになった豪快で凄みのある山体もある。数多くの富士山型の火山の中でも、富士山は、両者がちょうど

図2 マヨン火山

図3 富士山

図4 富士山（宝永山）

うまくミックスしているのではないだろうか。これが日本人の心の機微に触れて、精神的に感動を与えているといえる。私は個人的には、この凄みのある美しさというものに一番惹かれる。

実際の火山の形を見てみよう。フィリピンのマヨン火山（図2）は成層火山の優等生ともいえるもので、頻繁に噴火を続けて、一番若く成長が早い火山である。広く親しまれている富士山（図3）も似たような意味で優美にも見え、多くの絵画に描かれ、写真に撮られている。富士山の中でも宝永山（図4）に注目すると、ちょっと均整が外れてイレギュラーになり、趣が深まる。こうした姿はその昔の芸術家をインスパイアし、非常に多くの絵が描かれている。

2. 斜面が上に凹

富士山で注目したい点は、斜面が常に上に凹（おう）だということである。山頂付近は急傾斜、山麓付近は緩傾斜、中腹つまり真ん中が中傾斜である山を、上に凹という（図5）。逆に、上に凸（とつ）という山もあり、これはドームといわれる。これは、火山学的には非常に重要な意味を持つ。成層火山の多くは上に凹である。これに対し、溶岩ドームといわれている非常に小さな火山は、上に凸の場合が多い。これは、実際の火山活動の種類のちがいを表している。

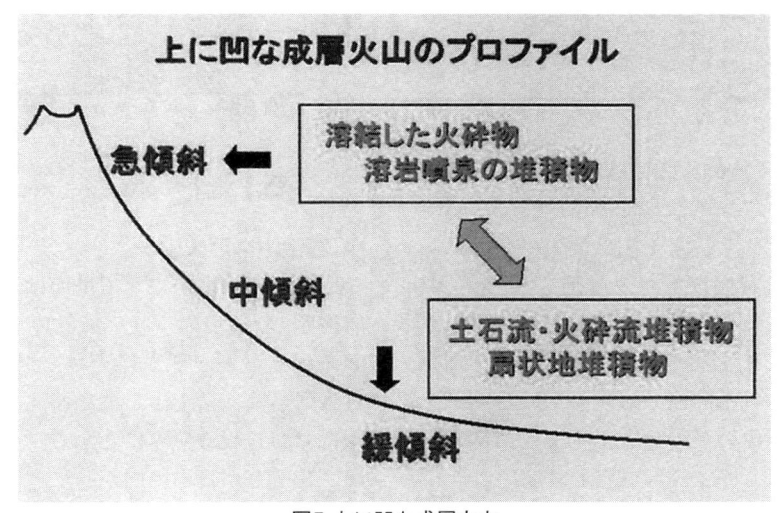

図5 上に凹な成層火山

1.1 富士山の地形　　　　　　　　　　　　　　　　　　　　　　　　　　第1章

富士山が上に凹である理由は次のように考えられる。山頂付近が急傾斜であるのは、溶結した火砕物があるためである。溶結とは、温度が高いうちに、溶岩のしぶきがべたべたとくっついてしまった状態をいう。溶岩噴泉の堆積物とも言い換えられる。昔、山頂の大火口から、非常に大きな花火ともいえる、摂氏1000度以上の真っ赤な灼熱した噴水が吹き上がり、落ちてきた。灼熱しているのでべたべたとくっつき、急斜面を形成する。それに比べて、中腹の辺りは、溶結はしないが、ばらばらの火山弾、火山の岩が転がってくる。さらに麓に下がると、土石流、火砕流堆積物、扇状地堆積物といったもので構成されている。こういういくつもの違った営力が漸移してくることで、このような上に凹の成層火山を作ったのだと考えられている。

3. 平均的火山ではない

グラフの横軸に体積、縦軸に頻度をとると、富士山は最大であるから一番右側にあたる（図6）。溶岩の組成（化学成分）でみると、いわゆる玄武岩と言われているものになる。日本列島で噴火しているマグマの組成の頻度分布を見ると、富士山は低い方の端に位置する（図7）。このことから、富士山は日本を象徴する火山と言えるかもしれないが、平均的な火山とは言えないということがわかる。火山学、火山研究の立場では、これを留意しておく必要がある。詳しく調べていくと、富士山は、日本列島の平均的な火山ではないということがはっきりしてきた。

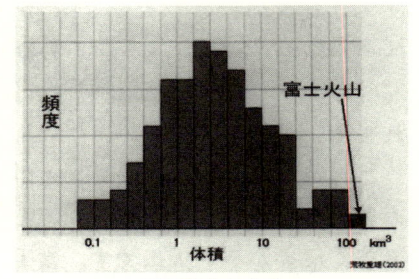

図6 火山の分布

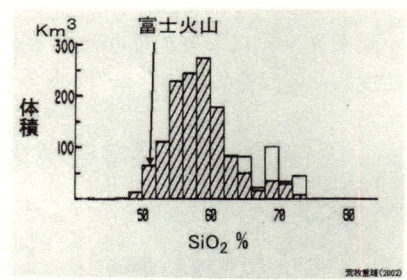

図7 二酸化ケイ素の割合

4. 富士山は活火山

地球上で火山ができる場所は、発散境界、収斂境界（収束境界）、ホットスポットの3種類に分けられる。日本列島は、富士山を含め、沈み込み帯である収斂境界にあたる。太平洋プレートが日本に向かってどんどん押し寄せている。日本列島そのも

のは、西側のユーラシア大陸に乗っている。つまり、日本列島が衝突の境になっている。海の水を掻き出して考えると、海溝は斜めに下に沈みこんでいくところがある。

そして、ある深さではマグマが発生する。周知の通り、太平洋プレートが沈み込むと摩擦で大地震が起き、マグマも発生する。地震と火山は切っても切れない縁がある。

昭和57年（1982）に『富士山大爆発―運命の1983年9月×日』という衝撃的な題名の本が出版された。当時、私は、富士山の研究をしておらず、この本を全く知らなかった。しかし大変な反響をよび、富士山への観光客が激減し、観光産業に大きな打撃を与えたという、悪夢のような事件が起きた。

平成12年（2000）から翌年にかけて、低周波地震、ゆっくり振動する珍しいタイプの地震が、月に200回起きるなど多発した。これは初めてのケースであった。とは言っても、低周波地震を正確に観測することは最近30年位しかできていないため、それ以前に起こっていたかどうかは分からない。分かる範囲では、富士山の真下に集中して起きている。震源は富士山直下15km辺りを中心として、平成12年（2000）10月頃から急激に起きている。11月と、翌年4月から5月にかけての2回のピークがあった。

このことからも、富士山は活火山であることがわかる。活火山は活動状況によって3つのランクに分けられる。Aランクは、過去100年に数回またはそれ以上の噴火があった火山で、13火山。Bランクは、数年から数十年に1回の割合で噴火や群発地震があった火山で、36火山。Cランクは、過去100年に噴火はしていないが、噴煙などの活動は観測されている火山で、37火山ある。富士山はBランクに入る。

低周波地震の群発はマスコミでも取りあげられ、噴火するかもしれないという話も出て世間を騒がせていた。平成13年（2001）7月には国が動き、富士山ハザードマップ作成協議会が発足した。

富士山の周辺には、地形的に富士山に直接関係している住民が70万人位いる。それに加えて、一時滞在人口、つまり観光客、登山客、別荘客という人々が年間3000万人位いる。これは大変な数で、富士山が噴火したときには、こうした人々が大きな影響を受ける。

昔を振り返ると、300年前、宝永4年（1707）に宝永噴火が起きた。その時に降った火山灰の降灰域には、神奈川県は全域、東京都の一番

1.1 富士山の地形　　　　　　　　　　　　　　　　　　　　　　　　　　　　第1章

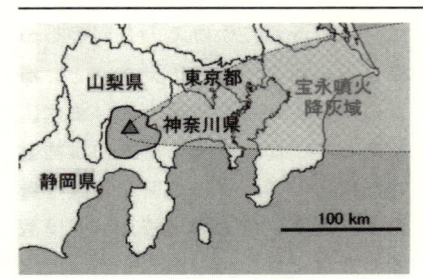

図8 宝永噴火降灰域

の主部、中心部もかなり含まれる（図8）。こうして、神奈川県、静岡県、山梨県、東京都の4都県が集まり、国が力を貸して大噴火に備える調査・研究が始まった。

5. 溶岩流への備え

火山の噴火で一番分かりやすいのは、溶岩が噴出して、噴水のごとく上がる爆発的噴火である。爆発的噴火は、ハワイ式、ストロンボリ式、ブルカノ式、プリニー式に大きく分けられる（図9）。ハワイ式からプリニー式への順に、噴火の規模が大きくなり、激しさが増していく。

では富士山はどうだろうか。富士山では小さな噴火が数多くあって、たまに宝永噴火のような大規模噴火が起きた。そして非常に多量の溶岩流を流している。溶岩流のタイプも色々と分かれている、富士山は三つのタイプの要素を持っている。

ハワイの火山の新しい溶岩流を調べると、端で厚さが20cm位の薄さである。こういう非常にさらさらと流れやすい溶岩も、富士山では流し

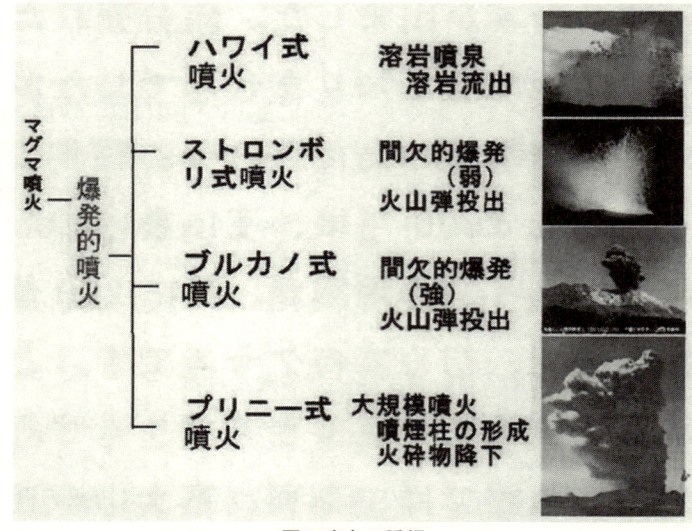

図9 噴火の種類

-6-

出している。

　溶岩流が出たらどうやって逃げればよいだろうか？　それは非常に簡単で、あわてないで歩いて逃げればよい。溶岩流の流れる速度は非常に遅い。人がゆっくり歩くより遅い場合もあるから、十分に逃げられる。しかし、ぐずぐずして囲まれないことが重要。実際に起きると、高をくくって見に行く人がある。溶岩流は枝分かれするから、うっかりすると囲まれてしまい、外へ出られなくなる。そして、火口の位置をよく確認し、地形をよくみて溶岩が流れてくる谷筋を確かめること、必要な防災措置をとることが大切となる。

　北富士演習場では、実際に溶岩流が流れてきたらその方向を変えられないか、ということで溝を掘って訓練を行った。その結果、下流に非常に大事な建物があった場合には難を逃れることができることがわかった。これは非常に積極的な発想で、このような大掛かりなことをしているのは日本だけだと思われる。

6. 火砕流の怖さ

　火砕流は怖い。火砕流は高温の火砕物の破片やその混合物である。石の塊や粉が、秒速20mから100m、暴風雨の速さで来る。噴火が始まってから逃げても間に合わない。温度も数百度以上で、つかまれば確実に死んでしまう。雲仙普賢岳では44名の方が亡くなった。流れてくる様子を見ても、煙がもくもくと盛り上がり非常に恐ろしい。

　富士山は玄武岩火山であるから火砕流はない、と考えられていた。しかし最近の調査で、過去に火砕流を何回も発生していることが分かった。幸いなことに火砕流は遠くまでは行かない。発生の頻度も、千年か二千年か三千年に一度という程度である。

　富士山ではまれに巨大な山体崩壊が起こっている。2万年間で3,4回起き、一番新しいものが2900年位前であった。江戸時代の宝永噴火では、もくもくとした煙の柱が何万メートルと上がり、風下に軽石と火山灰を降らせた。

7. 火山ガスの可能性

　三宅島の例で知られるように、火山ガスも怖い。富士山で気をつけなくてはならないのは、二酸化硫黄である。浅間山の例では、硫黄を含んだガスが、空気より重いために地表を這って流れてきた。そのため、青々とした林が枯れて茶色に一変してしまった。しかし結論を言えば、富士山ではこのようなガスの被害は少ないと考えられている。

8. 警戒すべき加害現象

富士山で警戒すべき加害現象をまとめると、噴石（火山弾）、火砕物（軽石・火山灰）降下、溶岩流、火砕流・火砕サージ、土石流・泥流、岩屑なだれ（山体崩壊）、火山ガス・噴煙などが上げられる（図10）。中でも最も警戒すべき加害現象は3つある。まず火砕物降下。これはあまり頻繁には起きないが、起こると家が潰れるなど大きな被害が出る。次に溶岩流。これは頻繁に起きるが、ある意味では人命に危機をもたらすほどではない。そして土石流・泥流。これは頻繁に起きる。噴火には直接関係していないが、噴火の後に大雨が降ったりすると大きな被害をもたらし、注意が必要である。

二番目に警戒すべきランクとしては、火山弾が飛んでくるような噴火口の傍や、火砕流の起こるところ、山体崩壊などがある。

9. 新富士1万年の噴火史

富士山の成り立ちを見てみよう（図11）。山中湖から見ると、複雑に出っ張っているこぶが見える。向かって右のこぶが小御岳、左側が宝永山である。小御岳山は、富士山ではないが、40万年から20万年位まで活動していた。破壊され、浸食されて、でこぼこになり、その上に、10万年前から1万年位前まで古富士火山が活動していた。その上に、新富士がある。これは1万年以後と比較的新しい火山である。このように、富士山の内部構造は複雑だが、うまく積み重なっているので、単純な形

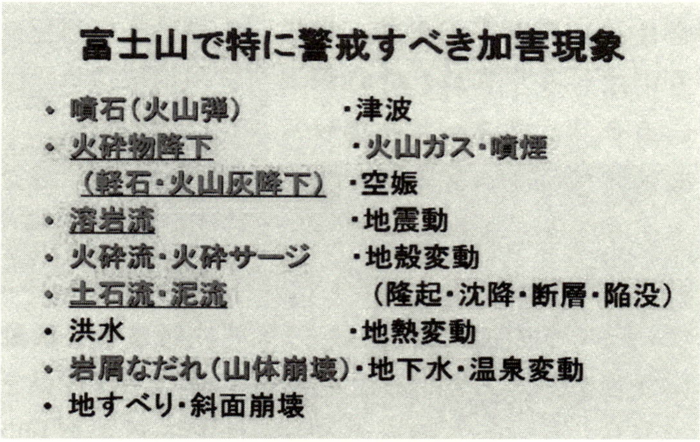

富士山で特に警戒すべき加害現象

- 噴石（火山弾）
- <u>火砕物降下</u>
  （軽石・火山灰降下）
- <u>溶岩流</u>
- 火砕流・火砕サージ
- <u>土石流・泥流</u>
- 洪水
- 岩屑なだれ（山体崩壊）
- 地すべり・斜面崩壊
- 津波
- 火山ガス・噴煙
- 空娠
- 地震動
- 地殻変動
  （隆起・沈降・断層・陥没）
- 地熱変動
- 地下水・温泉変動

図10 富士山の加害現象

火山としての富士山

図11 富士山の成り立ち
新富士 1−0万年
古富士 10−1万年
小御岳 70−20万年

に見えないこともない。

　新富士火山の1万年間の活動を詳しく見ると、色々なことがわかる。富士山は、山頂噴火口を中心とした実に見事な円錐形をしている。下が古く、上が新しい、段々と噴出物が積み重なっていく、と考えられる。1万年の間には巨大な噴火があった。山頂噴火口からどんどん噴出さない限り、このような見事な形にはならない。ところが最近2000年間は、五合目、四合目、一合目、あるいはもっと下から噴いている。これは山腹噴火である。2000年もの間、山頂噴火口は活動していない。さらに言うと、最近300年間は1回の噴火すらしていない。1万年間の新富士の活動の中でも、最近2000年はそういう特徴がある。これがまず重要である。

　もし、これから噴火するときはどうなるか。過去で一番新しい時期の噴火を繰り返す可能性が高いと考えられる。そうすると、2000年以来の山腹噴火を手本にする必要がある。確率的に言えば、山腹で小さな噴火が起きる可能性が大きい。災害予測のハザードマップを作る上では、それが基本的な考え方になる。

　1万年という期間は、ふつうの火山の歴史の中では非常に短い。大型火山の年齢は、数万年から数十万年、長いものでは百万年以上ある。1万年という非常に短い期間にも関わらず、新富士はあのような見事な山体を作っている。これは、平均よりもずば抜けて成長が早い。つまり火山学的には、大きな噴火が頻繁にあったと言える。このように長い目で見

−9−

ると、いつ噴いてもおかしくないということになる。

　これに対して、人間の一生というのは100年もない。世代交代は30年である。これと1万年とは桁違い。ある意味で、自然災害、防災の難しさがここにある。千年に一回、三千年に一回起きる、それが大噴火である。そのことを一般市民、また登山客にどうやって伝達するか。確率論で、人間の一生よりも遥かに長い、一桁も二桁も多いものについて、どういうリスクアセスメントをするのか、非常に困難な問題になる。私は特に良い解決策を持っていない。

10. ハザードマップ

　富士山の噴火口を全部地図に表すと、密集している地域が北西－南東に伸びている。したがって、次の噴火もこの地域の中で起こる確率が高いだろうといえる。北西－南東は、太平洋プレートが押している方向にあたる。簡単に言えば、地殻上部での広域応力場の方向が、北西－南東に押し、圧縮の方向になる。それに平行して割れ目ができる。要するに、地下に大きな潜在割れ目があると考えられる。それを使ってマグマが上がってくる。実際に穴を掘って確認したわけではないが、現在の火山学者のコンセンサスはこのようになっている。

　噴火が起きる場所を仮定としてコンピュータに入力し、溶岩流が3時間でここまで、24時間でここまで流れてくる、ということをシミュレーションする。ハザードマップではこの到達時間の違いが、赤は3時間以内、黄色は24時間以内、緑が48時間以内、のように色別に示されている。これを地元の方にポンと渡しても、なかなか分かりにくい。もう少し分かりやすい図を書きたいのだが、なかなかうまくいかない。見る側も、これを見て、一概に自分の家が危険だ、などと思わないで欲しい。様々に考えて、安全ケースを取ったものであり、しかも方向性を全て入れているので、それぞれの個々の噴火に対応できているとは言えない。

　また、科学学説としては、ヒストグラムの真ん中がノーマル、平均的な現象となる。ハザードマップはきわめて確率の低い部分を強調している。私はこの点に大きな抵抗を感じる。防災の立場から言えば、最も危ないものを想定しないと、お年寄りのような災害弱者が避難するのは、健常者とは違って困難になることはたしかだが。

　火砕流はどうか。幸いなことに、過去の火砕流は、人が住んでいる場所より遥か上の方で止まっている。

次の噴火でも人が住んでいるところまで絶対に来ないという保障はできないが、確率的にはそうなっている。逆に言えば、そういう自然現象を積み上げているから、人間の叡智で、昔から、山の近くには集落がなかったとも言える。それが今ではどうだろうか。開発といいながら、山の上に登って行き、ゴルフ場や別荘などが次々と建設されている。現在では人間の側が、危険性の高いところにどんどん行ってしまっている、といえるのではないだろうか。

ハザードマップに示された内容の一部を紹介した。防災担当者の間では、これを使って、事前避難を一次、二次、三次とどのように分けて行くか、を議論している。

ハザードマップについては、別項にまとめられているので、参照していただきたい。

11. 富士山研究の今

火山としての富士山には、低周波地震の噴火騒ぎのおかげで、数億円の研究費が投入された。数億円というのは、通常の火山研究費の数年から十年分に相当する。その成果があり、富士山が火山学的に飛躍的に分かってきた。富士山が多岐にわたる複雑な活動をしてきたことが分かった点では、評価されることだと思われる。

「剗の海（せのうみ）」が精進湖と西湖に分かれた貞観溶岩流（青木ヶ原溶岩流）の研究では、最先端の技術を使ってボーリング調査が行われ、非常に細かい地形図が作られ、溶岩流の流れがよく分かるようになった。これによって、小御岳の下に別の火山があるということも分かった。

このように、数億円を使ったボーリング調査、ハイテクの地震計の導入などによって、富士山は非常によく監視されている火山の一つになった。詳しい化学分析、人工地震を使って地下の地震の波の速さを見る実験なども行われている。

東海地震が起こると富士山が噴火するのではないか、とよく質問を受ける。東海地震では富士山は震度6になる。そうなると、地下のマグマが反応して、それが引き金となり噴火するのではないかというおそれである。過去にはっきりとした噴火の例は少ない。その中で地震と噴火が時間的に連動したのではないかと考えられる例が一つ、宝永噴火がある。先に宝永の大地震とよばれるかなり巨大な地震が起きた。その五十何日か後に起きたのが、宝永噴火であった。

12. 火山の災害と恩恵

　一番条件が悪い中で宝永噴火規模の噴火が始まると、どれくらいの被害が出るのだろうか。幸いなことに、人命の被害はゼロに近いと思われる。金銭的被害は、2兆5千億円位と予想される（図12）。これは大きい被害なのだろうか。東海、東南海、南海の地震被害を合わせると死者2万5千人、100兆円といわれる。もう少し小さい地震として、東京都の直下型地震の試算があり、死者1万数千人、100兆円の被害とされている。統計的に言えば、自然災害の中で、火山災害は地震災害よりも遥かに小さいのある。

　火山災害の大きなものは、数百年か千年に一度である。それに比べ、台風や長雨などは頻繁に起きる。つまり、気象災害については、災害の学習能率が高く、学習成果を多くの人が持っている。しかし、火山災害はめったに自分で体感などできないから、イメージが作れない。このため防災が非常に難しいと言える。災害にも色々あり、「天災は忘れた頃にやってくる」と言われるが、火山災害は、忘れ去られた後にやってくる。

　一方で、日本の29の国立公園のうち21箇所、70％以上が火山地域にある。実は、美しい景観、温泉、地熱、肥沃な土壌、鉱物資源など、火山の恩恵は非常に多い。もし富士山がなかったら、これだけのお客さんは集められない。これは発想の転換

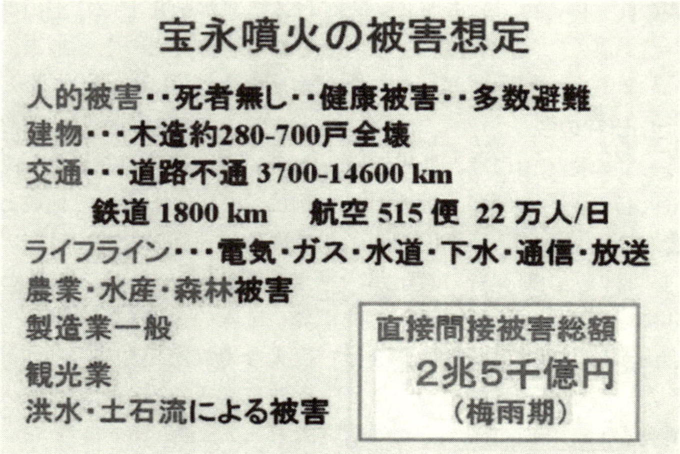

```
宝永噴火の被害想定

人的被害・・死者無し・・健康被害・・多数避難
建物・・・木造約280-700戸全壊
交通・・・道路不通 3700-14600 km
　　　　　鉄道 1800 km　　航空 515便 22万人/日
ライフライン・・・電気・ガス・水道・下水・通信・放送
農業・水産・森林被害
製造業一般　　　　　直接間接被害総額
観光業　　　　　　　2兆5千億円
洪水・土石流による被害　（梅雨期）
```

図12 噴火被害想定

である。マイナス面だけに注目するのは誤りで、火山があるということは、それだけで観光資産である。富士山は日本人の精神性の母体でもあると思われている。

近年、自然破壊についてよく言われる。今から3千年以上前、山頂からの大噴火があって、富士山が成長した。それを考えると、火山学者としては、今、富士山の表面を多少削ったとしても、それは大した自然破壊とは思えない。それより気になるのは景観である。大きな稲妻型のブルドーザー道路は、富士山山腹の景観破壊をしているのではないだろうか（図13）。実際、観光産業に関わる人は、景観を糧にしているのではないだろうか。今後、こうした道がどんどん際立ってくるのではないか、という恐れがある。それは、観光産業にとっても利益にならないと私は考えている。

＊本項は第3回富士学会研究発表会（2005）における発表をもとにまとめた。

図13 稲妻型の道路

> **Column**
>
> ## 世界の山と富士山
>
> 　「山」とはなにか。「山」とは「地表の個々の突起部をいい…」と百科事典にあり、高度や規模などでは規定されず、さまざまな高さのものや位置、それらを支配する成因がある。人々の歴史や認識も「山」を規定する要因であろう。多様な「世界の山」との対比での「富士山」をどう考えるか。非火山の山は、地殻が隆起し、その高まりが侵食を受けて解体される過程で生まれる。多くは山々の連なりである山脈を構成して存在している。一方、火山がそれらの山と異なるのは、なによりもまず、山をつくっている火山は侵食による解体ではなく、噴火による噴出物の堆積による建設でつくられるということであろう。そして、噴火の様式、それらと密接に関連するマグマの成分などによって、いくつかに区分できる構造と形態をもつ火山をつくる。溶岩円頂丘や成層火山、あるいは噴火による大きな凹みに着目したカルデラなどである。解体が進めば例えば妙義山のように火山とは呼べなくなる。非火山の山では、形態から針峰とか釣鐘山とか呼ぶことはあるが、火山のような分類はない。陸上の帯状の火山分布はプレートテクトニクスの説くところによれば、プレートの衝突に関連して生まれるので、新期造山帯と重なる。個々の火山は地下深くのマグマ溜りからのマグマの上昇でつくられるが、それは地殻の微妙な割目と関連するようだ。マグマの通り道、火道は、大きな複成火山の繰り返される噴火をみると、物理的な説明があっても、どのようにして長い間保持されるのかと不思議な気もする。
>
> 　そこで、富士山を考えてみると、同じような秀麗な断面曲線を描く成層火山は世界にかなりあるが、日本列島の生成と関係が深いプレートの交わるところ、日本列島の要のような中央に近い三重点といわれる絶妙な位置にあることが、なによりも特徴的かつ象徴的に思える。そして、非火山性の山にめったにない、海岸線に接して独立峰として聳える姿は、類なき秀抜な山として、世界に誇れるものと想うのである。
>
> 　　　　　　　　　　　　　　　　　　　　　　　　　　吉田　栄夫

宝永噴火と宝永山

宮地 直道

　宝永噴火は宝永4年（1707）に富士山南東斜面で発生した富士山最新の噴火で、噴出した約0.7km³の火山灰は南関東一帯を覆った。また、噴火の最中に地下のマグマが地表近くの古富士火山の噴出物を押しあげて宝永山と呼ばれる地形的な高まりを形成した。

　富士山は歴史時代に少なくとも10回噴火し、その最新の噴火が宝永4年のいわゆる宝永噴火である。富士山の歴史時代の噴火の多くは古代に発生したため、噴火記録は乏しくその詳細は明かではない。これに対して江戸時代に発生した宝永噴火は、江戸が降灰により被災し、また小田原藩領を中心とする富士山麓での被害が激甚であったため、江戸の武士、儒学者や被災域の復興にあたった武士、名主らにより噴火の状況や被災、復興の様子が多くの文書や絵画資料に記録された（小山，2006）。

　これらの資料によれば宝永噴火は前兆地震に続く大噴火の後、約2週間にわたり断続的に噴火が続き、富士山の東麓はもとより江戸を含む南関東一円に多量の火山灰をもたらした。噴火の約2ケ月前にあたる宝永4年10月4日（1707年10月28日）、東海地方はマグニチュード8.7の宝永地震に襲われ、建物の倒壊や津波により多数の犠牲者が出た。富士火山南東麓の現在の静岡県裾野市須山の記録によれば、この地震の後、富士山の山中では1日に10～20回の有感地震が発生した。11月22日（西暦12月15日）午後からは富士山麓でも体に感じる群発地震が始まり、同日夜からはさらに広い範囲で地震が感じられるようになった。11月23日（西暦12月16日）の午前中には2度の大地震があり、2度目の地震直後の午前10～12時頃、富士山南東斜面の森林限界付近から噴火が始まった。最初はすさまじい音とともに黒雲が火口上空に立ち上り、火口から約10km以内の範囲には、直径20～30cmの軽石の塊が落下した。軽石の噴出は午後4時頃まで続いた。その後、噴火はいったん収束したものの夜に入り再開し、火口からは火柱が上がり火山弾や黒色のスポンジ状破片からなるスコリアが噴出した。噴火は11月24日（西暦12月17日）の

1.1 富士山の地形　　　　　　　　　　　　　　　　　　　　第1章

朝6〜7時頃少し治まったものの、同日の夕方前から活発化し、11月27日（西暦12月20日）の朝までに山麓には直径数cmのスコリア質の火山礫を、江戸には粟粒大の黒色の火山砂を降らせた。同日の朝以降は小規模な噴火が断続的に続いた。噴火活動は12月2日（西暦12月25日）の午後3時頃に再び活発化し、やや規模の大きな噴火が12月4日（西暦12月27日）の夜半まで続き、江戸では噴火開始以来、この日まで断続的に降

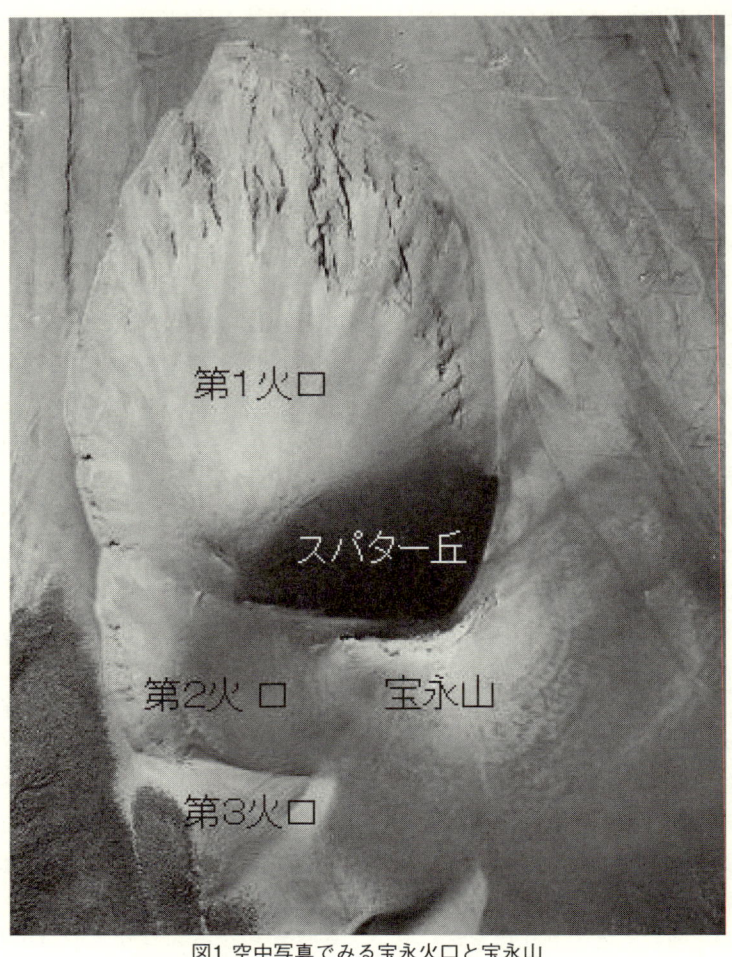

図1　空中写真でみる宝永火口と宝永山
国土地理院撮影のカラー空中写真CCB-75-17を使用。

宝永噴火と宝永山

図2 宝永第1火口南西縁より見た宝永山
2005年宮地撮影.

灰した。その後、噴火活動はしだいに終息にむかい、31日に麓から火山弾が噴出する様子を見えたのを最後に噴出物の放出は終了し、12月9日（1708年1月1日）未明（午前4時頃）の爆発音を最後に一連の噴火は終了した。

噴火後、富士山の南東斜面には宝永火口と呼ばれる3つの火口群と宝永山と呼ばれる地形的高まりが作られた。宝永火口は山頂側から宝永第1, 2, 3火口と呼ばれ、第1火口は直径約1kmで最大である。宝永第2, 3火口は宝永山により火口の縁が変形され、宝永山は宝永第1火口により山体の一部が破壊されていることから、宝永第2, 3火口、宝永山、宝永第1火口の順番で形成されたことが分かる（図1）。宝永第1火口の底にはマグマの飛沫であるスパターが積み重なったスパター丘がある。このスパター丘は最末期の噴火活動により、その北東側の半分が破壊され失われている。また、沼津市から噴火の様子を複数の絵図で描写した土屋家絵図には、噴火前には無かった宝永山が噴火終了後に確認された様子が描かれている。

宝永山は約1万年前よりも古い時代の富士火山である古富士火山の噴出物からなる。現在、宝永山は東～南東側の斜面が崩壊して崖となり、その断面には約1～2万年前の古富士火山末期の噴出物が露出している（図2）。この噴出物は風化した赤褐色のスコリア礫を主体とするため、この崖を遠方から見るとやや赤色に見える。このため宝永山南東側

-17-

1.1 富士山の地形

の崖は「赤岩」とも呼ばれる。赤岩の崖には複数の断層が認められ、これらの断層は宝永山を作る古富士の山体の一部が宝永噴火の際に地下からも隆起した際に形成されたと考えられる（Tsuya, 1955）。

　宝永噴火では軽石やスコリアなどのスポンジ状の固体破片がガス成分とともにない高い噴煙柱を作り上空の偏西風に流されて富士火山の東側に拡散した。このような固体破片のうち火口近傍には直径64mm以上の火山岩塊が、山麓部には直径64〜2mmの火山礫が、火山から遠方の地域には直径2mm以下の火山灰が堆積する。そして、このような固体破片状の火山噴出物は「テフラ」と呼ばれる。テフラはギリシャ語で「灰」を意味する。またテフラの中でも特に風に運ばれて拡散して堆積したものを降下テフラと呼ぶ。宝永噴火の噴出物はすべて降下テフラであり、その噴出量は0.7 km^{3}と見積もられている。この量は最近約1万年間に富士火山から噴出した降下テフラの中では最も大きい。富士火山の過去の噴火では0.02km^{3}以下の小規模な噴火が多く、火山灰や火山礫などのテフラとともに溶岩流を伴う場合も多いため、宝永噴火のような

規模の大きなテフラを噴出するような爆発的噴火は例外的であった。また、宝永噴火ではスコリアが多数放出されたことから、宝永噴火のテフラは「宝永スコリア」とも呼ばれる（町田, 1964）。ただし、宝永噴火では最初期に白色のスポンジ状の固体破片である軽石が噴出した。富士火山は玄武岩と呼ばれる黒色の溶岩やスコリアの噴出が一般的で、一時的とはいえ軽石が噴出された例は極めて稀である。その意味でも宝永噴火は富士火山の噴火の中では特異な噴火であった。宝永スコリア層は火口から離れるに従い層厚やそこに含まれる軽石やスコリアの粒径は指数関数的に減少する（図3；富士山ハザードマップ検討委員会, 2002）。ただし、遠方ほど拡散面積は増加するため、例えば層厚が8cm以上の範囲は神奈川県全域の面積を上回る

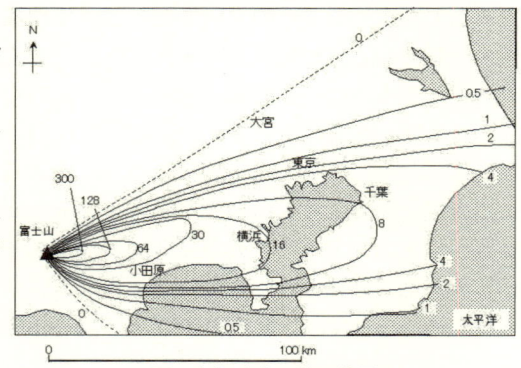

図3 宝永噴火の降下物層
富士山ハザードマップ検討委員会, 2002。

3,500km²に及ぶ。

　宝永スコリア層は見かけ上、4層に大分することができ、下位から上位に向けてHo-Ⅰ～Ⅳと呼ばれる（図4；宮地，1984）。このうちHo-Ⅰは最下部の気泡の多い粗粒な軽石層、Ho-Ⅱは緻密で角張った粗粒～中粒なスコリアが何層も重なった部分、Ho-Ⅲは気泡に乏しい細～中粒なスコリアが何層も重なった部分、Ho-Ⅳは気泡に富む中粒なスコリアが何層も重なった部分よりなる。異なる粒径からなるスコリア層が何層も重なっていることは、噴火が断続的に発生したり、この間に噴煙柱の高度が変化したりしたことを意味する。

　宝永スコリア層を構成する軽石やスコリアの化学組成は下位から上位に向けて変化することが知られている。すなわち、Ho-Ⅰはデイサイト質、Ho-Ⅱが安山岩質、Hp-ⅢとHo-Ⅳは玄武岩質である。このように宝永噴火では噴火初期から後期に向かい噴火を引き起こしたマグマの性質がケイ酸成分に富むデイサイト質マグマから、よりケイ酸成分に乏しい安山岩質、さらには玄武岩質へと変化した（藤井ほか，2002）。

　このような宝永スコリアの岩石化学的性質の変化は地下にデイサイト～安山岩質マグマと玄武岩質マグマが存在したため引き起こされたと考えられている（藤井ほか，2002）。すなわち、現在の宝永火口付近の地下には宝永噴火の直前に比較的低温なデイサイト～安山岩質マグマの塊が存在し、このマグマは下部の安山岩質な部分と上部のデイサイト質の部分に分かれていた。このデイサイト～安山岩質マグマの塊を地下から上昇してきたより高温の玄武岩質マグマの塊が包み込んだ。この結果、玄武岩質マグマの熱がデイサイト～安山岩質マグマに伝わり、デイサイト～安山岩質マグマの中で発泡が生

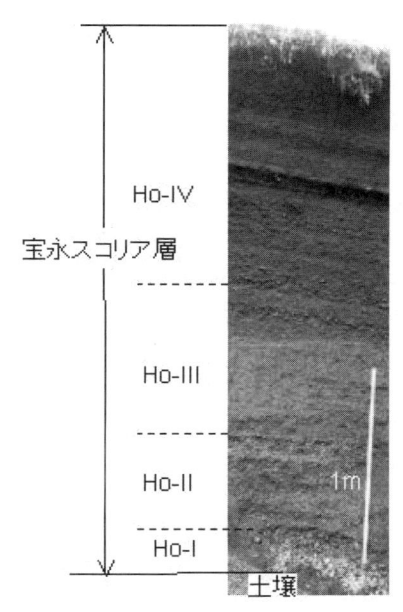

図4　富士山麓の宝永スコリア
富士山東麓、静岡県御殿場市一木塚（火口より12km東方）の宝永スコリア。2006年宮地撮影。

じて噴火が発生した。噴火の初期には上部のデイサイト質マグマの破片が噴出し（Ho-Ⅰ）、それに続いて下部の安山岩質マグマの破片が噴出した（Ho-Ⅱ）。そして最後に玄武岩質マグマの破片が噴出した（Ho-Ⅲ、Ⅳ）。ただし、富士火山の噴出物の大半は玄武岩質マグマの産物であるのに、なぜ宝永火口付近の地下にデイサイト～安山岩質マグマが存在していたかについてはさらに研究が必要である。なお、約3,000年前にやはり宝永火口付近より噴出した砂沢スコリアも宝永スコリアと同様、最初期にはデイサイト～安山岩質の軽石を噴出し、その後、玄武岩質のスコリアを噴出した。このことは宝永火口付近の地下にはデイサイト～安山岩質のマグマが存在する、ないしは形成されやすいことを示唆する。

宝永噴火では多量のテフラが噴出したため、これらにより様々な被害が発生したことが史料や噴火遺構の調査から解明されている（角谷ほか，2002）。史料によれば宝永スコリア層が2m以上の厚さで堆積した地区ではテフラの重みで家屋が倒壊した。また茶釜ほどの大きさの中空の軽石やスコリアの塊が落下して砕け内部から火を吹き出し、これがもとで火災が発生した村もある。例えば宝永火口の東方約10kmの現在の静岡県小山町須走では集落全体の家屋のうち37軒が焼失し、焼失を免れた残りの39軒も火山灰の重みで倒壊した（小山町，1998）。同じく宝永火口の東方約10kmの静岡県御殿場市滝ケ原の長坂遺跡は、宝永スコリアに埋積された農家の跡である。発掘の結果、農家の周囲には軽石が堆積し、スコリアは家屋内に堆積していた。このことは、噴火の初期には家屋の屋根は残っていたものの、その後のスコリアの重さで家屋は倒壊したものと思われる。また、この家屋からは多数の銭や貯蔵用の穀類が発見されており、住民は突然噴火に襲われたものと思われる。富士火山東麓では宝永スコリア層が概ね1m以上の厚さで堆積した。噴火前はこれらの地域の大半は農地であったが、噴火の40年後でも全体の60〜70％程度しか復旧が進まず、この結果、深刻な飢饉が長期間にわたり発生した。

富士火山から離れた地域でも河川に流入した宝永スコリアがもとになり長期間にわたり土石流や泥流が発生し家屋や農地を埋め立てた。このような火山噴火に伴う土石流や泥流はインドネシア語でラハールと呼ばれる。宝永スコリア起源のラハールによる被害は特に箱根火山の北縁から東縁に沿って流れる酒匂川

の下流域にあたる足柄平野で深刻であった。足柄平野では宝永噴火後、約100年間にわたり断続的に氾濫が続いたといわれている（角谷ほか，2002）。最近、当地域で行われた地質調査の結果、これらの氾濫に対応すると思われる複数のラハール堆積物が発見された（中村ほか，2007）。宝永噴火後のラハール被害が著しかったといわれる足柄平野北部の千津島地区（現南足柄市）では複数地点で地表下1～2mまでの深度に宝永スコリアを多数含む4層のラハール堆積物が確認された。これらの堆積物の分布域と史料データに基づくラハールの分布域との照合を行った結果、これらは1708年、1711年、1734年、1857年に発生したラハール堆積物であると推定された。このうち、1708年のラハールは分布や地層の特徴より最も規模が大きく、最初は流水が地表を侵食し、その後、次第に河川堆積物を含む宝永スコリアを主体とするラハールが農地や居住地一帯を埋め立てたと思われる。1734年には酒匂川の堤防が決壊してラハールが発生した。洪水が夜間に発生したこともあり、足柄平野全体では39名が犠牲となった。ラハール堆積物中に占める宝永スコリアの割合は1708年では70％であったが1857年では50％まで低下し、現河床の堆積物では10％と大幅に減少している。これは復興が進むとともに治山・治水事業が進展し、宝永噴火の噴出物の二次移動が低減したためと思われる。

参考文献

- 藤井敏嗣,吉本充宏,安田敦「富士火山の次の噴火を考える―宝永噴火の位置づけ」『月刊地球』24, 2002, p.617-621.
- 富士山ハザードマップ検討委員会『富士山ハザードマップ検討委員会中間報告書』2002, 59p
- 小山真人「史料に基づく宝永噴火の前兆と推移」『1707 富士山宝永噴火』中央防災会議災害教訓の継承に関する専門調査会, 2006, p.32-62.
- 町田洋「Tephrochronologyによる富士火山とその周辺地域の発達史（その1,2）」『地学雑誌』73, 1964, p.293-308,337-350.
- 宮地直道「富士火山1707年火砕物の降下に及ぼした風の影響」『火山』29, 1984, p.17-30.
- 中村翔太・宮地直道・萬年一剛・瀬戸良雄・大脇良夫・高橋正樹「足柄平野北・中部で確認された富士火山1707年噴火に伴うラハール堆積物」『日本地球惑星科学連合2007年大会予稿集』2007, V156-P019.
- 小山町「宝永の富士山噴火」『小山町史第7巻 近世通史編』1998, p.233-326.
- 角谷ひとみ・井上公夫・小山真人・冨田陽子「富士山宝永噴火（1707）後の土砂災害」『歴史地震』18, 2002, p.133-147.
- Tsuya,H"Geological and petrological studies of volcano Fuji（V）, On the 1707 eruption of volcano Fuji." *Bull. Earthq. Res. Inst.*, 33, 1955, p.341-383.

1.1 富士山の地形　　　　　　　　　　　　　　　　　　　　　　　　　　　　第1章

大沢崩れと砂防事業

三輪 賢志

　大沢崩れは、山頂直下から西斜面に広がる富士山最大の崩壊地であり、現在も崩壊が続いている（写真1）。

1. 大沢崩れと土石流

　大沢崩れは、谷地形が未発達で八百八沢と呼ばれるほど数多くの渓流が細長く放射状に存在する富士山の西斜面に広がる巨大な崩壊地であり、山頂剣ケ峰（けんがみね）の北方の標高3,730m付近から標高2,200m付近まで延長（水平距離）約2.1kmにわたり最大

写真1　大沢崩れ全景

大沢崩れと砂防事業

幅約500m、最大深さ約150m、面積約1km²の崩壊斜面となっている。全崩壊土量は7,500万m³と推定され、下流の標高900mから600mの山麓に広さ約5km²の大沢扇状地を発達させ、現在も膨大な土砂を生産し続けている。このような大規模な崩壊地ができるきっかけは大地震や大雨であることが多いが、大沢崩れが形成された原因と時期は明らかではない。

現在も続いている崩壊のメカニズムは、以下のように考えられる。源頭部の地質は脆いスコリア降下噴出物などの火山砕屑物と硬い溶岩が何層にも互層を形成しており、凍結融解や降雨・強風・乾燥等により溶岩の周りのやわらかい火山砕屑物が先ず流れだし、不安定となった溶岩部が次いで崩れはじめる。このような現象が厳冬期を除き常時継続・反復され崩壊が拡大していく。一方、大沢崩れを源とする大沢川（大沢扇状地の先端近くの大沢川橋で潤井川と名前を変え、富士宮市・富士市を流下して田子の浦港に注ぐ。）は、大沢川橋付近まで普段は流水が見られないが、しばしば土石流を発生させ下流域に土砂災害をもたらす渓流である（写真2）。

「山津波」「山抜け」とも呼ばれ、あまり知られていなかった「土石流」という言葉が新聞紙上に登場したのは、昭和42年（1967）9月に富士山北麓、西湖の北岸で発生した「足和田土石流災害」からである。土石流は主に山間地で突発的に発生し瞬時にすさまじい被害をもたらし、被災者のうち生存者が少ないため当時はその実像が不明な「幻」の現象であった。このような中で大沢川では、昭和47年（1972）に8ミリカメラによる土石流の映像撮影に成功し、土石流の実態に関わる非常に貴重な情報をもたらした。大規模な土石流がたびたび発生する大沢川は、「幻の土石流」の発生・流下・堆積等の機構解明に役立つデータを提供する場でもある。

大沢崩れで崩壊した土砂はすぐに下流

写真2 砂煙をあげ崩れている様子

1.1 富士山の地形　　　　　　　　　　　　　　　　　　　　　　　　　　　　　第1章

に流出せず、標高2,700～3,100mの渓床に一旦堆積する。これらがその後の豪雨、スラッシュ雪崩などをきっかけとして土石流化し流下すると考えられている。大沢源頭部に続く峡谷部は急峻で深く狭い谷底で、その下流は中流部～岩樋部（溶岩が長年の浸食作用によって下刻され岩が樋のような形状となった河道部）となる。源頭部で発生した土石流は流速を保ち、途中で氾濫・堆積をほとんどせずに扇状地まで一気に流下

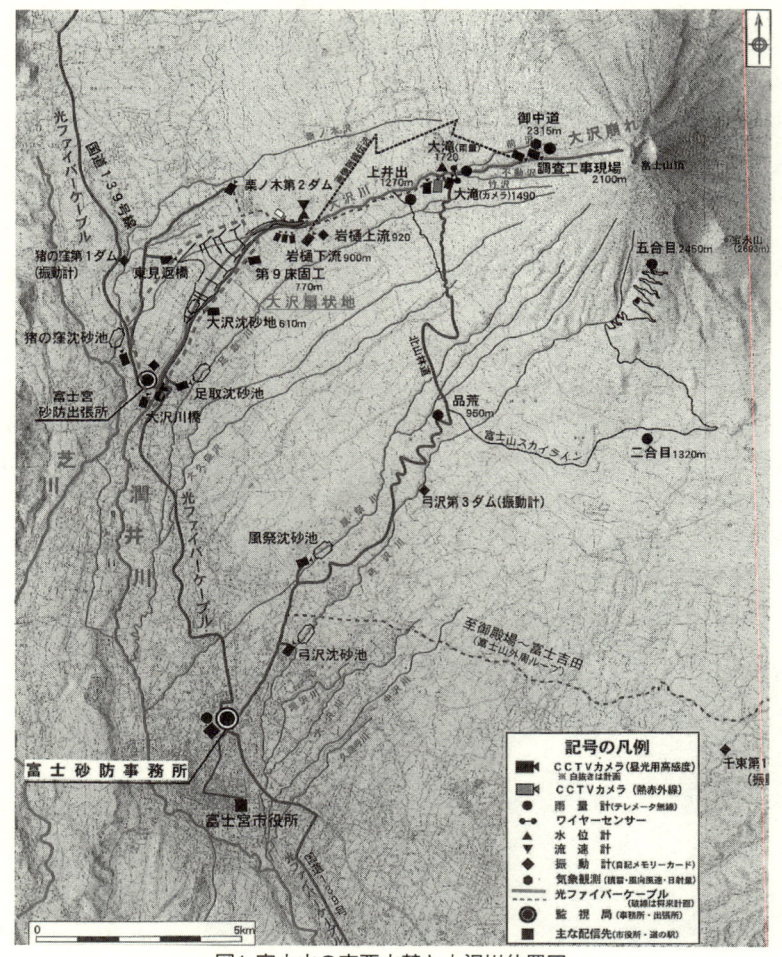

図1 富士山の南西山麓と大沢川位置図

大沢崩れと砂防事業

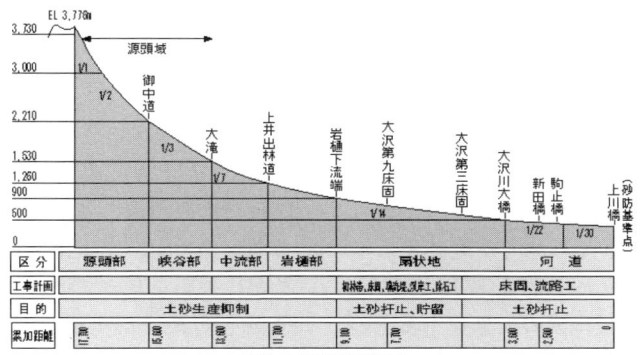

図2 大沢川縦断図

する。土石流の流下は、かつては扇状地の下流域にまで及び、田畑・家屋等に被害を与えながら堆積し、堆積した土砂は洪水流により再び下流へ運ばれ、潤井川の河床上昇、田子の浦の土砂堆積も引き起こし、沿川に甚大な被害を与えてきたが、昭和44年（1969）度から直轄砂防事業として大沢扇状地において大規模な砂防施設の整備が進み、昭和54年（1979）の災害以降は甚大な土砂災害の発生はない（図1、図2、表1）。

表1 土石流発生状況一覧

土石流発生年月日		河川名	気象要因	連続雨量(mm)	日雨量(mm)	最大時間雨量(mm)	流出土砂量(千m³)	流出形態
昭和47年(1972)	5月1日	大沢川	低気圧・融雪	168	144	26	250	土石流
	5月5日	大沢川	低気圧・融雪	139	129	22	300	土石流
	6月8日	大沢川	前線・融雪	213	117	31	150	土石流
	7月6日	大沢川	低気圧・融雪	293	188	81	50	
	7月12日	大沢川	低気圧	551	361	100	100	
昭和54年(1979)	4月8日	大沢川	前線・融雪	150	150	45		土石流
	5月8日	大沢川	前線・融雪	140	111	26		土石流
昭和57年(1982)	8月1日	大沢川	前線	1120	483	62		
	11月30日	大沢川	低気圧	173	170	47		土石流
昭和62年(1987)	5月23日	大沢川	前線・融雪	376	328	31		土石流
平成3年(1991)	11月28日	大沢川	低気圧	226	166	39	182	土石流
平成4年(1992)	12月8日	栗ノ木	融雪	246	231	37		土石流
平成8年(1996)	3月30日	風祭川	融雪	138	137	27	18	土石流
平成9年(1997)	6月20日	大沢川	台風	321	221	63	195	土石流
	11月26日	大沢川	低気圧	298	283	33	199	土石流
平成12年(2000)	11月21日	大沢川	低気圧	260	149	37	280	土石流
平成16年(2004)	12月5日	大沢川	低気圧	162	106	31	110	土石流

2. スラッシュ雪崩

富士山大沢川における土石流発生の特徴は発生の時期にあり、特に富士山麓において晩春に発生する現象を、古くは「雪代(ゆきしろ)」(最近は「スラッシュ雪崩」。(社)雪氷学会の定義は「大量の水を含んだ雪が流動する雪崩」)と呼ばれて恐れられてきた。我国において規模の大きな土石流の発生事例がほとんど見られない3月下旬～5月、11月～12月初旬に富士山では土石流が発生しやすく、反面、全国で6割近くが発生する6月～10月の梅雨期や台風に伴う豪雨に見舞われる出水期にはあまり発生しない。この発生時期の特異性を降雨量で示すと、初冬及び晩春の時期においては連続雨量が150mm程度の比較的少ない雨量でも発生しやすい傾向がある一方で、夏期では600mm近い多量の雨量でも土石流が発生しない場合もある。

最近では、平成19年(2007)3月25日に南西山麓の各所でスラッシュ雪崩が発生し、富士山スカイラインなどに被害を与えている。この時の事例も含め、富士山でスラッシュ雪崩が発生する条件は、(1)積雪(凍土層)がある(11月～6月)頃、(2)寒冷前線の通過、(3)気温上昇、(4)激しい降雨、(5)山頂付近の気温が0℃以上、の気象条件の場合に発生する傾向があると想定できる(図3)。

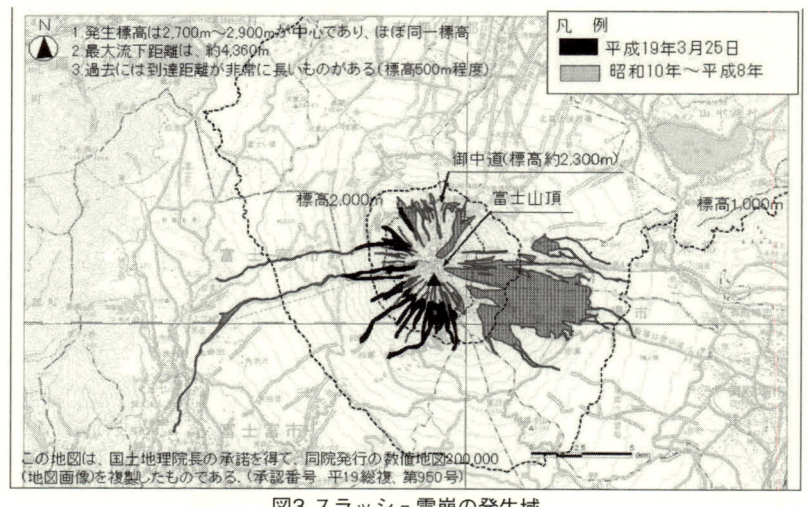

図3 スラッシュ雪崩の発生域

3. 最近の大沢崩れと未来の推定

　大沢崩れは急峻な斜面に加えて日常的に崩落が発生しているため、崩壊地内部には容易に立ち入ることはできない。国土交通省富士砂防事務所では、航空機による空中写真撮影を毎年実施し、崩壊の拡大量や渓床の土砂堆積量などを把握してきた。昭和45年（1970）～平成12年（2000）の30年間の崩壊地の拡大状況を図4に示す。黒い部分が崩壊拡大部で、標高3,200m～3,500m付近の両岸（楕円で囲った所）が最も激しく崩壊しており、この付近では年平均で約500m²程度崩壊面積が拡大している。その結果大沢崩れは、この付近で両側へふくらんだ形となり、30年間で標高3,400m付近の縁（崖部）は両岸とも約30m後退し、大沢崩れの幅は最大で60m広くなった。

　次に、昭和45年（1970）～平成16年（2004）の34年間の崩壊地の変動量の計測結果を図5に示す。各斜面

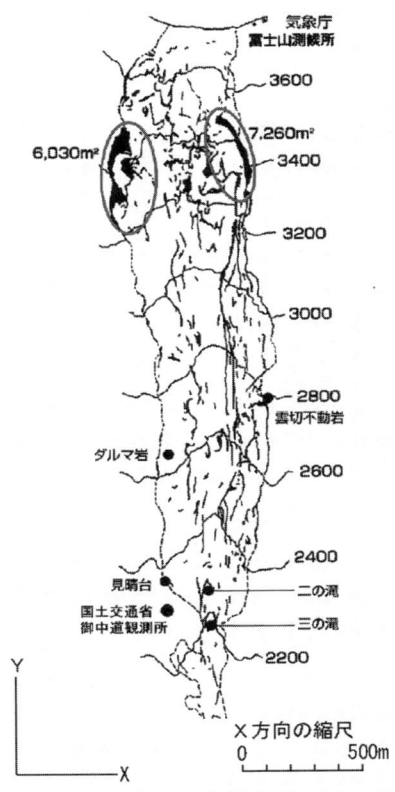

図4 大沢源頭部の30年間（昭和45年～平成12年）での崩壊拡大部

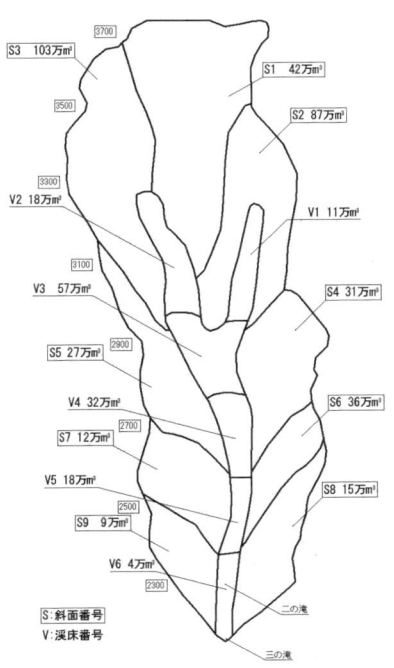

図5 34年間（昭和45年～平成16年）の地形ブロック別土砂変動量

図6 大沢崩れの過去・現在・未来

単元と渓床単元に分けて変動量を示している。各斜面単元では、標高3,400m付近の両斜面からそれぞれ80万m³〜100万m³の崩壊量があったことが分かる。また、大沢崩れ全体では斜面からは約362万m³が生産され、渓床からの生産量約140万m³を合わせると、計約502万m³（年平均で約15万m³）の土砂が下流へ流出している。

これまでの測量結果をもとに、大沢崩れの土砂移動現象が将来にわたり続いてゆくと仮定した場合の未来の富士山のイメージを、過去の姿の推測と合わせて試みた。現在を中心に200年前〜200年後の推定を図6に示す。過去30年間の計測による崖部の拡大速度（侵食が現在最も激しい場所で年平均1m）が今後も続くと、源頭部では今後100年間で最大幅100mの崩壊拡大（土砂生産量は約1,000万m³）が見込まれる。200年後、源頭部はさらに拡大し大沢崩れは全体的に大きく扇型に開いた形となると考えられる。標高2,200m付近の渓床では、下方侵食と側方侵食が進み深く大きな峡谷が出現すると考えられる。

なお、この予測はあくまで過去の計測結果に基づいて、徐々に崩壊が拡大していくことを想定したものであり、大地震の発生や火山活動の活発化によって、今回の予測とは大きく違った姿をしてしまうことも考えられる。

4. 大沢川の砂防事業

大沢崩れから生産・流出される土砂に対して、地域を災害の危険から守るためには源頭部の崩壊を防止することが最適である。しかし源頭部は高標高で急斜面、かつ厳しい気象条件に加え経済性や環境上の課題が多く、大沢川の土砂災害防止対策は、扇状地での砂防施設整備から始められた。扇状地での対策は、過去の堆積土砂を固定させるとともに、岩樋部から流出する土石流を分散させ、安全に堆積させて下流への土砂移動を防止するよう計画されている。

扇状地の主な施設には、土石流を扇状地へ導く渓岸工、横方向への氾濫を防止し流れを制御する導流堤、河床勾配を緩和し流下土砂を固定させる床固工群と落差工、樹木の力で

図7 大沢川扇状地の砂防施設

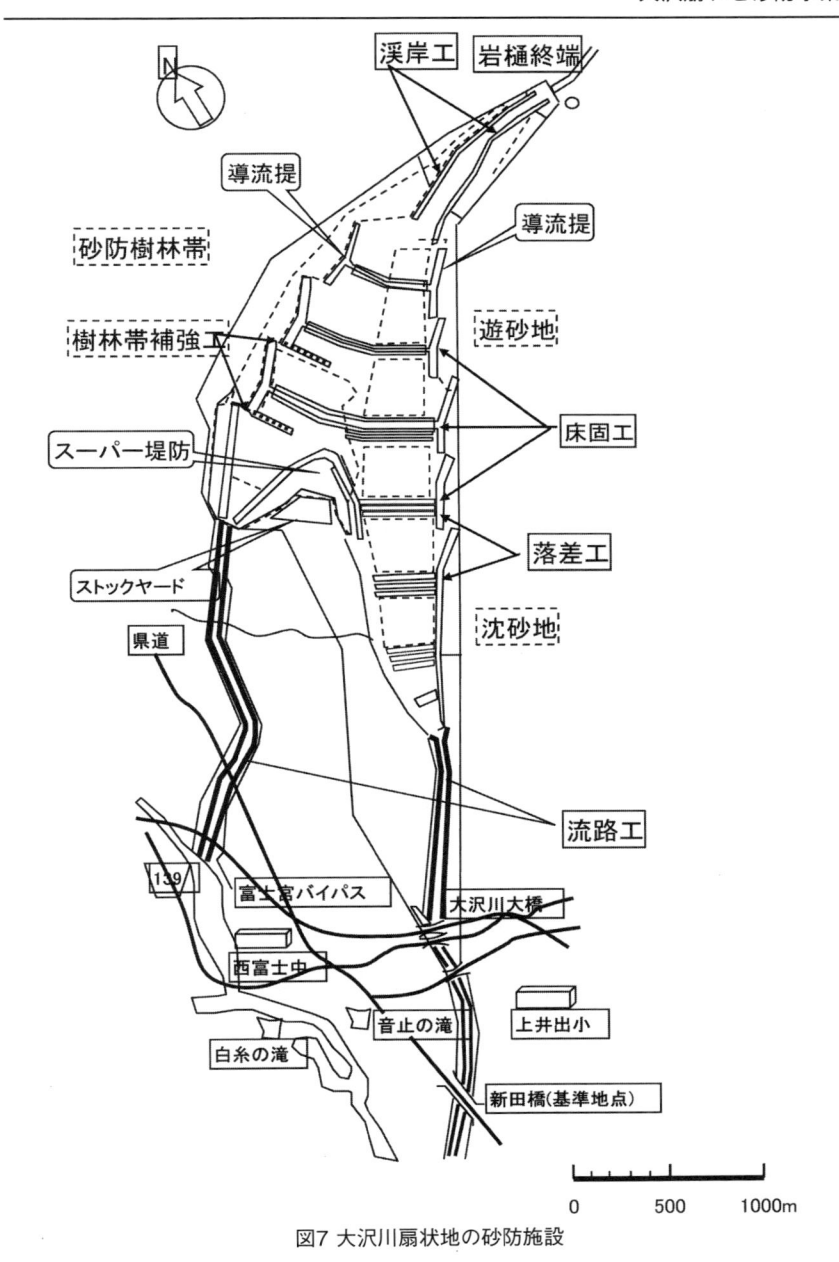

土石流を抑制する砂防樹林帯などがある。また、施設整備とともに堆砂容量確保のための除石工を行っており、除石工により生じる土砂は圃場整備、道路建設などの盛土材、海岸侵食対策の養浜材などとして有効利用されている。

5. 大沢崩れ源頭域対策

　土砂の発生源である大沢源頭部の対策は、昭和57年（1982）から標高2,100m付近で本格的な工事着手に先立つ調査・試験を行ってきた。高標高・急斜面・厳しい気象といった条件下での施工確認や安全確保に対応でき、かつ自然環境、景観に配慮した崩壊防止工法の技術開発を目的に、調査工事としてこれまでに渓岸保護工や谷底埋込工、斜面対策として山腹工やネット工、植生工などを実施してきている。

　現在の源頭域対策工事は、渓床部の対策としてブロックスクリーン工（コンクリートブロックによる土砂と雨水を分離する「ブロックスクリーン」とコンクリートブロックの流れ止めのための「横工」）の設置を行っている（図8）。

　工事はブロックスクリーンの「コンクリートブロック設置」、横工の型枠となる「大型土のう設置」、水抜き穴となる「コルゲート設置」、横工本体の「コンクリート打設」の4工種からなり、全ての工種においてヘリコプターによる作業（設置位置での無人化施工）を目指した。平成19年度工事でヘリコプターによる「コンクリート打設」を実現し、平成20年度工事では「大型土のう設置」と「コンクリートブロック設置」

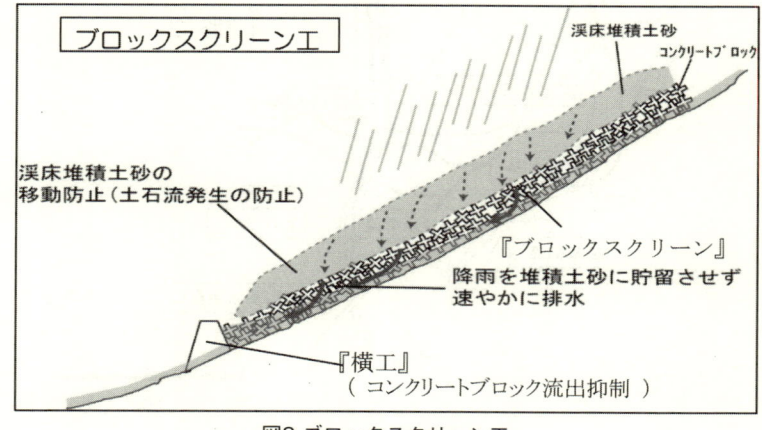

図8　ブロックスクリーン工

写真3 源頭域調査工事状況（ヘリコプターによる生コン打設）

についても無人化での工事発注を行い、当初は無人化施工困難との判断をしていた「コルゲート設置」についてもヘリコプターによる作業に成功し、全工程での無人化施工を可能とした。今後はさらに高標高での対策工事を目指している（写真3）。

参考文献

- 花岡正明・冨田陽子・伊藤誠記（2007）「大沢崩れと富士山の土石流」『富士火山』荒牧重雄・藤井敏嗣・中田節也・宮地直道編集, 山梨県環境科学研究所, p.407-425.

富士五湖の形成と富士山の火山活動

遠藤 邦彦・千葉 達朗

　"逆さ富士"を湖面に移す富士五湖は、秀麗な富士山と共に、この地域の美しい景観の象徴であり、我々訪れるものに感動を与えるのみならず、人類の自然遺産として後世に残さなければならないとの気持ちを強く印象づける。この貴重な財産も激しい火山活動が長い時間にわたって作りだしてきたものである。時々訪れる火山の激しさも含めて、私達は

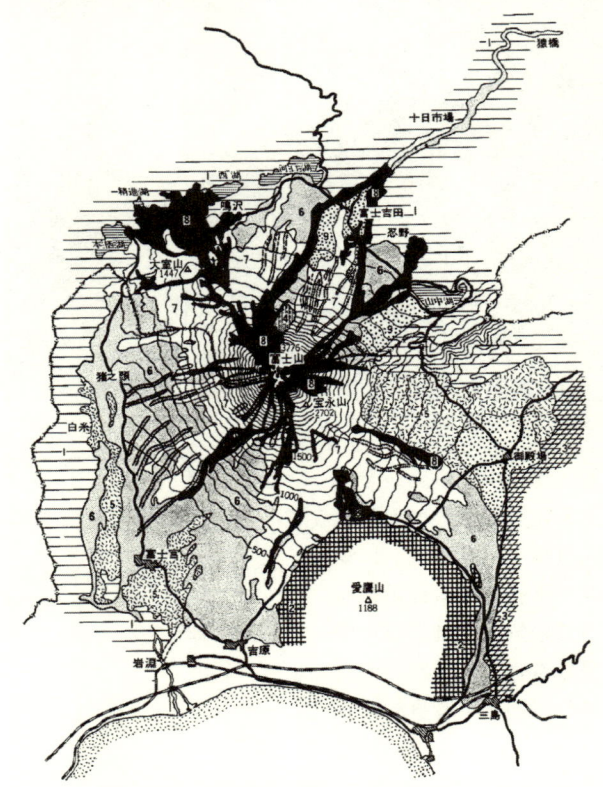

図1 富士五湖と溶岩流を始めとする富士山の活動
（津屋, 1971）、黒：新期溶岩

火山とうまくつき合う術を知らねばならない。富士五湖のでき方を知ることはその一歩になるだろう(図1)。

1. 富士五湖の成因

富士山の周囲には、山中湖、河口湖、西湖、精進湖、本栖湖の富士五湖が存在する。忍野八海のある忍野にはかつて大きな湖沼、忍野湖があった。

津屋（1971など）は、AD864年貞観の大噴火によって長尾山から噴出した青木ヶ原溶岩流は、本栖湖に流入し、さらに現在の西湖から精進湖に渡って存在した大きな湖、"剗の海"（せのうみ）に突入し、これを西湖と精進湖に分断したことを明らかにした。富士山の成長が進むにつれ、これをとりまく山地との間に湿地や水域が発達するようになるのはごく自然なことである。"剗の海"や河口湖、山中湖、本栖湖もこうした湿地などが何らかの理由で閉塞され、流出河川を失うことによって湖

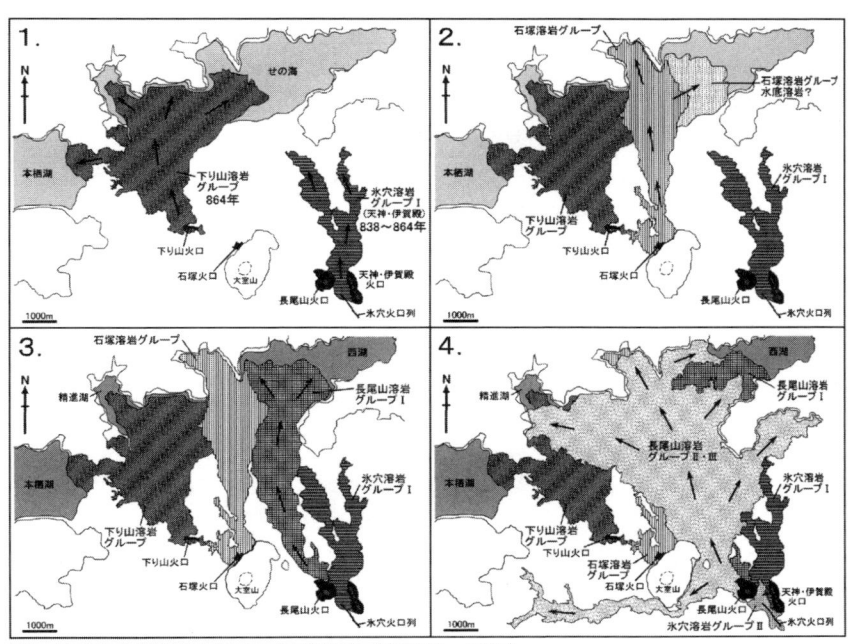

図2 貞観噴火の推移と青木ヶ原溶岩流（高橋他，2007）
　1. 氷穴溶岩グループⅠおよび下り山溶岩グループの噴出，
　2. 石塚溶岩グループの噴出，
　3. 長尾山溶岩グループⅠの噴出，
　4. 長尾山溶岩グループⅡ-Ⅲおよび氷穴溶岩グループⅡの噴出

沼として成立した。この閉塞する原因となるのが、富士山の場合には溶岩流や火砕流の流下で、溶岩や火砕流堆積物が周辺の山地にまで達し、閉塞された小流域を形成する。その典型が上記の青木ケ原溶岩流である。河口湖の場合は船津溶岩流などの流下による。山中湖の場合は、鷹丸尾溶岩流が湖口を閉じたためと考えられてきたが、最近ではその前に火砕流状堆積物等による火山麓扇状地の成長が出口をふさいでいた可能性が強まっている。

2. 貞観噴火と青木ケ原溶岩流
　—"剗の海"から西湖、精進湖の成立へ—

　富士山の貞観噴火（864～866年）で流出した青木ケ原溶岩流は、本栖湖と古代湖"剗の海"に流入し、"剗の海"の大半が溶岩で埋積され、精進湖と西湖に分断された（図2）。

　しかしながら、西湖、精進湖だけでなく、本栖湖にもこの溶岩が流入しているため、青木ケ原溶岩によって一度に西湖、精進湖、本栖湖の三つの湖が成立した、という誤解がある。

　貞観噴火を記録した『三代実録』という文書には、貞観噴火開始時には既に本栖湖と"剗の海"は二湖に分かれていたと書かれている。このことは、現在の溶岩流の調査からも明かである。本栖湖と精進湖の間を隔てる湖面よりも高い溶岩流のうち、ほとんどの部分は青木ケ原溶岩で占められており、この溶岩が本栖湖に流入したことは間違いない。と

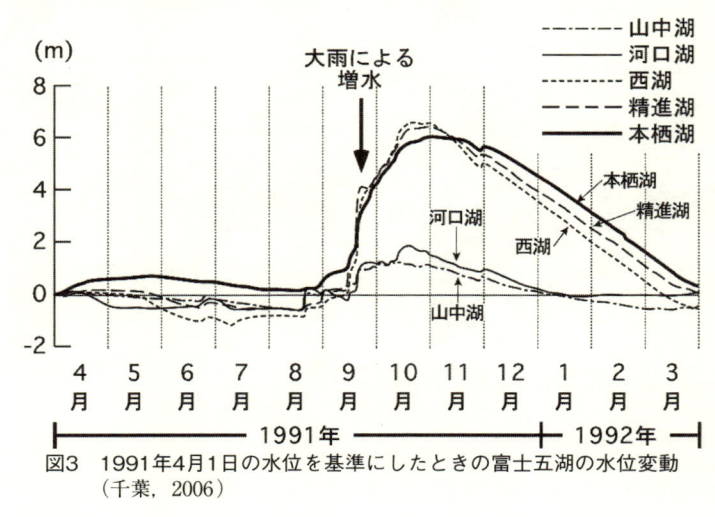

図3　1991年4月1日の水位を基準にしたときの富士五湖の水位変動
　　（千葉，2006）

ころが、一部に青木ケ原溶岩よりも古い溶岩流がキプカ状(溶岩流から取り残された島状の部分)に露出している。それは本栖溶岩(NW14：津屋,1971)とよばれる古い土壌の発達した旧期溶岩で、この古い溶岩によって本栖湖と"剗の海"は隔てられ、湖として成立していたのである。

富士五湖のうち、西湖・精進湖・本栖湖の3湖の水位は極めて近く、ほぼ900m前後にあり、その変動も連動することが知られている。1991年にはこれら3湖の水位は最大7mも上昇した(図3)。その上昇、低下の過程もほぼ同様であった(千葉,2006)。それは、これらを隔てている溶岩には隙間が多く、地下では水が行き来しているためである。溶岩の下には透水性の良い岩屑なだれや泥流の堆積物が埋もれている可能性もある。

青木ケ原溶岩流、あるいは貞観噴火については最近多くの事実が解明されてきた。この噴火は864年に始まり866年にその活動を終えた。新たに分かったことは、航空レーザ計測に基づいてこの溶岩流は多数の出口を持つ複数の割れ目火口列から流出したものと考えられたこと(千葉ほか,2007)、図2に示すように、この噴火に先立ち、氷穴火口列から氷穴溶岩グループⅠ(溶岩の性質は同一)が流下(838～864年の間)、864年に始まる青木ケ原溶岩の噴出は、まず下り山火口から下り山溶岩グループが、続いて大室山の脇の石塚火口から石塚溶岩グループが、さらに長尾山火口から長尾山溶岩グループⅠ、Ⅱ、Ⅲが流下したこと(高橋他,2007)などである。

さらに、この溶岩流の驚くべき厚さがボーリング調査により明らかになったことは特筆されよう。すなわち、青木ケ原溶岩の上から溶岩流を貫くボーリング調査が、かつて"剗の海"が存在していたと考えられる地点で行われ、その厚さは約135mと確認された(図4)。この数字に基づいて再計算された青木ケ原溶岩のボリュームは$1.3±0.2km^3$となった(千葉ほか,2007)。この量は、貞観噴火が過去2,000年間の噴火の中で、溶岩を噴出した噴火の中では最大のものであることを意味する。そしてその下には珪藻に富む湖底堆積物が認められた。"剗の海"が存在した証拠である。

ボーリングによって明らかにされた青木ケ原溶岩の基底は標高828mにあり、現在の西湖の湖底とほぼ同じ標高にある。このことは、かつてこの地域に存在した"剗の海"は少なくてもボーリング地点から西湖湖

1.1 富士山の地形　　　　　　　　　　　　　　　　　　　　　　　　　第1章

図4-a "剗の海"復元図（千葉ほか，2007）

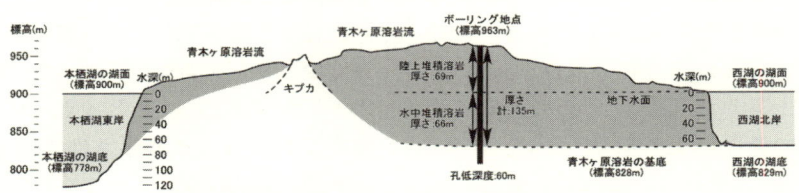

図4-b 本栖湖－ボーリング地点－西湖の想定断面図
（遠藤ほか，2007を修正）

底にかけてこの標高の湖底を持っていたことを示唆する（図4）。事実、ボーリングによって青木ケ原溶岩の下には湖底堆積物の証明である珪藻土が認められた。さらにボーリングコアは、青木ケ原溶岩の上部69mは陸上で堆積、下部66mは水中堆積溶岩の特徴を示すことを明らかにした。

3. "旧期溶岩"と富士五湖、および"剗の海"堆積物

　新富士の初期、大量の溶岩流が流出し、これらは旧期溶岩と名づけられてきた（津屋，1971など）。その時代は11,000～8,000年とくくられ

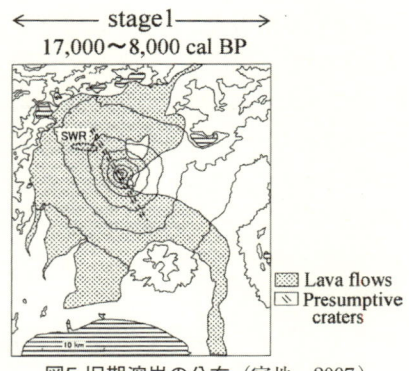

図5 旧期溶岩の分布（宮地，2007）

-36-

てきたが（宮地，1988）、最近これより古い年代が明らかになり、宮地（2007）では17,000～8,000年と修正している。その分布は図5に示すとおりである。

河口湖、古忍野湖、剗の海、本栖湖などの成立した時代はこのように、最終氷期末期から完新世の始めに掛けてのころで、大規模な溶岩流の流下によって巨大湖沼群が富士山をとりまいていた可能性が強い。しかしその詳細は未だ解明されていない。山中湖もこの時期にはその前身として湿地的環境におかれていた可能性が強い（輿水ほか，2007）。

上述のように精進湖には青木ケ原溶岩が流れ込み、湖底にも広く分布する。精進湖には南側から青木ケ原溶岩が平坦部をなして中央に突き出しているが、その周囲から湖岸に掛けては多数の線状をなす溶岩の高まりが水面から顔を出している。これらは溶岩の湧昇によるテュムラスである。精進湖における音波探査器による湖底探査や潜水調査の結果、精進湖底には青木ケ原溶岩が複雑な表面構造を示して分布していること、溶岩はしばしば"剗の海"の湖底堆積物の下にもぐりこんでおり、"高台"と仮称される湖底の高まりでは溶岩によって持ち上げられた"剗の海"堆積物も見いだされた。この堆積物に含まれる植物遺体などからその年代はおよそ8,500年前～1,800年前と測定された（小甲ほか，2007）。

以上の精進湖湖底の各所で見られたテュムラスの分布や潜水調査・音波探査による溶岩と湖底堆積物の産状から、青木ケ原溶岩流入のシナリオは以下のようにまとめられる。"剗の海"の西半分を埋積した下り山溶岩は精進湖に到達すると、湖沼堆積物を覆うほどの供給がなくなり、それ自体の密度による重さにより柔らかい"剗の海"時代の堆積物の下に潜り込んだ。各地点においてインフレーションを起こしながら湖底下に埋没している基盤岩の表面に沿って進み、最終的に現在の到達範囲に達し、精進湖における末端の大半部分でテュムラスを形成した。この過程

図6 音波探査による精進湖の湖底地形
（小甲ほか，2007）

1.1 富士山の地形 第1章

で"高台"部分では、冷え固まった溶岩の下にさらに後から溶岩が流れたことによって一部が湧昇し、堆積物が持ち上げられたものである。

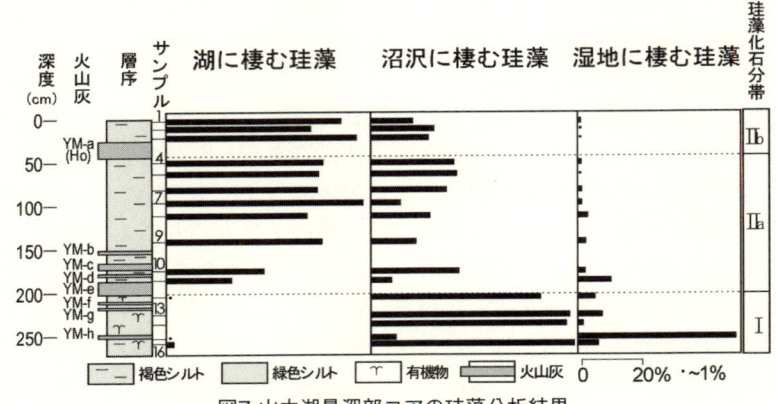

図7 山中湖最深部コアの珪藻分析結果
（小杉ほか，1992，日本大学文理学部地球システム科学科，2006）

溶岩流・火砕流、沈水林等の事象	測定試料	放射性炭素年代 （BP, 非較正）文献	文献
鷹丸尾溶岩流	溶岩流中の炭化木	1360±60 （Beta-123032）	田場他（1999） 約AD600
鷹丸尾溶岩流下位の火砕流堆積物 （S-24-4～5）	炭化木	1590±90 （GaK-17487）	上杉他（1995）
同		1560±80	上杉他（1995）
山中湖底沈水林（-4m）	直立樹幹	1710±60 （地球科学研究所測定）	田場他（1995）
同（-11m）		1530±30 （京都産業大測定）	小川（1975）
同（-6m）		1590±30 （京都産業大測定）	小川（1975）
同		1480±10 （KSU-88:京都産業大測定）	小川（1975）
同		1660±15 （KSU-89:京都産業大測定）	小川（1975）
山中湖底コア	YM-eテフラ層準	1830±260 （名古屋大学）	遠藤他（1992）
同	YM-dテフラ層準	1890±170 （名古屋大学）	遠藤他（1992）
桧丸尾第1溶岩流直下火砕流 （S-24-2）	炭化木	1900±100 （GaK-11948）	上杉他（1995）

表1 山中湖の形成に関わる年代測定資料
（日本大学文理学部地球システム科学科，2006）

4. 山中湖はどのようにして成立したか

山中湖の水の出口、湖口やその周囲に溶岩流が露出している。地質図を見れば山麓部から流下してきた鷹丸尾溶岩流が山中湖をせき止めていることは一目瞭然である。したがって従来から、鷹丸尾溶岩流が山中湖をせき止めたため、山中湖が成立したと考えられてきた。また鷹丸尾溶岩流の時代は、下記の年代や古文書を総合的に捉えてAD800年の延暦年間の噴火と考えるのが順当とされている（上杉, 1998、小山, 1998ほか）。これらだけから判断すると、山中湖の成立はAD800年頃となる。

珪藻分析から見た湖沼成立期

ところが、この湖の成立はそれ程単純でなく、時代もさらに古くなることが分かった。そのきっかけは湖底で採取された湖底堆積物コアである。山中湖の中心部は約15mの深さがある平坦部になっている。ここで採取されたコアについて、放射性炭素法による年代測定、珪藻・花粉・植物珪酸体化石の分析などが行われた（田場他, 1990；小杉他, 1992）。コアの珪藻分析結果を図7に示す。コアにはYM-a（1707年噴火の宝永スコリア）からYM-hに至る8層の火山灰（スコリア）の薄層が挟まれていた。その内、YM-eを境にその上位と下位とで、珪藻や植物珪酸体の種類が極めて明瞭に異なっていた。最下位はⅠ帯と名付けられたが、湿原に生活する珪藻、*Fragilaria*属が優占し、イネ科の湿性植物と乾性植物が多く産出した。一方、その上位のⅡ帯では、ほとんど水深のある湖沼域に生息する浮遊性の珪藻にとってかわられた。この急激な変化は山中湖の成立を意味し、およそYM-eの上下の年代測定結果から1,850年前（AD100年）に起こったことが分かる。

この急変の年代は、鷹丸尾溶岩流の流下年代である AD800年とは有意な差がある。上杉（1998）,田場他（1999）、小山（1998）は従来の見解を否定し、山中湖のせき止めと水位上昇が1,850年前以後何回かのステップを経て進んできたと考えた。

そこで次に、山中湖のせき止めの歴史について検討してみよう（表1参照）。

湖沼成立の頃に火砕流流下

鷹丸尾溶岩流と同時期に梨ケ原西方に流下した桧丸尾第2溶岩流の直下に炭化木を含む火砕流状堆積物（S-24-2）が発見され、その年代が1900±100年前と測定された（上杉, 1998）。さらに、鷹丸尾溶岩流の下にも炭化木を含む火砕流状堆積物

-39-

（S-24-4〜5）が発見され、1590±90年前と測定された（上杉，1998）。

これらの資料は、山中湖の湖口付近から梨ケ原一帯に、鷹丸尾溶岩流が流下する前に火砕流状堆積物が到達し、それらが2次的な土砂移動を促進して火山麓扇状地を成長させていった可能性がある。特に、1,900年前の火砕流の流下は、湖底コアに基づく湖沼の成立時期とほぼ符合する。さらにAD350〜400年前にも火砕流が流下し、すでに成立していた湖沼の水位をさらに上昇させたであろう。山中湖西端部の湖底は音波探査によって詳細に調査され、比較的強い反射面が湖口部に向かって地形的な高まりをなし、湖底には火砕流や溶岩などの強い反射を示す物質が存在すると推定される（田場他，1999）。

沈水林の存在

山中湖の湖底に枯死した立木があることが知られている。南岸沖合の湖面下4mにある立木からダイバーが採取した木片の年代測定から、1710±60年（およそAD250年）の結果が得られた。小川（1975）によると、さらに多くの立木について年代が測られ、AD300〜450年の結果が得られている。これらは、かつて山中湖の湖底一帯には林が存在していて、湖沼の形成、水位の上昇に

ともなって水没、枯死したことを示す。

鷹丸尾溶岩流の流下

AD800年頃、西小富士噴火割れ目から延暦噴火が始まり、鷹丸尾溶岩流、桧丸尾第2溶岩流が流下した（小山，1998）。鷹丸尾溶岩流は山中湖の湖口付近をふさぎ、忍野にまで達した。その結果、山中湖の水位は現状付近まで高まった。

このように、山中湖は1,900年前頃深さと広がりのある湖として成立し、さらに、AD300年からAD800年の鷹丸尾溶岩流流下に至るまで、その水位は上昇していった。沈水林が形成されたのはその結果である。

引用文献

- 津屋弘逵（1971）「富士山の地形・地質」『富士山―富士山総合学術調査報告書』（国立公園協会・編），富士急行，p.2-127.
- 宮地直道（1988）「新富士火山の活動史」『地質学雑誌』94，p.433-452.
- 宮地直道（2007）「過去1万1000年間の富士火山の噴火史と噴出率、噴火規模の推移」『富士火山』山梨県環境科学研究所，p.79-95.
- 小山真人（1998）「噴火堆積物と古記録から見た延暦十九〜二十一年（800〜802）富士山噴火―古代東海道は富士山の北麓を通っていたか？」『火山』，43(5)，p.349-371.
- 田場穣・小杉正人・遠藤邦彦・宮地直道（1990）「山中湖の形成史―(1) 湖底ボーリングによる層所と古環境の概要」『日本大学文理学部自然科学研究所

- 遠藤邦彦・田場穣・宮地直道・中井信之・篠原智子・宮原智哉・小杉正人（1992）「山中湖の地形とその成因」『日本大学文理学部自然科学研究所 研究紀要』，（27），p.33-36.
- 小杉正人・池田光理・江口誠一（1992）「山中湖の形成史―（2）微化石群集に基づく過去2500年間の環境変遷史」『日本大学文理学部自然科学研究所 研究紀要』，（27），p.37-44.
- 小川孝徳（1975）「山中湖に没した宿駅」『歴史読本』，12，p.72-77
- 輿水達司・内山高・山本玄珠（2007）「富士五湖湖底ボーリングコアに記録された富士火山活動史」『富士火山』山梨県環境科学研究所，p.365-374.
- 上杉 陽（1998）「地史」『富士吉田市史 史料編第一巻』富士吉田市，p.139-399.
- 高橋正樹・松田文彦・安井真也・千葉達朗・宮地直道（2007）「富士火山貞観噴火と青木ケ原溶岩」『富士火山』山梨県環境科学研究所，p.303-338.
- 千葉達朗ほか（2007）「航空レーザ計測にもとづく青木ケ原溶岩の微地形解析」『富士火山』山梨県環境科学研究所，p.349-363.
- 千葉達朗（2006）『活火山 活断層 赤色立体地図で見る日本の凸凹』技術評論社，136pp
- 小甲太郎・南方俊平・遠藤邦彦・千葉達朗・宮地直道・渡邊康司・坪井哲也（2007）『富士山北西山麓古代湖「せの海」湖底堆積物下に流入した青木ケ原溶岩流―精進湖湖底調査報告』2007年地球惑星科学連合大会
- 遠藤邦彦・千葉達朗・山本寛行・池田克彦・浅井和美（2007）「マルチビーム音波探査による西湖の精密湖底測量」『環境危機―その対応と持続可能システム』開成出版，p.159-166.
- 日本大学文理学部地球システム科学教室（2007）『富士山の謎をさぐる』築地書館，214pp

雪代と雪代災害

安間 荘

1. 富士山の雪代

　春先などに急激な気温上昇や大雨によって雪解けが急速に進み、大出水に伴って発生する洪水や土石流を言う。雪水、雪代水とも言うことがある。

　古来富士山麓地域で雪代と呼ばれ、恐れられていた融雪時の洪水や土石流は、スラッシュ（雪解け）なだれを契機とした土砂流・土石流であることが解明されてきた。すなわち、(1)積雪層に多量の融雪水や雨水が付加され安定を失い滑り出す（スラッシュなだれ）、(2)雪と水の混合流体は下方斜面の融解土層を削り、土砂を取り込みながら谷状低地に向かって流下する（スラッシュ・フロー）、(3)谷を通って運ばれた雪・土砂・水の混合流体は気温の上昇や流下中の摩擦熱で雪は水に変わり、土石流となって河川を段波状に流下し山麓扇状地に拡散堆積する（スラッシュ・ラハール）という一連の現象を包括的に雪代（雪汁が語源）と呼んだものであろう（Anma et al., 1997）。

2. 歴史に見られる雪代災害

　雪代、雪代水あるいは雪水という言葉の初出は、甲斐国都留郡木立村（現在の富士吉田市）にあった妙法寺の僧の書いた年代記（『妙法寺記』）で天文14年（1545）の項に、「…二月十一日富士山ヨリ雪シロ水オシテ吉田ヘオシカケ、人馬共押流シ…」とある。ついで天文23年（1554）の項に「…此年正月雪水富士山ヨリ出申シ事、正・二・三月迄十一度出申、余リ不思議サニ書付申候、…」。永禄2年（1559）の項には、「…正月申日雪水出候而。悉田地家村ヲ流シ候。…」「…十二月七日ニ大雨降。俄ニ雪シロ水出テ。法ケ堂皆悉流レ申候。又在家ノ事ハ中村マルク流シ候事無限。」とあり、15年間にたび重なる雪代災害をうけたことが記録されている。

　下って江戸時代末期、天保5年（1834）に北麓の富士吉田市と西麓の富士宮付近で再び雪代による大災害が起きた。富士吉田市大明見の中村屋敷茂左エ門書「午年雪代出水五カ年違作次第之事」（富士吉田市教育委員会資料）の中に、次のように

天保五年午四月八日富士山押出候覚書「同年午之四月八日は、大あめ而南風ははげしく、富士山おびただしく山なりし、すなわち日の九ツ時、雪代成黒けむり立て押出、そのおそろしき事小山のごとくにくずれ出、大木大石砂包成て、居村にいつさんに押掛け…」「明けがた雪しろ水引、人々村内へ立ち帰り見届候処、家七十軒程五・六尺ほど砂にうづめ、戸・障子は石砂にてふちむき、諸道具不残押しながし…」と書かれている。この災害は、大明見だけでなく現在の富士吉田市街の宮川、間堀川、神田堀川沿い地域に広くおよんだ。
　西麓の富士宮市方面ではもっと悲惨であった。雪代被害の状況を江戸で発行された瓦版でみると「…（四月）八日益々大風雨にて、午の刻ごろより不二山震動いたし、頻に暴雨滝のごとく、不二の半腹五合目あたりより雪解水一度にどっと押出し…」「…小山の如くなる大波打ち来たりて裾野の在家村々の建家皆押流し…」「…既に大宮の町並家毎に残らず流れ…」「…流るる男女の泣きさけぶ声も地獄の呵責に異ならず、すべて死人おびただしく、水筋流れし通りは七八里、其幅の広さは三里余り、彼是十二三里が間、ぼうぼうたる荒れ地となりぬ…」といった状態で大沢川、風祭川、弓沢川なども含む潤井川流域の村落と富士宮市街が大変な被害を受けたことを伝えている（稲垣史生監修『江戸の大変 天の巻』平凡社 1995）。旧暦4月8日は、新暦では5月16日にあたり、初夏の災害現象であったことに注目しておきたい。被災範囲は天保8年（1837）、応需という人が写した絵図に残されている（『静岡県史 別編2 自然災害誌』1996）。幕末の天明〜天保年間は小氷河期の終りの最も寒冷な時期で疫病や飢饉が常態化しており、天保の雪代災害は富士山麓の高冷地に大きな社会的、経済的打撃を与えた。

3. 富士山の火山地質学的特性

　富士火山体に関する最近の総合的調査研究の結果、富士山は新第三紀中新統を基盤とし下位より先小御岳火山、小御岳火山、古富士火山、新富士火山の4ステージよりなり、数10万年前から成層火山体の形成と解体を繰返しながら今日の姿になって来たことがわかってきた（吉本・他,2004）。この調査の一部としておこなわれた富士山東北斜面での5本のボーリングのコア解析で、先小御岳火山では玄武岩質安山岩〜デイサイト質岩よりなるのに対し、小御岳火山〜古富士火山〜新富士火山では、

ほとんどが玄武岩質岩よりなっている。また、東北山麓斜面では小御岳期～古富士期の溶岩や降下スコリアなどの本質物質の量比に対し、泥流堆積物などの類質（2次的移動）物質の量比の方が大きく、全体の1/2から2/3を占めている。ボーリングコアから降下スコリアとその移動物質である泥流堆積物の見分けが難しいという点を考慮しても、驚くべき比率である。スラッシュ・フローによる泥流堆積物は、スコリアなどの火山礫・凍土塊、雪粒子・水の混合物で堆積した場合には、独特の堆積構造が観察できるので区分は可能である。しかしスラッシュ・フローが流下する途中で、雪や氷が完全に融けてしまえば、通常のラハール堆積物と区別することは難しい。古富士泥流堆積物の場合、スラッシュ・ラハールによる土砂運搬が重要な部分を占めていたであろうことは想像に難くないが、西富士山麓羽鮒丘陵などに見られる露頭の観察では両者を明確に区分することはできない。

4. 富士山の雪氷気象

真冬の富士山はいつも真白で多雪地のように見えるが実はそれほど多くない。風下側の東斜面ではやや多いものの10月から2月にかけて積雪深は20～50cm程度に過ぎない。冬の季節風の強い時期には大気中の水分は日本海側の山岳地帯で雪となって落ちてしまい、太平洋側にある富士山では空気が乾燥して降雪量は極めて少ない。ところが3月、4月になって冬型の気圧配置がゆるみ、南から風が吹き込むようになると降雪量が急激に増加し、積雪深は50～80cmになる。富士山は中緯度偏西風帯にある独立峰で冬は風が強く、雪は斜面に落ち着かず東へと2次的に移動しつつ山襞の窪みや谷状凹地に堆積する。場所によって10m以上の厚さで堆積することもある。このころ春一番や台湾坊主と呼ばれる発達した低気圧が本州の北側を通過すると、南の太平洋から湿った暖かい風が急激に吹き込み豪雨を伴った大荒れの天気となる。通常－15℃から－20℃の山頂の気温が一気に0℃前後まで上昇する。低気圧のもたらす降雨量は連続で150～300mm、時間雨量強度で20～40mmになることも稀ではない。

急激な気温の上昇による融雪水と多量の降雨水が積雪層に供給される一方で、水が地下に浸透逸失しないとすると積雪層中に水が貯留されることになる。傾斜した積雪層中の水は斜面の最大傾斜の方向に流れはじめ、雪層を横に押す力（浸透圧力）が働く。積雪層中水位の高さと斜面

の傾斜角が大きくなれば浸透圧力も大きくなる。もし斜面の積雪層を支える力よりもこの浸透圧力が上回れば、積雪層は安定を失い滑り出す。滑り面は凍結土層と積雪層との境である場合が多いが、積雪層中の不透水性氷盤とその上部の積雪層あるいは凍結土層と融解土層との境が滑り面となる場合もある。

　スラッシュなだれの発生高度は時期により標高1,500〜3,500mと様々である。これは低気圧によってもたらされる豪雨の時の気温、すなわち雨で降るか雪で降るかの境界の高度に関係する。この境は気温1〜3℃の高さでこれより上では雪これより下では雨となるが、低気圧の移動と共に境界高度も変わるためスラッシュなだれの発生高度も刻々変化していく。一般的にはスラッシュなだれの発生は時間雨量強度が15〜30mmに達したとき、幅数km程度の同方位斜面ではほぼ同じ高度（その時の雪・雨境界高度よりやや下方）の尾根状部から多数発生するのが普通である。また時間的に遅れて集水地形が明瞭な谷状地源頭部から発生するスラッシュなだれもある。

5. 富士山の永久凍土と季節凍土

　今日われわれが見る均整の取れた美しい円堆台形の富士山（新富士火山）は、最終氷期の終りごろに崩壊解体した古富士火山の基盤の上に築かれている。裾野から徐々に傾斜を増し、富士山上部はスコリアの安息角に近い34〜36度の傾斜を持つ。富士山頂（標高3,776m）における年平均気温は－7.1℃で、標高3,200m付近より上方には永久凍土が分布している。ぎりぎりの状態で安定を保っている新富士火山体斜面の崩壊の危機を辛うじて防いでいてくれるのが、新富士火山体上部の急斜面全周を覆って分布する永久凍土層である。もろい成層火山体（長板状の玄武岩溶岩流と降下スコリアの互層）の外縁を引っぱり強度の大きな永久凍土層のタガが、山体の変形－崩壊を引き止めている構図である。もしこのタガが切れたり（火山体膨張による引っぱりキレツや地震・断層活動など）、消滅したり（マグマ貫入による山体地温の上昇や地球温暖化による気温上昇など）すれば、新富士火山体の崩壊は急速に進む可能性が高い。

　雪氷現象の視点から見れば永久凍土層は山体の大規模崩壊を防止する大きな役割を担っている。一方、地表面付近の季節による凍結土層-融解土層（活動層）の形成は、その境界の時間的推移と融雪・降雨とが相互に関係しながらスラッシュなだれ

を引き起こす原因となっている。温度に依存した雪氷現象が介在することでスラッシュ・ラハールは通常の雨型のラハールとは異なった様相を呈し、スラッシュ・ラハールの防災・避難対策を難しくしている。

6. 非凍結地盤と凍結地盤の透水性

富士山は、玄武岩溶岩と多孔質な降下火山礫（スコリア）の互層よりなる成層火山で、一般に斜面の透水性は極めてよく夏に相当の雨が降っても谷に水が流れることなく涸沢となっている。しかし寒い冬になって地面が凍結するようになると一変する。溶岩の割れ目や火山礫の間の空隙に浸み込んだ水は凍結し、空隙を氷の結晶で目詰めして水をほとんど通さなくなる。この状態は初冬から始まり、凍結地盤が完全に融解する晩春まで続く。

地盤の凍結と透水性の低下はどのように結び付いているのであろうか。富士山の北～東斜面の大部分は、多孔質降下火山礫（スコリア）で覆われている。宝永噴火口から約5km離れた富士山東斜面太郎坊付近では、径2mm以上の礫を60%～70%以上含み（径0.075mm以下の細粒分は2～4%程度）基本的に礫質土の性質を示す。標高2,400m付近ではクルミ大のスコリアが多い。凍結していないスコリア層の空隙率nは0.4内外、透水係数kも10^{-1}cm/sec程度で、相当の雨量強度でも表面流を起こすことは稀である。地表下数10cmのスコリア層の自然含水比は5～7%にすぎない。

裸地の表層地盤の最上部に限ってみれば、夏の豪雨によって地盤表層の細粒分が雨滴で洗い流され下部に移動する。その結果地表下2～5cmの土層の細粒分含有率が増加し、この部分の自然含水比も8～10%に増大する。秋から冬にかけて気温が下がり地表面から凍結が始まる。雨水や融雪水を付加しながら地盤凍結と融解を繰り返すと、粗い土粒子（スコリア）間の空隙に氷の結晶がつぎつぎに晶出し急速に目詰めを起こす。特に細粒分が多く自然含水比の高い地表下2～5cmの部分は地盤凍結によって氷で目詰めされ急激に透水性が低下する。土粒子間の空隙に液体の水として存在するか固体の氷として存在するかによって土の透水性は大きく変化する。

7. 低温室内透水試験

富士大沢源頭部右岸標高2,400mで採取したスコリア試料を用い、ケロシンを媒体として使った低温室内透水実験によれば、空隙率n=0.38～0.41、透水係数k=7～5×10^{-2}cm/

secのスコリア質土が、4回の凍結－水浸の繰り返しによってn=0.13、k=2〜4×10⁻⁴cm/sec程度に低下することがわかった。初冬及び春においては日中に積雪や凍結土層が融解し、夜間に再び凍結するという状態は数10回に及ぶと考えられるので、凍結地盤上面が実質的に不透水化するのは当然の成り行きである。

8. 難透水性凍結地盤上の積雪層の不安定化—スラッシュなだれ—

冬の季節風の強いときは太平洋側にある富士山では空気が乾燥して降雪量は極めて少ない。ところが3月、4月になって冬型の気圧配置がゆるみ、南から風が吹き込むようになると降雪量が急激に増加し、積雪深は50〜70cmになる。富士山は独立峰であるため西風が強く、雪は斜面に落ち着かず2次的に東へと移動しつつ山ひだのくぼみや谷状凹地に堆積する。場所によって10m以上の厚さで堆積することもある。このころ春一番とか台湾坊主と呼ばれる発達した低気圧が本州の北側を通過すると南の太平洋から湿った暖かい風が急激に吹き込み、気温は急上昇し豪雨を伴った大荒れの天気となる。

急激な気温の上昇による融雪水と多量の降雨水が積雪層に供給される一方で、水が地下に浸透逸失しないとすると下層の雪は水で飽和され、積雪層中に水が貯留されることになる。

積雪層中に水が貯留されるためには、地盤凍結による難透水層の存在が必須である。

季節凍土は標高800m以上の裸地で普通にみられる。厳冬期には雪が少なく地盤凍結が進みやすいこと、春の多雪が断熱材となり地盤融解を遅らせることなどが難透水性凍結地盤を半年以上存続させる原因となっていると考えられる。

富士山では東斜面を除いて標高2,400〜2,700mが森林限界となっているが、凍結深さは裸地帯と森林帯とでは著しく異なる。東斜面の須走口五合目標高2,000m付近では2月の地盤凍結深は裸地帯で70cmに達するが、森林帯中では15cmほどで、かつ樹幹の周辺は凍結していない。スラッシュなだれがほとんどの場合裸地帯で発生し、森林帯中では稀にしか発生しないというのも、難透水化凍結地盤層の厚さと連続性に深い関係を持っているためと考えられる。見方を変えると、地盤凍結が起らなければ、降雨水、融雪水は地下に鉛直浸透し、積雪層中に水は貯留されないため、スラッシュなだれは起きないと考えられる。

9. 難透水性凍結地盤上の融解土層の安定性

　急激な気温の上昇による融雪水や多量の降雨水が難透水性凍結地盤上の融解土層に供給された場合、この水が地下に浸透逸失しないとすると融解土層中に水が貯留され、土中の水位が上昇する。傾斜した融解土層中の水は斜面の最大傾斜の方向に流れはじめ、土層を横に押す力が働く。水位の高さ、斜面の傾斜角が大きくなれば浸透圧力も大きくなる。もし、斜面の融解土層を支える力よりもこの滑らせる力が上回れば、土層は安定を失い滑り出す。積雪層が不安定化する場合も融解土層が不安定化する場合も大筋のメカニズムは変わらない。異なっているのは積雪層の場合、雪粒子の力学的性質が温度、時間、含水状態などによって絶えず変化することである。

10. スラッシュなだれからスラッシュ・ラハールへ

　スラッシュなだれが扇状に拡大流下し、斜面下方の積雪、融雪水、雨水を取り込むと、雪と水よりなる流動性の高い混相流——スラッシュ・フロー——になる。これがスラッシュ・ラハールに変化するのは、このスラッシュ・フローに多量の土砂・岩礫が取り込まれるからである。スラッシュ・ラハールでは重い礫分が下層を流れ河床を上げ、流れの先端部が波高の高い段波となって護岸や堤防を溢流して土石流氾濫災害につながりやすい。

　スラッシュ・フローが地山を削り土砂を取り込むタイプは、斜面の上部から下部に向かって薄層面状侵食、滝状後退侵食、ガリー侵食の3つに区分できる。

　a）薄層面状侵食は、スラッシュなだれ発生域の積雪層下の融解土層や積雪の無い裸地斜面の融解土層の部分を流下するスラッシュ・フローが広く薄く削りとるもので、厚さは上部では1～3cm、下部でも4～8cmにすぎない。凍結土層自身は硬く削られることはない。この段階での雪のデブリ全量に対する土砂の混入率は容積比で5％程度にすぎない。

　b）滝状後退侵食は、斜面下部の凍結土層が20～30cm程度の厚さとなるところにスラッシュ・フローが達し、薄い凍結土層を溝状にうがち破ったところからスタートする。硬い凍結土層の下の非凍結土層は極めてルーズであるため、スラッシュ・フローによって滝壺状にえぐられ、オーバーハングした凍結土層は支持を失って折れ落ちる。これが順次斜面下方から上方に進み、ところに

よっては深さ5～15m、幅10～50mの滝壺を上端に持つオタマジャクシ状凹地が形成される。また日向側斜面など凍結土層が薄いところで、一部だけ底抜けしてポットホール状窪地ができる場合もある。この段階での土砂の取り込み量はかなり多く、雪のデブリ量の10～15％に達すると思われる。

c）ガリー侵食は凍結土層の存在しないスコリア層よりなる谷状地に多量のスラッシュ・フローが流れ込んだ場合、谷底及び側壁をえぐりガリー侵食を起こす。このような侵食は太郎坊駐車場南側の谷に典型的に見られるが、先行したスラッシュ・フロー堆積物を2次的に侵食する場合もある。土砂・雪・水の混合流体は火山体斜面下部の凍結土層のないところに達すると、混合流体中の水分は地中に浸透し流動性を失って停止する。

停止したスラッシュ・フローの雪デブリ堆積物中には、全容積比で12～20％の多孔質火山礫粒子（スコリア）を含んでいるのが普通である。普通のなだれや融雪洪水では雪が完全に融けてしまえばあとかたも残らないが、富士山のスラッシュ・フローでは少量であるが土粒子を含むため、雪デブリの融解後に厚さ数cm～数mの礫質土層が残される。これは極めて持徴的な現象で、テフラに挟在するスラッシュ・フロー堆積物を解析することでスラッシュ・フローの活動期を知ることができる。

土砂を多量に取り込んだスラッシュ・フローが溶岩の露出した谷など水の地下浸透能の低い谷底に入り込むと、周辺から流入した表流水のほかスラッシュ・フロー中に含まれる雪も融かして水量を増す。更に谷底の石礫や河岸侵食によって土砂を取り込み波高の高い土石流段波を作り出す。このような段波が人間の居住域、生活域に押し出し扇状に拡散すると、裾野域に大被害が生じる。富士山西斜面の富士大沢ではこのスラッシュ・ラハールによって10万～30万m^{3}以上の土砂流出がたびたび起き、大沢扇状地のみならず潤井川低地に土石流氾濫を起こしている。富士山北斜面の吉田大沢から発生するスラッシュ・ラハールは現在の富士吉田市を含む裾野平地全域に土石流氾濫の脅威を与えている。

11. 春型と初冬型の雪代

雪代は、積雪や地盤が融けたり凍結したりする時期に発生し、真夏～秋や厳冬期に起きることは稀である。2月～6月に発生するものを春型、11月～12月（稀に1月）に発生するものを初冬型と呼ぶ。富士山の

雪代は大部分が春型で、歴史的に大災害を引き起こした天文・永禄年間の雪代、天保5年の雪代もこれに当たる。

　近年発生した春型の雪代は、昭和47年（1972）、昭和54年（1979）、昭和55年（1980）、昭和56年（1981）、平成2年（1990）、平成7年（1995）、平成9年（1997）に発生している。特に昭和47年（1972）3月20日の雪代では、東斜面の御殿場口で24人の登山者が低体温症とスラッシュなだれで死亡したことでよく知られている。

　初冬型の雪代は平成3年（1991）11月28日（富士大沢）、翌平成4年（1992）12月8日（富士山全周）、平成9年（1997）11月26日、平成12年（2000）11月21日、平成16年（2004）12月5日にいずれも富士大沢で発生した。

　平成7年（1995）3月17日に富士山東斜面で発生したスラッシュ・フロー群は典型的な春型のそれである。個々の発生点の高さは標高2,200m付近にあり、点発生のスラッシュなだれで積雪深の小さい尾根状部からスタートしている。スラッシュ・フロー流下部の積雪層、融解土層は削剥され、凍結した地肌が露出していた。このスラッシュ・フローは多少の時差をもつ数10箇所のなだれの複合体で、17日午前10時から午後1時までの数時間にわたって発生したことが送電線の切断された時刻から確認されている。流れの複合体は全幅約4km、流下距離3.5～4km、デブリの総量は約280万m^3に達していた。デブリの最も厚いところでは13～15mで、一部は厚さ1.7～1.9mの火山礫に覆われた多年雪として4年間残った。運搬された土砂の総量は約35万m^3に達した。

　平成4年（1992）12月8日に富士山全周で発生したスラッシュ・フローは、低気圧が日本海を通過した際に起きた。このイベントは、前年11月のそれに引き続き初冬型のスラッシュ・フローが連続したこと、表層なだれとスラッシュなだれが混在して発生したことが特徴である。なだれのデブリ分布、堆積状況からみて、初期に斜面下部の標高2,200～2,400m付近でスラッシュなだれが、末期に斜面上部の標高3,200～3,600m付近から表層なだれの順で発生したと考えられる。発生時刻は、富士山北方の河口湖町鳴沢にある文部科学省防災科学技術研究所の地震計記録によれば、12月8日午前7時頃から、午前11時頃までに計18～20回の移動体振源を特徴とする地振動が記録されている。

12. 雪代の動態

　雪代はほとんどの場合豪雨時など視界の悪い時に起きており、その動態はよく判っていなかった。平成19年(2007)3月25日午前に富士大沢源頭部で発生したスラッシュなだれの動態が、国土交通省富士砂防事務所の設置したテレビカメラの映像として初めて捉えられた。スラッシュなだれのデブリは灰白色で巨礫を含み、水しぶきを上げながら時速60〜90km/hrで御中道付近を流下した。なだれデブリの末端は大滝下（標高1,500m）達していた。

　スラッシュなだれのデブリ堆積物（雪粒子を主とし少量の礫を含む）が融解し残置された堆積物の特徴は、(1)スコリア礫の角がとれ、やや丸みを帯びていること、(2)色の違うスコリアや玄武岩角礫など異種礫を含むこと、(3)堆積物がランダムで分級が悪いこと、(4)ときたま径30〜300cmの巨礫を含み、これら大径の礫が堆積物の最上位に位置していること、(5)堆積物中の細粒のフィルム状薄層（パドル表面堆積層）が大礫の上で礫の形に従って曲っていること、(6)本来の堆積面と異る方向性を持つ土のブロック（凍結表土層の塊）が見られることなどで、その識別は容易である。(3)〜(6)の特徴は雪代堆積物にのみ、みられるものである。雪と火山礫とが均等に混合されて堆積した雪代堆積物が、上部から融解していくことを考えれば分級は起り得ないし、巨礫の下の雪は日射をさえぎられ融解が遅れるため、巨礫のみ抜け上がって最上位に存在することになる。

　雪代堆積物に挟まれたテフラ（火山噴出物）との堆積関係から次の3つのステップが考えられる。(1)テフラの活動：山腹斜面に緩い不安定な火山礫、スコリアを散布する。(2)雪代の活動：不安定なスコリア層をスラッシュ・フローが削剥・運搬する。(3)安定な時期：スコリア層を削り終わり溶岩が露出するようになると面状侵食は衰え、遠方から運ばれる火山灰や黄砂が緩傾斜地に堆積し風化火山灰層や黒土層が形成される。模式的に示せばテフラ層−雪代堆積物層−風化火山灰層という堆積サイクルが繰り返されている。雪代堆積物の堆積はテフラ放出活動直後から活発化し、テフラの厚さが大きければ削剥が終るまでより長く続くと考えられる。

13. 雪代災害軽減の戦略

　近年の地球温暖化に伴う気候変化（変動幅の増大）は、雪代の発生頻度とりわけ初冬の発生頻度を大きくしている。昭和45年(1970)頃から

1.1 富士山の地形

富士山周辺の道路施設や山小屋などの宿泊施設が雪代による災害を受けるようになった。平成18年（2006）の富士山の世界文化遺産候補登録を契機として富士山を訪れる観光客、登山者は激増しており、雪代による災害のリスクも増大している。雪代到達予想範囲の市街化進行も別の大きな問題を提起している。

富士山は国指定の特別名勝で国立公園地域にあり、また物理的にも構造物などで雪代を阻止することはできない。したがって被害を少なくするには事前に危険を察知し、危険地帯から離れるなどの間接軽減戦略をとる選択肢しかない。

富士山の防災を考えるとき、高密度気象地象観測網とリアルタイム解析情報の伝達システムの完備が不可欠である。地震、マグマの貫入、噴火活動などを契機とする火山災害と共に、永久凍土、季節毎の表層地盤の凍結－融解、降雨－降雪、積雪－融雪などの雪氷気象災害を抜いて市民や観光客の安全を考えることは出来ない。

参考文献

- Anma, S., Fukue, M. and Yamashita, K. "Slush lahar hazards on the flank of Mt. Fuji." *1st. Int.Conf.Debris flow hazards mitigation. Proc.*, Water Resources Engineering Division / ASCE. San Francisco., 1997, p.299-308.
- 藤井理行・樋口敬二「富士山の永久凍土」『雪氷』34, 1972, p.9-22.
- 富士吉田市『富士吉田市史 資料編第2巻』1992
- 富士吉田市『富士吉田市史 資料編第3巻』1994
- Fukue, M., Anma, S. and Okusa, S. "Slope erosion related to soil freezing and thawing on Mt. Fuji." *Spec. Pub. on geological environment and soil properties.*, Geotechical Engineering Division/ASCE. Houston., 1983, p.405-432.
- 稲垣史生『江戸の大変 天の巻 40-41』平凡社, 1995
- 宮地直道「新富士火山の活動史」『地質学雑誌』94, 1988, p.433-452.
- 永原慶二『富士山宝永大爆発』集英社新書, 2002
- 吉本充宏・金子隆之・嶋野岳人・安田敦・中田節也・藤井敏嗣「掘削試料から見た富士山の火山体形成史」『月刊地球』48, 2004, p.89-94.

富士山麓の風穴・氷穴

本多 力

1. 富士山の地下空洞―溶岩洞窟と溶岩樹型―

　富士山は日本の象徴であり、古代から歌に詠まれたり、絵画に描かれている秀麗な姿を誇っておりまた信仰の対象でもあった。眺めるだけでも四季折々多様な変化を見せ決して飽きることは無い。また1年に30万人ほどの人々が頂上を目指し日本の最高地点からの眺望を楽しんでいる。だが富士山はそれだけではないのだ。登る人に較べて数は圧倒的に少ないが地下深くもぐることを楽しむ人もいるのである。また地質学的及び生物学的研究のために入洞する人もいる[3]。実は富士山は溶岩洞窟と溶岩樹型の世界的宝庫なのである。この理由は富士山は日本では成層火山といわれているが珍しく玄武岩質の溶岩から構成されているためである。地質学的には富士山は日本列島最大の第四紀玄武岩質成層火山であり、10万年間にわたって基本的に玄武岩マグマのみを、しかも大量に流し続けてきた特異な火山である。富士山はプレートの沈み込み帯にあるとは言え、他の日本列島の安山岩火山と較べて極めて特殊である。溶岩洞窟は一般に玄武岩質の流れやすい溶岩流中にしか主に形成されないため日本ではほとんどの溶岩洞窟が大量の溶岩を流した富士山に存在する[1,2,3]。富士山には長さ30m以上の溶岩洞窟が150以上あり、30m以下は無数といっていいほどである。その多くは風穴とか氷穴とか呼ばれている。溶岩樹型はこれまた無数といっていいくらいに存在する。樹型とは溶岩による樹木の天然の鋳型であり場合によっては大きな空洞を形成する。富士山には青木ケ原、犬涼み山、三島、万野、二子山、大淵、須走、雁の穴、鉗子山の各溶岩流に溶岩洞窟が存在する。なお、檜／鷹丸尾、青沢、特に剣丸尾には溶岩流が長いにもかかわらず溶岩洞窟が発見されていない。溶岩樹型のみである。溶岩層が薄いためである。

2. 富士山の溶岩洞窟と溶岩樹型の形成時期

　代表的な溶岩流の洞窟や樹型群の歴史的な時代対応を表1に示す[4,5]。富士山では現在発見されているもの

で1万4,000年まえに形成された洞窟から1,100年まえに形成された洞窟まで入洞することができる。溶岩洞窟を形成した溶岩流の噴出時期は、先土器時代や縄文時代から奈良平安時代をへて平安末期の鎌倉幕府形成に至るような期間である。平安末期鎌倉時代以降は江戸時代の宝永の噴火まで富士山は鎮静期にはいっているようである。洞窟は暗黒の空間であるが、希望する時代にいつでもタイムスリップすることができる。溶岩洞窟はそれぞれの時代の現実の空間に身を沈めることができる唯一の場所なのである。溶岩洞窟は石灰岩の洞窟のように連続的な時間の経過のうちにできたものではなく噴火とともに一時に形成され、その後、運が悪ければ後続の噴火とともに埋没する運命にある。現在あるのは埋没を免れた貴重な溶岩洞窟や溶岩樹型なのである。

3. 富士山の溶岩洞窟の特徴

「火口から噴出した溶岩が地面の低い方に流れ広がり、その表面と地面に接する底部とが早く冷え固まり動きにくくなると、なお流動する内部のみが抜け出して先に進む。また一方、溶岩から分離した揮発性分が内部に集積して高圧となり天井の一部を破って外部に逃げ出す」（図1）。このようにして溶岩洞窟が形成されると考えられている、津屋

表1 富士山溶岩洞窟と溶岩樹型の推定形成時期（下線は観光洞窟あるいは観光胎内樹型）[4,5]

時代	洞窟／樹型の推定形成時期（代表的なもののみ記載）
先土器時代（約三万年前から）	大淵溶岩流（不動穴、八幡穴、厚原風穴）
縄文時代（約一万年前から）	三島溶岩流（駒門風穴、岩波風穴、大野風穴第一第二、三島風穴）、犬涼み山溶岩流（犬涼み山風穴第一、むじな穴、三ツ池穴）
弥生時代（前三世紀ころから）	小天狗溶岩流（樹型群）
古墳時代（四世紀ころから）	雁の穴溶岩流（流れ穴、棍棒山）、印野丸尾溶岩流（印野胎内樹型）
飛鳥時代（592年から）	御庭奥庭第一第二溶岩流（樹型群）、氷池白大竜王溶岩流（樹型群）
奈良時代（710年から）	鉗子山溶岩流（雷穴）、鷹丸尾（柏原樹型群）
平安時代（794年から1182年）	東臼塚溶岩流（樹型）、氷穴溶岩流（弓射塚氷穴）、青木ケ原溶岩流（富岳風穴、鳴沢氷穴、西湖蝙蝠穴、軽水風穴第一、神座風穴第一、本栖風穴第一）、剣丸尾第一溶岩流（船津胎内樹型群）、剣丸尾第二溶岩流（吉田胎内樹型群）、小御岳風穴溶岩流（小御岳氷穴第一、第二、第三）

富士山麓の風穴・氷穴

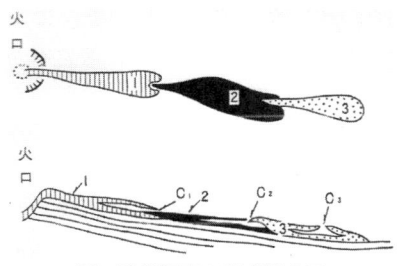

図1 溶岩洞窟の形成概念図
（津屋[1] より）

(1971) による記述である[1]。

溶岩洞窟には、噴火口そのものが洞窟であるピット洞窟（山頂噴火口洞窟）とリフト洞窟（山腹割れ目噴火口洞窟）、噴火口からでた溶岩流の中にできる溶岩トンネルあるいは溶岩チューブ洞窟にわけられる[2,3]。ピット洞窟とリフト洞窟は噴火口であるが、火道の溶岩が吹き飛ばされたかドレンバック（逆流）してできた空洞であり、溶岩チューブ洞窟は噴火口から出た溶岩流が大地に触れた部分と、大気に触れた表面部分が固化して固い溶岩の表皮の下からまだ熱い液状の溶岩が流れ出たトンネルあるいはチューブ形状を形成したものである[4,5,6]。規模は小さいが溶岩流が取り込んだ樹木や水分のガス放出による空洞も存在する。富士山にはピット洞窟（宝永噴火口は大きすぎて洞窟とはいわない）はないが、幾つかのリフト洞窟と150ほどの溶岩チューブ洞窟がある。溶岩トンネルあるいは溶岩チューブ洞窟は一般に溶岩流の流れの方向にのびており数kmの長さになることもある。リフト洞窟の例を図2に、溶岩チューブ洞窟の例を図3に示す。

日本最高所（海抜2,630m）にあるものとして溶岩チューブとしては短いが須走胎内洞窟がある。須走胎内洞窟は、須走口・御殿場口溶岩流の約20度の急傾斜面のなか須走登山道六合目お中道下にある。これには昔から胎内という名前がつけられているが、通常胎内とは樹型の二次空洞内の現象としているのであるが樹型でないことが確認されている[4]。

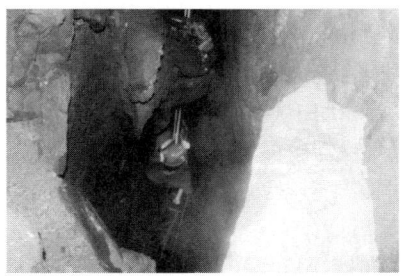

図2 小御岳氷穴第三への降下（内壁の表面の一部がはがれて赤いスコリアが見える）

図3 神座風穴第一のチューブ状洞窟の内部

1.1 富士山の地形　　　　　　　　　　　　　　　　　　　　　　第1章

図4 三つ池穴の世界最大の溶岩石筍

日本最長の溶岩チューブ洞窟としては七千年前に噴出した犬涼み山溶岩流にある三つ池穴で総延長2.2kmで、この内部には図4に示す世界最大の溶岩石筍（高さ191cm）が存在する貴重な洞窟である。

　観光化された洞窟として山梨県側には富岳風穴、鳴沢氷穴、西湖蝙蝠穴がある。静岡県側には駒門風穴がある。富岳風穴、鳴沢氷穴、西湖蝙蝠穴は1,100年前に流出した青木ケ原溶岩流の末端部に形成された溶岩洞窟である。駒門風穴は一万年前に流出した三島溶岩流の中に形成された溶岩洞窟である。そこでは1,100年前、1万年前の現実にタイムスリップすることができ、それぞれの中の自然造形物である溶岩棚、縄状溶岩、溶岩鍾乳洞などを観察することが出来る。観光洞窟でも十分に洞窟探検のさわりを満喫できはずである。未だ発見されずにある洞窟が相当あると推定されている。なかでも1,100年程前に大量の溶岩が流れた青木ケ原溶岩流や、7,000年前に噴出した犬涼み山溶岩流は、溶岩層が他と較べて厚いので、多くの洞窟が発見されており、また発見されつつあるのである。観光洞窟以外の洞窟にはいるには危険がともなうため特別な装備や訓練と入洞の規則を理解する必要があるし、洞窟が私有地に存在する場合には所有者の許可が必要である[7]。

4. 富士山の溶岩樹型の特徴

　富士山では溶岩樹型の数でも世界で一番多く存在している地域である[1,2,3]。樹型とは溶岩による樹木の天然の鋳型である。溶岩の流れが立ち木に遭遇すると溶岩は木のごく近傍では冷やされ硬化し、衝突した前部には不動という盛り上がりが形成され、後部には溶岩の流線が閉じる縫い目が形成される[4,5]。不動の例を図5に示す。

　富士山の特徴は噴火と噴火のイン

図5 溶岩樹型における不動、溶岩は背後から流れてきている

ターバルが長く（数百年から数千年）、樹林が成長するに十分な期間の後に噴火があり、しかも温暖で湿潤なため樹木も成長しやすく、富士山には世界最大直径（4.3m）の竪樹型（流れの方向の直径が4.3mで流れに垂直な方向の直径は3.7mであるので、実際にあった樹木の直径は3.7mと推定される）や多数の樹木がからみあった複合樹型など貴重な造形物が数多く存在することである[8]。直径3.7mというと胴回り10mを超える巨木である。世界的に見て極めて特異な地域であり、ほかには見られない、世界に誇るべき樹木と溶岩が作り出した造形物である。また溶岩樹型の形態を検討することにより溶岩流噴出当時の流れの方向、溶岩流の厚さ、流動速度のほか、さらにはそれらの値から流れのさらさら度をはかる粘性係数や、溶岩流噴出当時の植生状態、樹種の判定まで、多くの情報がもたらされている[9,10,11]。

5. 溶岩樹型の二次空洞形成による胎内現象

　溶岩が生木を完全に覆ってしまうとその生成ガスが二次的な空洞を形成したり空気と触れて燃焼して一度固まりかけた溶岩を再溶融させたりして複雑でかつ胎内と呼ばれてきた不思議な様相を表わすことがある。溶岩樹型は時には大きな空洞を形成するために、富士山の溶岩洞窟と溶岩樹型の調査研究の先駆者石原初太郎[12]の時代には溶岩洞窟と混同されているものもあり、その後の時代でも時々溶岩洞窟と間違われることがあった。特に剣丸尾溶岩流の船津胎内や吉田胎内では、溶岩が樹木を完全に取り込んでいる場合が多々あり、溶岩樹型から派生した二次空洞やその内部表面の肋骨状溶岩といわれる図6と図7に示すような不思議な現象がみられ、その形成機構の解

図6 吉田胎内樹型の内部、人の見える下部が樹木があった場所で上部は二次空洞

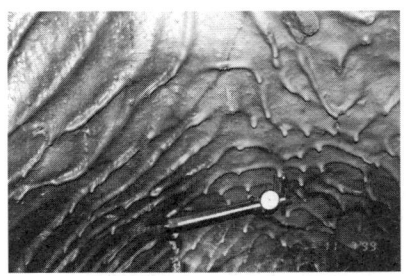

図7 二次空洞の天井部分の溶岩鍾乳と肋骨状溶岩

1.1 富士山の地形　　　　　　　　　　　　　　　　　　　　　　　第1章

釈も行なわれている[4,5,13)]。
　二次空洞はおもちを加熱したとき中で発生したガスでもちがふくらみ破裂してしまうのに似ている。その二次空洞内では、空洞天井につらら状の溶岩鍾乳、空洞床面には溶岩石筍、樹型の側面にはラジエターと呼ばれている楼閣状（フィン形状）の溶岩の鋳型の不思議な存在が観察されるのである。空洞天井のつららは溶岩が再溶融したものであろう。この空洞の天井のつららは風呂場の天

①溶岩が樹木を囲み樹木まわりにクラストを形成

④爆発的燃焼による空洞の再溶融

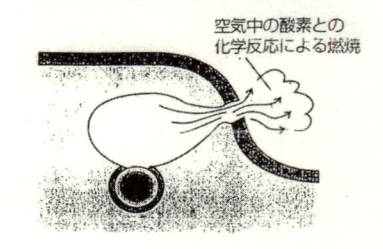

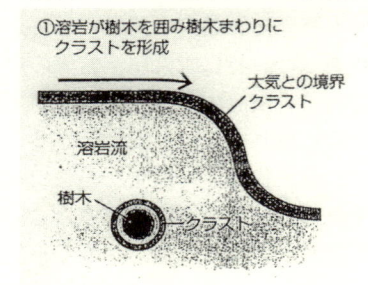

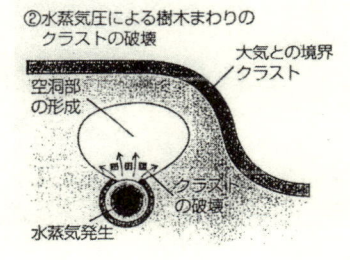

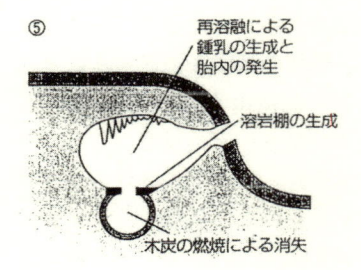

②水蒸気圧による樹木まわりのクラストの破壊

⑤再溶融による鍾乳の生成と胎内の発生

③炭化した樹木と水蒸気との反応による水素ガス、一酸化炭素ガスの発生とガス圧による大気との境界クラストの破壊

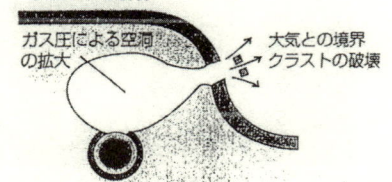

樹型形成による再溶融プロセスの検討モデル

図8 溶岩樹型二次空洞形成概念図（本多[4,5,14,15)]より）

井にたまった湯気が冷却して水滴となってたれるのに似ている。楼閣状溶岩は再溶融した溶岩が炭化して亀裂の入った木に侵入して固化したものであろう。その隙間はきわめて小さい。ただ単に、樹木が燃えただけではこのような現象は起きないはずである。ここで重要なのは、熱い溶岩が存在すること、木が存在することしかも水分を多量に含んだ生木であることであり、樹型の中によく炭化物の小さな破片が発見されること、単に木が燃えただけでは溶岩を再溶融させるほど高温が得られないだろうということである。再溶融は樹木それ自身の燃焼によるのではなく、一度溶岩に囲まれた樹木に含まれる水分が高温高圧となり、樹木のセルロースや炭化された部分との高温化学反応によって水素ガスや一酸化炭素を発生し、そのガスが酸素と出会い燃焼して再溶融が引き起こされたと考えられる[14,15]。二次空洞を形成し溶岩を再溶融させると考えられるメカニズムを図8に順番に示す。

① 溶岩流が樹木を完全に包み込み、樹木の周りの溶岩は冷却されクラストを形成する。このクラストでしっかりと生木を閉じ込める。
② 溶岩が樹木を加熱し、樹木中の水分を蒸発させ高温高圧水蒸気を発生し、それが樹木周りのクラストを破壊し回りに空洞を拡大してゆく。さらに樹木は周りの高温の溶岩の熱により炭化を開始する。一方まわりの溶岩は炭化樹木の間に侵入し楼閣状鋳型を形成する。
③ 水蒸気あるいは高温高圧水と炭素あるいはセルロースとの反応によりガスを発生し、さらに空洞を押し広げる。
④ 空洞部と大気との境界が破壊され、大気とガスが混合、燃焼する。
⑤ ガスの燃焼により空洞部内壁が加熱され、表面が再溶融した後、外気により急速に冷却され、溶岩鍾乳/石筍および楼閣状鋳型を残して固化する。

溶岩流は一般に1000℃程度と考えられており、樹木が溶岩でかこまれ樹木の周りにクラスト（殻）ができればその体積の中に水分は閉じ込められ溶岩の熱で温度が上昇し圧力も上がるであろう。一般に生木の含水率は90％で体積の半分くらいが水分なのである。完全に閉じ込められ高温になれば相当の圧力となる。クラストなどは爆発的に破壊されるであろう。生木が高温にさらされると乾留されて木炭になるのはよく知られている。

そのガスが燃焼して生じる再溶融現象は溶岩（マグマ）熱による天然のバイオマスエネルギー変換が行な

われていると考えてよいだろう。

　樹型に関しても観光化された樹型を手近に観察することができる。山梨県側には1,000年ほどまえの船津胎内樹型、静岡県側には1,200～1,600年前の印野胎内樹型がある。船津胎内樹型は剣丸尾I溶岩流のなかに形成された溶岩樹型である。印野胎内樹型は印野丸尾溶岩流の中に形成された溶岩樹型である。肋骨状溶岩とは、楼閣状樹型とは、胎内とは、二次空洞とはと、意識して観察すればそのさわりを十分に味わうことができる。

参考文献

1) 津屋弘達：「富士山の地形・地質」『富士山—富士山総合学術調査報告書』富士急行, 1971
2) 小川孝徳：「溶岩樹型の観察結果」『富士山—富士山総合学術調査報告書』富士急行, 1971
3) 小川孝徳：「富士山の溶岩洞窟、溶岩樹型の地質学的観察」『洞人』第2号第3巻, 日本洞窟協会, 1980
4) 本多力：『火山島の地底探検—富士山の知られざる地下世界—』サカエプリント社, 2006
5) 本多力：「富士山の地下洞窟」『シンポジウム「富士山貞観噴火と青木が原溶岩」報告書』山梨県環境科学研究所, 2006
6) 本多力：「富士山溶岩洞窟の形成機構と得られる知見」『日本火山学会秋季大会講演予稿集』2001
7) エリック・ジッリ, 本多力訳『洞窟探検入門』（文庫クセジュ）白水社, 2003
8) 小川孝徳（監修）, 立原弘（執筆、編集代表）：『山梨県富士北麓柏原溶岩樹型群観察報告書』日本洞窟学会火山洞窟学部／富士山火山洞窟学研究会, サカエプリント社, 1997
9) 小川賢之輔：『富士市の自然』富士市, 1986
10) 本多力：「富士山溶岩樹型群に見る溶岩流/立木の相互作用と得られる知見」『地球惑星関連合同大会要旨』2001
11) 本多力：「富士山東臼塚溶岩流の溶岩樹型の特徴と得られる知見」『地球惑星関連合同大会要旨』2002
12) 石原初太郎：『富士山の地理と地質（富士の研究V）』浅間神社社務所, 古今書院, 1928
13) 立原 弘：『'98 ケイブフェスティバルガイドブック、[熔岩洞窟・熔岩樹型・洞窟生物]』日本洞窟学会火山洞窟学部, サカエプリント社, 1998
14) 本多力：「富士山熔岩樹型及びその内壁の再溶融（胎内）発生機構の物理・化学的考察」『洞窟学会誌』第23巻, 1998
15) 本多力：「富士山麓溶岩流中に見られる溶岩樹型二次空洞構造の成因」『日本火山学会秋季大会講演予稿集』2000

自然公園としての富士山

荒牧 重雄

1. 魅力ある活火山

　富士山をユネスコの世界自然遺産にしようという運動は、1990年代からあったと聞く。当時の推薦書類を読むと、富士山は火山としてあまり魅力的でないようなことが書いてあった。

　その後、平成12年（2000）頃に富士山直下で低周波地震が群発したことをきっかけに、国の諸機関が協力して、富士山の火山防災に関する調査・研究が進められた。数年後にはかなりの量の情報が集められ、その結果、富士山はきわめて多彩で活発な噴火活動を続けてきた、日本でも有数の面白い火山あることが明らかになった。

　富士山の噴火活動は玄武岩マグマの噴出で特徴付けられるが、ハワイのように穏やかな噴火ばかりではなく、きわめて爆発的な噴火をくりかえし、大量の火山灰をふもとの広い地域に堆積させたことが際立っている。とくに、古富士火山の噴出物が南関東に広く発達する関東ローム層の主体を構成することは、ほかに例を見ないことで、富士山の火山としての特異性を傑出させている特徴のひとつである。玄武岩質火山には珍しいと考えられていた火砕流堆積物も複数例見つかっている。幸いなことに、過去の火砕流の事例は、その全てが現在の居住地域よりも上流で停止したことが分かったので、防災関係者は、とりあえず胸をなでおろしたのであった。

　富士山の歴史上で最も新しい宝永4年（1707）の宝永噴火は、スコリアを噴出するプリニー式の爆発的噴火であった。一方、青木ケ原を形成し「剗の海（せのうみ）」を埋め立てた貞観6年（864）の噴火は爆発的でなく、パホイホイ溶岩およびアア溶岩から、粘性の少ない大量の溶岩流を割れ目火口群から流出したことがわかっている。

　今から3,000年前ころは、山頂火口から大型の溶岩噴泉の噴火が繰り返された。大量のスパターが山頂部近くの急斜面に堆積したが、その大部分は溶結して、溶岩に類似した外観を持つ火砕成の岩体を形成した。富士山型の成層火山は、山体のプロファイルが上に凹の曲線を描くのが

1.1 富士山の地形

典型であるが、その理由のひとつが、溶結火砕岩でつくられる、山頂近くの急傾斜である。逆に、裾野部分のゆるい傾斜面は、主として土石流、火砕流などの流れた堆積物によって構成される。富士山では、このような仮説が見事に証明される。富士山は、8,000～10,000年前には、大量の溶岩流を流出し、土石流などとともに緩傾斜の裾野の形成に貢献している。富士山はいろいろな点で、きわめて特徴的な活動をして成長してきた活火山なのである。

防災上の見地からも、爆発的な噴火も起きれば、静穏な溶岩流出を主体とした噴火も数多くある。まさに噴火のデパートともいえる火山である。大規模山体崩壊から融雪に伴う特殊な土石流（スラッシュ・フロー）までを含めて、各種の火山災害の実例が見られる点で、きわめて興味深い火山と言える。

このように、富士山は、数多くある日本の活火山のうちでも、傑出して興味をそそられる、魅力ある火山であり、科学的成果も多く得られている火山でもある。

2. 自然公園を知ろう

日本全国に30ある国立公園の中で、22箇所、70％以上が火山地域にある。これらの火山景観は、美しいといわれる日本列島全体の景観の中でも、特に注目されるものである（表1）。

富士五湖地域など、富士山の山麓一体は、日本でも有数の観光地であり、年間数千万人の観光客が訪れる。その基盤を作っている富士山は、上に述べたように、きさめて多彩な特徴を持つ興味深い活火山である。そして、自然科学者の視点からも、富士山の景観が世界的にも際立って美しいものであることには、異論はもちろんない。

これまで、自然科学としての火山学が、その知的資産を社会に還元して役に立った例の大部分は、防災技術の進歩のためであった。しかし、実際には、火山学知識ベースの活用は、自然学習や野外体験を通じての環境教育（広義）や社会教育などにいっそうの効果を発揮できるのではなかろうか。富士山の美しさは多くの芸術家のインスピレーションを呼び起してきたが、芸術的創造の度合いは、自然現象としての火山の働き、仕組みをより深く知ることによりさらに深化することが可能になるとも言えそうである。

世界の諸先進国と比べて、日本人が自然公園を利用する態度には、自己学習を通してのレクリエーションという面がきわめて弱いと感じられる。少なくともこれまでの国立公園

などでは、自然を自力で探求しよう、学習しようという動機付けは表面にはっきりとは現れてこなかった。これからは、この弱点を克服してゆく必要がある。エコツーリズムの運動などはこの方向を示すものかもしれない。

富士山を日本の代表的な、そしてよく管理され、上手に利用されている自然公園にしたいものである。

＊本項は富士学会第6回シンポジウム報告（2007）における発表をもとにまとめた。

表1　日本の国立公園一覧

○は火山地域にある国立公園

公園名	関係都道府県
○ 利尻礼文サロベツ	北海道
○ 知床	北海道
○ 阿寒	北海道
釧路湿原	北海道
○ 大雪山	北海道
○ 支笏洞爺	北海道
○ 十和田八幡平	青森県・岩手県・秋田県
三陸復興	青森県・岩手県・宮城県
○ 磐梯朝日	山形県・福島県・新潟県
○ 日光	福島県・栃木県・群馬県
○ 尾瀬	福島県・栃木県・群馬県・新潟県
○ 上信越高原	群馬県・新潟県・長野県
○ 秩父多摩甲斐	埼玉県・東京都・山梨県・長野県
○ 小笠原	東京都
○ 富士箱根伊豆	東京都・神奈川県・山梨県・静岡県
○ 中部山岳	新潟県・富山県・長野県・岐阜県
○ 白山	富山県・石川県・福井県・岐阜県
○ 南アルプス	山梨県・長野県・静岡県
伊勢志摩	三重県
吉野熊野	三重県・奈良県・和歌山県
○ 山陰海岸	京都府・兵庫県・鳥取県
瀬戸内海	兵庫県・和歌山県・岡山県・広島県・山口県・徳島県・香川県・愛媛県・福岡県・大分県
○ 大山隠岐	岡山県・鳥取県・島根県
足摺宇和海	愛媛県・高知県
西海	長崎県
○ 雲仙天草	長崎県・熊本県・鹿児島県
○ 阿蘇くじゅう	熊本県・大分県
○ 霧島錦江湾	宮崎県・鹿児島県
○ 屋久島	鹿児島県
西表石垣	沖縄県

Column
熔岩樹型

　天然記念物に指定されながら富士山の熔岩樹型（Lava Tree-mold）については一般的に良く知られてない現状がある。熔岩に残された樹木の鋳型なのであるが、相手が樹木であるが故に2本として同じ鋳型は存在せず、樹木の種類や太さの違い、横型や竪型、熔岩の中に閉じ込められたり、十数本が重なっているものや、海苔巻き寿司のように転がって出来た物、閉じ込められた樹木によって高熱が発生して一度は固まった熔岩を再び融かした鋳型等、様々な熔岩樹型を残している。

　富士山のように沢山の巨木熔岩樹型が残された火山は世界的にも珍しく、他に韓国の済州島やハワイ諸島等にも存在するが、樹幹の直系が1mを超える熔岩樹型が数多く形成された火山は他に報告例がない。

　富士山で天然記念物に指定されている熔岩樹型については、昭和初期に故石原初太郎先生が書かれた文献や山梨県が発行した史蹟名勝調査報告書に記載されているが、他にも大正から昭和の初めに浅間山鬼押し出し下の火砕流に形成された樹型を八木貞助先生が調査して、天然記念物に指定されている。

　アフリカのケニヤでは象の熔岩鋳型が残されている。鼻や尻尾まで型が残り、流れてきた高熱の熔岩でも水分を含んだ物体に接触すると樹木と同じに急激に凝結することが分かり、熔岩樹型の研究と観察が進められるようになってきた。

　樹木の重なった複合樹型では、地表に放出される気体が再び熔岩を融かす再溶融も見られる。北富士自衛隊演習場内には、直系4m30cmもの巨木樹型や、鳴沢道の駅周辺では、世界でも珍しい滞留熔岩に形成されたエントツ状の樹型が残されている。

　樹型の研究は、噴火時の熔岩災害を防いだり、噴火前の植生や、熔岩流のメカニズムを知る上で貴重な資料となることから、大切に保護したいものである。

立原　弘

Column

富士山の火砕流で蒸し焼きになった森

　頭を雲の上に出してそびえる美しい富士山。皆が認める日本一の山である。日本一なのは、語呂をあわせて「みななろう（3776m）！」と皆が暗記する高さだけではない。高さや美しさもさることながら、火山噴出物の量も日本でトップクラスなのである。富士山が噴火を開始した約10万年前以降、偏西風にのって東に飛んだ大量の火山灰は、関東ローム層の主要な材料として降り積もり南関東の平野も誕生させた。

　富士山の火山噴出物を見てみよう。主に粘性の低い玄武岩質マグマからできている。粘性が低いマグマの火山は一般的に穏やかな噴火となる。逆も真で、粘性の高いマグマの火山では爆発的な噴火となりやすい。これはストレスを小出しに解消する人に比べ、めったにキレない人が一気に癇癪を起こすのと似ている。この手の火山では、平成3年（1991）に多くの人命を奪った雲仙普賢岳の火砕流を伴う噴火が記憶に新しいところだ。

　穏やかな性格の富士山だが、実はこの火砕流を伴った噴火も幾度か経験している。例えば約4,100年前の火砕流（北垣ほか，2007）。富士山南西麓の風祭川を遡ると、このときの火山噴出物が沢の両岸断面に現れる。その中には太さ90㎝、長さ3mもある直立した樹幹が完全に炭化したまま何本も埋まっている。縄文時代に発生した火砕流が、当時ここにあった森を巻き込み蒸し焼きにしたのである。その森はヒノキ属が優占し、モミ属やネズコの針葉樹と複数種の落葉広葉樹が混じる温帯針葉樹林であったことが炭化材の樹種同定から分かった。

　現在、焼き尽くされた森の上には何もなかったようにまた新たな森が成立している。富士山には火山としての側面や森を育む揺りかごとしての側面など様々な顔が見え隠れする。無駄なくそこに生かされるすべてが有機的に関わることで、日本一の富士山の複雑なシステムは機能している。訪れるものの自然観や人生観も、日本一の富士山はさらに豊かなものとしてくれるだろう。

参考文献

- 北垣俊明・堀内一利・山本玄珠・輿水達司・内山高（2007）「富士火山南西斜面の風祭川上流に見つかった直立炭化木群」『地球科学』61：p.453-462.

北垣 俊明

直立炭化樹幹の露頭

1.2

富士山の動植物

第 1 章 富士山の自然

富士山の森林植生

渡邊 定元

1. 富士山フロラの特徴

富士山は約1万年前から噴火した新しい火山である。富士・箱根・伊豆半島の領域は、この地域に特異的に分布する植物種が多く生育していることから、これらの植物を「フォッサマグナ要素（植物）」と呼んで、一つの植物区系「フォッサマグナ区」にわけている（前川1949, 高橋1971）。植物学的にみた富士山の特徴は、標高3,776mまでの植物の垂直分布をよく観察できること、高山植物相は貧弱であるが森林帯の植物相は豊富で本州中部地方の代表的な種が多いこと、フォッサマグナ要素の固有種が生育すること、第四紀火山に特有の植生が成立し、降水は地下に浸透し川がなく、山麓で湧水があること。また、富士山を基準産地の植物が多く、最初に富士山で採集され研究された植物が多いことがあげられる（杉本1971）。以上、富士山の特徴は、若い火山山地であるが他ではみられない特有な植物相が成立しており、同じ種であっても形質に違いがあること、他地域と比較して個体数が多い特色ある種が生育している点である。

2. 森林植物帯の調査

日本で最初に森林が帯状に生育している現象を発見し、「植物帯」と名づけたのは、明治11年（1878）、富士山や南アルプスなど山梨県の森林調査していた内務省地理局技師の高島得三（1879）である。高島は、地球上で赤道から両極にむけて植物帯が移り変わるのと同様に、富士山などの森林が標高に応じて4帯に分けられることを発見し、内務省地理局長に日本全国の植物帯を調査することを建議する。そして、翌12年より6年余にわたり、日本全国（北海道を除く）の植物帯調査が高島と田中壌によって行われた（富士山の調査は1883年実施）。その内容は明治18年、「大日本植物帯調査報告（田中1885）」としてまとめられる。田中は、日本の植物帯をアコウ、クロマツ、ブナ、シラベ、ハイマツの5樹種分布を基準として区分した。植物帯の名称は、百年以上もまえに富士山とその周辺の山岳の森林の観察によって生まれたのである。

大日本植物帯調査報告では、暖温帯を指標する樹木としてクロマツを選びクロマツ帯とした。現在はカシ帯または照葉樹林帯と呼ばれているものである。カシ帯の名称は「改正日本森林植物帯論(本多1912)」、照葉樹林帯は「日本の森林帯(吉良1949)」による。森林帯は、気候レベルでの樹木の配列である。吉良は森林帯に客観的な基準をあたえた。温量環境（暖かさと寒さ）と乾湿環境の基準で気候区分を行い、これを森林帯と組み合わせたところに特徴がある。

3. 植生分布図

富士山の植生図を最初に作成したのは早田文蔵（Hayata1911）である（図1）。早田の植生図は相観に基づくもので、草原帯（カシ帯・クリ帯・一部ブナ帯を含む)、照葉樹林帯（クリ帯一部・ブナ帯）、常緑針葉樹帯（シラベ帯・ウラジロモミ

垂直区分 （気候帯） Vegetation and climatic zones	森林植物帯名 Forest vegetative zone names	標高 Altitude
高山帯 （寒帯） High alpine zone (polar climate)	コケ帯 （高山コケ帯） Alpine Moss Zone	3000〜3776m
高山帯 （亜寒帯） Low alpine zone (sub-polar climate)	オンタデ帯 （高山草本帯） Polygonum Zone	(2400)〜 2850〜3000m
亜高山 （亜寒帯） Sub-alpine zone (sub-polar climate)	シラベ帯 （亜寒帯針葉樹林） Abies veitchii Zone	1800〜 (2400)〜2850m
山地帯 （冷温帯） Montane zone (cool temperate zone)	ウラジロモミ帯 （冷温帯針広混交林） Abies homolepis Zone	1600〜1800m
山地帯 （冷温帯） Montane zone (cool temperate zone)	ブナ帯 （冷温帯落葉樹林） Fagus Zone	900〜1600m
丘陵帯 （暖温帯） Lower slopes (warm temperate zone)	クリ帯 （暖温帯落葉樹林） Castanea Zone	(350)〜 570〜900m
平地帯 （暖温帯） Lower plains (warm temperate zone)	カシ帯 （暖温帯照葉樹林） Cyclobalanopsis Zone	0〜 (350)〜570m

図1 富士山の森林植物帯

帯)、カラマツ帯(シラベ帯・森林限界)、ハンノキ・ヤナギ帯(森林限界)、高山植物帯(オンタデ帯・コケ帯)の6帯に区分けしている。富士山域植生の相観をとらえた植生図は、富士山の自然を多くの人々に理解させるのに役立った。とくに、東南・東北・北・北西・西側からの植生相観は、明治初期の草原分布を示し、現在人工林や二次林となっている山麓地域を知るうえでの貴重な図幅となっている。富士山の5万分の一の植生図は、環境庁、文化庁により、それぞれ静岡県版、山梨県版植生図として作成されている。環境省第二次調査植生図によると、高山帯自然植生・コケモモ-トウヒクラス域自然植生(同代償植生)・ブナクラス域自然植生(同代償植生)・ヤブツバキクラス域自然植生(同代償植生)・河辺・湿原・植林地・耕作地植生などの大区分にしたがって62の相観植生区分を行っている。

4. 富士山植生の垂直分布

富士山の低山地は古くから人為による草原化がすすんだことから、これらの地域で潜在植生を正確に把握することは難しい。ただし、富士山の西側斜面では大沢両岸に山地帯から亜高山帯にかけての原生林が保全され、森林限界は海抜2,850mとなっているため森林植物帯をよく観察できる。これに対し宝永火山の影響を受けた東側では、二次林よりなる森林限界は1,450mで、森林帯が欠落し山地帯以上はスコリアの砂礫原となっている。また西側や北側の斜面は森林限界がほぼ2,400mで、宝永火山の影響を受けているものと判断さ

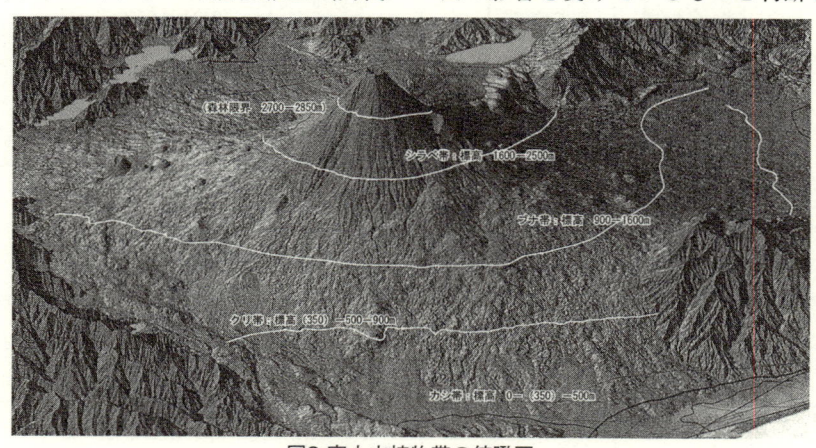

図2 富士山植物帯の俯瞰図

れる。気候区分のうえから富士山域は暖温帯湿潤気候下にある。駿河湾から標高3,776mの山頂にいたる垂直分布は平地帯、丘陵帯、山地帯、亜高山帯、高山帯に区分される。この垂直分布を水平分布に対応してみると、暖温帯から亜寒帯・寒帯にいたる気候に応じた7つの植物帯の区分がみられる。すなわち、①平地から海抜570mまでの平地帯、丘陵帯は暖温帯系の照葉樹林（カシ帯）、②海抜570mから900mまでの丘陵帯は暖帯系の針広混交林（クリ帯）、海抜900mから1,800mまで山地帯は冷温帯系の夏緑樹林（ブナ帯）や針広混交林（ウラジロモミ帯）、海抜1,800mから2,600mまでの亜高山帯は針葉樹林（シラベ帯）が成立している。この海抜高の数値は、よく森林帯が発達している富士山西側の斜面の状況をとらえたものである（図2）。

5.1. カシ帯の植生

垂直気候区分のうえから平地帯は、暖温帯に属し、森林植物帯上からはカシ帯と呼ばれている。富士山の南麓は、富士・富士宮・三島など市街地、工業用地、農耕地が発達し、森林地域はあまり発達していない。気候帯を指標する照葉樹林は、河川沿いの急傾斜地とか、社寺林などに点在して存在しているに過ぎない。ところが、溶岩流のところではイチイガシやツクバネガシなど珍しいカシ類が稀産し、富士山の南麓の照葉樹林はかって生物多様性に富んでいたことを示唆している。照葉樹林がみられるは、新しい溶岩流の流れた富士市の今宮-桑崎方面では標高350m付近までであるが、西麓の芝川流域では標高570m付近までに達する。芝川流域の照葉樹林の優占種はアカガシが占め、狩宿には一部タブノキとなっている。ウラジロガシは亜高木状で伴生していることが多い。これはアカガシやタブノキが相対的に耐寒性が高いためである。

照葉樹林の植物群集（宮脇・村上1987）は次のとおりである。
ヤブツバキクラス域
モミ－シキミ群集
イノデ－タブノキ群集（鈴木1952）
ヤブコウジ－スダジイ群集（鈴木・蜂谷1951）
シラカシ群集（横山ら1967）
サカキ－ウラジロガシ群集（鈴木・和田1949）
ムクノキ－エノキ群集
イロハモミジ－ケヤキ群集（宮脇・藤原1970）

カシ帯での主要な高木はモミ、カヤ、アカガシ、アラカシ、ウラジロガシ、シラカシ、ツクバネガシ、クヌギ、コナラ、タブノキ、スダジイ、

ケヤキ、エノキ、ムクノキ、カゴノキ、ヤマハゼ、イロハモミジ、ミズキなどである。

5.2. クリ帯：暖温帯落葉広葉樹林

本州太平洋側仙台から関東北部・長野県にかけては、植物の生育期には照葉樹が生育できる暖かさがあるものの、冬の寒さのため照葉樹の生育できない地域が帯状に分布している。吉良（1949）は、冬の寒さが厳しくてカシ類にかわってクリなど落葉樹林が優占する暖温帯の領域を暖帯落葉樹林帯とした。水平分布のうえからこれをクリ帯と呼んでいる。クリ帯の存在はすでに田中（1887）が示唆していたが、吉良はこれを気候区分として位置づけた。富士山の標高350〜680から900mまでの丘陵帯は、気候帯上暖温帯のクリ帯に属している。地質的に古い火山の愛鷹山では、850〜900mまで照葉樹林がみられブナ林と接しているが、富士山の南面から西面にかけての標高900m以下の森林では、カシ類が優占せず、かつブナが優占しない中間地帯となっており、クリなど暖温帯落葉広葉樹林発達する。クリ帯はモミ・ツガなどの針葉樹が混交し、林床や亞高木層にはアカガシが生えることもあり、照葉樹が上木に庇護されて生育している。これまで富士山でクリ帯の存在が認識されてこなかったのは、山梨県側の北麓は標高のうえからブナ帯以上であること、東麓は宝永山噴火の影響をうけ森林限界が垂下し森林植物帯が明確でないことに加え、有史以来攪乱の結果草原や広葉樹林が発達していたことによる。クリ帯の成立する西側から南側の斜面にかけては冬の季節風の影響が強いことがあげられ、かつ冬期の冠雪が少なく、この地域は、ブナが優占種として生育するのには暖かすぎ、かつ冬の気象が厳しいため照葉樹が優占できない地域である。よって、ブナよりも暖かいところに分布の最適域をもつモミ、ツガ、ケヤキなどの樹種や、温量的にブナよりの広い生育域をもつクリ、コナラ、カシワ、サワシバ、クマシデ、イヌシデ、アカシデ、イタヤカエデ、オオモミジ、ミズキなどの樹種が優占種となっている。

クリ帯の植物群集は、アブラチャン－ケヤキ群集（宮脇ら1977）、クリ－コナラ群集（奥富ら1976）が記録されている。

5.3. ブナ帯：冷温帯落葉広葉樹林

ブナ林は、山地帯の森林を指標し、標高900mから1,600mにみられ、多くの冷温帯系広葉樹やモミ（下部域）・ウラジロモミ（上部域）と混

交しており温帯系樹種との混交林を形成する。純林は堆積斜面の凸部などにモザイク状に小面積存在しているに過ぎない。混交林は、ブナ、ケヤキ、ミズナラなどの大径木がパッチをつくり、湿潤地となると、カツラ、サワグルミ、岩石地ではヒノキ、ミズメが卓越する。また多くのカエデ属植物が生育しているのも富士山ブナ帯の特徴で、高木第2層、亞高木層を占めている。ブナ帯の緩斜地は、ヒノキ、ウラジロモミ、モミの人工林となっており、現在、天然林は、沢沿いや登山道沿いにモザイク状に分布しているに過ぎない。

冷温帯落葉広葉樹林の植物群集は、次のとおり記録されている。
ブナースズタケ群集
ヤマボウシーブナ群集
ミヤマタニソバーサワグルミ群落
クリーミズナラ群集
コカンスゲーツガ群集（鈴木1949）
イワボタンーシオジ群集
シノブカグマーヒノキ群集

ブナ帯での主要な群落構成種をあげると、
高木：ヒノキ、サワラ、ハリモミ、トウヒ、ツガ、コメツガ、ゴヨウマツ、ブナ、ミズナラ、クリ、ミズメ、ウダイカンバ、シラカンバ、ケヤマハンノキ、サワシバ、クマシデ、イヌシデ、アカシデ、サワグルミ、ハルニレ、ケヤキ、カツラ、ウワミズザクラ、アズキナシ、ホオノキ、オオウラジロノキ、アズキナシ、カマツカ、シナノキ、ミズキ、ハリギリ、ヒメシャラ、ナツツバキ、キハダ、アズキナシ、ハリギリ、カエデ類（アサノハカエデ、ホソエカエデ、コウシンカジカエデ、イタヤカエデ、メグスリノキ、テツカエデ、ウリハダカエデ、オオイタヤメイゲツ、オニイタヤ（オニイタヤ、エンコウカエデ、ウラゲエンコウカエデなどの変種））など

5.4. ウラジロモミ帯：冷温帯針広混交林

温量的にみたウラジロモミの最適域はブナの分布限界域である。このため、冷温帯の上部でブナが分布せず、かつ亞高山帯系のシラベ・コメツガが卓越しない山地帯から亞高山帯への移行地帯では、ウラジロモミと温帯性広葉樹の生育域となっている。また、溶岩流地域などでは亜高山性の樹種が生育する。よって、ブナが欠落しブナよりも寒冷な気候に適応できる冷温帯系樹種が卓越する地域をウラジロモミ帯という。ウラジロモミ帯は太平洋側の森林帯である。この理由は、日本海側では豪雪などの影響を受けて、温量指数45℃よりも寒冷な地域や逆に85℃

よりも温暖な地域にブナ林が成立しており、太平洋側とは異なった水平分布をしているからである。ウラジロモミ帯の群落構成種は、ウラジロモミとシナノキが主要樹種で、ハリモミ、サワグルミ、ミズナラ、ケヤマハンノキ、ハルニレ、カツラ、キハダ、シナノキ、キハダ、ホオノキ、アズキナシ、ハリギリ、イタヤカエデなどブナよりも耐寒性を有する温帯系樹木と、溶岩流などによって亜高山より垂下した樹種ならびにダケカンバなど亞高山帯の先駆種よりなる。局所地形によりウラジロモミが卓越しているところと、広葉樹が卓越しているところがみられる。群落は、
カニコウモリ－ウラジロモミ群集

が記録されている。ウラジロモミ帯での主要な高木は、ウラジロモミ、ハリモミ、トウヒ、ダケカンバ、ケヤマハンノキ、ミズナラ、サワグルミ、ハルニレ、カツラ、ホオノキ、アズキナシ、ミヤマザクラ、イタヤカエデ、オニイタヤ、オオイタヤメイゲツ、キハダ、ハリギリ、シナノキなど

5.5. シラベ帯：亜高山針葉樹林

富士山の亜高山帯針葉樹林のシラベ林はほぼ1,800mから始まる。シラベ帯はシラベ・オオシラビソ・イラモミ、トウヒ・コメツガ・カラマツ・ダケカンバがモザイク状に、あるいは数種が混交している地帯であって、同一種が帯状に生育していることはない。そして森林限界は、カラマツ・ダケカンバ・ミヤマハンノキがモザイク状に群落を作っている。森林限界は、宝永火山の影響を受けて、東斜面では低く、表口登山道では2,400mであるが、西斜面では標高2,800mにまで達している。群落は、次のとおり記録されている。
シラビソ－オオシラビソ群集
タカネノガリヤス－ダケカンバ群集
カラマツ群落

シラベ帯での主要な群落構成種をあげると、

高木：シラベ、オオシラビソ、コメツガ、カラマツ、トウヒ、イラモミ、ダケカンバなど

亞高木：ヤハズハンノキ、ミヤマハンノキ、ナナカマド、ミネカエデなど

6. 地形地質環境要素と森林植生

富士山は火山の噴出年代の新旧による地形、溶岩流、火山砂礫や火山灰など地形地質条件によって特徴ある森林植生が発達している。森林植生で最も特徴的なのは、「まるび」とよばれる新規溶岩流である。富士山南斜面でよそ1,770～2,000年前に噴火した溶岩流ではキヨスミミツバ

ツツジ、ミツバツツジ、アシタカツツジが富士山に進出し、とや塚の火山噴石丘のスギ、西臼塚のオオウラジロノキなど特色ある植物が生育している。

火山噴火の態様を踏まえた地史条件の違いによって地形地質の視点から環境要素をとらえると、古富士集塊質泥流地域、側火山噴石丘、溶岩流域、火山噴出物堆積地（侵食斜面、平衡斜面、堆積斜面（ローム層、スコリア層、まさ層、扇状地））の4地域・6小地域に区分できる。

(ア) 古富士集塊質泥流地域

古富士集塊質泥流は、富士山溶岩の末端地域である富士宮市市街地、大中里丘陵地帯、田貫湖周辺などが代表的である。大中里丘陵地帯から田貫湖にかけてはアカガシ、アラカシなど照葉樹が最も発達しており、ランヨウカンアオイ、スルガテンナンショウ、ササユリ、カタクリなど特殊な植物が分布する。また、小田貫湿原は山麓唯一の湿地として特徴づけられる。

(イ) 側火山噴石丘

富士山の側火山噴石丘は、とや塚、桧塚、西臼塚などが山頂を取りまき、東臼塚、浅黄塚、腰切塚、黒塚、平塚、次郎右衛門塚、赤塚などが北西から南東に配列、日塚、二子山、天母山などが北東から南西に配置している。側火山噴石丘は円錐形のため植物相は周辺部と異なっており、小範囲のなかで中央の火口をはじめ全方位の斜面がみられ、それぞれ特徴ある植生が成立する。

(ウ) 溶岩流域

富士山の溶岩流は、噴火年代ごとに区分される。古く噴火したものは山腹斜面では明らかであるが、山麓では新しい火山の砂礫に覆われているところもある。また末端部などでは特異な地形をつくり、開発からまぬがれた種類をふくめ多くの植物のレフュージア（逃避場所）となっているところもある。青木ケ原樹海はその代表的なところである。

(エ) 火山性降下物堆積地

(エ-1) 侵食斜面：裸地において降水などによって侵食される山の斜面である。富士山の中腹以上の多くがこのなかに含まれる。森林の成立によって土砂の移動がおさえられる。なお、富士山東斜面は宝永火山や偏西風による多量の降雪によって1,000m付近まで森林が成立せず、融雪雪崩などによって砂礫原展開している。侵食斜面の特徴はつねに新しい砂礫が露出し、植生は一次遷移の初期の状態にある。シラベ帯では、ヤハズハンノキ、ダケカンバ、カラマツなどの森林が成立してくる。なお、ブナ帯、クリ帯、カシ帯では河

1.2 富士山の動植物　　第1章

富士山森林植物帯と地形・地質区分に生育する主要樹種

区分 地形・地質区分				森林植物帯（垂直分布）	
				カ シ 帯	ク リ 帯
古富士集塊質泥流				アカガシ林が標高570mにまで上昇する。川沿いに照葉樹林，二次林が残存する。	クリ・コナラ・モミ・ツガ・カシワ・シデ類の自生二次林がみられる。多くはヒノキ・スギ人工林である。
側火山噴石丘				−	ヒノキ・スギ・クヌギ人工林のほかコナラなどの二次林がみられる。
溶岩流				イチイガシ，ツクバネガシ，シラカシ，ウラジロガシ，アラカシが混生し残存する。	コナラ，シデ類，モミなどの天然林，ヒノキ天然木自生，キヨスミミツバツツジなど貴重種が生育する。
火山性降下物堆積地	堆積斜面	侵食斜面		河川・野渓沿いにアラカシ，アカガシ，シデ類，コナラ，イロハカエデなど。多くは人工林となっている。	クリ，コナラ，シデ類，オオモミジ，ケヤキなどが自生する。多くは人工林となっている。
^	^	平衡斜面		アラカシ，シイ，タブ，ケヤキ，スギ，ヒノキを混える屋敷林，社寺林が点在。多くは宅地・田畑・竹林である。	モミ，ツガ，クリ，コナラ，ケヤキ，シデ類などが屋敷林，社寺林に自生。多くは宅地・田畑・竹林である。
^	^	^	ローム層	アラカシ，シイ，タブ，エノキ，スギ，ヒノキを混える屋敷林，社寺林が点在。多くは宅地・田畑・竹林である。	クリ，コナラ，ケヤキ，シデ類など屋敷林，社寺林に自生する。多くは宅地・田畑・竹林である。
^	^	^	スコリア層	モミ，アラカシ，シイ，エノキ，スギ，ヒノキを混える屋敷林，社寺林が点在。多くは宅地・田畑・竹林である。	モミ，アカマツ，クリ，コナラ，カシワ，シデ類が河川沿いに生育。多くは人工林・田畑・竹林である。
^	^	^	マサ層	−	アカマツ，カシワ，コナラ，シデ類がザイク状に生育する。貧栄養の原野は人工林，牧場に変わった。
^	^	^	扇状地	シイ，タブ，エノキ，ムクノキ，ケヤキなどが屋敷林・社寺林としてある。	アカマツ，コナラ，カシワ，ヤマナラシなど。撹乱地はオオバヤシャなど。

−76−

富士山の森林植生

による区分	ブナ帯	ウラジロモミ帯	シラベ帯
	-	-	-
	ヒノキ，ウラジロモミ，ハリモミ，スギ(稀)，ミズナラ，カエデ類，ウラジロノキ(稀)，キハダなど	ウラジロモミ，ハリモミ，イラモミ，シナノキ，サワグルミ，イタヤカエデ	コメツガ，シラベ，トウヒ，カラマツ，ダケカンバ，ヤズハンノキなど
	ヒノキ，ウラジロモミ，ハリモミ，ミズナラ，ミズメ，ヒメコマツなど	ウラジロモミ，ハリモミ，カラマツ，シナノキ，ミズナラ，ダケカンバ	コメツガ，シラベ，トウヒ，カラマツ，ダケカンバ，ヤハズハンノキトウヒなど
	ヤシャブシ，ケヤマハンノキ，シデ類，一部カラマツ，ミズナラ，ダケカンバ，ブナ，ケヤキ，モミジ類	ウラジロモミ，ハリモミ，カラマツ，シナノキ，イタヤカエデ，ミズナラ，ダケカンバ	カラマツ，イラモミ，シラベ，シラベ，コメツガ，ダケカンバ，ヤハズハンノキ，ミヤマハンノキなど
	ブナ，ウラジロモミ，ケヤキ，ミズナラ，キハダ，シナノキ，ハリギリ，ホオノキ，ヒメシャラなど	ウラジロモミ，ハリモミ，シナノキ，サワグルミ，イタヤカエデ，ハウチワカエデ，ウダイカンバ	コメツガ，シラベ，イラモミ，オオシラビソ，トウヒなど。撹乱跡地にカラマツ，ダケカンバなど
	ブナ，ケヤキ，ミズナラ，湿潤地はサワグルミ，カツラ，トチノキ，ヤハズハンノキなど	-	-
	ブナ，ウラジロモミ，ケヤキ，ミズナラ，キハダ，シナノキ，ハリギリ，ホオノキ，ヒメシャラなど	ウラジロモミ，ハリモミ，シナノキ，サワグルミ，イタヤカエデ，ハウチワカエデ，ミズナラ	コメツガ，シラベ，オオシラビソ，トウヒなど。撹乱跡地にカラマツ，ダケカンバなど
	-	-	-
	ブナ，ケヤキ，ミズナラ，カツラ，サワグルミなど	-	-

-77-

川や野渓の側斜面は局地的な侵食斜面となっており、保全の立場から人工林化せずに自然林が成立しているところがみられる。

（エ-2）**平衡斜面**：降水などによって侵食される量と堆積する量とが釣りあった斜面をいう。ブナ帯、クリ帯の山地斜面の多くがこのカテゴリーのなかにはいる。

（エ-3）**堆積斜面**：堆積した火山灰や火山砂礫が原則として移動しない状態の斜面をいう。火山噴火によるものとしては、スコリア堆積層、フジマサ層などがある。フジマサの一種アカマサと呼ばれるローム層は南面の標高1,000m以下の主に大淵地域に分布し、農耕地となっている。普通のマサ層は貧栄養の火山砂で、この層が発達している西麓では草原を形成し黒ぼく層をつくっている。スコリア層は南面から東面にかけて広く分布している。標高の高いところでは砂礫の粒径が大きくなる。降水などによって堆積されたものとしては、沖積層の堆積や、扇状地に押し出されたもの、雪崩による堆積などがある。扇状地形は西麓の大沢崩れの堆積斜面が代表的で、森林の成立が難しい砂礫草原では、サクラソウ、アツモリソウなどの特殊な植物が生育していた。

7. 垂直植物帯別の地形・地質環境を指標する樹木

p.76〜77の表にまとめた。

参考文献

- Hayata, B (1911) "The vegetation of Mt. Fuji with a complete list of plants founded on the mountain and botanical map showing their distribution" Maruzen, Tokyo, 125p.
- 本多静六（1912）『改正日本森林植物帯論―本多造林学前論ノ三』三浦書店, 400pp.
- 吉良竜夫（1949）『日本の森林帯.林業解説 シリーズ17』日本林業技術協会, 42pp.
- 前川文夫（1949）「日本植物区系としてのマキネシア」『植物研究雑誌』24, pp.91-96.
- 奥富清・松崎嘉明（1974）「富士愛鷹山麓地域の植生」『富士・愛鷹山麓地域の自然 環境保全と土地利用計画調査報告書』富士市, p.229-251.
- 宮脇昭・中村幸人・藤原一絵・村上雄秀（1984）『富士市の潜在自然植生』富士市, 254pp.
- 宮脇昭・村上雄秀（1987）『富士宮市の植生』富士宮市, 177pp.
- 杉本順一（1971）「富士山の植物」『静岡県の自然（3）』p.2-3.
- 高橋秀夫（1971）「フォッサマグナ要素の植物」『神奈川県立博物館研究報告』（2）
- 高島得三（1879a）「甲斐国内樹類生育景況」『地理学雑報』内務省,（11）:p.63-80.
- 田中壌（1885）『大日本植物帯調査報告』農商務省
- 田中壌（1887）『校正大日本植物帯調査報告』農商務省, 176pp.
- 渡邊定元（1994）『樹木社会学』東京大学出版会, 250pp.
- 渡邊定元（2000）「富士山自然の森づくり」『富士山緑のゼミナール』11-14, 建設省富士砂防工事事務所
- 渡邊定元（2006）『富士山自然の森づくり―理論と実践―』日本森林技術協会, 152pp.

富士山に生育する高山植物のルーツ

渡邊 定元

1. 高山植物とは

　高山植物とは、垂直分布のうえで、気候帯からみて樹林限界以上を生活の本拠としている植物と定義しよう。日本列島の中で、気候帯からみて樹林限界以上にそびえる高山は、富士山、日本アルプスの剣岳・穂高岳・北岳、北海道の大雪山旭岳、日高山脈幌尻岳など私たちが思っているのよりずっと少ない。日本海側の豪雪地帯では、針葉樹林帯が欠落または貧弱で、ブナ林から直接草本群落に移り変わており、これらの草本群落の発達している山岳は偽高山と呼ばれて、高山植物が生育している。また、超塩基性岩や石灰岩、集塊岩などの特殊岩地では森林が発達せず、これらの亜高山や山地帯にある崩壊地や岩礫地などでは高山植物が生育している。興味深いことに、偽高山や特殊岩地の草本群落では、亜高山帯や山地帯を生活の本拠としている植物が高山植物とともに生え、群落の構成要素となっている。そして日本の高山植物図鑑（清水1982, 1983, 豊国1988など）には、①高山を生活の本拠としている植物のほか、②亜高山（シラベ帯）を生活の本拠としている植物、③山地帯（冷温帯・ブナ帯）を生活の本拠としている植物、さらには、④特殊岩地を生活の本拠としている植物が掲載されている。そこで、富士山に生えているこれら植物の一種一種について、種の分布域から生活の本拠を探り図鑑掲載の高山植物のルーツを示し、富士山高山植物相の特徴を明らかにしよう。

2. 高山植物のルーツ

　現在の地球は、約1万年まえ最終氷期がおわり温暖な後氷期にある。氷河期には日本アルプスや日高山脈などの高山には山岳氷河が懸かり、ヴェルム氷期、リス氷期に対応するカール地形が残されている。これら氷期と間氷期の繰り返しの気候変動を通じて、高山の植物相のルーツは、①少なくとも最終氷期以前にすでに高山植物となっていた真の高山植物（真性高山植物）、②氷期に亜寒帯や寒帯など北方域や周北に生活の本拠を置く北方・極地系の植物（周北極要素、北東アジア要素、北太平洋要素）が南下し、後氷期の温暖化とと

もに高山や亜高山に隔離遺存している植物（北方・極地起源高山植物）、③ヴェルムーリス氷期など間氷期の温暖な気候の下で高山にまで分布域を拡げていた温帯系の植物が、寒冷化に伴い高山において寒さに適応した温帯起源の高山植物（温帯起源高山植物）、④特殊岩地で適応・進化・遺存し、高山にも生育する高山植物（特殊岩系高山植物）、に区分してとらえることができる。これら高山植物のうち、富士山には真性高山植物、北方・極地起源高山植物、温帯起源高山植物が生育している。

3. 富士山に生育する高山植物

（1）**貧弱な富士山高山植物フロラ**：富士山は後氷期に誕生した新しい高山である故、日本で最も高い山であるにもかかわらず高山植物相は貧弱である。日本高山の特徴ともいうべきハイマツが欠落し、草本群落はパッチ状に生育し、帯状をなしていない。富士山の高山植物フロラのなかで、高山を生活の本拠としている維管束植物（高等植物・シダ植物）は29種を数えるにすぎない。

（2）**真性高山植物**：少なくとも最終氷期以前に日本列島（シュミッド線、宮部線以南）において高山植物となっていた真性高山植物と判断されるものは、ツガザクラ、ミヤマタネツケバナ、イワツメクサ、コタヌキランの4種。

（3）**北方・極地起源の高山植物**：母種が北東アジア、ユーラシア大陸北部、北太平洋、周北極地に分布している北方起源の高山植物である。日本列島において後氷期に高山に遺存し、亜種・変種レベルで高山植物と判断されるものである。ミヤマアキノキリンソウ、タカネグンナイフウロ、タカネイバラの3種。

（4）**温帯起源高山植物**：温帯系の植物が間氷期に高山に生育し、寒冷化に伴い氷期の気候に適応し、亜種・変種レベルで高山植物と判断されるものである。ミヤマオトコヨモギ、タカネニガナ、タカネヒゴタイ、ヒメシャジン・ミヤマシャジン、トモエシオガマ、コイワカガミ、フジハタザオ、オンタデ、メイゲツソウ、イワスゲの11種。

（5）**北方・周北極系要素**：亜寒帯や寒帯など北方域や周北に生活の本拠を置く北方・周極地系の植物である。周北極要素、欧亜要素、北東アジア要素、北太平洋要素、北アジア－太平洋要素がこれにあたる。これらの北方・極地系植物が最終氷期に南下して後氷期に高山に遺存している植物である。これらの植物は、オニク、コケモモ、イワヒゲ、ムラサキモメンヅル、タイツリオウギ、

イワオウギ、テガタチドリ、タカネスズメノヒエ、コメススキ、ヒメハナワラビ（広汎種WR）、コスギランの11種。

4. 富士山に生育する亜高山植物

（1）固有度の高い亜高山フロラ：亜高山針葉樹林帯には、多くの日本固有な植物が生育している。寒冷化と温暖化を繰り返す第四紀の気候変動のなかで、亜高山帯は大陸や北方からフロラからの影響が少なく、また、進入してきた種は、多湿なモンスーン気候や火山等の影響をつうじて固有化が図られた地域である。前記高山植物図鑑に載っている植物のうち亜高山を生活の本拠としている植物で、富士山に生育する植物は78種に及ぶ。ここでは図鑑には掲載されていないが富士山を亜高山帯を特徴づけているヤハズハンノキ、イラモミなどを加えたものを掲げる。そのうち日本固有な亜高山帯要素は43種、55％で、周北・北方要素は35種、45％である。

（2）真性亜高山植物：最終氷期以前に日本列島において亜高山植物に生育していたと判断されるもので、カニコウモリ、フジアザミ、ヤハズヒゴタイ、コキンレイカ、コイワザクラ、コヨウラクツツジ、ハクサンシャクナゲ、マルバノイチヤクソウ、コバノイチヤクソウ、イワセントウソウ、オガラバナ、ヒメアカバナ、ヒメゴヨウイチゴ、ミネザクラ、シナノナデシコ、オオサワトリカブト、ミネヤナギ、ミヤマモジズリ、キソチドリ、コイチヨウラン、イチヨウラン、アリドウシラン、ヒメスゲ、ミヤマヌカボシソウ、ネバリノギラン、カラマツ、コメツガ、イラモミ、トウヒ、シラビソ、オオシラビソ、ミヤマメシダ、ヒモカズラの33種。

（3）北方・周北起源の亜高山植物：母種が北東アジア、ユーラシア大陸北部、北太平洋、周北極地に分布する北方起源の亜高山植物である。日本列島において後氷期に亜高山に遺存し、亜種・変種レベルで亜高山植物と判断されるもので、アカイシコウズリナ、クガイソウ、カントウミヤマカタバミ、ミヤマハタザオ、ホテイラン、ウシノケグサの6種。

（4）温帯起源の亜高山植物：温帯系の植物が間氷期に亜高山に生育し、寒冷化に伴い氷期の気候に適応し、亜高山を生活の本拠としているもので、亜種・変種レベルで亜高山植物と判断されるフジツリガネツツジ、ハナヒリノキ（ウラジロハナヒリノキ・ハコネハナヒリノキ）、フジオトギリの3種。

（5）北方・周北系要素：亜寒帯

など北方域や周北に生活の本拠を置く植物である。周北要素、欧亜要素、北東アジア要素、北太平洋要素、北アジア－太平洋要素がこれにあたる。これらの北方・周北系植物が最終氷期に南下して後氷期に亜高山に遺存した植物である。キオン、オクルマムグラ、ツマトリソウ、ミツガシワ、ジンヨウイチヤクソウ、ベニバナイチヤクソウ、コイチヤクソウ、ゴゼンタチバナ、ヤナギラン、イワアカバナ、ケゴンアカバナ、ミヤマタニタデ、ミヤマハンショウヅル、ダケカンバ、ミヤマハンノキ、カモメラン、ノビネチドリ、ミヤマフタバラン、ホザキイチヨウラン、ヒメミヤマウズラ、バイケイソウ、ギョウジャニンニク、クルマユリ、カタクリ、ツバメオモト、マイズルソウ、ミヤマエンレイソウ、コメススキ（WR）ミヤマヌカボ（WR）、イワノガリヤス、シラネワラビ、ミヤマワラビ、ミヤマメシダ、ナヨシダ（WR）。このほか、東アジア要素（日華区系）としてミヤマウラボシがある。計35種。

5. 富士山高山帯に生える温帯系植物

（1）なぜ温帯系植物が高山に生えるのか：ブナ帯を生活の本拠とする植物で前記高山植物図鑑に登載されている植物は55種にも及ぶ。その第一の理由は、温帯から高山にまで寒さに対して幅広い耐性を持っている植物である。亜高山を生活の本拠としているヒメスゲ、ウシノケグサなどは高山から山地帯まで生育している。温帯を生活の本拠としている植物も高山にまで分布域を拡げている種も多くみられ、富士山草本帯に生育するムラサキホタルブクロはその代表的な種である。第二は、日本の高山は偽高山や特殊岩地が広く存在し、多くの温帯系植物が生育している。日本海側の樹林限界以上の草本帯にみられるカタクリ群落はその代表である。

（2）**日本要素**：日本列島固有な植物で、ウスユキソウ、ヤマホタルブクロ、イワシャジン、ツルアリドウシ、ヤマルリトラノオ、ヤマクワガタ、ミヤマママコナ、ミソガワソウ、ヒメイワカガミ・ヤマイワカガミ、イブキボウフウ、ハウチワカエデ、コミネカエデ、ツルツゲ、ハイイヌツゲ、イワキンバイ、シロバナヘビイチゴ、シモツケ、イワシモツケ、ナナカマド、ダイモンジソウ、フジアカショウマ、カラマツソウ、コバノトンボソウ、タカネコウボウ、ミヤコザサ、クマイザサ、ゴンゲンスゲ、アオヤギソウ、エンレイソウの31種。

(3) 東アジア温帯系要素：メタカラコウ、オタカラコウ、マルバダケブキ、ムシカリ、キバナカワラマツバ、イタヤカエデ、ヒロハツリバナ、ズダヤクシュ、ニリンソウ、トキソウ、ヤマトキソウの11種。

　(4) 周北・北方系要素：タニギキョウ、サワギキョウ、オオヨツバムグラ、キツリフネ、ツルキジムシロ、ヤマブキショウマ、ウメバチソウ、カラマツソウ、シラカンバ、クルマバックバネソウ、タケシマラン、モウセンゴケ、ヤマハハコの13種。

6. 高山植物図鑑掲載の富士山に生育する植物の種数

　高山植物図鑑掲載の富士山に生育する植物の種数は次のとおりである。

高山植物	29
亜高山植物	77
温帯系（高山）植物	55
合計	161種

〔内訳〕

高山植物	
真性高山植物	4
北方・極地起源の高山植物	3
温帯起源高山植物	11
北方・周北極系要素	11
亜高山植物	
真性亜高山植物	33
北方・周北起源の亜高山植物	6
温帯起源の亜高山植物	3
北方・周北系要素	35
温帯系植物	
日本要素	31
東アジア温帯要素	11
周北・北方系要素	13

引用文献

- 清水建美（1982,1983）『原色新日本高山植物図鑑Ⅰ,Ⅱ』保育社
- 豊国秀夫（1988）『日本の高山植物』山と渓谷社

富士山の永久凍土と植物

増澤 武弘

1. 富士山頂の永久凍土

　富士山頂に永久凍土が存在することは古くから知られていた。昭和10年（1935）に中央気象台の測候所設置時に、「真夏でも富士山頂の土は凍っている」と報告されている。本格的な調査は昭和46年（1971）に行われ、初めて富士山頂に永久凍土が存在し、その下限は標高3,100mあたりであることが確認された。

　地表面近くの凍土は、日本列島でも厳冬期にはよく見られる。一般的に地表面が凍って持ち上げられた状態は「霜柱」と言われるが、これは春先には解けて土壌中の氷は消失する。一方、永久凍土は、「少なくとも連続した2回の冬と、その間の1回の夏を合わせた期間より長期にわたって、0℃以下の凍結状態を保持する土壌または岩石のこと」であると定義されている。

　シベリア、アラスカ、南極では広く見られるが、日本では富士山、北海道の大雪山、本州の北アルプスの一部にしか存在しない。

2. 山頂の永久凍土とコケ植物

　平成2年（1990）、富士山で最も標高の高い剣ケ峰の周辺において、南極大陸で見られるコケと藻類の共存関係によく類似したヤノウエノアカゴケ（*Ceratodon purpureus*）群落が発見された。南極ではヤノウエノアカゴケが独自に生育していることは少なく、ほとんどの場合ノストック属（Nostoc）のラン藻類と共存している。ヤノウエノアカゴケにラン藻が共存すると、その表面は紫色に変化し、時間と伴に黒い色に変色する。ノストックは空気中の窒素を固定するため、枯死した後、固定した窒素をヤノウエノアカゴケが利用するものと思われる。

　ラン藻と共存することが南極のヤノウエノアカゴケ群落の特徴であるが、これと同じものが富士山頂にも存在した。

　富士山頂の周辺ではこのコケ群落はカーペット状になって生育している。このような場所は大きな岩や岩盤に接していることが多い。山頂の永久凍土は剣ケ峰の岩場、白山岳の岩場、雷岩などの大きな岩や岩盤に

張り付くか、または取り囲むように分布している。これらの場所の永久凍土は、山頂において、夏期に気温が上昇する時期かつ最も乾燥した時期から初秋にかけて、少しずつ融解することにより、岩場の周辺に生育しているコケ類に浸出水を供給していると考えられる。山頂の夏期の乾燥時にはこの水源と霧によって、ヤノウエノアカゴケとラン藻類は共存関係を維持している。

3. 富士山頂の植物

富士山頂周辺は中央に直径700m深さ200mの火口が存在する。火口を囲んで最高峰の剣ケ峰（標高3,776m）、白山岳、伊豆岳、成就岳、三島岳の峰がある。これらの峰は大きな岩塊からなり、その表面にはコケ類や地衣類が生育している。コケ類として多く見られるものはタカネスギゴケ、ヤノウエノアカゴケ、ヤリギボウシゴケ、ギンゴケ、シモフリゴケなどである。地衣類はハイイロキゴケ、チズゴケなどである。これらの植物は環境条件の厳しい山頂において、降雨、霧、凍土融解時の浸出水により生命を維持している。

維管束植物はわずかであるが、山頂の水条件、光条件の良い環境に生育している。コタヌキラン、イワツメクサ、フジハタザオ、イワノガリヤスがわずかであるが分布している。また、オンタデ、イタドリの種子は山頂に飛来し発芽するが、発芽したほとんどの実生は、越冬することができない。

4. 富士山頂の自然の変化

富士山は植生帯の垂直分布がはっきり見られる山である。標高2,500m以上は高山帯であるが、標高3,000m以上は「上部高山帯」に属し、そこに分布する植物はほとんどがコケ類と地衣類である。特に山頂周辺は植物が定着し群落状に発達することは極めて稀である。

現在までの報告の中では永久凍土が存在する周辺にはコケの群落は発達するが、維管束植物の分布はほとんど見られないとされている。しかし、最近ではこれまでにわずかしか分布していなかった、標高の低い場所に分布の中心をもつコタヌキラン、オンタデ、フジハタザオ、イワツメクサの個体が生育するようになってきている。それらは現在大きな群落を作るような状況ではない。しかし、このような現象から実生が生育できるような微環境（safe site）が増加しつつあるのではないかと想像できる。

日本の山岳で唯一「上部高山帯」をもち、そこに維管束植物の侵入を

1.2 富士山の動植物

長い間許さなかった富士山頂においても、近年、気候条件の変化とともに植物、動物、地形の面で変化が見られつつある。また、年間30万人訪れる登山者に付着して、帰化植物が侵入する可能性も危惧される。

富士山については、麓から山頂まで全体（垂直方向、垂平方向）としての保護、管理を考えなければならない。

参考文献
- 井上浩『富士山の植物』小学館, 1982
- 増澤武弘『富士山頂の自然』静岡県, 2002
- 国土交通省 中部地方整備局『富士山の自然と社会』中部復建株式会社, 2002

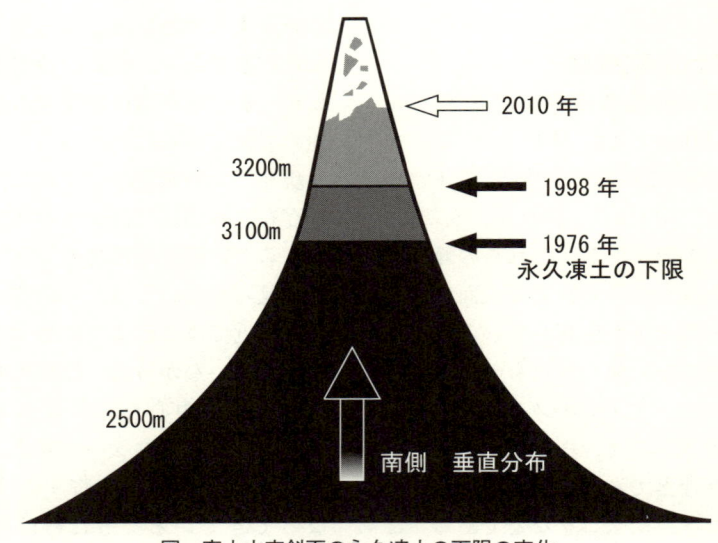

図　富士山南斜面の永久凍土の下限の変化
JSPS（日本学術振興会）事業成果報告
「富士山の永久凍土と環境変動」増澤武弘

青木ケ原樹林

中村 俊彦

1. 原生林の樹海

　富士山の北西山麓に広がる青木ケ原は、ツガやヒノキが優占する山地帯針葉樹が優占する広大な樹林に覆われている。東西8km南北6kmの面積約50km^{2}の姿はまさに「樹海」である。この青木ケ原樹林の豊かな自然は、針葉樹の原生的な森林群落としての学術的価値はもちろんのこと、林相美の景観をはじめ有用樹の宝庫としてもその大きな価値が注目されてきた（図1）。

2. 立地条件と植物相

　青木ケ原は、今から約1,150年前の貞観6年（862）、長尾山（1,424m）噴火によって流出した玄武岩質の溶岩からなり、全体としては緩やかな扇形の傾斜地である。標高は900m～1,300mに及び、1,000mの等高線がそのほぼ中央部を走っている。気候は年平均気温が約10.1℃、年平均

図1 青木ケ原樹林

1.2 富士山の動植物

降水量は約2,000mmである。積雪は2月〜3月に多いが、最積雪深は50cm前後である。

玄武岩質の溶岩を基盤とする青木ケ原は、その1,000年以上の歴史にもかかわらず、土壌は極めて薄い。広域的地形は平坦であるが、その表面は凹凸が激しい溶岩で、土壌は厚いところでも数センチにすぎない。したがってほとんどの表面はわずかな腐植とコケが被っている状態である。

この貧弱な土壌の青木ケ原は、植物の定着・生長に対しては厳しい条件だが一方で多様かつ特異な植物の生育もみられる。維管束植物については、111科、536種、5亜種、88変種、8品種が記録され（篠原, 1967）、コケ植物の蘚類については46種が記録されている（大木, 1969）。このなかには高山性のダチョウゴケも確認されている。

青木ケ原は、植生帯的にはブナやミズナラなどが優占する落葉広葉樹林帯域に位置するが、ミズナラの生育は少なく、またブナの生育は希である。その原因としては溶岩基盤の特殊な立地条件が考えられるが、その結果、青木ケ原はツガやヒノキをはじめ、アカマツ、ヒメコマツ、モミ、ウラジロモミ、カラマツ、トウヒ、ハリモミ、サワラ、ネズ等の温

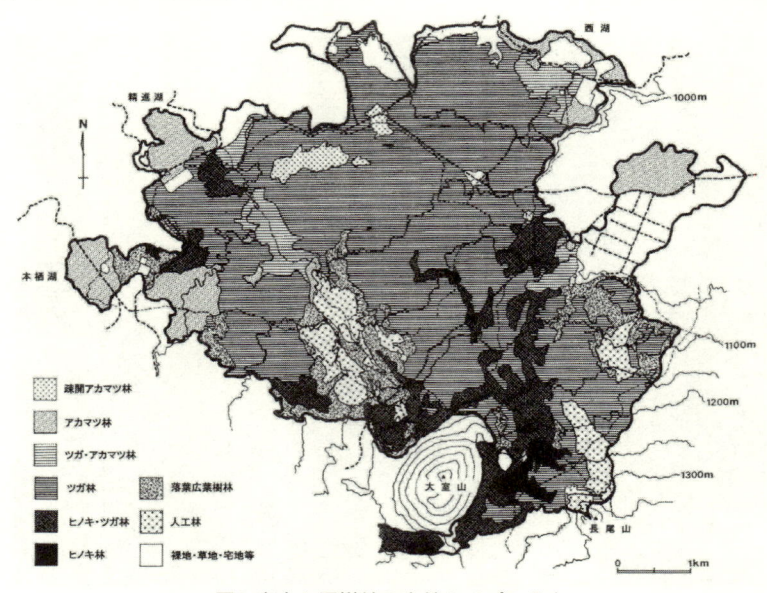

図2 青木ケ原樹林の森林タイプの分布

帯性針葉樹の宝庫となっている。

3. 森林タイプと構造

　青木ケ原の森林群落は、植物社会学的にシノグカグマーヒノキ群集のアセビ亜群集（前田, 1951）として位置づけられている。また優占種の状態からは、7つのタイプの群落に分類されている（呉ほか, 1989）。最も多いのはツガ林であり、ヒノキが混生するヒノキ・ツガ林、またアカマツが混生するツガ・アカマツ林もみられる。またヒノキが優占するヒノキ林のほか、アカマツの優占するアカマツ林、さらにその若いタイプの疎開アカマツ林もみられる。土壌が厚い所には、ミズナラやイヌブナ、ブナ等から成る落葉広葉樹林もみられる（図2）。

　青木ケ原の樹林面積の50％以上を占めるツガ林は、胸高直径40cm、高さ18mになる。このツガの根系は溶岩の表面をはうようにして広がり、わずかな隙間の土壌に細根を張り巡らせている。ツガ林はうっ閉された暗い林が多いが、その低木層や亜高木層はヒノキが優占している。ヒノキのほか、ツガの稚樹やアセビ、ソヨゴ、クロソヨゴも低木層に多い。草本層にはアカミノイヌツゲやハイシキミ、シノブカグマ、コケシノブなどがみられる。またヒノキ林は、高さ20mで胸高直径70cmを越える大木もみられ、うっ閉された林の低木層にはアセビが多い。

　一方のアカマツ林は、青木ケ原の縁辺部に多く、胸高直径20cm、高さ10m以上のアカマツが林冠を形成する。また、かつての山火事跡地には疎開アカマツ林がみられる。いずれもツガ林やヒノキ林に比べ林内は明るく、低木層にはリョウブやネジキ、ヤマウルシ、マルバアオダモといった落葉樹が多い。そしてツガやヒノキの稚樹がみられるアカマツ林もある。落葉広葉樹林は、高さ18m前後の高木層にミズナラやイヌブナ、ブナが優占し、亜高木層から低木層にかけてはサワシバ、クマシデ、イヌシデのほかカエデ類やサクラ類も多い。

4. 森林群落の遷移

　青木ケ原樹林の7つのタイプの森林群落においては、山地帯における針葉樹林の遷移系列が考察される（呉ほか, 1989）。針葉樹が優占する各タイプ森林群落の胸高断面積合計は、最も小さい疎開アカマツ林から、アカマツ林、ツガ・アカマツ林、ツガ林、ヒノキ・ツガ林、ヒノキ林の順であった（図3）。

　山火事跡地等に成立する疎開アカマツ林は、やがて林冠がうっ閉しア

1.2 富士山の動植物　第1章

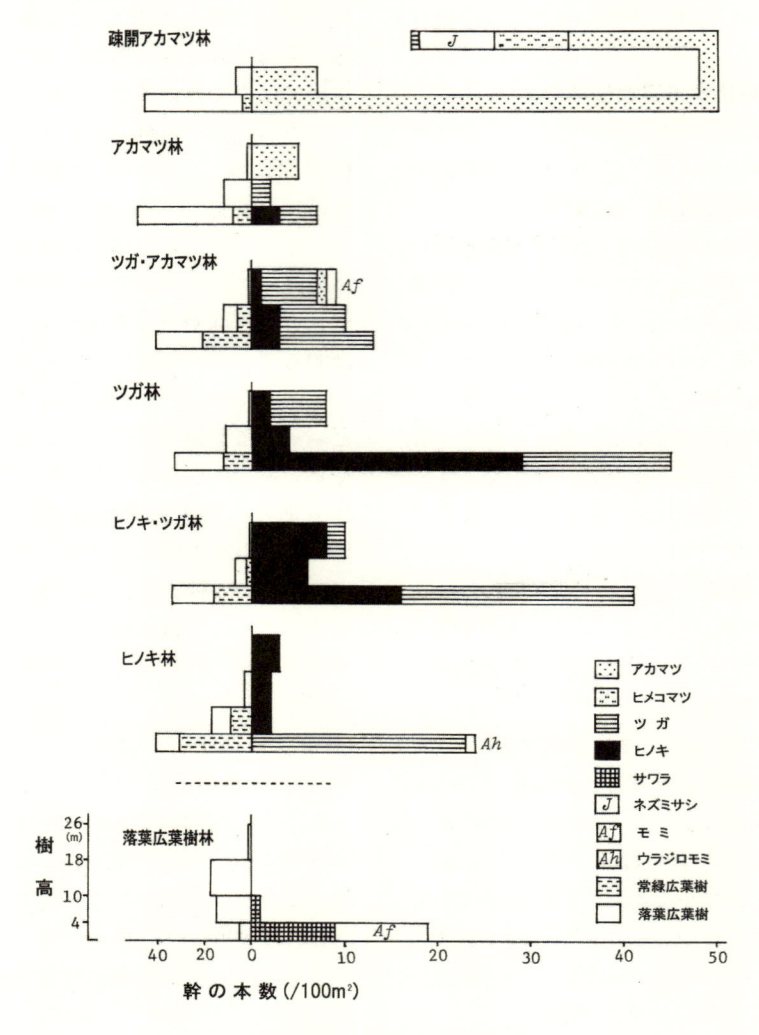

図3 各森林タイプの群落構造

カマツ林となる。アカマツ林にはツガの稚樹がみられ、ツガ・アカマツ林のアカマツはそのほとんどが林冠の大径木である。そしてツガ林にはヒノキの稚樹が多くみられ、ヒノキが高木層にまで達した林はヒノキ・ツガ林として類別される。青木ケ原樹林のなかで最も大径木が多い林分

がヒノキ林となる。

このように各森林タイプの組成と構造的な特徴から変化のベクトルを組み合わせてみるとアカマツ林からツガ林へ、さらにヒノキ林に至る遷移系列が明らかにされる。

なお、土壌の厚い立地にみられる落葉広葉樹林については、ヒノキ林の後に成立した森林と考察される。もし、長い年月によって土壌の発達が進めば、青木ケ原も、山地帯本来の極相としてブナやミズナラが優占する森林が形成されると推定される。

5. 溶岩流の針葉樹林とコケ群落

青木ケ原溶岩は針葉樹の世界であるが、その森の世界はコケによって支えられている。ゴツゴツした溶岩の表面は、腐植がたまりにくく、やっとできた腐葉土も雨水で流されがちで、土壌が形成されるところはごくわずかである。しかしこの薄い土壌条件でも針葉樹の実生は発芽・定着することができる（図4）。

厚い土壌では、いろいろな草本が繁茂する。またドングリの種子から発芽するブナやミズナラの実生は大きく、当年生でも10cm以上に伸びる（山中, 1975）。また、これらは土壌に素早く根を張り、草本群落のなかでも着実に生長していくことができる。その一方で、種子が小さい針葉樹の実生は、当年生では3cm前後の高さであり、草本群落や落葉が地表を覆うような所で生長してい

図4 コケ群落に芽生えたヒノキの実生

くことはできない。

もちろん針葉樹の実生も直接溶岩の上には定着できない。その小さな実生の定着を助けているのが、コケの群落である。

山地帯は雲のかかりやすい標高域であり、青木ケ原も霧の多い所である。このことはコケ植物の生育には好条件で、溶岩をはじめ樹幹や倒木上などの表面はコケ群落で覆われている。コケの上に落ちた小さな針葉樹の種子は、適度な水分条件のもとで芽生え、コケ群落の下のわずかな腐植や倒木に根を張り定着することができるのである。

針葉樹の世代交代は倒木更新に依存する種も多いが、これは倒木の上のコケ群落がつくり出す適湿な条件とともに、倒木が腐朽してもたらされる養分が生長を助けると考えられる(中村,1991)。コケは針葉樹にとっては「実生のゆりかご(ナーサリー・ベット)」としての役目を果たしてくれる。

6. 青木ケ原樹林の保全

これほどまでに広大なツガ林及び多様な針葉樹が生育する原生林は青木ケ原以外にはない。かつては各地に広がっていたと考えられるこのような原生の森林は次々に開発、伐採されていった。優良な木材資源を目前にしても、これを守ってきた先人の未来へのおもいとその努力は並々ならないものであったと推察される。

温暖化等、近年の地球レベルの環境問題に対しても、原生林の変化は環境指標として私たちに貴重な情報を提供してくれる。このような青木ケ原樹林の価値を見極めその保全を確実なものとするためにも、青木ケ原にかかわるさらなる調査研究とその成果の情報発信が求められる。

引用文献

- 呉建業・中村俊彦・濱谷稔夫(1989)「富士山青木ケ原における針葉樹林の分布と群落構造」『東大演習林報告』81, p.69-94.
- 前田禎三(1951)「ヒノキ林の群落組成と日本海要素について」『東大演習林報告』8, p.21-44.
- 中村俊彦(1991)「亜高山帯針葉樹林の遷移と更新」『植生史研究』7, p.3-14.
- 大木正夫(1969)『富士山麓青木ケ原の植生』山梨県林務部, 38pp
- 篠原博(1967)「富士山麓青木ケ原原生林の植生」『都留文科大学紀要』4, p.45-87.
- 山中寅文(1975)『植木の実生と育て方』誠文堂新光社, 256pp

富士山の動物

中村 司

はじめに

　富士山の動物については岸田久吉氏の『富士の動物』(1928)や富士急行株式会社出版の『富士山総合学術調査報告書』(1971)がある。その後各分野の専門家による調査がさらに進められている。筆者は鳥類を専門としているが今回は富士山の動物について、特に哺乳類と鳥類を中心に昆虫類・両生・爬虫類・魚類等について概要を述べることにする。

1. 哺乳類

　富士山は新しい火山であるため動物たちに棲み場を提供している。たとえば溶岩の隙間はコウモリ類の絶好の棲み場となっており、キクガシラコウモリ、ウサギコウモリ、テングコウモリなど10種類ほどのコウモリ類が生息する。中でもキクガシラコウモリはよく知られており、北東地域にある鷹の穴をはじめ精進湖周辺の溶岩洞穴に棲み、初夏の頃繁殖する。ウサギコウモリはウサギのように耳が長いことからこの名がついている。二合目辺りから五合目の森林内で見かけることがある。テングコウモリは鼻が天狗のようにとがっているので、その名がついている。洞穴で冬眠するが、夏には森林内で活動し木にぶら下がっていることもある。

　モグラ類では富士山北東山麓にはアズマモグラが生息し、山中の別荘地内で見かけることがある。またコウベモグラはアズマモグラよりやや大きく、富士山の南麓に分布しアズマモグラとは棲み分けているようである。

　ネズミ類は広範囲にわたって分布している、ハタネズミ、アカネズミ、ヒメネズミが普通に見られる種類である。ハタネズミは山麓地域に多く生息するが、アカネズミとヒメネズミは山麓地帯から五合目まで生息する。これと同じ調査の際、五合目の小屋でドブネズミも採集した(1993,95)。

　ノウサギとニホンリスは最も普通に見かける動物であったが、近年両種ともかなり少なくなっているように思われる。それでも滝沢林道や五合目の御中道などで糞を見かけることがある。またニホンリスも富士吉

1.2 富士山の動植物

田口登山道の中の茶屋付近やスバルライン二・三合目辺りで目撃したこともある。最近ニホンリスより大型で褐色度の濃いタイワンリスが富士山麓にも入り込んでいる。

ヤマネは昭和50年（1975）に国の天然記念物に指定されており、富士山麓にはかなり広範囲に生息している。シジュウカラなどカラ類用の巣箱に入っていることもあるし、ツツジなどの細い枝に巣をつくることもある。また富士山や周辺山地の山小屋の布団の中で発見されることもある。近年開発によって森林が伐採され、被害が出たことから山梨県全体を調査することになった（1997,98）。この間富士山においても標高500m辺りから2,500m辺りまでかなり生息していることがわかった。ヤマネは気温が12℃位になると体を丸くして冬眠する。そのことからマリネズミなどと呼ばれている。

ツキノワグマは他の動物と比べて少ないが、昭和60年（1985）頃以降富士嶺、鳴沢精進登山道での目撃もある。一般には低山帯に生息し、その後も富士吉田登山道中の茶屋などでも目撃されている。また富士山外輪山の御坂山や黒岳などでも生息が確認されている。2010年秋には山のドングリが不作で、河口湖町勝山では人家にまでクマが侵入した。山梨県では富士・丹沢の調査から県内のツキノワグマの総数を400頭と推定し、保護管理指針により平成14年（2002）から年間捕獲を原則40頭としている。然しクマは行動圏が広く、どんぐりなど餌が少ない年は人家近くに出没すると人身に危険なため、やむなく射殺というケースが多いので、山に実のなる広葉樹を植えるなどしてクマが山で安心して棲めるようにしたり、麻酔銃を使用して一旦捕獲してから山奥に返す方法を出来るだけ実行して、種が絶滅しないように考えたいものである。

テンは低地から森林限界まで広範囲に分布する。青木ケ原をはじめ精進湖、山中湖旭丘などで見られている。これに対しオコジョはテンよりも個体数はずっと少なく、さらに標高はテンより高いところに生息する。北富士演習場、スバルライン三合目辺りや、大室山などからの報告がある。小型で可愛いらしくみえるが、意外にどうもうな所がある。

ホンドタヌキは富士山全域に分布する。一般には低地帯に多く吉田登山道中の茶屋付近、富士嶺、西湖、剣丸尾その他で目撃されている。筆者も河口湖競艇場付近や剣丸尾の路上で交通事故死を目撃したことがある。ホンドキツネは低地から亜高山

帯まで広く生息する。リスとともに昼間でも観察されることがあり、これまでに山中湖周辺をはじめ本栖湖、河口湖、富士嶺、鳴沢など多くの地域で目撃されている。筆者も吉田登山道中の茶屋、滝沢林道1,800m地点などで目撃している。

ニホンジカは昭和年ではめったに見られなかったが、平成年に入ってから吉田登山道、大沢崩れの林道、滝沢林道などからたびたび報告されるようになって来た（1995）。富士山でのシカの被害は少ないが、御坂山地をはじめ秩父山地や南アルプスでは高山植物に大きな被害が出ている（2010）。

山梨県ではこれまでメスの捕獲を禁止してきたが、被害の増加に対処し平成17年（2005）からメスの捕獲を解禁している。ニホンカモシカは昭和9年（1934）国の天然記念物に指定され、さらに昭和30年（1955）に国の特別天然記念物に指定され今日に至っている。従来ニホンカモシカは亜高山帯に棲むといわれてきた。その点富士山ではその通り滝沢林道、小御岳神社付近、精進登山道、大室山など1,800〜2,300mの亜高山帯からの報告があるし、筆者も滝沢林道での調査時四合目付近（2,000m）で遭遇したり、冬季（1995）大沢崩れ五合目2,300m辺り

でかなりの新しい糞（溜め糞）を目撃したことがある。しかし南アルプスではシカが3,000mの高山帯まで登り高山植物に大きな被害をもたらしており、カモシカは多数のシカに圧迫され低い所へ追いやられてカモシカ・シカの生息地は逆になっているように思える。

まとめ：哺乳類はネズミ類、コウモリ類、キツネ、タヌキ、クマ、シカ、カモシカ、リス、テン、ヤマネなど本州に棲む一通りの種類が生息する。中でもネズミ類は山頂まで分布を広めている。

2．鳥類

富士山の鳥類については黒田長久博士らは2年間の調査をもとに182種を報告している（1971）。鳥類は種類が多いので今回は富士山の鳥類を主な登山道や地域に分けて見聞した鳥たちを紹介する形式をとることにする。

1）富士吉田口登山道沿線の鳥類

この登山道は現在は舗装された車道となっているが、昔から最も多くの登山者が利用して来た道である。筆者も30歳台のころ3回にわたり山頂まで歩いて登った経験がある。まず吉田浅間神社の境内に入ると巨大な杉が立ち並び繁殖期にはハシブトガラス、ムクドリ、スズメ、ヒヨ

1.2 富士山の動植物

ドリ、オナガ、などがみられる。登るにしたがいホオジロ、シジュウカラ、ヒガラ、コガラ、コゲラ、ウグイス、キジバトなどが見聞される。メジロの小さな群れに会う事もあろう。ウグイスの声が印象的である。また初夏であればセンダイムシクイの声も聞かれる。中の茶屋を過ぎると道は狭くなり、メボソムシクイの三拍子で鳴く声が印象的である。この鳥は繁殖期中、五合目の御中道をにぎわす鳥である。5月に入るとカッコウやホトトギスの声も聞こえよう。近年はツツドリが少なくなってきている。さらに登りレンゲツツジやフジザクラの群生地を過ぎると馬返しである。秋から冬にかけてはホオジロやカワラヒワの群に会うこともあろう。10月を過ぎ11月ともなる頃にはエナガ、コガラ、ヒガラのほかジョウビタキ、カシラダカ、ツグミなど冬鳥に会うこともできる。また、まれにはマヒワやアトリの群れに遭遇することもあろう。

2）船津口登山道沿線の鳥類

国道138号線から別れ、船津口登山道を登るとアカマツ林が続き、下層木にソヨゴが見られる。繁殖期ではヒヨドリ、ハシブトガラス、ハシボソガラス、ヒガラ、シジュウカラ、ウグイスなど、さらにアオジ、コゲラ、カッコウなどが見聞されるであろう。かってはコルリの声が800m辺りで聞けたが今は1,200m登らないと聞かれなくなった。この登山道沿線には河口湖ゴルフ場がありかって調査を毎月1年間行ったことがあるが、沿線ではほとんど見られなかったキジやノスリなどを含め30種類を見ることができた。

3）精進口登山道

国道139号線から精進登山道に入る。アカマツ、ツガ、ヒノキなどを主とし広葉樹も見られシジュウカラ、をはじめヒガラ、コガラ、カケス、ミソサザイ、アカハラ、カッコウなど繁殖期は小鳥たちのさえずりでつかれもいやされよう。登るにしたがいメボソムシクイやルリビタキの声を身近で聞くこともできる。時には深山の鳥として知られる、アオバトの「オワーオ」という異様な声を聞くこともあろう。夏から秋にかけてはカラ類のほかルリビタキやノスリなどに会ったり、さらに冬を迎えるとコゲラ、ツグミ、シロハラなどを見聞することもできるであろう。かって四輪駆動車やバイクが通ったこともあり、調査も出来ないこともあったがその後禁止され静けさは戻っている。この登山道はスバルラインの直ぐ脇を通過する場所があるが富士山登山道では最も多い35種類の鳥を見聞することができた

(1975)。しかし最近は非常に少なくなってしまっている。

4）スバルライン沿線の鳥類

　繁殖期を中心に述べる。スバルライン入口の富士ビジターセンター辺りは標高約900mで、スズメをはじめヒヨドリ、ムクドリ、ハシブトガラス、ツバメなど市内と同じ鳥がみられる。やがて道路の両脇にアカマツ林が続き生物多様性センターや山梨県環境研究所辺りが約1,000mでヒヨドリやハシブトガラス、イワツバメなどをみる。料金徴収所辺りでウグイス、コルリ、オオルリの声を聞く。やや登るとノリウツギやベニウツギの花が目に入る。周辺からカッコウとウグイスのこえが交錯する。ホトトギスやコルリも仲間入りして声を競う。一合目辺りは（1,470m）ダケカンバやシラビソの林があり、ホトトギスの声が間近でする。カケスのだみ声が流れ対象的だ。二合目辺りが約1,600mでウグイス、メボソムシクイ、コルリの3重奏を耳にする。アカハラも声の仲間入りをする。1,700m辺りでヒガラを見る。続いてキジバト、コルリ、ルリビタキも確認する。三合目（1,750m）を過ぎるとコルリの声はめっきり減り、代わりにルリビタキの声に移り、メボソムシクイも負けじと囀る。針葉樹のこずえでビンズイが縄張りを宣言しているのが目立つ。上空をハシボソガラスがよぎる。さらにミソサザイのトレモロが響く。四合目（2,050m）でメボソムシクイとルリビタキの声を聞く。やがて五合目（2,300m）に到着、スバルラインの終点でウグイスの声とキジバトを目撃する。（著者はかって2年間繁殖期にわたり富士山解説委員を行ったり調査を担当した関係でスバルラインは車で10数回にわたり通過しているが、そのうち平成15年（2003）中旬の記録を基に記したものであるが、これらによって鳥類は標高によってほぼ棲み分けていることがわかった）。

5）御中道及び五合目以上の鳥類

　シラビソ、カラマツの天然林やダケカンバ、ハクサンシャクナゲも見られる。鳥類ではビンズイ、ルリビタキ、メボソムシク、ミソサザイ、ウグイス、ホシガラスが見られる。天候によっては上空をイワツバメやアマツバメが群れ飛ぶこともある。時には風にあおられてトビやハシブトガラスが飛来するのを見かけたこともある。御中道で繁殖する鳥としてはルリビタキ、メボソムシクイ、ヒガラ、ビンズイ、ホシガラス、ウグイス、ミソサザイなどである。六合目以上ではカヤクグリやイワヒバリなど高山帯の鳥をみる。なおハシ

ブトガラスは八合目辺りで見たこともある。

6）山中湖旭丘周辺の鳥類

この地域は別荘地として知られ、ミズナラやカエデ類が多く鳥類の生息には非常に適している。初夏にはウグイスやアカハラをはじめオオルリ、キビタキ、ビンズイ、ホオジロなどの織りなす小鳥たちのコーラスは実にすばらしい。これらのほかスズメ、ムクドリ、イワツバメ、シジュウカラ、カッコウなどの野鳥が見聞される。特に通称「洞（ホラ）の水場」と呼ばれ、湧水が一年中湧き出しているところがありシジュウカラ、コガラ、ヤマガラ、メジロ、アカハラ、マミジロ、オオルリ、クロツグミ、キビタキ、エナガなど多くの鳥たちが入れ替わり水飲みや水浴びにやってくる。冬もツグミ、カシラダカ、マヒワなどが訪れる。

7）梨が原の鳥類

北富士演習場が広がり付近一帯は草原である。鳥類はウグイス、ノビタキ、ホオジロ、カワラヒワ、モズ、ムクドリ、アカハラ、シジュウカラ、カッコウ、ハシブトガラス、ハシボソガラス、イワツバメ、トビなどが見られる。特筆すべきは遠くオーストラリアから渡ってくるオオジシギが見られディスプレーは素晴らしい。秋になるとカワラヒワの大群が飛来し草の実をあさる。また冬季はツグミ、カシラダカなどが見られる。

まとめ：富士山は本州中部全域の典型とみなすことができる。標高1,200m辺りが最も多くの種類が生息する。それはこの辺りに伏流水が湧いており植生も多様化し繁殖や生息を容易にしているからである。

3．両生・爬虫類

爬虫類で普通に見られるのはニホントカゲ、ニホンカナヘビ、ヤマカガシ、ジムグリ、アオダイショウなどであるが、山麓ではトカゲやヤマカガシなどが普通にみられる。また両生類ではアズマヒキガエル、ニホンアマガエル、ヤマアカガエル、トノサマガエル、シュレーゲルアオガエル、イモリなどである。ただし低地まで生息分布を下げると河川域ではカジカガエルも上げなければならない。

まとめ：両生爬虫類は、富士山が主に溶岩によって形成されており、南面や低地または湖水を除いて、一般的に継続した流水がなく乾燥しているため、他の地域と比べて非常に少ないと云える。

4．魚類

五湖に生息する魚の種類を湖別にあげると次のようである。

1）山中湖

ワカサギ、アユ、コイ、フナ、ウグイ、アブラハヤ、オイカワ、ホンモロコ、ヒガイ、モツゴ、ドジョウ、ナマズ、ウナギ、ヨシノボリ、ブラックバス。

2）河口湖

ワカサギ、コイ、フナ、ウグイ、アブラハヤ、オイカワ、ホンモロコ、ヒガイ、モツゴ、ドジョウ、ナマズ、ウナギ、ヨシノボリ、ブラックバス。

3）西湖

ヒメマス、クニマス、アユ、ワカサギ、コイ、フナ、ウグイ、アブラハヤ、オイカワ、ヒガイ、モツゴ、ドジョウ、ナマズ、ギギ、ウナギ、ヨシノボリ、ブラックバス。

4）精進湖

ワカサギ、コイ、フナ、アユ、ウグイ、アブラハヤ、オイカワ、ナマズ、ウナギ、ヨシノボリ、ブラックバス。

5）本栖湖

ヒメマス、アユ、コイ、フナ、ウグイ、アブラハヤ、オイカワ、ヒガイ、モツゴ、ナマズ、ウナギ、ヨシノボリ。

まとめ：魚類：魚類は富士五湖があるため、かなりの種類を産する。しかし在来種は10種に満たないもので、他は人為的に放魚したものである。アブラハヤ、コイ、フナは全湖に見られるが、ワカサギは山中湖、河口湖、精進湖が主で、ヒメマスは本栖湖に多いと云えよう。以上従来知られている魚種を上げたが、近年オオクチバス、コクチバスやブルーギルなど外来種が放魚種に混じって導入されると在来種に被害が及ぶので十分気をつけなければならない。

5. 昆虫類（チョウ類）

標高別に生息する主な種類を上げることにする。

1）低山帯（1,000m以下）

ウスバシロチョウ、オオムラサキ、モンシロチョウ、スジグロシロチョウなど。

2）山地帯下部（1,000m〜1,500mの草原を中心に）

アサマシジミ、ミヤマシジミ、ゴマシジミ、チャマダラセセリ、ギンイチモンジセセリ、ギンボシヒョウモン、ヤマキチョウ、クジャクチョウ、フタスジチョウなど。

3）山地帯上部（1,500m〜2,000mのブナ帯を中心に）

フジミドリシジミ、メスアカミドリシジミ、アサギマダラ、ヒメシジミなど。

4）亜高山帯（2,000m〜2,500m森林限界辺り）

エゾスジグロシロチョウ、アサギマダラ、キベリタテハ、エルタテハなど。

まとめ：チョウ類は富士山ではすでに100種を超えておりかなり豊富といえる。(専門家は120種を数えている)。特に蝶相の豊富なところは約800mから1,500mの草原で、落葉広葉樹林帯や周辺がこれに次いで多く生息する。

(富士山の動物保護を念じつつ)

主要参考文献

- 黒田長久ほか『富士山地域の鳥類 富士山』富士急行KK, 1971
- 山梨県自然保護教育振興会『山梨県の野生動物』山梨県, 1980
- 中村司「富士の鳥相」『富士の鳥』浅見明博・堀田明, 保育社, 1985
- 山梨県自然保護教育振興会『山梨県の野生鳥獣生息調査』山梨県, 1997
- 山梨淡水生物調査会編『山梨県の爬虫類・両生類と魚類』山梨淡水生物調査会, 2006
- 山中湖村自然誌編集委員会編, 大久保栄治監修『山中湖村の自然詩』山中湖村, 2006

富士山の野生ニホンザル―分布の変遷

吉田 洋

1. はじめに

 長らくの間、富士山はニホンザル（Macaca fuscata：以下「サル」と称す）が生息しない分布空白地域とされ、その理由として地形がなだらかであることや（古屋・黒田, 1971）、川がないからと説明されてきた（今泉, 2002）。しかし、急峻な岩場や斜面の機能は天敵からの避難場所であり、現在ニホンオオカミ（Canis lupus）のような地上性の天敵のいないサルにとって、生息の必須条件とは考えにくい。さらに植物質中心の雑食動物であるサルが、年間平均降水量が1,500mm～2,800mmもある富士山麓において（気象庁, 2010）、生存に必要な水分を摂取できないとは考えにくく、また同じく植物質中心の雑食動物でサルより体サイズの大きいイノシシ（Sus scrofa）やツキノワグマ（Ursus thibetanus）が広く分布していることと整合しない。そこで本稿では、サルの分布を現在の自然環境要因のみでなく、分布の歴史的変遷とそれをとりまく人間の社会環境を要因に加えてとらえなおすことにより、今後のサルの保護管理に資することを目的とした。

2. 江戸時代中期の生息状況

 過去の野生動物の分布を知るためには、文献調査がかかせない。1735年～1738年頃に成立した「享保・元文諸国産物帳」は、江戸中期を代表する本草学者の丹羽正伯が企画し、各藩に対して産物帳の記載要領と様式を示しているばかりでなく、提出された記載に不明の点があると、再び問い合わせて一定のチェックをしていたため、当時の野生動物の分布を知る情報源として、信頼性の高い資料といえる。

 富士山の哺乳類に関しては、駿河国駿東郡御厨領（現在の静岡県御殿場市から駿東郡小山町のあたり）の記録が残っており[1]、これによると御厨領の産物として「猿」との記載ある（日本野生生物研究センター, 1987）。このことから、当時には少なくとも富士山東斜面とその周辺に、人が目撃する程度のサルの個体数と分布域があったと考える。

 さらに、「享保・元文諸国産物帳」

が成立した時期は、宝永大噴火の約30年後である。宝永大噴火では、御廚地方に高温の火山弾や軽石が飛んで来て一面に堆積し、樹木や草本は燃えたり枯れたりした（国土交通省中部地方整備局富士砂防事務所，2003）。これによりサルの食物量は大きく減少し、一時的に個体数が大きく減少したと考える。しかしその一方で、噴火のわずか30年後には、産物帳に記載されるほどサルの個体群が回復している。このことは御廚地方の周辺に、御廚地方への供給源となった大きなサルの個体群が存在していたことを示唆している。

3. 大正時代の生息状況

近代のニホンザルの分布を知る上で重要な資料は、大正12年（1923年）8月27日付けの東北帝国大学による「全国ニホンザル生息状況アンケート調査」である。この調査は、当時医学部の助教授であった長谷部言人が実施し、富士山周辺では山梨県南都留郡、静岡県駿東郡および富士郡から回答があった（岩野，1974）。

この調査の結果、富士山の山梨県側ではサルの生息情報はなく、静岡県側では富士郡須津村（現在の富士市中里付近）に少数の個体の目撃情報があったのみである。さらに富士郡上井出村（現在の富士宮市上井出付近）では、「十数年前までは多数棲息していたが現今はその姿はない」と記載されている。これらのことは、富士山に生息していたサルの個体群が、江戸時代から大正時代にかけて大きく縮小し、明治時代後期はその縮小のさなかであったことを示唆している。

全国的にみると明治時代には、サルに食用や薬用、呪いや魔除けなどの高い需要と商品的価値があったうえ、広大な旧藩主の猟場の開放、鉄砲猟の解禁、民間への近代銃の急速な普及などにより、サルの群れが根こそぎ獲られることが多くなり、絶滅する地域が広がっていった（三戸，1999）。富士山においては、地形がなだらかで、捕獲が比較的容易だったことが加わって乱獲に拍車が掛かり、サルは絶滅したと考える。その一方で、三ツ峠山や御坂山地、愛宕山などの外輪山地には、急峻な岩場や斜面などサルが避難できる場所があったため、絶滅を逃れ個体群が維持されたと考える。

4. 現代の生息状況

環境省自然環境局生物多様性センター（2004）によると、昭和53年（1978）の調査時には富士山にサルは分布していなかったが、平成15年（2003）の調査時には富士山南斜面

にサルの分布が確認されている。これは、昭和53年（1978）に生息が確認されていた愛宕山の個体群が、北方に分布域を拡大し、富士山南斜面に移入したためと考える。さらに富士山の周辺の個体群をみると、北方に位置する御坂山地では南方に、西方に位置する天守山地では東方に分布域が拡大しており、サルは新たに2方向から富士山に到達しつつある。

このサルの分布拡大の主な要因として、（1）農地や採草地、薪炭林の管理の粗放化や放棄により、里地でのサルの生息適地が増加した。（2）サルが栄養価の高い農作物を摂食するようになったことにより、繁殖率が上昇するとともに死亡率が低下し、里地でのサルの個体数が増加した。（3）サルの商品的価値がなくなり、明治時代にかかっていたような強い捕獲圧がなくなった。の3点が考えられる。

5. さいごに

以上のことから富士山においてニホンザルは、近世以前には少なからず生息していたが、明治・大正時代に乱獲されて絶滅し、近年は外輪山地の個体群からの移入により再び分布域を拡大していると考える。今後もし今の社会情勢が大きく変化しなければ、サルは分布を拡大し続け、水平方向では富士山の全周に、垂直方向では中部山岳地帯におけるサルの分布を考慮すると（泉山, 1994）、積雪期には冷温帯落葉樹林の上限である標高1,600mまで、非積雪期には森林限界である標高2,850mよりも高く、分布を拡大させると予測する。

また、サルの分布が拡大すると、移入先で人間生活や生態系に深刻な影響をもたらすことがある。サルの生息状況や被害状況などをこまめにモニタリングし、被害の兆候が見られたらすぐに被害対策を実施することが、これからの富士山におけるサルの保護管理にとって重要であると考える。

注

1)「享保・元文諸国産物帳」には駿河国駿東郡御廚領の産物として、「猪、鹿、山之犬（ニホンオオカミもしくは野生化したイエイヌ）、狐、うさぎ、狸、鼠（ネズミ）、猫、犬、もぐらもち（モグラ）、猿、熊」が記載されている。

引用文献

- 古屋義男・黒田長久（1971）：『富士山総合学術調査報告書』, 富士急行・堀内浩庵会, p.807-816.
- 今泉忠明（2002）：『富士山の自然と社会』, 国土交通省中部地方整備局富士砂防事務所, p.129-163.
- 岩野泰三（1974）：「ニホンザルの分布」『にほんざる』1, p.5-62.

- 泉山茂之（1994）:「中部山岳地帯の高山帯・亜高山帯に棲息するニホンザル（Macaca fuscata）の分布」『日本林学会論文集』105, p.477-480.
- 環境省自然環境局生物多様性センター（2004）:『第6回自然環境保全基礎調査 種の多様性調査 哺乳類分布調査報告書』, p.46-53.
- 気象庁（2010）:『気象庁年報』, 気象業務支援センター
- 国土交通省中部地方整備局富士砂防事務所（2003）:『富士山宝永噴火と土砂災害』
- 三戸幸久（1999）:『人とサルの社会史』, 東海大学出版会, p.107-150.
- 日本野生生物研究センター（1987）:『過去における鳥獣分布情報調査報告書』

富士山へのライチョウ移植とその後

中村 司

1. 富士山のライチョウ

　ライチョウは、地質時代の氷河期には現在の日本まで南下したが、その後日本海が形成され、日本アルプスなど高山帯にとりのこされた。その頃はすでに温暖な気候になっていたし、富士山はライチョウの生息しているアルプスから離れた独立峰であるため、ライチョウの侵入は不可能であった。しかしその後、ライチョウの植生はハイマツの実のみでなく、いろいろの植物を食べることもわかったりして富士山への移植の可能性も論じられるようになり、やがて実現されることになった。

　昭和35年（1960）8月、農林省が中心になり、北アルプスの白馬岳産の成長雄1羽、成長雌2羽、幼鳥4羽、計7羽がヘリコプターで富士宮登山道五合目、標高約2,400m付近に放鳥されたのである。

　その後、地元の日本野鳥の会富士山麓支部が中心になり、同甲府支部や信州大学の故羽田健三博士らによって追跡調査がおこなわれた。両者の情報を追ってみることにする。

　昭和35年（1960）10月富士宮五合目付近で5羽を確認。昭和36年（1961）は山梨県側に移動し、3月富士宮口で3羽確認、昭和37年（1962）は吉田登山道で4羽確認、昭和38年（1963）は営巣地を確認し計6羽発見。昭和39年（1964）は泉ケ滝尾根から不浄流しにいたる範囲で10羽から14羽の生息が確認された。昭和40年（1965）は2、3羽が確認されたのみに留まった。昭和42年（1967）にはキツネの糞中にライチョウの羽が入っていることが明らかにされた。昭和43年（1968）の発見は1羽のみ。昭和44年（1969）の確認記録はなく、昭和45年（1970）はたった1羽のみが確認された。以上がライチョウの記録である。振り返ってみると昭和39年（1964）の14羽を最高として、その後は徐々に減少し44年（1969）、45年（1970）以降は全く観察記録はなくなってしまった。

2. 絶滅とその教訓

　こうして昭和45年（1970）12月、富士山学術総合調査の際、国立自然園の千葉晋示氏らによって富士山の移植ライチョウは全滅したことが明

1.2 富士山の動植物　　　　　　　　　　　　　　第1章

らかにされた。

　その原因について考えてみると、富士山の五合目以上には植生が貧弱であり、身を隠すハイマツもなく高山植物も少ないことが大きな原因と思われる。事実、採集されたキツネの糞の中にライチョウの羽毛が発見されているのである。また積雪があっても、後がアイスバーンとなって、風雪をしのぐ場所がほとんどなく、またタカ類から身を隠すこともできず、こうした富士山特有の環境がライチョウの生息をはばむ原因となったのであろう。いずれにしても富士山へのライチョウ移植は、関係者の努力にもかかわらず、残念ながら放鳥から10年で絶滅の一途をたどってしまったのである。

　しかし、いま絶滅が危惧される希少種ライチョウ（環境省絶滅危惧Ⅱ類、山梨県絶滅危惧Ⅰ類）を仮に他へ移植をする場合、今回の貴重な経験を単なる失敗とせず、少しでも参考にすることが賢明な一つの策と理解したい。

Column
変わりゆく富士山のチョウ

　富士山には「高山チョウ」は1種もいない。高山チョウというのは氷河時代にシベリアなどからやってきて広がったものが、暖かい時代になって日本アルプスの高山に逃げ込んだものである。富士山はその頃まだ火山活動中だったので侵入できなかった。

　フジミドリシジミという、小型の美しいチョウがいる。富士山から発見されたのでこの名がついた。幼虫がブナの葉を食べて育つので、中腹のブナ帯に生息している。ブナは富士山に限った話ではないので、フジミドリシジミも富士山に多いというわけではない。富士山に多いのは、山麓の朝霧高原、梨ケ原、大野原などの草原に住むチョウである。モンシロチョウより一回り小さいヒメシロチョウ、青い小型のヒメシジミやアサマシジミ、幼虫がアリの巣の中で育つゴマシジミ、鮮やかなレモン色のヤマキチョウなど、十数種類のチョウが富士山の草原地帯を中心に分布している。これらの草原は、牛馬の放牧、採草、野焼きといった人々の適度なはたらきによって維持されてきた。人の手が加えられなくなった今、富士山麓の草原はつる草や低木が茂り、森林化しつつある。富士山を初め日本中で絶滅の恐れのあるのがこれら草原性のチョウなのである。"自然を守る"というと以前は植林を思い浮かべがちだったが、今日では反対に、伐採、草刈り、野焼きが必要なのである。富士山朝霧高原の一角、根原地区で禁止されていた野焼きが始められたのは、景観とともに蝶の保全にとっても好ましいことだ。一方、富士山麓に増えてきたチョウの中には、温暖化との結びつきも考えられる南方系のチョウがある。オレンジ色の鮮やかなツマグロヒョウモンは、かつては迷チョウ扱いだったが、今では朝霧高原でもよく見られるようになった。そして温暖化を実証するように低地では大型で尾のないナガサキアゲハが飛ぶ時代になってきている。

　　　　　　　　　　　　　　　　　　　　　　　　　　　清 邦彦

1.2 富士山の動植物　　　　　　　　　　　　　　　　　　　　　　　　　　第1章

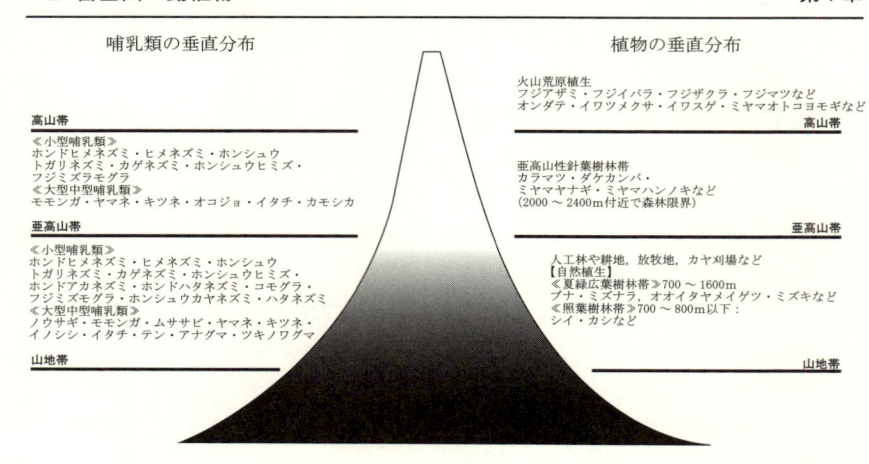

哺乳類の垂直分布　　　　　　　　　　　植物の垂直分布

火山荒原植生
フジアザミ・フジイバラ・フジザクラ・フジマツなど
オンダテ・イワツメクサ・イワスゲ・ミヤマオトコヨモギなど

高山帯　　　　　　　　　　　　　　　　　　　　　　　　　　　　　　　　　　　高山帯

≪小型哺乳類≫
ホンドヒメネズミ・ヒメネズミ・ホンシュウ
トガリネズミ・カゲネズミ・ホンシュウヒミズ・
フジミズラモグラ
≪大型中型哺乳類≫
モモンガ・ヤマネ・キツネ・オコジョ・イタチ・カモシカ

亜高山性針葉樹林帯
カラマツ・ダケカンバ・
ミヤマヤナギ・ミヤマハンノキなど
（2000～2400m付近で森林限界）

亜高山帯　　　　　　　　　　　　　　　　　　　　　　　　　　　　　　　　　亜高山帯

≪小型哺乳類≫
ホンドヒメネズミ・ヒメネズミ・ホンシュウ
トガリネズミ・カゲネズミ・ホンシュウヒミズ・
ホンドアカネズミ・ホンドハタネズミ・コモグラ・
フジミズモグラ・ホンシュウカヤネズミ・ハタネズミ
≪大型中型哺乳類≫
ノウサギ・モモンガ・ムササビ・ヤマネ・キツネ・
イノシシ・イタチ・テン・アナグマ・ツキノワグマ

人工林や耕地、放牧地、カヤ刈場など
【自然植生】
≪夏緑広葉樹林帯≫700～1600m
ブナ・ミズナラ、オオイタヤメイゲツ・ミズキなど
≪照葉樹林帯≫700～800m以下：
シイ・カシなど

山地帯　　　　　　　　　　　　　　　　　　　　　　　　　　　　　　　　　　山地帯

富士山の動植物の垂直分布
参考：国土交通省富士砂防事務所　Webページ
　　　http://www.cbr.mlit.go.jp/fujisabo/fuji_info/mamechisiki/b02/index.html
　　　http://www.cbr.mlit.go.jp/fujisabo/fuji_info/mamechisiki/b01/index.html
　　　沼津高専Webページ
　　　http://www2.denshi.numazu-ct.ac.jp/funada/prof-fujieda/edition/document/doc2/doc2a1.html

1.3

富士山の水

第1章 富士山の自然

富士山の湧水

土 隆一

はじめに

　富士山は水の山ともいわれるように、山麓には多くの湧水が知られ、富士山に降る多量の雨や雪解け水は地下に浸み込み、やがて湧水になるとされてきた。一方、誕生からまだ10万年しかたっていないためか、山体に恒常河川は見られない。

　山麓の周辺には多くの湧水が知られ、その数は近くの箱根火山、愛鷹火山からの湧水を除いても100近くに達する[1]。なかでも、三島楽寿園小浜池、柿田川、湧玉池、白糸の滝、忍野八海などは古くから有名で、富士五湖でも湖底からの湧水が昔から知られている。そのため、これらの湧水は、富士山に降る多量の雨や雪解け水が地下に浸み込み、やがて湧水になると考えられてきた。以下にこれら湧水のメカニズムと、被圧地下水である湧水の涵養量の推定を述べる。

富士山麓の湧水の分布

　山麓の湧水のうち大きな湧水を見ると、いずれも新富士旧期溶岩流の末端中央近くに位置している。この溶岩流は今から17,000～8,000年前に山頂付近の火口から御殿場付近を除く山麓一帯に、古富士の泥流状堆積物をおおって流下した大量の玄武岩溶岩で[2][3]、厚さは約6mの層が数層からなり、計30mかそれ以上、三島溶岩は山頂付近から約35kmにわたり、三島まで流下したもので、その末端には小浜池と柿田川、また、富士宮溶岩の末端には湧玉池、と規

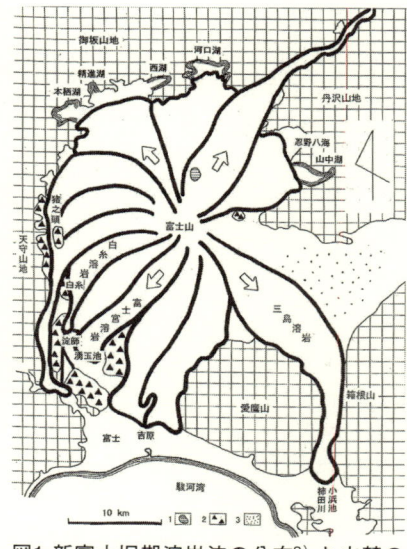

図1 新富士旧期溶岩流の分布[2]と山麓の主な湧水　(1) 小御岳, (2) "古富士"堆積物, (3) 御殿場泥流

模の大きな湧水が1,2箇所見られる（図1）。

これまでの研究

上述したように、小浜池も柿田川も三島溶岩の末端にあり、湧水は富士山の雪解け水が地下に浸み込んで、ここまで流れ、湧出したとされてきた。三島溶岩の地下水には多くの研究があり、降雨や雪融け水はがさがさになったクリンカー状の溶岩に入り込み、下位の古富士泥流層の

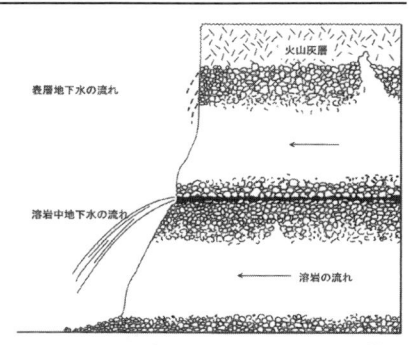

図3 玄武岩溶岩の重なりとその間の被圧地下水の流れの模式図[9]

上を地下川として流れ、75日くらいかかり、末端で湧出するとされた[4]。また、富士山全体を不透水基盤が基底にある地下水体とし、山頂の涵養帯、山腹の流動帯、山麓の湧水帯とする考えもある[5)6]。

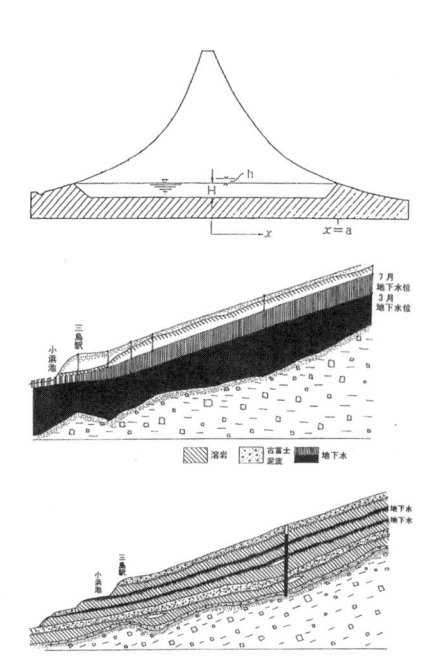

これに対して、小浜池、柿田川、湧玉池などの調査研究から、玄武岩溶岩は噴出時の温度が1,200℃近くと極めて高いため、表層と下底はがさがさに破砕したクリンカー状になるが、中心部は緻密に固まっているので、融雪水や高所の降水は地下に浸み込み、何層も重なった溶岩の表層と下底のクリンカー部分に入り込み、溶岩層中心部の緻密部分にはさまれた被圧地下水として末端から押し出されるように湧き出すという考えがある[7)9]（図2,3）。玄武岩溶岩は高所ほどより薄く、より傾き、クリンカー部分はより厚くなる構造を

図2 富士山の湧水についてのこれまでの考えの模式図　上：山本荘毅（1970），中：蔵田延男（1967），下：土隆一（1993）

1.3 富士山の水　　　　　　　　　　　　　　　　　　　　　　　　　　　　　　　　第1章

から見て、高所ほど降水は溶岩層間に入りやすいが、山麓では被圧地下水として溶岩層間に蓄えられ、高さによる水圧で溶岩末端から押し出されるように湧き出すと考えられる。実際、柿田川の源流のすぐ上流側のボーリング調査の結果、ここでは標高－10m以下に10層の溶岩層があり、予想していた通りの構造になっていて、地下水は溶岩層と溶岩層の間のクリンカー部分をそれぞれ道路近くまでの高い水圧で流出していた。また、地表下20mに3,000年前に伊豆天城山側火山の噴火による軽石の層がはさまれており、湧き水に軽石が混ざっている原因や、はじめは遊水池であったと思われるものが、柿田川のような河川になったのはおよそ2,000年前であろうということなどがわかってきた[7]。そして三島付近の古地図（明治20年国土地理院）（図5）を見るとわかるように、三島付近では三島溶岩が扇状地状になっていて、その縁辺に小浜池など、中央末端に柿田川が位置しているのがわかる。柿田川の流量が多いのはこのためとも考えられる（図4,5）。

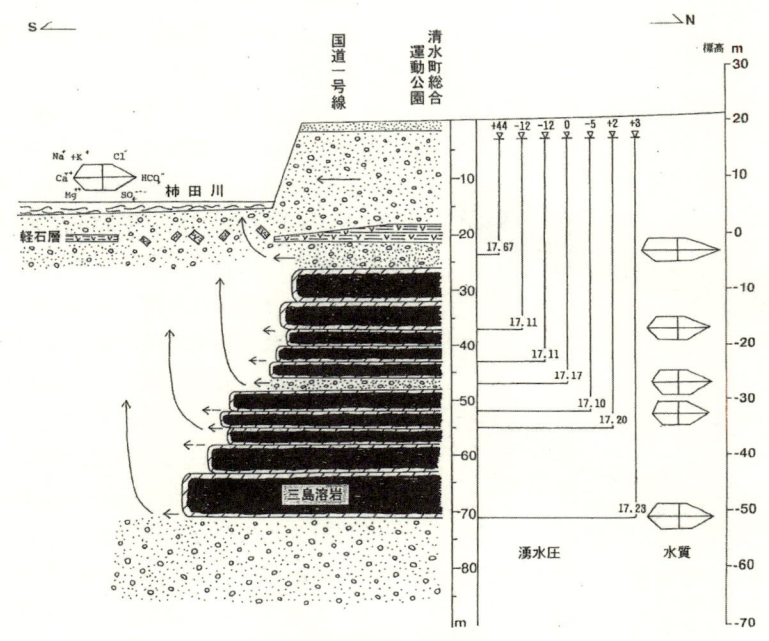

図4 柿田川源流部の地質断面図[9]

-112-

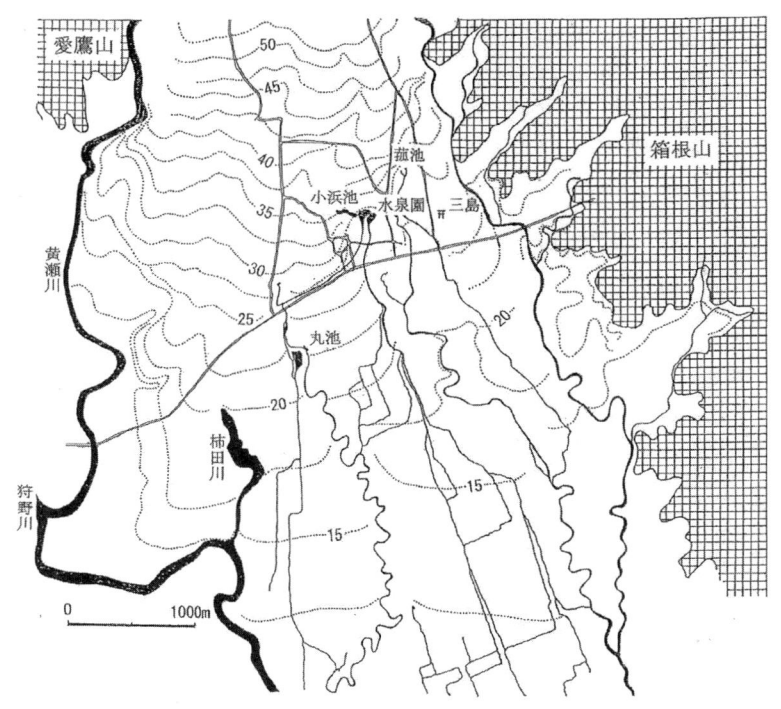

図5 古地図による三島溶岩と小浜池・柿田川

富士山の降水量

　富士山の降水量を測るのは現在でも難しいが、山本[6]は周辺一帯の降水量分布図から、富士山の年総降水量を22億m^3と見積もっている。また、藤村[8]は数年間の観測により、東側の太郎坊（標高1,282m）は年4,849mmと最も多いことを指摘している。藤村の図による総降水量はおよそ年21億m^3と見積もられる（図6）。中腹以上では確かな降水量を得ることは現在でも難しいが、国交省富士砂防事務所の平成1〜16年の観測によると、西側の御中道（2,350m）では年1,200〜4,100mm（平均年2,571mm）、南側の五合目（2,395m）では年2,200〜3,600mm（平均年2,809mm）が得られているが、70日前後の欠測が毎年あるので、西側南側の中腹では年3,000mmを超す可能性も高い。したがって中腹では西側と南側は大きな差は無いと考えられる（図7）。山麓の降水量観測（平年値1979〜2000）では、東側の

1.3 富士山の水

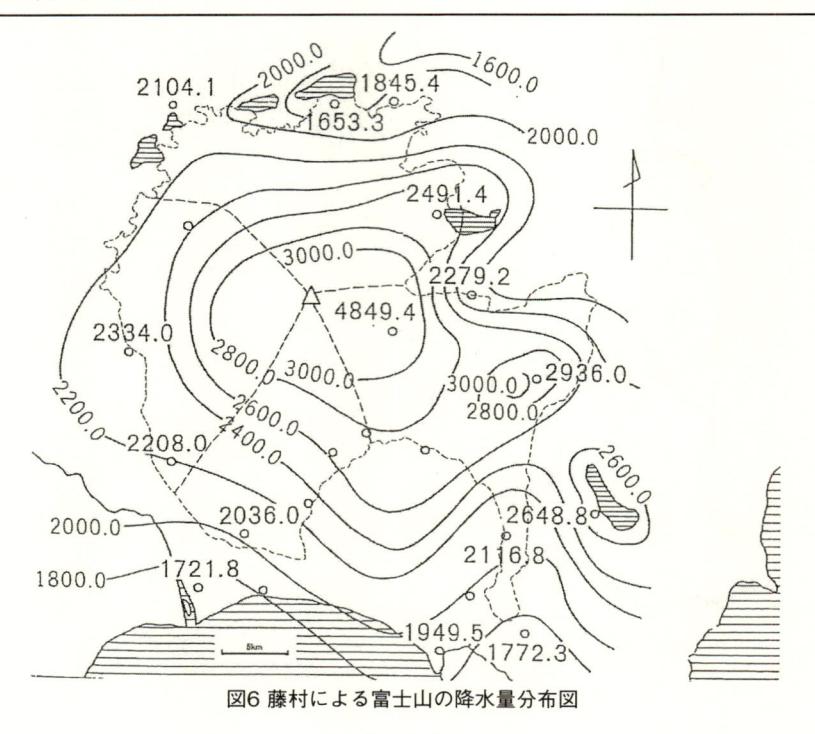

図6 藤村による富士山の降水量分布図

御殿場（標高468m）は2,835mmと最も多く、西側の白糸（530m）は2,275mm、南側の吉原（65m）は2,098mm、北側の河口湖（860m）は1,565mmと最も少なくなっている。

湧玉池の湧水

湧玉池から流れ出ている神田川の年平均流量、湧玉池背後の地下水年平均水位と白糸の年降水量の関係を示した図を見ると、湧水量の増減は年降水量の多少とゆるやかに相関し、通常の河川とは明らかに異なり、被圧地下水である湧水の流れをよく表している（図8）。

湧玉池の湧水は、池のすぐ北側に迫る富士宮溶岩から湧き出している。ここでの富士宮溶岩の厚さは30～60m、下位に"古富士泥流層"が分布する。地質断面図を見ると、ここでは7層の玄武岩溶岩層からなり、地下水は溶岩層の間のクリンカー部分から湧玉池水面より175cm高い被圧地下水として湧出し、神田川の流量から計算すると、富士宮の降水量の約28倍の水量が流れている（図9）。

富士山の湧水

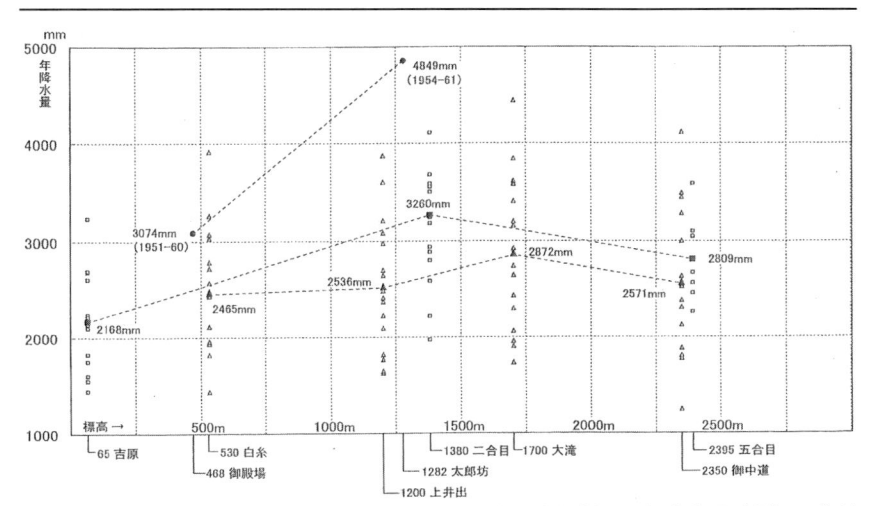

図7 富士山の東・西・南側斜面の年降水量と平均値　東側斜面の年降水量（●）は藤村（1971）、西側斜面（△）と南側斜面（□）の年降水量は国交省富士砂防事務所の平成1～16年間の観測による

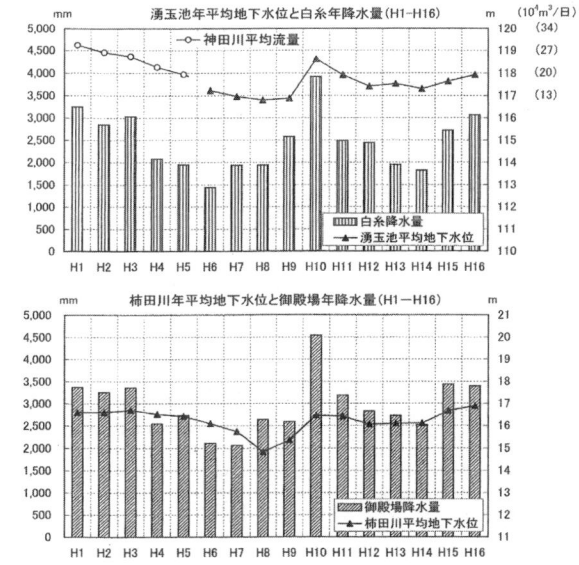

図8 白糸降水量と神田川平均流量（平成1-5年）および湧玉池年平均地下水位（平成6-16年）（上）、御殿場年降水量と柿田川平均地下水位（平成1-16年）（下）をあわせて示す[10]

-115-

1.3 富士山の水

被圧地下水の流れがということが一番よく判るのが白糸の滝で、通常の滝は地表面を流れた水が高所から落ちるのだが、白糸の滝は、壁面の古富士の堆積物と溶岩層の間、および溶岩層と溶岩層の間から被圧地下水が白糸のように噴出しており、雪解けのシーズンになると、滝は勢いよく噴出し、他の時期とは明らかに違う様相になる（図10,11）。

水の同位体組成から見た水源高度と涵養年数

小浜池、柿田川、湧玉池湧水のヘキサダイヤグラムを画くと、富士山起源の湧水は何れもCa-HCO$_3$型が卓越し、高濃度で、周辺山地からの水と容易に区別することができる。酸素同位体のδ^{18}Oは-8.2〜-8.6と中部日本の平地の平均-6.5〜-7.0より軽く、標高約1,000mか、より高所の降水に由来すると考えられる（図12）。トリチウム（半減期12.4年）濃度は5.4〜4.5TRの値が得られ、ト

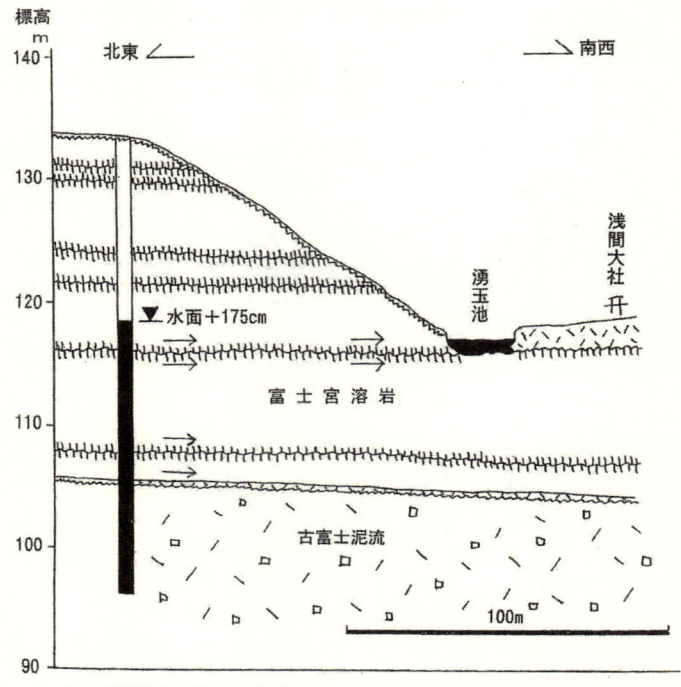

図9 湧玉池と背後の富士宮溶岩・"古富士泥流層"の断面図[9]

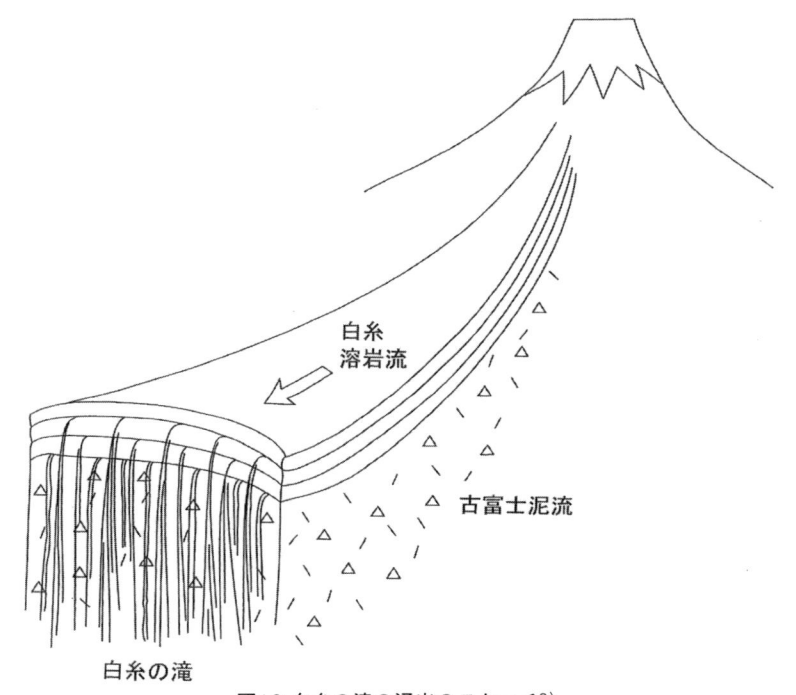

図10 白糸の滝の湧出のスケッチ[9]

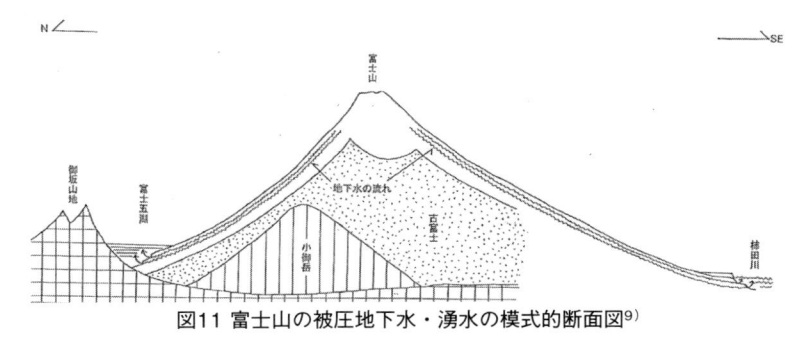

図11 富士山の被圧地下水・湧水の模式的断面図[9]

リチウム濃度の経年変化のグラフにあてはめると、いずれも15年前後の年数を経た水と考えることができる[9]。

富士山の地下水涵養量：

芝川と潤井川は富士山西側斜面の湧水を源流とし、それらを集めて流れる川と考えてよい。そこで、富士

1.3 富士山の水　　　　　　　　　　　　　　　　　　　　　　　　　　　　第1章

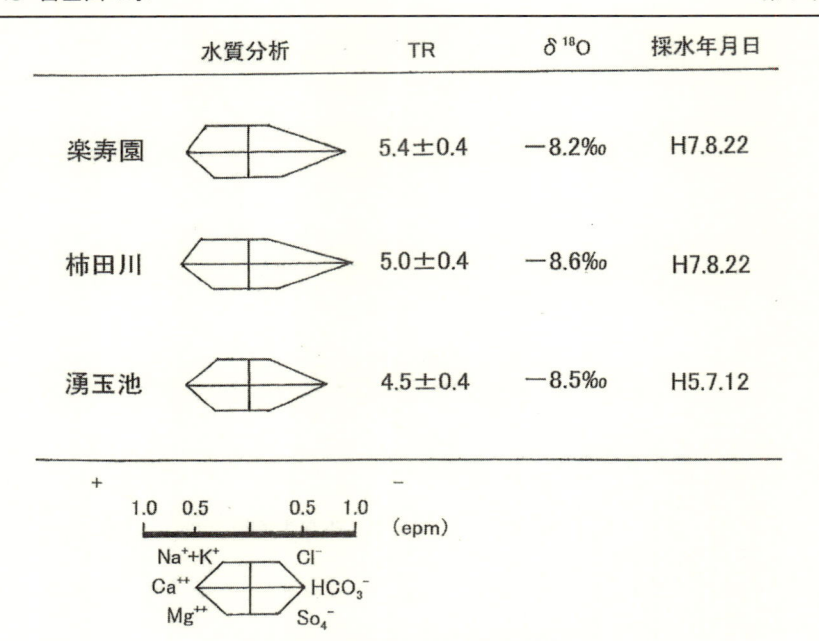

水質分析	TR	δ¹⁸O	採水年月日
楽寿園		5.4±0.4	−8.2‰	H7.8.22
柿田川		5.0±0.4	−8.6‰	H7.8.22
湧玉池		4.5±0.4	−8.5‰	H5.7.12

```
      +                      −
   1.0  0.5      0.5  1.0
             Na⁺+K⁺    Cl⁻        (epm)
          Ca⁺⁺          HCO₃⁻
             Mg⁺⁺    SO₄⁼
```

図12 主な湧水の水質と同位体分析[9]

山の底面積を旧期溶岩流の分布に基づいて東西南北に4区分し、E244, W217, S162, N247, 計870kmとなった[11]。なお図を簡単にするため、三島溶岩南端部15km²と猿橋溶岩の富士吉田以北はここでは除いてある（図13）。また、それぞれの区域の年降水量としては、藤村（1971）による年降水量分布図によっている。これによると、Wは525、Nは578、Eは652、Sは382×100万m³、全域で21億m³/年となり、降水量の比率はWを1とすればN1.10、E1.24、S0.73、全域は4.07となる。

上記2つの河川について1993年8月から1994年8月まで1年間の流量が観測されている9, 10)。流量観測は応用地質㈱により、建設省河川砂防技術基準による方式でなされた。その結果、芝川町橋本で芝川の流量95万m³/日、富士宮市黒田で潤井川の流量149万m³/日が得られ、両者の合計244万m³/日から、西側の天守・御坂山地163m²の降水からの流入量19万km³/日と芝川・潤井川流域の地下水取水による流入量48.6万m³/日を除いて、176万m³/日となった。なお、1993～94年の白糸降水量

は最近10〜15年間の平均に近い値であった。

こうして、富士山西側斜面からの湧水の総量は176万m³/日となったが、標高1,000m以上の降水は溶岩層間の被圧地下水となり、山麓で湧水となるが、中腹以下の降水は溶岩層間に入りにくく、表流水や表層不圧地下水として両河川へ流入すると考えられるので、被圧地下水涵養量の見積もりのためには、それらを除く必要がある。西側斜面の標高

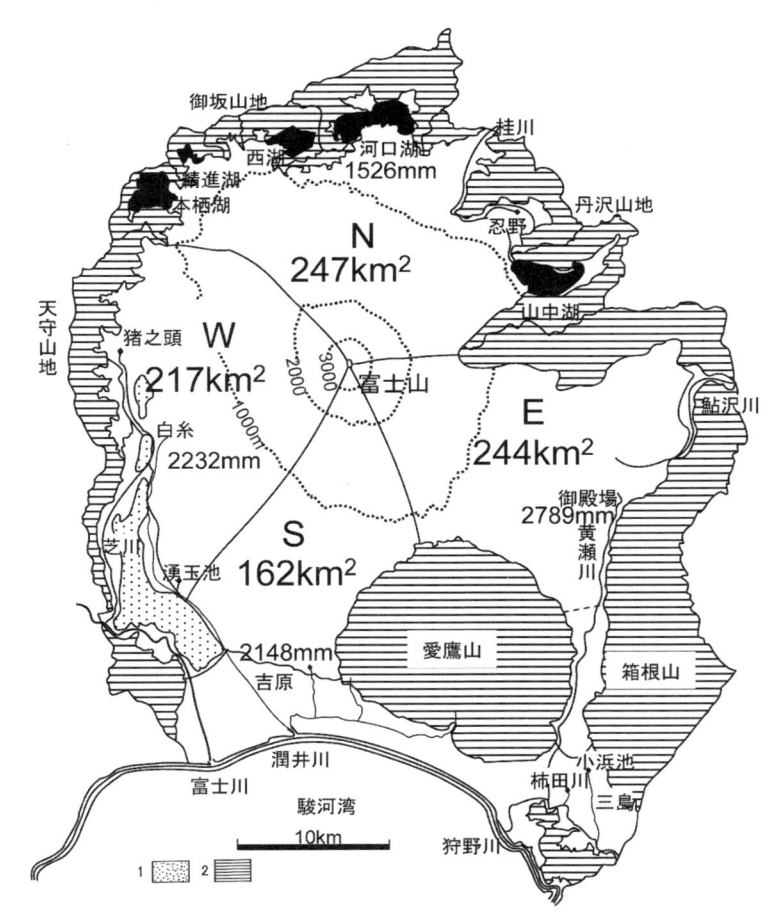

図13 新富士旧期溶岩流の分布にもとずく富士山の東西南北4区分とそれぞれの底面積 および山麓の代表的年降水量（最近30年間平均値）と山麓の河川[11]
（1）"古富士"堆積物，（2）周辺山地の富士山側斜面

1,000m以下の面積の降水量は年85万m³/日、蒸発散量35％を除けば、この区域から両河川への表流水・表層不圧地下水の流入量は55万m³/日となり、176万m³から55万m³を除いた121万m³/日が西側斜面の被圧地下水涵養量の見積もりとなる。

また、もし富士山全域が西側斜面と仮に同じ割合であったとすれば、全域の被圧地下水涵養量は121万m³/日 ×4.18=506万m³/日、18億m³/年と見積もられる[11]。この値は柿田川流量120万m³/日の4倍近くにあたるので、妥当に近い値と考えられる。

山麓一帯の湧水は古くから周辺の人々の生活、農業に使われてきた。特に、水温は年間を通じてその土地の平均気温よりやや低い状態がつづき、15年間の被圧地下水は常時同じように流れ、渇水にも洪水にも出会わないことが大きな特徴とされている。また、山麓で水で身を清めてからの富士登山の信仰にも広く利用されてきた。

参考文献

1) 静岡県(2002):『静岡県のわき水マップ』
2) 津屋弘逵(1971):「富士山の地形・地質」『富士山―富士山総合学術報告書』富士急行(株), p.1-46.
3) 宮地直道(1988):「新富士火山の活動史」『地質学雑誌』94, p.433-452.
4) 蔵田延男(1951):「三島溶岩中の地下水について」『地質学雑誌』57(666), p.79-86.
5) 山本荘毅(1970):「富士山の水文学的研究―火山帯の水文学序説」『地理学評論』43(5), p.267-284.
6) (1971):「富士山とその周辺の陸水」『富士山―富士山総合学術報告書』富士急行(株), p.151-209.
7) 土隆一(1993):「柿田川湧水のメカニズムと小浜池」『三島市小浜池湛水調査研究報告書,(その3)』三島市, p.21-25.
8) 藤村郁夫(1971):「富士山の気象」『富士山―富士山総合学術報告書』富士急行(株), p.211-345.
9) 土隆一(2002):「富士山の地下水と湧水」『富士山の自然と社会』国交省富士砂防事務所, p.65-78.
10) (2007):「富士山の地下水・湧水」『富士火山』荒牧重雄ほか編, 山梨県環境科研究所, p.375-387.
11) (2009):「富士山の湧水のメカニズムと被圧地下水涵養量」『工業用水』(社)日本工業用水協会, No.592, p.5-9.

富士山周辺の河川

高橋 裕

1. 富士山周辺河川の特徴

　富士山周辺の河川について、ここでは河川工学の立場からその特徴を述べる。図1に示したように主要な河川は5つあげられる。

　第一は、富士山の北の方から東に流れて相模湾や東京湾に入る河川である。代表的な川として、相模川、酒匂川、多摩川がある。

　第二は、富士山の東の方を駿河湾に向って流れる川で、狩野川、潤井川などがある。狩野川は伊豆半島を真北へ向って流れ、最後に西へ折れて駿河湾へ入る。本州で本流が南から真北へ向って流れる唯一の川である。本流が北へ向かい、その横から多くの支川が入ってきて、かつ人工的に放水路を造り、入り組んだ川になっている。狩野川の支流の方が知られているのもある。たとえば、東海道新幹線で東から西へ行くと三島駅の直前に渡る川が大場川で、狩野川の支流になる。この大場川は一時水害をよく起こし、大変有名になった。狩野川より西方向にあたる田子の浦に入る川として潤井川がある。高度成長期、潤井川でヘドロ災害があり、その頃は一時有名になった。もっとも若い世代は知らないであろうし、その後は大きな話題になっていない。

　第三は、一番大きな川として、富士川がある。長野県の県境から流れ下り山梨県の甲府盆地に入り、甲府盆地の出口の禹ノ瀬で笛吹川や芦川を合流し、さらに中流の峡谷地区で早川を合流し、富士市の下流部扇状地を下り、最後に駿河湾に入る。これが富士山周辺で一番大きな川である。

　この5つの川の中で、流域面積では富士川の3,990km^{2}が断然大きい。面積では最大は富士川だが、長さは138kmの多摩川の方が長い。つまり流域面積と長さを比べて、流域面積の割合に長さが長い多摩川は流域幅が狭い、流域がやせた川にあたる。

2. 戦国・江戸時代の治水事業

　各河川の話題として、まず天文11年（1542）の富士川の大水害がある。甲斐の武田信玄21歳のときで、この大水害の技術的対策として築いたのが信玄堤である。武田信玄がNHK

1.3 富士山の水　　　　　　　　　　　　　　　　　　　　　　　　　　第1章

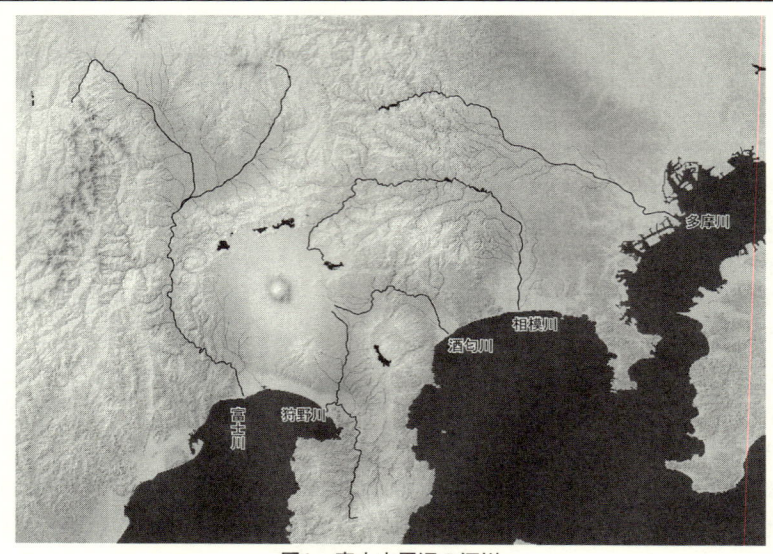

図1　富士山周辺の河川

の大河ドラマとなり、その時だけ信玄堤が観光の対象となり賑わったと聞いている。私としては、信玄堤や万力林・雁堤は、世界的にも大変貴重な治水史蹟であるから、常に観光客が来て欲しいと思う。戦国の武将は戦さだけが強かったのではない。まず自分の国を治められないと信頼を得ないし、民がついてこない。武田信玄は戦さの話ばかり有名であるが、甲斐国、現在の山梨県の開発に力を注いだ点でも、大変に有能で技術的なセンスを持った人物であった。信玄堤のように治水に大変成果を発揮したほか、信玄は金山を掘り、鉱山開発の面でも優れた人だった。
　万力林は笛吹川の水害防備林であ
まんりきばやし

り、信玄堤と万力林とはセットになって、甲府盆地を洪水から守っている。信玄堤とセットであるから万力林は西側の右岸に、釜無川の信玄堤は東側の左岸に築き、西には堤防を築かなかった。

　当時の治水は全くの重点主義で、現在のように全てを平等に守ることは出来なかった。江戸時代の木曽川もかつては重点主義で、左岸側を重点的に、御三家の尾張藩の左岸だけ堤防を高くして対岸を低くしなければいけなかった。このため、対岸の人たちは自衛の為に輪中堤という自分の集落だけ囲む堤防を築いた。自分さえよければいいのを輪中根性などと言う。だが輪中堤をなぜ築かな

-122-

けらばならなかったのか。江戸幕府のそういう政策の上に、自衛のための輪中堤なのだ。

富士川の万力林は、現在で言う水害防備林である。信玄堤とともに信玄はセットとして計画した。さらに信玄堤は、その前後の治水政策が大変優れていた。大工事であったから、相当の移転家族が出る。移転した人は生涯無税にするとか、信玄堤の上流端へ神社を移して堤防の上を参道にした。参道にすると神聖な道であるから住民は大切にする。そしてお祭りの時に堤防の上を御輿行列を練り歩くようになった。堤防を踏み固める効果がある。

治水はハードな工事をすれば良いのではなく、住民に工事の目的をいかに理解させるかが課題である。近代的な科学技術文明がヨーロッパから入ってきて、当時の人にとっては、それは確かに素晴らしいものだったと思う。しかしハード工事に頼りすぎてしまった。武田信玄は独裁者であったから、全く想う通りに治水ができた。このほか、信玄だけではなく、その頃の武将には名治水家が多い。

富士川で有名な治水史蹟に下流部の雁堤がある。雁堤があったからこそ、現在の富士市がある。つまり富士市を大洪水から守ってきた。これは江戸時代初期、代官の古郡孫太夫による雁形の卓抜な堤防である。富士川は富士山ほど有名ではないが、治水についても多くの治水史蹟がある。

3. 近代治水の先駆者

近代治水の時代に入り、大正7年（1918）に富士川は内務省直轄河川となり、内務省が責任を持って治水を実施することになった。富士川の改修事務所がつくられ、初代の所長が福田次吉、二代目が鷲尾蟄龍、三代目が安芸皎一である。この3人は当時の特にすぐれたエンジニアであった。この3人の技術者が富士川近代治水の基礎を築いたと私は考えている。風土工学研究所の竹林征三教授は戦後、所長を務められた。

富士川、常願寺川、利根川など特に重要河川では、昭和20年（1945）までは、特別の優れた技術者が何年も所長をしていた。第二次大戦後は優秀な技術者が多く出るようになったため、一人の人物が長く務めない。かつては大学出の技術者が少なかったために一人の人物が長く務めることができた。そして単なるローテーションではなく、利根川、常願寺川、富士川のように重要な河川では、その時代の内務省の優秀な人物が選ばれる傾向が強かったようだ。現在、

1.3 富士山の水

民主主義の時代では2・3年で代わる。このため所長任期中に大洪水を経験することは少ない。

例えば昭和10年（1935）に富士川で大洪水が起こった。その直後、安芸皎一所長は、ここで初めて鉄筋コンクリートの水制（治水構造物）を積極的に使った。富士川の鉄筋コンクリート水制は、現在も多種類残っているが、一番まとまって見られる場所として、JRの在来線と新幹線の間の左岸側に並ぶ水制群がある。しかし先日見に行ったところ、その周辺が大変に荒れており、がっかりした。第3代所長の安芸皎一は、自分が施工した工事が河川にどういう影響を与えるかに大変関心があった河川技術者である。たとえば堤防の前の水制の配置の仕方によって河相がどうかわるかを克明に観察した。この3代の所長に共通することは、毎日現場に見回りに行っている点である。所長たるものは毎日必ず現場を見なければならない。現場を見る時、河がどう変わっているかを見る。小規模の出水でも河は必ず変わる。それが工事とどう関係あるかを、克明に観察する力があった。現在の所長は忙しくて毎日現場を見る時間がない。民主主義の世になって会議は多く沢山の書類を作り、検討しなくてはならない。しかし昭和20年（1945）以前は、そうした書類ほとんどない。ゼロックスもなかったしコピーも簡単にできない。この3人の先駆者は大正から昭和初期の時代に、川を観察し、毎日見る、そして川がどう変わるかに大変に注目してきた。それは、2・3年で所長が代わる現在でも、河川技術者の忘れてはならない点である。

富士川はフォッサマグナの中を流れている。甲府盆地は典型的な扇状地が集まっており、ここに明治43年（1910）、急勾配の支流から土砂が大量に出て、激しい大土石流が発生した。この年、東日本では利根川はじめ、多くの河川で大水害が発生している。甲府盆地から下流は地滑り地帯で、特に、西から入ってくる支流の早川は土砂流出が激しく、砂防が大変な河川である。富士砂防としては、富士山の大沢崩れに対応している砂防事務所がある。このほか富士川全体が土砂流出の激しい川が多く、砂防事業が活発である。

かつて砂防で文化勲章を受けられた赤木正雄は、砂防のメッカと言われる立山砂防の現場にずっと泊まりこみ、立山砂防の基礎を築いた。赤木は、富士川の特に信玄堤の近くの支流の御勅使川の砂防で非常に苦労されている。砂防技術者と河川技術者は意見が違っていた。これは永遠

に難しい問題だと思われる。赤木砂防の考え方と、河川技術者の鷲尾、安芸とは、大変に意見が違っていた。私は鷲尾や安芸から赤木砂防批判をよく聞いた。さらに地質学者の中にも全然別の観点から、種々な意見がある。たとえば小出博の砂防批判は激しかった。役所の批判が生きがいだったような方で、「赤木砂防が日本の山を荒廃させた」という皮肉な見方をしていた。色々な立場がある中で砂防をどう考えるか、これは富士山周辺河川の難しい課題である。

4. 昭和の治水と水害

　富士川水系は急流河川で、まだダム技術が進歩しない早い時期から、水路式発電が大変盛んであった。これは桂川も同様である。昭和34年（1959）の伊勢湾台風の1カ月前に大洪水があった。当時の富士川はその8月洪水で釜無川の河床が一気に上がってしまった。安芸所長時代の水制もかなり埋まってしまった。その後の9月26日の伊勢湾台風では大水害が起きた。

　昭和57年（1982）8月には台風10号で大きな被害が出た。記憶にある人も多いであろう。台風10号は東日本、関東から東北にかけて大雨をもたらした。この時、東海道線では、在来線の富士川橋梁下り線のトラス橋のスパンが一つ流出した。新幹線があったからよかったものの、新幹線が出来る前であったら大変であった。明治22年（1889）に東海道線が開通して以来、鉄道橋が流れて不通になったのはこれが初めてであった。支線ではしばしば鉄道橋が流出することはあるが。

　この事件を更にセンセーショナルにさせたのは、NHKだった。8月の末頃にNHKの特集番組でこの富士川橋梁流出を取り上げた。話題にすると言っても事故から約3週間後であるから、災害そのものではなく、どういう段階で鉄道を止めるか。実は富士駅の雨量を基準に決めていたことが話題になった。富士駅の雨量であるから、富士川の流量とはほとんど無関係である。スパンが流れた時、タイミング悪く1列車が鉄道橋を渡るはずであった。8月の初めで乗客がパラパラとホームへ走ってきて乗る状況で、最終列車であることから車掌が気を利かして、わざわざ待合室まで行って呼んで来て列車の出発時刻が遅れた。時刻通りに出発していれば1列車、富士川に落ちたであろう。この放送の翌日の朝、国鉄の某幹部から私の家に電話がかかってきた。「NHKにやられた。これから大変だ。今日、事故調査委員会をつくるから手伝ってくれ。」と

1.3 富士山の水

いうことで、半年ほど付き合うこととなった。

　富士川のスパン流出を教訓として、それから後、鉄道橋の豪雨時の止める基準が変わった。建設省甲府工事事務所から自動的に流量予報を国鉄に知らせるようになった。こうした情報で意外に大変なことは、列車を止める基準はなんとか予測がつくのだが、いつ鉄道を再開するかの基準が難しいのである。その基準は、色々な災害に共通しているが、大変に難しい問題である。

　日本の三大急流河川とは、最上川、富士川、球磨川になっている。この三大急流は、別に地理学的に勾配が特に急な訳ではない。江戸時代から言われている三大急流だが、なぜこの三河川が三大急流なのか。私の勝手な想像だが、日本三景のように、日本人はまずバランスを考える。全体で東日本、西日本、中部とかバランスを考える。日本三景もバランスで言われるのだろう。日本海側と太平洋側のバランス、東日本と西日本、東京と京都のように。三大急流もそうではないかと思う。名前を聞いてもその川がどこかわからなくては、三大河川にならない。最上川、富士川、球磨川は江戸時代から舟運が盛んで有名である。今では考えられないことだが、大変な努力を経て富士川の舟運は盛んとなった。最上川は昔から舟下りがあり現在も冬も運航している。観光で冬に行っても雪が見られるだけでみんな酒を飲み川をあまり見てないのだが。もう一つの球磨川はその上流に計画された川辺川ダムでも有名になった。

5. 水資源とダム

　富士山の積雪は、言うまでもなく富士山麓の湧水の源である。積雪が、徐々に火山灰を通してゆっくり地下水となって流れ、その後に富士宮から富士にかけての湧水となる。

　高度成長の初期、三島の楽寿園の湧水が止まる事件があった。私は工場での地下水の汲み上げ過ぎが原因だと思ったのだが、高度成長期の初め頃にその指摘はタブーだった。当時の市長が、水だけには不自由させないということで、東レの工場を誘致したので、大事な企業を困らすようなことは言わないでほしいという状況だった。現在では、三島では地元の渡辺氏らが奮闘しており、東レの協力を得て優れた川を育てているのである。いわば高度成長期の歪みを、21世紀にどれだけ回復できるかが我々の使命だと感じる。高度成長は我々の生活水準を随分上げたのだが、周知のように、水循環を乱すな

どの悪影響を及ぼした。富士山も日本人の生活水準が上がったからこそ大勢の人々が来てくれるようになったが、ゴミをいっぱい撒き散らすようになった。富士山麓地域の湧水問題、これは富士学会でも重要なテーマである。どのようにして湧水を昔のように戻すか、それを我々学会が支援できたらいいと思っている。

第二次大戦後にわが国ではたくさんのダムを建設した。最近は相模川水系の支流に宮ケ瀬ダムが完成し、人口がまだ増加している横浜の水対策となっている。このように、水の需要は地域によっては増えている。神奈川県は横浜周辺の水対策を含めて、相模川に多くのダムを造り、今日の横浜などの水対策に非常に貢献した。最近ではダムは一般に評判が悪くなり、新聞やテレビだけを見ていると、ダムは環境破壊を起こし、無い方がいいと云わんばかりの報道が多い。しかし、相模川のたくさんのダムが、神奈川県、そして横浜を大変に繁栄させたのである。

東京都をみても、現在の都民が飲んでいる水の8割は、昭和40年（1965）以降に利根川の上流に造ったダムの水である。かつては都民の水道水の3分の2が多摩川であった。利根川に昭和40年（1965）以降に造ったダムがなければ、東京は水の面で成り立たない。

神奈川県では、例えば相模川のみならず酒匂川の三保ダムなどの大規模ダムを造った。これは県の事業である。神奈川県は利根川の水を利用する権利がない。一方の東京都は多摩川のあと利根川に頼った。神奈川県は、相模川に特に多くのダムを造った。歴史をさかのぼると、明治初期、相模川の支流の道志川との水道契約があった。横浜の将来の発展のために、これは先見の明であった。

多摩川が富士山周辺というのは少し無理かもしれないが、多摩川は山梨県から東京都へ入る川である。江戸時代初期の玉川上水の本来の目的は、江戸城と大名たちの屋敷へ水を運ぶことで、画期的な事業であった。しかも一年半くらいの工事期間で完成している。そのころポンプはない。途中で水をあげられないから、地形の高低差を巧みに利用して水を運んだ。大都市は大量の水を確保しないと成り立たない。だから、玉川上水は江戸を百万都市にした礎だったと言える。当時の幕府の幹部の先見の明である。

戦後は昭和32年（1957）に小河内ダムが完成した。利根川のダム開発の前は、この小河内ダムが東京の

1.3 富士山の水

主な水がめであった。小河内ダムは、水道専用としては世界一の高さで、149mある。このダムは、建設省や農水省、厚生省のダムでもなく、東京都水道局のダムである。竣工時の都知事は、世界一のダムであるから、これで東京都の水は当分大丈夫だという祝辞を述べている。祝辞であるから、これを造ってもダメでしょうと言う訳はないのだが。ところが小河内ダムを造った後に、東京の水事情がおかしくなった。昭和33年（1958）は狩野川台風があり、小河内ダム湖は満杯になった。昭和34年（1959）には伊勢湾台風があり、やはりダム湖が満杯になった。しかし、こうした大型の台風は毎年は来ない。伊勢湾台風を最後にして小河内ダム上流域に大雨が降らなくなってしまった。おまけに昭和38年（1963）・39年（1964）と空梅雨が続いた。台風は来ない上に、空梅雨と続き、それに昭和30年代から東京都の人口が予測以上に増えていった。大きい財布を買えば金持ちになるというわけではない。大きい財布を買っても使い方が増せば空になる。使うほうは人口が予測以上に増え、水需要が急増し、高度成長期に入った。そしてついに昭和39年（1964）には東京は大変な水不足になった。この年は東京オリンピックの年で、東京オリンピックのプールの水をどうするかが大変な話題であった。東京は水不足だから水泳競技は今回に限り中止という訳にはいかない。幸いにも8月20日に雨が降り、それから順調に降雨があり、水泳競技も東京の水で実施できた。小河内ダムだけは所詮東京の水は不十分であった。その後は、利根川開発が進んで、以後、東京に深刻な水不足は遠のいていった。

多摩川では、もう一つ、水害訴訟という問題があった。昭和49年（1974）に洪水があり、狛江で、多摩川の堤防が、切れたのではなく崩れた。19軒の家が流れて、その人たちが、建設大臣を被告とする水害訴訟を起こした。水害訴訟はそれまでも多くあったが、これは極めて特殊な訴訟であった。1審は原告勝訴、2審は逆転、被告勝訴。裁判は、引き分けということはないから、必ずどちらかに決まる。最高裁は高裁へ差し戻しとなった。差し戻されると高裁は前の判決と同じものを出す訳にいかない。逆転の逆転で、結局建設大臣（国）の敗訴となった。提訴から約20年かかっている。

一方、多摩川は河川行政面では大変先駆的な川で、流域首長による河川サミットをはじめ、日本で最初の事業を多く実施している。河川敷を

最初に公開したのも多摩川であるし、他にも色々な新しい事業を行っている川である。

狩野川は、昭和33年（1958）の狩野川台風で伊豆半島が大変な被害に遭った。このとき、東京、横浜も大災害だった。東京では石神井川や、神田川の上流と支流で大きな被害が発生した。その対策として狩野川放水路が昭和40年（1965）に完成した。最近の狩野川の話を聞くと、この放水路の環境で悩んでいる。昔の放水路では洪水時さえ流してくれればよかった。しかし現在では、この放水路が環境に与える影響などが課題になっている。

酒匂川は、昭和53年（1978）に三保ダムという大規模なダムが造られた。この川では昭和47年（1972）に大洪水があり、御殿場線の鉄道橋が流れる被害があった。平成11年（1999）には、酒匂川の支流の玄倉川で釣客が遭難する事故があった。

酒匂川でもう一つ話題がある。宝永4年（1707）の富士山の宝永噴火が酒匂川に大災害をもたらした。大噴火があると、当然に川にも影響がある。浅間山の爆発と利根川の洪水との間にも深い関係がある。富士山の将来の噴火は周辺河川に与える影響が大きいことに注意すべきである。

以上、富士山の周りの川を取り上げてみた。富士山周辺には様々な川があり、それぞれが話題を持っている。話題の中には、今後の富士学会で取り上げてもいい問題も多くあるのではないだろうか。

富士山の水環境 —水資源と水利用—

北川 光雄

1. はじめに

　富士山とその周辺地域の水環境に関する研究や調査は、さまざまな分野からアプローチされ、これまで多くの成果が集積されてきた。その仕事は、目的や調査の対象や時代の要請によって、また、方法や技術の変遷、実施機関などによっても、多様性をもって実施されてきた。また、富士山の水環境への関心は、純粋な自然環境としての水循環や水の存在形態のみでなく、水利用や水資源といった社会的な人間活動の側面からの接近も多く、その面でも多様性をもっている。そこで、これまでの研究業績や調査結果の一部を紹介しながら、富士山の水環境や水循環に関する諸問題を断片的ではあるが紹介したい。

2. 水の存在

　富士山とその周辺の水環境について水の存在に目をむけると、一般に大気中の水、地表水、地下水等に区分でき、その環境特性は、水文気象、水文地形、水文地質などの自然環境とともに人工改変も含めた総合的な条件によって表現されてきた。そのような観点から富士山の水環境に関する総合的記載のはじまりは神原信一郎『富士山の地質と水理』(1929)であり、その内容の多くは今も貴重である。なお、神原信一郎は発電用水確保のため、富士山周辺の水資源の開発調査に従事したことに端を発し、それらとかかわる富士山全体の気象、地質、地形などの問題に関心の拡がりをもったことを述べている。

　気象環境として富士山体に与えられる水は降水・降雪としてもたらされる。富士山頂の気象観測は明治13年(1880)夏のメンデンホールに始まり、明治28年(1895)には野中至が10月から12月にかけて実施した。富士山周辺地域の降水量の観測資料は蓄積されてきたが、山頂における降水量は観測項目にはない。また雪も積雪深の観測資料のため、山体に与えられる降水量としての実態は不詳の点がおおい。これまでに発表された降水量等値線図などによると、平面的には、山頂付近で3,000mmをこえ、山麓に向けて減少する分布

をもち山域の平均降水量は2,300mm程度と推定され、富士火山の基底面積の範囲にもよるが面積雨量としておよそ年間22～26億トンの水がもたらされると推定される。長期にわたって富士山頂で気象観測にたずさわり、降水量の把握にも努力した藤村郁雄（1965）によると山頂付近の年間降水量が20,000mmに達することもあるとの記載もある。

降水量から蒸発散量を差し引いた水量が賦存量として地域に与えられる水量となる。富士山体からの蒸発散量は気温、日照時間、表面被覆状況などの条件で局地的に差異が大きいが、一般にソンスウエイトの方式によって求められる。三島819mm,御殿場659mmなど各地で計算された数値をもとに推定すると、降水量のほぼ25～30％、年間5～6億トンの蒸発散量となる。また、蒸発散量は平均して一日1.5mm程度が目安であるとの試算もあり、この値を用いると年間約5億トンの値となる。また、夏期の平均気温をもとに富士山の斜面を方向別に区分して試算された事例によると、蒸発率は、山頂部で8％、北側斜面では12～28％、南側斜面では11～24％という値が得られ、標高が低くなるほど蒸発率は増加している。水の流れを日単位の量として概算すると富士山全体で降水量600万トン、蒸発散量140万トン、地下に浸透して地下水流出涵養量となるのがおよそ460万トンという値も報告されている。

富士五湖に関する研究は、明治33年（1900）ころから山中湖で観測をはじめた田中阿歌麿が湖沼の水文環境について啓蒙的な著書も含めてその結果を発表し、吉村信吉らは昭和17年（1942）以降、水温、水質など湖沼学的調査を継続した。また、近年は山中湖で湖底堆積物の調査による湖沼の環境や形態の変遷、西湖では地下水流入による湖底湧出水の追跡、河口湖では湖畔の観光化による水質汚濁などが水の環境問題として報告されている。また、富士五湖の水位変動をみると、西湖、本栖湖、精進湖は経年変化、月別年変化ともに同じ傾向を示し、3月に最低、10月から11月に最高値となる。またその三湖は異常な降雨時に急激な水位上昇が昭和13年（1938）、昭和56年（1981）に発生して湖岸が浸水し、さらに平成3年（1991）8月から10月にかけての3ケ月で平年の年間降水量に相当する降水量があり、そのため日時はことなるが、基準水位に対して西湖で8.73m、精進湖で7.79m、本栖湖で6.50m、山中湖4.50m、河口湖0.92mの水位の上昇をみた。なお、富士五湖は水資源や水利用、水災害

1.3 富士山の水

対策調査などの目的で山梨県、東京電力、測候所などで日毎の水位観測が実施され、資料は蓄積されている。また、人工的な貯水池として、かつては湿地であった狸沼を閉塞、築堤、貯水して灌漑用溜池とした富士宮市田貫湖、開田のために建設された裾野市や御殿場市の貯水ダム、農地防災目的の大倉ダム、西富士用水源ダムなどが富士山周辺に構築されて新しい水環境が創出され、富士山の景観を望む御殿場市の東山湖や田貫湖は水辺の親水機能もそなえられている。

富士山周辺の河川環境は、利水や治水に関連して流量や水質の調査が継続されてきたが、観測地点は限られている。北麓の桂川水系は富士五湖に水源をもって流出しているが、本栖湖の水の一部は富士川水系に流域変更して発電用水として供給されている。西麓の芝川、潤井川、東麓の黄瀬川、鮎沢川など、いずれも山麓の湧水にその水源をもち、豊富な水量は発電用水、農業用水、工業用水源として取水され、その取水や利用の形態が水環境の景観として表現され、地域の特色となっている。日量約100万トンの湧水を水源とする狩野川支流の柿田川水源の地下水が湧き出る風景は自然を感じさせる観光資源ともなっている。

富士山の西斜面富士宮市上井出に扇状地を形成させた大沢崩れの巨大な崩壊地がある。その調査に端を発して注目された富士山の斜面に放射状に発達する開析谷は残雪も多く水源涵養機能をもっている。しかし、豪雨時の土石流や融雪時の雪代（スラッシュ）と呼ばれる泥流や土砂流出災害を発生させることがある。それらは河谷の形成作用とともに潤井川下流域の河床上昇や河口にあたる田子の浦港に土砂を堆積させる原因でもあり、火山の防災地学的視点からも調査がすすめられ、富士山周辺地域の開発と環境変化との関わりで問題を提起してきた。

地下水とその露頭ともいえる湧水は富士山麓の水環境の特性である。火山性噴出物や玄武岩質溶岩層からなる富士山体は降水のほとんどが地下に浸透して地下水となり、山麓まで表流水をみないので富士山は大きな水の容器ともいわれる。およそ18億トンの地下水が被圧地下水として富士山に貯留され、クリンカーとよばれる溶岩層の隙間や溶岩内の空洞を通過して押し出されてくる。そして、溶岩流末端から湧出して清水町柿田川、三島市小浜池、富士宮市白糸の滝、湧玉の池、北麓の忍野八海などの湧水群の風景を形成し、観光資源としての価値も高い。湧出量の

少ない局地的な湧水にあっても、その水辺に水神や祠があって水の文化や生活の風景をかもしだしている。湧水量の測定結果をみるとその変動が激しく、たとえば、富士山西麓富士宮市猪の頭湧水では昭和30年（1955）当時日量52万トンであったのが近年は季節にもよるが5万トンから20万トンと減少し、この減少傾向は各地点でみられ三島市小浜池の湧水も昭和37年（1962）からは涸渇がみられるようになり、湧水復元のための調査も進められた。なお、年間をとおして水温ほぼ11℃をもつ猪の頭の湧水群は富士宮市の保存湧水に指定され、湧水はワサビ田やマスの養殖場などの水源として利用されている。

3. 水資源の開発と水利用の諸相

火山体の地下水や湧水の調査をすすめてきた山本荘毅は富士山体について水文学的に水域を山頂涵養帯、乏水域を山腹涵養帯、標高500〜700mの豊水域を山麓湧泉帯と区分した。湧泉はほぼ点として分布するために広い山麓斜面の景観は乏水性の原野である。この地域の水資源開発調査の第一段階は昭和22年（1947）頃から地下水の探査が富士山域総合開発計画にそってはじめられた。富士山麓西麓朝霧高原一帯ですすめられた戦後の開拓地入植にともなう生活用水、農業用水の確保が目的であった。開発は農林省の主導による電気探査による方式であったが、その水探しが困難であった事情は蔵田延男（1965）によって詳述されている。現在は牧草地を西富士用水路が通り潤沢な用水を供給している。

第二段階は昭和30年（1955）頃からはじめられた工業用水の需要に対応する工業用水源の調査で通商産業省が主体で岳南地域、黄瀬川流域の東麓河川流量や地下水流動量、水道水源の調査も実施され、黄瀬川沿いに地下ダム構想も提起されていた。これらの仕事をとおして地質構造の解明もすすみ、水環境の認識もたかめられた。

富士山東麓の黄瀬川流域裾野市や長泉町の化学繊維や金属工業の誘致、南麓西麓の富士市、富士宮市の紙パルプ工業の拡大、化学繊維、フィルムなどの化学工業の誘致は岳南地域の工業化を促進し、それら用水型工業は河川のような慣行水利権のない清浄で豊富な地下水といった水環境に依存して生産を拡大していった。岳南地域の工業用地下水取水量は昭和40年（1965）には日量126万トン、昭和42年（1967）には140万トンと過剰揚水となり、昭

和40年（1965）頃から地下水塩水化が田子の浦港周辺で顕著となり、水位の低下や湧水の涸渇も含めて地下水環境の障害が地域の環境を変化させた。そのため、水理解析をもとに地下水利用適正化調査が岳南地域から始められ、黄瀬川地域で昭和44年（1969）、駿河湾東部地域で昭和45年（1970）に実施され、岳南地域の地下水安全揚水量はおよそ日量80万トンと試算された。また、静岡県では昭和52年（1977）に「静岡県地下水の採取に関する条例」を制定し、地下水の合理的利用と水資源水環境の保全に務めることとなった。

そのため、工業用水水源を地下水から地表水への転換が求められ、時期は前後するが、富士川用水道、日軽金の発電放水による東駿河湾工業用水道、柿田川工業用水道などが建設された。その結果、たとえば平成20年（2008）の富士市の水源別工業用水量をみると、井戸水は日量39万トンで17％、工業用水道25％、回収水53％となっている。

第三段階は用水需要に対応した将来予測を導入した地下水利用適正化調査の見直し調査で、水収支の視点が加味され、取水可能量も求められており、岳南地域への地下水流動量は日量128万トンとなっている。

富士山麓の農業用水は歴史的にも知られている富士宮市の北山用水、裾野市の深良用水、河口湖の水を隧道で桂川流域に供給した事例などは水田開発に貢献した。御殿場周辺の富士山麓では湧水をもとにワサビ、水掛け菜が特産として栽培されている。山中湖、西湖の水は桂川水系の発電用水に導水され、芝川水系では明治期から水路式の発電所が立地してきた。地下水に恵まれているために、富士市、御殿場市、裾野市、長泉町などの上水道水源は全て深井戸に依存している。今後、富士山の水環境に関する課題としては、これまで個別に地域別、流域別に行なわれてきた調査から富士山全域を全体的総合的に把握できる水環境の保全と健全な水循環を理解し記載し、伝達していく作業が残されているといえる。

参考文献

- 神原信一郎（1929）『富士山の地質と水理』博進館
- 藤村郁雄（1965）「富士山の気象」『静岡地学』2号
- 蔵田延男（1965）「富士の裾野の水探し」『地学雑誌』74巻6号
- 山本荘毅（1970）「富士山の水文学的研究」『地理学評論』43巻9号
- 高山茂美（1995）『富士山の地下水流動系の研究』文部省科学研究費研究成果報告書

富士五湖

大八木 英夫

1. 富士山の湖沼

　第四紀に活動した新期の火山は、山体の表層が間隙の大きな堆積物で覆われているために一般的に透水性がよく、地下水の貯水帯となっている場合が多い。したがって、火山は地表に突出した巨大なダムと称されている。富士山もまた、新規の火山の一つである。

　富士山の周囲には、東から高位に位置する山中湖、北麓を西方に、河口湖・西湖・精進湖・本栖湖とつらなるいわゆる富士五湖がある。ほかにも四尾連湖や湿原化してしまった浮島沼、人工湖の田貫湖などが存在するが、これらの湖沼については、富士山との直接の関係を認めることができないと報告されておりまたその規模も小さい。

　富士五湖の湖沼の成因は、富士山の噴火と関係が深く、溶岩流でせき止められて形成した湖沼群である。また、湖沼群として一つの集合体で紹介されるが、表1にその湖盆形態を示した。ほぼ同じ標高に位置しながらもその一つ一つが深さ・面積が

	山中湖	河口湖	西　湖	精進湖	本栖湖
緯　　度　（N）	35°25′	35°31′	35°30′	35°29′	35°28′
経　　度　（E）	138°52′	138°45′	138°41′	138°37′	138°35′
標　　高　（m）	981.5	832.0	901.5	901.0	900.5
湖面積（km^2）	6.780	5.700	2.120	0.510	4.700
最大水深　（m）	13.3	14.6	73.2	15.2	121.6
平均水深　（m）	9.4	9.3	38.5	7.0	67.9
容　積（km^3）	0.065	0.056	0.084	0.035	0.328
湖岸線長　（km）	14.0	21.0	9.9	6.8	12.0
長　　軸　（km）	6.0	6.2	4.0	2.8	4.1
最大幅　　（km）	2.0	1.6	1.1	0.6	2.0
肢節量	1.49	1.90	1.85	2.46	1.33

表1 富士五湖の地形的特徴
　　（山本,1971・環境庁自然保護局,1993・国立天文台編,2009を参照）

異なることがわかる。
　日本の湖沼学発祥は、遡れば明治32（1899）年8月1日に、田中阿歌麿子爵が富士五湖の一つである山中湖において錘鉛を下ろしたことにはじまる（吉村, 1937）。以降、現在まで富士五湖のみならず日本全国へ湖沼の研究が広がっている。

2. 富士五湖の水文科学的特徴
(1) 地形的概要
　富士山は、噴出量および流出した溶岩が占める面積が単独の第四紀火山としては日本一の大きさを誇っており、その高さ、知名度ともに日本一の山としては言わずともしれている。富士山麓における湖沼は、富士山斜面における総面積の約30％を占める北麓において、主に富士五湖として発達している。富士五湖は、16本の小河川（山中湖2河川、河口湖9河川、西湖4河川、精進湖1河川、本栖湖0河川，環境庁自然保護局（1993）による）の流入が認められるが、大きな流入河川は認められず、常時水が流れ込んでくるものは御坂山系から流入する河川が数本のみであり水量はきわめて少ないといえる。
　一方、富士五湖から流出する自然河川は、山中湖を基点とする一級河川の相模川（桂川）のみで、河口湖は灌漑用水と発電用水として、本栖湖は発電用水としてそれぞれ湖外へと流出し、西湖の発電に利用した水は再び河口湖へと放出される。したがって、精進湖のみが流出口がない完全な浸透湖であるといえる。
　富士五湖の湖面標高は、高い順に山中湖（982.05m）、西湖（901.5m）、精進湖（901.0m）、本栖湖（900.5m）、河口湖（832.0m）となる（表1）。その集水域は、富士山が単調な円錐形の地形であるため範囲を決定することが困難で、多くの研究結果や報告書によっては集水域面積が異なることが多い（図1）。

(2) 水位変化
　図2には、富士五湖の水位の季節変化を示した。流出河川を有する山中湖と人為的な取水が行われている河口湖では水位の年較差が小さい。これに対し、西湖・精進湖・本栖湖においては、湖水位の周年変化が相互に対応しており、3～4月にかけて年最低水位が出現した。これは、冬季に降水が積雪となって流域に堆積し、涵養量が減少したものと考えられる。その後、5～6月には融雪と梅雨・台風にともない湖水位の上昇期となる。最高水位は、いずれも10～11月にかけて現れ、その水位差は2.8mとなっている。このような水位の年変化は、富士五湖の北麓の

富士五湖

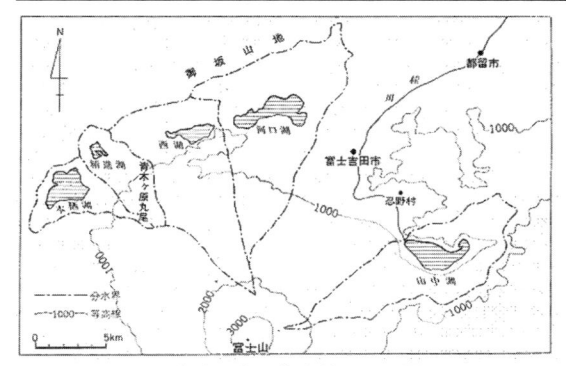

図1 富士五湖の集水域とその周辺
（山本,1971を改変）

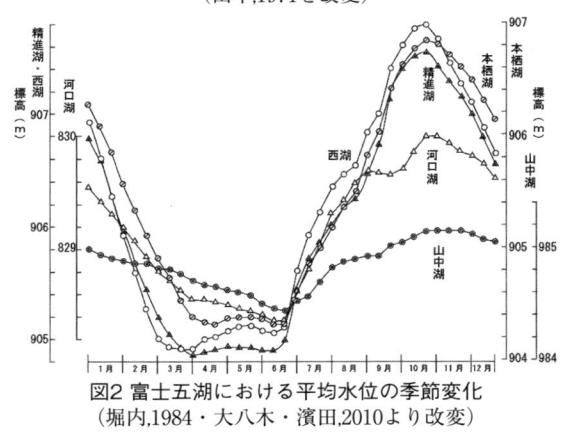

図2 富士五湖における平均水位の季節変化
（堀内,1984・大八木・濱田,2010より改変）

地下水流動系と密接な関係にあり、湖岸の溶岩流入部では湖からの地下水流出・流入が行われていると指摘されており（濱野,1976）、富士五湖のいずれの湖水も供給源が富士山や御坂山系からの降水およびそれに起因する地下水に由来していることが示唆される。

　西湖・精進湖・本栖湖の三湖における湖水位変化の関連性は、貞観6年（864）に「剗の海」が青木ケ原溶岩によって分離されたことにより形成された湖盆にも関係し、地下水による三湖の関連性が示唆されている。かつての研究からは、湖水が地下水の涵養源となっていることが報告されており、湖沼中へ地下水が流入し、湖水が地下へ流出していることを明らかにしている（森,2005）。

　昭和57年（1982）～昭和58年（1983）夏には、山梨県地方を襲った度重なる集中豪雨によって、西方の湖沼を中心に7mを超える増水や河口湖の約3mにおよぶ著しい水位上昇が生じた。また、平成3年（1991）8月～10月の3カ月間の降水量が1,382mmにもおよぶ集中豪雨時には、西湖で8.73m、精進湖で7.79m、本栖湖で6.50m、河口湖で0.92mの水位上昇が記録された。平年値の湖水位まで回復するのに長い時間を要したことから、湖岸の人々の生活に大きな影響をあたえたことを指摘されており、このように、短期的な水位変化に対する調

1.3 富士山の水

節機能の小さい点も富士五湖の特徴の一つであるともいえる（堀内（1984）、菅野ほか（1986）、丸井ほか（1995）など）。

(3) 水温の経年変化

図3a・3bには、山梨県公共用水域データにおける昭和49年（1974）からの公共用水域水質測定結果を参照し、各湖の湖心における表層水温の経年変化を示した。富士五湖の最低気温は1月、最高気温は7月に多く出現するが、水温はその1カ月遅れで出現することが多い。これらの水温の変化から山中湖・精進湖・河口湖（図3a）と西湖・本栖湖（図3b）のグループに分けることができる。前者（図3a）は、冬季において毎年表層水温が4℃より水温が小さくなる。これは、温帯湖の特徴であり、秋季・春季に、すなわち1年に表層から湖底まで2回循環が生じることを意味している。また、過去に全面結氷が報告されているが近年その状況を見られなくなってきたが、平成18年（2006）には山中湖で約20年ぶりに全面結氷したことが確認されている。

後者（図3b）は、表層水温が4℃より小さくなる年とならない年があることが特徴で、毎年1回循環が生

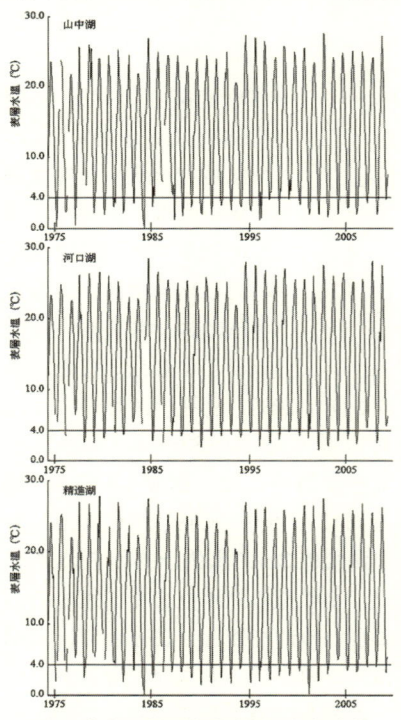

図3a 富士五湖の表層水温の経年変化
（山中湖・河口湖・精進湖）

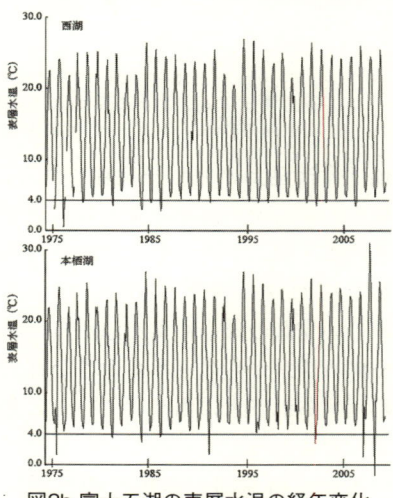

図3b 富士五湖の表層水温の経年変化
（西湖・本栖湖）

じる亜熱帯湖に属するグループである。したがって、他の三湖とは異なり、全面結氷はない。亜熱帯湖に属するグループは、琵琶湖（滋賀県）・池田湖（鹿児島県）などがあげられ、琵琶湖では冬季にのみ「全層循環」することから「1年に1回だけ深呼吸する」と表現されている。これ

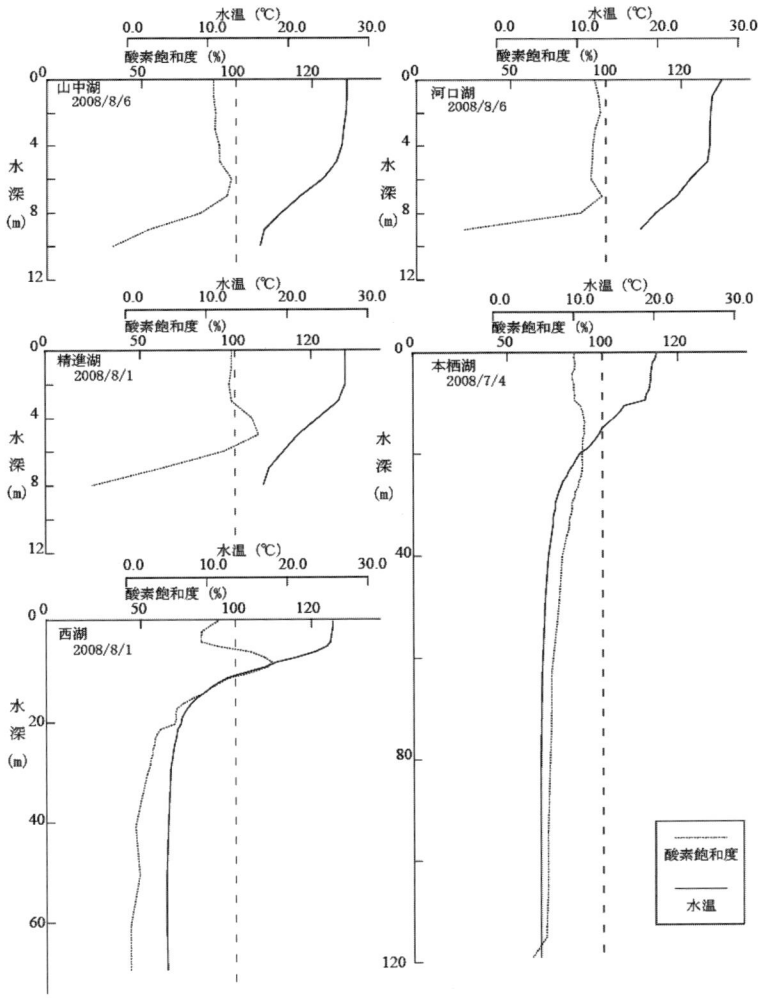

図4 夏季における富士五湖の水温・溶存酸素の鉛直分布
　　（山梨県公共用水域データ平成20年度富士五湖水質補足調査結果に基づき作成）

らの湖には、深さ・容積が重要な役割を果たしており、深層までの熱の移動が大きく影響している。

(4) 水温・溶存酸素の鉛直分布

　山梨県公共用水域データ、平成20（2008）年度富士五湖水質補足調査結果に基づき、富士五湖同時に比較対照することとした。夏季（山中湖・河口湖・精進湖・西湖：8月、本栖湖：7月）の水温・溶存酸素の鉛直的な差異を図4に示す。

　夏季には、富士五湖すべての湖において水温躍層が形成されている。それぞれの温度勾配の最大値は、2.6～2.8℃/mとなり、水深3～10mで確認される。山中湖・河口湖・精進湖では、夏季においてある程度の強度をもった躍層が形成されており、過去の研究からもそれが示唆されている（吉村, 1933など）。

　西湖や本栖湖では、西湖水深20m・本栖湖水深40mあたりまで約0.5℃/mの温度勾配が確認されるが、それよりも以深である深水層の水温は、西湖5.0～6.0℃、本栖湖5.8～6.8℃の範囲内で一定していることが確認されている。大八木・濱田（2010）は、平成21年（2009）の4月～11月における本栖湖の深水層の温度変化についてまとめており、50m、100mおよび湖底の水温変化の変動が、50mで6.4～6.7℃、100mと湖底で6.1～6.2℃とその差は表水層と比較して小さいことを明らかにしている。このことから、最大深度が深いが故に夏季においても継続的に成層状態であることが予測されている。

　溶存酸素の鉛直分布は、水温によりその飽和量が異なるため、水温の鉛直変化に伴いそれに対応する溶存酸素飽和度（％）の鉛直分布について示した。夏季の溶存酸素は、精進湖（4～5m）・西湖（6～10m）にて過飽和の層が形成されていた（一般に溶存酸素は、著しい日変化を示すため、観測時間帯の異なる各年の結果を基にした場合、解釈が困難となる）。溶存酸素の供給源は、大気からの交換と光合成に生成によるものであり、光合成による影響が大きいと予測される。特に、精進湖においては、溶存酸素の成層が顕著であり、湖の底層における溶存酸素の減少が確認され、栄養塩やプランクトンの多さとの対応についても報告されている（山本, 1971）。

　山中湖・河口湖・精進湖の湖底の溶存酸素飽和度は、34.9％・25.0％・24.9％とそれぞれ表層に比べて大きく減少している。笠井（1991）によれば、精進湖では、無酸素層が形成されていることが確認されている（平成20年（2008）9

月5日の観測データには湖底の溶存酸素飽和度が3.2％となり、ほぼ無酸素な環境に近い状態の層が形成されている)。一方、西湖の湖底では44.3％、本栖湖においては62.7％と湖底まで溶存酸素が十分に存在している。西湖や本栖湖が他の湖と比べて栄養分解層より栄養生成層が大きな位置を占めており（山本, 1971)、溶存成分の状態が大きく影響しているといえる。

(5) 水質

陸水学的な分類では、山中湖は中栄養湖、河口湖は富栄養湖、西湖は中栄養湖に近い貧栄養湖、精進湖は富栄養湖、本栖湖は貧栄養湖であると報告されている（笠井, 1991)。

溶存成分の溶解の指標となる電気伝導度を用いると、平成20年（2008）の湖水面における平均値が、山中湖は81〜88μS/cm、河口湖は118〜127μS/cm、西湖は81〜84μS/cm、精進湖は74〜83μS/cm、本栖湖は42〜46μS/cmとなっている（山梨県公共用水域データ、平成20年度富士五湖水質補足調査結果に基づく)。

富士五湖中、最も富栄養湖とされている精進湖は、古くから人為的な影響について触れられており、湖沼型を決定する一つの要素であり栄養塩として重要な全窒素の値は、1.3〜1.5ppm（笠井ほか, 1971）と、非常に高い値と観測される（全窒素0.15mg/L（≒0.15ppm)）以上であり、富栄養湖であると定義されている（吉村, 1937による)。環境庁自然保護局（1993）によれば、1991年には精進湖の全窒素が0.3mg/Lと観測され、水質が改善されている事が伺える。

(6) 透明度

湖沼における水質の汚濁を知る指標として、透明度の経年変化が簡便に使用されており（半谷・安部, 1970)、栄養塩類の増加に伴う富士五湖の富栄養化（汚濁）の進展過程を知ることができる。さらには、環境省は、望ましい水環境及び利水障害との関係を整理しつつ透明度を指標とする検討しており（平成22年（2010）1月報道)、今後、透明度の変遷についてもより注目する必要があるといえる。

富士五湖において、従来観測されてきた透明度の値を時系列にすると図5のように示される。昭和49年（1974）以降は、山梨県より公共用水域水質測定結果が公表されており毎月のデータに基づき作成した。

富士五湖の透明度は、本栖湖・西湖・山中湖・河口湖・精進湖の順でその値が大きくなる。その平均値（昭和49年（1974）〜平成20年（2008）までの欠測をのぞくすべての値を平

1.3 富士山の水　　　　　　　　　　　　　　　　　　　　　　　　　　第1章

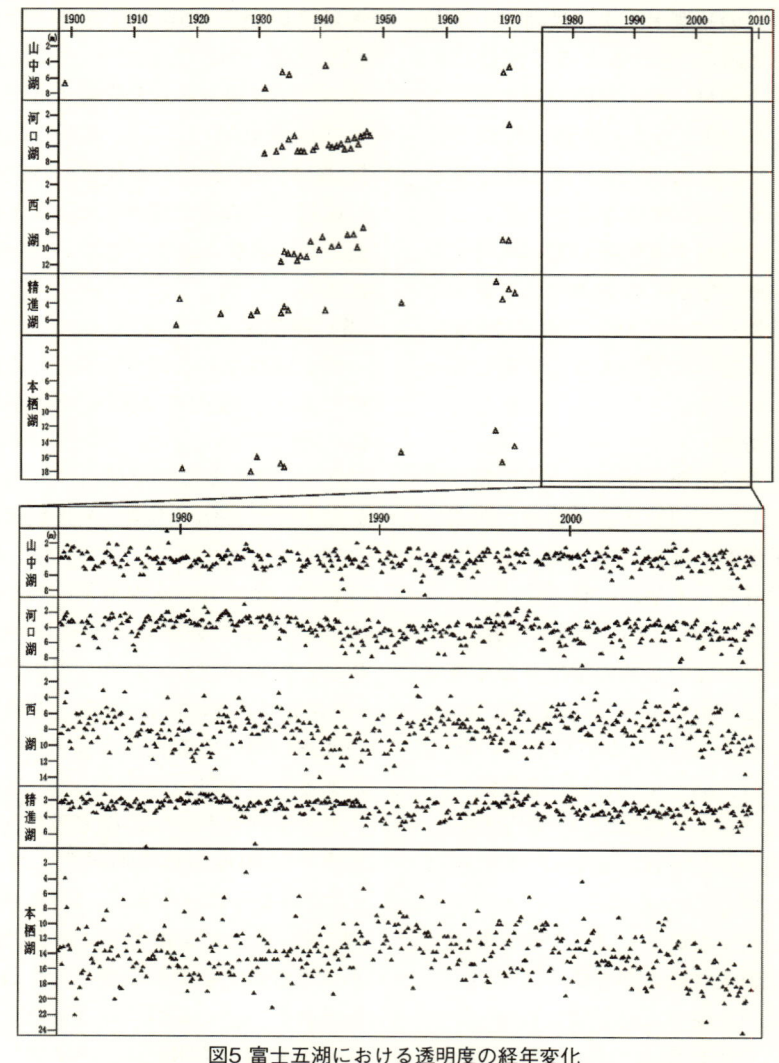

図5 富士五湖における透明度の経年変化
（上段：山本,1971を改変、下段：山梨県公共用水域データに基づく）

均）は、本栖湖13.2m（11.2m：国立天文台編, 2009)・西湖7.7m（6.5m：国立天文台編, 2009）・山中湖4.0m・河口湖3.8m・精進湖2.7mとなる。

山中湖・精進湖・精進湖は、季節変化が小さく、その差は約4mであ

-142-

る。また、1970年代に各湖沼とも1930年頃の値の30〜50％程度、透明度が減少している。さらに、それ以降、経年的な変化もあまり生じておらず、透明度はあまり回復していないのが現状であるといえる。

西湖・本栖湖の透明度は、時折5mより小さくなる値が出現するが、他の三湖と比べて透明度が大きく、また、三湖の透明度が小さくなった1970年代にもその値は大差ないといえる。さらに、季節変動が大きく、1990年代以降に透明度が大きくなる傾向にあることが示唆される。

3. 各湖沼の水文科学的特徴
(1) 山中湖

山中湖は、富士五湖の中でも最も湖面標高が高く、最も広い湖面積をほこる（表1）。最大水深は、13.3mと比較的浅い湖沼であり、湖底が平坦かつ湖岸線の屈曲も少ない湖盆形態を呈している。

過去に数多くの観測がなされ、夏季における観測結果からは、水温躍層の温度勾配は、約3℃/mと報告され、日本の湖沼全体における水温躍層の平均値は3〜5℃/mとされていることから、ある程度の強度をもった水温躍層が形成されたことが報告されている。

山中湖における水温、pHおよび溶存酸素の周年変化の様相については、水温、pH、溶存酸素の成層の消長が湖水の停滞と循環に関連して、1年間を通じ三者ともにきわめてよく類似しており、春季および秋季は、湖水の全層循環期にあたり水温成層は形成されにくいが、冬期の全面結氷下においては、水温が逆列に成層している。いわゆる温帯湖の特徴でもある二回循環が生じている。さらに井上（1956）によれば、水温成層と卓越風向とのあいだに、密接なる相関が認められることが指摘されている。

(2) 河口湖

河口湖の湖面積は、山中湖に次いでいるが、湖岸線は変化に富み、湖岸線は富士五湖の中で最長である。河口湖は、2ヵ所の湖嶺によって、3つの湖盆にわかれている。その湖嶺の一つは湖のほぼ中央部に富士五湖で唯一の島の鵜ノ島である。河口湖もまた富士五湖の中では多くの観測が実施されており、その性状が明らかにされてきている。

例えば、河口湖における水温の観測をもとに表面と湖底における水温の周年変化から、湖底水温が最高となる時期は、表面水温のそれよりもかなり遅れて出現することが報告されている。一方、3つの湖盆における水温ならびに溶存酸素の成層状態

のあいだには、明瞭なる差が認められない。これについては、主として吹送流で代表される湖流の発達による擾動のために、3つの湖盆の湖水の水質の差が均一化されてしまうためであると考えられており、水温、溶存酸素の成層が類似していることと、湖嶺の有無とが直接には結びつかないよい例であると考えられている。

また、河口湖における熱収支については、古くから研究が進められており、増沢（1952）や堀内（1970）により明らかにされている。堀内（1970）によれば、純輻射量は年間を通じてかなりの変動があり、最大は8月に、最小は12月にあらわれていることが報告されている。

(3) 西湖

西湖は、河口湖と精進湖との間に位置し、南側には足和田山、北側には御坂山系、西には青木ケ原樹海により囲まれている湖沼である。西湖からは富士山が見える場所が限られており、富士五湖の中でも静かな環境に置かれていることから「乙女湖」とも呼ばれている。その成因は、本栖湖や精進湖とつながっていた剗の海が、『日本三代実録』に拠れば貞観6年（864）の大噴火の溶岩流によって分断され、精進湖と同時に形成されたとされる。富士五湖の中では、2番目の深さの最大深度73.2mをほこる。昭和56年（1981）には湖中から中世の丸木舟が発見され、県指定文化財となった。

また、西湖は、山中湖・河口湖と同様に、フジマリモの生息地である。従来、北半球北部の高緯度・寒冷地帯に産するとされるマリモの低緯度での分布が確認され、昭和33年（1958）6月19日には県指定天然記念物となり、続いて、昭和54年（1979）1月19日には河口湖、平成5年（1993）5月24日には西湖でもフジマリモの分布が確認され、同年11月29日に山中湖・河口湖・西湖の三湖のフジマリモを「フジマリモ及び生息地」としてあらためて県の天然記念物に指定し、研究が進められている（芹澤ほか, 2010）。

西湖の水文学的特徴は、山中湖や河口湖の場合と異なり、その深さが重要な役割を演じている。特に水温の様相から河口湖と比較をすると、水温の温度勾配の最も大きい深度が河口湖よりも深く、6月から8月にかけては10～12mに（図4など参考）、9月・10月には15mの深度に存在している（山本, 1971）。これは、西湖の湖水が夏季に水深25m程度までしか湖水の循環が生じていないことを示しているものと考えられる。

（4）精進湖

精進湖は、富士山北西麓に西湖と本栖湖の間に挟まれた富士五湖中で最も小さい湖で水深15.2m、湖面積0.51km^{2}である。富士五湖で唯一、自然的・人工的流出口がなく、湖水が地下へ浸透する浸透湖であるといえる。東・西・北の三方を御坂山系に囲まれ、南岸からは、溶岩流の押し出しがそのまま残り複雑な湖の成因をなしている。観光地としての歴史は古く、明治時代にすでにホテルが建設されている。

水質は富士五湖中ではもっとも栄養塩が多く、これは、プランクトンが多いこととよく対応している。さらに、夏季において、底層の溶存酸素は無酸素層が形成されることが報告されており、溶存酸素が0mg/Lとなる深度が昭和4年（1929）には14mであったものが、昭和10年（1935）～昭和16年（1941）は12m、昭和28年（1953）は9.5m、そして、昭和43年（1968）には8.5mと上昇し、年々その厚さを増しており、富栄養化が急速に進行していた事が示唆されていた（山本, 1971）。現在、山梨県公共用水域データ平成20年度富士五湖水質補足調査結果に基づき、平成20年（2008）中で最も溶存酸素量が少なかった9月における湖底の観測資料によれば、湖底には溶存酸素がわずかながら確認された。

また、精進湖における地下水の湧出については、吉村・川田（1942）が溶岩の割れ目から湧出している地下水の影響を指摘している。これは、一つには、冷たい地下水が湧出してもそれが湖水中で暖められること、また一方では、地表面下5～6mの比較的浅い溶岩中を流れる地下水が、地表からの伝導によって相当暖められたうえで、湖中に湧出していることを示しているものと考えられている。したがって、湖水に流入する地下水については、富士五湖全体においても明らかにするべき大きな課題であるといえる。

（5）本栖湖

富士五湖中最も水深が深く、日本の湖沼においても第9番目となる水深121.6mをほこる。この深度を有することもあって、陸水学的な考察に十分といえる資料があまり蓄積はされていない。本栖湖は、恒常的な流入河川と流出河川をもたない湖沼であるが、流出として発電利用の取水によって減水するため水位変動が認められる。昭和59年（1984）から発行の旧五千円券および平成16年（2004）から発行の現千円券に描かれている富士山と湖は、この本栖湖畔から岡田紅陽氏が撮影した「春の

1.3 富士山の水

湖畔 本栖湖」を基にした作品をデザインしたものである。

本栖湖の水温の特徴については、平成21年（2009）夏季における水温の観測結果によると、表層より数m以深から形成され、温度勾配の最大値は、8月に3.0℃/mの水温躍層が15m付近に確認され、日本の平均的な温度勾配が認められている。また、水温の低下は、水深約40mまで継続されるが、40m以深ではいずれの季節においても温度勾配が小さく0.5℃/m未満となる。湖水の循環が生じていない環境であるが、120mの深層まで溶存酸素が存在しており、その飽和度はつねに60％以上に保たれている（図4）。

本栖湖について特筆すべき特徴は、湖水の水色であると報告されている。湖水は、フォーレルの標準色によるⅠ～Ⅱ号と、きわめて美しい濃藍色を呈しており、富士五湖の中では最も貧栄養の状態を保持している。しかし、水色が良い一方で、透明度が小さいことも示唆されている。これは、田中（1921）によれば、本湖は流出口を欠いているため、浮遊物が表層を漂っていることが原因とされ、菊池（1935）は、消散係数を算出し、本湖においては、深水層にくらべ表水層の消散係数の値が大きく、表層の湖水が濁っている事実を示唆している。

本栖湖の透明度は、大八木・濱田（2010）によれば、平成21年（2009）夏季における観測結果から、11.6～20.2mの間で変化し季節によって大きく変動した。最小値は7月で最大値は9月に確認され、その変動差は8.6mにも達した。吉村（1937）によれば、日本における最大透明度が20mを超える湖沼の高い順に、摩周湖（41.6m：1931年8月）、田沢湖（33.0m：1931年6月）、猪苗代湖（27.5m：1930年7月）、池田湖（26.7m：1929年5月）、支笏湖（25.0m：1926年5月）、倶多楽湖（24.3m：1916年9月）、洞爺湖（23.5m：1938年8月）、屈斜路湖（22.5m：1934年7月）・沼沢沼（21.0m：1930年9月）、十和田湖（20.5m：1930年9月）となり、本栖湖は18.0m（1929年8月）と報告している。また、環境庁自然保護局（1993）によれば、1980年代・1990年代ともに20.0mを越える透明度が観測されている湖沼は、北海道の摩周湖（28.0m：1991年）、倶多楽湖（22.0m：1991年）のみであり、本州では観測されていない（このときの本栖湖の観測データは11.2mとなり、479湖沼中第10位）。山梨県の公共用水域資料に基づけば、近年に幾度となく20.0mを越える透明度を観

測（図5）しており、平成3年（1991）の本州最高位にある赤沼（青森県）が18.2mであるが、この深度はすでに湖底に達しているためこれ以上深くなることもないことからも、現在では本栖湖が本州最高位であるともいえる。

参考文献

- 井上義光（1956）:「山中湖の水質の周年変化」『地理学評論』29（5），p.292-303.
- 大八木英夫・濱田浩美（2010）:「本栖湖における水温および電気伝導度の季節変化について」『日本大学文理学部自然科学研究所研究紀要』45，p.289-299.
- 笠井和平（1991）:「富士五湖」『理科年表読本 空から見る日本の湖沼』丸善，p.138-144.
- 笠井和平・大平学・中島郁子（1971）:「富士五湖の水質に関する研究（Ⅱ）精進湖について」『山梨件衛生研究所年報』15，p.48-52.
- 環境庁自然保護局（1993）:『第4回自然環境保全基礎調査・湖沼調査報告書』
- 菊池健三（1935）:「湖水の水中光度と透明度の関係」『陸水学雑誌』5，p.4.
- 国立天文台 編（2009）:『理科年表 平成22年版』丸善，p.594-595.
- 菅野敏夫・石井武政・黒田和男（1986）:「水文地質構造からみた富士山山麓地域の地下水流道と河口湖の水位変動に関する一考察」『日本地下水学会誌』28(1)，p.25-32.
- 芹澤（松山）和世・瀬子義幸・小佐野親・安田泰輔・中野隆志・早川雄一郎・神谷充伸・芹澤如比古（2010）:「富士北麓、西湖のフジマリモとその生育地の光環境の現状」『富士山研究』（山梨県環境科学研究所）4，p.17-20.

- 田中阿歌麿（1921）:「富士の五湖」『歴史地理』37，p.3-6.
- 濱野一彦（1976）:「富士山北麓の地下水」『山梨大学教育学研究報告（第2分冊）』27,pp.59-66
- 堀内清司（1970）:「河口湖の熱収支」山本荘毅代表『首都圏における河川のおよび地下水の水収支に関する水文学的研究』文部省特定研究報告
- 堀内清司（1984）:「湖の水収支」『月刊地球』6（8），p.507-513.
- 半谷高久・安部喜也（1970）:「水質汚濁研究法（17）湖沼の水質汚濁」『水処理技術』11（12）
- 増沢穣太郎（1952）:「河口湖の熱収支について」『資源研彙報』
- 丸井敦尚・安原正也・河野忠・佐藤芳徳・垣内正久・檜山哲哉・鈴木裕一・北川光雄（1995）:「富士山北麓西湖の水質と湖底湧水」『ハイドロロジー（日本水文科学会誌）』25，p.1-12.
- 森和紀（2005）:「富士山をめぐる水」日本大学文理学部地球システム科学教室編『富士山の謎を探る』築地書館，p.120-135.
- 山本荘毅（1971）:「富士山とその周辺の陸水」『富士山―富士山総合学術調査報告書』富士急，p.151-209.
- 吉村信吉（1933）:「日本の湖水の深層水温 第Ⅱ報」『海と空』13（11），p.287-310.
- 吉村信吉（1937）:『湖沼学』三省堂,426p.
- 吉村信吉・川田三郎（1942）:「富士五湖の湖沼学的研究（2）河口湖,精進湖の夏季の理化学的性状」『地理学評論』18（7），p.539-559.

図表一覧

- 表1 富士五湖の地形的特徴（山本,1971・環境庁自然保護局,1993・国立天文台編2009を参照）
- 図1 富士五湖の集水域とその周辺（山

1.3 富士山の水　　　　　　　　　　　　　　　　　　　　　　　　　　第1章

本,1971を改変）
- 図2　富士五湖における平均水位の季節変化（堀内,1984・大八木・濱田,2010より改変）
- 図3a　富士五湖の表層水温の経年変化（山中湖・河口湖・精進湖）
- 図3b　富士五湖の表層水温の経年変化（西湖・本栖湖）
- 図4　夏季における富士五湖の水温・溶存酸素の鉛直分布（山梨県公共用水域データ平成20年度富士五湖水質補足調査結果に基づき作成）
- 図5　富士五湖における透明度の経年変化（上段;山本,1971を改変・下段;山梨県公共用水域データに基づく）

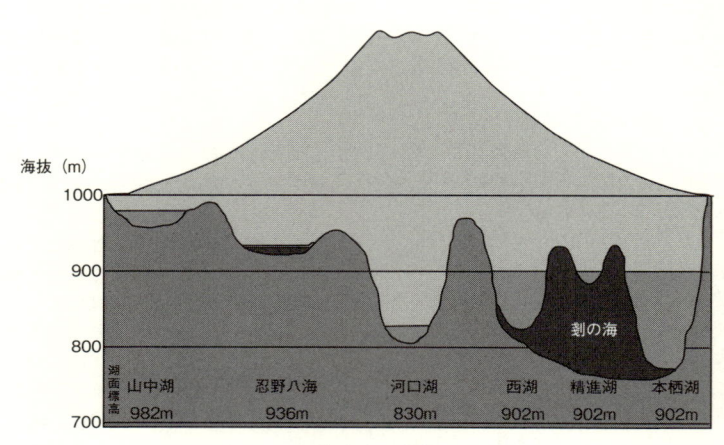

富士山の湖沼
（大八木英夫作成）

Column

富士山北麓の湧水!?

　第四紀に形成された新しい火山は、間隙（かんげき）の大きな堆積物で山体の表層が覆われており、透水性がよく地下水の貯水体となっている場合が多い。すなわち、地表に突出した巨大な「黒いダム」と称されている。富士山もまた、新しい火山の仲間であって、富士山を中心としてその周辺に降った雨は山の地下を通り各地域の湧水となって現れてくる。これらの湧水を巡る旅は、日本一の高さを誇る富士山をぐるりと一周するだけで2～3日の小旅行ができるのではないだろうか。われこそ名水と言わんばかりに様々な地域に存在する。

　富士山地域の「水」が分布する地域に目をやると一つの疑問が湧いてくるのではないだろうか。そう、南側には湧水、北側には湖沼といった形で視覚的に現れるのである。しかし、北麓の湖沼の水の主たる起源は、地下水、すなわち湧水であるともいえる。湧水という共通点はあるかもしれないが、ひとたび湖沼として形作られるとその性質が異なったものとなる。湖沼では、水の流れが非常に緩やかになり、水平方向のみならず、時には深度100m以上の上下の混合が生じることがある。また、人間の生活との結びつきや資源・環境の視点からも重要なものとしてあげられ、ロマンが感じられる神秘的なものでもある。

　ご存じだろうか。日本の湖沼の科学的な研究はじまりは、山中湖にあることを。明治22年（1899）に田中阿歌麿子爵によって、山中湖にてその深度を測定したことに始まるという。それから100年が過ぎ、なお残る謎の解明に向けて、日本全国・世界全土で湖沼研究は続けられており、もちろん富士五湖でもまた研究は続けられている。

　富士山地域の「水」といった共通点はあるが、その流れる速度によって、地下水・湧水・河川・湖沼とその姿と性状が異なる。時には洪水など危険を伴うこともあるが、様々な地域で名水となって、私たちにとても良い景色、レクリエーションとしての場、そして飲み水・釣りなどの資源として多くの恵みを与えてくれる。富士山地域では名水ばかりだが、あなたのお気に入りの場所はどこだろうか？

大八木 英夫

Column
柿田川の湧水と自然環境の保全

　柿田川は、富士山麓の湧水群のなかで最大なもので、静岡県清水町の国道1号線の真下から忽然と湧き出し、川幅40〜100m、長さ1.2kmの清流となって狩野川へ注いでいる（口絵参照）。一日に100万トンを超える東洋一の湧水量を誇り、静岡県東部35万人の飲料水となっている。年間を通じ15℃前後とほぼ一定の水温を保ち、貴重な水生植物であるミシマバイカモ、渓流魚であるアユ、渓流の鳥であるヤマセミが生息し、環境省による「ふるさと生き物の里」や「名水百選」に選ばれている。近年の乱開発等により山麓の湧水群が相次いで枯渇し、柿田川の湧水量も年々約5千トン/日ずつ減少してきた。また、周辺は都市化の波が押し寄せ、常に開発と観光地化の危機にさらされているため、柿田川の自然を愛する人たちは昭和50年（1975）「柿田川自然保護の会」を結成して、自然観察会を開き、関係市町に対し自然保護条例の制定を求める活動を行ってきた。さらに、柿田川は一級河川に指定されているものの川の中まで私有地となっていることから、良好な自然を保護し、湧水及び周辺の自然環境を次世代へ継承して行くために土地の公有化を図ること等を目的に、昭和63年（1988）年3月19日に「柿田川みどりのトラスト委員会」発足させた。現在、全国各地から寄せられた賛同の募金をもとに約2,400m²の土地取得し、また、2,019m²の土地の維持・管理をまかされている。委員会は、平成3年（1991）3月30日「財団法人柿田川みどりのトラスト」として組織を新たにし、柿田川の良好な自然環境を保全し、健康で快適な環境作りに寄与するための活動を行っている。年間の活動内容は、機関誌『柿田川だより・柿田川』の発行、柿田川周辺のパトロール、流量調査、水質調査、行政への働きかけ、年3回の観察会、富士山周辺での水源涵養地保全のための植林、募金活動等を行っている。柿田川自然保護の会・財団法人柿田川みどりのトラストの日常活動を通じ、柿田川の湧水と自然環境の保全に果たしている役割りは大きく、富士山麓をはじめ日本全国における環境保全活動の先がけとなっている。

漆畑 信昭

2.1

富士山と文学

第2章 富士山の文化

富士山の民話・伝承

渡井 正二

　悠然とそびえる霊峰富士は、その雄大さ気高さから人々に深い感銘を与え、数多くの民話を育み語り継がれてきた。そこには、富士山を主題とした話から、かぐや姫の残した不老不死の仙薬を焼いたのが富士山で、以来不死の山といわれたとか、徐福が秦始皇帝の命を受けて不老不死の仙薬を取りに来たのが富士山で、富士吉田市の大塚丘が徐福の墓であるというような、他の主題の余話として富士山が登場する話も数多くある。ここでは、富士山が中心的に語られている民話・伝承に触れ、富士山がどんな存在として語り継がれてきたか見ていきたい。

富士山の成立伝承

　富士山は8万年も前から古富士の噴火が始まり、何回もの噴火を繰り返し現在の姿があることは周知のところである。では、民話・伝承ではどうなっているのであろうか。「雲霧が晴れたら富士山が忽然と姿を現した」という富士山一夜噴火説が、多くの典籍にみられ民話の世界にも及んでいる。

「富士山一夜噴火説」を典籍に見よう。

『扶桑拾葉集』「昔孝安天皇の時に、此国の東海に当り雲霧俄に起り、地の振ふ事数百年なりしが、夜の間に此の山崛起涌出といへり」

『慶長見聞集』「此山は、人王十代孝霊天皇の御宇に、一夜に湧出せしとなり、又或る説に此富士の山は人王二十二代雄略天皇の御時一夜に出来たり」

『和漢三才図会』「相伝、孝霊天皇五年始見矣、蓋一夜地解拆、為大湖、是江州琵琶湖也、其土為大山、駿州之富士也」

等々である。こうした「富士山一夜噴火説」の発想が、神様や大男が一夜にして富士山を造り、その土をとった所が琵琶湖になった、というような形で民話に反映されている。

「琵琶湖と富士山」

　ずっと昔のこと、神様たちが集まって国造りの相談をし、日本一高い山と日本一大きな湖を造ることが決まった。そこで、日本一高い山を造る所を駿河国と決め、そ

の土を近江国から運ぶことにした。山は一夜のうちに造ることになり、力持ちの神様が、夕方から近江の土をもっこに入れて運び、「さあ、あと一もっこで山ができあがる。」と、最後の一杯を担ぎ上げたとき、一番鶏が鳴いてしまった。神様はがっかりして、土をこぼしてしまい、頂上に盛る一もっこを運ぶことができず、山の頂上が平らになってしまった。その山が日本一高い富士山で、土をとった跡には日本一大きな琵琶湖ができた。

「天狗と神様の力比べ」

　神様が、人々を困らせるいたずら天狗と一夜のうちに大きな山を造る競争をして、負けた方がこの国から出て行くことにした。夜明け近くなって天狗があと一もっこと担ぎ上げたとき、西の空に高い山が見えたので、これは負けたと、そのままどこかへ逃げてしまった。そのとき、神様の造った山が富士山で、土を取った所が琵琶湖になり、天狗の造った山が榛名山で、土を取った所が榛名湖になった。

「大男（ダイダラボウ）の山造り」は、大男が、近江の土をもっこで運び一晩で造ったのが富士山で、土を取った所が琵琶湖となったという神様の山造りと同じモチーフの話であるが、余話が多く見られる。もっこの目からこぼれた土でできた山だとか、足跡に水が溜まってできた池などの伝承がある。富士五湖にも、大男が土を運ぶとき手をついた跡や足を踏ん張った時に付いた跡に水が溜まってできたとの伝承がある。

　一夜噴火説は、地名伝説にも反映されている。大震動により一夜にして富士山ができ、驚いて皆を起こしたが、「明日見べぇ」といって起きてこなかったので明日見（あすみ）（富士吉田市）という地名になった。明日見の中でも、「いいもんが出た見るべよ」といってみんなが起きてきた所が見留目（みるめ）という小字になった。外に出てびっくりして目を見張ったので大目（おおめ）（上野原市）となった。等々である。

　また「富士山と琵琶湖」の話が、近世の富士登山前の精進潔斎にも反映され、近江の者は富士登山に当たって潔斎なしでよいといわれていた。『滑稽雑談』（正徳3年6月15日の条）には、「総て登山する者、七日或は三日の潔斎す、江州の産の者は潔斎なしと云、其謂は、富士山は江州の土砂にて湧出する故也」とある。しかし、実際はどうであろう

か、滋賀県甲賀市には多くの浅間さん（大日如来）が祀られ富士垢離の伝承が残されている。現在は、杣川（そまがわ）の護岸工事により垢離場がなくなり、富士垢離祭りの名称は残っているが水垢離は行われていない。

一夜噴火説に対して、富士山は長い年月を経て現在のように高い山になったという伝承が「富士山と愛鷹山（あしたかやま）の背比べ」・「駿河富士と下田富士」などの伝説に見られる。

「富士山と愛鷹山の背比べ」

愛鷹山は、唐（もろこし）の国の山だったが、日本に富士山という高い山があると聞いて、海を渡って背比べにやって来た。愛鷹山は、富士山の横に立ち毎日毎日背を伸ばしていき、しばらくすると富士山よりずっと背が高くなった。そこで、愛鷹山は一休みすることにした。しかし、疲れていたのでぐっすり寝込んでしまった。ふと目を覚ますと、もう千年も経っていて、愛鷹山より低かった富士山が、いつの間にか雲の上に頭を出すように高くなっていた。愛鷹山は、これは大変と全力を尽くして背を伸ばしたが、もう追いつけそうもなかったので、体を二つに折って富士山に屈伏してしまった。

「駿河富士と下田富士」

昔、伊豆の下田富士と駿河の富士は、仲のよい姉妹であった。二つの山は、声を掛け合い仲良くしてきたが、姉の下田富士は姿が醜く、妹の駿河富士は大変美しい姿をしていたので、駿河富士は人々から誉めそやされるのに、下田富士の方は見向きもされなかった。それを悲しんだ下田富士は、もうだれにも見られたくないと、妹の駿河富士との間に天城山という高い山を屏風のように立て、その陰に隠れてしまった。駿河富士は、山の陰に隠れてしまった姉さんを見たいものと精一杯背伸びをした。すると、下田富士はますます屏風の山を高くして姿を見せなくしてしまった。下田富士が山の陰に隠れれば隠れるほど、駿河富士は背を伸ばしてどんどん高くなり、そびえ立つ高い山となった。

下田富士は、姉イワナガヒメを祭神（近年コノハナサクヤヒメ合祀）としているので、下田の人は祭神を気遣い子供の名前に「富士」を付けない。「富士」と名付けると、海に出て遭難すると伝承されてきた。下田の浅間神社をはじめ、伊豆半島には、イワナガヒメを祭神とする浅間神社が多く見られる。そのことについて、裾野市に伝わる「コノハナサ

クヤヒメ」の伝説が、次のように語っている。

「コノハナサクヤヒメの話」

　昔、日向の国に降り立った皇子がお妃を迎えることなり、美しい二人姉妹の姉イワナガヒメがお妃に選ばれたが、皇子は妹のコノハナサクヤヒメにも心惹かれていた。コノハナサクヤヒメは、私がここにいては皇子の心が乱れ姉が不幸になると考え日向の国を旅立った。長い旅を続けて駿河国に到ったコノハナサクヤヒメは、美しくそびえる富士山を見て、夢中で山に登っていった。

　日向国では、皇子が、いなくなった妹に余計に心奪われ八方探させた。それを知った姉は、妹を恨み後を追って旅に出た。イワナガヒメが富士山の麓に来ると、桜の枝を折った跡があり、桜の好きな妹はきっとこの山にいると考え山に登っていった。すると、急に雷が鳴りイワナガヒメは雷に打たれ気を失ってしまった。夢心地の中に姉を思ってこの山に登った妹の姿が浮かんできた。我に返ったイワナガヒメは、妹に「この美しい山で暮らしなさい。私は海の近くの山に住みましょう。」と言って伊豆の山に鎮まった。

　現在確認できる伊豆半島の浅間神社は14社で、内7社がイワナガヒメを祭神としている（祭神コノハナサクヤヒメ3社・祭神不詳4社）。祭神をイワナガヒメとする伊豆半島の浅間神社では、下田富士と同様に富士山（コノハナサクヤヒメ）と対立的な伝承が多い。雲見浅間神社（松崎町）は、烏帽子山（浅間山）という海岸にそそり立つ岩山の上にあり、そこからは駿河湾越しに富士山の眺望がすばらしいが、富士山を褒めると海に転落するので、富士山を褒めてはならないといわれている。また、氏子は祭神を気遣って富士登山を禁忌としている。小下田浅間神社（伊豆市土肥）では、神社のある浅間山に登るときは、「富士山の話をしてはいけない」「扇のような富士山に似た形の物を持って行ってはいけない」などといわれてきた。このようにイワナガヒメを祭神とする伊豆半島の浅間神社は、富士山とは対立的な伝承をもっている。

霊山は高くあって欲しい

　各地の霊山（信仰の山）に背比べの昔話・伝説が見られる。富士山とでは、「愛鷹山と富士山」・「八ケ岳と富士山」・「白山と富士山」などの背比べ伝説がある。

「愛鷹山と富士山の背比べ」

昔、愛鷹山が富士山と背比べをしようと唐の国から渡ってきた。それを知った足柄山が、生意気なやつめと愛鷹山の頭を蹴飛ばしたので、愛鷹山の頭は遠く海の方へ飛んでしまい、頂上がぎざぎざになってしまった。海へ飛んでいった愛鷹山の頭は、伊豆の大島となり、今でも蹴飛ばされたことを怒って、時々煙を上げるのだそうだ。

「富士山と八ケ岳の背比べ」

昔、八ケ岳は背が高く富士山と同じように美しい山だった。ある時、富士山の女神と、八ケ岳の男神が背比べをした。しかし、どっちが高いのか決まらず阿弥陀さんが仲裁にたち、八ケ岳の頂上から富士山の頂上に樋を架け、真ん中から水を流してみた。すると、水が富士山の方へ流れていき、富士山の負けと決まった。背比べに負けた富士山の女神は、生意気な八ケ岳めと、長い棒で八ケ岳の頭をポカリとたたいた。すると、八ケ岳の頭が八つに割れてしまい、今のように八つの峰に分かれてしまった。

「富士山と白山の背比べ」

加賀の白山と駿河の富士山が背比べをしたが、遠く離れていて比べようがなかった。そこで、木曽の御嶽山が審判にたって、両方の山の頂に樋を架け真ん中から水を流した。水が自分の方へ流れ始めたのを見た白山は、あわてて樋の下に草履を入れた。すると、今度は水が富士山の方に流れ出したが、それより早く御嶽山が、「富士山の勝ち」と言ったので、とうとう白山は負けてしまった。それから後、白山に登ったら必ず頂上へ草履を置いてくるようになった。

いずれの伝説からも、自分の所の霊山は、高くあって欲しいという思いが伝わってくる。換言すれば、「日本一高い富士山にも負けない」との思いが、各地に「富士山との背比べ」の話を生んだのではないかと思われる。

霊山は、神の山であり、一木一草たりとも、草鞋の砂さえも簏で払い落とし、山から持ちだしてはいけないと言われた。また、登山のとき、簏の小石を持って登ると、山に楽に登れるともいわれ、その石は頂上の磐座（いわくら）に手向ける風習があったという。さらには、石上げの伝承がある山もある。尾張富士は、隣の本宮山

より低かったので、山の神コノハナサクヤヒメの御託宣で、登山するとき石を拾って山に上げたという故事にならって、石上げ祭りが行われている。少しでも高くあって欲しいとの、神の山に対する思いであろう。

浅間神社の成立伝承

　浅間神社(せんげんじんじゃ)の信仰は、富士山信仰を基盤として成り立つものであるが、その過程を浅間神社がどう伝えているか社伝で見てみよう。富士山本宮浅間大社（富士宮市）社伝、『富士山本宮浅間社記』（大宮司和邇部民済著寛政年間）によると、浅間神社の成立は、垂仁天皇御宇山足の地に山の神を祀り山を鎮めたことにはじまる。後に日本武尊が野火に襲われたとき富士の大神を拝し難を免れたので、山宮浅間神社を創祀した。大同元年にいたり、東夷を征した坂上田村麻呂が現在地に壮大な社殿を造営したと伝えている。

　北口本宮冨士浅間神社（富士吉田市）社伝でも、日本武尊が東征のおり当地にいたり大塚丘に立って富士山の神霊を遙拝し、祠を建て大鳥居を建てたことに始まるとしている。後に延暦7年（788）甲斐守紀豊庭(きのとよひろ)が現在地に社殿を造営したという。

　須山(すやま)浅間神社（裾野市）社伝でも、日本武尊が東征のおり、この地を訪れ浅間神社を創建し、後に欽明天皇13年（552）に曾我稲目が再興したと伝えている。

　これらの社伝の伝えるところは、その年代や人物に疑問の余地が残るが、一つには、浅間神社は富士山麓の高い所で、噴火する火の神を畏敬し拝んでいたのが初めで、やがて山の火を鎮める浅間神(あさまのかみ)（水徳の神）を祀るようになり、現在地に社殿が設けられるようになったということを物語っているといえよう。次に、社伝の造営に当たって、坂上田村麻呂や曾我稲目などと言わなくも、中央政府の命を受けた誰かが、その勢力の浸透を図るために、この地の人々の崇敬する浅間神社に対して、何らかの配慮をしたことを物語っているといえよう。

　では、浅間神(あさまのかみ)（富士山の神）がコノハナサクヤヒメとされたのはいつからであろうか。『富士山記』（都良香著貞観頃）に、「仰観山峯　有白衣美女二人　双舞山巓上　去巓一尺余　土人共見」とあり、富士山の神は女神ではないかといわれ論じられてきた。コノハナサクヤヒメが文献上に現れるのは、江戸時代初めのことである。

慶長19年（1614）『集雲和尚遺稿』（静岡浅間神社記録）
　此神者、木花開耶姫、天津彦々火

瓊々杵尊妻也

元和2年（1616）『丙辰紀行』（林羅山）

　三島と富士とは父子の神なりと、久しく云伝えたりと沙汰有ければ、さては富士の大神を、木花開耶姫と定め申さば、日本紀の心にかなひ申すべき

寛政年間（1789～1801）『富士本宮浅間社記』（大宮司和邇部民済）

　駿河国の富士本宮浅間は木華咲耶姫命を祭る所なり。此の姫命は、水徳之神の故を以て、火災消滅して、後生安静たり

といっている。

　『富士山記』にいう富士山頂に舞う二人の姫は、富士山の神コノハナサクヤヒメとカグヤヒメだと、富士山縁起などで伝えられているが、コノハナサクヤヒメが、火室の中で無事三人の皇子を出産したという火に強い水徳の神として、浅間神に迎えられたのであろうと考えられている。

富士登山伝承

　聖徳太子が、甲斐の国から献上された黒駒に乗って空に駆け上がり、富士山の頂に到ったという伝承は、恐らく『今昔物語集』の説話が出典であろう。また、修験道の祖と仰がれる役行者が、伊豆の島から夜になると海の上を走るようにやってきて富士山に登り、朝には伊豆の島に帰っていた、と言う役行者の富士登山伝承も『扶桑略記』の役行者の富士山練行あたりが出典であろうと考えられる。しかし、役行者の富士山練行にかかわる伝承は、富士山周辺各地に残されている。裾野市の須山口登山道にある水呑社は、役行者が須山口を抖擻したとき水を呑んだ所（水呑み場）であるといわれ、御室社・飯綱社等も役行者の旧跡だといわれている。

　御殿場市北畑には、役行者に仕えた後鬼前鬼の子孫が祀ったという後鬼前鬼神社があり、役行者が都に帰る時後鬼前鬼をこの地に留め守護神としたと伝承されている。御殿場市増田の青龍寺は、朱雀元年（686）10月役行者がこの寺に立ち寄り小竜を描いて仏体（本尊）としてこの寺に安置した。このことから、この寺を青龍寺と呼んだといわれ、「役行者道場」の碑が建てられている。また地域の伝説では、須川の淵に住む青龍を役行者が鎮め、この地が平穏になったので一寺を建てて青龍の霊を慰めた。その寺を青龍寺と言うようになった。と伝えられている。

　富士河口湖町十二岳には、西ののぞきという所があって、そこは役行者が後鬼前鬼を従えて悪神・悪者と

合戦した所で、それらの死者を弔う墳墓があるといわれている。また、ここから役行者が富士山に登ったといわれ行者堂があったということである。甲府市右左口にある七覚山円楽寺は、役行者創建の寺といわれる。役行者はこの地から富士山に登ったと伝承され、その由緒を以て富士山北口行者堂に奉呈される賽銭は円楽寺が収納したということである。以上のように富士山東麓から北麓に掛けて、各地に役行者の伝承が残されている。それは、富士山周辺で修行した無名の修験者によって、役行者の故事が再生され伝承されてきたものであろう。こうした役行者伝承が、その後の富士峰入り修行や富士山信仰の発展にかかわってきた。村山浅間神社（富士宮市）にも大日堂に慶長17年（1610）奉納の役行者倚像が安置され、山伏の行法は役行者の故事にちなんでいるといわれている。

しかし、富士宮市側には役行者伝承がまったく伝わっていない。早くから富士登山道を抖擻開山したのは、末代上人だと伝えられ鎌倉時代にその後継者たちによって修験道の拠点村山興法寺（現村山浅間神社）が営まれていたからではないだろうか。末代上人については、『本朝世紀』久安5年（1149）の条に「是則駿河国有一上人　号富士上人　其名称末代　攀登富士山　已及数百度　山頂構仏閣号之大日寺」とあり、富士山を仏教修行の山として抖擻開山したのは、駿河国の末代上人ということになる。昭和5年に富士山頂から発見された埋経の経筒に「承久」と墨書され「末代聖人」と記された紙片が確認されている。末代上人が富士山頂に大日寺を構えたという久安年間（1145～1151）から約70年後の承久年間（1219～1222）に、末代上人を「聖人」と仰ぐ末代上人後継者が埋経したものと考えられる。そうした末代上人後継者の活動により、富士山が仏教修行の山となり、鎌倉時代には村山に富士修験（富士登山）の拠点興法寺が構えられたものと考えられる。

富士山修行の行者を中心に始まった富士登山が、やがて一般民衆の登山に広まっていった。登山者を道者といい登山者の通る道を道者道などと伝承されているのは、登山が仏道修行の意味を持っていたことを物語っているといえよう。

以上、富士山を主題に語り伝えられた民話・伝承について述べたが、他にも、富士山の麓に展開される生活や、そこを行き交う商人や旅人の話など多くの民話・伝承が残されている。また、源頼朝や頼家の催した

2.1 富士山と文学

富士の巻狩は、富士山東麓から南西麓に掛けて数多くの伝説を残している。さらには、まだ知られていない民話・伝承も多いことと考えられるが、ここでは割愛させていただいた。

参考文献
- 井野辺茂雄『富士の研究Ⅰ 富士の歴史』名著出版, 1973
- 宮地直一他『富士の研究Ⅱ 浅間神社の歴史』名著出版, 1973
- 『村山浅間神社調査報告書』富士宮市教育委員会, 2005
- 『滑稽雑談』国書刊行会, 1917

古典に見る富士山の噴火

伊藤 和明

1. 万葉時代の富士山

歴史時代になってから、富士山はしばしば噴火を繰り返してきた。富士山の活動しているありさまが、文字によって記されはじめたのは、1,300年ほど前のことである。『万葉集』や『柿本集』などに載る和歌に、山頂からたえず噴煙を上げている状況が詠まれているのである。

「ふじのねの　たえぬ思ひを　するからに　常磐(ときは)に燃る　身とぞ成ぬる」

柿本人麻呂の『柿本集』に載るこの和歌が、いま知られているかぎり、富士山の活動を詠んだ最古の作品であるらしい。人麻呂がさかんに歌を詠んでいた時代から推測すれば、7世紀末から8世紀初頭の作ではないかと考えられている。

約4,500首の和歌を収めた『万葉集』には、富士の山頂から火柱や噴煙の上がっている光景を思わせる歌が、数首みられる。

なかでも有名なのは、高橋虫麻呂の作とされる「不尽山を詠ふ歌」（巻第三・三一九番）という長歌である。

「なまよみの　甲斐の国　うち寄する　駿河の国と　こちごちの　国のみ中ゆ　出で立てる　富士の高嶺は　天雲も　い行きはばかり　飛ぶ鳥も　飛びものぼらず　もゆる火を　雪もち消ち　降る雪を　火もち消ちつつ…」と詠まれており、山頂から噴火しているさまが描かれている。

しかし虫麻呂については、生年も没年も明らかではないので、この歌の詠まれた年代は、正確にはわからない。ただ彼は、養老年間（717～724）に常陸国守に従って東国にいたとされるので、そのころに詠まれた歌とすれば、720年代の作ではないかと推測される。

『万葉集』には、このほかにも富士の噴煙を詠んだ歌が、数首知られている。

「吾妹子(わぎもこ)に　逢ふ縁(よし)を無み　駿河なる　不尽(ふじ)の高嶺の　燃えつつかあらむ」

「妹(いも)が名も　吾が名も立たば　惜しみこそ　布士(ふじ)の高嶺の　燃えつつ渡れ」

いずれも、激しい恋心を富士山の燃える火にたとえた歌であること

は、いうまでもない。

　正確な年代を付した最古の噴火記録は、『続日本紀』に記されている天応元年7月6日（781年8月4日）の噴火で、「駿河国言、富士山下雨灰、灰之所及木葉凋萎」とある。つまり、「駿河の国からの情報として、火山灰が雨のように降り、灰の及んだ所では、木の葉がすべて枯れてしまった」というのである。

2. 激しかった平安時代の活動

　平安時代にあたる9世紀から11世紀は、有史以来、富士山の活動が最も盛んだった時代である。

　延暦19〜21年（800〜802）にかけては、かなり激しい噴火が続いた。『日本後紀』の記述を要約すれば、「昼は噴煙によって暗くなり、夜は火光が天を照らし、雷のような鳴動とともに、火山灰が雨のごとく降り、山麓を流れる川の水が紅色に変わった」と記されている。また、このときの大噴火による噴出物で、足柄路が埋没したため、新たに箱根路を開いたと伝えられる。

　貞観6年（864）の噴火は、歴史時代になってから最大規模のもので、「貞観の大噴火」とも呼ばれており、平安時代の史書『日本三代実録』に詳細な記述がある。それによれば、「膨大な量の溶岩が山野を焼きつくしながら流下し、本栖湖と剗の湖に流れこんで、水を熱湯に変え、魚などを死滅させるとともに、多くの農家を埋没した」とある。

　この溶岩流によって、当時あった剗の湖は2つに分断されてしまった。それが現在の西湖と精進湖である。いま、西湖や精進湖、本栖湖の湖岸に、黒々と露出している溶岩は、このとき噴出した溶岩流の末端部分である。

　貞観の大噴火は、富士山の北西斜面で始まった。現在は長尾山と呼ばれている側火山を生じ、長さ約3kmに及ぶ火口群から大量の溶岩を流出、斜面を広く扇状に覆った。噴出した溶岩の総量は、約1.4km^{3}と推定されている。

　この溶岩流は「青木ケ原溶岩」と呼ばれており、1,100年あまりのあいだに、溶岩流の上には大森林が発達してきた。いわゆる「青木ケ原樹海」で、今は野生生物の宝庫としても知られている。

　貞観の大噴火のあとも、富士山は頻繁に活動を繰り返し、しばしば溶岩を流出した。承平2年（932）の噴火では、噴石によって大宮浅間神社が焼失した。

　承平7年（937）の噴火については、『日本通記』に、「甲斐国言、駿河国富士山神火埋水海」とあり、溶岩流

が川をせき止めて、現在の山中湖が誕生したものと推定されている。

　それ以後、天暦6年（952）と正暦4年（993）には、北東斜面で噴火が発生し、寛仁元年（1017）には、北斜面の3か所から噴火、長元5年（1033）の噴火では溶岩を流出、永保3年（1083）には、7カ所から溶岩を流出するなど、平安時代は、まさに富士山激動の時代だったのである。

　それだけに、平安時代の文学作品には、富士山の活動している姿を描いたものが少なくない。

3. 平安文学に描かれた富士山

　平安初期の漢詩人だった都良香（834?～879年）は、『本朝文粋』の第十二巻に、「富士山記」という一文を載せていて、当時の山頂火口の模様を知ることができる。

「此の山の高きこと雲表を極めて、幾丈といふことを知らず。頂上に平地あり、広さ一里ばかり。其の頂の中央は窪み下りて、体炊甑（かたちすいそう）の如し。甑の底に神しき池あり。池の中に大きなる石あり。石の体驚奇なり、宛も蹲虎（そんこ）の如し。亦其の甑の底を窺へば、湯の沸き騰（あが）るが如し。其の遠きにありて望めば、常に煙火を見る…」

　ここに記された"蹲虎"、つまりうずくまっている虎に似た大石は、現在も山頂の火口底にあって、"虎岩"と呼ばれている。

　かぐや姫の物語で知られる『竹取物語』にも、その終局の場面に富士山が登場する。月からの迎えの車に乗って、かぐや姫は月世界へと帰っていくのだが、そのとき姫は、帝への置きみやげとして不老不死の霊薬を残していく。しかし、寵愛していたかぐや姫に去られた帝にしてみれば、そのような霊薬など何の価値もない。

「大臣、上達部（かんだちめ）を召して、『いずれの山か天に近き』と問はせ給ふに、ある人奏す、『駿河の国にあるなる山なむ、この都も近く、天も近く侍る』…（中略）…かの奉る不死の薬、御文、壷具して、御使に賜はす。勅使には、調石笠といふ人を召して、駿河の国にあんなる山の頂に持て着くべきよし、仰せ給ふ。嶺にてすべきやう教へさせ給ふ。御文、不死の薬ならべて、火をつけて燃やすべきよし、仰せ給ふ。そのよし承りて、士（つはもの）どもあまた具して、山へ登りけるよりなむ、その山を『富士の山』とは名づけける。その煙、いまだ雲の中へ立ち昇るとぞ、言ひ伝へたる」

　『竹取物語』については、作者も、書かれた年代も不明なのだが、仮名

2.1 富士山と文学

文字の成立や用語の使い方などからみて、9世紀末から10世紀初頭にかけての作ではないかと推測されている。

平安時代後期の著名な女流文学作品である『更級日記』にも、噴煙を上げている富士山の姿が描かれている。作者である菅原孝標の女は、寛仁4年（1020）の秋、上総から京へと帰任する父に従って、駿河の国に入った。

「富士の山はこの国なり。わが生ひ出でし国にては、西おもてに見えし山なり。その山のさま、いと世に見えぬさまなり。さまことなる山の姿の、紺青を塗りたるやうなるに、雪の消ゆる世もなくつもりたれば、色濃き衣に白き衵着たらむやうに見えて、山の頂の少し平らぎたるより、けぶりは立ちのぼる。夕暮れは火の燃えたつも見ゆ」

作者は、当時12、3歳の少女だったが、新雪をまとった富士の姿と、山頂からたえず噴煙が上がり、夜には赤々と燃えたつさまが巧みに描かれている。たぶんこれは火映現象であろう。もしそうであるならば、山頂火口にはマグマが満ちていて、溶岩湖になっていた可能性が高い。

平安時代には、このほか『古今和歌集』をはじめとする歌集などに、富士の煙を詠んだ和歌が散見される。当時は、山頂から噴煙を上げている姿が、当然の風景になっていたものといえよう。

4. 比較的穏やかだった中世

平安時代にたびたび大噴火を起こした富士山は、永正3年（1083）の側噴火以後350年ほどは、顕著な活動はなく、山頂から静かに噴煙を上げる程度だったことが、多くの和歌などから読みとることができる。

『新古今和歌集』には、12世紀後半から13世紀にかけて、富士の噴煙を詠んだ歌がいくつか見られる。

「あまの原　富士のけぶりの　春の色の　霞にたなびく　あけぼのの空」（慈円）

「富士のねの　煙もなほぞ　立ち昇る　上なきものは　思ひなりけり」（家隆朝臣）

源実朝の歌集である『金槐和歌集』にも、

「富士の嶺の　煙も空に　たつものを　などか思ひの　下に燃ゆらん」

という歌があり、承元4年（1210）ごろの作と推測される。

このように、12～13世紀には、富士山は穏やかな噴煙活動を続けていたとみられる。その後は、噴煙がまったく途絶えてしまったと思われる時期もあった。

以後、永享7年（1435）と永正8年（1511）に、比較的小規模な噴火の起きたらしいことが、古文書から知られるが、江戸時代つまり17世紀になってからも、静かに噴煙を上げていたと思わせる表現が、和歌や俳句などにみられる。

そして、江戸時代中期の宝永4年（1707）、富士山は突然の大噴火を引き起こしたのである。

5. 宝永の大噴火

歴史時代に日本列島を襲った最大規模の地震といわれる宝永地震（M8.6）が、宝永4年10月4日（1707年10月28日）に発生し、東海地方から近畿、四国にかけて大災害をもたらした。

この地震から49日後の11月23日（太陽暦12月16日）、午前10時ごろに富士山の大噴火が始まった。噴火が発生したのは、富士山の南東斜面で、このとき開いた噴火口（宝永火口）は、いま東海道新幹線の車窓からも望見できる。

噴火の前夜から、富士山麓一帯では、強い地震が頻発し、宝永地震によって傷んでいた家屋が倒壊するほどであった。

そしてこの朝、噴火が始まると、山麓の村々には焼け石や焼け砂がたえまなく降りそそぎ、家も田畑もたちまちその下に埋まっていった。

富士山から東へ100kmあまりも離れていた江戸にも、細かい火山灰が降り、昼でも暗夜のようになったという。

このときの江戸市中の模様については、伊東祐賢の『伊東志摩守日記』や、新井白石の自叙伝ともいうべき『折たく柴の記』などに、詳しく書かれている。

以下は『折たく柴の記』の記述。

「よべ地震ひ、此日の午時雷の声す。家を出るに及びて、雪のふり下るがごとくなるをよく見るに　白灰の下れる也。西南の方を望むに、黒き雲起りて、雷の光しきりにす。西城に参りつきしに及びては、白灰地を埋みて、草木もまた皆白くなりぬ…（中略）…やがて御前に参るに、天甚だ暗かりければ、燭を挙て講に侍る」

儒学者であった白石は、このころ甲府藩主綱豊（のちの六代将軍家宣）に仕え、学問を進講していた。降りしきる火山灰のために、燭台に明かりを灯さねばならないほど暗くなっていたのである。

「廿五日に、また天暗くして、雷の震するがごとくなる声し、夜に入りぬれば、灰また下る事甚だし、『此日富士山に火出て焼ぬるによれり』といふ事は聞えたりき。こ

れよりのち、黒灰下る事やまずして、十二月の初に及び、九日の夜に至て雪降りぬ」

この記述から、江戸でははじめ白い灰が降り、のちに黒灰に変わったことが読みとれる。いま富士山の周辺で、宝永噴火の噴出物を観察すると、最下部には白い軽石の層があり、その上にスコリアと呼ばれる黒い噴出物が厚く堆積していて、まさに白石が観察、記録したとおりの順序になっていることがわかる。

軽石は、火山が激しい爆発を引き起こしたときの噴出物であることが多く、宝永噴火が、最初はかなり爆発的なものであったことを物語っている。

江戸の市民が、異変を富士山の噴火と知ったのは、灰が降りはじめてから2日後の11月25日（太陽暦12月18日）のことであった。この日、駿河富士郡吉原宿の問屋や年寄から、2日前の模様を記した次のような注進が届いたからである。

「四ツ時よりふじ山おびただしくなりいで、其ひびきふじごほり中へひびきわたり…（中略）…木だちのさかひよりおびただしくけふりまき出し、なほもつて山大地ともになりわたり、ふじこほり中一へんのけふり、二時（ふたとき）ばかりうずまき申、いかやうの儀ともぞんじたてまつらず、人々途方をうしなひまかりあり候、ひるの内はけふりばかりとあひみえ、くれ六ツ時より、右のけふり皆火煙にあひ見え申候」

江戸では、その後10日あまり灰が断続的に降り、ときには粟粒ほどの黒砂が降りしきって、家々の屋根に落ちる音が、大雨のようだったという。

このとき江戸市中に降りつもった火山灰は、風が吹くたびに飛散したため、市民は長いあいだ呼吸器疾患に悩まされた。当時の狂歌の一つに、
「これやこの　行くも帰るも　風ひきて　知るも知らぬも　おほかたは咳」

6. 焼け砂に埋まる村々

宝永の大噴火は、富士山の南東斜面からの側噴火であった。

富士山の北麓にある富士浅間神社の僧が記した『大地震富士山焼出之事』によれば、「この日の朝10時ごろ、富士山の南東斜面から白い蹴鞠のような形をしたものが舞い上がって、しだいに大きくなり、雲のように南の空へと広がっていった。山の鳴動は激しさを増し、雲はやがて村の上空にまで覆いかぶさってきたので、富士山が崩壊するのではないかと、村中大騒ぎになった」という。

夕暮れになると、噴煙の中に火柱が立ち、煙は幾重ともなく、東の方角へと流れていった。
「夜に入り不断震動し、凄(すさまじ)き大火となり、大空へ積り、拾丈余許りも火の玉飛あがり、其火山上へ落れば、微塵と散乱する事おそろし、又見事なり、東へ靡(なびき)し黒雲の中に、七八尺・一丈許の太刀の如き火光、十文字に切合の如く散乱し、是又不断也、諸俗は見て神事かと思ひけり」(『大地震富士山焼出之事』)
噴煙の中に、火山雷による稲妻が飛びかう状況が描写されている。
このころ、富士山の南東から東の山麓に点在する駿東郡の村々には、大量の噴石や火山灰が降りつづいていた。とりわけ、噴火地点に最も近い須走村には、直径40〜50cmもの焼け石が激しく降りそそいだ。焼け石の直撃を受けた家屋はたちまち炎上し、75戸のうち37戸が焼失、残りの家屋もすべて倒壊したという。
「二十三日之昼七ツ時に須走村禰宜(ねぎ)大和家に火之玉落、忽炎焼、須走村之者石のふるを凌ぎ立処に、夜九ツに又町之内へ火石落、不残(のこらず)須走村焼掃、二十三日より二十七日迄五日の内、砂之ふる事一丈三尺余、下は御殿場、仁杉を切、東はみくりや領足柄迄、砂之ふること、或は三尺或は四尺計づつ降積、谷河は埋て平地となり、竹林は色を片て枯山となる……」(『滝口家文書』)
壊滅した須走村のほかにも、大御神村、深沢村、用沢村などでは、家も田畑も焼け砂に埋まり、村民はみな村を捨てて、命からがら避難していくのが精いっぱいであった。
こうして、12月9日(太陽暦1月1日)の未明に、16日間続いた噴火が終わるまで、50あまりの集落が、噴出物の下に埋没してしまったのである。
噴火が終わって、避難先から戻ってきた人びとの前に残されていたのは、厚さ1〜3mもの焼け砂に覆われた家や農地であった。すべての収穫を奪われた人びとは、たちまち飢餓に直面することになる。
小田原藩は、罹民救済のために、米1万俵を領内の村々に分配したのだが、その程度では、いわば焼け石に水であった。そのうえに、降りつもった焼け砂を除去するには、多大な労力と経費を必要とした。領民の自力では、土地の回復は望むべくもなく、餓死する者が相次いだ。
この窮状を前にして、幕府はようやく重い腰を上げ、救済の手を差しのべることになる。関東郡代伊奈半左衛門忠順(ただのぶ)を現地に派遣し、復旧事業にあたらせることにした。さらに、

被害の大きかった村々を公領とすることに決め、幕府の直轄として、伊奈半左衛門の支配下におくことにしたのである。

さらに幕府は、被災地救済のためとして、諸国から義援金を募った。
「去冬砂降申候村々為御救、高役金
　　上納ノ分御書付写、
　　　　　　　　　写
近年御入用の品に有之処、去冬武州
　　相州駿州三ケ国の内砂積候村々御
　　救等の儀に付、今度諸国高役金、
　　御領私領共高百石に付金二両宛
　　積、在々
　　より取立可有之上納候…（以下略）」
（『宝永年間諸覚』より）

つまり、全国の公領、私領を問わず、高百石につき二両の義援金を課したのである。元禄このかた天変地異が相次ぎ、一方では、多大な浪費によって幕府の財政が窮乏し、それを補うための金銭の改鋳も、結果としては諸物価の値上がりを招いて、人びとの生活を圧迫していた。幕府に対する不信と不安が渦巻いているなかで、このような賦課金が喜ばれるはずもなかった。当時の狂歌に、
「富士の根の　私領御領に　灰ふりて　今は二両ぞ　かかる国々」

こうして、諸国から強制的に徴収した額は、40万両にも達した。しかし、幕府が実際に被災地救済のために支出したのは、半額以下の16万両だけであった。残りの24万両は、江戸城の修復をはじめとする他の経費に流用してしまったのである。

このような状況下で、被災地復旧の任を負わされた伊奈半左衛門の苦労は、ひとかたならぬものであった。計画は、資金難のためにしばしば行きづまり、焼け砂の流れこんだ河川の改修も、容易には進展しなかった。被災地の復旧が遅々として進まぬうちに、次なる二次災害が発生したのである。

7. 足柄平野に大洪水

はかどらないとはいえ、村々では、焼け砂を取り除くことに死力をつくしていた。家や田畑を埋めていた焼け砂は、決められた砂捨て場にうず高く積みあげられていった。しかし、翌春になって大雨がたびたび降るようになると、砂の堆積はしだいに崩れはじめ、人力で取り去る必要のなかった山林や荒れ地の焼け砂も含めて、少しずつ沢へと押し流されることになった。こうして、降砂地いちめんの大量の焼け砂は、酒匂川に集まり、下流へと運ばれていくことになった。

酒匂川の下流域に広がる足柄平野は、小田原藩の重要な穀倉地帯であった。そのため、平野を水害から

古典に見る富士山の噴火

守るために、酒匂川の平野への出口には防水堤が築かれていた。

ところが、上流から運ばれてきた大量の焼け砂は、この堤に遮られて溜まりはじめ、河床はしだいに上昇していった。そこへ8月7日の午後、激しい豪雨がこの地方を襲った。酒匂川の水量は急速に増し、持ちこたえられなくなった堤は、翌日の未明、ついに決壊したのである。濁流は、たちまち足柄平野の水田地帯をなめつくしていった。

この洪水により、家も農地も失った住民は、数を知れない。そのうえ、濁流に含まれていた大量の土砂が堆積して、被害をさらに深刻なものにした。いったん洪水に洗われた平野では、その後も乱流が繰り返され、半年間も水没したままの土地さえあったという。以後70年以上も、足柄平野では洪水災害を受けつづけたのである。

このように宝永の大噴火は、降下噴出物による直接被害と飢饉の発生、さらには翌年の二次的な大水害と、広域にわたって人びとの生命財産を脅かし、火山噴火による重く長い後遺症を、まざまざと見せつけるものであった。被災地が完全に復旧するまでには、それから気の遠くなるような歳月を要したという。

宝永噴火から300年あまり、富士山は沈黙している。しかし、古文書などから知られる歴史時代の活動を振り返れば、それは"かりそめの眠り"にすぎないことがわかる。活火山富士は、いつかかならず噴火を再開するにちがいない。歴史はまさに、富士山が生きていることを証言しているのである。

能「富士山」

山口 桂三郎

1. 能「富士山」の日本観

　能に「富士山」という曲がある。これは世阿弥の作で、金春と金剛の二派にしかないが、現行の二百番の中に入っている。ここでは、ほとんど上演されていないこの「富士山」をとりあげてみたい。

　「われ日本に渡り、この地の有様を見るに、山海草木土壌までも、さながら仙境かとみえて誠に神国の姿を顕せり」は、能「富士山」の冒頭ワキ（唐土昭明王の官人）が述べる一節である。能の曲目のなかには、日本を賛美し、日本が他国に比して優れていることを誇示してみせる内容のものが幾つか見い出せる。次にそれを提示してみよう。

　「弦上」　日本において並びない琵琶の名人太政大臣師長は、入唐して琵琶の奥義を極めようと都を立ち先ず須磨の海女の塩屋に一泊する。そこの老夫婦の所望により琵琶を弾くと、折柄村雨が板屋を打ち調子を乱した為、老翁は苫で板屋を葺き調子を整えた。師長驚き夫婦に一曲を所望したがその神技に感服、渡唐を断念する。夫婦は村上天皇と梨壺女御で師長の入唐を止める可く現れたといい消え、〈後場〉で名器獅子丸を師長に与える。

　「白楽天」「日本の知恵を測れとの宣旨に任せ」日本まで有名な白楽天が来たり、松浦の沖で一漁翁と問答し詩を詠みあい、「花に鳴く鶯、水に住める蛙、鳥類畜類の人にたぐへて歌を詠む」という日本に驚く。〈後場〉和歌の守護神住吉を初め伊勢・石清水・加茂・春日・鹿島・三島・諏訪・熱田の諸神現れ、神風を起して唐土へ白楽天を追い返す。

　「春日竜神」　栂尾の明恵上人が天竺に渡り仏跡を拝もうと思い、春日明神に暇乞いに参詣すると、老社人が来たり入唐を諌止し、釈迦入滅後は春日山が霊鷲山で、天台山なら比叡山、五台山なら吉野・筑波へ参詣すれば良く、釈迦は春日大明神と化現しているので留学は不必要と説得される。〈後場〉明神は奇跡を現じ春日の野山を金色化し、下界の龍神現れて入唐渡天を断念することを誓わせるのだった。

　「善界」「大唐の天狗の首領善界坊」は日本で盛んな仏法を妨げんと

来日し、比叡山の僧正に行くらべで負かされ、その上不動明王や諸天と矢継ぎ早に男山八幡・松尾明神・北野天神・加茂明神現れ、天狗の翅も地に落ち善界は力尽き日本から飛び去っていく。

　能「富士山」は「霊神威光を顕し給ひ、中に異なる富士の御嶽は金胎両部の形、目のあたりなる仙郷なれば不老不死の薬を求め勅使は漢朝さして帰」ったのである。

2. 能「富士山」—その梗概と構成の特色

　秀麗な富士山は万人からその美を称えられているが、それを一部の能に取り入れるのは容易ではない。竹取物語・富士浅間信仰を捉えつつ、神仙の霊地に対し異邦人を登場させ日本の一際気高き威風をしめした内容は見事な結実をみせた。

　時は六月、富士山麓。《前段》中国の官人（ワキ）が従者を伴い来たった所に、浅間大菩薩〈かくや姫〉の化身である海女の一行（シテとツレ）に出会う。ワキが昔中国の方士と言う者富士山に登り不死の薬を求めえた先例を尋ねると、シテはワキの志が深いのでその薬を与えようと言い残し、立ち昇る雲とともに富士の嶺に姿を消す。海女一行が舞台から消え、（中入）富士山浅間大菩薩の末社神（狂言）が現れ、富士山や薬の物語を語る。《後段》（後ジテ）と共に現れ、ワキにその仙薬を与える。そこでかくや姫は不老不死を祝う『天女舞』・山神は『楽』の舞をみせる。ワキは富士の仙郷なるを目のあたりにして二神即ち日の御子とかくや姫に暇を申し中国に帰っていく。やがてかくや姫は富士山頂の奥宮に入り、山神は照り輝く光を増し虚空に上がり消えていく。

　この能は前シテのかくや姫の仮の姿が、後段では本来の真の姿（天女）となり後ヅレで登場となるのが構成上の特色。また『楽』は元来エキゾチックな舞楽に象ったもので、極めてノリの良いリズミカルで位のゆったりした舞、富士山の荘厳雄大な気を十分に表現する。更に『楽』には笛に大小鼓（大鼓と小鼓）のみのものと、それに太鼓の入るものがあるが、能「富士山」では後者に属し、一段と重厚味を増している。さらに今春流と金剛流の二流にしか現在上演されていないこの能においては、後ジテに違いがあり、今春は悪尉（悪は強いの意味で、形相は魁偉で強く恐ろしい感をもつ）の面で鳥兜をかぶり、『楽』を舞う。金剛では特殊で『楽』が『舞働』となる。

　初番目に舞う神能・初能ともいう脇能・二番目武人の修羅能・三番目

2.1 富士山と文学

美人の鬘能・四番目狂女の物狂能・鬼や天狗の鬼畜能と分類される能の種類から、この能は脇能物（翁の脇に附く能の意）といい、神体をシテとしているもののなかからの『楽』もので、上演時間も一般の能より長く、上演されることも少なく必見の作品である。

富士山北麓の富士山民話

土橋 寿

1. 北麓のエリア

　富士山は、山梨・静岡の両県にまたがり、山梨側が北麓、静岡側が南麓となる。

　静岡側を表富士（表口）、山梨側を裏富士（裏口）いう呼び方もある。

　山梨県は甲斐国の時代から、大菩薩嶺と御坂山地の自然境界によって国中(くになか)（甲府盆地一帯）と郡内(ぐんない)（県の東部地域）とに分けられてきた。

　郡内は、中央線の上野原から大月を経て、富士急行線の河口湖に至る桂川流域と、東京都に隣接する多摩川源流の二か村を含んでいる。

　富士山北麓は、この郡内の南部に位置する文字通りの富士山麓である。行政上は、富士山に向かって左から、山中湖畔の山中湖村、忍野八海の忍野(おしの)村、富士山信仰のメッカ富士講の富士吉田市、平成大合併で富士五湖の四湖、つまり河口湖・西(さい)湖・精進(しょうじ)湖・本栖(もとす)湖を併合した富士河口湖町、さらに「富士の鳴沢」と『万葉集』に詠まれた鳴沢村、およびネクタイの産地として知られる西桂町の一市二町三か村が該当する。

2. 北麓の風土

　平成23年（2011）の夏、富士山は登山客が30万余人。空前の登山ブームで賑わった。そして、このうちの85％が北麓の吉田・船津口からの入山だった。

　これは、今日、富士山と富士五湖への観光客が年間3,500万人をカウントされている統計と相まって、北麓が日本を代表する観光地として押しも押されもしない存在であることを物語っている。

　しかし、今や日本一の名勝として内外を隔てず憧憬される富士山と富士五湖の北麓ではあるが、海に面して温暖な南麓の静岡側とくらべると、歴史的には暗いイメージばかりの土地柄だった。

　いくつかの例を繙いてみよう。

(1)『妙法寺記(みょうほうじき)』の証言

　富士河口湖町小立の妙法寺に、戦国時代の文正から文禄（1466～1563）に及ぶ北麓の気象・耕作・経済・流行病・戦況・宗教などの生活状況を記録した貴重な寺記がある『妙法寺記』だ。目にとまるのは、北麓を頻繁に襲った大雨・大雪・大

風・雪代などの天災。それに伴った悲惨な飢餓の世情である。すべてが富士山にかかわった災害ではなかったのだろうが、火山灰地の痩せた土壌の北麓だったから、住民たちの嘆きは休むいとまのなかったことが読みとれる。

ちなみに「雪代」とは、春先の急激な気温の上昇がもたらす災害で、富士山の雪が一挙に融解して土石流となり、麓の人家や農地を押し流す水害である。筆者は昭和35年（1960）、この凄まじい光景を目撃した経験がある。

(2) 氷山陰山

富士山北麓が生んだ自然主義文学の旗手に中村星湖がいる。明治40年（1907）、早稲田大学在学中、『少年行』をひっさげて文壇に登場した星湖の一文に、「こんな氷山陰山が無ければ、駿河のように暖かくて、新鮮な魚がたべられるだろう。押し倒せるものならば押し倒したい」という、土地（富士河口湖町河口）の老婆の話がある。

「ああ、富士山が無ければなあ」。往時、北麓では、この日本一の富士山を賞でる者はオラクジン（分限者）くらいのもので、大方の住民たちにとれば霊場でも絶景でもなく、むしろ邪魔な大日陰、呪いの的だったといい伝えられている。

(3) 甲州の吹き溜まり

富士山北麓への道は、山梨県内でも国中からは御坂峠、河内（富士川流域）からは中の倉峠を、静岡側の富士宮からは割石峠、御殿場からは篭坂峠を、神奈川からは山伏峠、東京からは甲州街道と長い富士道を登り詰めなければならない。やっと辿り着いたところで寒冷の痩地である。車社会の今日ならともかく、北麓は近世に至るまでの長い歳月、人や情報の流入が乏しかったから文化がいちじるしく立ちおくれていた。

北麓のこの風土は、国中から眺めれば異境そのもの。「甲州の吹き溜まり」、「山梨県のシベリア」などと蔑称してきた。今日、日本一の観光地として不動の地歩をしめる姿からは想像もできない歴史の襞である。

しかし目を転じると、他郷との交流が少なくて話題の乏しかったこの風土は、民話のこよない温床として宝庫を形成してきた。

北麓には、富士吉田市の514話をはじめとしてざっと一千話の民話が集録されている。本項では、それらの中から富士山にかかわる北麓の民話を特集して紹介しよう。

3. 北麓の富士山民話
プロローグ
"孝霊五年あれを見ろあれを見ろ"

（誹風柳多留）

孝霊天皇の存在は疑問視する意見があるけれども、それはともかく、富士山は孝霊天皇5年（B.C.286）のある夜、一夜にして出現したという伝承がある。「一夜富士」である。

川柳は、近い時代に詠まれた諷刺であるが、北麓の富士山民話は、この一夜富士から始まる。

（1）富士山のおいたち

日本の民話は、各地に大力の大男が登場する。名前はダイダラボッチ、ダイダラボウ、アマンジャクなど各様である。いわゆる巨人伝説である。

かれは、天にもとどくばかりの身の丈と、広さが一反歩（992m^2）ほどもある特大の足で一跨ぎ100km。日本の山造り、ことばを換えれば国土開発事業に精出していた。

富士山を造ったのも、この巨人だった。

①むかし、ダイダラボウという大男がいて、この国一番の高い山を造ってやろと、せっせと土を掘って積み重ね、一晩で築きあげたのが富士山である。掘った穴は水が溜まって琵琶湖となった。（富士河口湖船津）

②むかし、アマンジャクという怪力の男が本栖へやって来た。男は広い野原を掘り、その土をもっこ（土や石を運ぶ道具）に入れて駿河の海岸へ捨てたところ、二もっこで富士山ができた。男はもっと高くしようと三度目のもっこをかついで出かけたところ、途中で夜が明けたので、土を捨てて逃げて行った。その土が「一もっこ山」（富士山の側火山・大室山）となり、土を掘った後に水が溜まって本栖湖ができた。（富士河口湖町本栖）

③むかし、二人の大男がいて、「あした、一番鶏が鳴くまでに、どっち（どちら）が高い山を造れるか」と、山造りの腕くらべをした。夜が明けてくらべると、高さがちがっていたので、高い方が富士山になり、低い方が上州の榛名山になった。（富士吉田市吉田）

（2）ゆかいな地名

富士山は津屋弘達博士の研究によると、数十万年前の「小御岳（こみたけ）」火山と2万年ほど前の「古富士（こふじ）」火山を、数千年前の大噴火が覆いかぶして現在の美形を形成したという。

しかしその後も延暦19年（800）から貞観6年（864）を経て宝永4年（1707）まで、大小の爆発をくり返してきたから、里人たちのあわてぶりが目にうかんでくる。

紹介する地名は実在しており、伝説は牽強付会（けんきょうふかい）であろうが、おおらかな民話の世界の噺として受けとめたい。

2.1 富士山と文学　第2章

①大目村（現・上野原市）

あるとき、ドドンドドーン。富士山がこの世の終わりかと思われるもの凄い響きを轟かせて大爆発した。

大目村の住人たちは、また山崩れかと思って穴居から外へととび出てみると、目の前に見たことのない高い山がにょきっと聳えているからびっくりした。「これは、これは」。ただ目を見張っていたので大目村と呼ばれるようになったという。

——中央道談合坂サービスエリアあたり。広重の「犬目峠の富士」で知られる富士山の名所。地名は大野村（村名のおこりは広い土地）と犬目村（村名のおこりは猿橋などと同じ十二支から）の合併による。

②賑岡村（現・大月市）

またある日のこと。この村の人たちは、富士山の噴火にすっかり馴れてしまっていたから、「そーれ。また、お山の引っこしが始まったぞ。こんどはあっちだ、いやこっちだ」と村中の人たちが集まって賑やかにさわいでいたので賑岡村と呼ばれるようになったという。

——中央線大月駅の北側ににょっきりとそそり立つ岩殿山の麓の村。地名は、中世においてすでに寺院を中心に人が集合し、付近の中心地だったところから命名されたと伝えられている。

③大嵐村（現・富士河口湖町）

富士山の鳴動は、嵐の襲いくる恐ろしさに似ていたのだろう。北麓の大嵐村の里人たちは、「こりゃあ、でっけえ（大きい）嵐だ」と家の中で耳をふさいでふるえていたという。そして、一しきりの鳴動のあとで噴煙がおさまったとき、「やれやれ、岩が積もって天と地がくっついちゃったぞ」。富士山を眺めて仰天したという伝承がある。

——この村は、河口湖西岸にあり、地勢が山間の窪地であるところから、古くから大荒と呼ばれていた。

④鳴沢村

大嵐村のとなり鳴沢村では、大嵐で風が吹きまくり、山鳴りがしているのではないかと思っていたことが村名となったといわれている。

——太古、この辺りは「剗の海」という大湖水の流出口だった。その流れが滝をつくり百雷の轟くような音を発したところからつけられた村名だといわれている。

⑤道志村

山中湖畔から山伏峠を越えると道志川渓谷へ出る。この村は北麓とは山一つ隔てているが、南の空を真っ赤にそめる噴煙を見て、「こりゃあ（これは）、どうしたんだ」。「どうしべえ（どうしよう）、どうしべえ」と、ただ途方にくれていたところから付

-176-

けられた地名だといわれている。
　―横浜市の水源として知られる道志川渓谷のこの村は、「道志七里」としても知られている。村名は、王朝時代、「道志」氏の所領だったことによる。

⑥明見(あすみ)村（現・富士吉田市）
"惜しいこと末代見えぬ明日見(あすみ)村"
　　（誹風柳多留）

　富士山の噴火は裾野ばかりではなく、裾野を離れた郡内中が大騒ぎをしているのに、この村の人たちは、「こんなことはよくあることだ。厭なことは明日(あした)見ることにかぎる」と、入口をしっかり締めきり寝てしまったという。隣り村の人たちが寝ても立ってもいられずに、この村へ来て「こん村の衆よ。早く起きて見らっせ。はんで（急いで）、はんで」と怒鳴っても動じなかったという。そして、朝起きてみると、村の境に小山ができて地形が変わり、きのうまで見えた富士山が見えなくなっていたという。

　―北麓の村々の中で、富士山が見えないのはこの集落だけである。この村は、もともと富士山の見えない地形である。あるとき、この村を通りかかった公卿が富士山を見ようとしたが生憎の地形である。そこで「明日見よう」といったことが地名になったという説がある。

⑦本栖村（現・富士河口湖町）
　北麓の西端に位置する本栖湖。この村の人たちは、富士山が噴火するたびに中の倉峠を下って古関村（現・身延町）へ避難し、噴火が静まると「元の巣がよい」と、村へ帰ってきたことから村名が起こったといわれている。

　―また、本栖湖の北側に御巣鷹山と呼ばれた山があるので、そこから「本巣」の村名がはじまり、「本栖」になったとも伝えられている。

（3）富士山の祭神
　富士山を祀る浅間(あさま)神社の祭神は、木花開耶姫(コノハナサクヤヒメ)である。姫は、大山祇神(オオヤマツミノカミ)の娘であり、瓊瓊杵尊(ニニギノミコト)と結婚する。ところが一夜での懐妊を瓊瓊杵尊に疑われ、産室に火を放って無事な出産をしたと『古事記』は述べているが、北麓の民話に登場する姫はおだやかなお方である。

①産屋(うぶや)が崎と乳(ち)が崎
　河口湖に架かる大橋の北詰に産屋が崎と呼ばれる出島がある。姫はここで彦火々出見尊(ヒコホホデミノミコト)を出産し、湖畔をめぐり、大橋の南詰あたりの乳が崎で乳を与えたというのである。

　このとき、陣痛に苦しんだ姫は、通りがかった女人にとりあげを頼んだのだが経験がないからとことわられる。しかし、男性の通行人に介抱されて無事に出産したという。

2.1 富士山と文学

以来、この出島は女人禁制の場所となり、大正の初期ごろまで守られてきたといい伝えられている。

ちなみに産屋が崎は、「雲霧のしばし百景をつくしけり」、芭蕉が富士山のすばらしさに驚嘆した場所である。(富士河口湖町)

②お胎内無戸室(むとむろ)神社

富士スバルラインを五合目へ向かう途中に「お胎内」がある。溶岩樹型の洞穴である。ここには、姫がこの室の中で三児を産んだという伝説が残されており、木花開耶姫は富士山の荒ぶる火の神の鎮護とあわせて、安産の神さまを兼ねている。(富士河口湖町)

(4) 山の背くらべ

民話の時代は、日本中にあちらこちらに大男、巨人、天狗、大力坊主、鬼神、天邪鬼たちが登場し、山を造り川をひらくなど国土形成の大事業を展開していた。そして、事業が一段落したころであろうか、各地で点検が始まった。

山の背くらべである。

①富士山と八が岳(やつがたけ)

むかし、八が岳(山梨県北杜市)は富士山よりも高かった。あるとき、どちらが高いか、富士山の女神の浅間様と、八が岳の男神の権現様が争った。「俺の方が高いぞ」「いんえ(いや)私の方が高いわ」。口で争ってもけりがつかないので、ふたりの神様は阿弥陀如来(あみだにょらい)に仲裁を頼んだ。「困った(こん)事だ。それじゃあお前たちの頭から頭へ樋を架けて水を流そう。水は正直だからな」。すると、水は富士山の方へ流れたので「女神よ、気の毒だがお前の方が低い。さあ喧嘩はやめなさい」。阿弥陀様は判定をくだしたけれども気の強い女神は収まらず、すきをうかがい太い棒で「ゴツーン」。八が岳の頭を思いっきり叩いたので、八が岳は頭がグシャリと八つに割れて、今のように硫黄岳(いおう)・横岳・阿弥陀岳・赤岳・権現岳・旭岳・西岳・編笠山の八つの峯になった。そして、割れた頭の分だけ富士山よりも低くなったという。(富士吉田市)

②姉妹富士

むかし、富士山には下田富士という姉がいた。富士山は下田富士よりも美しく、まわりの山々も富士山の方が綺麗だとほめ称えていた。それを聞いた下田富士は恥ずかしくてたまらず、高い屏風(天城山)を立てて隠れてしまった。姉恋しさの富士山は、「お姉さん、お姉さん」とさけんで姉を見ようと背伸びをしたので、背がどんどんと伸びて今の高さになった。(富士吉田市)

——この噺は、南麓からの移入ではないかと思われる。

③背くらべのコンテスト

　むかし、富士山は日本中の山と背くらべの競争をした。あるとき、富士山は筑波山に勝って東日本の代表となり、審判役に甲州の八が岳と信濃の御嶽山（おんたけさん）を頼んで西日本代表の白山（石川県）と勝負した。二つの山は遠く離れているから、審判役はそれぞれの山頂に樋を渡して中ほどから水を流した。初め、水はどちらへ流れているのかわからなかったけれども、やがて白山の樋の口からポトリポトリと水が落ち始めた。日本中の山が固唾をのんで見守る中で、「富士山の勝ち」。審判役の声が山々に響き、それ以来富士山が日本一高い山となった。（北麓一帯）

（5）富士登山のさきがけ

　富士山が文献に登場するのは、養老年間の『常陸風土記』（720年ころ）を初出として『万葉集』（750年ころ）、『日本霊異記』（820年ころ）、文章博士・都良香の『富士山記』（850年ころ）と続く。

　『常陸風土記』は、筑波山を賛美する所為として富士山を嘲弄したが、『万葉集』は国民的崇拝へと導いて対比される。

　一方、『日本霊異記』は富士山を霊場・修行の場たらしめると共に、多くの伝説を生む基因となったが、史実としては取り上げ難い。これに対して『富士山記』は、作者の直接的な見聞を通して、富士山を正確明瞭にとらえた嚆矢の文献である。

　とくに注目したいのは、山上（さんじょう）のこまやかな叙述である。これは当時、すでにして富士山へ登山した者が存在していたとの証であろう。

　しかし、登山のさきがけはさぐる術（すべ）がないから、富士登山の第1号はだれか。ここは民話の世界で楽しむことにしよう。

①天空を翔け登った役小角（えんのおづの）

　『日本霊異記』28条は、「役優塞は、大和国（奈良）の葛城上郡茅原村の人なり」と、役小角（えんのおづの）（役行者とも呼ぶ）の事跡を特記し、『富士山記』も小角については『日本霊異記』に追随している。

　役小角（奈良時代）とは何者か。

　小角は、30歳ごろから山奥の洞穴に住み、衣類を捨てて葛の葉を身にまとい、松の皮や松ヤニを食しながら「孔雀の呪法」を体得したという。それからは、雲に乗って空を飛び、鬼を家来にして奇行を重ねていたが、「役の行者という奴は、天下を乱そうと鬼を集めています」と、家来の鬼から密告されて朝廷から追われる身となった。しかし小角を捕らえることは不可能に近い。そこで朝廷は、「もし出頭しなければ、母親を殺すであろう」とのお触れを出

し、やむなく自首してきた小角を捕らえて伊豆大島へ島流しとした。

すると、小角は大島から見える富士山にすっかり心をうばわれ、夜になると役人の目を盗み、毎晩のように海を跳び空を翔けて富士登山をしたというのである。この一夜登山が役人に露見したとき、小角はふり上げた役人の刀をペロッと舐めて、「これを見ろ」。なんと役人の刀の刃に富士山の神号がありありと映っていたので役人は腰をぬかしたという。

役人からの報告を受けた朝廷は、間もなく小角を赦免したが、小角は都へ戻らず北麓に住み、河口湖北岸、御坂山地の「十二が岳」で修行を続けたといわれている。十二が岳の西側には、弟子となった鬼たちが住んだ「鬼が岳」がある。

現在、小角は諡号・神変大菩薩を贈られ、山岳宗教の開祖として広く敬われている。(富士河口湖町)

②**甲斐の黒駒で登山した聖徳太子**

『聖徳太子伝暦』(藤原兼輔、延喜17年・917)に、聖徳太子が推古天皇6年(598)、馬に乗って富士山頂を飛行した記述が見える。

次のストーリーだ。

聖徳太子が日本中に良馬を求められたところ、国中から数百頭の馬が献上された。その中に甲斐の黒駒の牧から献上された駿馬がいた。全身が真黒にかがやき、脚だけが白い烏駒(からすこま)だった。太子は一目でこの馬をお気に召して、舎人の調使麿に調練を命じた。

そして、よく晴れたある日、太子がこの馬に試乗したところ、馬はいきなり空に翔け上って雲の上を飛び、縦横無尽に翔けめぐったというのである。その帰京談に、「私は甲斐の黒駒にまたがり、雲を踏み、霧をしのぎ、遂に富士山の上空に至った。さらに旋回して信州を通り、たちまち越中も通過して、今、俗界に帰ったところだ。快適な旅だった。馬はよく飛んだし、調使麿がそばでよく仕えてくれたから満足だよ」と語っている。

この空中ドライブは快適そのものだったようだ。太子はうかれて、富士山上空を通過中、手に持った法華経をポーンと空高く拋り投げたという。その経文が落ちたところに、今、聖徳山福源寺が建立され、経文は六角の経文堂に収蔵されている。(富士吉田市)

―北麓から御坂山地を越えた国中の御坂町(現・笛吹市)には、太子が空中散策のあと、黒駒の牧に滞在されたという伝説がある。

③**北口登山道の開祖・日本武尊**
"あまつちのえみしをむけし
此みこの御威徳にひらく富士の北口"

（作者不詳）

日本武尊が蝦夷を平定して甲斐国に入ったのは、〈記・紀〉によると景行天皇40年（300年ころ）のことである。

尊はこのとき、篭坂峠から山中湖を過ぎて吉田（富士吉田市）を通り、河口湖から御坂峠を越えて酒折(さかおり)（国中）への道をたどったという。

酒折はこの際の「新治(にいはり)・筑波をすぎて いく夜かねつる」、「かがなべて 夜には九夜 日には十日を」。尊が供の翁と交わした連歌の地として著名であるが、北麓へ戻ろう。

『甲斐国誌』富士山の条によると、尊が富士吉田で、北口本宮富士浅間神社から目の前に迫る富士山を遙拝したことが記述されている。

いわく、「此より登山門を出て松林の間を南行すること三町許、左方に一雄丘あり大塚と称す。塚上に小祠あり浅間明神を祭る。土人相伝う。上古、日本武尊東夷征伐の帰路、道を甲斐国に取り、富士を遙拝したまいし地なり」とある。

口碑は、富士山北口登山道（吉田口）はこの故事にちなんで開発されたと伝えている。大塚は、当時の面影を残して現存している。（富士吉田市）

(6) 始皇帝の使者

北麓には、紀元前3世紀の210年、始皇帝の命を受けた方士(ほうし)徐福が、不老不死の仙薬を求めて富士山に至り、そのすばらしさにうたれ、富士吉田で終焉したという伝承がある。

これは、日本・中国・韓国・台湾の北東アジア四か国。海をまたぎ国境を越えて広がる国際色に彩られた壮大な民話である。

文脈は、司馬遷(しばせん)（B.C.145～B.C.86）の『史記』（B.C.91年完結）から始まる。この「始皇本紀第六」を繙くと、始皇帝の28年（B.C.219）、「徐福から、海中に蓬莱・方丈・瀛州(えいしゅう)の三つの神山があり、僊人(せんにん)（仙人）が住んでいます。そこへ行くと、不老不死の薬が入手できます。私を行かせてくださいという申し出があったので、始皇帝は数千人の童男童女を与えて向かわせた」という記述が目にとまる。

古代中国の五百年に及んだ春秋・戦国時代を制して、大中国を創始した始皇帝。かれに多言は不要だから省略して、徐福の登場は不老不死の神仙思想に狂奔した始皇帝の晩年と相俟って、中国社会に一大センセーションを巻き起こしたものと推測される。司馬遷は「本紀」に加えて、「封禅書」と「淮南衡山列伝」でも徐福を取りあげ、五度にわたって『史記』の紙数を割いている。

この中に、注目したい一節がある。始皇帝37年（B.C.210）、いくつかの

経緯ののちに中国を出帆したまま、杳として行方を絶った徐福の消息にふれた伍被(ごひ)（？〜B.C.122）の証言である。

伍被は、淮南王劉安の将軍である。「淮南衡山列伝」を開こう。いわく、「始皇帝は、徐福に良家の子女三千人を遣わし、五穀の種と百工（各種の技術者）を携行させました。しかし徐福は、平原・広沢を手に入れ、そこにとどまって王となり帰ってきませんでした。そこで人民は悲痛し、秦に反乱しようと望むものが十軒のうちの六軒に及びました」と。

中国の史書は、『史記』以降も『漢書』、『三国志』、『後漢書』など、徐福をたびたび取りあげてきたが、いずれも『史記』の追随ばかりで、伍被の述べた「平原広沢」（広い国土）は特定できずに星霜が流れ、徐福は歴史の舞台から遠ざかった。

「徐福伝説」の誕生である。

一方、『史記』から一千年。徐福は李白（701〜762）の「古風」、白居易（772〜849）の「海漫漫戒求仙也」をはじめとする文学の世界で復活し、日本の文学や歴史に影響を及ぼすことになる。『宇津保物語』（980年ころ）、『源氏物語』『紫式部日記』（1000年ころ）、『今昔物語』（1077年ころ）、『神皇正統記』（1340年ころ）などである。そしてこれらが、日本の徐福伝説の後押しをして、ロマンをふくらませてきた。

現在、日本には21都道府県46市町村（平成の合併前）に徐福伝説が伝承（筆者調べ）されている。それらの中でも北麓の徐福伝説は、五代後周、斉州開元等の和尚・釈義楚(せいしゅう)(しゃくぎそ)の撰した『義楚六帖』(ぎそりくじょう)（960年ころ）の記述から、佐賀市（九州）、新宮市（和歌山県）と並んで国内の三大伝説地と称されている。

次は、『義楚六帖』の抄文である。「日本国、またの名を倭国と名づく。東海中にあり、秦の時代、徐福五百童男、五百童女を将いてこの国に止まる。今、人と物、一に長安の如し。（中略）東北千余里、富士山という、また蓬莱と名づく。徐福ここに止まる。（中略）今に至るまで子孫は秦氏(はた)という」。

①北麓の織物

北麓は、富士吉田を中心に織物がさかんな土地だった。徐福がその技術を伝えたと口碑は伝えている。（富士吉田市）

②鶴塚

徐福は富士吉田に留まり、死後、鶴となった。江戸時代の中頃、その鶴が墜ちて死んだ。そこでその（徐福の）死を悼み、代官所の許可を得て葬った。鶴塚と呼ぶ。下吉田福源寺の境内には、淡海六如上人の筆に

よる碑が苔むして現存する。（富士吉田市）

③徐福地蔵と徐福墓

富士吉田市東部の明見湖畔では、何百年もの昔から、村人たちが徐福地蔵に雨乞いをしてきた。雨乞地蔵とも呼ぶ。現在、徐福祠を建立して祭神としている。

また、ここからおよそ100mの御伊勢山には、天照皇太神宮の境内に徐福墓があり村人たちの崇敬をあつめている。（富士吉田市）

④長生村（ながいき）

山中湖の北岸に、かつて長生村と呼ばれた長池（ながいけ）集落がある。ここは昔、徐福の子孫たちが住んでいたとの口碑が残っている。（山中湖村）

⑤波多志之神祠（はたしのかみし）

河口湖の北岸に、富士山の貞観大噴火（貞観6年・864）の際、勅命により建立された富士山鎮護の浅間（あさま）神社がある。この本殿の正面参道中央に極小の祠がある。波多志之神社（はたしのかみしゃ）と呼ぶ。また徐福社とも呼ぶ。この境内は、むかし徐福の子孫の屋敷だったと伝えられているから、ここでは先ずご先祖の祭神を拝してから、富士の祭神（木花開耶姫）を参拝することになる。（富士河口湖町）

⑥「秦（はた）」姓と「羽田（はだ）」姓

「秦（しん）」は、陝西省（せんせいしょう）の別名である。古代、始皇帝の先祖がこの地を領したところから名が挙がった。日本では、応神天皇のとき、機織りを伝えて帰化した漢民族の子孫に「秦（はた）」姓がおくられた。北麓では、徳川時代の甲府勤番支配松平定能の編んだ『甲斐国志』（文化14年・1814）が「今、秦氏を改めて羽田の二字と為す」と記している。ちなみに羽田姓は、現在600戸をこえて北麓の大姓を形成している。（北麓一帯）

⑦「都留（つる）」の郡名

郡内は、中央線沿線の「北都留郡」と、北麓の「南都留郡」とに分けられる。この「都留」は、前項③の鶴塚とかかわって、古い時代、上空を白鶴（徐福）が飛び交わしたところから付けられたといわれている。（北麓一帯）

⑧宮下文書（みやしたもんじょ）

富士吉田市大明見（おおあすみ）の宮下家に、富士山に来麓した徐福が、自ら筆を取ってページを起こしたという「超古代富士山王朝史」が保管されている。伝説とするのは憚られるが書き添えておこう。（富士吉田市）

（7）富士山の禁忌

富士講の町、富士吉田には、富士山を「おやま」、風を「おいき」、雨を「おたれ」と呼ぶことばが残っている。例えば、「きょう『おやま』は『おいき』が強く、『おたれ』も降った。だれか悪心の者が登ったず

ら」などと。

　悪心とは不浄の者。禁忌事項を侵かした者を指し、その事項がこまやかに定められていた。（ア）服喪中の者、たとえば父母は100日。（イ）食物、たとえば兎は37日、ネギは1日。（ウ）その他、たとえば妻の月経11日、流産50日など。あまり意味のないものまで禁忌が及んでいたという。

　現在、（イ）と（ウ）は消されたが、（ア）だけは、市内上吉田地区に居住する北口本宮富士浅間神社の氏子に引きつがれ、8月の「吉田の火祭」の際、祭事が催される3日間、市内を留守にして旅行などに出かける風習が残っている。

エピローグ

　"富士は三国一の山"、"一富士二鷹三茄子"。どちらを取っても富士山賛歌である。北麓の民話もすべて右にならえ。きびしい自然条件ではあるが、富士山とともに生きてきた裾野の村人たちの、富士山へのラブコールであろう。

参考文献

- 萱沼英雄『妙法寺記の研究―富士山麓をめぐる戦国時代の古記録』富士高原開発研究所，1962
- 清博美『富士山をめぐる川柳歴史散歩』静岡郷土出版社，1988
- 松尾四郎『史話と伝説 富士山麓の巻』松尾書店，1958
- 伊藤堅吉『河口湖周辺の伝説と民俗』緑星社出版部，1980
- 土橋里木『富士北麓昔話集』（甲斐民俗叢書4）山梨民俗の会，1957
- 土橋寿「徐福学序説―ロマンの昇華を求めて」『帝京学園短期大学研究紀要』9，1997，p.11-49.

江戸時代の川柳に詠まれた富士山

粕谷 宏紀

　富士山は日本一ばかりか、世界に名高い名山であり、それだけに『万葉集』をはじめ物語・和歌・俳諧・漢詩・能狂言・演劇・絵画などのジャンルに取りあげられ、古来より日本人の魂の拠り所であることは言をまたない。

　最近刊行された上垣外憲一著の『富士山―聖と美の山』（中公新書・2009）は、富士山をあらゆるジャンルから概観するのに格好の書である。

　本稿では前掲書に取りあげられなかった庶民詩である川柳から、江戸時代の庶民が「富士山」をどう捉えていたかをみていきたい。古川柳（以下江戸時代の川柳をこう表記する）には、富士山は500句以上詠まれている。

　それらの句は、富士山は一夜のうちにでき、それとともに近江の国が陥没して琵琶湖ができた…それは孝霊5（前286）年のことであったという俗説に基づいてる。これは江戸時代に始まった俗説ではなく、すでに『職原抄』（北畠親房・1340）巻下に「孝霊五年、近江ノ湖水始メテ湛ヘ、而シテ駿河ノ富士山始メテ湧出ス」とあるので、かなり古くからの言い伝えであったといえよう。この書を基にして「此山は人皇七代孝霊の御宇に一夜にゆしゆつせしとなり」（『慶長見聞集』三浦浄心・1614）とか「相伝、孝霊五年始見矣、蓋一夜地折為大湖、是江州琵琶湖也、其土為大山、駿州之富士也」（『和漢三才図会』）寺島良安・1712）とか記されている。

- さても大変日本へ臍が出来
  （柳多留40編）
- 日本の掘り出し物は富士の山
  （川傍柳３編）
- やれ起きろ山が出来たと騒ぐなり
  （柳多留40編）
- 打ち出でてみればびつくり孝霊五年
  （柳多留140編）―万葉集山部赤人の「田子の浦ゆ…」
- 孝霊五仁者の好むものが出来
  （柳多留67編）―論語雍也第六「知者楽水仁者楽山」による
- 四百余の国も羨む孝霊五
  （柳多留138編）―四百余は四百余州の略。中国全土の称
- 孝霊に近江の年貢皆無なり

2.1 富士山と文学

（柳多留57編）―天変地異により年貢はなし
- 二カ国の貢はゆるす孝霊五
 （柳多留120編）
- 親玉の山も神武の七代目
 （柳多留94編）―「親玉」「七代目」は七代目市川団十郎をきかす。孝霊天皇は神武から七代目

七代目団十郎は五代目の外孫で、叔父六代目の養子。俳名「白猿」「三升」「寿海老人」「二九亭」。初め海老蔵、団十郎を名乗り、晩年また海老蔵にもどった。生世話物や所作事を得意とした。大きな業績として「歌舞伎十八番」の制定があげられる。天保改革の際に奢侈罪で、天保13年に江戸追放に処せられたが、まもなく赦免された。俳諧や書画に優れていた。安政6年（1859）69歳で没した。川柳選者として柳多留107編に「七代目三升」の名がある。

- 孝霊の以前は美女も丸額
 （柳多留124別編）―富士額の語はない

富士山誕生にまつわる伝説がもう一つ伝えられている。富士山誕生ということで、近隣諸国の人々はこぞって見ようとしたが、近江（あるいは甲斐とも）のある村民達は「明日の朝見ればよい」として起きなかった。この事が山神の逆鱗に触れ、富士山を雲霧で隠してしまった。それ以来この村からは富士山が見えないという。人呼んでこの村を翌日見村（明日見村とも）という。

- 三国一の不精者明日見やう
 （柳多留54編）―三国一の富士の山をかける
- 孝霊五不精でなくば直見村
 （柳多留132編）
- 仰向いて嘘だ嘘だと翌日見村
 （柳多留161編）
- 惜しい事末代見えぬ翌日見村
 （柳多留40編）
- 鹿を追ふ猟師のやうな翌日見村
 （柳多留90編）―俚諺の「鹿を逐う者は山を見ず」をきかす
- あす見れば見えぬをすぐに村名なり
 （柳多留49編）
- 孝霊の前は名の無き翌見村
 （柳多留120編）―富士山出現以前は村名はなかった
- 翌日覗き村近江さと知ったふり
 （柳多留149編）―翌日見村は近江国だと知ったかぶりの言

富士山が一夜で出来たということについて、江戸人は「一夜」の言葉について様々詠んでいる。

- 富士山は微塵積もらず一夜なり
 （柳多留11編）―富士山は「塵も積もれば山」とならなかった
- 孝霊の夜なべ大きな仕事なり
 （柳多留46編）
- 近江から一夜に咲いた芙蓉峯
 （柳多留37編）―芙蓉峯は富士山の雅称

江戸時代の川柳に詠まれた富士山

- 夜なべ細工のてつぺんは駿河なり
  （柳多留26編）
- 姫氏国の出臍は一夜細工なり
  （柳多留54編）―姫氏国は日本の異称の一。富士山を出臍に見立てた。また人体の中心の臍にも見立てている
- 泉水と築山夜の間ひに出来
  （柳多留31編）―日本を大きな庭に見立てて、泉水は琵琶湖、築山は富士山
- 普天の下に二つ無い一夜山
  （柳多留67編）―普天とは天下のこと
- 二ケ国へ一夜に出来る父母の恩
  （柳多留51編）―富士山と琵琶湖を寺子屋の教科書『実語教』の文言を取って、駿河国に「山より高き父の恩」、近江国に「海（湖）より深き母の恩」と表現した
- ねだり事一夜に出来る不二額
  （柳多留122編）―妾のおねだり

富士山伝説はさらに幅を広げ、

- 寝耳へ水の奏聞を近江する
  （柳多留33編）
- 絵に写し此の山昨夜と奏聞し
  （柳多留55編）―「この山昨夜」は富士山の神とみなされた木花之開耶姫（大山祇神の娘）をきかすか
- 山の図に扇を開き奏聞し
  （柳多留68編）―富士の山容は扇を逆さまにした形
- 奏聞に近江が出れば駿河出る
  （柳多留97編）―孝霊天皇へ駿河と近江が

- 二度の奏聞御寝耳へ水と山
  （柳多留63編）
- 孝霊天皇ゆうべかと詔
  （柳多留65編）
- 富士の絵図諸国で売れる孝霊五
  （柳多留143編）―孝霊五年の出来事の「瓦版」（「読売」ともいい現代の号外）はさぞ売れたであろうといううがち句。瓦版は江戸時代のもの
- 富士山と敷居は一夜で高くなり
  （柳多留67編）―無断外泊のため家に入りづらい

富士山を賛美する「三国一の富士の山」の語を詠み込んだ句もある。三国は駿河・甲斐・相模をいう。

- 三国を雪転ばしで押つ塞ぎ
  （柳多留13編）―「雪ころばし」は「ゆきこがし」「ゆきまるめ」ともいい、雪の小さな玉を積もった雪の上を転がして大きなかたまりにすること
- 甲斐の国まで白無垢の裾を出し
  （柳多留24編）―冬の富士山を女性の白無垢姿（三国一の花嫁）に喩えた
- 抜け殻も三国一の水溜まり
  （柳多留35編）―琵琶湖を詠む
- 湖が干ると三国一の谷
  （柳多留109編）
- 正面は茄子後ろにて柿葡萄
  （柳多留101編）―駿河は茄子（一富士二鷹三茄子）、後ろの相模は「柿」、甲斐は葡萄。いずれも名物をさす
- 三国へはびこる富士と梅の花

2.1 富士山と文学

（柳多留57編）―梅の花は加賀の前田家の紋。前田家は加賀・越中・能登の三国を領有した

富士山の遠望もすてがたく、

- 天と地のつつかひになる富士の山
（柳多留23編）―遠くから見ると富士山は、あたかも天と地のつっかい棒のように見える
- 富士山は地にあるものと思はれず
（柳多留121丙編）
- 富士山を隠すばかりが春の疵
（柳多留17編）―霞がかかり山頂のみ見える
- 富士の高根に前挿の横霞
（柳多留83編）―霞が女性の鬢の前にさすかんざし（前挿）のように見える
- 富士山は江戸の眼で見えるとこ
（柳多留7編）―現代では都内からの遠望はほとんど不可能
- 人に恨っこいもなく富士は見せ
（柳多留19編）―万人に平等
- 遙拝はどこでも出来る富士の山
（柳多留19編）
- 富士の山三泊まり程はついて行き
（柳多留23編）―東海道の道中は「三泊」の間は富士山は見える
- 富士に別れてから旅に骨が折れ
（柳多留19編）
- 富士を見無くして力の落ちる旅
（柳多留22編）―いずれも富士山を頼りの東海道中

富士山からの連想によって詠まれた句もある。

- 絹と木綿の間から綿が見え
（柳多留54編）―甲斐絹・駿河木綿・綿帽子（もと男女共に防寒用であったが、後に装飾化して、婚礼に新婦の顔をおおうのに用いた。また樹木などに積もった雪。ここでは積雪の富士を綿帽子をかぶった姿に形容）の富士
- 雲中に雪をせり出すよい天気
（柳多留31編）
- 朝々消える美しい富士の雪
（柳多留26編）―額の化粧
- 富士額その日塗つてはその日消え
（柳多留65編）
- 唐で誉めるは雪の山雪の舟
（柳多留29編）―中国で富士山と雪舟を賞賛
- 退屈の中を流るる富士の雪
（柳多留10編）―雪解け水によって増水し、「川止め」になってしまった。東海道の旅の難儀

他に富士山からの連想される扇・すり鉢・綿帽子などを詠んだ句がある。

- 仰ぎ見る山は扇の形なり
（柳多留122別編）
- 日本の要扇のやうな山
（柳多留137編）―「要」は中心と扇の大事な部分をいう
- すり鉢の上に御鉢を乗せておき
（柳多留63編）―「御鉢」は山頂の周囲をいう

- 琵琶の腹から生まれたのはすり鉢
  （柳多留32編）
- すり鉢を伏せたやうだに琵琶が出来
  （柳多留14編）
- 大きな夜なべ細工琵琶とすり鉢
  （柳多留54編）
- 雷盆は瀬戸物町の真正面
  （柳多留72編）—「雷盆」はすり鉢。瀬戸物町は瀬戸物屋が集まっている江戸の町名（現東京都千代田区室町二丁目と三丁目間）。すり鉢問屋があった。
- 大きなすり鉢を瀬戸物町で見る
  （柳多留39編）

麓から頂上までを九に分割して、一合目二合目…とも称した。そこから珠算や白米や塩（雪の白さを喩えたり、量りを連想したり）を詠んだ句もある。

- 平地だと榎を九本植える山
  （柳多留51編）—榎は一里塚の目印に街道に植えた
- 九の段の山天作の一夜出来
  （柳多留94編）—「天作」は珠算の用語
- 九の段の山天作の孝霊五
  （柳多留165編）
- 上白は九合めつそう高いなア
  （柳多留103編）—「白米は値段が高い」に富士山の高さをかける
- 上白の九合唐へも知れている
  （柳多留52編）
- 盛り上げた塩で日本を甘く見ず
  （柳多留57編）
- 甘く見ぬはず日本の九合塩
  （柳多留63編）—以上の三句は日本礼讃

正月の初夢やお目出度いものとして「一富士二鷹三茄子」しいう語がある。

- 夢もまた道具の足らぬ孝霊四
  （柳多留141編）—孝霊四年にはまだ富士山はない
- 日本の夢は一夜に涌いて出る
  （柳多留37編）
- 夢の番付孝霊の後に出来
  （柳多留26編）
- めでたさは夜船で春の富士を見る
  （柳多留41編）—宝舟の絵を敷いて寝ると、縁起の良い夢が見られる
- 唐土に無い夢を見て神酒をあげ
  （柳多留11編）
- 富士の夢丸綿召すと乳母判じ
  （柳多留24編）
- 富士の夢明くる日雪の衣召し
  （柳多留59編）
- 丸綿をたしかにかぶる富士の夢
  （柳多留15編）—この四句は目出度く婚礼を迎えたことを詠む。

富士山と共に出現した琵琶湖を詠んだ句もあげておこう。

- 大きな湖水山のつん抜けた跡
  （柳多留67編）
- 跡は野とならず近江は湖となり
  （柳多留33編）—俚諺の「跡は野となれ山となれ」にはならなかった
- 近江には一夜検校の琵琶が出来

（柳多留105編）―「一夜検校」とは江戸時代、千両の金を納めて俄に検校になった者をいう。琵琶湖に検校の持つ楽器の琵琶をかける
- 泥坊の居るとこへこむ孝霊五
（柳多留89編）―伊勢乞食と対称で、近江泥坊という。近江・伊勢の商人が江戸に入って、勤勉に励み産をなして、各方面の商権を得たことに対して、江戸っ子がやっかみ半分に罵ったことば
- 夜が明けて近江初めて波の音
（柳多留142編）
- 凸凹の文字も渡る孝霊五
（柳多留57編）
- 雲泥の違ひ駿河と近江なり
（柳多留66編）
- 本国も生国もある高い山
（柳多留11編）―富士山の生国は近江、本国は駿河
- 孝霊六年漸うで源太郎
（柳多留117編）―琵琶湖名物の鮒はまだ源五郎鮒にはなっていない
- お富士が生みの弟は源五郎
（柳多留88編）―富士山・源五郎鮒を擬人化

琵琶湖にある竹生島も詠まれている。九合は富士山へ飛び、残った一合が竹生島になつた。
- 駿河へは九引いて近江一残り
（柳多留31編）
- 夜が明けたばかりで残る竹生島
（柳多留56編）
- 富士島と言うべきとこを竹生島
（柳多留56編）
- 竹生島だけが一合不足なり
（柳多留19編）
- 一合は弁財天のものになり
（柳多留22編）―竹生島には日本三弁天の一つが祀られている
- 咲耶姫琵琶は天女へ置きみやげ
（柳多留50編）―芸能の神弁天は琵琶を抱えている

川柳は宝永4年（1707）11月に富士山噴火の際、宝永山の誕生をも句材として詠んでいる。
- 咲耶姫宝の山を一つ産み
（柳多留53編）
- 三国の二を宝永に産み落とし
（柳多留44編）
- 余の山と違ひ子宝までも持ち
（柳多留26編）―子持ちの山は富士山だけ

以上、川柳に詠まれた富士山を記したが、ほんの一割に満たない。言い換えれば富士山は当時の人たちにとって日常的な山であり、誇りであり、崇敬する信仰の山でもあった。

紙数の関係で、富士山に関する民間信仰やその他もろもろの事象を省いたし、出典も柳多留に限定し、柳多留の原典である「川柳評勝句刷」（収載句数約10万句）や初代川柳選の作品集も省いた事をお断りしておく。なおこれらの作品は参考文献に

掲げて置いたので、興味のある方はご覧になってほしい。

主要参考文献

- 岡田三面子編・中西賢治校訂『日本史伝川柳狂句』古典文庫, 1972
- 岡田甫編『誹風柳多留全集 全12巻, 付索引』, 三省堂, 1976
- 山澤英雄編『誹風柳多留拾遺 上・下』岩波書店, 1986
- 千葉治編『初代川柳選句集 上・下』岩波書店, 1986
- 粕谷宏紀校訂・山澤英雄選『柳多留名句選 上・下』岩波書店, 1995
- 粕谷宏紀編『新編川柳大辞典』東京堂出版, 1995

Column
富士山と文学

　富士山の特徴は、日本一の雄大さ・白妙の衣服・情熱の如き赤い火の3点が挙げられる。富士文学の多くはこれらの角度から捕らえている。

　万葉集でも富士山に関して11首が読まれており「田子の浦ゆうち出て見れば…」と、高き富士と白銀のほか恋にからむ歌が多い。

　竹取物語は、成立年は不明ではあるが10世紀以前と言われており、日本最古の物語とされている。美しく育ったかぐや姫に帝が好意を抱くが、月の都に帰る際、かぐや姫は帝に不死の薬と天の羽衣と文を贈った。かぐや姫に逢えなくなった帝は、もはや不死の薬は不要であり、多勢の武士を集め富士山でそれを焼くように命じた。この時集まった多勢の武士・すなわち士に富む山・富士の名前が付いたと言われている。

　伊勢物語でも在原業平が東に下る場面で、積雪の様子や雪解けでできた鹿の子の模様、比叡山の20倍に及ぶ富士山のスケールが書かれている。

　富士山の噴火に関しては、9世紀初期の続日本紀、10世紀初期の古今和歌集にも記され、11世紀中頃の『更級日記』では作者（女性）が上総の国から京に登る途中、「山の頂きの少し平ぎたるところより煙は立ち上る。夕暮れは火の燃え立つも見ゆ」と活火山の様子を述べている。また、13世紀初期の新古今和歌集、13世紀末の十六夜日記、14世紀中頃の太平記などに富士の噴火が書かれており、逆にこれらの作品を通じて富士山の活動の歴史を知る。宝永4年（1707）の有名な宝永山の大噴火に関しても、多くの作品がある。

　足利義教は15世紀、念願の富士山を目前とし感激すると共に、同行した家来尭孝らは『富士紀行』『覧富士記』を残している。

　また、近代文学でも多くの文筆家が富士山を作品で述べている。太宰治は小説『富嶽百景』で、富士山に対峙してすくっと立つ月見草を見て"富士には月見草がよく似合う"の一節を残している。

　この月見草のように、偉大なる富士山の前に対峙する自分の姿が富士山と文学の基本姿勢であろう。

井原 博之

Column

富士宮の民話 ―富士の巻狩りと伝説―

　源頼朝が、富士の巻狩のおり、猪之頭に一夜の陣を敷いたところ、近くに滝があり夜中に滝壺の中からドンドンと太鼓をたたくような音がした。不思議に思った頼朝が、家来に滝壺の中を探らせてみると、中が空洞になった太鼓の胴のような形をした石が出てきた。その石を、太鼓石と名付けた。今も滝の近くに太鼓石と撥石が残されている。また、頼朝の陣所にちなんで、滝の名を陣馬の滝というようになった。

　源頼朝が富士山の麓、朝霧高原で繰り広げた富士の巻狩は、狩猟を楽しむというものではなく、武術の鍛錬でありいわば大軍事演習であった。それは、征夷大将軍になった頼朝ないしは鎌倉幕府の力を誇示する大規模のものであった。その規模の大きかったことが、富士宮市内に数多くの巻狩伝説を残したのではないだろうか。直接頼朝にかかわる伝説だけでも、「源頼朝が馬を繋いだ駒止のサクラ（狩宿の下馬ザクラ）」、「源頼朝が矢を射立てた所より水が湧き出した矢立池」、「源頼朝が矢の根をもって地面を撫でた所から清水が湧き出した撫川」、「源頼朝が、馬に乗るとき踏み台にした二つ石」、「頼朝が一休みした時馬の鞍を掛けた鞍掛石」、「源頼朝が腰掛けて流鏑馬を見た頼朝の腰掛石」、「源頼朝が池の水で鬢のほつれを直したお鬢水」、「源頼朝が矢立の墨をすった硯石」、「源頼朝が武将の狩の様子を見た駒立の丘」等々の話がある。

　ほかにも「狩の合間に武将が弓の練習をした大将的場・的山と的石」、「巻狩に参加した畠山重忠が馬を繋いだ畠山重忠の駒止の桜」等々の伝説があり、巻狩の最中に発生した大事件曾我兄弟の仇討ちに因む伝説も数多く見られる。また、頼朝の巻狩から10年後の頼家の巻狩に因んでは、新田四郎忠常の人穴探険の伝説があり、『吾妻鏡』の内容と違って、新田四郎忠常は江ノ島の弁天の岩穴に出た、馬に乗って鎌倉まで行ってしまったなどと語られている。

　富士の巻狩に因む伝説の多い事が、富士宮の民話の一つの特徴である。

渡井　正二

2.2

富士山信仰

第2章 富士山の文化

富士登拝の歴史

堀内 眞

1. 富士山の開山

　富士山は日本を代表する霊山である。また、霊験の表出する場所、つまり神仏のご利益を確認できる場所であった。『梁塵秘抄』巻二霊験所歌には「四方の霊験所は、伊豆の走湯、信濃の戸隠、駿河の富士の山、伯耆の大山、丹後の成相とか、土佐の室生門、讃岐の志度の道場とこそ聞け」の歌があり、霊験著しい寺社、修験の道場の一つとして、伊豆山権現（静岡県熱海市）とともに富士山があげられている。平安時代末期には浅間大神の信仰に修験道が習合して、富士山が霊験所の一つとして広く知られていたことを示している。富士修験の信仰拠点は、南口の村山であり、『梁塵秘抄』の編纂された年代からみて、平安末期から鎌倉初頭にかけて都にも聞こえるほどの霊場になっていたことがわかる。

　北面の二合目、御室浅間神社が鎮座する御室の地も山内の信仰拠点として整備されたようである。文治5年（1189）7月28日に日本武尊像が造られ、この地に納められた。背面の刻銘には、「奉造立勧進走湯山住金剛仏子覚実覚台坊廿度仏子興福寺運珍円浄作」とある。高さ三尺二寸五分、髪は左に垂れて左腋に入り、右手は欠損していて、容貌は不動に似ていた。建久3年（1192）4月9日には女体合掌の神像が造られ、その背面刻銘には、「奉造立勧進走湯山住金剛仏子覚実覚台坊廿五度仏子興福寺定海宝月坊作」とある。両像ともに現在は所在不明である。銘文の真贋を見極めるのは難しいが、両像の勧進者覚実覚台坊伊豆山（走湯山）に住する人物で、伊豆山権現と富士修験との交流が示されている。御室には近世初期頃までに現御室浅間神社の西側に役行者を祀る役行者堂が建てられていた（『勝山記』天文24年条）。『甲斐国志』にも二合目の役行者堂は右左口（甲府市）の円楽寺の兼帯する堂宇で、同寺はもと山伏の住山だったので像をこの地に祀ったのだろうとしている。円楽寺は近世を通じて北面の富士修験の拠点としての地位を保った。現在、本堂の左脇に祀られている役行者自刻と伝える役行者および前鬼・後鬼像、役行者老母像は、昭和36年

（1961）の台風で倒壊した役行者堂に安置されていたものである。役行者像の胎内には延慶2年（1309）5月修理の墨書銘があり、12世紀末から13世紀初頭の特色を示すという。円楽寺は平安時代後期頃にはすでに富士修験の拠点として栄え、二合目御室の役行者堂は同寺の富士山における信仰施設であった。御室に富士山中最古の社として浅間神社が鎮座するのは、修験道と結合して成立した垂迹の神である浅間大菩薩を祀る場として整備されたからにほかならない。

　平安時代を通じて、都人の富士山に対する理解は、都良香の「富士山記」によるところが大きい。彼自身が富士山に近づき観察したものではないが、富士山に登頂した人びとの体験をもとにして、富士山内の様子を詳細に記しており、都人の富士山に対するイメージを形成する基礎となっていった。

2. 富士山内への奉納物

　北面の古道「ケイアウ道」より出土の鰐口には長久2年（1041）の刻銘があったという（『甲斐国志』）。富士山内出土の金石資料としてはこれが早い時期のものである。鎌倉時代初期、前述のように文治5年（1189）と建久3年（1192）の背銘を有する神像が御室に奉納された。山頂の三島ケ嶽の麓から「承久」の墨書を有する経筒が発見されている。この経筒は富士上人の埋納と結び付けられて論じられるが、同上人による埋納は久安五年である（『本朝世紀』）。乾元2年（1303）には山頂初穂打場の地蔵菩薩が造られた。この地蔵像は初穂打場にあった左近小屋に祀られていたもので、背面に「富士禅定乾元弐年癸卯七月日　大施主та益頭庄沙弥光実、同比丘尼」の銘がある。南北朝期のものとしては、須走口六合目で発見された至徳元年（1384）の懸仏があり、「相州糟矢庄大竹郷　富士浅間大菩薩　至徳元年甲子六月十九日　願主来賢」の銘がある。

　室町時代になっても山内への神仏の奉納は継続した。文明14年（1482）6月には山頂八体（八葉）の仏をそれぞれ鋳出した8枚の懸仏が奉納された。ただし現存するものは薬師（三島ケ嶽出土）と不動（吉田口七合五勺出土）の2点のみである。いずれも同一人「総州菅生庄木佐良津郷　大工和泉守光吉」によって製作され、本願源春により奉納された。そのほか山頂への奉納物は斎の河原に鉄造十一面観音像（明応2年5月16日）・大日如来像（大永8年5月13日）、表大日堂の鉄造大日如来像（明応4

年5月26日)、釈迦ケ嶽の釈迦ノ割石岩窟中の大日如来懸仏（文亀3年8月吉日)、剣ケ峰の鉄造大日如来像（延徳2年5月12日)・大日如来像（天文12年5月16日)、薬師ケ嶽の懸仏（天文12年6月吉日）などがある。吉田口登山道の途中のものとして、五合目（中宮か）の懸仏（永禄3年4月12日)、五合五勺砂篩小屋の懸仏（天文4年6月1日)、六合目穴小屋の鉄首銅身の地蔵像（天文2年)・地蔵菩薩像（天文22年5月吉日）が知られる（以上『甲斐国志』など)。

3. 富士の御山禅定

　霊山に登拝（信仰登山のこと）することを禅定といい、それを中心的に行うのは修験者たちであった。また、登拝の最終的な到達点である頂上のことを禅定と称する場合もある。室町時代には、先達に引率されて一般の人々も盛んに登山するようになる。そのような登山者を道者（導者）という。『勝山記』によれば明応9年（1500）6月には「富士へ道者参ル事無限」であったが、関東の戦乱のために本来北口に到着するはずの道者がみな須走へ着いて、そこから登山したとある。なおこの年は庚申年で富士山の縁年にあたる。縁年は富士山の全容が出現した

のが孝安天皇92年の庚申の年だとする縁起に由来し、この明応9年が庚申登山の初見である。同書永正15年（1518）条には6月1日の夏山開きの初日の出来事として、富士山禅定に大嵐が吹き荒れて道者13人がたちまちのうちに死に、そのうちに内院から大きな熊が出てきて道者を三人食い殺したという記事がある。夏山期には山もとに存在した各登山口の御師坊は富士禅定を遂げようとする道者で賑わった。北口の川口（富士河口湖町）の御師坊は道者坊ともよばれ、おもに西関東から中部高地に得意先（檀那所という）を所持した。北口吉田の御師は、東関東をおもな檀那所としていた。

　御師は浅間明神（下浅間、北口本宮冨士浅間神社）まで道者を案内し、そこからは強力がついて荷物を担ぎ道案内を行った。吉田の各御師坊に宿泊した道者は、翌朝に山頂を目指して登山した。近世初期頃の記録「印むすび」（吉田御師筒屋文書）によれば、以下のようになされた。道者は、登山に先立って水垢離を取り、着衣する。浅間明神に向かい、仁王に参拝、大鳥居をくぐり、隋神に詣でる。鰐口を鳴らし、狛犬を拝んで社の階段を登り、御戸の鍵を開け、御戸を開く。奉幣し、神楽を催行する。道者は登山道に踏み出

し、御師は後の門(登山門)で見送る。下向の手始めに鐘を撞き、社の御戸を閉じて神霊に暇乞いをする。その後、下向の道順にしたがって、隋神・大鳥居・仁王を拝して自坊に帰り着く。このようにして、浅間明神を参拝し、道者を御山に送り出した。祈祷の随所で印を結び、真言を唱えている。延宝8年(1680)の「八葉九尊図」(富士吉田市正福寺蔵)に表現された下浅間付近の施設に対応し、この時代までこのような形で登拝が行われていたことが知られる。

4. 浅間神社と別当寺院

中世において、駿河、遠江領国の山伏を監督した村山浅間神社(興法寺)は、幕藩体制の成立期には、特に朱印状、判物などを与えられなかったようである。興法寺の村山三坊は、富士山麓の富士野とよぶ山林の支配権をもつと主張し、入会地として利用する周辺村々の百姓と衝突したが、明暦2年(1656)大宮町以下の村々が幕府に訴え、同四年大宮町・粟倉・山宮・星山など四十二村の入会権が裁許され、村山三坊の権威が縮小されている(『富士宮市史』)。

一方、慶長8年(1603)に征夷大将軍に補せられた家康は、翌年から同11年(1606)にかけて浅間神社(富士本宮、富士山本宮浅間大社)の造営に着手して、同11年に落成した。本殿は楼閣二階造で、ほかに類例をみないものであった。江戸時代の本宮の社領は、寛永18年(1642)の朱印状によれば867石余を安堵されており、年中七十五度御供料、流鏑馬などに用いられ、歴代将軍によって保護された。

元禄10年(1697)に幕府の命令により田中城(藤枝市)城主太田摂津守が村山浅間神社(村山興法寺)の諸堂を修造したが、宝永4年(1707)富士山噴火による山焼けにより退転し、わずかに大日堂の仮屋のみが再建された。幕末には村山口からの登山者も減少し、山伏社人のほかには民戸二煙に衰微していたという(『修訂駿河国風土記』)。

江戸時代村山三坊の許可を受けた富士行人が各地に富士垢離行屋を建て、そこで水垢離すれば富士参詣をしたのと同じ利益が得られると唱えて信徒に富士信仰を広め、村山三坊との間を仲介していた。明治初めまで村山修験の権威を維持していたが、明治の神仏分離により村山三坊は廃された。

今泉村(富士市)和田に真言宗寺院の東泉院があった。東海道吉原宿より門前へ至る路沿いは、江戸後期

には賑わい町並みが形成された。『駿河志料』によれば、富士郡全体を信仰圏とする富士浅間社（富士山本宮浅間大社）の末社のうち、富士下方における中心的な末社の六所浅間社（富知六所浅間神社）・原田村浅間社（滝川神社）・今宮村浅間社（今宮浅間神社）・入山瀬村新福地浅間社（浅間神社）・今泉村日吉浅間社（日吉浅間神社）の五社を下方五社と総称し、東泉院は下方五社の別当として、これら五社を統轄していた。東泉院は村山浅間社別当寺の興法寺ともとは一寺であったとされる。慶長9年（1604）には周辺村々の計192石余が東泉院領として安堵されている（「富知六所浅間神社文書」）。明治初年の神仏分離により、東泉院は廃され、境内地の日吉浅間神社のみが残った。

北面の浅間明神（北口本宮冨士浅間神社）は、元和元年（1615）に鳥居氏により本殿が造営され、慶安2年（1649）には秋元富朝により修復が加えられ、拝殿幣殿もこのとき修造された。秋元氏は寛文6年（1666）に大鳥居を再建、同八年鐘楼を再建し梵鐘を寄進した。都留郡が幕領となった正徳3年（1713）には大鳥居修復願が吉田御師から幕府へ提出された。享保18年（1733）、神主（大鳥居神主）と吉田御師惣代は修復願を寺社奉行に提出した。しかし、幕府による修復は実現せず、同20年江戸小伝馬町の富士行者村上光清の助力で修復を行う許可願が提出された。以後元文年間にかけての普請で境内が拡張され、現在に近い景観ができあがった。この結果、浅間明神が北口の富士登拝の拠点としての性格を強くもつようになったといえよう。

5. 登山口の発達

江戸時代後期の『甲斐国志』編纂当時の登山道は、南に大宮口（富士宮市）・村山口（同上）、東の須走口（小山町）、北口にあたる吉田口（富士吉田市）の各々からの四道であった。須走道は八合目で吉田道と一緒になるので、そこを大行合という。大宮道も途中で村山道と合流するので、頂上に至っては南北二道のみであった。

それ以前の古い登山道には須山口と船津口があった。須山口は聖護院道興の『廻国雑記』に「すはま口」として記録されている古い登山道であるが、宝永4年（1707）の大噴火のために廃道となった。北面では、御師集落である川口（富士河口湖町）から船津を通過して山頂へ向かう登山道があったが、山崩れによってすでに近世期には廃絶していたと

いう。また小御嶽から屏風岩を経て白山岳へ直登する道が存在した。

そのほか北西麓の精進口登山道に加え、同町大嵐からの登拝路もあったという。登拝路とは別に、吉田口の六合目を起点として、中腹を一周する御中道という巡拝路があった。もっぱら中道巡りに用いられたが、今では大沢付近が通行不能である。山頂には八葉巡りの巡拝路がある。

6. 近代登山の開始

幕末期、日本と外国の間で締結された条約は地域を限って開国させることを取り決めた。富士山は東麓のみ立入を許されていた。この時期、外国人も登山にやってきた。万延元年（1860）にイギリスの外交官（公使）オールコックが村山口から登山し、『大君の都』の中に、「富士山への巡礼」を記している。一行8名は、万延元年（1860）7月19日に横浜領事館を出発した。東海道を西進し、途中、藤沢・小田原・箱根・三島などに宿泊し、23日に吉原に到着した。翌日、大宮（富士宮市）僧院から村山へ進んだ。オールコックの強い要請でこの富士登山は実現したが、縁年登山で賑わうほかの登山口を避けて、比較的登拝道者（富士講）と接触することの少ない村山口を選んで実現したのである。イギリス公使パークス夫妻の富士登山は村山口を登り、北口（吉田口）へ迂回するものであった。

明治時代に入って、明治4年（1871）にはアレクサンダー・F・V・ヒュブナーというオーストリアの外交官の一行が須走を越えて旅行した。世界周遊記〈日本編〉にそれを書き残している（『オーストリア外交官の明治維新』）。8月7日に須走を出発して、吉田に入っている。また、翌明治5年（1872）にはイギリス人のアーネスト・サトーが吉田を訪れた。冬期に甲州道中から下吉田を経て上吉田に入り、町を詳細に観察し記述している（『日本旅行日記』）。

御殿場口登山道は明治16年（1883）に御殿場村の伴野佐吉が新たに開削した道である。この頃の御殿場は、箱根山麓の閑静な場所への外国人をはじめ政治家や実業家の別荘建設がなされ、別荘地帯の入口にあたる西田中村の八幡宮を起点に、北久原・仁杉・中畑の各村を通って富士山頂に至る道として整備された。箱根山麓の別荘地と富士山頂を繋ぐ最短登山の道として、新たに開設された保養やスポーツに供する近代登山のための道である。

明治22年（1889）に東海道線（現・御殿場線）が開通し、御厨町（御殿

場市）新橋に御殿場駅が設置され、同駅を中心に、旅館や商店、陸運会社などが営業を開始し、駅前に商店街が形成された。明治31年には御殿場駅から高根村を経て須走村（小山町）の山梨県境付近に至る御殿場馬車鉄道が開通し、これは山梨県側に創立をみた都留馬車鉄道に接続するもので、人と物の交流が盛んになっていく。御殿場口の起点が同駅に変更され、多くの登山者が御殿場駅を利用しての登山道、ないしは須走からの道を利用するようになった。

富士山と仏教信仰

若林 淳之

1. 仏教以前の富士山信仰

はじめに、仏教が入り込む以前の富士山信仰についてみておこう。それには、まず富士山が古代の人々にどのように考えられていたかを見る必要があろう。それを、『萬葉集』でみていきたい。

万葉の歌人の中には山部赤人をはじめとして、富士山を詠じた歌人は多い。高橋虫麻呂もその一人で、彼が詠じたという歌に「不尽山を詠ふ歌」がる。その長歌をみると、駿河の国の富士の高嶺は宝のような山で、何度見ても飽くこともない山であって、そこに雲とか鳥、あるいは山頂において見る火（火山現象）とか降る雪、それらをかかわらせながら「くすしくもいます神」の存在を感じとっている。あるいはまた、石花の海や不尽川（富士川）等、広がる広大な麓の情景を述べつつ、不尽の高嶺にいます神は、「日の本の大和の国の鎮目ともいます神」だととらえていたことがうかがえる。

万葉の歌人たちは、富士の高嶺に対して「くすしくもいます神」、「日の本の 大和の国の鎮とも います 神」を感じとっていたのであった。その高嶺に対する神観の発生は、富士の高嶺を外から景観として眺めることから生じたものであった。一方富士山の麓に日々生活する人々の中には、富士の高嶺はどう映っていたのであろうか。

記録に現れたところによると、富士山は天応元年（781）7月小爆発があったといい（『続日本紀』）、それから延暦19年（800）に続き延暦20年（801）にも富士山の噴火があったという（『日本紀畧』）。とりわけ延暦21年（802）の噴火は「昼夜恒燎砂礫如霰者」とあって、噴火の火煙は昼夜にわたって見られ、噴出した砂礫は霰の如く四方に飛び散ったという。『三代実録』の伝える貞観6年（864）の噴火では、大小の地震があり、また噴火口からは20丈余（約6ｍ余）の火柱を噴き上げ、辺り一面は雲霧によって真っ暗闇になったという肝を冷やすような恐ろしさであった。一方、噴火の中心地であった甲斐国側は、噴き出した溶岩は山腹を流れ下り、青木ケ原に溶岩台地を形成し、さらには山麓に存

在する本栖海・両劃海(せのうみ)に流入し堆積した。これによって海(湖)中に住む魚類は死滅し、その周辺に住む人々の住家は焼かれ、焼かれないまでも付近一帯は人々の住めるような状況ではなかったから、住民は避難して人っ子一人も住まない空き家も多数現出したという。勿論この間には何人かの逃げ場を失った人々が、尊い命を落としていたものと思われる。

富士山の周辺に住む人々は、こうした恐怖と生活破壊をもたらす噴火を発生させる恐ろしい山の神を感じ取っていた。そうした人々の間には、ひたすら山体の平安を祈念する信仰が発生するのである。火を噴く恐ろしい山を畏れ富士山そのものを神(自然神)として祀ったことが富士山信仰のはじめだと考えられる。やがて、富士の神を畏れ拝むことから、水徳の神(浅間神(あさまのかみ))を祀り富士山の鎮めとした時に、浅間神(浅間神社)が成立したのである。

2. 霊験所「駿河の富士の山」の成立

『梁塵秘抄』(後白河法皇撰、治承3年(1179)成立というが不詳)に所収される霊験所歌六首の中の一つに「四方の霊験所は伊豆の走井　信濃の戸隠　駿河の富士の山　伯耆の大山　丹後の成相とか　土佐の室生と讃岐の志度の道場とこそ聞け」と歌われている。これは、霊験所の所在について歌ったものであるが、それら所在場所は何処なのか、明らかではない所もあるが以下のように考えられる。

- 伊豆の走井…静岡県熱海市伊豆山にある伊豆山権現神社
- 信濃の戸隠…長野県北部にある戸隠山及びその麓に発展を見た集落
- 駿河の富士の山…静岡県富士宮市村山浅間神社(富士山興法寺)
- 伯耆の大山(だいせん)…鳥取県西部にある中国地方第一の高山(標高1,229m)大山寺
- 丹後の成相(なりあい)…京都府宮津市の天橋立の北方にある標高569mの成相山成相寺
- 土佐の室生…高知県室戸岬上に創建されている最御崎寺(ほつみさきじ)
- 讃岐の志度…香川県大川郡志度町の真言宗善通寺派志度寺(補陀落山清浄光院)

これらの場所は修験者の山林抖擻の拠点であったり、また、真言宗(東密)・天台宗(台密)などとかかわる霊験所であり、富士山もその霊験所の一つとして仏教信仰の山となっていたといえる。それは、『梁塵秘抄』の成立年代から見て、平安時代末から鎌倉時代初頭にかけてのことであった。

その、霊験所「駿河の富士の山」の成立に、大きくかかわった人物として末代上人の存在が知られている。末代上人については、『本朝世紀』三十五に、次のような一文がある。

「久安五年四月十六日丁卯　近日於一院（鳥羽）有如法大般若経一部書写事　卿士　太夫　男女　素緇多営々　此事　是則駿河国有一上人　号富士上人　其名称末代　攀登富士山　已及数百度　山頂構仏閣　号之　大日寺　又詣越前国白山　酌　竜池之水　凡厥所行併非凡下　頃年以来　勧進関東之民庶　令写一切　経論　其行儀如法清浄也模叡　山慈覚大師写経之義　其中所残之清浄料紙六百余巻　上人随身入洛　忽令献上法皇々々為結縁　課　諸人令写大般若経給　莫太之善根　諸天定歓喜歟昔天喜年中　有日　泰上人著登白山　酌竜池之水　末代上人若是日泰之後身歟　世之所疑如此而已」

『本朝世紀』というのは、鳥羽上皇の命により藤原通憲が編纂したものといわれる歴史書で、平安後期の重要史料である。その『本朝世紀』の久安5年（1149）4月16日の条を見ると、その頃鳥羽上皇のもとで、大般若経の一部を書写するという写経が盛行で、これには卿士・太夫・男女、ならびに僧俗の多くが喜んで参加していた。このような写経の営みを支えていたのは、駿河国の富士上人で、その名を末代といい、この上人は富士山に攀登すること既に数百回に及ぶといわれ、富士山頂には大日寺と呼ばれる仏閣を建てた人物であった。

このような不思議な力をもった上人であったから、越前国の白山に登り、そこにある竜池の水を酌んだりする非凡な力をもっていた。また、関東に住む民庶に一切経の書写を形の如く勧めていた。一方比叡山の慈覚大師の写経の法をも模していたから、富士上人（末代）は、その慈覚大師に随身して写経したものを後白河法皇に献じたため、後白河法皇とも結縁ができたといっている。

このように12世紀の中頃、富士山には富士上人、またの名末代という僧侶が現れ、登頂すること数百回といい、山頂には大日寺と呼ぶ仏閣を建立したといわれ、富士山を舞台に霊験所が形成されるのであった。こうして富士山が仏教修行の山となると、その拠点として富士宮市村山に富士山興法寺（現村山浅間神社）が成立するのである。

以上のように12世紀中葉における富士山の仏教信仰の起こりについては、末代上人を中心にして理解する

ことができるのである。しかし、霊験所「駿河の富士の山」が形成されるのは、末代上人の手によって久安5年（1149）のことであるというには、『本朝世紀』の記録だけでは、若干無理があるように思われるのである。従って久安年間（1145～1151）とするには、なお若干の資料上での補強を考える必要がある。

他に、末代という名の人物の存在を知ることのできる資料としては、文永5年（1268）8月の日付のある「実相寺衆徒愁状」（北山本門寺文書）がある。この文書に、岩本実相寺初代院主智印上人を行学の師と仰ぐ末代が登場するのである。そのことを「実相寺衆徒愁状」によって見ることとしよう。この文書には、
「抑第一最初院主上人智印世貴云阿
　弥陀上人者　鳥羽仙院之御帰依僧
　末代上人之行学師匠也」
とある。岩本実相寺（現富士市岩本、写真1）の初代院主智印上人は、比叡山横川出身の天台僧であったが、信徒は智印を尊敬して「阿弥陀上人」と呼んでいたという。智印上人は、比叡山にも関係のあった浄土宗の開祖法然上人の教義（専修念仏）にも共鳴していたのであろう。そうしたことから阿弥陀上人とも言われていたらしい。また、智印は鳥羽仙院（法皇）の帰依僧、換言すれば鳥羽法皇は智印に仏教上の教えを受けていたのであった。一方、智印上人の周辺には、この地の逸材が集まっていた。その一人が末代であった。それは、智印が「末代上人之行学師匠也」と記されていることによって明らかである。

また、同文書には「当寺（岩本実相寺）者、鳥羽法皇の御願、智印上人之建立也、上人久安年中修行之時…」とあり、上記のことは久安年間（1145～1151）のことであった。久安年間というと、『本朝世紀』に見る鳥羽仙院において大般若経の書写のことを推進していた富士上人末代の事績と合致するのである。

写真1　岩本実相寺

その、末代の活躍によって富士山の仏化が図られ、霊験所「駿河の富士の山」が成立を見るのである。それは平安時代末期に当たる12世紀中葉のことであった。それから以降鎌倉時代から室町時代初期にかけては、富士山と仏教について知ること

富士山と仏教信仰

のできる資料は皆無にちかいので、理解することはできないのである。

　では然るべき資料が全く無いのかと言えばそうではなく、昭和5年に富士山頂（三島岳麓）で発見された富士山頂埋納経がある。その時発見されたのは、3つの経筒と多数（50巻に及ぶといわれる）の経巻だったとの記録があり、富士山本宮浅間大社にはその一部である10巻の経巻が保管され、その内の5巻が開かれている。その時の報告には、経筒の底部には「承久」と墨書されていたこと、内部に「末代聖人」と記された紙片があったことが記されている。「承久」というのは年号だと考えられ、末代が富士山に登ること数百度といわれた久安5年（1149）から約70年後の承久年間（1219～1222）のことである。50巻にも及ぶという埋納経が、全て承久年間の埋納であるのか、それ以前の埋納もあるのか、又は追納されたものがあるのかとも考えられるのである。いずれにしても、富士山に埋経した中に末代上人を「聖人」と仰ぐ末代後継者がいたことが知られるのである。末代以後、富士山を仏教修行の山として末代の後継者たちがやってきたものといえる。その末代後継者たちの拠点となった所、霊験所が富士山興法寺（現村山浅間神社）であったと考えられるのである。

写真2　大日如来坐像

　その富士山興法寺には、正嘉3年（1259）の胎内銘をもつ「木像大日如来坐像（胎蔵界）」（村山浅間神社蔵）が奉納されていた。この大日如来坐像の胎内銘をみていくと、願心聖人、覚尊と□日は仏師聖運に大日如来一躰の制作を依頼し、正嘉3年正月28日に興法寺に寄進したというのである。それは、『本朝世紀』に富士山に登ること数百度といわれた末代上人（久安5年（1149））から110年後のことであり、既に村山に興法寺が存在し、そこに大日如来が寄進されたのである（写真2）。

　末代上人と、その後継者たちによって富士山は仏教修行の山となり、村山の地にはその拠点となる興

法寺であるとか、仏教修行者たちの屯する後世に見られる道者坊のようなものが成立していた。さらには、末代上人が自らが富士山の守護神になろうと言って大棟梁権現になったといわれ、大棟梁権現社も創立されていた。これらを含めて、村山は相当の勢力をもった富士山での仏教修行の拠点になっていくのであった。

こうして富士山が仏教修行の山となり、山頂を浄土とする仏の山として広く認識されていった。富士山の仏化は、やがて本地垂迹説に則り古来からの浅間神（あさまのかみ）は浅間大菩薩（せんげんだいぼさつ）となり、富士山は一層仏教的色彩を強め修験の山として多くの行者を迎えるようになっていくのである。また、富士山頂浄土を目指した修行僧が形成した登山道には、室町時代にはいると一般の人々の姿も見られるようになり、やがて一般庶民の富士登山が主流になっていった。そうした人々によって富士山中、とりわけ山頂には多くの仏像が祀られ、頂上の地名にも仏にかかわりのある大日岳・釈迦岳・観音岳・阿弥陀窪・勢至が窪や西之河原等々の仏教的な名称が付けられ頂上浄土の色彩を濃くしていった。また、富士山頂に三体の仏を描いた「絹本著色富士曼荼羅図」（重文富士山本宮浅間大社蔵）に見られるような仏教的参詣曼荼羅も描かれた。こうした富士山仏化進展は、山岳修験や、富士登山の大衆化と共にあった。そのことについてはp229「修験道」やp196「富士登拝」等々の項に譲ろう。

3. 富士講と仏教

近世の富士登拝の盛行をもたらした江戸を中心とした富士講（以下江戸富士講という）といわれる富士山信仰について、江戸富士講の「西の浄土」とされる人穴を通して、その仏教的な側面を見ていこう。

人穴は、新富士火山旧期溶岩（11,000～8,000年前）に属する犬涼み山溶岩流の末端にできた総延長83.3mの溶岩洞窟で、この溶岩洞窟が人穴といわれるのは、そこに籠もって修行した人がいたことに由来するものだといわれている。

人穴については、『吾妻鏡』建仁3年（1203）6月の条に、将軍源頼家の命により新田四郎忠常が人穴の探検に入り、忠常は洞内で「奇特」を見たとある。忠常の見た「奇特」とはなんであったのであろうか、古老は「これ浅間大菩薩の御在所、往昔より以降敢てその所を見を得ずと云々。今の次第恐るべきかと云々」と言っている。人穴は富士山仏化にともなう浅間大菩薩（大日如来）の御在所であった。新田四郎忠常が見

た「奇特」は、人穴で修行した修験者の体験的な他界観が生み出した頂上浄土に対する地獄であったのであろう。新田四郎忠常が人穴探検で見た「奇特」は、室町時代には新田四郎忠常が地獄巡りをしたという「人穴草紙」に発展した。

富士山の仏化による頂上浄土に対して、その麓に位置する人穴は格好の地獄であったといえる。その人穴に籠もり地獄を体感しようとする行者があったことは想像に難くない。長谷川角行も、そうした行者の一人だと理解できる。その長谷川角行の教えは、仏教や神道とは違った独自の富士山信仰を説き、その教えは江戸時代にはいると弟子たちに受け継がれ、江戸富士講といわれる富士山信仰として発展していった。

人穴は角行が修行し入寂した所で、江戸富士講の発祥の地であるとともに、西の浄土とも言われている。その人穴を、仏教的立場から再興しようとした空胎という僧がいる。空胎は天台宗弾誓派本山一沢院浄発願寺（神奈川県伊勢原市日向）の住職となった僧である。一沢院浄発願寺は木食寺であったと言うことなので、空胎も、木食僧として天台宗の枠を越えた宗教活動を展開し、富士山信仰ひいては江戸富士講とも深く関わったものと考えられる。

空胎は、文政から天保年間（1818～1844）にかけて人穴に止まり、人穴光侎寺を再興したといわれている。空胎が再興したという人穴光侎寺はどのような施設であったのだろうか。空胎は、「光侎寺略縁記　人穴之略」（赤池家蔵）で、「慶安元年…元祖落命の地なる同宗の古寺明藤開山光侎寺ヲ再興而金剛界の大日如来安置し奉る」といい、「大日堂修覆勧化帳ノ写」（赤池家蔵）でも、「富士行ノ高祖書行霊神再興ノ古寺明藤開山光侎寺人穴浄土院大日堂」といっている。これによると、光侎寺は、元祖（角行）落命の地なる同宗（江戸富士講）の古寺で、その中心は大日堂であったと考えられる。空胎は、その光侎寺に金剛界の大日如来を祀ったといっている。

また、「大日堂修覆勧化帳ノ写」には「海内万物天地ノ養育ヲ請サルハナシ地ハ阿地ニシテ胎蔵界天ハ水ニシテ金剛界ナレハ両部ノ大日如来元ノ父母ニテ富士浅間大菩薩之御本地ナリ」といって、江戸富士講の教えである「天地和合」「元の父母」が両部の大日如来に帰一され、それが浅間大菩薩の本地だとしている。空胎の人穴（光侎寺）再興というのは、江戸富士講の仙元大日神ないしは日仏月仏、元の父母等の教義の本地を、大日如来に求めたものと考え

られる。江戸富士講の教義を仏教的な側面からの再構築しようと試みたものだと考えられる。

以上人穴に於ける江戸富士講について、「光侎寺略縁記 人穴之略」や「大日堂修覆勧化帳ノ写」を通して仏教とのかかわりをみたのであるが、概観のみに止まった。しかし、明治維新の廃仏毀釈で富士山頂から下ろされたという江戸富士講の講紋が付けられた厨子（村山浅間神社蔵）があり、その厨子には大日如来像が収められていたと推定されているなど、江戸富士講と仏教の関わりについての考察が必要であろう。ここでは、その点についての課題提起に留める。

4. 祖師の登山伝承

伝説上の富士登山者と言えば、聖徳太子や修験道の祖と仰がれる役行者の登山伝承がある。また弘法大師・親鸞上人・日蓮上人など祖師高僧の登山伝承もある。これらの伝承には、それぞれ資料も存在するが、登山の事実を証明するものではない。富士山への、何人もの祖師登山伝承は、日本一高い霊山のもつ特異性であろうか。

祖師の登山伝承の事実証明はともかく、そうしたことに触発されてのことであろう。富士吉田口五合五勺の経ケ岳は、文永6年（1269）の夏日蓮が百日間法華経を読誦し、法華経を埋納した所だと言われている。富士宮口には六合目に題目塔があり（写真3）、そこにはかつて祖師（日蓮）堂があったという。なお、富士宮口六合目には日蓮開宗700年を記念して、昭和27年（1952）には大石寺日昇上人によって「正法広布平和祈念塔」が建設されている。日蓮宗寺院の多い駿河国から甲斐国にかけては、始祖の登山伝承は信ずべき事であったのではないだろうか。

写真3 題目塔

吉田口経ケ岳は、神仏分離令により明治5年に仏教施設が取り壊されたが、その後堂舎が再建され、大正

13年（1923）の堂舎増築の際には経筒とそこに収められていた10巻の経巻が発見されている。この経筒と経巻は、山頂三島ケ岳出土のものと同時期、平安末から鎌倉初期のものであろうと推定され、日蓮埋納経伝承より少し遡るものであると考えられている。なお、経ケ岳には昭和28年（1953）には常経殿が建てられている。

　大宮・村山口祖師堂については、江戸時代末期の大宮町の造り酒屋の主人が記した『袖日記』（富士宮市指定文化財横関及彦氏蔵）に記述があるので見ていこう。

万延元年（1860）6月1日の条

「庚申御縁年ニ付　表口　女人登山五合目高祖堂迄ゆるす　富士山女人堂　五合目へ粟倉村勘左衛門殿催主ニテ　野中村大泉寺名目祖師堂建　吉田口へ法華大宝塔建」

　これによると、万延元年（1860）が富士山の庚申御縁年に当たるので、女人登山を五合目（現六合目）高祖（日蓮）堂まで許すとあり、野中（富士宮市）大泉寺（日蓮宗）の名目で祖師堂を建てたとある。吉田口では、法華大宝塔を建てたとあるが、経ケ岳であろうか場所は記録されていない。また、同日記には、次のような記録もある。

万延元年（1860）6月8日の条

「当十三日富士山へ上る祖師様　の中（野中）村大泉寺よりおねり往来通るニ付　旦方松田平兵衛殿より沙汰ある」

同年6月13日の条

「催主粟倉村勘左衛門殿　大泉寺ハ駕ごニて　富士山表口五合目へ勧請之祖師様　今日大泉寺より村山へ百人余ニて御送り　明日御登山之由　信者講送る　幟リニ大宮在方講中と染付あり　是を難ずる人あり　大宮百人講の事也」

11月7日の条

「大泉寺御上人紋白ニなり町方を廻る　是ハ当六月富士山女人堂へ祖師堂建立之功ニ依て身延より御免之由　祝儀弐百文施入候」

　日蓮の像を担ぎ、百人余の信者がお供をして大宮町内を練り歩き村山へ行き、翌日に富士山の祖師堂へ収めたとある。このことに対して、身延山では大泉寺の上人に紋白袈裟を許したのである。

　地元の日蓮宗寺院と法華講中の力によって、多くの登山者の集まる富士山に祖師堂を建て祖師像を祀るということは、当時黒船来航や安政大地震など世情不安の中で、富士山経ケ岳で国家安泰を祈ったとされる日蓮への平安の祈願と、日蓮宗教線拡大を願うものであったと考えられる。なお、この祖師像は廃仏毀釈で

下ろされ、大泉寺に納められている。
　村山大鏡坊道者帳（旧大鏡坊文書村山浅間神社蔵）「富士山檀記古帳七冊綴」の内「武州江戸檀所帳」に寛文4年から寛文10年（1664〜1670）にかけて、道心衆・徳園坊・仁生房とうの富士参詣が見られる。その内の仁生房については、「浅草浅草寺後仁生房」「本願恩証と申浄土宗ノ道心者新智恩寺之弟子也」とある。仁生房恩証は、浄土宗新智恩じの弟子で、寛文6年（1666）に富士山へ「三尺三寸ノ阿弥陀如来光輪ニ三尊ハ付」を奉納し、230人の道者がお供したとある。この時村山周辺から集められた人足が700人と記されている。この阿弥陀如来像が、富士山の何処に奉納されたのかは不明だが、江戸時代には数多くの仏像が富士山中に奉納されていた。
　近世の富士山信仰が富士登山という形で広く大衆化していくのであるが、村山や須山を中心とした富士修験の流れと、富士吉田・須走を中心とした江戸富士講の流れが見られるのであるが、広く他宗派の人々も富士山を霊場として仏教活動をしていたことが伺えるのである。

5. 仏の山から神の山へ

　明治維新を迎えると、明治元年（1868）に布告された神仏分離令に伴う廃仏毀釈により、富士山中の仏像や仏教施設等の取り壊しが行われ、富士山中の仏教色が取り払われ神の山に様相を変えていくのであった。
　明治維新政府の諸改革の中で、直接富士山信仰とかかわるものとして「神仏分離令」があった。このような維新政府の動きに対応して、富士山の神仏分離（仏像の取り除き）は大宮浅間神社（現富士山本宮浅間大社）を中心に進められた。当時、大宮浅間神社大宮司富士亦八郎重本は、戊辰戦争に駿州赤心隊を率いて討幕軍に参加し、戦争後も江戸にとどまっていた。大宮浅間神社には、明治6年（1873）に薩摩国出身の宍野半が宮司として来宮し、甲斐国吉田の富士嶽神社・同川口浅間神社・駿河国富士郡村山浅間神社・同駿東郡須走浅間神社等の祠官を兼務することとなった。宍野半が就任すると、富士山周辺の浅間神社はじめ富士山の神仏分離の動きが急テンポで進められた。
　富士山の神仏分離について、明治6年（1873）から同10年（1877）にかけての「浅間神社記録」（『浅間文書纂』所収）によって見ると以下のようである。
明治7年（1874）6月14日の条に、「富士山頂上大日仏取除キ、更ニ浅

間大神奉斎之儀、県庁へ伺書差出候処、伺之通御指令相成候事。
　富士頂上安置諸仏像、雲切不動、村山浅間神社々内仏像取除之儀、県庁へ伺書差出候処、伺之通御指令相成候事。
　但村山浅間神社社内仏像取除方ハ、神成村戸長へ御達相成候事。」
とあって、まず第一に富士山頂上に奉斎されている大日如来仏を取り除き、それに代わって浅間大神を奉斎し富士山が神の山であることを明確化しようとするもので、県庁に伺いを立てたところ伺いの通りに許可された。ついで、頂上に安置されている諸仏像や山中の雲切不動・村山浅間神社社内の仏像を取り除くというものであった。但し、村山浅間神社社内の仏像取り除きは、神成村の戸長に任せるというものである。
明治7年6月28日の条に、
「来七月、富士山中仏像取除候ニ付、自本社至末社、臨時祭致度候段、県庁へ願書差出候処、御聞届相成候事。」
とあって、富士山中の仏像の取り除きを実行するに当り、浅間神社の本社は勿論末社に至るすべてで臨時祭を実施したいがどうかと、県庁に願書を提出したところ、聞届けられたという。
明治7年7月22日の条に、
「自廿四日富士山中仏像取除着手候ニ付、為検査官員出張相成度段、県庁へ上申候事。」
とあって、明治7年（1874）7月24日から富士山中の仏像取り除きに着手するので、この検査監督のため県の官員（役人）を派遣して欲しいと申し出ていた。そうして、同24日の条に
「本社臨時祭、畢テ静岡県十二等出仕鈴樹忠告、神官宮司以下伶人・常雇、凡十八人登岳候事。」
とあって、7月24日に臨時祭を執行し、それが終わると静岡県十二等出仕である鈴木忠告をはじめ、神官・宮司に伶人（楽士）・常雇い等18人が一隊となって富士山に登った。この山中仏像取り除きの者たちは、同26日の条に
「今明日間ニ、富士山中仏像悉皆取除キ、元大日堂跡へ、浅間大神鎮祭致候事。
　但大日仏ハ、村山浄蓮院へ引渡シ、建物ハ金五拾円ヲ以テ買請候事。」
とあるのを見れば明らかなように、7月26日、同27日の両日で、山中の仏像は悉く取り除いてしまった。その中で取り除いた頂上の大日如来仏は、村山に住む浄蓮院に引き渡したといっている。
　浄蓮院に引き渡された大日如来像がどうなったか不明であるが、富士

2.2 富士山信仰

山中の金仏は背負って下ろされ、当時の浅間神社関係者が譲り受けお祀りしたとか、村山の大日堂に置き戸締めをしてしまったと伝えられている。なお、富士山中の石仏はどのように取り除かれたのかは明らかではないが、首を取って壊したり、火口や谷に落としたりしたということである。今、中宮八幡堂跡や頂上などに首のない石仏のあるのは、その廃仏毀釈の名残だと言われている。

吉田口や須走口等の廃仏毀釈はどうであったか詳細が不明だが、駿河大宮浅間神社宮司宍野半が甲斐国吉田の富士嶽神社・同川口浅間神社・駿河国駿東郡須走浅間神社等の祠官を兼務していたことから考えたら、大宮・村山口と同様な形で各登山口とも山中の仏教関連の物が取り除かれたものと考えられる。

こうして、頂上の大日堂は浅間神社奥の宮に、薬師堂は久須志の宮として浅間神社末社となった。また、大日岳・釈迦岳・観音岳・阿弥陀窪等々の仏教的地名も変更され富士山は神の山となった。中世以来仏教修行の山となり、神仏習合の山として、また江戸富士講の山としてなど、多面的な信仰を受け入れてきた富士山であったが、その中核であった仏教信仰の色彩が消滅してしまったのである。

参考文献

- 富士宮市教育委員会編『史蹟人穴』富士宮市教育委員会, 1998
- 富士宮市教育委員会編『村山浅間神社調査報告書』富士宮市教育委員会編, 2005
- 中部復建編『富士山の自然と社会』富士砂防工事事務所, 2002
- 浅間大社編『浅間文書纂』浅間神社社務所, 1931
- 井野辺茂雄『富士の研究Ⅲ 富士の信仰』名著出版, 1973
- 『梁塵秘抄』新潮社, 1979
- 柿沼広澄編『日蓮正宗富士年表』富士学林, 1969

富士山と浅間信仰

伊藤 昌光

1. 浅間信仰と浅間神社

　富士山信仰は、古代からの日本固有の山岳信仰に始まり、富士山を遥拝し鎮火を祈る浅間信仰、平安時代中期以降盛んとなる修験道（村山修験）、さらに江戸時代中期以降に江戸を中心に隆盛した富士講など、様々の要素が入り組んで形成され、時代と地域によって変容してきた。さらに、日本各地に広がりを見せ、在地の信仰と習合し形を変えて存在している。

　浅間信仰は、『常陸風土記』に登場する「福慈岳」の「福慈神」や、『万葉集』巻三の中に詠われている「霊しくも座す神」などとされた富士山の神が、富士山の噴火を鎮めるために浅間の神が祀られたことに始まったと考えられている。

　浅間（アサマ）という語源は火山を意味し、南方の「アソ」（煙・湯気）やアイヌ語の「燃える岩」を起源とした火山や温泉に関係した言葉で、浅間の他に阿蘇・熱海などの地名も同義とされている。浅間の名前を冠する代表的な山は、長野県と群馬県の境にある浅間山である。

　富士山噴火の最初の記録は、『続日本紀』天応元年（781）7月6日の条に「灰が降って木葉を枯らした」とあり、以後『扶桑略記』永保3年（1083）3月28日の条「富士山燃焼」の記録まで、十数度の記録がある。

　中でも大規模な噴火は『日本紀略』延暦19年（800）6月6日の条や同21年（802）正月8日の条に見られる噴火でる。この噴火は「昼は噴煙であたりが真っ暗となり、夜は火炎が天を照らし、砂礫があられのようにふる」等々というもので、焼石が足柄路をふさいだため、筥荷途（箱根路）が開かれたというほどの大きな噴火であった。朝廷は噴火を静めるため、駿河と相模の両国に読経命じている。

　さらに、『三代実録』貞観6年（864）5月25日の条には、駿河国からの報告として「富士郡三位浅間大神大山が噴火し、雷のような声がして地が震え、十日余しても止まず、石が雨のように降り、煙は雲のようになり近づきがたい、本栖湖に溶岩流が流れ込んだ」とある。二ケ月後の同7月17日の条には、甲斐国からの報

告として「駿河国富士大山が激しく噴火し、溶岩が本栖湖と剗ノ海に流れ込み、魚が死に、百姓の家が埋まった」等々とある。この噴火で剗ノ海が西湖と精進湖に分かれたとされている。

貞観6年（864）8月5日の条には、「この噴火は卜筮により、浅間明神の祢宜や祝が斎敬を勤めなかったため」とあり、貞観7年（865）12月9日の条には、「甲斐国八代郡に浅間明神祠を立て、祝と祢宜を置いて随時祭をする」とある。

このように富士山の噴火を鎮めるため、浅間の神を祀る浅間神社が山麓各地に成立した。貞観6年（864）8月5日条にある「浅間明神」は、現在の富士山本宮浅間大社（静岡県富士宮市）のことで、『延喜式神名帳』に記載のある駿河国富士郡三座の一つ「浅間神社名神大」にあたるとされている。また、貞観7年（865）12月9日条にある「甲斐国八代郡の浅間神社」は、山梨県笛吹市一宮町の浅間神社や富士河口湖町河口の浅間神社、あるいは市川三郷町高田の浅間神社ではないかと考えられている。

富士山が激しく噴火していたころ、朝廷は浅間神社の神位神格を『文徳天皇実録』仁寿3年（853）明神・従三位、『三大実録』貞観元年（859）正三位、『諸社根元記』延喜7年（907）従二位、『延喜式』延長年間（923～967）名神大と昇格させていることからも、噴火を鎮めるために浅間の神を祭祀したものと推察される。

富士山本宮浅間大社の成立について、寛政年間（1789～1801）に大

写真1　山宮浅間神社から富士山を望む（昭和初期）

富士山と浅間信仰

写真2 現在の富士山本宮浅間大社社殿

宮司和邇部民済がまとめたという『富士山本宮浅間社記』には次のように記されている。

「垂仁天皇の御宇に山足の地に浅間大神を鎮祭して山霊を慰められ、景行天皇の御宇に日本武尊が山足の地から山宮の地に移し、其後大同元年征夷大将軍坂上田村麿が勅を奉じて山宮の地より今の大宮へ移し奉った。」

「山足の地」から日本武尊が富士大神を移し祀った所は山宮浅間神社であるとされ、現在の山宮浅間神社には建物がなく遥拝所の形態をとどめている（写真1）。

さらに大同元年（806）に征夷大将軍坂上田村麿が大宮の社地に移し奉り、壮大な神社を創建したと伝えている。

湧水地に遷座された浅間神社は、富士山麓の豊かな水を支配する水徳の神として祀られ、やがて富士山が平静を保つようになると、水徳の神は農業の神としても信仰され、現在の信仰を形成してきた（写真2）。

2. 浅間神社の分布

浅間信仰は、富士山を畏敬し山そのものを神として畏れ拝んできた人々が、荒らぶる火の山を鎮めてくれる神として浅間の神を祀り、富士山を遥拝することに始まった。その浅間信仰の中心となっている富士山本宮浅間大社は、浅間神社の中で最も古い歴史を有し、全国の浅間神社1,300社の総本宮といわれている。この1,300社という数字は、昭和初期の『浅間神社の歴史』編纂時に、浅間大神に対する信仰・崇敬の地方的密度を明らかにする目的から調査

-217-

2.2 富士山信仰

されたものである。当時の調査方法は、全国の神社明細帳から富士社・富士権現等と称するものを除き、浅間神社の社号を有するもののみを限定して抽出している。

『浅間神社の歴史』によると、昭和初期の浅間神社総計は1,316社を数え、さらに他社と合併して社号の変わったもの576社を含めると、全国に1,900社余に及ぶ浅間神社が存在しているとしている。1,300社の分布は北海道から長崎県に及んでいるが、全体の9割強が富士山を眺望できる富士山信仰の盛んな東海地方から関東地方にかけて分布している。都道府県別では千葉県257、埼玉県185、栃木県179、静岡県150、茨城県109、群馬県80、山梨県66の順となっている。また、当時の社格別に分布を見てみると、富士山麓の静岡・山梨両県に官幣国幣社・県社・郷社が多く、千葉・埼玉・栃木県には無格社・境内社の割合が高くなっている。

浅間神社の分布状況によってわかることは、富士山の周辺には早い時期から富士山を遙拝し祀る場として成立した浅間神社が多く、各地に富士山信仰を広めたのは、各登山口に形成された富士宮市の富士山本宮浅間大社と村山浅間神社、小山町の東口本宮冨士浅間神社、富士河口湖町の勝山冨士御室浅間神社などである。それに対して遠く離れた地域では、富士山麓の神社を勧請したものが多いと見られる。特に千葉県や埼玉県などでは、江戸時代半ば以降に隆盛となった富士講に関わるものが多いことからも、その様子が伺える。

なお、総本宮とされる富士山本宮浅間大社の御霊を勧請したという社伝を有する神社は、国司奉幣のため延喜年間（901～923）に浅間大社の分霊を勧請したと新宮浅間神社（静岡浅間神社）や、明応4年（1495）後土御門天皇の勅命により勧請したという名古屋市中区の富士浅間神社などがある。富士山本宮浅間大社は、かつては新宮に対して本宮と呼ばれていたものが、全国にある浅間神社の起源となる歴史を有していることから、昭和初期以降に全国の浅間神社の総本宮と呼ばれるようになったものと思われる。

参考文献
- 井野邊茂雄『富士の歴史』（富士の研究Ⅰ）名著出版，1973
- 宮地直一『浅間神社の歴史』（富士の研究Ⅱ）名著出版，1973
- 井野邊茂雄『富士の信仰』（富士の研究Ⅲ）名著出版，1973
- 遠藤秀男『富士宮市史 上巻』富士宮市
- 若林淳之『富士山麓史』富士急行

昭和初期の浅間神社分布―都道府県別―
昭和4年刊『富士の研究Ⅱ・浅間神社の歴史』より作成

	官国幣社	府県社	郷社	村社	無格社	摂・末社	境内社	合計
長 崎				1	1			2
佐 賀				1	2			3
大 分							1	1
福 岡					2		6	8
島 根					1			1
広 島					1			1
兵 庫				1				1
京 都							2	2
奈 良							3	3
滋 賀			1				1	2
岐 阜				4	5		6	15
三 重				1	7		17	25
愛 知			1	8	11	末2	36	58
静 岡	2	2	8	90	22	摂2	24	150
山 梨	1	3	3	19	18		22	66
長 野				2	17		38	57
新 潟					2		1	3
神奈川				10	9		14	33
東 京			2	4	21		33	60
埼 玉				19	37		129	185
千 葉				31	105	摂7・末19・支1	94	257
茨 城				7	21		81	109
群 馬				10	11		59	80
栃 木				9	94		76	179
福 島				3	4	末1	1	9
宮 城				1				1
岩 手					1			1
山 形				1				1
秋 田				1				1
北海道				1			1	2
合 計	3	5	15	224	392	32	645	1,316

山岳宗教としての富士山

時枝 務

1. 富士山の山岳宗教の成立

富士山の山岳宗教とは、富士山を聖地と仰ぎ、富士山に対して、あるいは富士山においてさまざまな儀礼をおこなう宗教の形態、およびその宗教によって引き起こされる信仰をいう。

通常、山岳宗教は、山頂を中心とする聖域圏、山麓に展開する宗教集落などの準聖域圏、平地の村や町の地域社会に広がる信仰圏という空間構造を形成することを特色とする。富士山もその例に漏れず、山頂や人穴などの聖地を中心とする聖域圏、富士宮や富士吉田をはじめとする登拝拠点などに鎮座する浅間神社とその周辺に形成された御師集落などの準聖域圏、江戸をはじめ各地に広がる信仰圏という圏構造をみせる。

富士山は、秀麗な山容をもつだけでなく、かつては活発な火山活動をともない、人々に宗教的な感情を引き起こさせるのに充分な自然条件を備えていた。そのため、早くから山岳宗教の対象となったと予測されるが、その始期を特定することは難しい。

一説には、富士山に対する信仰は、縄文時代にまで遡るとされる。静岡県富士宮市千居遺跡では、縄文時代中期の大規模な配石遺構が発掘調査されたが、それはあたかも遠方に望む富士山を意識したかのような状態で築成されていた。発掘調査を担当した小野真一は、配石遺構が富士山を祀る祭壇であると推測し、富士山の山岳宗教が縄文時代に成立したと考えた。

確かに、千居遺跡の配石遺構の築成にあたっては、富士山の方位を基準にしていた可能性があるが、そのことが山岳宗教の存在を実証するとはいえない。縄文人にとって、身近な自然を手がかりに方位を認識する際に、富士山が意識されたことを示すに過ぎない。縄文人が富士山を見ていたことは確実であるが、信仰の対象として意識していたかどうかは、はなはだ怪しいといわざるを得ないのである。

8世紀になると、『常陸国風土記』筑波郡条に、駿河国福慈岳の福慈神に一夜の宿を請うたところ断られた祖神尊が、呪詛をかけたため福慈山

にはいつも雪が積もって登ることができないという説話がみえ、富士山に神の存在を認めていたことが確認できる。また、『万葉集』巻三に富士山を詠んだ長歌が収められており、高く貴い山岳として平城京の人々に知られていたことがわかる。

『文徳実録』仁寿3年（853）7月5日条には駿河国浅間神を名神としたこと、同13日条には従三位に列したことがみえ、富士山の神を浅間神と称したことが知られる。また、いきなり従三位を授けられたとは考えにくいので、おそらく8世紀の段階から浅間神として信仰を集めていた可能性が高い。浅間神が鎮座した場所は特定できないが、駿河国の富士山麓であったことは疑いなく、山岳宗教としての富士信仰が山麓で成立したことが注目される。

平安時代前期、浅間神がどのような神格としてイメージされていたかは、『竹取物語』や『本朝文粋』巻11所引の「富士山記」などにみえる説話から類推することができる。『竹取物語』には、かぐや姫が残した不死の霊薬を富士山頂で燃やしたため、富士山は煙が絶えないとある。不死を富士にかけているのであろうが、神仙思想の影響が強くみられるとともに、噴煙をあげる火山としての富士山に対する畏怖の念が伝わってくる。また、「富士山記」には、山頂で白衣の天女が舞う光景がみられるが、白砂が流れるので登山できないと記されている。白衣の天女は、白雲や噴煙の表象であると同時に、富士山が神仙のつどう山岳としての性格をもっていたことを暗示する。そうした神仙思想が、『竹取物語』や「富士山記」を著した文人貴族が浅間神に抱いた空想なのか、それとも富士信仰の信者たちが幾分なりとも共有したものなのか問題が残るが、単なる文飾ではなかった可能性が多分にある。

古代の富士山が、度々噴火する活火山であったことは、『続日本紀』『日本紀略』『三代実録』などに噴火の記事がみえることによって確認され、「富士山記」にいうように人々が登拝できるような山ではなかったようである。『三代実録』が貞観6年（864）の噴火を、「富士郡正三位浅間大神大山火」と記すように、噴火は浅間大神によってもたらされたものと認識されていた。噴火による被害は、決して僅少なものではなく、山麓における人々の活動もきわめて制限されていたわけで、火山の神である浅間神への畏怖は想像を超えるものであったに違いない。浅間神はときには噴火する荒ぶる神であった。

2.2 富士山信仰

ところで、富士山麓の開発が9世紀後半に本格的に開始されたことは、静岡県富士市岩倉B遺跡や富士宮市辻遺跡などの集落遺跡の存在によって知られる。それらの遺跡は、貞観の大噴火後の時期に形成されたもので、火山災害をもろともせずに開発に打ち込んでいった、たくましい人々の生活の痕跡として評価できよう。彼らが、開発に当たって、浅間神を祀ったであろうことが推測できるが、残念ながら確認できていない。

10世紀前半になると、浅間神の祭祀と関連するかもしれない竪穴建物跡が、富士宮市村山浅間神社遺跡で確認される。村山は中世になると修験者が集落を形成し、富士禅定の拠点となる場所であり、竪穴建物はその先駆者の生活痕跡として捉えられるものである。10世紀前半に、富士信仰の準聖域圏に、遺跡が営まれるようになったことは、山岳宗教としての富士信仰がいよいよ本格的に成立したことを示す現象として注目したい。

このように、富士山の山岳宗教は、8～9世紀に富士山の山麓で成立した。山岳宗教というと、山岳修行を連想しがちであるが、最初は山麓から富士山を遥拝することから始まった。その後、10世紀になって、標高約500mの村山などやや高い場所に進出し、中世に山岳修行の拠点として発展する素地を築いたのである。

2. 富士禅定の盛行

12世紀になると、それまで全く遺跡が確認できなかった山頂付近の聖域圏に、三島ケ岳経塚や経ケ岳経塚などの遺跡が営まれる。三島ケ岳経塚は、三島ケ岳山頂から南に下った地点に所在し、経典・経軸・経筒・陶片などの遺物が出土した。経塚は一切経を埋納したもので、木箱に納められていた経典に「末代聖人」の文字が確認され、『本朝文集』や『本朝世紀』にみえる末代上人の実在を示す証拠として注目された。『本朝文集』巻59や『本朝世紀』久安5年（1149）4月16日条によれば、末代上人は、京都・東海道・東山道沿い・関東などで一切経の勧進活動をおこない、京都では鳥羽法皇の帰依を受け、久安5年に富士山に一切経を埋納した。末代上人による一切経の経塚の造営を皮切りに、付近は聖地とみなされ、多数の経塚が造営された。

富士山を代表するもう一つの経塚である経ケ岳経塚は、山頂と山麓のちょうど中間地点にあたる富士山五合目に位置し、12世紀の銅鋳製経筒と経巻が発見された。末代上人は、山頂付近と五合目に経塚を造営し、

2つの経塚に挟まれた区域を聖地として位置づけたのであろう。

末代上人は経塚を造営することで、富士山を聖地として整備し、富士山に登拝して修行する富士禅定の基礎を築いた。折しも、12世紀頃には、富士山の火山活動が鎮静化し、富士禅定をおこなうための条件が整った。

中世の富士禅定は、不明な点が多いが、山中から出土した遺物に仏教色の強いものが多数みられ、登山道や山中の施設の整備が仏教徒によって進められたことが推測できる。中世前期には経筒・経巻・渥美焼など経塚遺物が主体であるが、東口六合目室から至徳元年（1384）銘の大日如来二尊懸仏が発見されていることが注目される。室は、登拝者の宿泊・休憩施設と本尊を祀る仏堂を併設しており、富士禅定に欠かせない施設である。おそらく室の整備は、禅定道の整備の一環として実施されたもので、14世紀に富士禅定が盛行したことを裏付けるものといえよう。

富士山で発見された懸仏としては、烏帽子岩の文明14年（1482）銘の不動明王懸仏、三島ケ岳の文明14年（1482）銘の虚空蔵菩薩懸仏、久須志岳の天文12年（1543）銘の懸仏、大宮口七合五勺の薬師如来懸仏が知られているが、それらの本尊が山内の各所に配されることで、富士山内に富士曼荼羅の世界を表現しようとしたものと考えられる。富士禅定をおこなうことで、富士曼荼羅という観念的な世界が、現実の登拝行のなかで体験できることになり、富士禅定は大きな宗教的効果を発揮することになった。

また、富士山中の遺跡でもっとも多く採集される遺物である銭貨は、初鋳年を容易に知ることができる反面、使用時期を特定することがきわめて難しい。かつて富士講が撒銭をおこなったことは伝承で確認され、銭貨の使用時期の下限は昭和戦前期まで下るが、その風習自体は近世まで遡ることが文献史料であきらかである。銭種をみると、寛永通宝が圧倒的に多いが、多数の宋銭が含まれていることが注目される。宋銭は古寛永と共伴する例は多いが、基本的に新寛永とは共伴せず、宋銭の使用時期は基本的に江戸前期までと推測され、中世後期に使用されたものが含まれている可能性もある。中世後期以降、富士禅定に際して、道者が銭貨を撒きながら登拝したことが推測されるのである。

一方、富士禅定の盛行にともなって、登拝拠点の整備が進められた。富士宮市村山浅間神社遺跡では、12

世紀に礎石建物が出現し、宗教施設としての本格的な整備が実施された。14世紀後半以後、仏堂など礎石建物の軒数が増加し、境内が大濠によって区画され、周辺に多数の院坊が形成された。院坊には修験者が居住し、富士禅定の道者に山案内や宿泊など、さまざまな便宜を図った。16世紀には、大鏡坊・池西坊・辻之坊の村山三坊が中心となり、寺社勢力として成長した。

富士山の禅定道は、村山口・須山口・須走口・吉田口・河口口など複数のルートがあり、16世紀までには各登拝口に宗教集落が形成された。多くの宗教集落には御師が定住し、道者の依頼に応えて祈祷を執行し、宿泊の便宜を図った。また、近世になると、御師は諸国に檀家を擁するようになり、毎年遠方の檀家に守札などを配るための廻檀活動をおこなった。

このように、富士禅定は、12世紀に経塚が造営されてから本格化し、拠点となる寺社の整備が進んだ。14世紀になると、禅定道の整備がおこなわれ、以後富士禅定は一層の盛行をみた。富士禅定の拠点には宗教集落が形成され、修験者や御師が定住し、祈祷・山案内・宿泊などの機能を担うようになった。

3. 富士信仰の近世的展開

永禄3年（1560）、富士行者の藤原角行は、人穴（富士宮市）で、千日垢離、千日間参籠、四寸五分の角材の上につま先で立つ立行などをおこなった。人穴は、溶岩流によって形成された自然洞窟で、洞窟内には籠堂や「須弥の御柱」があり、最奥部に大日如来石仏と浅間大神碑が祀られている。富士講では人穴を母胎になぞらえ、そこを潜れば富士浅間菩薩の加護のもとに再生すると伝え、角行の窟修行はいわゆる擬死再生の儀礼であったと推測される。人穴の参籠行は、角行が、修験者の伝統的な修行法を摂り入れ、独自に整備したものであった。

角行は、人穴で参籠行をおこなうとともに、富士山への登拝行を試みた。当時、富士禅定は多くの道者によって盛んにおこなわれており、16世紀に制作された富士曼荼羅には、列をなして登山する道者の姿が描かれている。角行は、元亀3年（1572）に吉田口から登拝し、頂上を極めた後に、五合目で「中道巡り」をおこなった。さらに、天正元年（1573）には、富士五湖などの内八海と中禅寺湖（栃木県日光市）などの外八海を巡錫する内外八海巡りを実践した。角行は富士禅定を自身の修行に取り入れ、その上に巡礼などを加

え、参籠行・山岳登拝行・頭陀行を結合させた独自の修行形態を編み出した。これが富士講の修行方法の基礎となった。

元和6年（1620）、江戸で「突き倒し」という病気が流行した際に、角行が「御風先俔」という御札を病人に授けたところ、多くの人が治癒した。そのため、角行は江戸町人の信仰を集めるようになり、活動拠点を江戸に移すことになった。角行は富士信仰の伝播に努め、弟子たちも積極的に宗教活動を展開した結果、角行の修行方法や思想が江戸を中心に広められた。そのため、富士講の講祖である角行が修行した人穴は富士講の聖地とされ、仏堂などの施設が整備され、富士講徒によって多くの塔碑が建てられた。

人穴は、角行ゆかりの聖地であるというので、多くの宗教家が立ち寄る所となった。文政6年（1823）5月10日に人穴を訪れ、以後数年間、ここを拠点に活動したのが空胎上人である。彼が来る前年に人穴村の名主赤池家では当主氏実が死去し、残された妻子が不安な日々を送っていたが、偶然に同家を訪ねた空胎上人は、その教養を買われ、母誉曽子の懇願によって子息醒促の教育にあたるとともに、さまざまな宗教活動を展開した。

空胎上人はあまりに無名の人物なので、その生涯と事跡を、簡単に紹介しておこう。空胎上人は天明5年（1785）5月2日に、武蔵国男衾郡千代村（埼玉県熊谷市千代）の旧家に生まれた。幼名富治郎、元服して長治郎直庸を名乗った。享和2年（1802）12月に結婚し、子宝に恵まれ、5人の子女を育てた。彼は、俳諧や和歌などの文芸を愛好し、甲信一刀流という農民剣術の修行をした。彼は上層農民として何不自由ない前半生を過ごしたのである。ところが、文化11年（1814）に相次いで子どもを失い、翌年正月には門人が神道無念流と喧嘩し、死者3人、負傷者8人を出すという惨事に見舞われた。その直後、出奔した彼は相模国一之沢（神奈川県伊勢原市日向）の天台宗弾誓派浄発願寺に入寺し、出家した。その後、諸国で修行を積み、相模国愛甲郡下荻野村（神奈川県厚木市下荻野）智恩寺の住職に就任した。彼は順調に天台宗僧侶としての道を歩んだのであるが、智恩寺で揉め事に遭遇して住職を辞し、以後富士山麓を遍歴することになった。文政6年（1823）5月10日に人穴へ修行に訪れ、翌年3月には三ツ峠山（山梨県西桂町）へ登山を試み、以後人穴や三ツ峠山で宗教活動をおこなった。弘化4年（1847）

2.2 富士山信仰

5月に甲斐国犬目宿（山梨県上野原町）滝石寺の住職となり、翌年8月に浄発願寺へ移り、さらにその翌年3月には同寺の住職に補され、上人号を授与された。安政4年（1857）10月、彼は住職を辞任して、三ツ峠山に隠居し、文久2年（1862）8月18日に下暮地村（山梨県西桂町）で77歳の生涯を閉じた。

空胎上人は人穴で積極的な宗教活動をおこない、光侎寺の中心施設である大日堂を再興するため、江戸や郡内地方の富士講徒を対象に勧化活動を展開した。富士講のネットワークを利用して、光侎寺の施設を整備し、さらには講員を人穴に集めようとしたのである。また、富士講の行者や赤池家の先祖を載せた過去帳を作成し、光侎寺で供養した。さらに、『明藤開山光侎寺富士山人穴略縁起』・掛図・『富士山人穴双紙』・『富士山人穴物語』などを刊行し、出版物によって富士信仰を広めようとしたのである。このように、人穴は、山岳宗教に包摂できないような、広範な宗教的広がりをもつ聖地であった。

富士講は、享保18年（1733）に食行身禄が富士山烏帽子岩で入定したことを契機に急速に発展し、江戸とその周辺の農村で数多く結成された。講員は、ごく普通の町人や百姓で、定期的に講会をもち、夏になると集団で富士山に登山した。登山には経費がかかるため、積立貯金をおこない、順番で代表者を送り出す代参講の方式を採用する講が少なくなかった。富士講は、風紀を乱すものとして江戸幕府から何度も禁圧されたが、一向に衰えをみせなかった。その理由は、第一に富士登山によって心身ともに解放感に浸れる魅力であり、第二に、食行身禄が説いた男女平等や通俗倫理など、ほかの宗教にない新しい思想が、富士講の教えに盛り込まれていたからであろう。

食行身禄は、江戸で油の行商をしながら、富士信仰を布教し、江戸町人に富士講の結成を促した。裕福な商人などの贅沢な生活を否定し、鬱積した社会問題を解決するためには「みろくの御世」を実現させるしかないと説き、まずそれにふさわしい生活規範を実践することを勧めた。それは、一種の世直しであり、呪術的な山岳宗教から脱皮した新たな宗教を模索する動きでもあった。

しかし、近世の富士山は女人禁制を崩さなかったので、富士登山ができない女性や子どものために、江戸を中心に富士塚が造られた。江戸の富士塚はいわば人造富士で、土を盛って築いた塚の頂上に富士山頂の土を置き、わざわざ富士山から取り

山岳宗教としての富士山

寄せた溶岩などを配し、登山道を設けて何合目などと記した石柱を立てるなど、造園術を駆使した構築物である。富士塚は、食行身禄の弟子の高田藤四郎が、安永8年(1779)に造営した高田富士が最初であるとされ、以後江戸市中に広まった。東京都目黒区新富士遺跡では、文政2年(1819)に富士講によって築造された新富士の地下から、人工的な洞窟が発見された。洞窟の奥壁には小祠が彫り込まれ、「文政三年五月」の紀年銘をもつ大日如来石仏が安置され、富士山麓の「御胎内」(船津胎内)を模したと考えられる。富士塚に登拝し、胎内洞窟を潜ることで、実際の富士山に登拝したのと同様な効験を得ることが期待されたのであろう。

富士講の発展は、山麓の宗教集落の繁栄をもたらし、吉田口などで都市化が進んだ。御師は広大な屋敷を構え、神前での祈願を執り行うとともに、講員に宿泊の便宜を供する宿屋としての機能が整えられた。登山に際して講員の荷物を担う強力も多数居住し、登山道沿いには茶屋や山小屋が営まれたが、それらの中には宿泊機能をもつものもあった。富士講は、無事下山すると下山祝いをすることが多かったが、その際のサービスを提供する料理屋や遊郭も営ま

れた。富士山麓の宗教集落は、遠方の江戸などからやってくる富士講のおかげで、大いに潤ったのであった。

近代には、富士講を基礎として、扶桑教・丸山教・実行教などの教団が結成された。その教義は神道色が強いが、富士登山など富士講以来の活動を引き継ぎ、伝統を踏まえた近代にふさわしい富士信仰のあり方を模索した。これらの教団からは、さらに富士教・扶桑富士本教・富士御法・大日本富士教・明治教団などが分岐しており、富士信仰は近現代の新宗教に大きな影響を与えている。

4. 富士信仰の伝統

このように、富士山の山岳宗教は、古代には山麓から遥拝するのみであったが、中世には宗教家が直接山内に分け入って修行するものに変化した。富士禅定の活発化にともなって、禅定道や宿が整備され、山麓には御師や修験者による宗教集落が営まれた。富士山は修験道の行場として発展したのであった。

さらに、近世には一般信者も山岳登拝や人穴での修行をおこなうようになり、江戸をはじめ各地で富士講が結成されるようになり、富士信仰は隆盛を迎えた。富士信仰は、藤原角行の段階では、中世の修験道の伝統もあって、いまだ呪術的な色彩が

強かった。しかし、食行身禄は、富士信仰を現世利益的な呪術宗教から脱皮させ、通俗倫理や世直し思想を基軸に置いた道徳的な宗教へと大きく変化させた。

　富士信仰のあり方は、時代とともに大きく変化したが、いつも信仰の核となっていたのは富士山であった。富士山がもつ不可思議な力は、山麓に多くの新宗教の施設があることが示すように、現在も息づいていることは疑いない。

参考文献
- 岩科小一郎『富士講の歴史』名著出版, 1983
- 植松章八「富士講の成立と展開」『江戸の祈り 信仰と願望』吉川弘文館, 2004
- 植松章八「発掘された富士信仰遺跡―村山と人穴」『月刊考古学ジャーナル』(ニューサイエンス社) 539号, 2006
- 小野真一『祭祀遺跡』ニューサイエンス社, 1982
- 平野栄次『富士信仰と富士講』岩田書院, 2004
- 三宅敏之「富士上人末代の埋経について」『経塚論攷』雄山閣出版, 1983
- 渡井英誉「富士山の開発と信仰―富士浅間宮の考古学―」『月刊考古学ジャーナル』(ニューサイエンス社) 539号, 2006年

富士と修験と自然保護
―神・仏・神仙を習合した修験道の自然守護―

長野 覺

1. 宗教(信仰)による自然保護(守護)

　山岳信仰を母体として、神道・仏教・道教(神仙思想)などを習合した日本特有の精神文化とされる修験道は、明治維新の神仏分離令、明治5年(1872)の修験宗廃止令によって、その伝統文化は物心ともに忘れられがちである。富士山頂火口の峰々でも、釈迦岳は白山岳、観音岳は三島岳などに、いとも簡単に神仏分離・廃仏毀釈により名称を変えている。このような変化は地域の伝統や維新当時の社会環境によって、多様であり、原理・原則は容易に見出せないという特徴がある。

　しかし自然を重視する修験道の行場となった山岳地域では、現在も自然の原景観が広く保護(守護)されている。特に在来の山岳聖域が、近・現代の開発に直面した場合、聖域観がブレーキとなって自然保護の働きをしており、ランドスケープとして自然林を残していることが注目される。

　人口2,000人を超える広島県の宮島は、現在も神・仏・修験の聖なる島である。島内に農地や墓地はなく、弥山原生林(国・天然記念物)を残している。

　明治以後、筑豊炭田や北九州工業地帯の発達によって開発の著しい北部九州で、国定公園英彦山は四重の聖域圏(四土結界)が機能しブナの自然林を残す原景観を維持し、山体は特別保護区となっている。

　世界遺産となった修験道の根本道場である大峰では、吉野から熊野に至る奥駈道の両側を「靡八丁」と称し、古くから禁伐とした豊かな自然がある。

　富士山では、登山車道の全てが五合目でストップしている。静岡県側の富士宮・裾野・御殿場からの富士山スカイライン、須走からのふじあざみライン、山梨県側は富士吉田・河口湖からの富士スバルラインなど例外はない。そのわけを富士吉田のある御師に聞いたところ、五合目以上は伝統的に特別な聖域であるから車の進入を禁止し、あとは自力で歩いて登る霊峰であるという話であった。富士山において、全て五合目で車道がストップしているのは、聖域を守護するという山岳信仰からで

2.2 富士山信仰

あった。もしも聖域観の認識が希薄になっていくと、原景観も損なわれていく可能性がある。現在は国立公園であり、世界遺産の実現を目指す近代の保護政策の中でも、夏期に数十万人の登山者が集中して、山体の汚染が憂慮されている。

2. 修験道の十界修行による聖域観と山岳の十合区分

修験道は特定の山岳を神仏の坐す聖なる行場として設定し、修験者(山伏)はそこで「擬死再生(ぎしさいせい)」の厳しい「峰入(みねいり)」(入峰(にゅうぶ))を必修の修行とした。

入峰の根本道場は、熊野山から吉野山まで、紀伊半島を120km縦走する大峰山であり、修験道の祖師に託された役小角(えんのおづぬ)が、7世紀に行場とし

表1 修験道の十界修行に比定される富士山の十合区分

富士山の十合区分		修験道の十界修行*3		現代の大峰山登拝・奥駈*1	現代の羽黒山入峰*2	中世の彦山入峰*3
山頂↑	十合目	四聖界	(十)仏界	仏・自然と一致し仏心がわきでる	出生(出穂)灌頂(擬死再生の成就)	正灌頂(即身即仏)
	九合目		(九)菩薩界	入峰(大峰山への登拝)中はお互いに助けあう	三鈷沢の48回川渡渉(往復40km)	代受苦
	八合目		(八)縁覚界	峰吹く風も仏の説法と自ら知る	識者の講話	着頭襟(つけときん)
	七合目		(七)聲聞界	先達に従って法を聞く	大先達の法話	比丘形
天地別	六合目	六道(迷界)輪廻界	(六)天上界	美しい山岳の風景を楽しむ	鳴子=謡曲：高砂・四海波(ヤァホーの発声で聲聞界へ入る)	延年(歌舞・酒宴)
	五合目		(五)人間界	「六根清浄」の山念仏を唱えつつ登る	東補陀落の陰陽崇拝、深夜の柴燈護摩(さいとうごま)	懺悔
	四合目		(四)修羅界	人に遅れないように頑張る	天狗相撲	相撲
	三合目		(三)畜生界	荷物の重さをいとわずに登る	水断ち(洗顔・入浴禁止)	水断
	二合目		(二)餓飢界	空腹や喉の乾きに耐え忍ぶ	断食(三日間)	穀断(七日間)
山麓	一合目		(一)地獄界	寒暑や風雨をついて登る	南蛮いぶし	業秤(ごうのはかり)

*1 『入峰の栞』總本山聖護院門跡。『大峰山登拝の心得』奈良県天川村洞川観光協会などによる。
*2 羽黒山修験本宗『秋峰』の修行体験による(1984)。
*3 『三峰相承法則密記』阿吸房即傳、大永5年(1525)、『増補改訂日本大蔵経第94巻』鈴木学術財団(1978)による。

て開いたと伝承されている。後に地方でも山岳を連ねて修行する場合、大峰に入山することに準えて「峰入」(入峰)と称した。現在の大峰山では奥駈ともいう(表1)。

峰入の修行論理や修行方法は、表1のような十界修行の区分が室町時代までに確立していた。しかし具体的な修行の内容は、他言を禁じ秘密とされ、諸山によって異なる。

富士山を修験道の行場としたのは、文武天皇3年(699)、呪術による妖惑の罪で、伊豆島に流刑になった役小角(『続日本紀』)が、夜は渡海して富嶽嶺で修行したという伝説がある(『日本霊異記』弘仁年間、810〜822)。信憑性があるのは、正史の『本朝世紀』(平安末期)に富士上人と記された末代が、数百度も登頂する中で、久安5年(1149)に富士山頂へ大日寺を建て、山麓の富士郡村山に修験寺院を開創し、富士山を行場として峰入する村山修験道を開いたとされている。富士山麓の一合目から山頂の十合目まで、十区分した合目設定の基準は諸説あって明らかでないが、富士山を元祖とするのは通説である。しかし高野山などの丁目石のように、等距離標識とは異なる。

十合区分は、登頂までの時間・疲労度・景観・宗教観念などの目安となるように配慮されている。したがって標高3,776mの富士山で、五合目は山梨県富士吉田市からの登山道では約2,300m、静岡県富士宮市からの登山道では約2,600mであり、同じ高度ではない。

富士山の合目区分は、確かに峰入の十界修行区分が意識されており(智航道人『葛嶺雑記』嘉永3年)、第五人間界(五合目)と第六天上界(六合目)を特に重視し、その境界は危険覚悟で巡る「御中道」(回峰道)が古くから設定されている。十合区分の成立時期は定かでないが、富士山を峰入の聖なる行場とし、回峰行や禅定(登頂)の体験を重ねて、山体の特徴を熟知した村山修験の考えた可能性が濃い。

以上のような宗教(山岳信仰)観念から、車道を五合目でストップさせた結果、五合目以上の山体は特に原景観が保護されている。

3. 富士山に凝集された諸信仰と聖域に残る自然景観

富士山の傑出した高さと、秀麗で巨大な山体に対して、日本民族の精神文化を構成するさまざまな信仰が寄せられた。

自然保護につながった思想として、神道、仏教、神仙思想(道教)、修験道について、それぞれの宗教が

2.2 富士山信仰

どのような役割を果たしたのかを端的に言えば、神道は神域化、仏教は浄土化、神仙思想では仙境化、修験道はそれらの総てを包蔵した山岳抖擻の行場化するということが特徴である。

神道は多様な自然そのものを神格化し、畏敬の念を抱かせる。特に限定された神域はこの観念が強いので自然が守護される。

富士山では火山活動への畏怖と、鎮静すれば崇高な山容と四季の景観美、絶えることのない水源（水分）の恩恵、それらを総括して山を支配する山神・木花開耶姫命を山麓の浅間神社に祀った。山麓から山頂まで富士山は神体山（神域）であり、かつて人々は水垢離し、心身を清めて登る聖なる山であった。

仏教では、不殺生という戒律がある。これは動物だけではない。「草木国土悉皆成仏」の悟りで、植物も大地も対象であり、これを守れば自然が破壊されることはないはずである。

平安時代に本地垂迹思想が浸透し、富士山の浅間大神は浅間大菩薩となり、その本地仏を大日如来とした。特に山頂の御鉢（火口）は胎蔵界大日如来、周囲は八葉蓮華の嶺として、地蔵嶽・阿弥陀嶽・観音嶽・釈迦嶽・弥勒嶽・薬師嶽・文殊嶽・宝生嶽と命名し、仏菩薩の浄土と観想された。その浄土を目指し「六根清浄」の山念仏を唱えながら、山頂に至れば、六根すなわち「眼耳鼻舌身」の感覚と「意」の知覚は浄化され、心身ともに仏菩薩の浄土に同化できると観念された。

中国起源の神仙思想は、漢方や呪符などを重んじた道教の源流とされ、不老長寿の理想郷（神仙境）を山岳に求めた。秦始皇帝が仙薬を求めて、東海の三神山に派遣した徐福の渡来伝承地は、九州・熊野などと共に富士山（不死山・不尽山）もその一つである。

斎州開元寺僧の義楚が後周の顕徳元年（954）に編集した『釋氏六帖』の「日本國」では、当時既に女人禁制の金峯山や、特に「冨士」は神仙境の代名詞ともいえる「蓬莱山」として紹介されている。

アサマ・センゲンの語源は、火山説をはじめ複数あるが確定はされてない。大胆に神仙思想を加味した解釈も可能ではないだろうか。それは、「人間」＝人の住む所の意味があるから（広辞苑）、富士山麓の浅間神社は、「浅間」＝仙間、すなわち人の住む俗界を離れ、仙人の住む神仙境（不死・不尽）へ入る結界地であると共に、安穏な神仙境として、富士山の安泰や、火山活動の鎮撫を祈

図1 富士山北口女人登山之図 万延元年庚申（1860） 歌川芳幾画，静岡県立美術館蔵
（『日本の心 富士の美展』（図録）NHK名古屋放送局，1998による）

　五合目と六合目の中間に「天地別」があり、それ以上は天上界となって聖域度が強くなる。本図に九合目と十合目が示されていない理由は、山頂部の管轄を中世末までは今川氏が庇護した駿河国村山修験、江戸時代から徳川氏の庇護する駿河国大宮浅間神社（現・富士山本宮浅間大社）となった。このため江戸時代の甲斐国吉田浅間神社（現・冨士浅間神社）からの登山図では、八合目以上は管轄外として記載を遠慮した事例と思われる。一般に駿河国では「富士」、甲斐国では「冨士」と記すことが多かった例と同類であろう。因みに図1の図録では「富士山北口…」となっているが、原画では「冨士山北口…」である（筆者補説）。

2.2 富士山信仰　　　　　　　　　　　　　　　　　　　　　　　　　　　　　　第2章

る場として、山神・木花開耶姫命を勧請した神・仙習合の尊称といえないだろうか。江戸時代に普及した富士講の開祖とされる角行（かくぎょう）は、浅間を「仙元」と敬称している。

修験道による自然保護（守護）の観念は、全国的に共通するが、各霊山でその知恵と方法は異なる。

富士登山車道が五合目を終点としたのは、道路建設技術や建設費が原因ではない。富士信仰の観念から、六合目は天上界、五合目は人間界の地である。この天と地、聖と俗の境には、古くから命懸けで山体を一巡

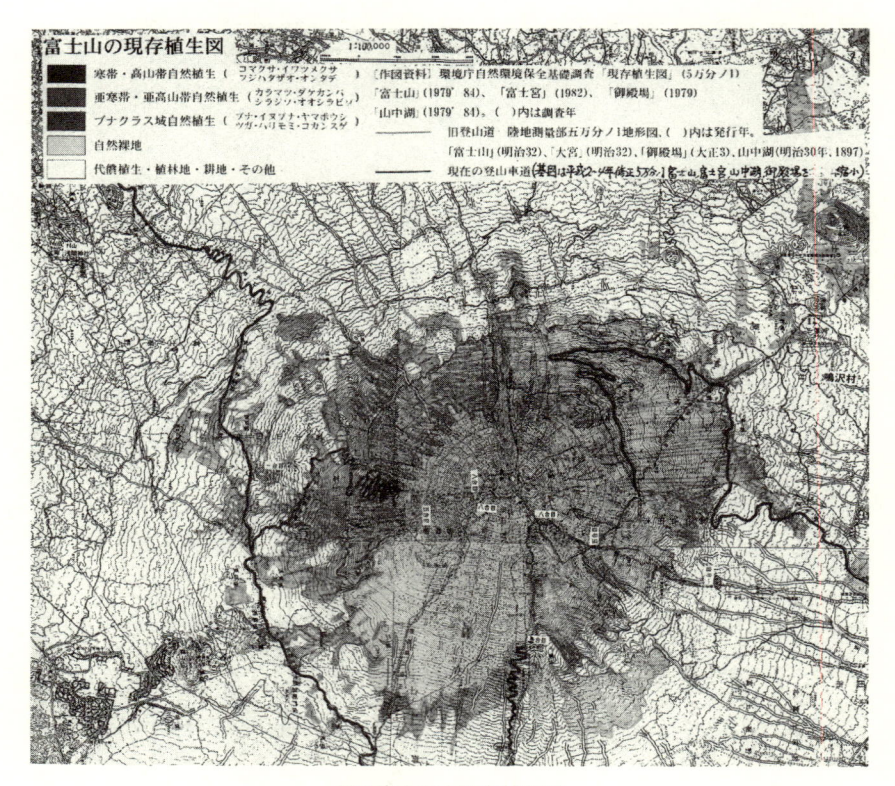

図2 富士山の現存植生図

-234-

する回峰行の御中道があり、現代の登山者もこれを車で超えることは許されず、五合目の人間界で下車し、聖なる天上界以上は、自力による徒歩での登山が要請された結果であった。

富士山表登山道の十合目区分の本来の起点は、富士山本宮浅間大社（標高100m）ではない。室町時代の守護今川氏の庇護を受けた富士修験の拠点、村山浅間社（500m）の鳥居（発心門）を起点としている。十合区分は、修験者（山伏）たちが擬死再生の厳しい峰入（入峯）の十界修行（地獄・餓鬼・畜生・修羅・人間・天上・声聞・縁覚・菩薩・仏）と関連付けて、一合目から山頂の十合目まで、次第に聖域度と自然保護（守護）の度合を強める知恵であったことを示唆している。

通常、女人は二合目の遙拝所から下山したが、60年毎の庚申歳は八合目まで許された。しかし、万延元年（1860）庚申の歳に初めて女人を山頂まであげたという（図1）。

図1はそのときの有様を伝えている。途切れることなく登る喜々とした女性の顔と姿が描写されている。江戸八百八講といわれたほど、富士講があったので、江戸の女性が多勢で登拝したのであろう。しかし富士山の聖域性が特に強まることに念を押すかのように、絵図の中で五合目と六合目の中間に、「天地別」と記すことを忘れていない。

最後に、図2は富士山の自然景観を図化したものである。富士山北斜面の山梨県側では、五合目以上は寒冷な高山気候となって裸地もあるが、植生地を含めて原景観が保持されている。五合目を下り一合目近くになると代償植生（二次林）や耕地などが多くなる。そして一合目以下では殆ど植林地・耕地・住居地などになる（口絵(5)も参照）。例外は図2の北西部山麓に広がる樹海のように、貞観6年（864）噴火による溶岩の荒地では、人為の及び難い自然景観もあるが、巨大な山体の富士山に残る広域の原景観は、放置されて残ったものではない。先人たちが、富士山を聖域として守護し、俗化させることのない精神文化（信仰）で支え残した貴重な自然景観といえる。

参考文献

- 宮地直一・廣野三郎『浅間神社の歴史』名著出版（復刻），1973
- 遠藤秀男・岩科小一郎・大森義憲「富士信仰の成立と甲斐の霊山」『富士・御嶽と中部霊山』鈴木昭英編，名著出版，1978
- 岡田博校訂『富士山真景之図』名著出版，1985
- 平野榮次編『富士浅間信仰』雄山閣出版，1987

2.2 富士山信仰

- 諏訪彰編『富士山―その自然のすがた』同文書院，1992
- 鳥居和之・岡田彰・米屋優・樟井章代編『日本の心富士の美展』NHK名古屋放送局，1998
- 石川純一郎「富士山信仰と神仙思想」『羽衣・竹取の説話』静岡新聞，2000
- 小林謙光「御中道之記と御中道大行」『富士信仰研究第三号』富士信仰研究会，2002
- 宮家準『霊山と日本人』日本放送出版協会，2004
- 富士宮市教育委員会編『村山浅間神社調査報告書』富士宮市教育委員会，2005

江戸の富士講

堀内 眞

1. 富士行者の「流」の形成

　富士行者のひとり長谷川角行は、厳しい修行を通じて富士信仰の「流」（一派）を確立した。それは、この世の中のありとあらゆるものは、「富士浅間（仙元）大菩薩、もとのちち・はは」が創造したものとして、富士山、すなわち浅間大菩薩を信仰して正しく生きることが人の道であると説くものだった。長谷川角行について、『甲斐国志草稿』〈田辺本〉中に「一富士行者略伝　行者流所伝」として記されるのでその部分を読み下して引用する。

「富士（大）行者の書行藤仏は、加藤肥後守の第五庶子で、天文十年に生まれ、七歳で富士信心を発願する。通称を長谷川竹松、加藤甚平、立願の初めは角行・小日王・大日王、また書行藤仏・書行東覚仏という。正保三年に富士人穴で入定した。行（享）年百六歳。御師は川口坊土佐・大小沢坊丹波である。」

また、同書中に、吉田（富士吉田市）の御師の田辺伊賀（瓶子屋）が所持する「角行書」（御願始ノ御証文、御身抜のこと）一幅が掲げられ、関連する記述が認められる。以下、同様に読み下して紹介する。

「この書を記した長谷川角行は、富士行者の「初祖」であるという。文字はすべて異体字、その流の伝えであるので、読むことはかなわない。信者（富士行者）の流を相伝し、富士の人穴窟中での修行終了時に、富士浅間明神から授けられた文字であるという。いかなる博識のものにもわからない。また、この幅は「御願始ノ御証文」といって、比べるものないものであるという。天文七戊戌年（一五三八）の秋季八日にあたる。富士行者の一流は、天文十七戊申秋日八日に読むと認識するが、受けがたきことである。角行の所伝に天文十年に生まれるとあれば、この書は生まれる前の四年以前のことになる。富士行者の所伝とは符合しないので、このように強説する」

と述べている。また、別紙に「元文三年午ノ五月廿三日川渡ノ御ユルシ」があるので、同様に紹介する。

「初瀬川左近大夫武都タケクニは、天文十年丑正月十五日の生まれ、永禄元年、十八歳で始めて富士行者と

なった。富士人穴で厳しい修行をし、元亀三年四月八日に北口から登山をした。御師は大小沢坊丹波・川口坊土佐で、正保三年六月三日に入寂、その年齢は百六歳」
と記述する。

このように、生年やその後の年譜については不明な部分の多い人物である。これらの記録とは別に、彼の行跡を記した「御大行の巻」という富士講中に伝来した巻物がある。この巻物の内容は、天文10年（1541）に肥前国長崎に誕生す、7歳にして北斗星のお告げを受け、自らの定めを自覚した。その後、18歳（元亀3年（1572））にして修行の旅に出て、旅先で役行者のお告げを受け、富士の人穴で修行し、初めて富士登拝をする。八海にて修行し、「御風先侒」を授かる。また、大願成就して、戦乱止むの報を聞く、大願成就を父母に報告して「外空海大行」に出て弟子を取る。徳川家康と対面し、仙元大日神の教えを講じ、その後、関東八ケ国を支配した徳川家康と再会し、改めて仙元大日神の教えを講じ、隠居後の徳川家康と再会する。人の求めに応じて弟子らと江戸に赴き、「御風先侒」にて疫病を救済するが、「御風先侒」による救済を怪しまれ、幕閣の尋問を受け容疑を晴らし、百六歳にて死す、とある（『富士山をめぐる日本人の心性』）。肥前国長崎に出生したとあるが、漁村としての長崎浦が宣教師によって開港され港町ができたのは30年後の元亀2年（1571）のことであり、史実にそぐわないことから、出生を遡らせる操作があったことがうかがわれる。戦国の騒乱を止揚して、徳川幕府の支配へと向う趨勢に合わせ、その救済観を表出させる工夫をしている。そして、家康との出会いと再会を挿入し、御風先侒による江戸への進出を記している。元亀3年（1572）には、吉田は旧地（古吉田）から現在地に移転を行っているが、大きな出来事のあったこの年に仮託して、角行の北口登山を記述したのかもしれない。

ともあれ、角行は、富士山が万物の根本神であるとし、江戸とその周辺地域の庶民の現世利益的な要求にこたえて近世富士講の基礎を形作った。そして、正保3年（1646）に106歳で人穴において死んだというが、その信仰は弟子たちに引き継がれた。角行の弟子には、大法と渓珉（のちの日珉）がいる。大法は、俗名を斎藤太左衛門助成といい、武門の生まれながら零落して山賊になっていた。角行はこの男を平伏させて、持病を治してやり、遂には弟子とした。もう一人は、渓珉（日珉）であ

り、二世を継承する。俗名は黒野運平といい、宇都宮の鉄砲町に住んでいた。自らの因縁により、物言うこと叶わざる病に苦しんでおり、中禅寺湖で修行中の角行を訪ね、弟子となった。そして、弟子の日珥から、珥心・月珥へとその流は伝えられた。日珥に娘を助けられた因縁で赤葉庄左衛門（日珥）が入信し、三世を継承する。生国は下野宇都宮押切町で、江戸横山町に住む。四世は月珥で、俗名を前野理兵衛という。江戸本石町に生まれ、後に小伝馬町二丁目に住む。五世は月心、俗名村上七左衛門で、生国は攝津国豊島郡長島村であり、江戸小伝馬町二丁目に住む。その子村上三郎右衛門が六世を継承し光清を名乗る。信仰の流は、月心とその子村上光清の光清派と、月行から食行身禄へと受継がれる身禄派の二派に分かれた。光清は北口の浅間神社を修理したことにも示されるように、その財力によって身禄派を圧倒していた。吉田では、「乞食身禄に大名光清」といったという。身禄は世直しの理想のため、享保18年（1733）に吉田口七合五勺の烏帽子岩で入定し、それに従ったのが田辺十郎右衛門である。身禄は入定にあたって信徒の登山本道を北口と定め、吉田の御師坊を山もとの拠点とした。これからのち身禄派が優勢と

なり、その教えは江戸時代後期にかけてしだいに呪術性を脱却して、筋道のたてられた教義をもとに独自な実践道徳もつものとして発展していくことになる。ただし、角行の流の信仰が江戸に定着するのは三世以降のことである。角行は人穴で生涯を終えた。日珥はその死後に人穴を去り、江戸浅草蔵前に移り住み、その後宇都宮の黒野市郎兵衛の家で死んだという。四世月珥については、「月珥居士公事之巻」がある（『富士講の歴史』）。

2. 北口浅間神社と光清派

　五世月心（村上七左衛門）と六世光清（村上三郎左衛門）は親子である。父の七左衛門は、日本橋小伝馬町二丁目で葛篭問屋を手広く営む裕福な商人であった。熱心な富士山の修行者でもあり、下向後には人穴で二十一日の修法を行って、またこの場所の維持に努力した人である。光清は吉田の下浅間（北口本宮冨士浅間神社）の大修造を行った。もともと本殿は、元和元年（1615）に鳥居氏により造営されたもので、慶安2年（1649）には秋元富朝により修復が加えられ、前殿（拝殿）も修造された。

　享保18年（1733）、大鳥居神主小佐野氏と吉田御師惣代は、修復願書

を寺社奉行に提出した。しかし、幕府による修復は実現せず、同20年（1735）、江戸小伝馬町の富士行者村上光清の力添えで自力で修復を行うことの許可願が提出された。前年に屋根葺替えの請負証文や修復注文書などが江戸の職人から出されているので、同年から村上光清を中心とした富士同行（講中）が費用を負担する大修理が決定していたことになる（『富士吉田市史』）。巨大な割拝殿の軒先に光清派の講紋である藤丸の紋がつけられており、その内部には父子二代の行名を記した三十六歌仙額絵を奉納していることからも、それがうかがわれる。

これ以降、元文年間（1736～1741）にかけての普請で境内も拡張され、拝殿をもつ本殿、神楽殿、随神門、大鳥居が一直線に並ぶ、現在のような景観ができあがった。これによって下浅間が富士講の信仰拠点としての性格を強く持つようになったといえる。

七世の光照は俗名を臼井新助といい、後に村上姓に改める。生国は下野佐野領高山村で、江戸日本橋瀬戸物町に居住し、小伝馬町二丁目に遷居する。八世の照永は吉峰長八郎という。生国は尾州知多郡で、上吉田に長く居住する。

3. 食行身禄の即身入仏と身禄派

三世珥心の次が月行であるが、日珥の跡目を継ぐことができずに自立する。月行朝沖は、江戸白銀町に住まいする森太郎吉といい、その次の日行が、横山同朋町小刀屋長日作兵衛である。月行は伊勢松阪の出身で、今でも伊勢には富士信仰が色濃く残っている。現在、松阪の西方にそびえる堀坂山は別名を伊勢富士といい、「浅間さん」と呼ばれている。食行身禄こと俗名伊藤伊兵衛は、寛文11年（1671）に伊勢の川上清水村で生まれた。本姓は小林である。天和3年（1683）、13歳になった身禄は、江戸に帰る叔父の富山清兵衛に同道して行く。叔父の薬種商売見世で手代を勤め、後に養子となり、17歳で同国の富士行者、月行に弟子入りする。月行は身禄に食行という行名を与える。食行は断食行のことである。

元禄2年（1689）6月、月行に同行して、北口御師の瓶子屋田辺伊賀の御師坊に宿泊した身禄は15日に頂上し、五合目に下って師と別れて御中道を廻る。吉田御師の田辺伊賀（平太夫）が月行と身禄の定宿であったが、後には宿を田辺十郎右衛門（近江）方に移すことになる。この経緯を菊田式部が「菊田日記」に後日談を書き記している。身禄の即身入仏

に付き添った田辺十郎右衛門が、後の文化年間（1804～1818）になって嗣子に恵まれずに田辺伊賀家から養子を迎えることとなった。これに対して江戸の古参の富士講睦である十三講から身禄を追い出した家のものを入れるのは反対だとの抗議が出たことが記される。いずれにしろ、吉田で「乞食身禄」とも、「貧乏身禄」ともいわれ、身禄の生活は厳しいものであった。この間に、江戸小石川餌差町、小石川小日向関口水道町、小石川大原町、巣鴨仲町、その近くの小泉文六郎の長屋へと住まいを移している。なお、文六郎は、身禄の死後、富士行者としての教えを説いていた。その弟子の一行八我は山一講を興した。

享保7年（1722）から同15年（1730）までの9年をかけて、身禄は「一字不説の巻」を書上げた。

享保18年（1733）に身禄は富士山で入定する。小泉の長屋を出た身禄は、中仙道の下板橋宿平尾町の永田長四郎の家に着いた。そして、長四郎を連れて富士山の山もとの吉田に向う。下板橋から川越街道の下練馬宿に出る。現在、「富士街道」とよばれ、講徒が「入定道」とよぶ道を通って田無宿に到着して休憩する。そこから府中宿に出て、甲州道中を西に進む。

6月13日、谷村（都留市）まで田辺十郎右衛門の倅平助が迎えにきて、二人で十郎右衛門の家に着く。翌14日早朝に田辺家を出発する。下仙元宮（下浅間、北口本宮冨士浅間神社）に参詣し、そこから駄馬に乗って登り、中宮まで登ると十郎右衛門と倅多吉の父子が迎えにきて、八合目大行合の小屋で宿泊する。

15日の朝、頂上に到着する。薬師嶽、内院を巡拝し、釈迦の割石に到着する。しかし、大宮役人に追い立てられて、七合五勺の烏帽子岩まで下り、ここで入定することになる。厨子を組み立ててその中に座す。16日、十郎右衛門は多吉を連れて烏帽子岩に行き、多吉は雪を茶碗に盛って身禄にすすめる。身禄は厨子の中にあって命の尽きるのを待つことになるが、その間に身禄がした講話を十郎右衛門が筆記し、「三十一日の巻」をつくる。身禄の最期を多吉（後の中雁丸豊宗）が手記に残している。7月13日に師身禄との最後の別れをして、厨子の前に石を積んで下山した。17日の朝に雪を持参して師に差し上げ、厨子へ石を積んで帰った、このように書き残している。身禄は三十数日に及ぶ断食行の果てに即身入仏したのである。身禄の命日は、菩提寺海蔵寺の位牌には7月17日とあるという（以上、『富士講の

歴史』)。現在でも伊勢の親類のもとには身禄の遺髪が残されている。弟子の田辺十郎右衛門は御師株を求めて新たに御師となり、その後は吉田随一の御師として権勢をきわめることになる。

ところで、江戸時代後期に生きた北口(吉田)御師の菊田式部広道は、行名を臣行徳恵という富士講の先達でもあった。師は江戸神田の生駒元硯であり、彼には三人の息子がいた。息子の生駒広仲は「富士山信仰角行一代記」を記し、弟子の門倉佐仲に与えている。佐仲は俗名を門倉政四郎、行名を誓行徳山という。吉田御師の菊田式部が記した『菊田日記』には、相州山臣印講元政四郎の名は文化元年(1804)から繰り返し出てくるようになり、誓行徳山が修行の場として選んだのが精進の「御穴」である。誓行は身禄にしたがってここで断食行を行って入定を遂げた。

4. 神仏分離とその後の富士山

明治新政府の発した神仏分離令により山内の仏像・仏具は下山させられた。浅間神社の信仰を中核とする富士信仰は、仏教主導の神仏習合であったから、とりわけ厳しいものがあった。本宮浅間社(富士山本宮浅間大社)では、別当家が復飾を願い出て許可され、大神主富士神一郎と改名している(『浅間神社記録』)。同書によってみると、富士山頂大日仏取り除き、富士浅間大神奉斎の儀、伺いの通り御指導相成り候、とあり、大日仏とともにその他の仏像、村山浅間神社の仏像についても取り除こうと、県に許可願を提出したところ、願いの通り許可され、これらは明治7年(1874)に実行された。

北口の浅間神社でも鐘楼・鐘・仁王門・護摩堂などが「混交に付取除」かれた(「届書」小佐野倍彦家文書)。一合目鈴原大日堂は鈴原神社に再編され、二合目役行者堂は廃された。明治七年には富士山中の仏教的な地名の改称がなされ、山頂八葉などでは文殊ケ岳が三島ケ岳、釈迦ノ割石が割石、薬師ケ岳が久須志岳、釈迦ケ岳が志良山岳(白山岳)、阿弥陀ケ久保が片瀬戸、観音ケ岳が伊豆岳、勢至ケ久保が荒巻、大日堂が浅間宮、東西(東斎)ノ河原が東安河原、西西(西斎)ノ河原が西安河原となった。九合目迎薬師は迎久須志、経ケ岳は成就ケ岳と変更された(『山梨県史』)。

神仏が混交したままのそれまでの富士講は、富士山一山教会、富士北口教会などに再編され、そのなかから神道一三派に属する実行教・扶桑教・丸山教などの諸派が出現し、第二次世界大戦をくぐりぬけて、現在

に引き継がれている。今でも夏山には、富士講の御山入（登拝）をみることができる。

富士の人穴

伊藤 昌光

　人穴(ひとあな)は、富士山西麓朝霧高原（静岡県富士宮市）の海抜687mにある洞窟である（図1）。この人穴は、鎌倉時代から現代まで富士山信仰の対象として、次のような多様な信仰を生み出している。
（1）浅間大菩薩の御在所
（2）「人穴草子」の成立
（3）長谷川角行の修行
（4）富士講の西方浄土

　これらの信仰の舞台となった人穴は、富士山の側火山の一つ犬涼み山（海抜1,206m）が噴火して流出した溶岩流内に形成された溶岩洞窟である。人穴の入口（図2）は洞窟天井部が崩壊してできたもので、洞窟内に入るための石段が斜めに設けられている。入口から最深部までの長さは約80mで、入口から数m入ると天井が高くなり立つことができる。入口から30m付近には、天井部と床面部を結ぶ柱状の溶岩（溶岩柱）があり、天と地を結ぶ須弥の御柱として信仰上重要な部分となっている。さらに奥に進むと天井の高さが最大6mにもなり、洞内を歩いて一周することができる。付近には、これまでに19の溶岩洞窟が発見されているが、入洞しやすく、信仰のための十分な空間を有する洞窟は人穴だけである。

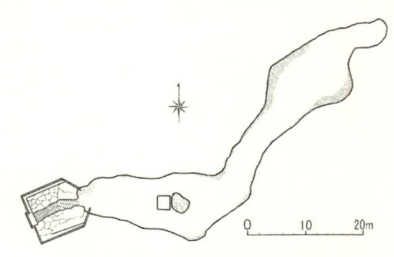

図1 溶岩洞窟「人穴」平面実測図

　「ヒトアナ」の名前の由来は、太穴の訛ったものとか、人が生活した穴などと言われているが定かではない。三重県志摩地域の海岸沿いに修験者に関係するとされる人穴があることから、信仰に由来するものかもしれない。

　源頼朝は、建久4年（1193）に富士野の狩倉(かりくら)、いわゆる富士の巻狩を催した。『吾妻鏡』によると5月15日に富士野の御旅館に入り、6月7日まで現在の富士宮市北部地域一帯の草原地帯で巻狩を行ったと思われる。

　それから10年後の建仁3年（1203）6月、2代将軍頼家も頼朝に倣い富

士野で巻狩を行った。頼家はその時仁田四郎忠常に人穴探検を命じている。『吾妻鏡』建仁3年6月3日の条に「将軍家、駿河国富士の狩倉に渡御す。かの山麓に又大谷あり、これを人穴と号す。」とある。これが人穴の名前が最初に記された資料である。

『吾妻鏡』に記載されている仁田四郎忠常の人穴探検とは、
「忠常は家来と共に6月3日に人穴に入り翌日帰ってきた。洞窟の中は狭くて暗く、思うように進むことができない。松明を灯して前に進んだ。蝙蝠が幾千万と飛び、その先に逆波巻く大河があり渡ることができない。この時火の光が差し、川向こうに奇特を見ると忽ち家来4人が死んだ。忠常は頼家から拝領した剱を川に投げ込んで無事帰ることができた。」
というものである。さらに、
「古老の話に、ここは浅間大菩薩の御在所で、古来より穴に入ったものはいない。恐ろしいことだ。」
と付け加えている。

この『吾妻鑑』の記載では、富士山の神として祀られていた浅間大神が、富士山仏化にともない神仏習合の姿として浅間大菩薩となって現れている。「浅間大菩薩」の名前が登場するのは、この記載が初出だとされている。このことから、人穴が浅間大菩薩の御在所だという信仰は、鎌倉時代には既に成立していて、それには人穴を行場としていた修験者が関わっていたと考えられるという。富士山南麓では12世紀中頃から、村山（富士宮市村山）を中心に修験者の活動が始まったとされているが、村山修験と人穴を結びつける資料は確認されていない。もっとも、村山修験と伊豆山修験の関係や、北条氏と富士浅間宮（現在の富士山本宮浅間大社か）の関わりなどから、鎌倉武士の間に人穴が浅間大菩薩の御在所という信仰が流布していたのかも知れない。

その後、『吾妻鑑』の仁田四郎忠

図2 溶岩洞窟「人穴」入口

常人穴探検談は、室町時代に成立したとされる『富士の人穴草子』に取り入れて、忠常は浅間大菩薩に洞窟内を案内され、地獄巡りをすることになっている。（別項「富士の人穴草子」参照）

富士山西麓は、間遠ケ原三里といわれた荒原であったが、15世紀初頭には駿河国と甲斐国の国境根原に関所が設けられ、両国を最短で結ぶ中道往還（左右口路）が通っていた。また、甲斐国郡内地方から富士郡北部地域に至る若彦路（郡内道）もこの辺りを通過していたと考えられる。間遠ケ原三里の真ん中にある人穴村は、この地域の交通の要衝であった。

戦国時代には、人穴は浅間大菩薩の御在所として知られていたためか、人穴に立ち寄ったという戦国武将の伝承を伝えている。天正10年4月、織田信長が甲斐国からの帰途人穴に立ち寄り、茶屋を設けて休息したという（『信長公記』）。また、人穴村には、同年7月に徳川家康が郡内勢より夜討ちをかけられ人穴に逃げ込んで命を取り留めたので、そのお礼だとして翌年に徳川家康から人穴宿を不入の地とする朱印状を賜ったという話が伝わっている。

人穴に富士講の開祖とされる長谷川角行が修行のためにやってきたのは、後世に記された角行の伝記『御大行の巻』によると永禄2年（1559）である。同書によると、角行は、天文10年（1541）肥前国長崎で生まれた。永禄2年（1559）、治国済民祈願修行のため諸国霊場巡拝の旅に出て、奥州にある脱骨の窟で修行中、役行者が現れ富士山に行くようにお告げをうける。人穴に籠もった角行は四寸五分角（14cm角）の材木の切り口の上に立って、一千日の立行を行った。行が終わった永禄3年（1560）4月初申の日、仙元大菩薩より角行の名を授けられた。角行は、その後も各地を回って修行を続け、正保3年（1646）に人穴で106歳で大往生を遂げている。（富士講については「富士講」の項参照）

角行の入寂後も人穴では角行の弟子たちが修行を続けたのか、洞窟内には日珥・月珥などの銘がある寛文4年（1664）造立の大日如来が残されている。また、村上光清は享保6年（1721）から享保11年（1726）まで、毎年1回または2回人穴を訪れ修行をしたという。（村上光清筆『人穴修行記』）

享保年間（1716〜1736）の並川五一郎著『翁草』に、「人穴は古来から奇怪の説が多く、近寄るなと言われたが、中に入ってみても何も怪しきことはなかった。」と言ってお

り、訪れる人は少なかったようである。それから約100年後の文政6年（1823）の芙蓉亭著『富士日記』には、「穴の中には富士道者の為に籠屋が二箇所設けられ、断食の行をするものあり」とあり、人穴の様子が変わってきている事がわかる。さらに、弘化4年（1847）に刊行された『富士山真景之図』には「御浄土山」とあり、人穴の支配人赤池善左衛門の家に旅宿し、案内人をつれ人穴の修行を勤めるとある。富士講信者が多数訪れていた様子が伺える。このような人穴の変化は、18世紀後半以降、富士講が組織化され隆盛を極めると、人穴は角行入寂の聖地で、富士講信徒の「西の浄土」として信仰されるようになり、多くの参拝者が訪れるようになったためである。

人穴の管理をしていた赤池家（静岡県富士宮市）には、『角行藤佛俐御大行并御出生之事』や『行躰の巻』などの角行の伝記が伝えられている。これらの伝記には、人穴において永禄3年（1560）に仙元大日より角行東覚の名と日月御直伝を授かり「御身抜」を書き表した。また、人穴において永禄8年（1565）に仙元大日神より、天下泰平のため富士登山するようにとのお告げを受けた等々とある。さらに、角行は各地で修行をすると必ず一度は人穴に帰るなど、人穴が角行修行の中心地であることが強調されている。これらの伝記は巻末の記述から、18後半から19世紀前半の成立と考えられる。「西の浄土」の信仰に対応し、赤池家の動きとして捉えることができる。

現在の人穴浅間神社境内には、富士講社によって造立された約200基の碑塔が残されている（図3）。これらの碑塔は、角行二百年忌の宝篋印塔や、各講の先達の遺徳を顕彰し供養するための供養碑、あるいは大願成就の記念碑などである。江戸期の造立と判明する碑塔は合計44基あるが、造立は18世紀後半から19世紀中ころにかけて盛んに行われている。富士講信者の、「西の浄土」に供養碑を造立したいという思いが表

図3 人穴浅間神社境内の碑塔群

れているものと思われる。また、碑塔は講毎に群を成した所があり、講の勢力を誇っているようにも見受けられる。

19世紀前半の文政期から天保期にかけて、光侎寺大日堂再建の動きがあった。光侎寺は角行が人穴で修行した際の僧庵と考えられ、赤池家のことと推定されているが定かではない。その大日堂が零落していたので、天台宗の僧侶空胎が、文政6年（1823）から信者の寄付を募って浄土院大日堂の再建を企図し、天保年間に再建したというものである。天保3年（1832）の古文書（個人蔵）にも、「囲内ニ有之候大日堂山号寺号相唱候」とあり、万延元年（1860）の『冨士山道知留辺』には、大日堂は穴の口より西北の側にあったと書かれている。浄土院大日堂は、現在の浅間神社の辺りに再建されたと思われる。

明治になると、神仏分離令により、大日堂は廃され浅間神社が建てられた。さらに、太平洋戦争中の昭和17年（1942）に、陸軍少年戦車兵学校が開校し、人穴地区の山野は戦車学校の演習地となり、昭和18年（1943）には村全体が約4km南方の上井出芝山地区に強制移住させられた。その際に明治18年（1885）に再建された人穴浅間神社も移転され、現在は芝山浅間神社となっている。

戦後、帰住した人々によって新しく浅間神社が再度祀られ、10年ほど前に再建された。現在は、洞窟内に籠屋が作られ、定期的に参詣する信者が見られる。人穴信仰は形を変えて現在も存続している。

参考文献

- 岩科小一郎『富士講の歴史』名著出版，1978
- 遠藤秀男『富士宮市史 上巻』富士宮市，1978
- 若林淳之他『史蹟人穴』富士宮市教育委員会，1998
- 小山一成『富士の人穴』文化書房博文堂，1978
- 山本志乃「富士の聖地と洞窟―「人穴」と「御胎内」にみる近世庶民の信仰と旅―」『富士山をめぐる日本人の心性』法政大学国際日本学研究所，2007

富士信仰にみる赫夜姫(かぐやひめ)

植松 章八

はじめに

　中世における富士信仰は、平安時代後期、11世紀後半～12世紀に一斉にはじまるとみられる。南麓地域における富士禅定（富士山登拝行）の拠点は、富士浅間宮、村山修験、山宮浅間（以上富士宮市）及び東泉院（富士市）の4遺跡が発掘調査の成果としても確認（渡井英誉「考古学的な見地から見た浅間神社の始まり」『富士学会発表要旨集』No.8 富士学会2010ほか）されている。

　富士禅定にしたがう僧を修験・山伏という。修験・修験道とは、日本古来の山岳修行と密教が結合したものとされる。山岳修行による超自然力の獲得をめざし、呪術宗教的活動を展開する。平安末期以降盛んとなり、民衆生活に浸透して支持をひろげる。

　密教は、平安初期以降広く受容される。大日如来が中心仏で、宇宙の本体そのもの、諸仏諸尊の統一仏とされる。その大日如来の教令輪身(きょうりょうりんじん)として一切の悪魔・煩悩を降伏させる仏が不動明王で、平安時代末期以降盛んとなる。富士信仰の展開において、鎌倉末期以前に成立し、中・近世の富士山祭神として崇拝された「赫夜姫(かぐやひめ)」について、近年の調査・研究の成果を紹介し、その再評価を試みたい。

1. 本地垂迹説と富士山の仏神

　日本仏教は、在来の神との融合をはかり、神仏習合の立場をとる。平安中期ごろ以降になると、本地垂迹説が主張され、仏神の同体化のため、神（垂迹）ごとに本地仏の特定がすすむことになる。

　中世の富士山仏神は、つぎのように整理することができる。

・地主神不動明王(じしゅ)

平安末期から鎌倉中期以降まで、本地仏普及以前、末代時代

・本地仏大日如来

鎌倉中期以降、本地とはものの本来の姿（本体・本源）、密教にみる大日如来は宇宙の根源、釈迦如来を含むすべての仏・菩薩・明王等は大日如来の化身

・垂迹神浅間大菩薩(すいじゃく)

平安末期以降、仏・菩薩が衆生救済のため、神という仮の姿で迹を垂

れる、神は権現・明神の称号を与えられる。浅間大菩薩の浅間は在来の浅間大神、菩薩は如来に次ぐ仏であり、両者が結合して如来から富士山に遣わされるのである

・祭神赫夜姫

鎌倉末期以前に成立、後代には諸仏神の主神として率いる

富士山仏神と赫夜姫の成立について検討するため、確実に中世とできる富士縁起8点（②東泉院『富士山大縁起』に後年「五社記」が追記され、2点とする。）により、表1を作成した。表2は、表1から導かれる富士山仏神の変遷について、現在まで残存する仏神像を中心に記録類を含め、分類・編年したものである。両表は整合し、補強する成果をみせている。

2．祭神赫夜姫の成立

富士山仏神について時期区分する。

0期　在来神だけの時代

…平安時代前・中期

仏教伝播以前。浅間大神、浅間神、名神、浅間名神、浅間明神（甲斐）が知られる。延喜式（延長5年 927成立）には、「浅間神社名神大」とある。

Ⅰ期　地主神不動明王と垂迹神浅間大菩薩の時代

…平安時代末期〜鎌倉時代中期

（①〜は表1の縁起番号を示す、以下同じ）

① 『浅間大菩薩縁起』[末代上人]に代表される。

書写は建長3年（1251）と記されるから、縁起の成立は鎌倉中期以前、13世紀半ば以前といえる。地主神とは、最初に祀られた神をいう。修験者は「不動明王の直体」とされるから、不動明王は修験者自身、本尊である。修験が富士禅定に入れば、最初に不動明王を祀る。不動明王は、富士山に祀られた最初の仏である。

末代上人は12世紀中葉ごろの人、存在が確実とされる最初の登頂者である。平安末期の『本朝世紀』や『地蔵菩薩霊験記』により、仏教と富士信仰を結合させ、村山修験の創始者とされる人物。①『浅間大菩薩縁起』の発見により、上人が駿河出身の走湯山僧であることを初め、登頂や埋経の具体的様相があきらかになった。初登頂は長承元年（1132）であり、その翌年の4回目には経典とともに、「地主不動明王三尊像を鋳顕」の銘を付した鏡を納めたとある。平安末期、12世紀前葉には地主神が成立していることになる。浅間大菩薩については『吾妻鏡』建仁3年（1203）6月の条、伊豆国新田四郎忠常の人穴探索による「是浅間

大菩薩之御在所」に整合する。また、この時期には本地仏が成立していない点も重要で、地主神だけの時代である。

Ⅱ期　本地仏大日如来・垂迹神浅間大明神と祭神赫夜姫成立の時代

　…鎌倉時代中期以降

　②東泉院本『富士山大縁起』[金覧上人][頼尊]、③全海書写『富士縁起』[全海]が代表する。

　②東泉院本『富士山大縁起』は、開祖金覧上人（実在の人物とはみとめられない。）が記し、3代頼尊が正和5年（1316）に書写したと記される。縁起の成立は、鎌倉末期以前、14世紀初頭以前といえるが、おそらく13世紀代とみてよいようである。開祖金覧上人（一代のこととは限らない。）は、縁起では震旦国からの渡来とするが、末代よりやや遅れて走湯山から富士南麓に来住、実際には多数の修験が入っている富士山を避け、愛鷹山を選択、とみておく。

　頼尊にもふれておく。『浅間文書纂』所収「別本大宮司富士氏系図」によると、頼尊は21代大宮司直時（康永4年、1345卒）の従兄弟で「富士正別当　村山三坊等ノ祖」とある。東泉院や多門坊等の愛鷹山麓での活躍とともに、村山三坊では「富士行」を創始して一般人の富士禅定をひらいた人物として知られる。

　③全海書写残欠本『富士縁起』は、鎌倉末期以前、14世紀前葉以前の成立という。本地仏が成立して垂迹神・祭神を伴う基本形が成立する。②東泉院本『富士山大縁起』では不動明王が残るが、それは①『浅間大菩薩縁起』にみる富士山全体の地主神ではなく、頂上の「西の峰の地主不動明王」とある。ここでは、頂上西の峰の地主神に限定される在り方と理解してよいようである。

　③全海書写残欠本『富士縁起』の祭神「女」は、富士信仰にみる赫夜姫、すなわち、富士縁起及び富士市比奈に係る赫夜姫がもつ3要件として「乗馬里」「愛鷹・飼犬明神」「（富士山）巌窟帰着」を備えている。その3要件、比奈地名・養父母神・富士帰山は、祭神赫夜姫成立の必要十分条件とみてよい。

　以上により、本地仏・垂迹神の成立は、鎌倉末期以前、14世紀初頭以前（おそらく13世紀代）である。祭神赫夜姫の成立は、わずかに遅れて鎌倉末期以前、14世紀前葉以前といえる。

Ⅲ期　垂迹神富士浅間大菩薩と祭神赫夜姫確立の時代

　…南北朝時代中・後期～室町時代初期

④『神道集所収富士浅間大菩薩事』[安居院（あぐい）]、⑤『詞林菜葉抄所収富士縁起』[由阿]、及び⑥『真名本曽我物語所収富士縁起』に代表される。

④『神道集富士浅間大菩薩事』は、南北朝中期、14世紀中葉ごろの成立。祭神「赫野姫」は、神名も固有化して一定の発展を示すが、基本的には富士浅間大菩薩に従の立場をとるようである。安居院とは京都におかれた比叡山東塔の竹林院の里坊で、その住僧たちは鎌倉時代から東国に進出し、民衆教化につとめる。その民衆への唱導（説教のこと――安居院唱導という。）の話材として『神道集』を編集し、「安居院作」と記したと考えられている。ここで「本地物」にもふれておく。本地物とは、室町時代を中心につくられた文芸作品で、中世から近世前期にかけて「○○の本地」と題する写本や刊本が多く現される。『神道集』や後出する『戒言（かいご）』『富士山の本地』等がその代表的存在。内容は、神と仏がもとは人間で人界にあって種々の苦難を体験し、そうした人間の苦を救うため、神仏として顕れるとする。つまり神仏は人間時代の前世を、その人身時代を本地仏と垂迹神との間におく構造をもつことになる（松本隆信『中世における本地物の研究』汲古書院 1996）。本来大日如来である赫夜姫は、人身としてこの世に出現し、苦悩を経て富士浅間大菩薩と顕れ、衆生を救う、というのである。そうした富士信仰にみる赫夜姫の在り方が、竹取物語にみる超然としたかぐや姫との決定的相違といえる。

⑤『詞林菜葉抄富士縁起』は、南北朝期中ごろ、14世紀中葉に成立し、祭神は「少女」とある。詞林菜葉抄は万葉集の注釈書であり、多くの文学作品にふれ、種々の赫夜姫がみえる。いわゆる文学作品と富士縁起は、それぞれ独自な発展を経るようである。

⑥『真名本曽我物語富士縁起』は、南北朝後期から室町初期、14世紀後半から15世紀初頭に成立し、祭神は「赫屋姫・仙女」とある。曽我物語は、室町中期以降、南北朝期にかけて箱根・伊豆二所の瞽女（ごぜ）たちによる「曽我語り」としてひろく知られる。その語りは、④神道集の「安居院唱導」ほかの下級宗教家たちと民衆への布教を競い合う状況のなかに生まれ、育てられたようである。そうした語り・唱導が先行するなかで、現存曽我物語の最古といえる『真名本曽我物語』と『神道集』が成立したとみられる。ここでは、そうした「書物」としての成立年代を「表1」に示したが、語り・唱導の段階でその

前後を論ずることは難しいようである。また、④『神道集富士浅間大菩薩事』と⑥『真名本曽我物語富士縁起』の構成・内容は、多くの共通点をもち、よく類似することがひろく認められる。

以上により、祭神赫夜姫は、南北朝中・後期から室町初期において、名称用字の不統一性を残すが、実質的には「比奈赫夜姫」として確立し、民衆への浸透が本格化したといえる。

Ⅳ期　祭神赫夜姫定着の時代
　　…戦国時代～江戸時代

②東泉院本『富士山大縁起』「五社記」［頼恵］に代表される。

富士山大縁起の再編・五社記の追記は永禄3年（1560）とされ、戦国後期、16世紀中葉となる。祭神赫夜姫は「赫夜妃」の名称で登場し、「新宮…愛鷹　赫夜妃誕生之処」「今宮…犬飼神」とある。「新宮」は現滝川浅間神社で「愛鷹」神（養父神）を、「今宮」は現今宮浅間神社で犬飼神（養母神）を祀るとある。滝川・今宮の地名、養父母神が確認される。

⑦東泉院本『富士山大縁起抜書』に代表される。

②東泉院本『富士山大縁起』の内容について、富士山や愛鷹山の縁起を初め、「五社之事」「右本地之事」「五代尊之事」の項に分けて要約したも

のである。表題を欠くため、『富士山大縁起抜書』（富士市立博物館第48回企画展図録『富士山縁起の世界―赫夜姫・愛鷹・犬飼―』2010年3月）と呼称され、「新宮（滝川をいう。）…愛鷹　赫夜姫誕生之処」「今宮…犬飼神」の記述が確認される。また、裏面に「縁起云」と題される記述2点があり、永禄3年（1560）書写とする。その一点には赫夜姫譚がみとめられ、愛鷹山麓の「大網（綱か）里」に老夫婦が住み、それぞれ鷹を愛し、犬を飼っていたが、後「乗馬里」に移り住んだとある。箕を作るを業として人々から「作竹翁」とよばれ、竹節の間から得た「嚇夜女」は「十六ヶ月」で成長したという。そうした記述の内容は、後出の林羅山が赫夜姫祭神説を否定するために『本朝神社考』「冨士山」（寛永年間1624～1644の成立）に「縁起云」とした冨士浅間縁起と同一であり、共通する祖本を書写したことになるが、その縁起は知られていない。

以上が、祭神赫夜姫の成立から確立・盛行について、富士山仏神の基本的変遷からとらえたものであり、現状での成果ということになる。

3. 木花開耶姫祭神論の台頭

戦国末期から江戸初期には、思想刷新と学問興隆を背景に、儒学が勢

2.2 富士山信仰

力をひろげた。そうした儒学者のなかには、僧出身者も知られるが、激烈な排仏・崇神論者たちがあらわれ、木花開耶姫祭神論が出現する。

- 集雲守藤「集雲和尚遺稿」
慶長19年（1614）紀行　（文献1）
- 林羅山『丙辰紀行』
元和2年（1616）成立　寛永15年（1638）刊

『神社考詳節』
正保2年（1645）刊
- 堀杏庵『杏陰集』
寛永4年（1627）紀行　（文献1）
- 徳川義直『神祇宝典』
正保3年（1646）撰　（文献1）
- 河合曾良『おくのほそ道』（芭蕉）
元禄2年（1689）行脚

守藤は江戸前期の臨済僧、東福寺223世となる。羅山は、藤原惺窩の弟子、儒学者、神儒合一を唱える激烈な排仏論者、家康以下4人の将軍に仕えて幕府の文書行政に携わる。杏庵は羅山と同門、尾張藩に仕える。義直は家康の9男、尾張藩初代藩主、儒学・神道に傾倒する。曾良は芭蕉『おくのほそ道』紀行の随行者、入門前に吉川惟足に神道（吉川神道）を学ぶ。

そのうち、徳川義直編『神祇宝典』をみると、駿河国富士郡浅間神社の条で「浅間神者、大山祇神之女、木花開耶姫也」と明解に言い切る。守藤・杏庵・曾良の3人も同様であるが、羅山の『丙辰紀行』をみると、やや異なる様相をみせる。

『丙辰紀行』三嶋

伊豆の三嶋はむかし伊予の国よりうつして。大山祇神といわひまつる。いつぞや相国の御前にて。三嶋と富士とは父子の神なりと。世久しくいひ伝たりと沙汰ありければ。さては富士の大神をば木花咲耶姫と定申さば。（略）竹取物語とやらんにいへるかぐや姫は。後の代の事にてや侍らん。

要するに、家康の前で「父子の神」という伝承（？）が話題になったから、という。

以上、5例を上げ得た。そうした木花開耶姫祭神論の特徴は、第一に縁起によるものがないこと、換言すれば、祭祀者側からの提言ではなく、神道研究者たちの論理的な見解とみられる。第二に木花開耶姫の祭祀例がないことにある。要するに、そうした木花開耶姫祭神論は、激烈な排仏・崇神論者たちの理論的主張とみてよいようである。

4. 祭神赫夜姫追放と木花開耶姫登場

表3によると、祭神赫夜姫の最終例は村山系⑦の天保13年（1842）であり、祭神木花開耶姫の初出例（1740）である。各系別に検討して

みる。
（①〜は、表3の縁起・記録等番号）
（1）村山系
①〜⑦赫夜姫、⑧〜⑩木花開耶姫
　①⑦「冨士山大縁紀」大岳宋伯
　　寛永16年（1639）書写、北畠
　　栄寿　天保13年（1842）再書写、
　　杉田安養寺蔵

　資料①⑦は、内題が「冨士山大縁記」、明治28年（1895）の『富士郡長宛上申書下書　住職岸本賢瑞』（仮称）には、大岳宋伯が書写・作成し、伝法村保寿寺へ預けたが、明治14年（1881）に消失、現在は村山池西坊の浄蓮院北畠栄寿による天保13年5月書写本を秘蔵する、とある。ここでは寛永16年と天保13年の2時期における祭神赫夜姫を確認できることになる。

　安養寺本「冨士山大縁紀」は「冨士山大縁記」「養老山之事」「恋煙之事」の三部構成という特徴をもつ。冨士山大縁記の内容は、本宮の公文富士氏記録「富士大縁起」年紀なし（浅間神社社務所編『浅間文書纂』1931所収）、東泉院本「冨士山大縁記」（表3東泉院系③縁起）及び茶畑村浅間社「冨士大縁記」（表3須山系①縁起）と同一である。また、「養老山之事」「恋煙之事」は、『真名本曽我物語』の枝折伝説と赫夜姫伝説を書写したもので、養父母は「管竹翁」「賀歩嫗（かそう）」とされる。

　②「富士山縁起」池西坊行存撰
　　正徳3年（1713）刊
　③「村山浅間七社相殿」旧大鏡
　　坊富士氏文書K11　宝暦7年
　　（1757）ごろか

資料②はかくや姫、資料③では、浅間・赫夜姫・本地大日を祀るとする。

　④「富士山略縁記」寛政年間
　　（1789〜1801）三ノ輪太郎兵衛
　　五合目にて相続候（天保2年
　　1831　冨士山根本表口五合目佐
　　野太郎兵衛）旧大鏡坊富士氏文
　　書K5
　⑤「富士山船霊（ふなだま）明神縁起」旧大
　　鏡坊富士氏文書K1　村山大鏡
　　坊・辻之坊　文化8年（1811）
　　成立
　⑥「富士山縁起（写）」頼猷　旧
　　大鏡坊富士氏文書K2　文化9
　　年（1812）

資料④⑤⑥は、村山に記紀伝承を持ち込む初見であるが、浅間大菩薩・嚇（赫）夜姫と併存する。資料⑥については、池西坊諄栄書写本を辻之坊が所持、借り受けて書写とある。本縁起は真字（漢文）本であり、他に『富士山縁起』（「往昔縁記文字依不見分写之畢。…池西坊諄栄」年代不詳、遠藤秀男筆写・読み下し本五来重編『修験道史料集〔1〕東日本編』

-255-

山岳宗教史研究叢書17所収）が知られるが、本縁起と同類の祖本を書写したものとみられる。共に欠損があり、相補い得る。

⑧ 「村山〈浅間社〉」『駿河志料』
　　（二）富士郡七　中村高平　文久元年（1861）
⑨ 『以書付御奉願上候（神仏混淆廃止）』旧大鏡坊富士氏文書K34　明治元年（1868）
⑩ 『富士山根本宮両社書上　附大日堂』旧大鏡坊富士氏文書K36　明治2年（1869）

資料⑧は地誌、幕末に木花開耶姫とするが、資料⑨⑩は村山の記録で、維新後とする。

村山系は、縁起6点、記録4点の計10点がある。木花開耶姫は神仏分離後とみられる。

(2) 浅間本宮系

①〜⑤赫夜姫　⑥〜⑬木花開耶姫
① 「戒言」永禄元年（1558）写本
② 『庭訓往来註』卯月五日状　寛永8年（1631）刊本
③ 『本朝神社考』「冨士山」縁起（冨士浅間縁起）云　林羅山　寛永年間（1624〜1644）成立
④ 『庭訓往来註』卯月五日状　万治元年（1658）刊本
⑤ 「富士山の本地」延宝八年（1680）刊

資料①⑤は本地物、②は往来物、③は羅山引用縁起、④は庭訓往来註（注釈書）（前澤明「庭訓往来抄「蚕養」の注として見える一説話—蚕影山の縁起—」成城文藝季刊第二十九号）で、いずれも本宮が作成・発行したものではないが、一般に流布する祭神赫夜姫縁起としての意味をもつ。便宜のため、本宮に列しておく。資料①②④は筑波山（蚕影山神社）の本地と蚕の起源譚を語る。富士山・赫夜姫を登場させる富士縁起でもある。資料③は、羅山の本地垂迹説批判である。引用縁起は知られていない。資料⑤は、刊記に「延宝八年庚申吉日　本石町三丁目　駿河屋徳兵衛開板」とある。駿河の商人が、富士山の庚申年をみこみ、挿絵を当時名声の高かった菱川師宣にたのんだ、とされる。

⑥ 「富士本宮略縁起」富士本宮社司　別当宝幢院・公文富士長門　明和4年（1769）〜寛政2年（1790）後
⑦ 「富士本宮浅間社記」『浅間文書纂』大宮司和邇部民濟　明和8年（1771）〜文化2年（1805）
⑧ 「駿河国一宮富士郡大宮郷本宮　正一位冨士浅間大神記」駿州冨士郡大宮　和邇部宿禰信胤　天明7年（1787）〜享和元年（1801）

資料⑥⑦⑧は、本宮における祭神木花開耶姫の初見である。資料⑥は「御本地ハ大日如来」とし、本地垂迹説の赫夜姫を木花開耶姫に書替えたものである。資料⑦⑧は、記紀伝承説だけによる本宮最初の記述である点に、意義がある。

⑨ 「富士本宮浅間大権現神社」『駿河記』下巻富士郡巻之四〈大宮〉 桑原藤泰 文政3年（1820）

⑩ 「冨士山本宮 大日如来並山形神鏡 開帳霊宝縁起」天保4年（1833）

⑪ 「浅間神社」『駿河志料』（二）富士郡六 中村高平 文久元年（1861）

⑫ 「富士本宮雑記抜抄」『浅間文書纂』 新宮前神主 元治元年（1864）

⑬ 「社中願書下書」『浅間文書纂』 駿河国一之宮富士本宮浅間大神社中 明治4年（1871）

資料⑨⑩⑪⑫⑬は、祭神木花開耶姫とする。資料⑩は江戸向嶋の蓮花寺で開帳する霊宝縁起、資料⑬は別当家も木花開耶姫という。

本宮系は、縁起8点、記録5点の計13点がある。資料⑦⑧は、本宮における両部神道から唯一神道への記念碑的意味をもつ。

（3）浅間新宮（府中）系
①〜③木花開耶姫

① 「浅間御本地御由来記」 安永2年（1773）写本

資料①は、本地物の写本。「…これ此花さくや姫の、御ゑんきとかや、」とある。本宮資料⑥に共通し、本地垂迹説の赫夜姫を書替えたものとみておく。

② 「志豆機神社・浅間新宮両本社」『駿河記』上巻 安倍郡巻之二 桑原藤泰 文政3年（1820）

③ 「浅間社〈浅間大神〉」『駿河志料』（二）府内部 中村高平 文久元年（1861）

資料②③は地誌である。

新宮系は、縁起1点、記録2点の計3点がある。いずれも木花開耶姫である。

（4）東泉院系
①〜⑤赫夜姫

① 東泉院本『富士山大縁起』「五社記」富士愛鷹両山惣別当権大僧都頼恵 永禄3年（1560）

② 東泉院本『富士山大縁起抜書』永禄3年（1560）書写

資料①②は、地元資料にみる比奈赫夜姫譚の初見である。赫夜姫、養父母神ほかの具体的な記述がある。資料②は、林羅山『本朝神社考』「富士山」の引用縁起と同類の祖本とみ

2.2 富士山信仰

③ 東泉院本『富士山大縁起』東泉院法印圓成書写　元禄10年（1697）

資料③は、同一縁起があり、北口系資料①に述べた。

④ 東泉院本『浅間宮署縁起』「冨士浅間」冨士五社供僧仙用寺賢光　享保13年（1728）

⑤ 東泉院本『御由緒書』　明和4年（1767）

資料④は、縁起であり、林羅山『神社考詳節』に同文である。絵図によると、冨士六所浅間社境内西端に「仙用寺供僧屋敷」がある。冨士六所浅間社の縁起に転用したものとみられる。資料⑤は、東泉院から寺社奉行所に提出されたものであり、赫夜姫の「鎮座」を述べる。

東泉院系は、縁起4点、記録1点の計5点がある。時期的には江戸後期を欠いている。

（5）比奈系

①～④赫夜姫　⑤木花開耶姫

① 「無量寿禅寺草創記」『荊叢毒蘂（けいそうどくずい）』巻第五　白隠慧鶴　宝暦2年（1752）

② 「神護山雲門無量禅寺記」『退養雑毒海』　東嶺圓慈　宝暦2年（1752）

資料①は、白隠が富士市比奈の現竹採塚公園（竹採屋敷）に無量寿禅寺を再興、「赫夜仙妃誕育の聖跡」とする。付近には赫夜姫関連遺跡が多く、白隠による整備を想定させる。資料②は、弟子東嶺圓慈が白隠から再興無量寿禅寺の「補席」（庵主）を命じられる。

③ 「漢竹権現社」『駿河記』下巻富士郡巻之一〈宗高〉　桑原藤泰　文政3年（1820）

資料③は、富士市富士岡の「漢竹権現社」（現寒竹（かんちく）浅間社）の縁起である。翁が「赫夜比美を竹間にてひろひし其跡」とし、新説赫夜姫誕生地を主帳する。

④ 「龍澤山無量寺」『駿河記』下巻富士郡巻之一〈比奈〉　桑原藤泰　文政3年（1820）

資料④は、白隠の無量寿禅寺である。林羅山『本朝神社考』「冨士山」冨士浅間縁起（表3本宮系③）を引用する。

⑤ 「追加」『駿河志料』（二）富士郡三　中村高平　文久1年（1861）

資料⑤は、赫夜姫を「東泉院縁起」にもとづいて「俚俗」の伝える所とするが、それは東泉院文書『富士山大縁起』（表3東泉院系③縁起）とみられる。著者中村高平（前浅間新宮神主）の祭神赫夜姫批判、祭神木花開耶姫正当論である。本資料を比奈系に含めることはやや躊躇する

が、「富士郡三　追加」であるから、一応ここにおく。

比奈系は、縁起4点、記録1点の計5点になる。

(6) 須山系

①赫夜姫　②木花開耶姫

① 　茶畑村浅間社本「冨士大縁起」桃薗山定輪禅寺住職鐸禅　元禄5年（1692）書写

資料①には、同一縁起があり、北口系資料①に既述した。なお、『駿河志料』（二）駿東郡七　茶畠〈富士浅間社〉には、「近村中の大社にて、八十末社ありと云」とある。

② 「須山〈浅間社〉」『駿河志料』（二）駿東郡九　中村高平　文久1年（1861）

資料②は、木花開耶姫命とある。

須山系は、縁起1点、記録1点の計2点がある。

(7) 須走系

①～③木花開耶姫

① 「三国第一冨士山御神系」『御鎮座千二百年記念資料館企画展図録　収蔵板木展―版木にみる富士信仰の諸相』東口本宮冨士浅間神社　天文5年（1740）

資料①は、神系図で榊と宝珠をもち、冠を装着した木花開耶姫の御影（画像）が中央部に描かれる。本絵図が18世紀中葉の庚申年に、木花開耶姫の初出とされる点に意義がある。

② 「〈須走〉浅間神社」『駿河記』下巻駿東郡巻之五　桑原藤泰　文政3年（1820）

③ 「須走〈浅間社〉」『駿河志料』（二）駿東郡九　中村高平　文久1年（1861）

資料②③は、祭神木花開耶姫とし、共に空海が祀るとある。

須走系は、記録3点である。

(8) 北口系

①～⑨木花開耶姫

① 「富士山略縁起（真名の略縁起）」写　宝暦6年（1756）

資料①は、木花開耶姫であるが、縁起の主体は赫夜姫となる。赫夜姫は欽明天皇の后妃「謹案に欽明天皇は瓊々杵尊　赫夜姫は木花開耶姫の化現成る事」、赫夜姫は聖徳太子の祖母（太子は欽明天皇の孫）と説く。祭神転換への正当性をもとめた結果とみられる。

② 「富士大神太々神楽鎮火一万度講序」冨士山御師外河美濃守　田辺四郎家文書　寛政3年（1791）

③ 「〔浅間明神〕忍草村」「〔浅間明神〕新倉村」『甲斐国志』中　神社部都留郡　松平定能　文化11年（1814）

資料②は、冨士山の神体を木花開耶姫命、火防の神とする。資料③は、

忍草村浅間明神の正和四年（1315）銘神像を木花咲耶姫命（表2Ⅲ期祭神）とする。『甲斐国志』編さん時点に、赫夜姫を書替えたものと既に指摘（文献4）されている。新倉村浅間明神は祭神木花開耶姫とある。

④ 『春登上人遺稿　色々取合せ』春登上人　文化10年（1813）〜文化14年（1817）

資料④は「大宮も甲斐の吉田も……富士の神は木花開耶姫命なるべし。（略）竹取物語にかくや姫の…開耶姫命とまぎらかしたる」とする。いかに納得・説得するかともみえる。春登上人は、富士吉田市の西念寺27代住職、国学者である。

⑤ 「浅間ノ社（北口本宮）」「二合目浅間ノ社（小室浅間）」『隔掻録』　江湖浪人月所　文化8年（1825）

⑥ 「甲州都留郡上吉田下仙元社」『江戸時代参詣絵巻富士山真景之図』　長島泰行　弘化4年（1847）

資料⑤は、北口本宮が木花開耶姫、小室浅間が「武尊ノ木像アリ、不動ノ如シ」（文治5年1189銘）、「女体合掌ノ像アリ、開耶比売ナラン歟」（建久3年1192銘）と記す。これも書替えで、前者が地主神不動明王、後者が垂迹神浅間大菩薩（文献4）とされる。資料⑥は、下仙元社が北口本宮冨士浅間神社。長島泰行は俗名庄次郎、鉄砲洲に住む直参の下級武士、富士講社月三講の世話人。

⑦ 如一海本『富士山略縁起』旧大鏡坊富士氏文書K4　沙門如一海　安政2年（1855）

資料⑦は、縁起の冒頭に曼荼羅を書き、上段中央に「両部大日浅間岳御内院」、下段中央が「木花開耶姫命」とある。これも書き替えであろう。

⑧ 絵札「猿田彦大神」上文司淡路守源清親　個人蔵　万延元年（1860）

⑨ 絵札「木花開耶姫命」個人蔵　明治元年（1868）

資料⑧は、東征神話の猿田彦大神を主尊とする絵札、上部に冨士山と「本朝安産大祖」と書き「天孫瓊々杵尊」「木花開耶姫命」の尊像を並べる。万延元年は庚申御縁年三十七度に当たる。資料⑨は、榊をもつ木花開耶姫命像が描かれ、安産、火防、農業、養蚕、機織り等の神徳をのべる。

北口系は、縁起5点（絵札を含む）、記録4点の計9点である。18世紀後半以降が豊富であるが、それ以前を欠く。

以上、縁起29点と記録21点の計50点の資料を検討してみた。各寺社ご

との傾向をみると、修験系の村山・東泉院、仏教系の比奈が赫夜姫、神道系の本宮・新宮が木花開耶姫とみられ、修験系ではあるが東口・北口は木花開耶姫だけとなる。江戸前半期を欠くためであろう。赫夜姫への交代は18世紀中葉に一挙に進展した、とみられる。

5.「祭神構造」とその画期

祭神赫夜姫・祭神木花開耶姫については、「祭神構造」という視点をもちこんでみた。祭神構造とは、赫夜姫・木花開耶姫が祭神となり得る根拠、すなわち、祭神の仏教・神道理論による区分である。祭神赫夜姫は、中世以来の仏教的な本地垂迹説・両部神道の立場をとる。祭神木花開耶姫は、記紀伝承に根拠を求め、近世後半に入って唯一神道又は伯家神道として大勢を制する。両者の過渡期には、その折衷タイプがみられる。表3において4類に分ける。

第1類〔赫夜姫〕
表3のうち○19点
(○は赫夜姫、▲は木花開耶姫、以下同じ)
村山系①～③⑦、本宮系①～⑤、東泉院系①～⑤、比奈系①～④、須山系①の19点がある。中世以来の本地垂迹説であり、大日如来・浅間大菩薩による祭神赫夜姫となる。現状では須走・北口系を除くすべてにみられる。中世から江戸中期後半、18世紀中葉ごろまで。

第2類〔第2a類赫夜姫〕
表3のうち○3点
〔第2b類木花開耶姫〕
表3のうち▲4点
第2a類赫夜姫には、村山系④⑤⑥の3点がある。第2b類木花開耶姫には、本宮系⑥・新宮系①・北口系①⑦の4点がある。両類とも、本地垂迹説と記紀伝承説が共存する論理を展開し、結論とする祭神だけが異なる。前者は村山系だけにあり、後者は本宮・新宮・北口系にみられる。

第3類〔木花開耶姫〕
表3のうち▲10点
本宮系⑦⑧・須山系②・須走系①②③・北口系②④⑧⑨の10点がある。記紀伝承説だけによる祭神木花開耶姫である。本宮・須山・須走・北口系にみられる。18世紀中葉から19世紀中葉まで。

第4類〔木花開耶姫〕
表3のうち▲14点
村山系⑧⑨⑩・本宮系⑨⑩⑪⑫⑬・新宮系②③・比奈系⑤・北口系③⑤⑥の14点がある。地誌や記録類が多く、祭神構造にふれることなく、祭神木花開耶姫とするものがふえるようである。現状では東泉院・須山・須走系にはないが、祭神構造を論ず

る時代は終わった、記紀伝承説は当然というのか、である。19世紀に入ってからで、第3類との区分は不明瞭、内容的な相違はないようである。

表3において、祭神赫夜姫追放・木花開耶姫登場にみる画期は、次のように整理する。ただし、祭神の性格から、後代への残存（村山系⑦・比奈系③④・北口系③⑤⑥⑦）は当然のこととする。

画期1　第1類本地垂迹説による祭神赫夜姫が終わる、18世紀中葉

画期2　第2類本地垂迹説・記紀伝承説の共存による祭神赫夜姫・祭神木花開耶姫が終わる、第3類記紀伝承説だけによる祭神木花開耶姫が導入される、18世紀中葉〜19世紀中葉

画期3　祭神構造にふれず、祭神木花開耶姫を展開する、19世紀前葉〜中葉

祭神赫夜姫が終わるとき、それは本地垂迹説が民衆救済という使命を失うときである。祭神赫夜姫は18世紀中葉をもって消滅するようであり、19世紀に残る数点は両部神道に限られる。

6. 比奈赫夜姫譚・聖地比奈信仰圏と中世世界

富士市比奈には、戦国時代後期後半以降、比奈赫夜姫譚が残されている。鎌倉末期の「全海書写残欠本富士縁起」にみる比奈地名・養父母神・富士帰山の3要件が比奈赫夜姫譚成立の必要十分条件とみとめられる。

比奈は、鎌倉末期、14世紀前葉以前に、富士信仰の"聖地"に選ばれ、聖地比奈信仰圏が形成された、と理解してよい。多くの民衆は、中世になってはじめて自らの利益を祈る共同体の神をもった。神も民衆のなかにはいった。富士信仰の発展は、民衆とともにあった。聖地比奈と比奈赫夜姫譚は、苦悩する民衆が祭神赫夜姫によって救われる唯一のみちとされる。安永2年（1773）写本『浅間御本地御由来記』（表3新宮系①縁起）には「さる程に、御本地御圓（縁）起をは、われとよむ人は、一ヶ月に三度つゝよむへし、よみへぬ人は、人によませて、一ッ月に一度成とも、聴聞あるへし、一度ちよふもんする人は、七度せんせう（禅定）する心也、ゆめゆめうたかうへからす」という。一度聴聞する人は、七度禅定（登拝）する、に同じとされるのである。

中世語り物文芸の競合・共存のなかでつくられる、富士縁起にみる比奈赫夜姫は、平安文学にみる超然とした「かぐやひめ」とはまったく異なり、一人の民衆としての人身時代を経験する。人身としての赫夜姫は、

苦悩し、逃げ隠れ、嘘をもって男をだまし、男にしたがう。それは、現世で苦悩を負わざるをえない民衆の生き様そのものである。比奈とその周辺には、無量寿禅寺（現竹取公園）、籠畑・赫夜姫・囲いの道（通いの道…姫が富士山に帰った道という）などの比奈地名、字権現原の寒竹権現社（現寒竹浅間神社、翁と姫を祀るという）、東泉院と下方五社、飯森浅間神社（姫の卑を祀るという）等多くの遺跡・地名・伝承を残している。それらは、中世に起源をもつ「聖地比奈圏」の構成要素とみられ、18世紀中葉の白隠活動期の後に衰退にむかうもの、としておく。

7. 神道化の進展と江戸後半の富士信仰

ここでは、祭神赫夜姫の消滅と木花開耶姫の台頭がもつ歴史的背景についてみておきたい。

江戸幕府は、寛文5年（1665）7月「諸社禰宜神主法度」（『徳川禁令考』前集第五、二五四五号）を発布する。神社統制の基本法とされ、第三条に、無位の社人は白張を着ること、それ以外の装束は吉田家の許状を得て着ること、とある。この規定が吉田家の神社・神職支配の根拠となり、全国規模での飛躍的勢力拡大が進展したことは、広く知られている（橋本政宣「寛文五年「諸社祢宜神主等法度」と吉田家」橋本政宣・山本信吉編『神主と神人の社会史』神社史料研究会叢書第1輯　思文閣出版1998）。

吉田家は、神祇官副を世襲、文明年間（1469～1487）ごろ「唯一神道」を確立、この法度を契機に全国の神職は神道裁許状を初め、各装束ごとの免許をとり、位階や社格の執奏を経るようになる。対抗して白川家、神祇官伯を世襲、があり、江戸中期には急伸するとされるが、吉田家の勢力を侵すまでにはいたらなかった（井上智勝「近世本所の成立と展開―神祇管領長上吉田家を中心に―」『日本史研究』487号2003・阪本是丸ほか編『現代神道研究集成（第三巻）神道史研究編Ⅱ』ほか）。富士山諸寺社における吉田・白川両家の競合は、寛政3年（1791）吉田家関東役所、享和2年（1802）白川家関東執役の開設によって激化する。

村山は伝統的な両部神道をまもる。幕末まで、多種の神道職免許状ほかを発し、両部神道の本所機能を維持したことが確認できる。

本宮では、神職の長官を「大宮司」、次官を「公文・案主」という。吉田家との関係は、34代大宮司信元（中務少輔）の寛文6年（1666）にはじまり、幕末まで継続している。ま

た、公文・案主家も吉田門下とみられる。ところが、神仏分離の際、本宮の別当宝幢院は復飾して富士神一郎と改名し、白川家に入門（近藤喜博『白川家門人帳』白川家門人帳刊行会1972）している。（前掲『浅間神社の歴史』・「別本大宮司冨士氏系図」『浅間文書纂』所収）

東泉院では、現在資料調査中であるが、文化13年（1816）以降に、六所宮（六所浅間神社）社人が（おそらく下方五社も）吉田家から何らかの免許を得て（富士市立博物館大高康正による教示）いる。

須山では、神道裁許状の初見は寛政8年（1796）に渡辺隼人祐（御師）、文化10年（1813）に神主渡邉対馬正とある。（『裾野市史』第8巻通史編Ⅰ2000・第3巻資料集近世1996・『富士山須山口登山道調査報告書』裾野市立富士山資料館資料集　裾野市教育委員会・裾野市立富士山資料館2009）

須走では、須走村に冨士山東口浅間神社の小野大和守家があり、吉田家の神道裁許状は元禄5年（1692）の元重（神主）から幕末までみられる。その他の神主や御師たちも、吉田家許状を得ている。（『小山町史』第2巻近世資料編Ⅰ1991・同上第7巻近世通史編1998）

吉田では、寛政の法度のころ、北口浅間社の神主は小佐野若狭であり、早くから吉田家に入門、神道裁許状を受けている。御師は江戸期には70〜80軒を数え、神主、御師、その反対派等がそれぞれ吉田・白川家に入門、対立する。訴訟にもなるが、神祇道は白川家、神道裁許状は吉田家というのが幕府の判断であった。文政元年（1818）、御師田辺近江は七合五勺の烏帽子岩に食行身禄を「霊神」として祀りたい旨、白川家の関東執役に提出、許可をもとめている。（松岡俊「富士山北口浅間御師の伯家神道入門—神仏分離の底流をめぐって—」『富士吉田市史研究』第7号1992・『富士吉田市史』史料編第四巻近世Ⅱ1994・同上史料編第五巻近世Ⅲ1997・同上通史編第二巻近世2001ほか）

川口では、正徳3年（1713）に御師120軒（140軒とも）を数えたという。御師三浦家は将軍家に関係をもつ特別な存在で、川口浅間社神主宮下家とともに、延宝年間（1670年代）以降、吉田家の神道免許等を受けている。ここにも御師たちの対立が生じ、宝暦9年（1759）白川家への大量入門事件がおきる。訴訟となるが、反対派には神道作法は白川家から、神道裁許状は吉田家からがみとめられる。（前掲『白川家門人帳』（前掲「川口村における

富士山御師の成立とその活動」・萱沼英雄『河口湖町史』河口湖町役場1966・伊藤堅吉『富士山御師』図譜出版1968））

　ここで、在地の様相をみると、表口では檀所の拡大、先達・導者の増加が江戸前期前半から、特に前期後半になると、飛躍的に増大するよう（富士宮市教育委員会編『村山浅間神社調査報告書』2005）である。そうした状況は各口でもみられ、中核となる浅間神社初め、諸寺社を整備し、導者の受容体制、すなわち、神主・修験・御師の再編期を迎えていたのである。白川家の再興は、そうした在り方には能動性をもった。幕府も吉田・白川家の共存をえらんだ。こうして、富士山の神道化は、両部神道の村山・東泉院までをも含む各寺社において、宝暦・明和年間を境として大きく発展する。元文5年（1740）銘をもつ須走浅間神社の「三国第一冨士山御神系」（表3須走系①）にみる木花開耶姫の御影は、時代の転換を象徴する意味を語るもの、となる。

まとめ――本地垂迹説の赫夜姫から記紀伝承説の木花開耶姫へ

　祭神を記紀・風土記等の神名に当てる傾向は、中世以降とされる。赫夜姫から木花開耶姫への移行は、仏教的本地垂迹説「第1類」から神道的記紀伝承説「第3類」へ、すなわち、両部神道から唯一神道（吉田神道）・伯家神道（白川神道）へ、ということになる。そうした転換、鎌倉期以来の伝統破壊を進めた近世社会の在り方は、富士講の隆盛によく現れるとみられる。その神道化は、木花開耶姫の登場を受容しつゝ濃厚な仏教的な色彩をのこす独特な宗派として幕末をむかえる。そうしたなかで、木花開耶姫の全面的な展開は維新前後以降のこと、とみておく。

参考文献
1) 井野邊茂雄『富士の研究 第1 富士の歴史』浅間神社社務所編, 古今書院, 1928
2) 西岡芳文「中世の富士山―「富士縁起」の古層をさぐる―」『日本中世史の再発見』峰岸純夫編, 吉川弘文館, 2003
3) 西岡芳文「新出『浅間大菩薩縁起』にみる初期富士修験の様相」『史学』第73巻第1号, 三田史学会, 2004
4) 竹谷靫負『富士山の祭神論』岩田書院, 2006

2.2 富士山信仰　　　　　　　　　　　　　　　　　　　　　　　　　　　　　　　　　第2章

表1 中世の富士縁起と祭神赫夜姫（比奈赫夜姫）の成立

富士仏神時期	縁起名称	縁起成立書写年代作・書写者	地主神	本地仏	垂迹神	祭神	比奈地名	養父母神	富士帰山先
0期 平安前中期					浅間大神（(801)・853・864・877 ごろ）　浅間神（853・859）　名神（853） 浅間名神（864）　浅間明神（甲斐・865）　浅間神社名神大（927 延喜式）				
I期 平安末期〜鎌倉中期	①浅間大菩薩縁起（残巻）	鎌倉中期(13世紀前半)以前 1251年書写	不動明王		浅間大菩薩 浅間大明神				
II期 鎌倉中期以降	②東泉院本富士山大縁起	鎌倉末期(14世紀初頭)以前 1316年正別当頼尊書写	不動明王	大日覚王	般若山大明神 浅間大明神				
	③全海書写残欠本富士縁起	鎌倉末期(14世紀前葉)以前 全海書写		大日覚王 大日如来	浅間大明神	女	乗馬里	愛鷹之明神 飼犬之明神	巌崛
III期 南北朝中・後期〜室町初期	④神道集所収富士浅間大菩薩事	南北朝中期 文和3〜延文3年（14世紀中葉）安居院作			富士浅間大菩薩	赫野姫 仙女	富士郡	管竹翁 加竹嫗	山頂仙宮
	⑤詞林采葉抄富士縁起	南北朝中期 貞治5年ころ(14世紀中葉)由阿作				少女	乗馬里	愛鷹明神 犬飼明神	巌崛
	⑥真名本曽我物語所収富士縁起	南北朝後期〜室町初期（14世紀後半〜15世紀初頭）			富士浅間大菩薩	赫屋姫 仙女	富士郡	管竹翁 賀歩嫗	山頂仙宮
IV期 戦国〜江戸	②富士山大縁起 五社記	1560年再編富士・愛鷹両山惣別当権大僧都頼恵作				赫夜妃	滝川今宮	愛鷹犬飼神	
	⑦東泉院本冨士山大縁起抜書	1560年書写				爀夜女	大綱里 乗馬里	愛鷹・飼犬作竹翁	

「乗馬里」「大綱(綱カ)里」は「比奈」の字名としてもちいられる架空の地名

- 266 -

富士信仰にみる赫夜姫

表2 中世富士の主な仏神像

富士仏神時期	地主神 不動明王 時期・名称・場所・特記	本地仏 大日如来 時期・名称・場所・特記	垂迹神浅間大菩薩 時期・名称・場所・特記	祭神 赫夜姫 時期・名称・場所・特記	そのほか 時期・名称・場所・特記
I期 平安末～鎌倉中期	長承2（1133）頂上 鋳造 不動明王三尊像（鏡・末代埋納） 文治5（1189）小室 木造 日本武尊像		建久3（1192）小室 木造 女躰合掌像		平安後期 12世紀末～13世紀初頭 吉田口二合目 木造 役行者半跏像・前後鬼坐像（甲斐円楽寺現蔵）
II期 鎌倉中期以降		正嘉3（1259）村山 大日如来坐像 鎌倉時代後半 内野 木造 大日如来懸仏			乾元2（1303）頂上 銅造 地蔵菩薩立像
III期 南北朝中ごろ				正和4（1315）忍草 木造 女神坐像・二神（鷹飼・犬飼）像	鎌倉時代 吉田口一合五勺 木造 釈迦（伝薬師）如来立像 文保4（1320）忍草 木造 聖観音菩薩坐像
IV期 南北朝中ごろ、戦国～江戸	応永24（1417）富士峰修行所岩屋不動 銅造 不動明王立像（雲切不動尊） 文明14（1482）吉田口七合五勺烏帽子岩付近出土（頂上奉納か） 銅造 不動明王懸仏 16世紀か 吉田口一合目 木造 不動明王・二童子像	至徳1（1384）須走口六合目出土 銅造 大日如来二尊像懸仏 文安2（1445）山内 大日如来坐像 文明8（1476）（山内）銅造 大日如来像富士山懸仏（註i）村山 木造 大日如来坐像 延徳2（1490）頂上 鉄造 大日如来像 明応4（1495）鉄造 大日如来像 文亀3（1503）頂上 大日如来像懸仏 大永8（1528）頂上 銅首肩腕・鉄身造 大日如来坐像（註ii） 天文4（1535）吉田口五合五勺 大日如来像懸仏 天文12（1543）頂上 大日如来像 天正6（1578）忍野東円寺 木造 大日如来像 天正19（1591）吉田口八合目 大日如来像懸仏 16世紀か 吉田口一合目 大日如来坐像 16世紀か 村山 木造 大日如来坐像	（左至徳1銘文）富士浅間大菩薩 （左文明8銘文）浅間大菩薩 天文22（1553）長野県金峰山神社 銅造 富士浅間大菩薩尊号懸仏 （右永禄3銘文）富士浅間大菩薩 （右永禄8銘文）富士浅間大菩薩 （右永禄8銘文）富士浅間大菩薩		永享12（1440）吉田口2号目 薬師如来像 文明14（1482）頂上三島岳付近出土（頂上奉納か）銅造 虚空蔵菩薩像懸仏 明応2（1493）銅造 十一面観音菩薩坐像 15世紀ごろ 大宮口七合五勺出土 銅造 薬師如来像懸仏 永正17（1520）北口本宮 木造 アラハバキ陪神像 天文2（1533）吉田口五合目 銅造 地蔵菩薩像 天文12（1543）頂上 銅造 薬師如来像懸仏 天文22（1553）吉田口五合目 鉄首銅身造 地蔵菩薩像 永禄3（1560）吉田口五合目 懸仏 永禄8（1565）群馬県富士浅間神社 銅造 十一面観音像懸仏 永禄8（1565）群馬県富士浅間神社 銅造 菩薩像懸仏

小室・村山・内野・忍草・北口本宮は浅間神社。（註i）埼玉県越谷市鎮守浅間神社奉納品。（註ii）大頂寺蔵、現像には銘文なし。
『富士吉田市史』通史編第1巻・「浅間大菩薩縁起」・『富士の信仰遺跡』・『村山浅間神社調査報告書』・『富士の神仏』外による。

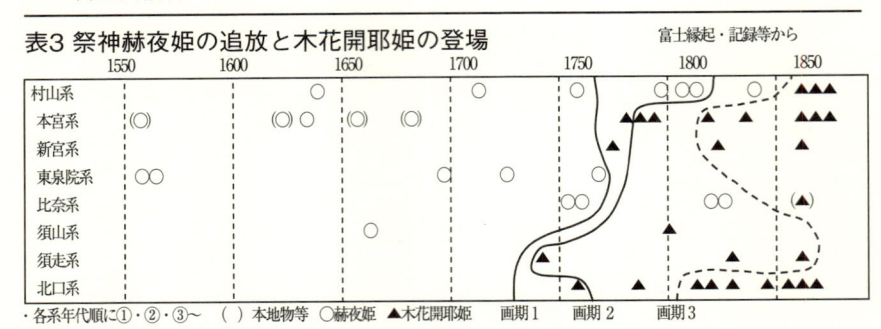

2.2 富士山信仰

表3 祭神赫夜姫の追放と木花開耶姫の登場
富士縁起・記録等から

	1550	1600	1650	1700	1750	1800	1850
村山系				○	○	○○	▲▲▲
本宮系	(○)		(○)		▲	▲	▲▲▲
新宮系				○	▲	▲	▲
東泉院系	○○			○		▲	
比奈系						○○	(▲)
須山系			○		▲	▲	
須走系				○	▲	▲▲	
北口系					○	▲▲	▲▲

画期1　画期2　画期3

・各系年代順に①・②・③～　　（ ）本地物等　○赫夜姫　▲木花開耶姫　　画期1　画期2　画期3

村山系
①『富士山大縁紀』太岳宋伯 1639、浄蓮院北畠栄寿「富士山大縁紀杉田安養寺所持本写」1842　②『富士山縁起』池西坊行存撰1713、石川透『富士山縁起』解題・翻刻『むろまち』第四集、室町の会、2000　③『村山浅間七社相殿』旧大鏡坊富士氏文書(村山浅間神社旧蔵・富士宮市教育委員会蔵K11、1757 ?、富士宮市教育委員会『村山浅間神社調査報告書』、2005　④『富士山略縁起』三ノ輪太郎兵衛記、同前文書K5、1789～1801 ?、同前　⑤『富士山霊船明神縁記』大鏡坊・辻之坊、同前文書K1、1811、同前　⑥『富士山縁起(写)』頼猷、同前文書K2、1812、同前　⑧『村山〈浅間社〉』『駿河志料』(二)駿東郡七、中村高平、1861、歴史図書社、1969　⑨『以書付御奉願上候(神仏混淆廃止)』前掲旧大鏡坊富士氏文書K34、1868　⑩『富士山根本宮両社書上　附大日堂』同前K36、1869

本宮系
①『戒言』1558写本、横山重・松本隆信編『室町時代物語大成』第三、角川書店、1975　②『庭訓往来註』1631版、前澤明『庭訓往来抄』の「蚕養」の注として見える一説話―蚕影山の縁起』『成城文芸』第29号、成城大学文芸学部研究室、1962　③『本朝神考』「冨士」縁起云、林羅山、1624～1644、『本朝神社考 神社考詳説』続日本古典全集、現代思潮社、1980　④「庭訓往来註」1658板行、東京学芸大学附属図書館望月文庫往来物目録・画像データベース　⑤『富士の本地』1680、前掲『室町時代物語大成』第11、1983　⑥『富本宮略縁記』別当実幢院・公文富士長門、1767～1790後、中野猛編『略縁起集成』第3巻、勉誠社、1997　⑦『富士本宮浅間社記』大宮司社司和邇部民済、1771～1805、浅間神社社務所編『浅間文書纂』1931　⑧『駿河国一宮富士本宮浅間本宮正一位冨士浅間大権現』和邇部宿禰信風、1787～1801、前掲『略縁起集成』第3巻　⑨『富士本宮浅間大権現社記』『駿河記』下巻、富士郡巻之四〈大宮〉、桑原藤泰、1820、臨川書店、1974　⑩『富士山本宮大日如来並山形神鏡開帳霊宝縁起』1833、前掲『略縁起集成』第2巻、1996　⑪『浅間社』『駿河志料』(二)駿河郡六、中村高平、1861、前掲書　⑫『富士本宮雑記抜抄』新宮社主、1864、前掲『浅間文書纂』　⑬『社中願書下書』、1871、同前

新宮系
①『浅間御本地御由来記』安永2年写本、1773、横山重・太田武夫校訂『室町時代物語集』第2、井上書房、1962、横山重・松本隆信編『室町時代物語大成』第8、角川書店、1980　②『志豆機神社・浅間新宮両本社』『駿河記』上巻 安部郡巻之二、桑原藤泰、1820、臨川書店、1974　③『浅間〈浅間大神〉』『駿河志料』(二)府内部、中村高平、1861、前掲書

東泉院系
①東泉院本『富士山大縁起』「五社記」権大僧都頼恵、東泉院文書(東泉院旧蔵)、1560　②『富士山大縁起抜書』同前、1560　③『富士山大縁起』法印園成書写、同前、1697　④『浅間宮略縁起』『富士縁起』冨士五社供僧仙用李賢光、同前、1728　⑤『御由緒書』同前、1767

比奈系
①『無量寿禅寺草創記』『荊叢毒薬』巻第五、白隠慧鶴1752、白隠和尚全集第2巻、龍吟社、1934　②『神護山雲門無量禅寺記』『退耕雑毒海』東嶺圓慈、1752、同前第7巻　③『漢竹権現社』『駿河記』下巻 富士郡巻之一〈宗高〉、桑原藤泰、1820、前掲書　④『龍澤山無量寺』『駿河記』下巻 富士郡巻之一〈比奈〉、桑原藤泰、1820、前掲書　⑤『追加』『駿河志料』(二)富士郡三、1861、前掲書

須山系
①『富士大縁起』茶畑村浅間社、1692、裾野市史編さん専門委員会『裾野市史』第3巻 資料編 近世、裾野市、1996　②『〈浅間社〉』『駿河志料』(二)駿東郡九、中村高平、1861、前掲書

須走系
①『三国第一富士山御神系』1740、『収蔵版木展―版木にみる富士信仰の諸相』東口本宮冨士浅間神社、2008　②『浅間神社』『駿河記』下巻 駿東郡巻之五、桑原藤泰、1820、前掲書　③『〈浅間社〉』『駿河志料』(二)駿東郡九、中村高平、1861、前掲書

北口系
①『富士山略縁起(真名の略縁記)』写、1756、『富士吉田市史』史料編第5巻 近世Ⅲ、1997　②『富士大神太々神楽鎮火一万度講序』田辺四郎家文書、1791、同前　③『〈浅間明神〉忍草村』『〈浅間明神〉新倉村』『甲斐国志』中 神社部都留郡、松平定能、1814、『甲斐叢書11』第一書房、1974　④『春登上人遺稿　色々取合せ』1813～1817、渡邊亮編、都留郷土研究会、1954　⑤『浅間ノ社(北口本宮)』『二合目浅間ノ社(小室浅間)』『隔掻録』江湖浪人月所編、1825、前掲『富士吉田市史』　⑥『甲州都留郡上吉田下浅間社』『江戸時代参詣絵巻富士真景の図』長島泰行、1847、岡田博校訂、名著出版、1985　⑦如一海本『富士山略縁起』発願主 富士山籠居沙門如一海、施主 富士北口上吉田宿駿河屋清八・伝兵衛、旧大鏡坊富士氏文書K4、1855、前掲書　⑧絵札『猿田彦大神』個人蔵、1860、『富士山の絵札』富士吉田市歴史民俗博物館図録、1996　⑨絵札『木花開耶姫命』個人蔵、1868、同前

大我講と四尾連湖の尾碕龍王碑

大寄 赳彦

　昭和53年（1978）8月5日付け山梨日日新聞の峡南版に、天保10年（1839）富士講のひとつの大我講を創始して、当時廃れていた忍野八海を再興した大寄友右衛門を紹介した記事が載った。忍野村史を編纂中、古文書に市川大門村の長百姓友右衛門らが資金を提供して八海再興を果たした詳細な記録があったため、忍野村で直系の子孫を探し当てたことが紹介されていた。

　その頃私は5代前の先祖にあたる友右衛門の足跡を探るため、富士山を中心に一人手探りで調査登山を行っていた。

　昭和44年（1969）に初めて市川大門町（山梨県市川三郷町）を訪れた私は、蛾ケ岳（1,279m）の中腹に四尾連湖という山上湖があることを知り、四尾連湖が富士山内八湖の第八番であることを知った。

　翌年の9月に蛾ケ岳に登り、四尾連湖を訪ねてみた。この時は浅間尾根に大我講の富士山登嶽記念碑を2基確認しただけに終わった。また登山道の途中、浅間尾根の直下に亀岩八大竜王碑を見たが、大我講の講印があるにもかかわらず、これが何の碑やら全くわからずに通りすぎた。後になって富士山八合目に亀岩があり、富士山内八湖の守護神であることがわかった。つまりこの山上には四尾連湖があり、内八湖第八番の尾碕龍王が鎮座していることを知らせる手引き石（案内標識）であった（写真1）。

写真1 蛾ケ岳より俯瞰した四尾連湖
写真中央の湖畔に尾碕龍王碑がある

　昭和62年（1987）10月、蛾ケ岳に登る目的で3度目の四尾連湖畔にテントを張った夜、中学生の息子とキャップランプをつけて湖畔を散策した。湖畔を廻る細い道の隅に、かすかに照らし出された2mほどの石碑を見つけ、側に寄って改めて懐中電灯を近づけて見た。

2.2 富士山信仰

写真2 四尾連湖畔の龍神堂跡に建つ尾碕龍王碑

この石碑が「尾碕龍王碑」であった（写真2）。

石碑の中央右上に「冨士山」と小さく刻まれ、左下に「内八湖第八番鎮座所」右側面に「嘉永七甲寅年七月七日建」と友右衛門が忍野八海の石碑でも使っている信名の「朝行兌孝真奉筆」と刻んであった。

幕府天領であった市川大門代官の荒井清兵衛は「牧民金鑑」の編纂を前年の7月に終えていた。四尾連湖の龍神堂前に尾碕龍王碑を建て、近隣の農民を集めて雨乞祭を執行[1]したと思われる。

尾碕龍王碑が建っている湖畔から富士山は見えない。しかし峠まで登り返して見ると、四尾連湖を挟んで、ちょうど蛾ヶ岳の尾根の間に富士山の白い頂が見える。

この石碑には、興味深い史実が秘められていた。

幕府はたびたび富士講を「不埒」としていたが、嘉永二酉年（1849）九月にも取り締まりの触書を出している。この触書は「牧民金鑑第四」[2]にもあり、「江戸市中はもとより最寄の国々の村役人も協力する」旨取り締まりを要請している。

友右衛門は市川大門村（里方）の村役人であった。天保8年（1837）に山村の困窮農民を省みない不正行為をした手代に対し、五八村の村役人を肩代わりして「東河内領三十六カ村願書」[3]を勘定奉行（内藤隼人正）に駕籠訴（越訴、直訴）した。

牧民（代官）の荒井清兵衛は、友右衛門らが大我講を新たに興した目的が、困窮農民の救済であることを知っていた。このため「尾碕龍王碑」を揮毫した友右衛門も、大我講の講印である「富士山に三ツ星」を使わず、「冨士山」と小さく刻んだと思われる。

この石碑を建てた4カ月後に安政東海地震が襲い、領内も甚大な被害を被った。代官荒井清兵衛は、自らも各村々を廻り、被害状況の把握に努め、「甲州村々地震ニ付急場拝借

（千八百両—筆者）之儀伺書」4)を幕府に提出して被災者の救済に奔走した。

参考文献

1）「雨乞執行の沙汰状（写真）」（第三章 山保の伝説 第二節 四尾連湖の雨乞い）『市川大門町誌』市川三郷町立図書館, p.608.
2）荒井顕道/編 滝川政次郎/校訂『牧民金鑑』刀江書院, 西田書店（発売）, 1969
3）山梨県立博物館 歴2005-009-000763（若093.6-25）
4）「甲州村々地震に付急場拝借之儀伺書 荒井清兵衛」,「甲州村々地震に付急場拝借之儀伺書森田岡太郎」『新収日本地震史料 第5巻 別巻5-1』東京大学地震研究所編, 日本電気協会 東京大学地震研究所図書館
- 村上直『江戸幕府の代官群像』（同成社江戸時代史叢書）同成社, 1997
- 久留島浩『近世幕領の行政と組合村』東京大学出版会, 2002

Column

流鏑馬

　富士山周辺では、富士山本宮浅間大社（富士宮市）と小室浅間神社（富士吉田市）・御室浅間神社（富士河口湖町）で流鏑馬が行われてきたが、御室浅間神社の流鏑馬は現在中断されている。

　富士山本宮浅間大社流鏑馬は、源頼朝奉納と伝承されているが、明確にその存在が確認されるのは、天正元年（1573）の武田勝頼文書の流鏑馬領寄進の記事である。この流鏑馬は、射手が馬を馳せながら弓で的を射る（本乗り）だけではなく、飼い馬を流鏑馬に出走させると怪我をせず丈夫になり、農作業が円滑に進むという伝承に基づき、多くの馬が馬場を馳せた。また、本乗りの前に「行い」という所作があり、射手一騎が馬場中央で天・地・四方を射る仕種をし、最後に的を射て氏子の平安と繁栄を願うなど、地域色を残した伝統的な流鏑馬である。その流鏑馬は、江戸時代までは5月2日から4日に掛けて現富士市や富士宮市の摂社・末社での流鏑馬から始まり、5日に本宮浅間神社の流鏑馬が行われた。当時の「流鏑馬射手次第書」の郷名によると、流鏑馬射手が現富士宮市はもとより富士市や芝川町からも奉仕していた。そうした伝統が昭和10年代まで継承され、浅間大社流鏑馬の「式馬奉仕辞令書控」にも富士宮市の他に富士市の記録がある。戦前までは、広範な地域の人々や馬匹の奉仕によって流鏑馬が行われいたのである。現在では摂社・末社の流鏑馬は行われず、5月4日に富士宮市内3社の末社巡拝をし、5日に本宮浅間大社で流鏑馬が行われる。また、伝統的な流鏑馬終了後、小笠原流による流鏑馬も行われている。

　小室浅間神社の流鏑馬は、春富士山から里宮に下りてきた神様が秋に山宮へ帰る祭りで、天に向かって矢を放つのが収穫感謝の意味で、山王馬が馬場から出て行って戻らないのは祭神が山宮に返る意味を持つと言われている。また、役馬の馬蹄の跡で町内安全を占い、祭神が再び里宮に戻るまでの安全を祈願すると言う、地域色濃い流鏑馬である。

参考文献
- 『富士山本宮浅間大社流鏑馬報告書』富士宮市教育委員会, 2007

渡井　正二

Column
考古学的な視点から見た富士浅間宮

　21世紀に入って、日本考古学では、中世や近世を対象とする研究が飛躍的に進歩した。その考古学的な見地から富士山に係る災害や信仰を解明しようとする新たな試みが始まり、富士山に対する人々の関わり方を新しい歴史観の形成の中で捉えようとする取り組みが行なわれるようになっている。

　富士山に対する開発は、岩倉B遺跡（富士市）や西丸尾遺跡（富士吉田市）、村山浅間神社境内地遺跡（富士宮市）など、貞観6年（864）の大噴火以降の遺跡の登場を通して顕在化してくる。そして、富士山信仰に直接係ると思われる遺跡は、11世紀後半以降の富士宮市内にある山宮浅間神社遺跡、浅間大社遺跡、大宮城跡などの登場から明らかとなる。これらは、相互に同調した遺跡として、「ハレ」の場で使用される多数の土師器皿（カワラケ）の出土を特徴とする。その中で、富士山本宮浅間大社周辺における開発が本格化するのは、浅間大社遺跡と大宮城跡を一体とした大規模なもので、この開発を契機として、地域支配と富士山信仰の拠点となる富士浅間宮が造営されるのである。このように、考古学的な調査、研究により、富士浅間宮の登場は、8世紀後半を大きく遡るものでないことが判明している。そして、12世紀中葉には「末代上人」の活動時期となり、新たな時代の転換期として、富士山信仰が確立し、繁栄する時代を迎える。

　富士浅間宮の歴史は、貞応2年（1223）の北条義時の改修や永禄12年（1569）の武田信玄が係る大宮城の廃城あるいは徳川家康による慶長年間の社殿造営、さらに明治時代の廃仏毀釈など、時代の大きな画期を経て現在に至るが、いずれの時代も考古学的な成果による実態の解明が進む。そして、そこから富士山西南麓における富士浅間宮を中心とした宗教都市さえ想定される史実としての富士山信仰史の再編が期待されるのである。

渡井　英誉

> **Column**
>
> ## 富士参詣曼荼羅図にみる富士登拝
>
> 参詣曼荼羅とは、霊場（寺院・神社）へ参詣者を勧誘することを主たる目的に作成された案内絵図である。16世紀以降に誕生した宗教画として、学術用語でこのように呼び習わしている。富士山を描いた参詣曼荼羅も複数存在しているが、今回は富士山本宮浅間大社（静岡県富士宮市）所蔵で、狩野元信（1477～1559）の壺形朱印が捺される重要文化財指定本の「富士曼荼羅」（富士参詣曼荼羅図）より、中世後期の富士登拝の様相を確認したい。
>
> 　この図は表口（大宮・村山口）からの景観を描いているが、全体で237人の人物が登場する。その多くが富士登拝するためにこの地を訪れたものであるが、田子浦海岸には白装束を脱いで禊を行う道者の姿が描かれている。これは富士登拝に備えて、浜垢離を行っていたことを示すものであろう。富士山本宮浅間大社境内の湧玉池においても、道者が水垢離をする姿が描かれている。さらに村山興法寺（現在の村山浅間神社）においても、道者は人口滝により禊を行っているが、ここには白装束を着し禊をする女性の水垢離の姿をも描いている。表口富士登拝の道筋は、中・近世の時代は村山を拠点とする修験者によって管理されており、道者の禊とは「行」の一環で、心身を浄めることを目的とした。村山は富士山の聖地の入口として機能し、以降の富士山内では中宮八幡堂、釼王子、矢立杉、御室大日堂といった御堂群が描かれている。これらを仕切る「すやり霞」は距離的に離れた所々を結ぶという技法上の約束事であるが、女性の道者は釼王子手前までしか描かれず、これにより女性の富士登拝の限界点が示されていたと読み取れる。以降の道筋は男性の道者のみを描くが、御室大日堂を過ぎたところで道者は松明を渡されている。富士登拝のクライマックスとは、夜行登山することで山頂にて御来光を拝むことであった。こうした習俗が中世後期に既に行われていたことがわかり、大変興味深い。
>
> 　　　　　　　　　　　　　　　　　　　　　　　　　　　大高　康正

Column
富士塚

　江戸時代の半ばすぎ、江戸を中心に各地にミニチュアの富士山が出現した。その時期に変革した富士信仰の新集団富士講により築造された、富士塚である。最初の富士塚は、富士講中興の祖身禄の直弟子により、安永8年（1779）に築造された高田富士（現東京都新宿区）だった。その築造には、男子でも困難な富士登拝を、女性や子供も容易にできるようにとの意図があったという。当時これらは「新富士」などと称された。

　富士講の勢いとともに築造は続き、昭和の例もある。江戸を中心に関東地方に多く、東京都23区内では約50基が確認されている。都内の富士塚は高さ4m前後・径10m前後の規模が多いが、新宿区の成子富士のように高さが10mを越えるものもある。豊島区高松・渋谷区江古田など4件の富士塚が国の重要有形民俗文化財。聖地富士山を身近に設けたこの現象は、富士信仰の民衆化を顕著に示している。

　多くの富士塚には、実際に登れるように登山道が造られた。その表面には富士山の溶岩が移され、富士山内の信仰対象である頂上の祠・小御嶽社・御胎内（洞穴）、そして身禄が入定した場所である烏帽子岩などが模倣されて配置された。富士講の中心地だったかつての江戸を離れ、千葉県などの周縁部になると、塚上の信仰物も減り、溶岩なども必ずしも見られない。富士講では、富士山の山開きとなる七月一日（旧暦六月一日）ごろを祭礼日として富士塚への登拝を許し、講員とともに老若男女が群集した。この日には、講員が富士塚や浅間社を計7カ所巡拝する七浅間参りや、生後初めてこの日を迎える子を富士塚に登拝させる初山参りを行うところもあった。

　一方、富士講による築造以前から、塚上に浅間社を勧請するなどした「富士塚」も存在した。その起源は中世に遡るものと見られ、東京都文京区の駒込富士・静岡県富士市鈴川の富士塚は、近世初頭の記録がある。こうした古くからの富士塚の形態やこれらが当時の富士信仰に果たした役割などは、まだほとんど明らかにされていない。

参考文献
- 日本常民文化研究所編・発行『富士講と富士塚』1978

荻野　裕子

Column
富士の人穴草子

　中世小説・御伽草子に分類される物語に「富士の人穴草子」がある。将軍頼家の命令を受けた和田平太は富士の人穴を探検するが失敗、代わって仁田四郎が入洞する。十二単の女房から大蛇・童子に変じた富士山神浅間大菩薩の案内によって窟内に展開する三悪道および極楽浄土を経巡り帰還する。大菩薩から洞内の模様を口外するを禁じられるが、主命には黙し難く報告するや即座にいのちを奪われる。一編の力点は三悪道に置かれ、苛責にのたうちまわる罪人の姿が延々と続き、浅間の口から罪人らの娑婆での罪状が逐一告発される。殺生・詐欺・強盗・殺人・吝嗇・無慈悲・虚飾・怠惰・妄言・不信心、際限はない。草子成立期の戦国時代に生きる者すべて悪趣に堕すること必定である。草子は最後に地獄奉行浅間大菩薩への信仰を勧誘して終わる。

　本草子の特異性は中世から近世前期に写本で行われ、近世中期には京都を中心に十余種の版本が刊行され奈良絵本も加わる。そして注目すべきは近世後期には再び書写が行われ、その風はほぼ全国的範囲におよび、ついには明治末期にまで至った事実である。写本の出現は現在も続いている。

　写本流行の理由は奈辺にあったのか。確実な根拠はまだみつかっていない。

　近世後期以降写本群をみるに、「此双紙を聞人はよろずのつみとがを滅し、後世のためとなるべし」「人穴記写したる者は御山へ七度参詣したるに向ひ、よむ人も三度御山へ参りし功徳、（略）しつかに聞たる者も一度上山したるに向ひ」「是を読み奉る、富士浅間大菩薩、南無阿弥陀仏と廿一遍唱ふべし」などの文言を末尾に付す点からすれば、富士を信仰する者の聖典ではなかったか。

　「人穴浄土門」碑が建ち、名主にして道者宿を兼ねた赤池家からも参詣者の要望が多いとし、『富士山人穴双紙』（天保3年）『富士人穴物語』（無刊記）を板行、後者は各地に持ち運ばれている。

　人穴草子は富士行や富士講、それに属さぬ富士信仰者らの祈念、すなわち、しばしば現世利益を含むが、浄土行に応える宗教書であり教訓の書ではなかったか。

小山 一成

Column
富士五山

　日蓮聖人の上足六老僧のうち、日興上人が富士の地に開いた上野大石寺と重須本門寺、さらにその弟子・孫弟子等が開いた、下条妙蓮寺（開山日華師）、西山本門寺（同日代師）、小泉久遠寺（同日目上人弟子日郷師）の五箇寺を総称して、富士五山と呼ぶ。いずれも末寺を有する本山格寺院で、日蓮聖人を本仏と仰ぎ、十界曼荼羅本尊正意、方便品・寿量品の要品読誦、薄墨色の衣着用という日興上人の信条／制裁に基づく教義修行を古来行ってきた。伽藍も東北に富士山を眺める位置に配置されることでほぼ共通している。明治期以降は政府より同じ興門派として統合を迫られ、紆余曲折を経た後、第二次世界大戦後は大石寺が日蓮正宗総本山となり、妙蓮寺はその末寺として帰一した。一方、北山（重須）本門寺・小泉久遠寺は日蓮宗に属し、西山本門寺は単立として今日に至る。それゆえ現在の富士五山は、本尊・教義・修行のいずれも往時のように一様ではない。

　富士五山の呼称が一般的になったのは近世以降と考えられ、それ以前は「富士四ヶ寺」と称されていた。大石寺十四世日主上人（元和3年寂）の『日興跡条々事示書』に「富士四ヶ寺之中に三ヶ寺」（『日蓮正宗歴代法主全書』一巻）などと見られ、大石寺・重須の二箇寺以外のいずれかが五山より除かれることになる。「富士五山」とある文書としては、寛永7年（1630）に身延山久遠寺日暹師が「富士五箇寺」に宛てて、不受不施に関する詰問状を送ったものが古い（『富士宗学要集』八巻）。この時、五山貫首は大石寺に集まり対応を協議した。また宝永3年（1706）には異流義三鳥派の取締りに関わり、妙蓮寺日性師以下一山僧全てが捕られた事件があり、大石寺二十四世日永上人を中心に、残る四山で対応が諮られ、日永上人の弟子日寿師が妙蓮寺貫首の後任に送られた。このように幕府は五山を同一と見なした上で種々の施策を行ってきたのであり、富士五山の名称もこの頃から一般的に使用されるようになったと考えられる。

　古書『神道深秘』には富士山を「駿河国大日蓮華山」と呼称し、これは山頂部が八葉の蓮華に似る故とされる。大石寺では山号を「多宝富士大日蓮華山」としており、各山も「富士山」を山号としている。

2.2 富士山信仰

参考文献

- 大石寺十四世日主上人『日興跡条々事示書』
  富士四ヶ寺之中に三ヶ寺は遺状を以て相承成られ候。是は惣付嘱分なり
  (『日蓮正宗歴代法主全書』一巻　四五九)
- 会津実成寺日要師（天正１３年寂）『仏天神秘密問答抄』
  一、日月相承之事　一に同門徒に於いても富士四箇寺之中にも大石寺斗（ばか）
  り天経の号する事是以て大切之義也
  （東京観清舎蔵）
- 日向定善寺文書『久妙両山並定善寺由来書』＊
  一、駿州富士四ヶ寺ト申ハ何（いずれも）一門中ニテ候、小泉久遠寺、重須本
  門寺、大石ノ大石寺、西山本□（(門)）寺ニテ候、権現様家康将軍ノ御時
  (『宮崎県史』資料編中世Ⅰ)
  ＊妙蓮寺を除いて四山としているが、この文書は「家康将軍」の語があるよう
  に近世以降のものである。

榎木 境道

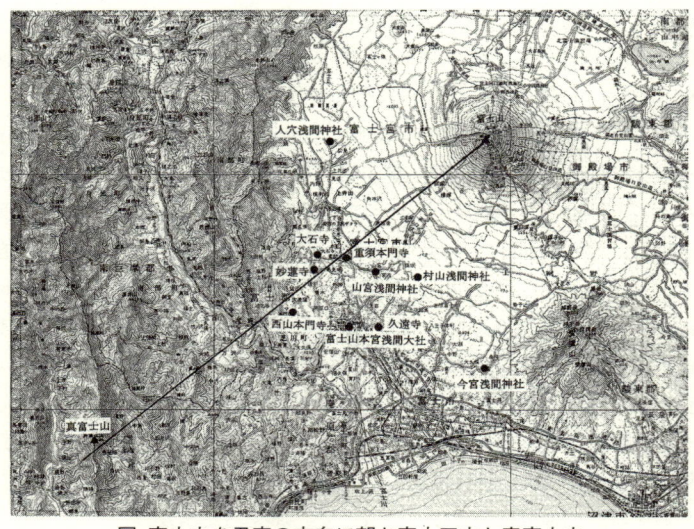

図　富士山を丑寅の方向に望む富士五山と真富士山

2.3

富士山と芸術

第2章 富士山の文化

絵画に描かれた富士―北斎と広重を中心として―

山口 桂三郎

1.「聖徳太子絵伝障子絵」

　富士山が絵画の上に描かれるのは、まず平安時代の「聖徳太子絵伝障子絵」という作品に始まる。この作品は現存しているものの、大変に傷みが激しく、修理が重ねられている。この中の、聖徳太子が甲斐の黒駒に乗って富士山へ登ったという場面で、富士山が描かれている。大変興味深いことには、延久元年（1069）に描かれたということ、絵師も秦致貞によって描かれたということがわかっている。

　はじめは法隆寺東院の絵殿の内陣にある壁面に貼られていた作品であるが、年代がたつに従って何度かの修理が加えられ、江戸時代の天明8年（1788）に、屏風二曲5隻に改装され、さらに明治11年（1878）に皇室に献上、現在は東京国立博物館の法隆寺宝物館に所蔵されている。

　この作品は大和絵の傑作と言われたものではあるが、傷みがひどく、全図を見てもあまりよくわからないところが多く、何はともあれこの作品にまず富士山が描かれている。

　また、絵解きというものがこの時代から始まっており、聖徳太子絵伝という聖徳太子の逸話を描いた作品を、絵解きという一つの職掌をもったものが、説明をしていたという点においても、貴重な作品であると思われる。

2.「一遍上人伝絵巻」

　次は鎌倉時代の作品で、「一遍上人伝絵巻」と言われている。絵巻の中の、鯵坂の入道が富士川で極楽往生を遂げるという場面である。一遍の一行が下のほうに描かれ、その上部に富士山が描かれている。絵巻は、正安元年（1299）に成立し、円伊という法眼が描いたと奥書に記されているが、中には色々な画風が入っており、円伊及びその一門の工房の製作ではないかと考えられる。

　一遍上人歿後10年ほどしかたたないうちに描かれたといわれ、遊行上人とも言われていた一遍が各地を丹念に歩いた事績を描いたものであるから、各地の神社仏閣、そういうものが精確に、かなりの写実性をもって描かれ、鎌倉時代の建物、風俗、人物の描写などの考証に、この絵巻

物が使われている。したがって、富士山がどの程度に写実的に描かれたかどうかが、大変興味深い。ほかの事物がかなり正確に描かれているということからみて、鎌倉時代の富士山を考える一つの手だてになるのではないかと思っている。

3.雪舟の描いた富士

　室町時代に入ると、水墨画が盛んになる。水墨画では雪舟が最大の絵師であるが、雪舟をはじめとする当時の水墨絵師は、中国から渡ってきた宋元の絵を手本として、それを翻案して描いた。日本の風景を描かず、中国の風景を描き、中国の建物を描き、中国の人物を描くということであった。しかし、明に渡った雪舟は、揚子江の現状を自分の目の前で描いたと言われており、実景描写を水墨画で描くことがはじめて行われたわけである。

　その雪舟が日本に帰り、富士山や、清見寺、芭蕉の行った有名な山形県の立石寺、九州にある鎮田の滝などの地を描いた模本が残っている。日本の風景を、水墨絵師として雪舟が描きはじめたのでる。

　永青文庫には雪舟の「富士清見寺図」の作品が残されている。これは「伝雪舟」とも言われているが、雪舟真筆であると言う人もいる。少々疑問もあるのだが、その時代に雪舟が水墨画で日本の代表的富士を描いているということがわかる。

4.「富士参詣曼荼羅」

　「富士参詣曼荼羅」という作品は、大事な富士を描いた宗教画である。富士参詣と思われる人々が、だんだんとお山へ登っていく過程が描かれている。下のほうから見ると、表登拝口の村山口からの景観を描き、駿河湾の三保の松原、田子の浦、東海道清見ケ関に清見寺、富士川を渡り浅間本宮、水垢離する行者がいる「わくたま池」、村山浅間社、室堂、板葺門、行者堂、御室大日堂、矢立杉など、いろいろなものが描かれている。そしてその上のほうに人が列をなして頂上へ登っていく様子が描かれる。

　この絵の下のほうに狩野元信の壺印があり、この製作年代がだいたい推定できる。狩野元信は、文明8年から永禄2年（1476〜1559）まで生きた絵師である。この作品の様式なども考えると、天文年間の末（1550頃）の作ではないかと思われる。

　「社参曼荼羅」という絵が作られるのは室町時代に入ってからである。神道絵画では「宮曼荼羅」といい、神社の境内を描き、その神域を拝む

2.3 富士山と芸術

という一つの絵画形式が鎌倉期から展開してくる。その系統を引き、お山そのものを描いて、それを拝む対象にするということなどができてきた。その宮曼荼羅系統にこの「富士参詣曼荼羅」が属すると考えている。

この作品の、三峰型の山上の三体の御仏をみると、向かって右は五智の宝冠を頭へいただいているので大日如来、中央は手の印相から阿弥陀如来と思われ、左方は薬壺を持っているのでこれは薬師如来で間違いなく、この三体が本地仏としてこの曼荼羅に描かれていることがわかる。

このようにして、室町時代から富士の宗教画も生まれている。

5.浮世絵の世界

江戸時代になると、日本絵画史上最も多くの流派を現出した時代となる。狩野派、土佐派、琳派、文人画、四条円山派、西洋画の系統の秋田蘭画、油絵と銅版画の系統、その他があるが、一番庶民に関係が深いのが、浮世絵派である。江戸時代は各派で富士を書いているのだが、その中でも、浮世絵派の風景画の巨匠と言われる北斎と広重を中心にとりあげてみたい。

浮世絵というものは、その名のとおりに「浮世の絵」であり、現世の心の浮きたつさまを描く絵であるということが、だいたいの本義である。現世のありのままを描くということになると、どうしても人物が中心になる。人物のおもしろさ、人物が行う様々な事象、そういうことに関心がもたれ、それを描くというのが浮世絵の本旨であり、人物を中心に浮世絵派というものが発生し、それが発展していった。

しかし、江戸時代の後半になると、その人物中心の画がマンネリ化してくる。そしてさらに幕末に近くなると、文化・文政年間（1804～1830）ごろから幕藩体制がだんだんと緩んできて、江戸期の三大改革の一番最後の天保改革がおこる。その時代になると、世の中が大変不安になってきて、人物を描くにも、デカダン的な女性などが取り上げられ、江戸のよさとともにそれらが爛熟した姿になっていき、最後には血みどろ絵とか、残忍な絵になってしまう。そういう時期を迎えるにあたって、浮世絵を人物画から引き離し、日本の美しい風景を主題にした作品を確立しようとしたのが北斎であった。

6.北斎の偉業

人物を中心にした浮世絵の流れを、風景の方面に方向転換させることは、非常に難しいことであったが、北斎（宝暦10年・1760～嘉永2年・

1849）は、強い意思と強靭な逞しい不屈の力で、それをみごとになし遂げた。

　北斎は、西洋画も南画も習い、当時の日本にある、前述したありとあらゆる流派のものをおそらく習得した。そして多くの弟子をもち、その弟子たちに端的に習得できるような内容のものを教えようということで「略画早指南」という書をつくっている。文化9年（1812）、北斎が53歳のときに描いたものである。

　そこには、「丈山尺樹、寸馬豆人などいへる画に盡く其法ありされど起こる処は方圓を出ず今北斎老人是を基として規矩の二つを以諸の画をなすの定位（ばとり）を教ふ其焼筆を用て形をとるにおなじ。是を見是を学びてよく規矩の二つに自在ならバ細密の画といふとも此工夫をもて」できるということを説き、円と矩形をもってすべての絵ができ上がるということを指南している。附言として、「此書ハ、ひでうぎとぶんマハシをもって絵をかくの法にして、是より入るときハ絵のわり合をはやくしり」えるとして、指金とコンパスでそれが可能になると書いている。

　では実際にどういうふうに描くのか。たとえば、円を描いて、その円のところをなすっていき、獅子を描く、「円にて獅子を描く法」というものがある。また、四角を組み合わせて、尾長を描いたり、鳥を描くことを、実際に教えているものもある。

　速筆で円と四角で描く「略画早指南」などを基礎に、それから20年ほどを経て、有名な「冨嶽三十六景」（北斎72歳頃の作）ができ上がった。

　「冨嶽三十六景」（大判・横絵・全46図）の版元の広告には、「此絵は富士のかたちその所によりて異なる事を示す」ものであって、「総て一やうならざるを著し山水を学ぶ者に便」であると書かれている。富士山というものをいろんなところから見て描いているので、どんな山を描くにしてもこれが一つの手本になる、と「冨嶽三十六景」を宣伝している。

　富士を描く画想は、既に北斎が70歳の頃には出来ていたようで、それを完結するために絵本「富嶽百景」（北斎75歳の作）を刊行した。その初編の跋文に「己六才より物の形状を写の癖ありて」とある。6歳頃から自分は絵を描いたが、「七十三才にして稍禽獣虫魚の骨格草本の出生を悟し得たり」とあって、73歳にして絵を描く極意をつかみ得たということを言っている。

　「冨嶽三十六景」の完結によって、北斎は自分の一つの境地を悟り得て、自信をもって世に「富嶽百景」

2.3 富士山と芸術

を送り出したということを示している。

画風の一変に全力を尽くした「富嶽百景」だが、その版元は「此編は翁（北斎）諸州を遊歴せる比普く勝概を捜り佳景を索め山川原野閭巷僻陬幽邃の地といへども遺漏なく其真趣を模写し筐筥に秘蔵する縮圖なり翁僕に語りて日我真面目の畫訣この譜に盡りと愛玩して措ず」と、自分の大事にしている入れ物に秘蔵してたのをもとにしたとして、北斎の自信を伺わせている。さらに序文には「此岳を愛すること年あり近く田子の浦に見あけ美保ケ崎に望む隈なき月盛なる花のこゝちし天風情薄とてか遠く富士見原に杖をひき汐見坂に駕をとゝめ」富士の周辺を実検して廻り、富士を体得した北斎が知られ「眞景を寫されたれは翁の精神此巻に止り」とある。

「冨嶽三十六景」は、全46図中36図が藍摺、他は表題や主版部分が墨摺で作られている。その36図が江戸の方面から見たもの、10図が反対側からの作である。北斎はその前から「富嶽百景」ということを念頭においていたのであるが、どうも版元がもうひとつ百景そのものの富士の姿を版にすることには無理があるということで、三十六景と銘打って、さらにもう少しいいんじゃないかとい

うので、あと10図を加え、完成したのであろう。しかし北斎は、どうも気に入らないということで、そのあと冊子本として「富嶽百景」をつくり上げていったと思われる。

このようにして「富嶽百景」は、本当に北斎が念願がかなう富士を描きたいと思っていたところで、初編が29図、2編が30図、3編が41図、全部で100の場面を描いている。これで北斎も満足したということではないかと考えている。

この中の一つに、来朝した異国人（朝鮮通信使と思われる）が富士山のところを通って行く場面がある。「登龍の不士」では、円と四角という北斎の視点を考えながら見ると興味深いと思われる。また「田面の不士」では、田の水面に富士が写っているという設定になっており、大変おもしろい場面をつかんでいる。

北斎としては、非常に満足であった「富嶽百景」の絵本を描く前に、「冨嶽三十六景」を描いたのではあるが、後者は浮世絵史上風景画の独立を宣言するにふさわしい美事なシリーズであった。

7.広重の叙情

北斎の「冨嶽三十六景」が出た2・3年あとに、広重（寛政9年・1787～安政5年・1858）は「東海

道五拾三次之内」を38歳で描き、またたくまに、スターダムにのって江戸の人気をさらってしまった。広重は天保3年（1832）に、幕府が毎年8月1日に宮廷に関東の駿馬を贈る、八朔の行事に同行し、その様子を絵に写すことになり、その折の道中スケッチをもとにして描き上げたといわれるのが「東海道五拾三次之内」という、保永堂版のシリーズである。これが前述したように非常に当たり、北斎の「冨嶽三十六景」（大判・横絵）の評判をさらってしまった。北斎としたら大変なアクシデントであった。風景画が台頭してくる中で、このようにして、北斎と広重のいろいろなかみあいのいきさつが出てくる。

後年になっても広重は、北斎に対しての対抗意識をもち、自分も富士のシリーズを描きたいということで「不二三十六景」をまず描き上げる。これは全36図で、中判で、横にながい画面である。北斎の絵と比較すると、画面が非常にやさしい感じをもっている。そこが広重の特色で、ゴツゴツした、触ると皮膚に反応を起こしやすいような北斎とは違った、柔らかさというものが出ている。

この「不二三十六景」は、いかにもそこの土地へ行って、素直に景色を眺めて描いてるという情感がただよっている。その中の一つに、武蔵野のススキを通して富士をあおぎ見ているという、何とも言えない叙情的な趣がある。

その後、広重は「冨士三十六景」（大判・竪絵・全36図）をつくる。前は「不二」であったが、これは「富士」と書いている。その中の一つ、これも穏やかな画面で、しっとりとした情緒の中に富士を鑑賞できるという状況で、甲斐の国大月あたりを描いた作品がある。広重の富士にはこのように2つのシリーズが出ている。

最後に広重は「富士見百図」を安政4～6年（1856～1859）につくる。これは全20図、小さい絵本であり、図版は絵本の二頁の見開きを一図にしてある。

ここには「葛飾の卍翁先に富嶽百景と題して一本を顕すこは翁が例の筆才にて草木鳥獣器財のたくい或は人物都鄙の風俗筆力を尽し繪組のおもしろさを専らとして不二は其あしらいにいたるも多し此図は夫と異にして予がまのあたり眺望せしを其儘にうつし置たる草稿を清書せしのみ」と書かれ、一番最後に「立斎誌」とある。このような北斎批判をおとなしい広重がはたして書いたかと疑問視する者もある。また「北斎叟のは草の體なりさらば一立子（広重）のは行にして固からず四度解なから

ず聖人の所謂中庸の中」と柳々仙果は同絵本に書いている。

　いわゆる自分の富士を描くのは、まのあたりに眺望したのをそのまま写したような趣である。しかし、富士山を描いた北斎の「富嶽百景」と題したものは、草木鳥獣器財の類あるいは人物都鄙の風俗筆力を尽くし、絵組のおもしろさをもっぱらとして、富士はそのあしらいである。「富嶽百景」は、富士山をあしらいに書いてるんだといって、自分は異なる点において、この「富士見百図」というものを描いた、と広重は主張している。

　この中の絵を見ていくと、千葉県の保田というところからの富士山が描かれている。保田は、浮世絵版画の元祖と言われる師宣の出生地である。また、東海道大森の畷（畦道）、甲斐の犬目峠（江戸から山梨のほうへ行く峠）などが描かれている。

　信州の諏訪湖を描いた場面がある。北斎の「富嶽三十六景」にも諏訪湖から描いた作品がある。遠いところから富士を眺めてる作品を、北斎とともに広重も取り入れているわけである。

　このほかに、広重が富士を描いたものとしては、先述のように爆発的な人気でもてはやされた「東海道五拾三次之内」の保永堂の版にある。

「東海道五拾三次之内」に描かれた富士を見ていくと、富士山を画面から突き出して書かれている「原」などが非常におもしろい光景である。

　「吉原」では左富士が描かれている。「吉原の駅から5丁許東の方、…土人左富士という」（東海道名所図会）とあるように、江戸より京都に上るときは、すべて右のほうに富士を見ていくのが常であるが、ここは道の歪みによってしばらく左のほうになるので左富士と呼ばれる。広重は吉原の宿場としてこの左富士を描いている。何となくのんびりと、三宝荒神という三つのわくをつけ、三人が横にならんで乗れるようにした馬のくらに三人の子供が乗って、ゆったりとした気分で行くこの場面には、広重の叙情的特色が出ている。

8.北斎の富士と広重の富士

　広重に対して北斎の「冨嶽三十六景」をみると、とくに「神奈川沖浪裏」などの構図は、富士があしらいであると広重から言われても仕方ないくらい、絵組というものを極端に考えすぎている。富士山をちょこっと真ん中に出し、画面前方に船が大波の間をくぐって行く、そして、波のまさに崩れ落ちようとするさまを

とらえ、北斎の奇抜さというものを感じさせるものである。

「凱風快晴」には富士山がすっきりと描かれ、銅版画に出てくるような雲などがある。そういう雲と富士山というものがひとつになって、私たちに、富士というものが非常に崇高なものであり、そして日本の象徴であるということを考えさせられるような名画ではないかと思う。

「山下白雨」は、「神奈川沖浪裏」と「凱風快晴」とあわせて「冨嶽三十六景」の三役になる作品といえる。これは非常に老練な構想をもっており、空の広がりの中に毅然としてそびえる富士山というものをよくつかんでいる。五合目あたりであろうか、褐色の山肌に黒の点描のものをつくり、その下が真っ黒になったところへ雷が走っているという、極めて効果的なコントラストとデフォルメされた雲の形というものを見せている。不滅の画家・北斎の面目躍如たるものがある。

「遠江山中」は木挽きの場面で、非常に大きな木を切っている。その向こうに富士山を点描して、いかにも技巧的に絵をつくっているかがわかる。このような作品から見ると、広重の絵は非常におとなしくて、素直にそのまま風景を絵にしているようであり、それに対し北斎は、いかにもこれは自分が組立ててつくった絵だというふうなことを押しつけてくる。

「駿州江尻」は、紙が風で飛んでいくという、動的な場面をうまく描いている。自然さよりも北斎の創意工夫のあとが見える。

「尾州不二見原」は、桶屋の、桶の向こうにちょっと富士山を出している。円というものを非常にうまく使って、円形の中に小さな富士を書いていることで絶妙である。

「甲州三坂水面」は、水面に映った富士が描かれている。反対の向きに水面に写った富士の描き方をしており、富士山がこの描き方ではおかしいのではないかという人もあるが、画面としては面白い。

「深川万年橋下」は、これも円をうまく使った風景である。両岸を遠近法で描き、橋を前にグッと出してきて、富士山は向こうのほうに描かれている。絵組のおもしろさで富士山を強調していることで、広重に言わしめているゆえんがこのようなものにあるのではないかと思われる。

「江戸日本橋」は、遠近法が使われており、後版では非常に混雑した日本橋の雰囲気がよく表現されている。

北斎の画法は、あたかもセザンヌが1880年代以降「自然の形態を球・

円錐・円筒をもって把握する」独自な画風を確立したのに似ている。主観的技術を駆使する北斎に、広重は客観的に普遍の自然を美しい詩情の世界として表現した。富士を描写した作品でも同様である。

このように、広重と北斎の富士の取り上げ方がどういうものであるかを、作品を通して理解できる。絵画に描かれた富士山としては、近代に入ってからも、横山大観をはじめ、多くの作家が描いているが、江戸時代の北斎と広重の富士は最高のものではないかと考えている。

9.「役者夏の富士」

もう一つ、おもしろい例として、浮世絵に「役者夏の富士」という絵本がある。役者はいつも扮装し化粧して舞台に立つわけであるが、その役者が、自分の家に帰ったときはどんな生活をしてるかという、役者の日頃の素顔の生活ぶりを描いたものである。安永9年（1780）に、勝川春章という絵師が描いている。(文化・文政期に同名の冊子を国貞も描いている)。

この「夏の富士」という題名がおもしろい。雪が降って毅然としている富士山とは変わり、雪化粧を落とした富士山、舞台では見られない、化粧を落した普段の役者、これを描いた絵本ということである。このような題のつけ方も、富士に関係がある浮世絵とみることができる。

浮世絵と富士山

松沼 延幸

1. 木版の歴史

本項の主旨が浮世絵であるのでまず木版の歴史を簡易に記述する。

我が国の木版画の歴史の興りは定かではないが、多くの文物と共に遣唐使・遣唐留学僧、あるいは帰化人などによって、中国や朝鮮半島からから伝えられたと推察できる。奈良時代において版の文化は確認出来る、それは明らかに世界最古の摺物と言える「百万塔陀羅尼」は天平宝字8年(764)9月18日に藤原仲麻呂の乱が平定され、それに際して国家事業として開版された木版摺写物が最古と言える。それが仏印に発展して摺物が平安中期頃より、国・人々・己の心を救う有効な手法として多数仏供養が用いられ11世紀の半ばごろ仏師によって寄木による造像法が編み出され、丁寧な内刳(うちぐり)によって木彫の仏像内部に空洞が出来、その空洞内に種々の品物が納められる様になった。とくに、その胎内に千体・万体印の摺仏を納めることで、人々は功徳の増大を願い木版画は発展の変遷を辿った（図1）。

その木版歴史の技術は、徳川家康が慶長5年（1600）関が原の戦いに勝利して江戸に開幕してから六、七十年が経過する中で吾妻錦絵（浮世絵）が発展して、江戸時代から明治維新が終わる約240年の間、庶民の浮世絵文化として継承されて栄える。当時の江戸は世界的にも大都会に発展しその人口の約半分は支配者階級の武士であり浮世絵の生みの親である庶民は厳しい身分制度の中で精一杯に生きる人々であった。むし

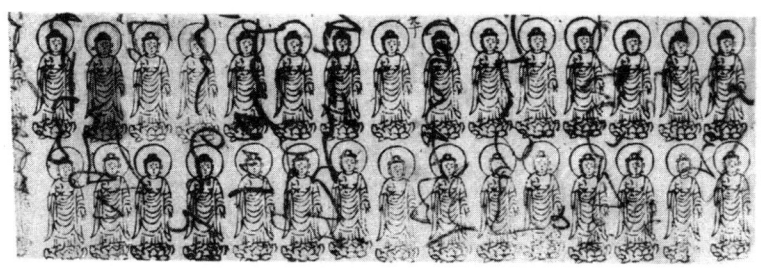

図1 『弥陀如来立像』（仏印） 鎌倉時代

ろ庶民は、しいたげられた苦しみの中で季節を味わい、生活に余裕の無い人々は、正月や節分・節句等の年中行事を楽しんだ。その人々の姿を表現したものが浮世絵である。時代が経済的に安定すると、人々に物見遊山が流行り、上野・両国・向島・飛鳥山等の桜の名所には人々が繰り出し春を楽しみ、春秋の二回両国回向院の相撲が始まると相撲見物に興じた。江戸初期の文化の代表として歌舞伎は庶民に愛され、新しい人気役者が生まれるたびに人々は熱狂して役者絵が誕生して、浮世絵が庶民に親しまれる基礎となった。江戸の発達と中央の政治経済が地方との交流が盛んになり、庶民の間に名所旧跡を訪ねて歩く事が流行して、美しい景色が土産話となり風景浮世絵の発達に寄与した。

浮世絵の出発は当初肉筆画であったので、高価で限られた人々に鑑賞は限られており、多くの庶民に購入して鑑賞できることを目的に木版が採用された点も若干考察されるが、それより版本の木版印刷から絵のみが次第に独立して、木版独自の美しさに人々は気付き始めた事が浮世絵発展に繋がると考えられる。それを実践したのが房州保田生まれの浮世絵師、菱川師宣（寛永8年～元禄7年・1631～1694）であった。浮世絵の創始者である菱川師宣が、最初に自作の武家百一首に署名したのは寛文12年（1672）のことで、それから約百年が経過して浮世絵は見当法による正確な色版の摺重ねによる多色摺り技法を獲得して、歌麿に代表される、きら摺り・摺り圧により凹凸をつける空摺り・種々の摺りぼかし技法等の確立によって飛躍的に独特の浮世絵世界が確立された。

2.吾妻錦絵（浮世絵）が発達した要因

①和紙の原料…主に三椏(みつまた)・楮(こうぞ)・雁皮(がんぴ)の三種類であり原産国は中国であるが我が国に渡来してほぼ全国に生息している。和紙の特徴として、浮世絵を摺る時「ばれん」で何回も摺るので紙が強くなければならない。絵具をよく吸い取る紙であることも重要である。

②版木の材料…浮世絵を創るためには良質な山桜が版木として必要となる。日本の山桜は日本列島と韓国の済州島に限られており、ヨーロッパ・アメリカのチェリーは大まかに言えば桜であるが実を採取する方の桜であるので、材質が日本の山桜と比較すると全く異なる。山桜の産地は暖流と寒流ぶつかる地域の近隣で潮風を浴びる地域のものがきめ細かく版木材として一番良いとされてお

図2 版画様式と地域

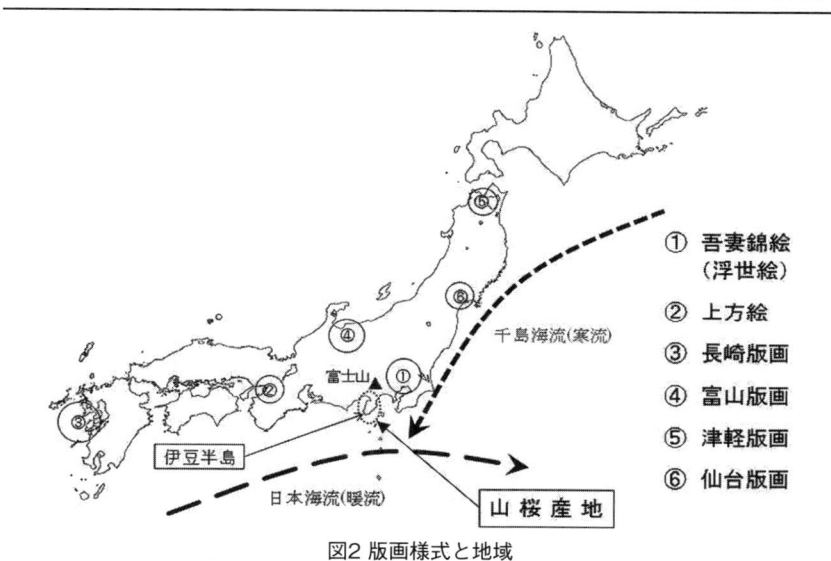

① 吾妻錦絵（浮世絵）
② 上方絵
③ 長崎版画
④ 富山版画
⑤ 津軽版画
⑥ 仙台版画

（地図中の注記：千島海流(寒流)、富士山、伊豆半島、日本海流(暖流)、山桜産地）

り、江戸において錦絵（浮世絵）が発展した大きな理由のひとつが、富士山の眼下に位置する伊豆半島産の山桜材が江戸の近くにあった事があげられる。現在では、宮内庁所管（御用林）地区については、山桜の伐採ができない。

3. 江戸時代から明治維新における版画様式の主な地域

①吾妻錦絵…江戸の土産と言えば錦絵か浅草海苔というのが当時の相場で、関西の上方版画と異なり庶民文化に育まれて一色の墨摺絵からそこに色を塗った丹絵・紅絵・漆絵・紅摺絵と進化して多数の色版を重ねる錦絵に発達した。

②上方絵…江戸で発祥した錦絵が各地に流通する過程で京都・大阪の上方でも錦絵は版行される様に至る、これを上方錦絵又は浪速錦絵と呼び、江戸の浮世絵に準じている。

③長崎絵…長崎版画は宝暦年間（1751～1764）頃より始まる。江戸後期における外国人を扱った幕末から明治初期に横浜絵と並び称されるのが長崎版画である。

④富山版画…宗教版画として越中の神社仏閣には中世以来、墨摺り版画としての宗教版画が確認出来る。元禄の頃から藩札や富籤・講札に版画は使われ、元禄に始まる富山の売薬は行商を通じて発展した。その為の薬袋・預け袋・効能書等が木版印

2.3 富士山と芸術

刷による為に、その進化は自然と培われ薬販売促進を目的に進物用版画が造られる（図2）。

規模と出版歴史は限られていたが、⑤津軽版画、⑥江戸で版木を彫り仙台で摺った仙台版画があった。

4. 富士山と浮世絵

江戸の人々には、富士山は日頃の生活の中で常に仰ぎ見る存在であった。江戸中期以降に経済・政治的にも不安定な時代を垣間見る庶民に参詣富士講が盛んになったのは自然の成り行きであった。富士山が信仰の対象となり登山されるに様になった事は既に平安時代に遡るが、江戸時代の富士講の最盛期は天保年間（1830～1844）である。元禄から享保年間に江戸在住の伊藤伊兵衛（食行身禄）は富士登山45回の経験を持つ大行者で、自然災害による飢饉、米価格の高騰に伴う打ち壊し事件等によって社会不安の高まりより、困窮する庶民の生活を見て食物が万民に等しく行き渡ることを願い、享保18年（1733）、富士山七合目の洞窟に籠り、食を絶ち死んだ。身禄の教えを受けた弟子たちは、江戸市中に江戸八百八講と謳われる富士講を組織した。老人・女・子供など富士山に行けない人々は富士山に見立てた富士塚に詣でた。

日本の象徴が富士山としても、古来のやまと絵等には主要な画題とし

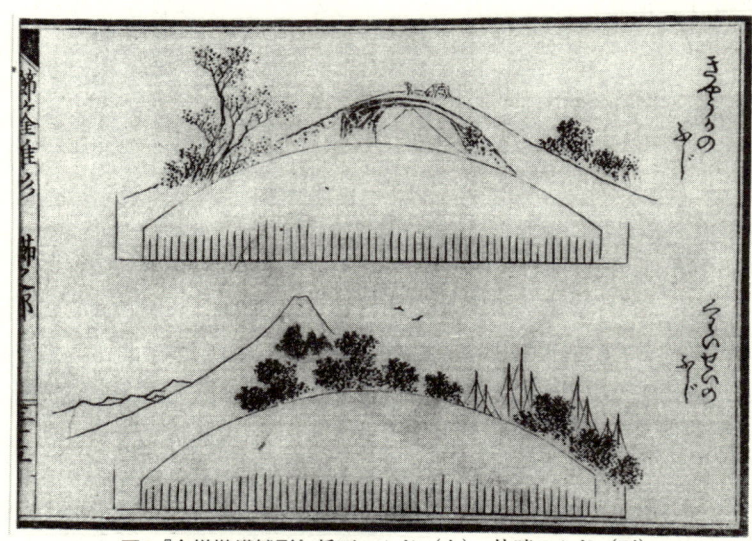

図3『今様櫛𥵟雛形』橋下のふじ（上）・快晴のふじ（下）

て富士山は取り上げられていない。それは、富士山が都から遠く離れた所に位置していた事と考えられる。徳川幕府が開幕し18世紀後半になると、河村岷雪が明和4年（1767）に刊行した絵本『百富士』は奇抜な角度から富士山を捉えており、葛飾北斎（宝暦10年～嘉永2年・1760～1849）の『冨嶽三十六景』・『富嶽百景』制作構想に資した事は多くの研究者が指摘している所である。

浮世絵においても、風景画は師宣の時代から風景表現を見る事が出来る。それは風俗・物語画の背景という副次的に止まらず絵本の押絵にも確認出来る。

富士山をいつから画題として浮世絵に取り上げられる様になったか定かではないが、春信（1725～1770）の『山辺赤人』（中判）、清長（1752～1815）の『四季の富士・田子』（中判）、歌川豊広（1773～1829）の『見立曽我の対面』等に、富士山が画題の脇役として描かれている。

葛飾北斎は寛政7年（1795）、36歳頃、勝川派を離脱して俵屋宗理の落款をもつ作品が出現するが、『阿蘭陀画鏡江戸八景』（豆判）で駿河町・日本橋・吉原の遠景に富士山を描き、狂歌絵本に於いても多少であるが富士山を描いている。北斎は文化2年（1805）頃から葛飾北斎と号するようになる。50歳代に、大和絵の手法を用いて遠景に富士山を描いた肉筆『潮干狩図』（大阪市立美術館蔵）、『風流東都八景・品川の帰帆』（中判）、『仮名手本忠臣蔵・初段』（大判）でも遠景に富士山を描いているが、富士山を脇役的な扱いに終始している。文政2年（1823）北斎64歳の時、絵手本『今様櫛䉤雛形』（図3）を刊行、櫛の図案として多数富士山を図案化している。

浮世絵として富士山を主題にシリーズ化して取り上げるのは、北斎が天保2年（1831）72歳の時に刊行された揃物の『冨嶽三十六景』が最初である。北斎は絵本『富嶽百景』を天保5年（1834）に刊行して執拗に富士の姿に迫り、名実と共に浮世絵風景版画を完成させた人物が葛飾北斎であり、江戸浮世絵全盛期の写楽・歌麿・広重と並ぶ代表的浮世絵師として、世界的評価を受けている。今回は、浮世絵風景画の名手と言われる北斎と広重の富士山に係わる作品を紹介する。

5. 冨嶽三十六景

当初、富士山をテーマに揃物として天保2年（1831）に三十六図で完結を想定されていたと考えられるが、「裏富士」と呼ばれる十図を加えた四十六図で完結する。

2.3 富士山と芸術

図4 『冨嶽三十六景　甲州三坂水面』
大判錦絵　渡邉木版画舗蔵

図5 『冨嶽三十六景　五百らかん寺さゞゐ堂』
大判錦絵　渡邉木版画舗蔵

今回は、冨嶽三十六景の内、北斎の謎めいた技量と洞察力の凄まじさがにじむ二作品を掲載する（図4,5）。

『逆さ富士の雪』

三坂峠から富士山と河口湖を眺望する図であるが、湖面に映る富士は世にいう逆さ富士であるが、卓越した写実力を持つ北斎故に、古くから謎めいている部分がある。二つの富士は左右にずれており、実景は初夏か初秋の季節であるのに対して湖面に写る逆さ富士は雪を頂く富士を描き、異なる季節の富士山が同居している。画面構成が不合理であり他の富嶽景に見られない、北斎の哲学的な心像風景ではないだろうか。

『鳩の巣』

五百羅漢寺は当時、本所大島村にあり（現在は目黒区）、境内には五百羅漢を安置する羅漢堂と、百体の観音を祀った三階建の三匝堂がある。高楼の見晴らしの良さは評判であった。画面は最上階の様子を描いたもので、男女9人中8人が富士山を眺め、シリーズの中では意識的に前景を広く求めて遠近感を感じさせているが、床板と壁板を利用してさらに遠近感を増幅させている。遠近感を必要以上に求めて効果を上げているので、右上の屋根のひさしに鳩巣が描かれているが、北斎は鑑賞者に気を留める余裕を与えない風景処理を施し、写実力を発揮している。

6. 名所江戸百景

歌川広重（寛成9年〜安政5年・1797〜1858）晩年の大作である『名所江戸百景』（大判錦絵119枚・目録1枚、二代広重作も含む）は全て風景を縦絵に見立てた錦絵で、後のヨーロッパ美術、印象派のゴッホ・セザンヌ・モネ等にあたえた絶大な影響と功績は人々に知られる所である。百景の内19枚が富士を望む風景が描かれており、特に広重は目黒の

浮世絵と富士山

図6『江戸名所百景　目黒元不二(春の部)』
　大判錦絵　渡邉木版画舗蔵

図7『江戸名所百景　目黒新富士(春の部)』
　大判錦絵　渡邉木版画舗蔵

元不二・目黒新富士（身禄行者を祀った祠を造る）の錦絵に庶民の富士講熱意を描いている（図6，7）。

歌川広重60歳の時、画業最大の作品群がこの『名所江戸百景』である。安政3年（1856）2月から安政5年（1858）10月までの改印がある。版元は上野広小路に店を構えていた魚屋栄吉から開版される。開版された当初は表題に記載されている様に100枚で完結する予定が、好評を博した影響で18枚増えた。その内3枚は広重が安政5年（1858）9月6日に没した後の10月に開版された作品で構成されている。

参考文献

- 『名作に見る日本版画—その源流から錦絵の登場まで』町田市立国際版画美術館, 1987
- 『日本の美　浮世絵の世界』（婦人セミナー講演要旨 第19期）東京電力株式会社, 1983
- 『葛飾北斎展—江戸のメディア絵本・版画・肉筆画』（図録）江戸東京博物館, 1995
- 『錦絵の誕生—江戸庶民文化の開花』（図録）江戸東京博物館, 1996
- 花咲一男著『大江戸ものしり図鑑』主婦と生活社, 1994
- 『広重の画業展—名所江戸百景を中心に』（図録）馬頭町広重美術館, 2001

切手になった富士山

中川 章

　明治維新後、新政府は欧米の制度を参考に近代的な郵便制度をスタートさせた（明治4年）。切手は、もともと郵便料金の前納のしるしとして、郵便物に添付されたが、郵便制度が普及するにつれて、外国との郵便の出入りも多くなり、切手の図案も、その国の自然や文化遺産、政策やイデオロギー、社会状況などを、対外的に発信する国家のメディアとしての意味を持つようになった。

　富士山を図案にした最初の切手は、大正11年（1922）の「富士鹿」切手であった（図1）。また、昭和12年（1937）の第1次昭和切手シリーズで外国向け料金の切手に日本的な題材として、富士山と桜の図案が選ばれた（図2）。

　昭和6年（1931）、国立公園法が制定されると、早速「富士箱根国立公園」の切手が発行され、富士箱根は繰り返し題材となった（図3,4,5）。

　その後も富士山はいろいろな記念切手の題材に採用された。昭和33年（1958）に始まった国際文通週間の記念切手では、安藤広重の東海道五十三次や、葛飾北斎の冨嶽三十六景（図6）が度々図案になった。

　昭和42年（1967）の国際観光年記念では、横山大観の「霊峰飛鶴」（図7）が絵画切手の先鞭をつけた。

　平成元年（1989）にはじまった「ふるさと切手」では、山梨県と静岡県が競って繰り返し富士山の図案の切手を発行している（図8,9）。

　平成20年（2008）1月、訪日外国人をふやすキャンペーンの一環としての、「ようこそ！ジャパン・ウイーク」には、「霊峰富士と四季の植物」として、有名写真家の作品が切手になった（図10）。

　郵便事業は民営化されたが、切手が使用される限り、今後もますます多くの富士山の切手が発行されるだろう。

　富士山切手例（次頁。筆者コレクション。口絵カラー写真参照）：図1（「富士鹿切手」第1次3種のうち20銭,1922）、図2（第1次昭和切手「富士と桜」20銭,1937）、図3（富士箱根国立公園「暁の富士」岡田紅陽,1936）、図4（第2次富士箱根国立公園「七面山からの富士」岡田紅陽,1949）、図5（富士箱根伊豆

切手になった富士山

図1　図2　図3
図4　図5
図6　図7
図8　図9　図10

国立公園「三つ峠からの富士」岡田紅陽, 1962)、図6 (国際文通週間「凱風快晴」葛飾北斎, 1996)、図7 (国際観光年「霊峰飛鶴」横山大観, 1967)、図8 (ふるさと切手 (静岡県)「朝の清水港」, 1999)、図9 (ふるさと切手 (山梨県)「河口湖からの富士」, 1999)、図10 (ようこそ！ジャパンウイーク「夏の富士」白旗史朗, 2008)

Column
身近な富士山 ―銭湯と富士山の絵

　日本において入浴は古くからの習慣であり、銭湯はわが国の代表的な庶民文化の一つである。銭湯は、地域の公共衛生維持の役割を果たし、社交の場として人々の生活に深く関わってきた。

　銭湯というと、宮造り、タイル絵など印象に残る特徴は色々あるが、やはり富士山のペンキ絵をまず一番に思い浮かべるであろう。ペンキ絵は、大正元年（1912）に神田猿楽町にあった「キカイ湯」が、浴室の壁面を生かすために背景画を描いたことがはじまりであるといわれる。絵は、静岡県掛川出身の油絵画家・川越広四郎氏が描いたと伝えられ、初めて描かれたのは富士山と考えられている。その後評判となった絵は、東京を中心に多くの銭湯で描かれた。また、背景画に着目した広告代理店が、近隣の商店や医院などの広告を浴室や脱衣所などに掲げる広告料として、無料で背景画を描いたことも背景画を広める要因になったといわれる。しかし、銭湯の減少とともにペンキ絵を描く絵師も減り、現在では数人を残すのみ

　　　右上：富士山を描いたペンキ絵
　　　左上：猿蟹合戦を描いたタイル画
　　　右下：銭湯内の広告

であるという。

　多くの人々が内風呂に入る現代において、生活機能としての銭湯の役割は低下している。入浴客減少に加え、燃料となる重油の価格高騰、銭湯並みの低利用料金で利用できる日帰り入浴施設の開業が相次ぐなど、銭湯をめぐる経営環境は年々悪化しており、転廃業が相次いでいる。

　しかし、銭湯は身近に富士山を感じることのできる貴重な場所であるように思う。東京ではビルやマンションが建ち並び、眺望を遮り、富士山を拝む機会は少なくなってきている。しかし、銭湯ではダイナミックな富士山がいつも私たちを迎えてくれる。高層ビルから見る富士山もいいが、銭湯の迫力ある富士山も素晴らしい。銭湯の減少で、また一つ"富士見"の場所が消えていくことに寂しさを感じる。

　その一方、全国的な温泉ブームによって、地方の温泉地の共同浴場や公営施設が、復活、再生、また新設されている。そのいくつかに、いにしえの富士見画が残されたり、富士山が描かれたりして、おだやかでなごみのある、ちょっとした昭和ロマンを感じさせる温泉が増えていることは嬉しい限りである。

参考文献
- 中野栄三（1994）『入浴・銭湯の歴史』雄山閣
- 町田忍（2006）「入浴における娯楽性—現代風俗　娯楽の殿堂」『現代風俗研究会年報』27, p.82-92.

　　　　　　　　　　　　　　　　　　　　　　　　　　　　山登　一輝

富士山の写真と撮影スポット

村松 茂貴

はじめに

富士山は、北は福島県から西は奈良県、京都府など21都道府県から見ることができると言われている。どの地点であろうと「お猪口を伏せた」ような台形状の山容を見つけることができれば「富士山だ！」と理解できる特徴ある山である。その稜線が長く見えれば見える程、富士山の美しさ魅せられるのである。

時代をさかのぼってみると、江戸時代、富士山は庶民の憧れであった。葛飾北斎や歌川（安藤）広重らの浮世絵や、富士塚・富士講などの宗教登山などの例から分かるように、江戸の町衆に身近な存在であった。その流れは、カメラが日本に入った頃から、また普及するにつれ、富士山はさらに大衆化してきた。その姿にじっと見入りながらもカメラで記録したくなるのは人の常であろう。

私たち全日本富士写真連盟の会員は、千変万化する富士山を写真という表現方法をもって、その魅力をよりいっそう活写し、引き出すことに努めている。それは富士山の魅力が芸術的であり宗教的であり、日本人の心を潤す原風景たらんことに迫りうるものと確信しているからである。

ここでは、富士山の撮影のためのポイントと各地の撮影ポイントを紹介する。さあ、カメラを片手に出かけよう。

I．撮影機材と撮影
1．撮影機材

富士山を撮るときのカメラは、現場に行ってから「カメラの操作がわからない」と言うことのないように、日ごろから使い慣れたカメラを持って行くのがよい。写真は基本的には、絞りとシャッタースピードさえ合っていれば撮れるものである。今のカメラはいろいろな機能がついているが、絞りとシャッタースピードの関係さえ頭に入れておけば、現像してから「まったく写っていない」と言うことはまずない。最初から高価なカメラを用意する必要はない。まず、手に馴染んだカメラから始めるのがよいだろう。

次に三脚を用意しよう。早朝とか夕暮れどきは、人の目で感じた明る

さよりも、フィルムが感じる光は少ないので、シャッタースピードは遅くなる。そんなときはカメラに三脚を取り付けて撮らなければ、「ブレ」写真になってしまう。また、日中でもフィルターを付けたり、絞り込んで撮る場合があり、そんなときも三脚は必要になる。風景写真の撮影には三脚は必需品といえる。

2. 撮影
（1）撮影時間
　撮影時間は、基本的には日の出前から日没前後に撮ることが多い。太陽が真上にくるいわゆる「トップライト」の時間帯は、雲の撮影など特別な場合を除いてシャッターを押す機会は少なくなる。

　これから富士山の撮影を始めようとする方は早朝の富士山撮影から始めることをお薦めする。朝は空気も澄んでいて富士山がはっきり見える確率も高いので撮影に向いている。

　撮影の回数や経験も増えて自分なりの撮影データを持っているようになると、他人と違った富士山の写真を撮りたくなってくる。そうしたら、夜中でもバルブ撮影をすることにより富士山を撮ることができるので、バルブ撮影に挑戦してみるのもよいだろう。人の眼にはうっすらとしか見えなくても、時間をかけて撮ることにより、人の眼で見たものとは違う色彩の写真になるときがある。明るいときに見る富士山とは違った趣の写真が撮れるかもしれない。

（2）時季と場所
　富士山は四季折々いろいろな姿を見せてくれる。自分の好きな撮影スポットから撮るとよいだろう。撮影の時季だが、春から夏にかけては空気中の水蒸気や塵が多くなるためかスッキリした富士山が見える機会は少なくなる。

　一方、秋から冬は空気が澄んでいるので撮影には向いていると言える。また、秋から冬にかけては雲もいろいろなかたちを作ってくれ、雲と富士山を組み合わせて面白い写真が撮れる可能性もある。

　富士山の写真集などを見ると、あらゆる方角から撮った写真が載っている。いろいろな場所から撮ることもひとつの方法だろう。もうひとつの方法としては、気に入った場所にとことん通いつめ徹底的に撮ると言う手もある。その撮影スポットで快心の一枚を撮るというのも上達の第一歩になるだろう。

（3）情報を多く持つ
　上達のポイントのひとつに撮影に関する情報をより多く持つことがある。全日本富士写真連盟では、この撮影スポットは「どの季節の何時こ

ろ行けば、光の状態がよく、何の花が咲いているとか、新緑や紅葉の状態はどうか」などの会員の経験に基づく生きた情報を持ち寄り交換して撮影に役立てている。富士山撮影ではこうした情報の持つ意味が大きい。

3. 撮影マナー

撮影マナーについて少し触れておきたい。富士山撮影のカメラマンについて、うれしくない話を聞くことがある。撮影マナーを守らない一部の人により多くのカメラマンが撮影地から締め出され、写真が撮れなくなってしまうような事態にもなりかねない。いつまでも皆が気持ちよく美しい富士山を撮り続けられるためにも撮影マナーは守ってほしい。マナーを守る人だけが富士山の撮影をする資格があるものと思ってほしい。全日本富士写真連盟の撮影に対する合言葉は「来た時よりも美しく」である。

(1) ごみは絶対に残さない

撮影地にフィルムケースや明らかに写真を撮りに来た人が残していったと思われるゴミが落ちていることがある。自らのゴミを捨てないことはもちろんだが他の人が残していったゴミも進んで拾ってゆくような気持ちの人が増えれば、撮影地の美化も保たれカメラマンが嫌われるようなことは無くなる。

(2) 私有地に入るときは断ってから

庭にきれいな花が咲いていたり、畑の中に入って撮りたいと思うときがある。しかし、家の庭や農地は他人様の持ち物である。立場を変えて考えてみれば解かるだろう。そんなときは、持ち主に声をかけて許しを得てから入れてもらうようにしよう。農地は農家の人が丹精込めて作っている財産である。心無いカメラマンが勝手に入り込んで畑が荒れてしまい、作物に悪影響を与えてしまうことにもなりかねない。最悪の場合、収穫が無くなってしまうようなこともある。必ず持ち主に断り許しを得てから中に入るようにしよう。

(3) 自然は壊さない

林道などに行くと、植林した樹木がバッサリ切られているのを見ることがある。撮影の邪魔になるからと言って植林した樹木を切ってしまうなどは言語道断である。その場所で工夫して撮るか、撮れない場合は他の場所を探して撮るくらいの気持ちを持って撮影に望もう。また、自分が撮り終えた後に咲いている花を踏み潰して行った者がいたという話を聞いたことがある。悲しい限りである。撮影以前の問題である。富士山

を撮る者の心は草花や自然に対しても優しくありたいものだ。

Ⅱ. 撮影スポット

富士山撮影スポットとしては、山梨県、静岡県、神奈川県から撮影する場合が一般的だろう。その他、東京都、埼玉県、千葉県、長野県からも条件さえ整えば、富士山は意外に大きく見える。ここに紹介する撮影スポットは、主に車で気軽に行ける場所、駐車場から歩いても1時間前後で行ける山の撮影スポットを紹介する。地図を手元に以下の撮影スポットを確認していただきたい。

1. 湖を巡る

富士山周辺には多くの湖が点在する。主な湖に富士五湖、芦ノ湖などがある。

(1) 富士五湖
①山中湖 (写真1)

山中湖は河口湖と並び交通の便もよく富士五湖を代表する湖である。四季折々撮影が楽しめる撮影スポットである。湖を前にして富士を撮るには平野や赤池地区がよいだろう。また、この湖には白鳥が住み着いており、白鳥と富士を組み合わせて撮ることもできる。

②河口湖

河口湖畔からの富士も多くの人に知られ、愛されている。河口湖も交通の便もよく、撮影ポイントもたくさんある。さて、湖を前にしての富士の撮影は、大石地区からの撮影がお薦めである。春の桜、夏のラベンダー、秋の紅葉、冬の結氷など撮影の題材には事欠かない。

③精進湖・本栖湖

富士五湖で山中湖、河口湖の他に撮影スポットとして外すことができないのが精進湖と本栖湖である。精進湖は年末から正月にかけて日の出の太陽が富士にいちばん近づくこともあり沢山のカメラマンで賑わう。本栖湖は正月の太陽は七、八合目ぐらいの左側の稜線から昇る。また、これらの湖は冬だけでなく桜、新緑、紅葉など四季折々の顔を見せてくれる。

(2) その他の湖
①芦ノ湖

芦ノ湖は富士山周辺ではいちばん大きな湖だが、湖畔から撮影するより大観山など周囲の山々から撮ることが多いので「箱根の山々から」の項を読んでいただきたい。

②田貫湖 (写真2)

田貫湖は富士山の西側に位置し、春と夏のダイヤモンド富士撮影で有名な撮影スポットである。ダイヤモンド富士については別項で詳しい説明があるのでここでの説明は省く。

2.3 富士山と芸術

田貫湖はダイヤモンド富士の撮影の他にも、春の桜、秋の紅葉と富士の撮影も楽しめる。

(3) その他

湖ではないが白糸の滝は、富士と滝を撮れる数少ない撮影スポットのひとつである。新緑の頃、紅葉の頃どちらもよい。

2. 高原やパノラマ台を巡る

(1) 忍野高原・梨ケ原（写真3）

山中湖と富士吉田の中間に位置する忍野は交通の便もよく手ごろな人気撮影スポットである。撮影ツアーで訪れる人も多く、超人気のスポットといえる。四季を通じて撮ることができる。お薦めは雪などの冬景色である。運がよければ木々の先まで真っ白く着いた霧氷と富士を撮ることもできる。最近は温暖化のせいか、忍野の雪も少なくなり、霧氷が着くことも非常に少なくなった。それでもひと冬に2,3度は霧氷が着く朝がある。情報を確認してから出かけるとよいだろう。

梨ケ原は富士山が目の前にあり、インパクトのある写真が撮れるスポットである。ただし、北富士演習場内であり、休日しか入れないので注意すること。また、演習場内は同じような道が何本もあり、初めての人は「迷ってなかなか出てこられなくなってしまった」と言う話も聞く。初めて行くときは慣れた人の案内を請う方がいいだろう。

(2) 山中湖パノラマ台

山中湖畔から車で10分くらい走ると、山中湖パノラマ台がある。ここからの富士は山中湖を眼下に見下ろし、遠くは南アルプスの山々まで眺めることができる。春の落葉松の芽吹きと秋の紅葉、夕陽に輝くススキの草原など写真の題材はたくさんある。また、山中湖や忍野に共通していえることだが、富士山に沈む夕陽、夕焼け空の撮影も楽しむことができる。

(3) 朝霧高原（写真4）

富士山から見て西側に位置する朝霧高原は富士山を東に見るため、ダイヤモンド富士を撮るカメラマンが多い（ダイヤモンド富士については別項を参照）。朝霧高原からの富士山撮影はダイヤモンド富士だけではなく、牧場などもあり牧歌的な撮影スポットともいえる。

(4) 霧ケ峰高原・高ボッチ高原

富士山からの距離はあるが長野県の霧ケ峰高原、高ボッチ高原からの富士の眺望もすばらしい。

霧ケ峰高原は7月下旬ニッコウキスゲが咲く頃に訪れてみるとよい。ニッコウキスゲの群落を前にした遠くに見える富士山は一見の価値があ

る。高ボッチ高原は秋から初冬にかけての日の出前のバルブ撮影で人気の撮影スポットである。標高も高く季節的にも相当冷え込むので寒さ対策だけは万全に撮影に臨みたい。霧ケ峰高原、高ボッチ高原とも富士山からの距離は100km以上あるので撮影条件は厳しくなり、富士が見える確率は低くなる。それだけに富士が見えてフィルムにおさめられたときの喜びは大きい。

3. 峠や低山を巡る
(1) 御坂山塊など富士に近い山々
①御坂峠（写真5）・三ツ峠

峠や低山で、いちばん手ごろな場所は御坂峠であろう。河口湖から車で20分くらい走ると、太宰治の『富嶽百景』で有名な御坂峠に着く。ここからは眼下に河口湖を見下ろし、均整のとれた富士を撮ることができる。新緑は5月初旬、紅葉は11月上旬である。

三ツ峠は御坂峠を目指して走り、途中を右折して少し走り、駐車場に車を止める。ここから約1時間半登山道を登る。三ツ峠の最高点は1789mあり平地と違った四季折々の美しい富士山の撮影が楽しめる。春、5月中旬からの新緑は心洗われるようである。また、5月末から6月初旬にかけては、ミツバツツジが新緑に彩をそえる。秋、河口湖畔の紅葉は11月半ばごろからであるが、三ツ峠はそれより1カ月早く色づきはじめる。河口湖畔より1000mほど高いこともあり、赤や黄色も鮮やかである。冬、雪景色や霧氷を前景にした富士は絶品である。三ツ峠には「四季楽園」などの山小屋があり、撮影情報を入手することができる。宿泊も可能である。早朝からの撮影が多くなるので、できれば前泊して撮影に望みたい。

②西川林道・新道峠

御坂山塊など富士山近くの山からの撮影スポットでは西川林道、新道峠などがある。西川林道は三ツ峠の御坂側の登山口を右に折れる。河口湖を見下ろす山の中腹に林道が造られており、ここから見る富士の姿は三ツ峠と同じである。新緑から紅葉まで撮影を楽しめる。なお、これから説明する山梨県内の撮影スポットで林道に入っていくところは、12月上旬から4月下旬までは冬期閉鎖となり車の通行は不可となる。注意していただきたい。

新道峠は笛吹市の芦川から林道に入り、終点に車を止めて稜線まで登り、20分くらい尾根道を歩く。眼下に河口湖を臨み真正面に富士と対峙する。この場所は新緑やツツジの時もよいが、晩秋のころ河口湖に霧が

2.3 富士山と芸術

たつと眼下は雲海となり雲海上の富士を撮ることができる。少し早めに現地に着いて、バルブ撮影からはじめるとよいだろう。

③大菩薩峠など

大菩薩峠から大蔵高丸、ハマイバ丸に続く稜線や雁ケ腹摺山などの山々からもすばらしい富士を眺めることができる。お手元の地図を見ていただきたいが、ここは河口湖と三ツ峠を結んだほぼ延長線上にあたり、左右の稜線が均整でバランスもとれている。

大菩薩峠へは上日川峠に駐車して、約1時間歩く。白谷丸、大蔵高丸へは湯ノ沢峠に駐車してこちらも約1時間歩く。500円札の絵柄で有名な雁ケ腹摺山は大月市の真木から入り大峠に駐車してこちらも約1時間の登山である。これらの山々からは前の山が幾重にも重なりその向こうに富士が見えるという構図になる。

(2) 奥秩父山系

甲武信岳、国師ヶ岳、朝日岳、金峰山などの奥秩父山系の山々からも雄大な富士を望むことができる。これらの山々は2500mから2600m近くあるので完璧な山登りの装備で臨みたい。国師ヶ岳、朝日岳、金峰山へは山梨市牧丘町から信濃川上へ抜ける牧丘川上林道を走り、大弛峠に駐車する。この牧丘川上林道は山梨県の他の林道より冬期閉鎖期間がながいので、春や晩秋に行くときは地元の役場などに確認してから出かけるほうがよい。国師ヶ岳は大弛峠から約1時間、朝日岳も約1時間で着く。金峰山に至っては約3時間半の山歩きとなる。新緑は6月中旬から、秋の紅葉は9月下旬からと平地より2カ月くらいズレるので平地の季節の感覚で訪れると戸惑ってしまう。

これらの山々からは黎明の富士を撮ることもあり、その場合は夜の山道を歩くことになるので最初は明いときに登り道を確かめておくことが必要である。

(3) 八ケ岳南麓

八ケ岳南麓からも甲府盆地を前に大きな富士が望める。美し森山、清泉寮付近、天女山、まきば公園、観音平など。東は清里から西は小淵沢までの間の八ケ岳高原ラインから撮ることができる。車利用では中央自動車道の長坂ICか小淵沢ICで降りるのが便利である。

その他、北杜市長坂町の三分一湧水、花水坂、同市武川町の牧原などからも大きな富士を望むことができる。山梨県北部からの富士は富士五湖などに比べてカメラマンが少ないので、自分のペースでゆったりと撮ることができる。一度チャレンジしてはどうだろうか。

（4）南アルプス前衛の山から
①甘利山
　甘利山は、釜無川に架かる船山橋から車で30分くらいのところにある。6月中旬から咲くレンゲツツジと富士山の写真を一度は目にしたことがあるだろう。近年、クマ笹が増えてレンゲツツジが減少したが、ボランティアの方々の努力でレンゲツツジが回復しつつある。レンゲツツジや山野草を守るため歩道脇にはロープが張ってある。自然を守るためにもロープから出ての撮影は厳禁である。この山はレンゲツツジのほか、眼下の釜無川に川霧が立つこともあり、日の出前から早朝にかけての撮影にも向いている。山ではないが、釜無川からの富士もよい。

②櫛形山林道（写真6）・丸山林道
　櫛形山林道と丸山林道は、秋に賑わう撮影スポットである。初秋から晩秋にかけて太陽が富士山頂に近づくので、朝焼けの空と富士を狙って訪れるカメラマンが多い。ただし、ここからでは太陽が山頂まで寄らないので山頂からのダイヤモンド富士を撮ることはできない。ここも地形の関係から霧が出やすい場所なので雲海と富士を撮ることができる。

③上高下
　年末から正月にかけてのダイヤモンド富士で有名な上高下は、富士川町（旧増穂町）にある。年末と正月はダイヤモンド富士を撮るために多くのカメラマンが押し寄せるが、その外の季節は静かな山里の雰囲気がある。早苗が植えられた田圃や、稲穂が稔った田圃などを前景にした富士も捨てがたいものがある。

（5）道志山系
①二十曲峠
　二十曲峠は忍野村と都留市境にある人気の撮影スポットである。冬に見られる日没のダイヤモンド富士や雲海と富士などいろいろな撮影が楽しめる。

②高座山・杓子山
　忍野村の高座山は鳥地居峠から30分くらいの山登りで、眼下に忍野村全体が見下ろせる草原のなかにある。花も多く秋の紅葉もすばらしい。また、忍野盆地に雲海が広がるときは、雲海上に大きな富士を望むことができる。また夏は赤富士を撮ることも可能である。高座山からさらに1時間くらい登ると杓子山につく、ここでは高座山よるさらにスケールの大きな富士を望むことができる。

（6）猪之頭林道
　猪之頭林道は朝霧高原の西側に位置し、ダイヤモンド富士、彩雲、新緑、紅葉などいろいろな撮影が楽しめる。また、ハングライダーの基地があるので大空を飛ぶハングライダー

と富士の写真を撮ることもできる。
(7) 箱根の山々から
大観山から芦ノ湖を前にしての富士は雄大なスケールと富士として人気がある。春夏秋冬いつの季節でもよいが、雪が降ったあとの大観山から撮る富士はすばらしい。また芦ノ湖を入れての富士も良いが芦ノ湖に霧がかかったときの富士も良い。他に乙女峠、長尾峠から撮る夕照の富士や日没後の富士も良い。この夕暮れどきの富士を撮るのは太陽の日没の位置から夏がよい。金時山、函南町の玄岳からも雄大な富士を撮ることができる。

(8) 富士山中に入る
遠くから望む富士から視点を変えて富士山中に入ってみよう。
①奥庭
スバルラインの五合目駐車場の少し手前にある奥庭からの富士はいわゆる「富士山」のイメージではない。しかし、富士山の厳しい自然条件を垣間見ることができる。落葉松の樹は風が強く雪が多いせいか、上には伸びず地を這うように生息している。「ハイ松」といわれるものである。奥庭での撮影はハイマツが黄葉する10月中旬頃がよい。寒さを我慢して日没寸前までいると、ハイマツの黄色い葉がオレンジ色に近い色に染まる。

②表富士側（写真7）
表富士の水ケ塚へは富士宮または御殿場からはいる。宝永火口を目の前にして新緑、紅葉、雪景色など四季を通して撮影を楽しむことができる。ここは近くにスキー場があるので冬でも除雪され通行止めになることは少ない。

表富士五合目から1時間くらい歩くと、宝永火口に着く。噴火口を目の前にしての富士は今まで持っていた富士山のイメージとは異なった写真になるだろう。10月になると宝永火口に点々と生える草々が色づく。この草紅葉を入れての富士も面白い。表富士にはこの外にも、西臼塚、太郎坊などの撮影ポイントがある。

4. 海越しの撮影地を巡る
(1) 日本平・三保・薩埵峠
静岡市の日本平、三保からは駿河湾を前にした裾野まで見える雄大な富士を望むことができる。また、東海道の難所と言われた薩埵峠からも駿河湾を前景にした富士を撮ることができる。

(2) 伊豆の海岸と山（写真8）
伊豆半島からは駿河湾を挟んでの撮影になることが多く、駿河湾からの大量の水蒸気があがるため、撮影条件としては厳しいものがあるが、それだけに富士山が見えて写真が撮

れたときの感慨はひとしおであろう。撮影スポットは西伊豆に集中する。沼津市の三津、大瀬崎、井田、戸田など。さらに南に下がると土肥、黄金崎、雲見からも富士を望むことができる。特に黄金崎、雲見、千貫門まで行くと富士山からの距離が80kmちかくあり、しかも駿河湾を挟んでの撮影となる。気圧配置が冬型の西高東低で西風の強い日の方が富士は良く見える。したがって、撮影もそのようなときがよいだろう。

達磨山や伊豆スカイラインからも随所で撮ることができ、また、めったにチャンスはないが、暖かい静岡県側からには珍しく霧氷と富士山を撮ることもできる。

(3) 相模湾（写真9　横浜）

江ノ島の材木座海岸からも、横須賀市の秋谷からも海越しの富士を撮ることができる。秋谷は夕陽と富士やバルブ撮影で人気の撮影スポットであり、カメラマンで混雑することでも有名な場所でもある。相模湾に面した撮影スポットからは朝の写真より夕方の写真の方が多く見られる。

5. 季節を巡る
(1) 春（写真10　河口湖）

梅、菜の花から始まり桜、桃などさまざまな花と富士を撮るのは楽しい撮影行だ。富士市の岩本山公園は、2月に入ると梅の花が咲き始める。まだ花が少ない時期でもあり、紅白の梅の花と富士山を組み合わせて撮ることができるので人気撮影スポットである。

菜の花は1月末から2月初旬の井田、3月になると富士宮でも菜の花が咲く。

富士と桜は日本を代表する山と花であり、これを組み合わせた写真は富士山撮影の醍醐味ともいえる。3月の静岡県側の桜から撮り始め、4月末の富士北麓の桜まで1カ月以上、富士と桜を撮ることができる。

撮影ポイントとしては、静岡県では日本平、富士市の雁ケ音堤、富士宮市の大石寺、田貫湖とだんだんと標高の高いところに移っていく。富士北麓の桜は平年では4月中旬の河口湖畔から咲き始める。河口湖では産屋ケ崎、大石地区から撮るとよいだろう。河口湖から1週間くらい遅れて、精進湖、忍野の桜が咲く。樹全体が桜色になるような咲き方ではないが、「富士桜」も趣があってよい。樹林のなかにポツンとあることが多いが工夫次第で富士山と組み合わせて撮ることができる。富士桜の開花は富士吉田の中の茶屋あたりで4月下旬から5月にかけての連休のころである。富士山周辺の桜は「ソメイ

2.3 富士山と芸術　　　第2章

ヨシノ」だけではなく、枝垂桜などいろいろな桜が咲く、また樹によって咲く時期も一律ではないので、まめに探せばお気に入りの一本をみつけることができるだろう。富士山の雪は桜の花の咲く頃がいちばん多いときであり富士の姿も一層映える。

富士と桜の番外編として、山梨市牧丘町の乙ケ妻の枝垂桜を紹介しておく。春、御坂山塊、甲府盆地を挟んで富士を望むという条件であり、シャッターチャンスにはなかなか恵まれないがチャレンジしてみる価値はある。

桜の外にモクレン、レンゲ、桃の花など富士と一緒に撮れる花は数限りない。本栖湖と朝霧高原の中間に位置する本栖ハイランドは、4月下旬から5月中旬に芝桜まつりが開催され、観光客とともに白やピンクの芝桜と富士を撮るカメラマンで賑わう。

花ではないが、河口湖畔にある柳の芽吹きも春らしい景色で、柳の緑と富士のコントラストが美しい。

富士宮市から富士市にかけての一帯はお茶の産地であり、新茶の葉が出揃ったころの茶畑と富士を撮ることができる。

春と秋の季節限定ではあるが「桜エビ」を富士川河川敷に干す。赤い桜エビと雪の富士の色の対照が面白い。

(2) 夏（写真11　山頂ドーム）

7月に入ると富士山は山開きとなる。山小屋の灯りと山頂に登る人が持つ灯りの列が山頂まで続く。夜明けにバルブ撮影（長時間露光）すると「人」の文字に似た形に写し撮ることができる。時期としては登山者の多い7月下旬から8月中旬がよいだろう。場所は高座山や梨ケ原あたりからがよい。

花の都公園ではいろいろな花が植えつけられ咲いている。大輪の向日葵と富士を撮れば、いかにも「夏の富士」という写真になる。

また、夏の暑い朝、下界では富士が見えない朝でも三ツ峠は雲の上となることが多く雲海に浮かぶ富士を撮影することができる。

(3) 秋

秋は撮影に最も適した季節といえる。空は高くなり雲もいろいろな形を作り、撮影にポイントを与えてくれる。10月にはいると高いところから徐々に木々も色づき始める。撮影に出かけたくなり、毎日そわそわしてしまう季節である。

富士と紅葉の撮影ポイントだが、高い山から始めよう。2500m近い奥秩父山系の金峰山、国師ケ岳では、早い年では9月下旬から紅葉が始まる。そして、10月に入ると2000m、

1500mと山からの紅葉前線が降りくる。そして河口湖畔の紅葉は11月に入ってからとなる。標高の高いところの紅葉は里の紅葉に比べて色も鮮やかなのでカラーフィルムで撮るにはもってこいの題材である。機会があったら一度挑戦してみるとよい。

(4) 冬（写真12　忍野村）

　冬は、雪や樹氷、霧氷と組み合わせた富士がメインになる。忍野からは「忍野高原・梨ケ原」の項で述べたので省略する。三ツ峠は河口湖畔が雨のときでも雪になることが多い。雪を纏った木々や、樹氷の着いた木々、そして三ツ峠に霧が入ったときは霧氷になることもある。雪の降った山道の登山は少し躊躇するかもしれないが、三ツ峠への登山道はジープも通るので広く、硬く凍っていなければ雪の山道はアイゼンを付けて登れば脚への負担も案外少ないものである。春から秋にかけてより時間をとってゆっくり登るとよいだろう。ただし、冬に三ツ峠を訪れるときは寒さが厳しいのでの装備は万全を期していただきたい。

　温暖化の影響か、全面結氷は少なくなったが、山中湖、河口湖、精進湖は結氷する。氷の張った湖と富士、その上に雪が降ればさらに面白い写真が撮れるだろう。

　また、冬は西伊豆からの撮影のチャンスでもある。富士から離れた黄金崎や千貫門からの撮影は冬の寒い日がむいている。

6. 自然現象と富士

(1) 赤富士と紅富士

　「赤富士」とか「紅富士」とか言われるが、「赤富士」は夏、富士山の地肌に朝の太陽が当たり赤く染まった富士をいい、6月下旬から8月中旬に見ることができる。「赤富士」撮影で多くの人が集まるのは、富士吉田の「中の茶屋」から入った滝沢林道がある。この他にも忍野や山中湖・梨ケ原、高座山などからも赤富士を撮ることができる。赤富士の条件としては、雨が降った翌朝の晴れたときが撮影の狙い目である。「紅富士」は雪の積もった富士の山肌に朝日が当たりその雪が赤く染まる現象である。平地での気温がマイナス10℃以下になる寒い朝に「紅富士」になる可能性が大きい。そして、「赤富士」「紅富士」に共通することだが、日の出位置に空に雲がないことが条件である。

(2) 逆さ富士

　富士の姿が水に映ったものが「逆さ富士」といわれる。富士五湖、芦ノ湖、田貫湖などの湖に映ったものは有名である。特に、山中湖、河口湖、精進湖、田貫湖は水深が浅い関

2.3 富士山と芸術

係や地形からか、逆さ富士が出やすい。しかし、小さな池や水が張られている田圃やちょっとした水溜りでもカメラの位置や角度を変えることにより逆さ富士を撮ることができる。自分だけの逆さ富士を見つけて撮ることも富士山撮影の楽しみのひとつでもある。

(3) 富士と雲 (写真6)

富士山は独立峰と言うこともあってか、他ではあまり見られない面白い雲があらわれることがある。その代表が「傘雲」と「吊るし雲」である。この雲と組み合わせて富士を撮ることは富士山撮影の楽しみのひとつでもあり、アクセントを添える重要なポイントとなることが多い。また、地元の人たちは昔から富士山に懸かる雲から天気を予想している。これはどの地域でも同じであろう。撮影に行ったとき、地元のお年寄りなどと話す機会があったら聞いてみるとよい。次の撮影のときの貴重な情報になることだろう。

彩雲は山頂付近の雲に光が当たり、七色に輝く現象である。太陽の位置が低い冬に彩雲は出やすい。撮影の位置は太陽を正面近くに見ることになるのでゴースト現象が出やすい。できれば単焦点レンズを使いたい。朝は朝霧高原、午後は忍野あたりが撮影場所になる。また、太陽の光だけではなく満月ごろの月光でも彩雲が現れることもある。

傘雲、吊るし雲、彩雲などはいろいろな条件が重なったとき現れる現象なので、数多く通うことと天気予報・天気図などからも情報を入手するように心がけたい。

以上、撮影スポットについて簡単に説明したが、富士山の見えるところは全て撮影スポットといえるので、地図や他の人の話を参考に自分なりの撮影スポットを探して撮ることも富士山撮影の楽しみのひとつといえるだろう。

富士山の写真と撮影スポット

写真1 山中湖（竹内義明）

写真2 田貫湖（佐藤斉）

写真3 忍野村（井戸畑邦夫）

写真4 朝霧高原（山形博）

写真5 ◎御坂峠（村松茂貴）

写真6 ◎櫛形山林道（鎌田高明）

2.3 富士山と芸術　　　　　　　　　　　　　　　　　　　　　　　　第2章

写真7 御殿場市（中井義寛）

写真8 伊豆の海岸と山（牧田冨節）

写真9 横浜みなとみらい21（中井義寛）

写真10 ◎河口湖・春（村松茂貴）

写真11 山頂ドーム・夏（垣堺福男）

写真12 ◎忍野村・冬（星野和雄）

提供：全日本富士写真連盟
　　　◎は口絵にカラー写真掲載

-314-

ダイヤモンド富士とパール富士

松田 巧

ダイヤモンド富士

　近年、写真愛好家の中で人気を集めている現象に「ダイヤモンド富士」というものがある。これは富士山頂からの日の出または富士山頂への日の入りの瞬間に、富士山頂がダイヤモンドのようにキラリと輝くことから命名されたもの。日の出のダイヤモンド富士としては富士山西側に位置する精進湖などから見たものが有名で、日の入りのダイヤモンド富士としては富士山東側に位置する山中湖などから見たものが有名である。ただ、富士山至近距離ではなくとも富士山の見えるエリアであれば、かなり広域からダイヤモンド富士は楽しむことができ、同一地点からは、太陽が冬至（南）から夏至（北）へ移動する期間と、夏至から冬至へ移動する期間の1年に2回見ることができる。

口絵（2）写真1

　茅ケ崎市南湖付近から見たダイヤモンド富士。かつて東海道を下ると茅ケ崎南湖と静岡吉原の2箇所だけ富士山を左手にみることができ、これを通称「左富士」と呼んでいたが、現在の東海道線でもここ茅ケ崎南湖からは左富士を見ることができる。その左富士に太陽が落ちるダイヤモンド富士である。2006年4月3日撮影。

口絵（2）写真2

　風の少ない日、水面が鏡のようになると、そこに富士山の姿が映るのは有名で、通称「逆さ富士」と呼ばれているが、条件が揃えば、ダイヤモンド富士を逆さに映し込むことも可能である。この現象は「ダブルダイヤモンド富士」と呼ばれている。2008年5月7日撮影。

パール富士

　また、太陽の代わりに満月が富士山頂へかかる現象もあり、こちらはダイヤモンドに対して「パール富士」と呼ばれている。満月になるのは1ヶ月に1回しか無いことや、月の光が太陽に対して極端に弱いことなどから、見られる機会はダイヤモンド富士に比べて格段に少ない。しかしながら、その姿は実に神々しいもの

である。

口絵（2）写真3
　富士山頂に満月が沈む「パール富士」。これは富士山至近の御殿場から撮影したものである。ダイヤモンド富士やパール富士は富士山からの距離によってもその表情を大きく変え、富士山に近い所から見ると富士山が"大きく・高く"見えるため相対的に太陽や月は"小さく・天高く"輝いた状態で落ちて行く。これはまさにパールの輝きを放つ月の姿。2007年2月3日撮影。

口絵（2）写真4
　富士山から50km以上の距離を隔てた横浜から見ることのできた「パール富士」。富士山に対し月の大きさはかなり大きく、月のうさぎの模様もしっかり見ることができる。太陽と月の位置関係によっては月の沈む直前に東の空には太陽が昇りはじめ、富士山が赤く染まる場合もある。2009年3月12日撮影。

2.4

見立て富士

第2章 富士山の文化

日本全国の見立て富士

竹林 征三

1. 郷土学としての富士学

図1は富士市から見た富士山の雪形である。冬の雪の多い時はもっと下まで白い雪となる。夏は頂上まで雪が解けて白い部分がなくなる。この白と黒の境界の線の時の雪形が時間的に長くなる。したがって、この白黒の境界線はハイマツの森林限界ということになる。森林から下は雪が融けやすいのである。

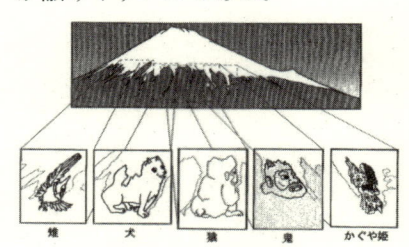

図1 富士山の雪形

この雪形を見ると、「かぐや姫」がいて「鬼」がいて「猿」がいて「犬」がいて「雉」がいる。富士山の何か物語になりそうだ。これは雪形からの発想連想になる。そう見えるだろうか。ようするに右脳を使うのだ。昨今、左脳のみを使う学問ばかりである。富士学会は違う。左脳は当然としても右脳すなわち感性も高く評価しようとする学会なのである。ただし学会名は「富士山学会」ではなく「富士学会」である。

富士山は、知ることの対象として大変奥が深く、また敬する対象としてもこれ以上になく高い。さらに地域風土に馴れる事が求められている。しかし、その知敬馴の富士山を核とするも、それに二つとなき不二、死すことなき不死、尽きる事なき不尽、時知らずの不時、至ることのない不至、みずからもなくおのずからもない不自、福をいつくしむ福慈、あまねく慈しむ普慈等々の概念を包括した富士の概念は富士山の概念よりさらにさらに大きいのである（図2）。

すなわち富士の概念は実にすばら

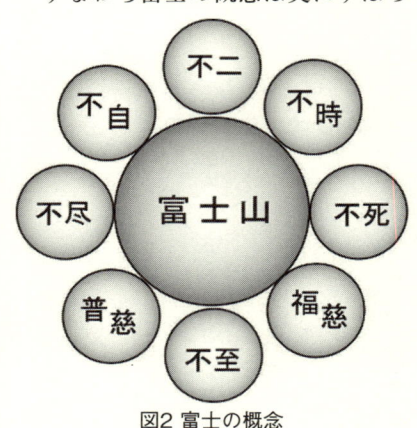

図2 富士の概念

しい。讃える対象として申し分ない。以下にあげるのは富士五賛である。
一、富士は天下無双の　世界に冠たる　美しき山　二つとなき日本の象徴・日本人の誇り　富士は不二の山なり
一、富士は遍く人々に　豊かな心を育む　至宝の山　久遠に死することなき　日本人の心のふるさと　富士は不死の山なり
一、富士は季節・時間を　超越した時知らずの山　雲霞を遥か裾に従え　頂に四季雪をいただく　富士は不時の山なり
一、富士は諸々　不思議秘めたる知敬の対象の山　尽きる事なき未知の世界　テラインコグニタ　富士は不尽の山なり
一、富士は諸々神々が　畏み御座す神奈備の山　みずからも無くおのずからも無く　富士は不自の山なり
五賛の他に一宿命なのである。(宿命の不治)
一、富士は一時と同じ姿にあらず　変化の過程を刻む山　八百八沢・大沢崩れ　これぞ宿命の病　富士の不治の病なり

学問の対象として富士山は小さすぎる。もっと大きく富士を研究対象としようということで富士山学会でなく富士学会となった。富士山学会なら、駿河と甲斐の富士山となる。富士学会なら、当然のことながら全国の見立て富士(ふるさと富士)も学会の研究対象となる(図3)。

富士山を中核とする不二、不死等を包含する富士の概念を研究対象とする富士学会には、今風に言えば火山地質部会、地理情報部会、富士砂防部会、産業観光部会、芸術文化部会、心象信仰部会、歴史民族文化部会、富士不二部会、富士河川部会、地下水部会、気象大氣環境部会、生態環境部会等十二の部会が考えられる。

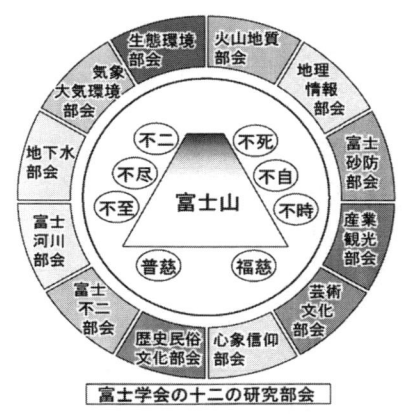

図3 富士学会の研究対象

しかし、現在それらを横断する形で文理融合の形で学会の研究活動は進められている。ようするに日本の郷土学としての富士学の提唱である。

地理的、歴史背景により、21世紀

2.4 見立て富士

においては富士の概念を主軸とする学術研究・開発の先端を切り拓き、地域社会の持続的な成長に貢献するため、人文社会科学や自然科学を基本としつつ、これらの学問が融合し文理シナジー効果を生み出し、真に新しい複合的な学術研究分野として、富士学、日本の郷土学を提唱するものである。

県名	個数	県名	個数	県名	個数	県名	個数
北海道	18	東京都	3	滋賀県	4	香川県	8
青森県	4	神奈川県	9	京都府	10	愛媛県	3
秋田県	3	新潟県	9	大阪府	1	高知県	3
岩手県	8	富山県	3	兵庫県	15	福岡県	4
宮城県	7	石川県	6	奈良県	3	佐賀県	6
山形県	1	福井県	10	和歌山県	4	長崎県	7
福島県	12	山梨県	2	鳥取県	3	熊本県	8
茨城県	19	長野県	19	島根県	4	大分県	8
栃木県	15	岐阜県	17	岡山県	19	宮崎県	1
群馬県	13	静岡県	12	広島県	8	鹿児島県	5
埼玉県	9	愛知県	7	山口県	14	沖縄県	2
千葉県	7	三重県	12	徳島県	2	計47県	372

表1 都道府県のふるさと富士

富士山名	正式名称	国名	場所
タコマ富士	レイニア山	アメリカ合衆国	ワシントン州シアトル市,タコマ市
富士山(ふじさん)	セントヘレンズ山	アメリカ合衆国	ワシントン州
オレゴン富士	マウント・フッド	アメリカ合衆国	オレゴン州ポートランド
ルソン富士	マヨン山	フィリピン	ルソン島
ジャワ富士	スメル山	インドネシア	ジャワ島
メナド富士	クラバト山	インドネシア	セレベス島
南洋富士(なんようふじ)(別名)ニュージーランド富士	エグモント山 (別名) タラナキ山	ニュージーランド	ニュージーランド北島
イラン富士	デマベンド山 (別名)ダマーヴァンド山	イラン	テヘラン北東
大田富士(だいでんふじ)		大韓民国	中清南道
大連富士(だいれんふじ)		中華人民共和国	旅大
間島富士		中華人民共和国	延吉
安東富士	元宝山	中華人民共和国	丹東
千島富士(ちしまふじ)(別名)阿頼度富士(あらいどふじ)		ロシア	クリル列島(千島列島)
得撫富士(うるっぷふじ)		ロシア	クリル列島(千島列島)
新知富士(しんしるふじ)		ロシア	クリル列島(千島列島)
松輪富士	松輪山	ロシア	クリル列島(千島列島)
カムチャッカ富士	クリェチュフスカヤ山	ロシア	クリル列島(千島列島)
ペトロ富士	コリヤークスカヤ山	ロシア	クリル列島(千島列島)

表2 世界のふるさと富士

2.「ふるさと富士」とは何か

　富士学会の対象としては、駿河の富士山だけでなく、全国各地で富士山を偲んで心の"ふるさと"として名付けられた見立て富士を高く評価したい。本項ではそれらを「ふるさと富士」と呼ぶ。全国にふるさと富士はいくつくらいあるのだろうか。今までに一番多く数えた人によると、372のふるさと富士がある。北は北海道から南は沖縄まで全47都道府県全てにふるさと富士があり、その地の誇りとなっている（表1）。

　茨城、長野、岡山の3県には実に19のふるさと富士がある。日本の47都道府県のみでなく世界にもふるさと富士がある。

　アメリカからロシア、中国、イラン、ニュージーランド等にも日本の富士山にも劣らない程の立派なふるさと富士がある。表2に18程挙げてみた。ロシアの千島列島に多いのは、北方四島はそもそも日本の領土そのものだからである（表2）。

　日本人が足を踏んだところに日本の富士山を偲んでふるさと富士を命名してきた。まず、全国の国土地理院の地図に記されている山名から調べてみた。

　富士山と記して「ふじやま」と読む山が16山ある。

　一方、同じ「ふじやま」と読むが漢字で不二山と書く場合や木の藤山と書く山もある。富士山と書いて「ふじさん」と同じに読む富士山が福島と岐阜に一山づつある。

　一方、富士山と書いて「とみす山」「とみし山」と読む山名もある。

　さらに、富士〇〇山、富士〇〇岳、〇〇富士山と記す山が14山ある。

　一方、非常に面白いケースとしては、香川県の決して広くない讃岐平野に讃岐七富士と呼ばれている、七つのふるさと富士がある。大変価値の高いふるさと富士ではないかと思われる。

　ところで、「ふるさと富士」の姿形をよくよく見ると7つのタイプに分かれる。

① 本家の富士山と同じように孤立していて、雄大な感じがよく似ている「ふるさと富士」
② 本家の富士山とは比して規模は小さいが、全体に姿がよく似ているふるさと富士
③ ある方向から見ると格好がよく似ているが、他の方向からは似ていないふるさと富士
④ 頂上の形だけがよく似ているが、他はあまり似ていないふるさと富士
⑤ 頂上は余り似ていないが、裾野の引き具合がよく似ているふるさと富士

2.4 見立て富士

⑥本家の富士山のように懸垂曲線形ではなく凸形で似ていないが、際立って屹立しているふるさと富士
⑦どう見ても似ているとはいいがたいふるさと富士

①のふるさと富士は、本家の富士山と同じく成層式のコニーデの火山の場合である。誕生に関わる遺伝子が同じなので、当然同じような姿形になる。

全国のふるさと富士の中で、独立峰で四周一周が出来、どこから見ても美しく、まさに富士山、そっくりといえそうな山は、利尻富士、蝦夷富士、津軽富士、出羽富士、八丈富士、薩摩富士等があげられる。これらの富士は全て富士山と同じコニーデ成層火山として生まれた。同じ要因で出来たから同じような型になるのは極くあたりまえのことである。同じ遺伝子を持つ双子がよく似ているのは、何の不思議もなく面白くもない。

②ある方向から見ると良く似ているケースとは、第四紀火山群の中の一峰の場合がそう見える。

③裾野が美しいふるさと富士とは、成層円錐火山で頂上が噴火で吹っ飛んだ場合のふるさと富士である。

④頂上の形がよく似ている場合とは、二重式火山の中央火口丘のふるさと富士がこれにあたる。

⑤裾野の引き具合がよく似ている場合は、懸垂曲線でなく凸曲線で似ていないが、際立って屹立頂丘、溶岩ドームの第四紀火山の場合である。

以上は全て火山として富士山とよく似ている場合である。

⑥非火山で富士山とよく似ている場合の富士山がある。讃岐富士や近江富士や若狭富士である。これらは神のいたずらと言うべきふるさと富士で、大変貴重なふるさと富士と言えるのではないだろうか。近江富士（三上山）や讃岐富士（飯野山）はコニーデ成層火山ではなく、非火山である。それが大自然の悪戯というか、遊び心というか実に美しい、女性的な山体の富士山を作っている。

全国に多くの「ふるさと富士」のある中で、一際異彩を放っているのが讃岐七富士ではないだろうか。決して広くない讃岐平野に、お椀を伏せたような富士山の形に似た独立峰が七つあり、地元では讃岐七富士と言っている。讃岐富士の飯野山を筆頭として、御厩富士の爺神山、観音寺富士の江浦山、三木富士の白山等である。讃岐七富士物語が出来そうだ。

次に、富士見地名を国土地理院の2万五千分の1と5万分の1の地図で調べると、全国に139地名があった。当然のことながら、富士山の見える関東と中部地方に多いのだが、

富士山の見える訳がない北海道や中国、四国、九州にも多くある。これは、ふるさと富士が見えるからではないだろうか（表3）。

石川啄木は南部片富士（岩手山）を見て「ふるさとの山はありがたきかな」と言った。ふるさとの山を見えるだけでありがたかったのである。

ふるさとの富士が見えるから、富士見ではなく、富士見は不死身（ふじみ）に通ずる縁起を担いでつけた地名かもしれない。その場合は富士の名だけでも不死、不二、不尽等の高い価値があると言うことなのかもしれない。

地方別	ふるさと富士の個数		富士見地名の個数	
		%		%
北海道	18	4.8	12	8.7
東北	35	9.4	7	5.1
関東	77	20.7	69	50
信越	28	7.5	8	5.8
北陸	19	5.1	1	0.7
東海	48	12.9	23	16.7
近畿	37	9.9	4	2.9
中国	48	12.9	5	3.6
四国	21	5.6	4	2.9
九州	39	10.5	6	4.3
沖縄	2	0.5		

表3 富士見地名の数

3. 近江富士・三上山

次に近江富士・三上山を少し考えてみたい。三上山は『先代旧事本紀』に「一夜にして近江の土地が凹んで湖水となり、その土は駿河の富士山となった」と記載されている。日本の凹の象徴が琵琶湖であり、凸の象徴が富士山であって、富士山の頂上の欠損部が三上山なのである。巨人が日本列島に変化を持つ美しい国にするため、近江のところの土をつまんで、駿河に置いた。それが琵琶湖であり、富士山である。途中、富士山の頂上がこぼれたのが三上山だと云う。富士山の頂上には八葉の八峰がある。そのところに三上山を載せると富士山は4,000mを越えてさらに美しい姿を見せる。三上山の裾野までは富士山頂に載せることは出来ないが、三上山の五合目位までなら実に上手く載せることが出来る。三上山は富士山のてっぺんを飾るのにふさわしい山である（図4）。

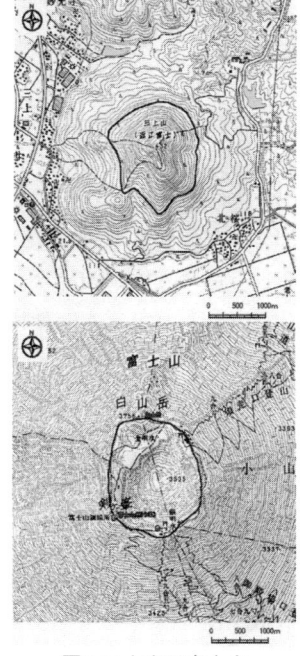

図4 三上山と富士山

2.4 見立て富士

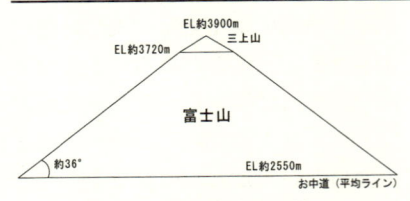

図5 三上山に富士山を載く

　三上山は古代より、万葉の時代より"ふじの山"と呼ばれていた。紫式部の歌に「打出て　三上の山をながむれば　雪こそなけれ　ふじのあけぼの」とある。打出は大津の打出の浜のことである。また、堯孝法師の歌に「思ひたつ　ふじのね遠き　おもかげは　近く三上の　山の端の空」とある。遠くは駿河の富士であり、近くは三上山の近江の富士だという意味が歌われている。

　近江富士（三上山）と富士山とを対比して見よう。三上山の山頂はEL432mであり、山体としてはせいぜいコニーデの山富士山の10分の1しかない。体積では1000分の1以下の小さい山であるが、その意味するところは駿河の富士山とも決して引けを取らない。勝るとも劣らぬ山である（図5）。

　山と川とは密接な関係がある。富士山の西には日本三大急流の富士川が流れている。三上山の南西には近江太郎と呼ばれる近江一の暴れ川、野洲川が流れている。

　富士山麓を舞台とする歴史としては、源頼朝の巻狩があり、曽我兄弟のあだ討ちの歴史が有名であり、富士川の合戦等、源氏再興の地が富士山麓である。

　一方、三上山麓を舞台とする歴史としては、源氏に対して平家の平清盛である。曽我兄弟に対し祗王、祗女の姉妹の物語であり、平家終焉の地である。

　伝説物語としては、富士山が竹取物語でかぐや姫に対し、三上山は勇壮な俵藤太のムカデ退治である。富士山にも三上山にも、山麓には有名は火祭りがある。富士吉田の火祭は富士山噴火に対する鎮魂であるのに対し、守山の勝部神社の火祭りは野洲川氾濫に対する鎮魂の行事である。富士山も三上山も共に国有地でも民有地でもなく、共に神社所有の神域である。

　富士山頂は浅間神社の社有地であり、三上山は御上神社の社有地であり、両山とも神の山そのもので御神体、神奈備なのである。要するに富士山本宮浅間神社と御上神社の対比が大切なのである。共に山頂から西の山麓に位置している。東に富士山、それに三上山を遥拝する地なのである。また、山頂には共に里宮に対し奥宮がある。両神社の由緒を見ると、浅間神社が垂仁天皇3年に対し、御上神社は孝霊天皇6年とあり、御上

神社の方が古い。祭祀を見ると両神社とも御田植え祭りが重要な祭祀である。御上神社の場合、悠紀斎田と言われている。また、社殿は御上神社が国宝に対し、浅間神社は国の重要文化財である。どうも御上神社の方が格が上のような感じがする。

三上山に伝わる俵藤太ムカデ退治の伝説は何を言っているのだろうか。
- 田原藤太秀郷
- 瀬田の橋、橋上の大蛇をまたぎ通り過ぎる。
- その晩、大蛇は小男に化け、藤太の剛勇を褒め、「吾は竜宮に住む竜神だが、三上山を七巻半巻いている大ムカデに悩まされている」退治してほしいと頼まれる。
- 藤太は瀬田の唐橋から矢を放ち、大ムカデを退治した。
- 竜神は御礼に米俵を送った。この米俵から俵藤太と改めた。

伝説というものは一つ一つ大切なことのメッセージであると思っている。瀬田の唐橋は琵琶湖の洪水をコントロールする琵琶湖の唯一の流出口である。そこにいる大蛇とは一筋の流れ瀬田川の洪水を意味しているのではないだろうか。その瀬田川洪水も手に負えないものが三上山を七回り半する大ムカデである。三上山というのは、琵琶湖周辺の山々を代表するシンボルである。七回り半とは沢山の流入河川ということではないだろうか。ムカデは多くの足がある。多くの流入河川から来る山地崩壊に伴う土石流のことではないだろうか。山地崩壊に伴う土石の流入は瀬田川の流れにとても手に負えない存在だったということではないだろうか。

ムカデ退治とは、流域の広い範囲の治山を行うということではないだろうか。私は大阪育ちの者であるから、三上山の山名を見た時、すぐに思いついたのが大阪と奈良の県境、葛城山脈の二上山、ふたかみ山である。二上山は雄岳と雌岳よりなる二つの峰の山で、万葉集でも歌われ、大津の皇子の歴史の舞台である。しからば、三上山にはどう見ても三つの峰はない。麓の神社が御上神社の御神体の山であるということで、三上山とは御神山とのことであることがようやく理解できた。

4. 郷土の「ふるさと富士」を知ろう

「ふるさと富士」は何を語るのか。富士は不二なのである。
- 富士山は日本の風土のシンボル。日本人の心の"ふるさと"。
- 富士山をみたてた"ふるさと富士"は、北は北海道から南は沖縄まで370余座。

2.4 見立て富士

年	資料	数
文化14年（1817）	高田興清『富士根元記』	16
大正4年（1915）	河東碧梧桐『日本の山水』	38
昭和3年（1928）	井野辺茂雄『富士の歴史』	50
昭和15年（1940）	中野弘『地理学評論 16巻10号』	53
昭和27年（1952）	鏡味完二『地域 1巻6号』	67
昭和53年（1978）	新井清『世界画報 309号 全部を登頂』	74
平成5年（1993）	中島信典『おらが富士340座』	340
平成8年（1996）	川村匡由『ふるさと富士百名山』	100
平成8年（1996）	吉野晴朗『「ふるさと富士」200名山』	200
平成15年（2003）	『河口湖町モニュメント 富士山の集い』	225
平成15年（2003）	第1回富士学会『ふるさと富士いろはカルタ』	47

表4 ふるさと富士の数

- 日本人が足跡を残してきた所。千島列島、南洋の島々、中国、東南アジア、アメリカ、ニュージランド等に見立てたふるさと富士をつくってきた。
- ふるさと富士は数々あれど同じものはない。富士は不二である。

「ふるさと富士」は全国にいくつほどこれまで挙げられてきたのだろうか（表4）？

文化14年（1817）の高田興清『富士根元記』には全国で16の「ふるさと富士」が挙げられている。

大正4年（1915）の河東碧梧桐『日本の山水』には38の「ふるさと富士」が記されている。

昭和3年（1928）の井野辺茂雄『富士の歴史』には50の「ふるさと富士」が記されている。昭和15年（1940）の中野弘『地理学評論』16巻10号に53の「ふるさと富士」が挙げられている。終戦後の昭和27年（1952）の鏡味完二『地域』1巻6号には67の「ふるさと富士」が記されている。昭和53年（1978）の新井清『世界画報』309号「全部を登頂」に74の「ふるさと富士」があり、それら全てを登頂したことが記されている。

平成5年（1993）、中島信典氏が『おらが富士340座』を出版された。全国的には知られていないがその地の人々がある角度から見ればどこか富士山に似ていると言うことから富士山に見立てて○○富士と名付けたものまで、マニアックに全国を18年間訪ね歩き調べ上げている。その後、富士市の商工会議所の川島通典氏等が全国の商工会議所のネット等を徹底的に調べ上げて、現在は370座くらいになっている。その後は、全国調べ上げるというよりは、その中で素晴らしいものを選りすぐると

図6 ふるさと富士をとりあげた本

いう方向に変わっていった。

吉野晴朗氏は素晴らしい写真をとることに意義を見つけて『「ふるさと富士」200名山』について20年余り現地調査され、どちらかと言えば選別の方向に変わっていった。

中島信典氏以降、全国の「ふるさと富士」をライフワークとして、20〜30年のオーダーでふるさと富士に取り組まれる人が多く出てきた。一生余生をかける魅力があるのだ（図6）。

川村匡由・秋本敬子ご夫妻は、20年余りにわたりふるさと富士百名山を登ることの意義を見つけ出された。私はたまたま建設省で琵琶湖の所長を2年程していた。当時三上山、近江富士の美しさに魅せられた八田正文氏と言う方がおられて『四季近江富士』という本を出版された。それらを読ませていただき、全国各地のふるさと富士に魅せられて何十年も研究されている方々が多くおられることを知った。

私も全国47都道府県行かない所がない。全国色々な所へ風土調査で訪れている。

「ふるさと富士」に出会った時は、旧知の知人にあった時のような親しみを感じる。ただ、選定するのでは面白くない。全国の代表的な「ふるさと富士」を47を選んで「ふるさと富士いろはカルタ」にしてみた。

参考文献

- 中島信典『おらが富士340座』山と渓谷社，1993 （全国富士行脚18年の記録）
- 吉野晴朗『ふるさとの富士:200名山』東方出版，1996年）（全国250座富士行脚20年）
- 野瀬和紀『全国の「ふるさと富士」』（ふるさと富士登山25年100を超える）
- 川島通典・富士商工会議所『富士山兄弟大集合・富士山シンポジウム』1988
- 川村匡由・秋本敬子『ふるさと富士百名山』山と渓谷社，1982（ふるさと富士登山20余年）
- 八田正文『四季近江富士』サンブライト，1982
- 同『近江富士百景』サンライズ印刷出版部，1994
- 同『近江富士遊々』サンライズ出版，2000

2.4 見立て富士　　　　　　　　　　　　　　　　　　　　　第2章

い　飯野山　オジョモの足跡　讃岐富士
讃岐富士は讃岐平野のシンボル。その孤高に威厳を感じます。

ろ　六角牛　民話ふるさと　遠野富士
遠野富士は女性的な美しさを誇る南部地方の名山です。

は　榛名湖に映す逆さの榛名富士
榛名湖面に映す逆さ富士の榛名富士の姿は実に美しい。

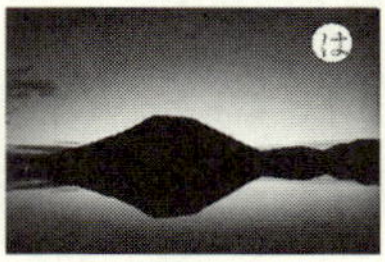

に　日本海　大神岳　伯耆富士
大山は見る方向によるのだが西側より見ると均整のとれた壮大な富士山になる。

ほ　房総のど真ん中の上総富士
上総富士は房総の低い山並みの中で光っている。

へ　平安の都の富士は比叡山
比叡山は大津側からじゃ見れば余り感じないが京都の西から見ればまさに都の富士である。

と　涛沸湖　白鳥背景　斜里の富士
斜里富士は近くからでない涛沸湖越しがよい。

ち　長州一　十種ヶ峰は長門富士
山口、島根にまたがる長門地方に凛々しい山口、十種(くさ)が峰は味は山口側徳佐駅付近からどっしりとした山体が眺められる。

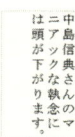

り　利尻富士　オロロンライン　海向こう
利尻富士は東側オロロンラインの海岸から見るのが美しい。

ぬ　榛原都祁野　大和富士
大和高原の中で額井山は抜きんでいる。

る　黒々と　見立て富士の座　三百余
中島信典さんのマニアックな執念には頭が下がります。

を　男三瓶と子孫女三瓶　石見富士
国引き伝説の出雲一の三瓶山は夫婦と子供、孫の家族愛を感じます。

わ　わだつみの南海孤高　八丈富士
八丈島は行った事がないのですが写真で見れば実に美しい均整美のまさに富士山ですね。

か　花山院　観音めぐり　有馬富士
西国三十三ヶ所巡礼元の花山院から膝下をつくられたお美しい姿に魅了されます。

よ　羊蹄は　北海道一　蝦夷の富士
蝦夷富士羊蹄山はグルッと一周どこから見ても、まさに富士山である。

た　蓼科の女神の山は諏訪の富士
男神の山、荒々しい浅間山に対し女神の山、蓼科山は女体を思わせるやさしい稜線である。

- 328 -

日本全国の見立て富士

ね 根の如く八百八町に富士の塚
お江戸東京を中心にの首都圏には多くの富士塚が生きている。

つ 津軽富士 りんご畑の岩木山
岩木山は津軽一の名山である。

そ 祖星ケ山 因美線より加茂の富士
ローカル線因美線の車窓から見るふるさと富士。

れ 霊気みつ 修験の富士 鳥海山
秋田側からも山形側からも美をとりあっているのが鳥海山。

う 宇賀神の金の神様 小佐渡富士
佐渡汽船の船上から見えるこじんまりとした美しい山並みの富士。

む 室神山 高仙地蔵 淺利富士
漁夫の娘・浅利姫の恋や巨人の股間で頭上を拭い取ったという伝説等で有名な室神山

ら 羅臼岳 国望む 知床富士
世界遺産に指定され一段と脚光をあびだしたのが羅臼岳だ。

な 男体山 中禅寺湖に映る富士
つくば土木研究所から広い関東平野の四囲の山並みを見ると、初冬雪帽子をかぶっている富士山と男体山だけである。

く 黒姫は野尻湖から信濃富士
黒姫山は野尻湖畔から見るのがよい。城主の娘・黒姫の伝説や小林一茶の地の富士。野尻湖からの眺めが良い。

お おおなはん 眼下に大洲 冨士山
大洲の町を見下す展望台の山は「ふじさん」でなく「とみすやま」と呼ぶ。

の 能登の富士 高爪山か二子山
能登富士は2つある。両方が名前を取り合っている感じである。

ゐ 居並ぶはいずれ劣らぬ見立て富士
全国のふるさと富士はいずれも、地域自慢の山ばかりだ。

ふ 舟人の安全見守る釜谷富士
津軽海峡の行き交う船の目印にもなる釜谷富士。

け 玄海のシンボル可也は糸島富士
可也山糸島富士は蒙古来襲の時の目印の山である。

ま 摩周湖は温泉富士と美を競い
霧の摩周湖の東にひっそり顔を出す。温泉富士。

や 社富士 湯原湯の町の櫃ケ山
湯原温泉の町の湯原富士とか社富士とか呼称される櫃ケ山。

2.4 見立て富士　　　　　　　　　　　　　　　　　　　　　　第2章

札	読み札	説明
あ	ありがたき南部片富士岩手山	石川啄木の繊細な感性に「ありがたさ」と言わせしめた南部一の名山岩手山。
て	伝説の千方と四鬼伊賀の富士	眼下に気仙沼の漁港が見える磐井富士。
え	江田島の島並バックに安芸小富士	広島湾に浮かぶ江田島の安芸地方一の美しさである。
こ	駒ヶ岳頂き吹っ飛ぶ渡島富士	樽前の噴煙以上に一気に炎天しい運上が決まり爆発しているだろう。
め	メルヘンの天草富士は高杢島	日本三景・松島に似た天草松島の中心、高杢島は天草富士といわれている。
ゆ	由布岳は阿蘇くじゅうの豊後富士	由布岳は見る方向により相当違う。
き	霧島の夷守岳は生駒富士	霧島高原の中で一際美しい裾野の稜線の夷守岳。
さ	三角の太白山は名取富士	杜の都青葉城の西にそびえるピラミッドの名山太白山。
ひ	美を競う三春の富士と滝桜	三春のお国自慢は滝ザクラと三春富士。
ゑ	絵のごとく開聞岳は薩摩富士	富士山以上に均整の取れたコニーデ開聞岳。
し	下田富士姉の面子で屏風仕立て	下田富士は姉であり、駿河富士は妹である二人の女神の物語である。
み	三上山百足退治の近江富士	琵琶湖の広い水面と三上山のアクセントが湖国のシンボルである。
ん	んとあるふるさと富士は世界中	アメリカ西海岸は気候も日本の関東ような四季がありポートランドのフッド山をはじめ3、4を日本富士の名を使ってる地域の名山だ。
す	すりばちと兎雪形吾妻富士	吾妻富士は兎の雪形で有名である。
せ	先山は茅淳の海一望淡路富士	淡路島の伊能忠敬の測量の基線のもっとも多い山であり先山である。
も	本部富士海洋博の直ぐ隣り	沖縄にある琉球石灰岩のふるさと富士は貴重だ。

図7　ふるさと富士いろはカルタ
（注）吉野晴朗氏の「ふるさとの富士200名山」より写真を提供いただいた

-330-

Column
全国ふるさと富士サミット

　富士山に見立てられ"ふじ（富士）"の名を持った山々が北は北海道から南は沖縄まで370余り、そればかりか日本のみならず、アメリカ、ロシア、中国、イラン、ニュージーランドなどに至るまで存在していることをご存知だろうか？これがいわゆる"ふるさと富士"であり、日本人が足を踏み入れたところに日本の富士山を偲んで命名され、日本風土のシンボルそして日本人の心の"ふるさと"として各地に存在しているのである。

　そんな"ふるさと富士"に関するプレシンポジウムが平成18年（2006）秋に近江富士・三上山のある野洲市で、山﨑野洲市長をはじめ富士学会の西川治会長、近江富士の美しさを探求してきた八田正文氏、民俗学の一人者で日本地名研究所長の谷川健一先生など多くの方々の参加のもとに開催され、また、翌年には「第1回全国ふるさと富士サミット」が同じ野州市にて開催された。このときの参加市町村は「利尻富士」のある北海道利尻町、「若狭富士」のある福井県高浜町、「近江富士」のある滋賀県野洲市、「伯耆富士」のある鳥取県大山町、「薩摩富士」のある鹿児島県指宿町の五市町村で写真家の吉野晴朗氏と私も含めたパネルディスカッションが行われるなど両大会は成功裏に終わった。

　夢のない人生はつまらない。同じように、夢のない地域はつまらない。富士の地、日本の郷土にどれだけ夢を生み出す人がいるか。それが富士の地すなわち、日本の郷土の将来の明暗を分ける大きな指標の一つである。智慧と熱き思いは夢を現実にする力を持っている。智慧は夢の中で種子が生まれてきて熱き思いの中で大きく育まれる。個の発想より夢は生まれ、群の創造にて夢の結実に向かう。夢の現実に向けて、大切なことは熱き思いの過程であり、結果ではない。今回のサミットは第一歩を踏み出したにすぎない。この投じた一石の波紋が全国に広がるとともに、全国の地域づくりに繋がっていけば…と切に思う。

竹林 征三

2.4 見立て富士

> **Column**
> ## 日本最南端の見立て富士
>
> 　沖縄県本部半島にある山里集落には、日本で唯一の円錐カルスト地域が広がる（写真）。円錐カルストとは、熱帯の石灰岩地域で形成される円錐型の凸地形である。例えば、ベトナムやインドネシア、フィリピンで同様の地形を見ることができ、この地形は、降水量が多く気温の高い、溶食作用の進行が速い環境下において形成されるものである。ただし、山里におけるこの特異な地形が、現在の沖縄の気候下で形成されたのか、それとも過去の気候環境のもとで形成されたのかは、いまだ解明されていない。
>
> 　ところで、これら円錐カルストの最高峰であるミラムイ（現地名、標高250.3m）は、別名「本部富士」と呼ばれている。ムイは山を指し、この山の麓に目良（ミラ）という家があったため、ミラムイというが、昭和初期頃から本部富士と呼ばれるようになった（本部町, 1996）。平成13年（2001）には富士自然動物園協会の「ふるさとの富士」にも認定され、日本最南端の富士として認識されている。本部富士には登山道が整備され、40分程かけて登頂すると、眼下に本部半島の森と青い海が広がるため、絶好のハ
>
> 沖縄県本部半島山里における円錐カルスト（一番左の山が本部富士）

イキングコースにもなっている。

　本部富士は、名称やその形状だけでなく、様々な点で富士山と共通するものがある。例えば山体内部をみると、富士山麓では過去の火山活動に伴い溶岩洞窟が存在し、養蚕等に利用されてきた。一方、本部富士には石灰岩洞窟（鍾乳洞）が形成されており、防空壕や風葬地としての役割をもってきた。それに伴い、円錐カルスト地域には拝所も存在する。

　さらに、山に対する自然保護活動の点でも両者は共通する。富士山では世界遺産の登録運動を通じて環境保全が進められてきたが、本部富士では、石灰岩の採掘権に伴う採石問題から地形破壊が生じ、国定公園の指定化を求める住民運動が長くおこなわれてきた。その結果、この円錐カルスト地域は、平成18年（2006）に沖縄海岸国定公園の一部に編入されることが決定し、この貴重な自然は保護されることになった。

　富士山とは規模や形成環境も大きく異なる本部富士ではあるが、富士山に似た形を示し、地域の人々の暮らしと密接に関係してきた点は共通するように思われる。

参考文献
- 本部町立博物館『本部半島の特異な地形―山里の円錐カルスト』本部町立博物館, 1996

羽田　麻美

Column
世界の見立て富士

　富士山は日本の最高峰、比類なき容姿の秀麗さから、古来よりご神体として崇拝されてきた霊山である。日本人の文化的・精神的な拠り所として、同時に世界にとっても日本を象徴する存在として、広く認知されている。

　世界で、富士山に比肩しうるカリスマ的な存在感をもつ山々は多くはないが、それぞれの国や地域のランドマークや聖地的な意味をもつ山々は少なくない。

　例えば、エジプトのシナイ山（2,285m）は、モーセが神から十戒をさずかった場所として、議論の余地を残しながらも、聖地の山として広く知られており、最高峰ではないが、ご来光などでの賑わいは富士山に共通するものがある。

　また、アメリカ合衆国・ワシントン州のレーニア山（4,392m）はこの地域で最も高い孤高の山であり、長く美しい裾野を引く成層火山である。この地域に移民した日本人は、この山を「タコマ富士」と呼び、富士山を重ねあわせて親しんでいる。

　この他、各国や地域において、古来より霊山として畏敬されてきた山々もある。中国には、例えば五大山がある。その筆頭である山東の泰山（1,545m）は、霊魂が宿るという信仰の山として、約2000年にわたり、宗教の中心、神聖な山として歴代の皇帝や民衆に崇められてきている。

　富士山は日本人の心の山であり、日本的風土のなかで存在感をもつ。世界には、同様にそれぞれの国や地域の風土のなかで、親しみ、恐れ、憧れの対象となる山々が存在する。

　　　　　　　　　　　　　　　　　　　　　　　　　　　藤田 直晴

3.1

富士山の地理

第3章 富士山の地理とまちづくり

富士山と名前の物語
―呼称から地名へ―

竹林 征三

1. はじめに

　富士山という物理的存在を人々はどのように認識してきたのか。富士山を他と識別する思考過程で色々な名前を付して呼んできた。呼称の誕生である。呼称は同じ識別する思考過程の者同士には相通じる。更に多くの人々が識別思考過程を追体験することにより共有すれば、いずれ地名が生まれてくる。富士山ほどその際立った存在から極めて多くの人に実に多様なメッセージを発してきた存在は他にないのではないか。時間の経過の中で、多くの人々の識別認識過程がその地に定着していけば地名となる。地名誕生の過程の物語を一番多く有しているのが富士山に関わる諸々の地名ではないかと考える。

2. 富士山は所在・どこにある山か？

　富士山は静岡県（駿河）と山梨県（甲斐）の2国の県境に位置し、静岡県側の南側を表富士、山梨県側の北側を裏富士と呼ばれている。
　富士山頂から東の方向約4km強は浅間神社の所有地で県境未確定地域となっている。しかし、古文献によれば、駿河と甲斐の2国の県境とは認識されてこなかった。富士山の山頂付近の国境が変わったということでもない。

1）三国にまたがる山（三国所属説）

　室町時代に五山禅僧等の間では、古くより富士山は伊豆・相模・駿河の三国の境界に跨ると信ぜられてきた。三国とはどこか？
　龍崇常庵によれば「豆」「駿」「相」。横川景三によれば「伊」「駿」「相」。雪嶺永瑾によれば「豆」「相」「駿」。
　伊豆・相模が入っているということは愛鷹山、箱根山山塊も富士山の一部だと見なしているのであろうか。この時代は甲州から登山したり、或いは富士見等の旅をするものも少なかったことを示している。
　江戸時代に至り、相模を除いて甲州を加えた三国説が新たにおこってきた。

- 書言字考節用集に富士の三州とは、「駿」「豆」「甲」なり記されている。
- 荻生徂徠の風流使者記には甲州が6分の3、駿河が6分の2、伊豆

が6分の1と記している。
- 江戸時代の文人仲間の間では「駿」「豆」「甲」の三国説がかなり有力な説となっていたようである。

2）四国にまたがる山（四国所属説）

笈埃随筆には「甲」「駿」「豆」「相」の四国に跨ると記されている。

3）駿甲二国にまたがる山（二国所属説）

しかし、富士山は駿甲二国にまたがる事は既に遠く万葉詩人の承認するところであった。

「奈麻奈美乃甲斐乃国、打縁流駿河能国興、己知其智乃国之三中従、出立有不盡能高嶺有…」とある。

4）「駿河なる富士」との表現

一方、万葉集には「駿河なる富士」と記されているところもある。

日本霊異記に「駿河富岻巖」。富士山記に「富士山者材駿河国」。竹取物語に「駿河の国にあなる山」とある。

これらは行政区画を現わす表現ではなく、大神（富士の高嶺）を斉き祀わる神社が駿河国富士郡にあるために、大神の鎮座する所ということより駿河の富士という表現になったと考えられている。貞観7年以前には甲州方面には大神を祀られる神社（浅間神社等）が一つもなかったことによる。

3. 富士山の山名について

1) 富士山は古文献にどのように記されてきたか

富士山は古来より大変際立った山であり、色々な名前で呼ばれていたようである。古文献に「フジ」が初めて登場するのは奈良時代、和銅6年（713）の『常陸風土記』であり「福慈岳」と記されている。その他『萬葉集』でも富士山は数多く詠まれている。「不盡山」「不士能高嶺」「不二能嶺」「不自」「布時」「布土」「布自」と色々な漢字が当てられている。その他『日本書紀』には「不盡川」、『日本霊異記』には「富岻」、『本朝世紀』には「不字」、『和名抄』には「浮士」、『聖徳太子補闕記』には「輔時」、『扶桑略記』『聖徳太子伝暦』には「附神」、さらに『竹取物語』には「不死」と記されている。

しからば、「フジ」を「富士」の字をあて記されたものの最初の書は『続日本記』の都良香の「富士山記」だと言われている。その後『日本後紀』『文徳実録』『三代実録』『延喜式』等の官府の記録には「富士」の表記になっている。又、『本朝世紀』等の私選の書にも「富士」の表記になっている。更に中国人が記した『義楚六帖』にも「富士」の表記になっている。

3.1 富士山の地理

2）富士山の異名・別名の語る物語
2.1）富士山の異名・別名の分類

　古来より富士山のことを「フジ」と呼ばずにいろいろな多様な呼び方をしてきている。「フジ」と一般的に呼ばれるようになった以降も「フジサン」の異名、別称として実に何十という呼び名をあててきた。異名、別称が実におびただしいので、それらは大きく八つのジャンルに分類できそうである。

① フジの同音異字で富士の多様な側面を表現しようとしたもの。8
② 富士山の所在する位置関係より。
③ 富士山の特筆すべき容姿より。
④ 諸神仏の集う山として名づけたもの。3
⑤ 仏教思想より名付けたもの。3
⑥ 不老不死の神仙思想より名付けたもの。3
⑦ 山頂を八葉の蓮華と見立てたもの。3
⑧ 諸々の伝説・逸話に由来して名付けたもの。6

等である。これらを順に見てみよう。

2.2）"フジ"の名前に変化を求めて
（1）単純に富士山だけでは面白くない。素直に富士山とだけ呼ぶには面白くないので、
　①富士山。②富士芝山。③富士高山。④富士御嵩。⑤富士の根。⑥富士の小山。

等と思い付して呼称してきた。

（2）"フジ"の同音にはこだわり、異字に意味・思いを込めて
"不二"（二つとなき山）
　①不二の山辺。②不二獄。③不二の小山。④不二の雪山。⑤不二の高根。⑥不二。⑦不二の糸山。⑧不二の芝山。

二つとなき不二を別表示として
　⑨二なき山。⑩二つなき峰。

"不死"（死することなき山）（不死身の山）

　富士山が見える「富士見」は「不死身」に通じることより、戦国の武将が縁起の良い名前として不死身の山を好んだ。

　①不死の山。②不死身の山。③老せぬ山。

"不盡"（つねに雪が盡きない山）
　①不盡。②不盡嶺。③不盡山。④不盡高根。⑤不盡能高根。

　その他、フジに多様な漢字をあて
　①富慈（富を慈しむ山）。②富慈山。③不士。④不自（みずからもなく、おのづからもない山）。⑤不時山（時の概念を超越した山）。⑥不地の糸山。⑦布仕山。⑧布二。⑨降士。⑩婦盡。

（3）富士の略字に思いを込めて
"富"の一字に変化を求めて
　①富児。②富嶽。③富嶺。④富地。

⑤富岩。⑥富山。⑦富池。⑧富峯。⑨富岳。⑩富知。⑪富岻山（岻は山のこと、富める山）。
"士"の一字に変化を求めて
　①士嶺。②士峯。③布士山（広きもののぶの山）。

2.3）富士山の所在する位置関係より
京の都より東方にある山
　①東山。②吾妻山。③東海士峯
富士山は三国の境界に位置する山と思われてきた
　①三上山（三つの国に跨る山）。
　②三重山（三つの国に跨る山、あるいは小御嶽山、古富士）。

2.4）富士山の特筆すべき姿・形より
大きな山
　①大山。②大やま。
均整のとれた美しい姿形を呼称したい
　①四方山…四方均等であるため。
　②穀聚山…米穀を取り集め、これを積み上げた形。米を手にすくいサラサラこぼすと富士山形になる。
『甲斐叢記』神社考に「孝安天皇九十二年六月富士山湧出、初雪霞飛来、如穀聚云々、是に由て穀聚山とも称り、山の形平地穀を盛たるが如し」とある。
天に届く山
　①天地和合山…天神地祇がここに鎮座するため。天地を繋ぐ山。

「天の原富士の芝山しばしばも煙をたえず雪も解けなくに」
富士は五男三女の和合山
山頂に雪をいただく山
　①消せぬ雪根。②不二の雪山。③初雪山。
雪を塩に見立てた呼称。
　①しをじり山（塩尻山）。②しほじり山。③しほなり山（潮成山）。④浪の泡山。⑤波の淡山。
岩や石、植生の構成に着目した呼称
　①蹲虎山…頂上内院（火口）に虎の蹲った形をした虎岩があるため。
　②磐石山…溶岩や磐石を四方に流したことから起こる。
　③芝山…富士山の中腹まで（森林限界まで）芝で覆われているように見えるからか？

2.5）諸神の集う山として
　①来集山…諸神仏がこの山に集るところ。
　②妙光山…つねに光り輝く意。白雪の輝きをさし、また頂上剣ケ峰や火口の池が輝くたとえられることから、その光をいう。また進化の不測なるを妙という。
　③行向山…聖徳太子が登山した時、諸神仏が迎えに出たため。
　④千早振おほね山。
　⑤神路山。
　⑥神楽山

2.6）仏教思想にもとづく呼称
①理智山…金剛界と胎蔵界の理智を集めた山。
②四八山…頂上の八華などの他、三十二相仏相をあらわすためにつけられた。
③般若山…般若の知恵の山。
④須弥山…世界の中心にそびえる山。

2.7）不老・不死の神仙思想
①仙人山…不老長寿の薬草のある山。これをとって長生きした仙人が住むところ。
②養老山…ここに参詣する者は不老長寿を約束されるため。また山形の雪をいだく姿が老翁の白髪に似るから。
③蓬莱山…伝説で東海の島にある山を蓬莱山という。そこには、仙薬があると考えられた所。秦の徐福がそれを求めて来朝。
『詞林采葉抄』或記云、此山八葉也、昔漢土ノ方山此士二来テ承不死薬牟。
『義楚六帖』東北千余里、有山名富士、亦名蓬莱徐福止此、謂蓬莱、至今子孫皆曰秦氏。
④蓬莱。⑤蓬峯。⑦蓬仙。⑧東関蓬莱。
⑨蓬生嶺（よもぎふ）…蓬莱の略字・異名。

2.8）山頂の山名を八葉蓮華にたとえて
芙蓉の花にたとえて
①芙蓉峯…『詞林采葉抄』其形似合蓮花頂上八葉也。
〔富士山〕（徳標純清）般若峯頭八蓮。曽遊一錫錫憶鬱縁。千尋削玉四時雪。六月蔵雪萬里天。縹渺人間出凡俗。依稀物外問神仙。君今壮思企登陟。努力須窮最上嶺。
②芙蓉。③芙嶽。④芙峰。⑤芙蓉嶺。⑥芙蓉山
八葉蓮華の花にたとえて
①八葉峯。②蓮峯。③蓮嶽。

2.9）物語・伝説に因んで
竹取物語に因んで
①竹取山…竹取物語伝説の山。
②花角山…木花咲那姫が鎮座することによって花が千秋に咲きほこるさまをいう。
③析技山…奥山に捨てる技析は誰がためぞ我身を置きて帰る子のため。
④新山…天笠から飛んできた山。
『詞林采葉抄』此山者、月氏七島第三也。而天笠烈擲三年我朝飛来ル。
⑤婦尽山…かぐや姫昇天にあやかる。
⑥鏡山…赫屋姫捨鏡於山故名鏡山
⑦鏡置山…同上
三保の松原・羽衣伝説にたとえて

①乙女子山。②巫山。③羽乙女山。④乙女山。⑤羽衣山。⑥未通女子(おとめご)山。⑦委羽山。⑧巫児山。

2.10) その他
①吹息。②後山。③国の深山。④鳥之山。⑤驪山。⑥時しらぬ山。⑦四季なり山。⑧おそみ山。⑨波田山。⑩天童山。⑪七宝山。⑫妙香山。⑬見出(みたて)山。⑭塵山。⑮常磐山。⑯四季なか山。⑰鳴沢の高根。

3. 富士・語源七説
平安時代以前
福慈、不尽、布士、不死、etc.
平安時代に「富士」が使われるようになった。

1) 第一説「竹取物語」(平安時代)《不死》…かぐや姫が置いていった不老不死の葉をフジ山で焼いたことから、それ以来「不死山」というようになった。
2) 第二説「富士山記」(平安時代)…郡(富士郡)の名前である富士をそのまま山の名前にした。
3) 第三説「藤の花」説《藤》…山すその美しさがまるで藤の花が垂れ下がっているようなので藤の名がつけられた。
4) 第四説「アイヌ語」説…アイヌ語で「噴き出す」とか「裂ける」という意味のプシが語源だとする説。
5) 第五説「富久士(ふくじ)説…天高く聳え立つという意味の「富久士」がルーツだとする説。
6) 第六説 マレー呉「プジ」説…素晴らしいという意味のマレー語の「プジ」が語源だとする説。
7) 第七説 南方語「アサマ」説…富士山はもともとは浅間山。煙や湯気を出すという意味の南方の語「アサ・アサプ」ではないかという説。

4. 富士山の山頂の名前・富士の八葉
1) 富士山の山頂の名前
富士山という山頂はない。富士山は大きな山体の名前であって頂きの名前ではない。富士山の山頂を拡大して見れば、中央は火口で凹地形で内院といっている。内院をとり囲むように凸地形の山頂が並んでいる。一番高い頂が剣ケ峰。(EL3776m)で時計回りに見てみると雷岩、釈迦の割石、白山岳(EL3756m)、久須志岳(EL3720m)、大日岳(EL3730m)、伊豆岳(EL3740m)、成就岳(EL3730m)、駒ケ嶽(EL3730m)と名前がついている。凸地形は10峰あり、地形を子細に見れば剣ケ峰と雷岩の間に2つ、久須志岳と大日岳の間に1つ、伊豆岳と成就岳の間に1つ、計4つの凸地形があるが、これまでも特に名前がつ

3.1 富士山の地理

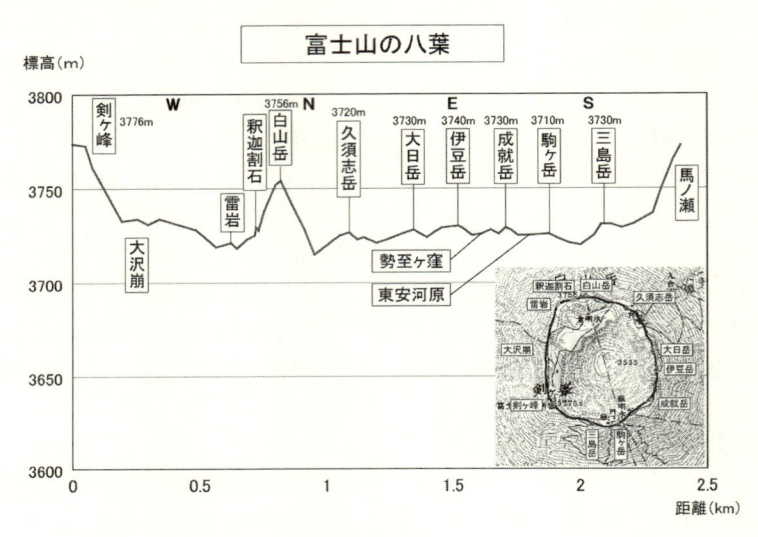

図1 富士山の八葉

けられていない。

10峰の凸地形のうち雷岩と釈迦の割石は山とは見ずに、大きな岩と見てきたということである。すなわち富士山の山頂には一周約2.5km弱のところに八峰があり、古くよりこの山頂一周の道をお鉢巡りと称している。

2）何故、八葉なのであろうか

山の連なりは白根三山、鳳凰三山、東山三十六峰等々のように山とか峰とかであるとわかるが、八山とか八峰ではなく、何故八葉なのだろうか。

山の数詞に「葉」を使う山は富士山以外にない。古文献には、「古来、いただきに八葉の峯あり」仏覚『萬葉集註釋』。「基形似合蓮花、頂上八葉也。」『詞林采葉抄』と記されている。頂上の峯々を蓮花（蓮花、はすの花、マメ科のレンゲソウ紫雲英ではない。）の八葉にたたえたのである（図1）。

富士を蓮花に見立てたり、芙蓉峯と言ったりしたのは、その姿が秀麗な所からきたのである。芙蓉八朶とは一種の修辞である。芙蓉と称したので八朶とつけたまでのことである。芙蓉とはハスの花の別称で、美人のたとえである。芙蓉の顔とは芙蓉の花のように美しい顔立ちの事である。蓮はインド原産のスイレン科のハス属の多年草で、仏教とのかかわりの強い植物である。ハスは普通は十六弁であり八弁ではない。何故

八葉なのであろうか。

　八葉とは八葉蓮華（八葉のハス）すなわち八枚の花弁のある蓮の花のことである。極楽浄土の蓮の花のことである。仏様の座っている台座のハスの弁のことである。

　富士の八葉とは富士山の山頂の峯を仏様に例えたものである。富士山頂の峯は十とか十四では困るのである。まして七峯でも困る。頂上に強いて八つの峯を作りだしたのである。牽強附会なのである。（表1）

3）八葉の仏たち

　以上のことより富士山頂の凸部の峯は仏様なのであるから峯でなく葉なのであり、又その数は「八」でなければならないのである。

　延宝8年（1680）の富士山『八葉九尊図』には富士山頂に八つの花弁の絵が描かれ、阿弥陀・文殊・釈

	芙蓉亭富士日記	村山浅間修験大鏡坊興法寺广代写	大鏡坊富士山略縁起	中谷顧山富嶽の記	北口登山富士参詣名所図会	駿河新風土記須山村浅間社	大日本地名辞書
地蔵嶽	○	○	○	○			
阿弥陀嶽	○	○		○○			
観音嶽	○	○	○	○	○観音ヶ嶽		○
釈迦嶽	○	○			○釈迦ヶ嶽	○	○
弥勒嶽	○						
薬師嶽	○	○	○		○薬師ヶ嶽		
文殊嶽	○		○				
加来嶽	○						
大日岳				○	○浅間ヶ嶽		
宝生嶽		○					
勢至ヶ嶽			○		○		
浅間ヶ嶽			○	○	○大日嶽	○	
剣ヶ峰		○剣ヶ嶽	○剣之嶽	○剣ヶ峯	○剣峯	○剣峰	
普賢嶽							
雷之嶽				○			○雷雷ヶ嶽
経ヶ嶽					○		
駒ヶ嶽					○	○	○
馬背嶽							○
鋸ヶ嶽						○	
中将嶽						○	

表1 文献による山嶽名の異なり

迦・普賢・薬師・観音・勢至・地蔵の八つの仏様の名前が記されている。この八仏が八葉なのである。さらに両部の大日とある。両部とは胎蔵界と金剛界の二つの曼荼羅のことであり、両部の大日とは曼荼羅の中心の大日如来のことである。これが九尊目の仏様のことを指している。

すなわち大日如来を中心として四周の四方八方に四仏四菩薩を配置して八葉九尊の仏様の座る場所が定まることになる。

再び富士山頂の山峰を記してある古文書、古地図等を調べてみた。すると文献により山嶽名が全て異なるのである。一つとして同じものがないのである。もう一度曼荼羅に戻って考えてみよう。

胎蔵界曼荼羅では中心に大日如来、そして四方に四仏（東に宝幢、南に開放華王、西に無量寿、北に天鼓雷音）と沙婆の衆生にもっと因縁の深い四菩薩（観音・弥勒・普賢・文殊）を配置するということである。

八葉九尊（表2）

	大日如来	

表2 八葉九尊の配置

胎蔵界曼荼羅
　大日如来を中心とし四周の四方八方に四仏四菩薩を安置して八葉九尊という。

四仏とは何か
　金剛密教と金剛界、胎蔵界で配置する四仏が異なる。（表3）

	金剛密教	金剛界	胎蔵界
東	阿閦	阿閦	宝幢
南	宝相	宝生	開敷華王
西	無量寿	阿弥陀	無量寿
北	微妙声	不空成就	天鼓雷音

表3 胎蔵界曼荼羅の四仏

四菩薩とは何か
①胎蔵界曼荼羅
　南東…普賢菩薩
　西南…文殊菩薩
　西北…観自在菩薩
　東北…弥勒菩薩
②沙婆の衆生にもっとも因縁の深い仏の総称が観音・弥勒・普賢・文殊四菩薩である。

富士山頂十二峰に八葉九尊と神とを配する。

- 大日岳…大日如来、中央の本尊には胎蔵界大日如来
- 浅間ケ岳…浅間大菩薩
- 白山岳…釈迦牟尼如来（四ノ嶽）白山妙理大権現
- 剣ケ峰…阿弥陀如来（二ノ嶽）熊野三所大権現
- 大沢頭…延命地蔵（一ノ嶽）伊勢天照皇太神宮
- 馬ノ背ケ嶽…弥勒大菩薩（五ノ嶽）日吉山王大権現

富士山と名前の物語

現在	元	備考
○白山嶽	○釋迦嶽	
○久須志嶽	○薬師嶽	
○伊豆ヶ嶽	○阿弥陀嶽	
○成就ヶ嶽	○勢至ヶ嶽	成就と書いてセイシと読ませた
○大日ヶ嶽（朝日嶽）	○大日ヶ嶽（これは誤って呼ばれたらしい）	それほど露骨な仏臭い名ではないから？○本地垂迹説によると富士の山神木花咲耶姫は大日如来
○劔ヶ峰	○劔ヶ嶽	
○駒ヶ嶽		
○三島ヶ嶽		
○（浅間岳）	○大日嶽	○浅間神社の本宮

表4 名称の変遷

- 雷岩…天鼓雷音、普賢大菩薩
- 久須志岳…薬師如来（六ノ嶽）鹿島金山大権現
- 伊豆岳…観世音大菩薩（三ノ嶽）伊豆大権現
- 成就岳…不空成就岳
- 駒ケ岳…文殊大菩薩（七ノ嶽）箱根大権現
- 三島岳…宝生如来（八ノ嶽）三島大明神

維新前後・廃仏棄釋

　○浅間神社の境内である頂上から仏教的な名前を一掃した（表4）。

5. 富士山の沢名について
1)「○○流し」「○○堀」「○○沢」

　富士山は日本の最高峰でありかつその均整のとれた美しい山容より、日本のシンボルとして讃えられてきた。その富士山に様々な要因で放射谷が形成されており、古くより「八百八沢」と言われている。

　富士山の沢は山腹の勾配、地質構造、降雨や湧水による浸食、風化による崩壊、雪崩、噴火及び地震の衝撃などの様々な要因で大小無数の放射谷が形成されている。富士山の沢には「○○流し」「○○堀」「○○沢」といった異なった呼び方がなされている。（表5）

2) 27沢の地名由来

　沢名で知られている沢は大沢崩れ、滑沢、仏石沢、吉田大沢に限られている。これの沢を除き、市販されている地図によって位置や名称が異なっていたり、裾野から上流へ沢を追いかけて行くと御中道近傍を境に途中で名称が変わっているものもある。（図2）

　御中道は古くより多くの人々によ

3.1 富士山の地理

沢の表現	模式図	概　　要
沢		通常の山間地の谷のように雨水等によって、富士山の溶岩が侵食を受けることで、狭く、細い溝が形成され、位置自体も大きく変化せず、流路等が裾野まで比較的明確なものを沢と呼んでいると考えられる。
流し		雪崩等により地表が削られて形成されたものとイメージしている。特に、御中道付近に見られる「流し」と呼ばれる地形は「沢」とは異なり浅く広い扇状地のような形状になっており、左図のように、流末部が平坦になっていき、流路が途中で分からなくなるような扇状となっている。
堀		富士山で発生した雪崩によって地表が削られて左図のような形状となったものを堀としてイメージしている。

表5 沢の分類表現

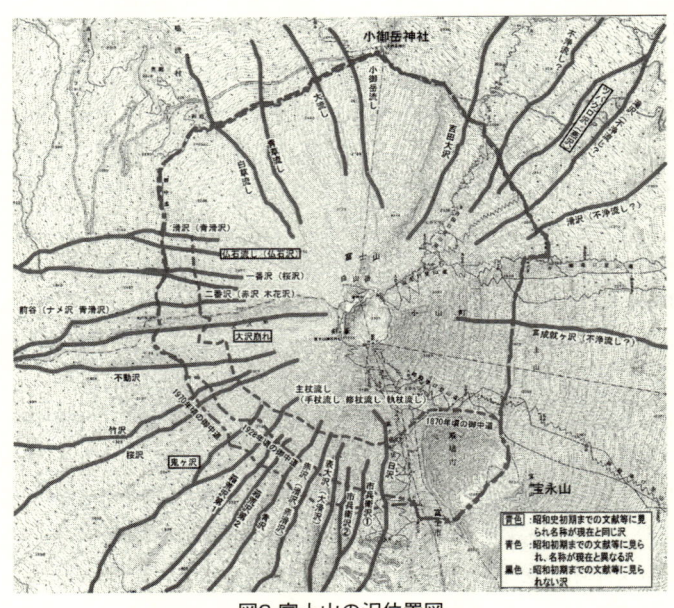

図2 富士山の沢位置図

り利用され現在までに多様の案内記が作られている。現在御中道を横切る沢は約27本程度であり、江戸時代以降の文献資料より沢名称を比較し整理する。（表6）

6. 富士山にまつわる地名伝説
1）富士霊峰出現伝説
　富士山の大噴火・天変地異で出来た。
- 山梨県北都留郡・大目村…皆が仰天した目（大きな目）で山を見つめ驚きはてた。
- 山梨県北都留郡・賑岡村…村民が一つのところに駆け集まって「山が出来たぞ」「火だ火だ」「お山が引っ越しされる」と胆をつぶして語り合った。
- 山梨県南都留郡・大嵐村…「嵐だ嵐だ」と騒ぎまわった。大嵐がおさまってから見たら「お山と天とが続いちゃった」と慌て騒いだ。
- 道志村…ただただもう途方に暮れて「どうしよう」「どうしよう」というだけだった。
- 明見村…孝霊天皇の五十年（甲信にあたる年）不思議な夢を見る。枕元に天孫二柱の神が立ち、東側に天と地をつなぐ霊山が誕生したことを告げた。甲斐と駿河の国から急ぎ使者がやってきて、新山が誕生した事を報告。天皇はすぐさま行幸。4月9日に岳麓で祭典、日暮れて、仕方なく「明日見ようぞ」といわれ行在所に帰られたことより。

2）富士の裾野の地名伝説
- 竜ケ岳（小富士）…本栖湖のあたりは、大湖水で湖畔は富裕な土地。村人は一年の安泰を祈るため湖水で「みそぎ」をしていた。延暦19年（800）、湖水の守護神の霊が突然おどり出て小富士（竜ケ岳）に姿をかくした。村人は怪しみ、異変がおこるのではと噂しあった。その矢先に富士の大爆発がおこった。
- 本栖…村人はようやく生き延びた数十人は富里村に逃げ込んだ。新住の地は不慣れ、もう一度祖先の地に戻りたい。本栖湖は5分の1の大きさになってしまっていた。これでは生活できないのでは、と言っている時、銀色の魚がはねた。これがあれば生きていける、と狂喜した。そして祖先の地へ帰る。元の巣が一番良い。元の巣に永住しようということから本栖となった。
- 鳴沢の二話

富士山から宝珠が落ちてくる話
- 『藻塩草』（室町時代）「富士からいさごかふることあり。その音を鳴砂という。このいさごは人の降

3.1 富士山の地理

沢 名	備 考
立堀沢	————
市兵衛沢	・大正時代に、執杖流しと呼ばれていた可能性がある。
表大沢	・大正時代から沢に関する記述が見られ、滑沢とも呼ばれていた。ヒアリングから表滑沢とも呼ばれることが分かった。 ・南麓に見られる大きな沢の意か。
赤沢	・大正時代から沢に関する記述が見られ、滑沢と呼ばれていた。
青沢	・大正時代から沢に関する記述が見られる。
箱荒沢第2	————
箱荒沢第1	
主杖流し	・江戸時代からの名称であるが、この位置で正しいかは不明である。
鬼ヶ沢	・江戸時代からの名称であり、位置及び名称共に問題ないと考えられる。 ・大規模な沢という意味か？
桜沢	・江戸時代からの名称であるが、位置は不明である。文献によると、沢の位置は大沢崩れの右岸、左岸側に見られるとされている。 →左岸側は現在の位置と推測できる。 →右岸側は一番沢の付近と推測できる。
竹沢	————
不動沢	————
大沢	・江戸時代からの名称であり、位置及び名称共に問題ないと考えられる。 ・ヒアリングや対象外の資料等から別名、剣が峰大沢、大沢ノ石タキ、無間ヶ谷沢とも呼ばれる。・富士山の大きく崩れたところを意味している。
前沢	・江戸時代から沢に関する記述が見られ、かつては、滑沢、青滑沢と記述されている。昭和時代の史料では、前谷と記述されている。
二番沢	・江戸時代から沢に関する記述が見られ、かつては、木花沢と呼ばれていたと考えられる。 ・現在の名称の由来は不明。昭和後半に新しくつけられた地名と考えられる。
一番沢	・明治時代から沢に関する記述が見られ、かつては、桜沢と呼ばれていたと考えられる。 ・現在の名称由来は不明。昭和時代後半に新しくつけられた地名はと考えられ一番沢と二番沢は、御庭から大沢に向かう際に、見られる沢の順番に因む。
仏石流れ	・江戸時代からの名称であり、位置及び名称共に問題ないと考えられる。 ・沢の中の石がみな仏の形をしていたことに因む。
滑沢	・いつから滑沢とよばれるようになったかは不明である。滑状の沢の意味。

富士山と名前の物語

白草流し	・江戸時代から沢に関する記述が見られ、かつては赤沢と呼ばれていたと考えられる。
青草流し	・ヒアリングによるとH8年に富士砂防工事事務所で命名。地名由来は不明。
大流し	・昭和時代の史料に見られる。地名由来は不明。
小御岳流し	・昭和以前は空木沢(うつぎさわ)と呼ばれていた。地名由来は不明である。 ・現在の名称は小御岳の西側を流下することに因む。
吉田大沢	・吉田大沢は、江戸時代から「ハシリ」と呼ばれた下山道であった。 ・現在の吉田大沢の中または付近に、大規模な沢として、横吹きの沢があると言われている。 ・吉田大沢の名称がついたのは近年になってからであり、大沢崩れに対して、吉田大沢か。
ツバクロ沢	・江戸時代からの名称。 ・かつては、燕沢(つばくろさわ)と記述される。山肌の色に因む。
滝沢	・不浄流しとも考えられる。
成就ヶ沢	・昭和初期までの文献に見られない。 ・現在は、成就ヶ沢、不浄沢とも呼ばれているが、どちらが正しいのか不明である。

表6 御中道周辺の沢

りるにつれて下り、一夜の間に上るという。」…幾百年たっても砂の流下はやまないのに、山体はいっこう損じられている様子もない不思議さを、表現したのであろう。

富士山中で霊妙な音楽を聞く話
- 『義楚六帖』「日中上有諸宝流下、夜即却上、常聞音楽。」

3) 源頼朝にまつわる地名伝承

　富士の麓野には源頼朝にまつわる地名伝説が実に多くある。
- 駒立の岡…ここで狩を見物。
- 穴牢…獲物をおとしいれるための穴。
- 二つ石…頼朝が乗った馬の蹄跡と力足を踏んだ時の足跡が残されたもの。(富士宮市阿幸地)
- 逆柳…巻狩りの昼食の時、箸の代用として使った柳の枝を突き刺して行った。その枝が芽を吹いてやがて二本の大樹になった。毎年逆さに芽を出すことより。(富士郡芝川町・羽鮒山)
- 鵜無ケ渕…巻狩りの時、この淵の側を通りかかった頼朝は、鵜がいそうな気がしたが、調べたところ実際はいなかった。そこで、頼朝が残念そうに「そうか鵜がいなかったか」と言ったことより。(富

3.1 富士山の地理

士市）
- まないた橋…狩の途中、頼朝は道に迷った。そこで老婆が、馬もろとも川を渡らせるために大きなまな板を持ちだし、その上を通行させたことより。（富士宮市小泉）
- びんかん坂…頼朝はイバラ道で野宿をすることになったが、イバラが気になり「びんきあんびんかん」と寝言を言った。すると家来が驚き外へ飛び出し、イバラで大怪我をした。このことによる。（富士宮市本町）
- 的さま…三重の輪紋がまるで弓の的のような奇岩。頼朝がこれを標的に矢を射ったが、間に邪魔な木があった。「暗かろうぞ」と大喝したところ、枯れてしまった。その後、この地には桧や椿、樫などが生えなくなった。（山梨県道志村）
- 試し岩…頼朝の乗馬がいきなり走りだそうとしたのを止めようと、側の大岩に刀を突き立てた。今もその刀跡が残っているという。
- 椎子郷…頼朝が大雨にあい、日向の里で木枝に濡れた椎子をかけて乾かしたことより。（駿東郡小山町）
- 篝塚（かがり）…夜道の行進を楽にするため、篝火を焚いて目印にしたことより。（足柄～十里木）

- 矢立杉…頼朝の放った矢が突き立ったもの、という説。また矢が落ちたところに記念に杉を植えたという説もある。もう一説は、この道を通る際、必ず矢を射当てて山の神に手向ける習わしがあったため、など。「武夫の（ますらお）　手向けの征箭（せいや）も　跡ふりて　神さび立てる　杉のひともと」という歌もある。（山梨県笹子峠）
- その他…勢子辻（富士市）、御本陣（駿東郡裾野市）、牧場山（富士市船津）、狩屋（御殿場市東田中）、狩坂（富士宮市猪之頭）、正月平（富士市大渕）、猪の頭、陣馬の滝、撫川、大将的場、旗立など。

浅間と浅間

田中 絵里子

　国土地理院発行の2万5千分の1地形図によると、日本には「浅間」のつく地名が全国に113地点ある。この分布がとても興味深い。

　「富士」のつく地名は全国各地に分布しているが、「浅間」は富士山周辺地域や関東地方に集中している。「浅間」と富士山にはどのような関係があるのだろうか。

　「浅間」は「せんげん」とも「あさま」とも読むことができる。「せんげん」といえば、浅間大社を思い浮かべる人が多いだろう。富士山は古来、富士山本宮浅間大社の御神体として崇められてきた。富士山頂上には浅間大社奥宮があり、富士山の八合目以上は奥宮境内地である。一方、「あさま」には「恐ろしい」という意味があり、浅間山や阿蘇山のように荒々しい噴火を繰り返す山に使われたといわれている。つまり「せんげん」と「あさま」の関係には、富士山と浅間山が影響していると考えられる。

　地名に「浅間」がつく全国113地点のうち、「せんげん」は73地点（65％）、「あさま」は40地点（35％）である。これらの分布をみると、「せんげん」は富士山の可視域内に多く分布し、「あさま」は浅間山の可視域内に多く分布していることがわかる（図）。いずれの地点も各山の周辺地域に多く分布し、両山を眺めることができる関東東部地域においては、北側に「あさま」、南側に「せんげん」が分布している。

　これらの地点数をまとめると、富士山のみが見える地域では8割が「せんげん」と読み、浅間山のみが見える地域では9割が「あさま」と読むことがわかった（表）。地名の由来などについては個別に調査する必要があるが、山の可視域と地名の関係は実に興味深いといえる。

参考資料
- 国土地理院発行「数値地図25000」
- 田中絵里子・森田圭・佐野充「山の可視域からみた富士山の日常性と象徴性に関する分析」『富士学研究』6-2, p.72-77.

3.1 富士山の地理　　　　　　　　　　　　　　　　　　　　　　　　第3章

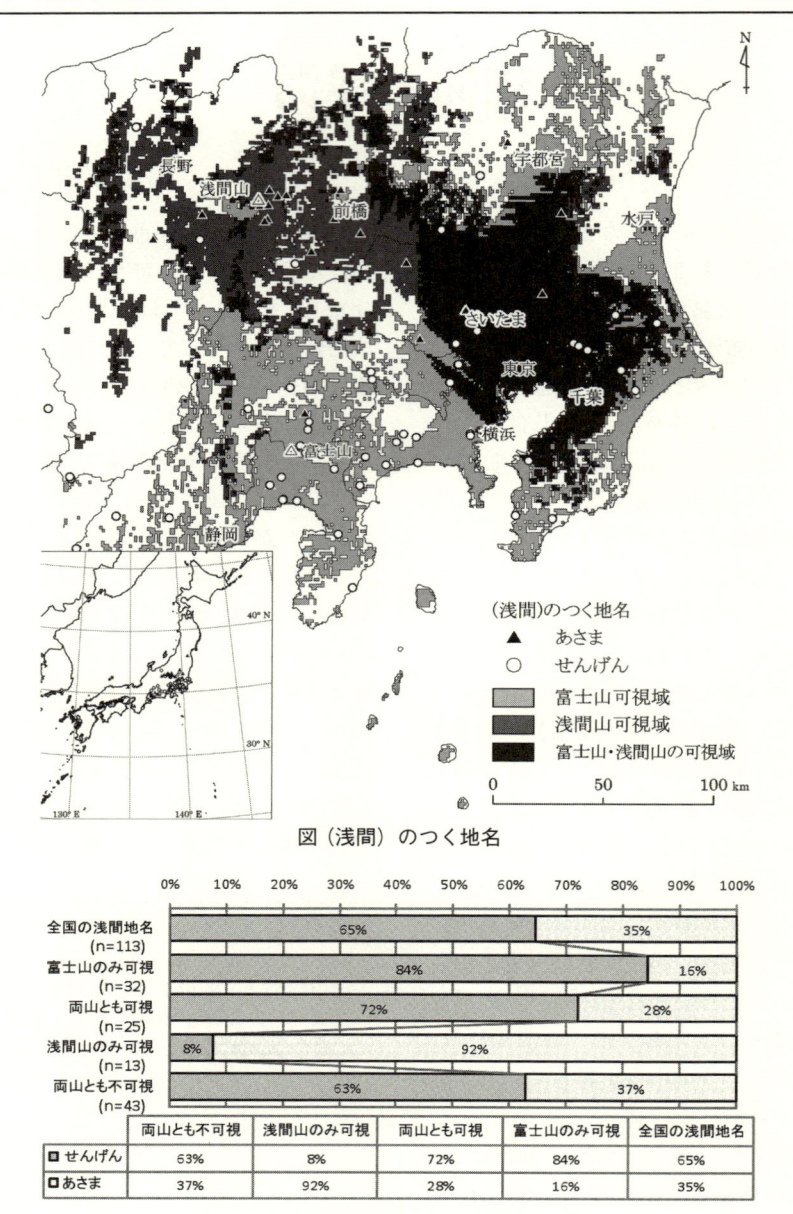

図 (浅間) のつく地名

	両山とも不可視	浅間山のみ可視	両山とも可視	富士山のみ可視	全国の浅間地名
せんげん	63%	8%	72%	84%	65%
あさま	37%	92%	28%	16%	35%

表 富士山・浅間山の可視分布

- 全国の浅間地名 (n=113): せんげん 65%, あさま 35%
- 富士山のみ可視 (n=32): せんげん 84%, あさま 16%
- 両山とも可視 (n=25): せんげん 72%, あさま 28%
- 浅間山のみ可視 (n=13): せんげん 8%, あさま 92%
- 両山とも不可視 (n=43): せんげん 63%, あさま 37%

-352-

富士山の可視域
―4000万人が見る山―

田中 圭

1. はじめに

　日本の地形は起伏に富み、海に囲まれた国土には大小無数の山々が存在している。山は日本人にとって、時には生活の場であり、時には信仰の対象であり、また、日ごろから眺めることができる日常の風景の一部でもある。「日本の風景」を尋ねた調査では、被調査者（199名）の7割が山を描いた[1]。つまり、山は日本の風景を語る上で欠くことのできない構成要素であるといえる。

　山がどこから見えるか、富士山の可視範囲に関する話題は、山岳愛好家たちのみならず、広く国民の興味を集めてきた。古くは、江戸時代後期に作成された伊能忠敬の『大日本沿海輿地全図』（伊能図）に富士山

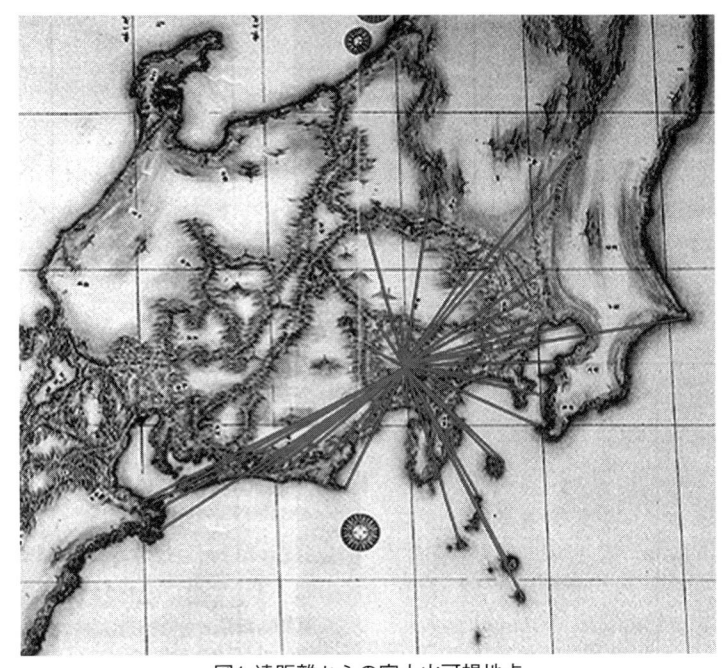

図1 遠距離からの富士山可視地点

3.1 富士山の地理

の可視地点が記載されている。このときは、目標位置の測量誤差を極力小さくすることを目的に、富士山のように遠距離からでも眺めることができる山頂などの方位角を観測している。観測結果については、『山島方位記』(伊能忠敬記念館所蔵)に記載されており、富士山の観測は約300地点以上となっている。その中でも、遠距離から観測した富士山の可視地点は、東が犬吠埼(千葉県銚子市)、西が英虞湾(三重県阿児町)、南が御蔵島(東京都御蔵島村)、北が那須(栃木県那須町)である(図1)。

鏡味(1955, 1957)は「富士山頂からの限界地図」として富士山の可視範囲の広さを示し、地名および宗教的な分布を論じている。当時は紙地図を用いた分析であったため、かなりの労力が必要になったことが予想される。

近年、コンピュータ技術の発達、全国を均一の格子間隔で網羅する標高データの整備、GIS (Geographic Information System) ソフトウェアの機能向上によって、山の可視範囲を地図として簡単に表示することが可能になり、より富士山が身近になったといえる。たとえば、富士山の可視範囲を作成し、実際にその地点から眺められる富士山の写真の紹介などが多くの人々によって行われている。また、インターネットを通じて、富士山をいつでも見ることができるライブカメラが個人・機関を問わず、数多く設置されている。その中でも、学術的観測を目的とした日本大学富士山観測プロジェクト[2]のライブカメラは、富士山をとりまくように5台のカメラで2分毎に撮影しており、2002年以降の画像を検索して閲覧することができる。このように現在では、世界中から任意の日時の富士山を見ることができるようになった。(p388「富士山のライブカメラ」の項参照)

布施ほか(2006)はGISを用いて、古地図(天保御江戸絵図)・五千分一東京図測量原図から江戸市中の景観を復元し、富士山の可視マップを作成した。それにより、当時の江戸市民が富士山を眺望することができる場所を明らかにした。

前述したように、人々の関心は富士山がどこまで見えるかといった可視範囲にあるため、その他の地理情報と重ねて合わせて分析する研究例は少ない。つまり、山の可視範囲の表示のみで、地域(可視域)に関する分析は行われてこなかったともいえる。コンピュータ技術が進化し、様々な地理情報データが利用できる今日こそ、山の可視域に対する分析

を行うことが可能である。そこで本項では、富士山の可視域に関する分析を行った研究結果を述べる。

2. 可視域の研究方法

富士山の可視域の研究として、次の2点に着目し、分析を進めた。
1) 富士山の可視域と人口に関する分析
2) 富士山の可視域と地名に関する分析

1) 富士山の可視域と人口に関する分析

まず1) では、日本における代表的な山岳を選定し、それらの標高、可視面積、可視域内人口の比較を行った。代表的山岳の選定にあたっては、日本全国を網羅するため、地域ごとに代表的な山岳を選んだ（表1、図2）。

可視域の計測には、三次元地図ナビゲータソフトウェア「カシミール3D」[3]を使用した。カシミール3Dは、標高データを読み込ませることにより、簡単に三次元の地図を作成することができるソフトウェアであり、山の可視範囲を表示するのに優れている。可視マップ機能を使用すれば、簡単に可視範囲を地図上に示すことができる。

カシミール3Dによる富士山の可視マップについては、すでに山岳雑誌に掲載され、もっとも遠方から見える地域について読者から意見が寄せられた（田代2003）。最も遠くから見える地点については、若干の誤差があるものの、かなりの精度で可視範囲が示されていることがわかっている[4]。

しかし、カシミール3Dでは可視範囲の表示はできるものの、他の情報と重ね合わせて分析することができない。そこで、データの重ね合わせには、GISソフトウェアを使用した[5]。GISは位置情報を持った様々な情報を重ね合わせて分析することに優れている。

	山岳名	都道府県	地域
A	大雪山(旭岳)	北海道	北海道
B	鳥海山	秋田県 山形県	東北
C	筑波山	茨城県	関東
D	浅間山	群馬県 長野県	関東
E	北 岳	山梨県	中部(甲信)
F	富士山	山梨県 静岡県	中部(東海)
G	白 山	石川県 福井県 岐阜県	中部(北陸)
H	六甲山	兵庫県	関西
I	大 山	鳥取県	中国
J	石鎚山	愛媛県	四国
K	御 岳(桜島)	鹿児島県	九州

表1 分析対象山岳
(注: 表と図中の記号は一致する。)

3.1 富士山の地理

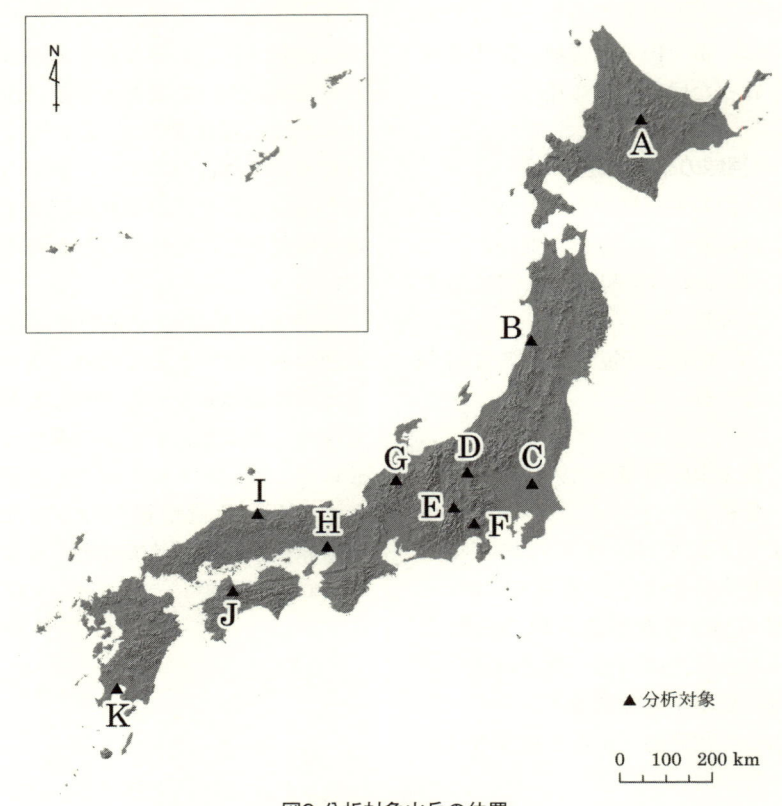

図2 分析対象山岳の位置

可視域の計算には国土地理院発行の「数値地図250mメッシュ（標高）」を使用した[6]。ここでは、富士山山頂を望むことができる地点を「可視域」と定義する。また、使用するデータとの整合性を考慮した結果、可視域の計算には格子間隔約250mで計算した後で、格子間隔約1kmに変換した。

人口データには総務省統計局の国勢調査地域メッシュ統計[7]（2000年）を使用した。国勢調査地域メッシュ統計は1970年から5年おきに全国を整備しており、緯度30秒、経度45秒間隔で区切られた（格子間隔約1km）データである。

2）富士山の可視域と地名に関する分析

次に、富士山の可視域と地名に関

する分析として、1）で得られた可視域と地名との関係を分析した。富士山に関する地名の分布はこれまでにもしばしば話題に挙げられてきたが、いずれも科学的な証明とまでは及んでいない。そこで、まず全国の地名から富士山に関する地名として「富士」[8]と「浅間」[9]のつく地名を抜き出し、分布図を作成した。次に富士山の可視域との重ね合わせを行い、可視域と地名との関係を検証した。なお、「浅間」のつく地名に関しては、「あさま」と「せんげん」の読みの違いに着目し、両者を分けて分析した。さらに、富士山の可視域に加え、浅間山の可視域も併せて分析対象とすることにより、従来から指摘されてきた可視域や信仰と地名との関係について分析を試みた。

地名データは、国土地理院発行の数値地図25000（地名公共施設）[10]を利用した。このデータは、2万5千分の1地形図に表記されている地名および公共施設の代表点の緯度経度座標値と属性が収録されている。従来の地名研究の多くは紙媒体の地形図から地名を抜き出していたが、データがデジタル化されたことにより、簡単に全国の地形図から任意の地名を探し出すことが可能となった。なお、国土地理院が中心となって運営している電子国土[11]においても2万5千分の1地形図に表記されている地名および公共施設地名を検索することができる。このサービスは国土地理院でリアルタイムに地形図の修正および管理しているため、日々更新されていく最新の地形図から地名検索を行うことができる。

3. 分析結果
1）山の標高と可視面積

山の可視域は、標高が高く、周辺に大きな山など眺望を阻害する要素がないものほど可視面積が広くなる。山の標高と可視面積との関係をみてみると、地形条件が大きく影響を与えていることがわかる（図3）。富士山は標高が高く独立峰で、周辺に眺望を阻害する要素が存在せず、しかも東側には広大な関東平野が含まれているため、可視面積は他の山岳と比べて圧倒的に広い。その広さは約2.8万km^{2}におよぶ。可視面積は一般的に標高の高い山ほど広い傾向にあるが、北岳、御岳、大山は周辺に平野が少なく、標高の高い山々に囲まれているため、可視面積が狭くなっている。

2）山の可視域と居住人口

山の可視域と人口を重ね合わせて

3.1 富士山の地理　　　　　　　　　　　　　　　　　　　　　　　　第3章

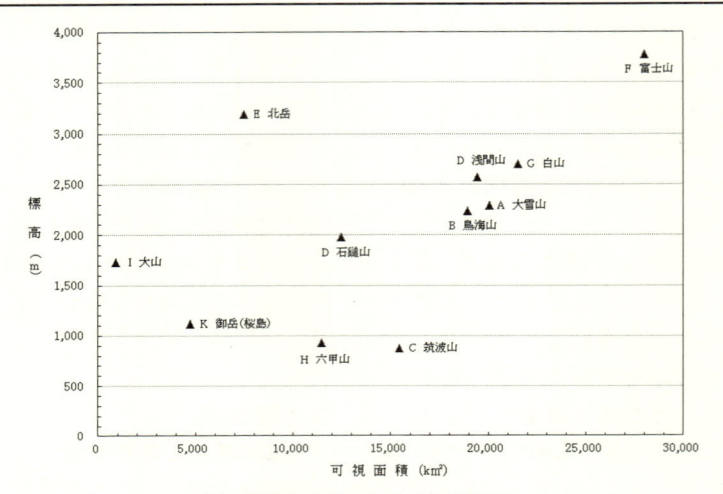

図3 代表的山岳の標高と可視面積

	標高(m)	可視面積(km²)	可視域人口数(千人:2000年)	総人口(125,516千人)に対する割合(%)
F 富士山	3,776	27,991	39,574	31.5
C 筑波山	876	15,443	27,139	21.6
D 浅間山	2,568	19,421	25,142	20.0
H 六甲山	931	11,455	13,323	10.6
G 白山	2,702	21,488	9,827	7.8
E 北岳	3,192	7,467	6,305	5.0
J 石鎚山	1,982	12,428	3,184	2.5
A 大雪山(旭岳)	2,290	20,046	2,805	2.2
B 鳥海山	2,236	18,932	2,471	2.0
K 御岳(桜島)	1,117	4,704	1,159	0.9
I 大山	1,729	877	242	0.2

表2 代表的山岳の可視域内人口
(注: 人口データは総務省統計局の地域メッシュ統計2000（平成12）年により算出した値。)

みると、富士山の可視域内人口は約4千万人と、圧倒的に多いことがわかった（表2）。つまり、日本の総人口の31.5％が富士山を眺められる場所に住んでいる。富士山の可視域は、富士山の裾野地域のみならず、半径300km以上の広域に及んでいる（図4）。富士山の可視域の特徴は、裾野地域をはじめ、太平洋沿岸地域にも分布がみられ、さらに広大な関東平野一帯を占めている点である。関東平野には人口の集中する首都圏があるため富士山の可視域内人口は、他の代表的な山岳と比べて圧

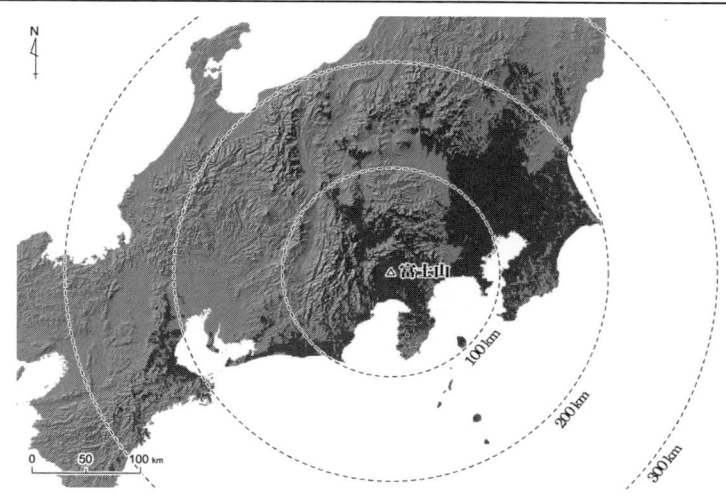

図4 富士山の可視域

倒的に多い。筑波山や浅間山は可視面積では突出した数値を示さなかったが、同様の理由で可視域内人口では高い数値を示している。山の可視面積は周辺の地形条件が影響を与えるが、山の可視域内人口には、地形条件に加え人口分布の偏りが大きく影響を与える。富士山の場合、関東平野に人々が集住するようになった江戸時代以降、富士山はまさに日本一の標高を誇る「日本の象徴」であると同時に、多くの人々にとっては毎日眺めることのできる「日常の風景」にもなったといえる。

3）富士山の可視域と「富士」のつく地名の分布

日本には「富士」がつく地名が数多く存在し、これまでしばしば論じられてきた。「ふじ」の語源については、（1）アイヌ語説、（2）マライ語説、（3）日本語説などが過去に挙げられている。しかし、いずれの論拠も単純であり、しかも合理的な解釈が得られていないことから、学術的な結論には至っていない。

「ふじ」の示す言葉の意味としては、（1）火山説、（2）白雪説、（3）形状説が挙げられる。（1）と（2）は語源と密接な関わりをもっている。（3）形状説は、鏡味（1995）が富士山の「ふじ」は、急傾斜地形を有したその形状を表すとして提唱した説である。その上で、鏡味は日本の「ふじ」や「ふし」の地名を地形図から抜き出し、形状説の正当

3.1 富士山の地理

性を論じているが、「"長い斜面"地形を意味することの明らかなものだけをえらんで」分布図を作成しているため、「ふじ」や「ふし」の形状的意味は証明できたものの、「富士」の地名分布と可視域との関係は明確にしていない。

そこで、「富士」のつく地名に着目し、富士山の可視域との関係を分析した結果、「富士」のつく地名は全国に467地点あり、その多くは富士山周辺に分布していることがわかった（図5左下）。富士山の可視域と「富士」のつく地名の分布を見てみると、「富士」のつく地名は、富士山周辺地域や可視域である関東地方に多く分布していることがわかる（図5）。「富士」のつく地名は、富士山の可視域内には219地点（46.9％）が分布しており、可視域

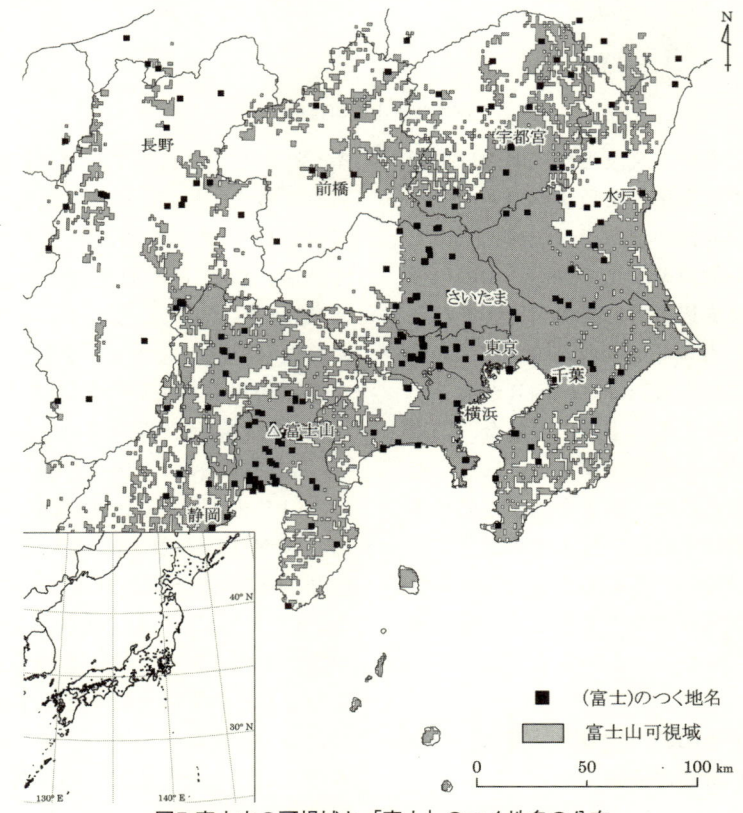

図5 富士山の可視域と「富士」のつく地名の分布

と地名との関係の深さがわかる。また、地方に分布する「富士」がつく地名には、全国各地にある「ふるさと富士」に関するものも多いが、これについては別の機会に論じることとしたい。

4. まとめ

富士山は日本一の標高を誇るとともに、その山体の美しさから日本の象徴ともいわれてきた。富士山の可視域を調べると、その面積は約2.8万km^{2}であり、他の代表的な山岳と比較しても圧倒的な広さを有している。富士山の可視域内には約4千万の人々が暮らしている。つまり理論上では、日本の総人口の31.5％の人々が毎日富士山を眺めて暮らしていることになる。まさに富士山は日本の象徴であるとともに、日本人にとっては日常の風景でもあるといえる。

また、富士山の可視域は、地名との関わりも深い。「富士」のつく地名は約半数が富士山の可視域内に分布しており、特に富士山周辺地域や関東地方に多くみられる。

注

1. 1つの山を独立峰として描いた人は30.2％、2つの山を描いた人は13.6％、3つ以上の山を連ねて描いた人は29.1％であった。
2. 日本大学富士山観測プロジェクト（http://www.geo.chs.nihon-u.ac.jp/quart/fuji-p/）。日本大学文理学部地球システム科学科が運営している。
3. カシミール3Dは、無料で公開されている山岳展望解析ソフトウェアである。詳しくは「カシミール3D」のサイトhttp://www.kashmir3d.com/参照。
4. 1997年にはカメラマンの楠本弘児氏が、323km離れた妙法山（和歌山県）から富士山の撮影に成功している（田代2003）。
5. 本研究では、ESRI社のArcGISを使用した。
6. 標高データは建物の高さを考慮していないため、実際には建物が眺望を遮ることもある。
7. 国勢調査地域メッシュ統計は1965年（昭和40年）から提供されているが、1965年の提供範囲は首都圏・近畿圏のみである。それ以降のデータは全国が提供範囲となっている。
8. 「富士」のつく地名には、富士見坂や真富士山などといった自然地名と富士町などの居住地名を取り上げた。企業名や公共施設名に含まれる「富士」については含まない。
9. 上記と同様に「浅間」のつく自然地名と居住地名を取り上げた。
10. 地名データ（注記テーブル、注記座標テーブル、注記所属テーブル、記号テーブルに記録しているデータ）は、平成12年10月1日現在に刊行されている地形図から取得したものである。なお、地形図の発行年は図幅により異なる。
11. 電子国土ポータルサイト: http://portal.cyberjapan.jp/

参考文献

- 鏡味完二（1955）:「富士山の地名学的研

3.1 富士山の地理

究」『地理学評論』28-5, p.237-248.
- 青弓社編集部編（2002）:『富士山と日本人』青弓社
- 田代博（2003）:「富士山の見え方に拘る—見える限界の場所とダイヤモンド富士—」『地質ニュース』p.67-72.
- 田代博（1998）:『富士山展望百科 山と地図のフォーラム編』実業之日本社
- 田中絵里子・森田圭・佐野充（2007）:「富士山の可視域—日本の象徴、日常の風景—」『富士学会発表要旨集』5, p.27.
- 田中絵里子（2008）:「現代日本における景観認識—地域景観の地理学的把握からの分析—」博士論文
- 布施孝志・安井仁・清水英範（2006）「江戸市中からの遠地形の視認可能性：GISによる可視マップ作成を中心として」『土木学会論文集』62-3, p.469-504.

＊本項は、田中・森田・佐野（2008）「山の可視域からみた富士山の日常性と象徴性に関する分析」富士学研究、6（2）, p.72-77. を基に掲載した。

Column

富士山見えるかな??

　ビルが陰となり富士山を見ることが少なくなりつつある、昨今、いつでもどこでも見ることができる事をご存じだろうか。そう、富士山ライブカメラである。このカメラは、いくつかの機関でとりおこなっており、web上で富士山を眺めることができる。しかもその数は、100台にも到達するようである。

　富士山の空模様の動画・静止画のデータベースをつくり、これらのカメラによって、富士山の頂上にさまざまな形で発生する雲の観察をすることができ、研究などにも活かされている。雲の形は、気象条件や高度によって様々な形になる。天気予測によく使われる山のすぐ上にできる笠雲のほか、山から離れたところにできる吊し雲、はね水現象によってできるジャンプ雲、吸い上げにより出来る山旗雲など、富士山の様々な表情を観察することができる。

　しかし、いつでもどこでも富士山を眺められるカメラであるが、雲や霧による空模様によっては、その姿すら見ることはできない。富士市では、市庁舎で富士山を目視にて、観察を継続している。平成3～19年（1991～2007）までの1日3回の観測時間の全てにおいて全体が見えた日数、及び、3回とも全く見えなかった日数のデータによると、富士山の形がすべて見える日数は年間の平均15.0％（54.6日）であり、全く見えない日数が平均32.7％（119.5日）となる。また、1日にうちに一番見える確率の高い午前8時の観測データの平均値によると 6～8月に富士全体が見える日数は、各月とも3～5日と1週間にも満たないこともわかる（晴れた日は、平均11～18日程度）。平成19年（2007）7月に至っては、富士市市庁舎から全体が見えた日数が0日、一部が見えた日数が1日という結果になっている。富士の冠をもった富士市でも1年の約1/3の期間が富士山を見ることができないことがわかる。

　ビルの高層化などによって富士山を見かけることが少なくなった今日、東海道新幹線に乗っている途中、富士山を見ることができたあなたはラッキーな人かもしれない！

大八木 英夫

3.1 富士山の地理　　　　　　　　　　　　　　　　　　　　　　　　　第3章

> **Column**
> ## 米軍が撮影した富士山の空中写真
>
> 　昭和20年（1945）5月25日午前1時（日本時間）、第3写真偵察戦隊に属する1機の写真偵察機F-13（写真偵察用に改造されたB-29）がグアム基地を離陸した。この撮影作戦・Mission No.237について書かれた"COMBAT MISSION REPORT"によれば"The coast was hit to the West of Mt.Fuji at 2245 Z hours."とある。駿河湾を北上しながら撮影を開始し、写真番号5番のこの富士山の写真は午前8時頃に撮影されたものと思われる。
>
> 　撮影縮尺が1/64,000、撮影高度10,000m、焦点距離153.8mmとなっているが、富士山を越えるために前後の写真よりも幾分撮影高度が高くなっている。"The weather over the mainland was clear."と五月晴れでもあり、富士山→新潟→郡山→仙台→水戸とほぼ予定どおりの撮影コースを通り、"The photography is excellent."とこの写真も含め良好な撮影が行われた。"There were no enemy fighters or flak
>
> 写真偵察機が撮影した空中写真

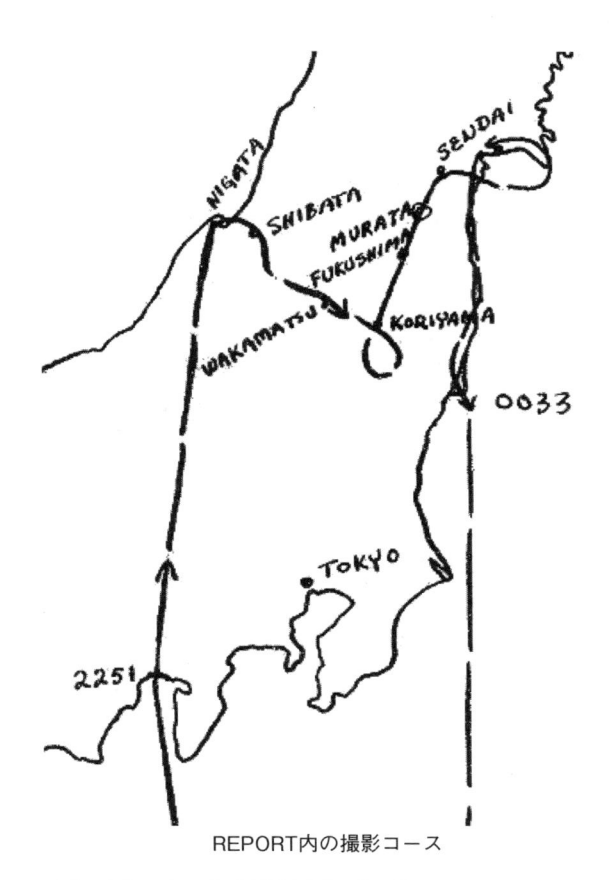

米軍が撮影した富士山の空中写真

REPORT内の撮影コース

observed." であったことも明記されている。
　この資料はいずれも米国国立公文書館に所蔵されている米軍資料。地形判読にも利用可能な精度で、現在の空中写真に比肩できるものとしては最古と言える。

小林 政能

基盤地図情報からみる富士山と周辺地域

沼尻 治樹

今日、国が整備する基本図もいわゆる紙地図からコンピュータ上で操作・表示するようなデジタル地図に移ってきた。平成19年（2007）に成立・施行された地理空間情報活用推進基本法には基盤地図情報の整備が記されており、平成23（2011）年度までに国土地理院により基盤地図情報の集約が行われ、初期整備がなされることになっている。基盤地図情報は、デジタルな地理空間情報（位置情報とそれに関連づけられた情報）であり、誰でもデジタル地図のベースマップとして利用可能である（測量法に定められた測量成果の複製・使用に従う必要はある。詳しくは国土地理院へ問い合わせるかウェブサイトを参照するとよい）。

基盤地図情報の特徴は、シームレス化されて全国をカバーしている点で、自治体ごとに整備されていても隣り合った自治体間で地図を簡単につなぎ合わせることができることである。基盤地図情報は、測量の基準点、海岸線、公共施設の境界線（道路区域界）、公共施設の境界線（河川区域界）、行政区画の境界線及び代表点、道路縁、界堤防の表法肩の法線、軌道の中心線、標高点、水涯線、建築物の外周線、市町村の町若しくは字の境界線及び代表点、街区の境界線及び代表点（いずれも構造はベクタデータ）が都市計画区域内は縮尺レベル2500、それ以外の地域は縮尺レベル25000で、標高データ（構造はラスタデータ）は、都市計画区域のうち線引き区域を5mグリッド、それ以外の地域を10mグリッドで整備を行っている。これら基盤地図情報は、国土地理院のウェブサイトからダウンロードでき利用することが可能である。ただし、JPGIS（Japan Profile for Geographic Information Standards）準拠のXMLデータなので、変換アプリケーションソフトを用いて既存のGIS（地理情報システム）アプリケーションソフトウェアで表示できるデータ形式に変換する必要がある。変換アプリケーションソフトウェアは国土地理院で公開されている（ただし、平成22年1月現在、標高データを変換することはできない）。

基盤地図情報からみる富士山と周辺地域

　富士山を含む基盤地図情報は、基盤地図情報（縮尺レベル25000）で整備されている。富士山は静岡県、山梨県の県境に位置しているが、基盤地図情報では、前述したようにシームレス化されているので、簡単に結合し表示させることができる（図1）。図では等高線データのみ

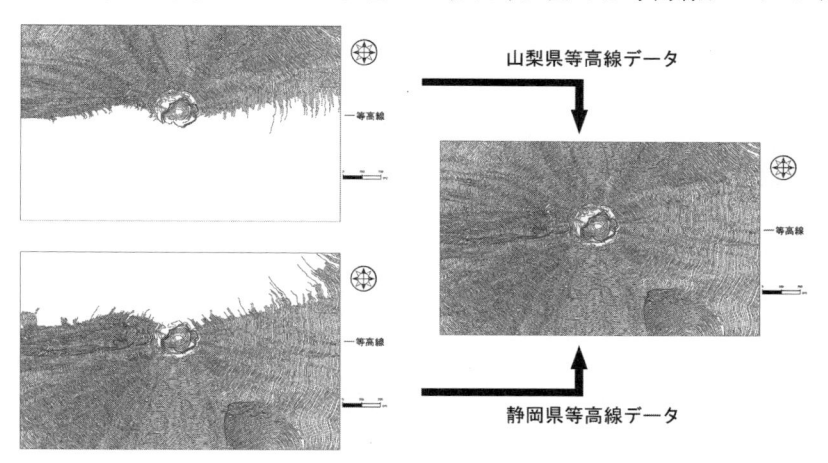

図1 基盤地図情報「等高線」の結合例
　（この地図は、国土地理院が整備した基盤地図情報（縮尺レベル25000）『静岡県』『山梨県』の「等高線」を使用したものである）

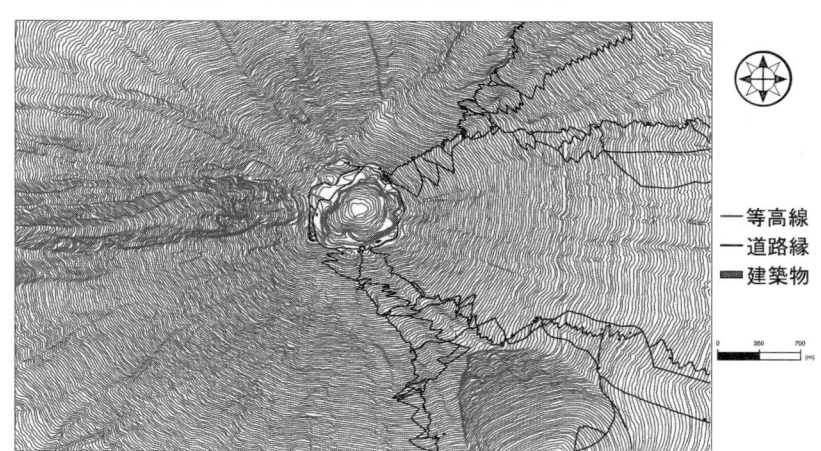

図2 基盤地図情報の重ね合わせ
　（この地図は、国土地理院が整備した基盤地図情報（縮尺レベル25000）『静岡県』『山梨県』の「等高線」「道路縁」「建築物」を使用したものである）

を表示しているが、建築物や道路縁などを重ね合わせることによって、それらの地物の情報を得ることもできる（図2）。

また詳細なDEM（数値標高データ）と重ね合わせることで地形の可視化や富士登山の際に、ポータブルGPSなどの衛星測位システムを使用してルートを計測すれば、地図上にルートログを表示し、登山の記録を残すことも容易である（扱い安く無料で入手できるDEMについては、ASTER GDEMやSRTMなどがある）。

基盤地図情報のようなベースマップが整備・公開されたことで、個人レベルでのデジタル地図の運用が容易になり始めたと言えるだろう。

参考資料
- 田中宏明（2009）「基盤地図情報の整備・更新・提供のあり方について」『第38回国土地理院報告会資料』国土地理院, p.17-22.
- 基盤地図情報とは
  http://www.gsi.go.jp/kiban/towa.html
- 地理空間情報活用推進基本法第十六条1項に定める技術上の基準（案）
  http://www.gsi.go.jp/PCOMMENT/kukan-jyoho-16-1.html

古地図の中の富士山

正井 泰夫

　富士山はその目立つ存在のため、古くより多くの人が関心をもち、絵にした。棒で地面に描いたものも無数にあったろう。富士山の周りまでを含めた絵になると、やや地図的になる。風景画として、前景などに地形や道・家屋入れるとさらに地図的になりがちである。

　鎌倉時代の『遊行上人縁起絵』（元亨3・1323）という絵巻物では、誇張されてるとはいえ、富士山の手前に富士川（と思われる川）や海との位置関係が分かる絵になっている。何巻もの絵巻のうちには、富士山頂を三峰型にした側面から画いたのもある。鎌倉時代から室町時代にかけていくつかつくられた『聖徳太子絵伝』では、貴族たちの住む都の鳥観図の端に、聖徳太子が黒馬に乗って富士山を舞い上る姿が画かれている。山頂部の表現は、横から見たもので、三峰型や岩山型などさまざまである。

　室町時代の作であろう『富士参詣曼荼羅図』では、手前の富士川と浅間神社の先に大きく富士山が聳え、つづら折りの道を多くの人が登っていく姿が画かれている。宗教画であるとともに、道案内図的要素を含んでいる。室町時代には禅林などで富士山を画くのが盛んとなり、おそらく京都を中心に富士山の形態を絵から知る人が増えた。山頂部を三峰にしたのがはやったが、これは「山」という漢字からきたものか、宗教的感覚からきたものか、富士山の写生からきたものかは分からない。三峰型が多かったとはいえ、地図記号化したとはいえない。江戸時代にはより写生的になり、山頂部の形はさまざまなものになる。しかし、前景などと一緒になった富士山の絵は、地図というには無理があり、やはり風景画であろう。

　現存する古地図の中で、もっとも古いといわれるものは、申叔舟（シン・シュクチュ）著の『海東諸国紀』（1471）に載っている地図の可能性が高い。著者は朝鮮通信使の書状官として室町時代の嘉吉3年（1443）に日本に来たことのある人で、後に領議政（首相）になった時に本書を纏めた。その付図に富士山入りの簡単な地図がついていた。日本国内の

ものとしては、例えば松下見林著の『異称日本伝』（1688）に、申の原著から何らかの方法でとった富士山入りの地図が収められている。その一つの「海東諸国総図」では、信農（濃）に三峰型の山が描かれ、富士山と漢字で注記してある。「日本国本図」では、富士山と漢字で注記し、高四十里、四時有雪と説明された三峰型の山の絵が画かれている。しかし、甲斐と信濃の境が入っていないので、正確な位置は分からないが、駿河ではない。山が画かれているのは富士山だけであり、地理的に重要なランドマークとして認識されていたに違いない。

いわゆる行基図の中で、いつ富士山が現れたかにについては、資料不足で分からないが、現存する日本最古の行基図とされる仁和時の行基図（平安初期のものを鎌倉時代後期の嘉元3年（1305）に写したもの）には富士山情報は入っていない。しかし唐招提寺に残っている行基図「南瞻部州大日本国正統図」（弘治3・1557年頃筆写）には、富士山という地名が書かれている。山城国から東に延びる街道としての東海道のすぐ陸側にであり、位置関係は『海東諸国紀』よりかなり正確になった。桃山時代の16世紀末か17世紀初頭に、南蛮文化の影響を受けて狩野永徳が制作した『日本図世界図屏風』の「日本図」には、誰にでも目立つように雪をかぶった三峰型の富士山の絵が甲斐国の南端部にはっきりと画かれている。この日本図は国境を入れた行基図を基礎としながらも、海岸線や水系（琵琶湖を含む）はかなり複雑になっており、富士山のほかに奥羽の山々だけが明瞭に絵として画かれ、街道や主要な港町も記号になって記入されている。奥羽山脈の山々は、この「世界図」にある外国の例のように鳥瞰図的にやや記号化されているが、富士山は絵画的に表現されている。

豊臣秀吉による太閤検地の制定（文禄3・1594）は、広い範囲にわたり測量に基づく地図づくりを進めたが、江戸時代になってから徳川幕府による国絵図・村絵図などが大量に各地でつくられた。富士山のある場所では、富士山が画かれた。江戸時代初期に幕府の命でつくられた日本全図（慶長〜寛永）は、行基図よりかなり正確になり、国境も正確度を増していた。水系はかなり正確に描き込まれたが、山はまだまだ不完全である。しかし、富士山だけは雪をかぶった写生的側面形で画かれているだけでなく、完全に駿河の中の山となっている。

1617年、イエズス会が印刷した

地図の中にFugiyamaが出ており、ヨーロッパでは富士山の存在が知られるようになった。1669年、オランダのモンタヌスが『日本誌』を出版し、その中の地図にFusinojammaと注記されたごつごつとした岩山が、他の山々より高く聳えている。日本でも鎖国以後の全国図では、絵画的・略図的な手法で富士山の存在位置が示されるようになった。しかし、鎖国中とはいえ、パリでは、たとえばTavernierによる『日本列島図』（1679）が出、たくさん画かれた規格化された多くの山のなかで、富士山だけは高く急な山として別の形で表現され、モンタヌス式にFusinojamma と注記されている。

江戸時代後期、長久保赤水は『改正日本輿地路程全図』（文化8年・1811）を出版した。経緯線の入ったかなり正確な地図で、国を色別けしたものである。主な山脈も適当に画かれている中で、富士山だけは、やはり雪をかぶった写生的側面図で画かれている。駿河と甲斐の境に画いてあるが、山頂がどちらかは分からない。一般人の目には入らなかった伊能忠敬とその弟子による『伊能図』では、海岸線や街道の位置は精度高くできあがっているが、山に関しては測量網に組み入れられなかった山は、正確性がほとんどが無視されている。伊能図のように、いくつかの山は大きく表現される場合もあるが、測量点の位置は正確でも、山の姿（側面型）はかなり不適切なのがほとんどである。しかし、富士山だけは誰が見ても分かるように描写されている。東海道や中山道に関わる道中図がその典型であったが、特に江戸後期、幕末における富士講や伊勢参りの興隆によって、盛んに道中図や名所図絵がつくられ、富士山が広義の地図のなかで多く画かれるようになった。葛飾北斎の『東海道名所一覧』（文政元・1818）の絵は地形が恐ろしく誇張・変形されているうえ、富士山が圧倒的に大きく写生風にかかれているが、全体としては地図の部類に入る。

富士山を平面図でとらえようとすることも江戸時代中期に行われた。完全な平面図ではないが、池大雅は富士山一帯を真上から見た『富士全図』（宝暦11年・1761）を画いている。噴火口の形にも着目した図であるが、周辺の道や地形も描かれており、絵画的であるとともに地図的でもある。もっとも噴火口部分だけの平面図は、荘田子謙の『芙蓉之図』（寛保3・1743）にもすでに出ている。この頃より、18世紀から19世紀にかけて、何人かの人がいくつかの平面図といえる図や立体図を兼ねた

図を作っている。特に有名なのが秋山永年の『富士見十三州輿地之全図』（天保14年・1843）がある。これは一般の山はほぼ同じ形をした側面型であるが、富士山だけは山頂から放射状に多くの線が裾に向かってのび、円錐型の山を彷彿させる平面図になっている。

　明治になると、近代化の整備にともない、陸軍を中心にたくさんの近代的地図がつくられるようになった。富士山がその地図の範囲にある場合には、多くの場合、富士山が何らかの方法で含まれた。学校教育の普及に合わせるように、民間の教科書もつくられ、地理が重要科目に指定されたせいもあるが、地図もつくられた。たとえば、明治8年（1875）の『日本地誌略図用法』（水渓良孝抄録・田中治兵衛出版）では、ケバ式の応用で富士山が平面図でかかれている。明治10年代からの近代的地図で、山に等高線やケバが使われるようになり、やがて三角記号が山頂あるいは山体を代表する記号として世間で使われるようになった。富士山も同様であった。

Column
伊能図に描かれた富士山

　伊能忠敬（1745～1818）が中心となって作成した地図は縮尺によって区分されており、大図（214面、縮尺3万6千分の1）、中図（8面、縮尺21万6千分の1）、小図（3面、縮尺43万3千分の1）の3種類がある（図1）。これらの地図を総称して「伊能図」と呼んでいる。

　伊能図は科学的な測量手法を用いた日本最初の実測図である。海岸や道路を細かく直線に区分して距離と方位を測定していく導線法、複数の観測地点から目標物（山岳、島嶼など）の方位を測定して誤差を補正する交会法、天体観測による緯度・経度測定などを組み合わせて正確な地図を作成した。これらの地図はすべて手書きであり、沿道からの景観は絵画的に描かれている。山地を緑色、水域は水色、砂浜は黄色、岩礁は薄墨色、測線を朱色で表現している。また、様々な記号を使用して表現しているのも伊能図の特色の1つである（表1）。伊能大図では城下町は絵画風の城郭、陣屋と寺社はひときわ大きい入母屋風の屋根で描かれている。それぞれの地点には何某居城、何某在所、寺社名が注記されている。また、測線に沿う地域では地名および誰の所領であるかも詳細に記入されており、当時の地名などを知る手がかりにもなる。

　伊能忠敬没後の文政4年（1821）に完成した地図（大日本沿海輿地全図）は幕府に上呈されたものの、幕府はそれをほとんど利用しなかった。しかし、明治維新以後の新政府は唯一の実測図である伊能図を模写し、近代的

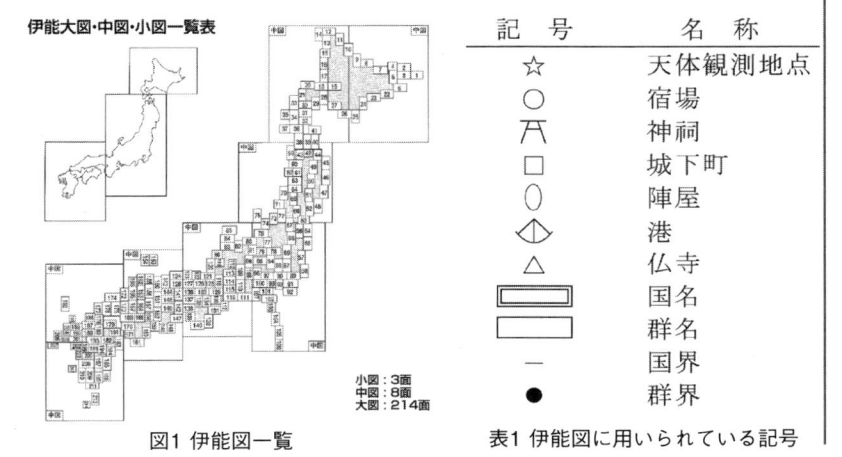

図1 伊能図一覧

表1 伊能図に用いられている記号

記号	名称
☆	天体観測地点
○	宿場
开	神祠
□	城下町
◯	陣屋
◇	港
△	仏寺
▭	国名
▭	群名
—	国界
●	群界

な地図および海図を作成した。つまり、伊能図は近代日本の基礎を支えたと言っても過言ではない。

精度の高い伊能図は海外の関係者も関心があり、様々な経路で海外に渡っている。しかし、どこの国に渡ったかなど詳細な情報は不明である。現在までに、国内外の公的機関、個人を含めると40カ所以上で所蔵されていることがわかっている。

図2は伊能大図に描かれた富士山である。富士山は伊能大図で描かれている山岳の中で最も美しく描写されている。

伊能中図では目標物（山岳、島嶼など）を観測した方位線が数多く記入されている。これは図化する際に誤差を少なくするために用いられた手法である。その中でも、富士山は最も有効な目標物であり、数多くの地点から観測された。伊能中図（フランス中図）では39本の朱色の方位線が引かれている。富士山から方位線を辿ると、最も遠く離れた観測地点は東側が那須（栃木県）、西側では志摩（三重県）、南側では御蔵島（東京都）、塩尻峠（長野県）である。

以上、紹介した伊能大図は国土地理院[1]・国立国会図書館[2]のWeb上で閲覧することが可能である。また、（財）日本地図センター[3]から購入することもできる。

参考文献・サイト

- 島方洸一,清水靖夫,鈴木純子,星埜由尚,菱山剛秀,今井健三,渡辺一郎（2004）「特集 伊能図の魅力」『地理』古今書院, 49（11）, p.20-75.
- 伊能大図彩色図（国土地理院）: http://www.gsi.go.jp/MAP/KOTIZU/sisak/ino-main.html
- デジタル貴重書展（国立国会図書館）: http://www.ndl.go.jp/exhibit/50/html/wb39-6/mokuji.html
- 日本地図センター: http://www.jmc.or.jp/map/jmc/inotaizu.html

田中 圭

図2 伊能大図に描かれた富士山

3.2

富士山の防災

第3章 富士山の地理とまちづくり

宝永噴火と暮らし

若林 淳之

富士山は、貞観6年（864）の大噴火以来約850年間噴火らしい噴火を起こしていなかったが、宝永4年（1707）に大噴火を起こした。いわゆる「宝永噴火」である。その大噴火より49日前、宝永4年10月4日（旧暦、以下同）には、東海道以西に壊滅的被害をもたらした「宝永地震」が発生していた。東海地方から紀伊半島・四国に掛けて激震となったこの巨大地震は、過去に日本列島を襲った地震の中でも最大規模のもので、震害は勿論地震後に太平洋岸を襲った大津波は広範囲にわたる災害を引き起こした。その、人々を恐怖のどん底に陥れた「宝永地震」の余震が引きも切らず続いている最中、宝永の大噴火が始まったのである。

「宝永地震」「宝永噴火」という一連の災害は、18世紀初頭という時期であったから文章を書く人も多く、また、この地域の人々にとって今まで経験したことのない、肝を冷やす恐ろしい現象であったので、その噴火の顛末をこと細かに記述した文書が残されている。それらを通して、「宝永噴火」がこの地域の人々の暮らしに与えた影響を見ていきたい。

1. 富士郡に於ける宝永地震の様相

まず、「宝永噴火」に先だって発生した「宝永地震」について概観しておきたい。ここでは「宝永地震」から「宝永噴火」に至る一連の災害を、大宮浅間神社（現・富士山本宮浅間大社）社僧乗蓮院隠居、飽休庵が記録した「大地震富士山焼出之事」（『浅間文書纂』所収）という資料で見ていこう。

「大地震富士山焼出之事」は、先ず大宮浅間神社社僧乗蓮院のあった富士郡大宮町（富士宮市）で見た宝永地震の有様について述べている。

それによると、宝永4年10月4日の昼10時前後に発生した地震は、多くの人々が経験したこともないすさまじいものであった。また、この地震の揺り返しの地震は、本震の3倍とも思われる激烈なもので、人々は立って歩くことも出来ず、這うと思えば転び、地震の最中は身動きがとれず、さらには家が傾いたり潰れたりし、神社仏閣の被害も甚大であった。また、所々に地割れも生じて、

宝永噴火と暮らし

そこからは水が吹き出すなど大変なものであった。巨大地震の折には、揺り戻しの大きな地震もあるということで警戒し小屋掛けをして生活していたというのである。

「大地震富士山焼出之事」は、次にこの地域に残された宝永地震の今ひとつの爪跡が記されている。それによると、内房村（富士郡芝川町）にある標高467mの白鳥山が、宝永地震によって広範囲にわたって崩落した。その崩落した土砂は富士川を埋め、対岸の上長貫村（富士郡芝川町長貫）にまで達し、男女残らず死亡するという状態であった。また、富士川を埋めた土砂は流れを堰き止め帯水が始まり、上流の集落に水が及ぶのではないかと案じられ、水が流れなくなった下流域では渡船の運航に支障が出た。しかし、三日目には溜まった水が土砂を押し流して流れが元に戻ったといっている。

この宝永地震による白鳥山崩落の災害を語る物として、「地震墓」（写真1）と「宝永地震供養塔」（写真2）がある。「地震墓」というのは、富士郡芝川町橋上の集落入口にある石碑で、この墓は江戸時代にこの地を襲った3回の地震による白鳥山の崩落により非業の死を遂げた人々の霊を弔うために建てられた碑塔である。碑文によると、宝永地震で8名

写真1 地震墓

写真2 宝永地震供養塔

が遭難していたことが知られる。この「地震墓」は橋上村の人々にとって、いずれまた地震で白鳥山が崩落したときの安全対策として、安全地帯と危険地帯の境に建てられているようにも思われるのである。

いま一基の「宝永地震供養塔」は、白鳥山の富士川対岸に位置する富士郡芝川町長貫にあるもので、この供養塔に刻まれた碑文を見ると、宝永地震によって白鳥山が崩落したとき土砂が押し込み、その下敷になって男女合わせて22人が圧死した。その非業の死を供養するために建てられたものである。この供養塔は小高い山の山腹に、富士川を挟んで正面に白鳥山の崩落地を睨みつけるような形で建てられているのである。

宝永大地震はこの「地震墓」・「宝永地震供養塔」に見られるような、非業の死をとげた人々が多数輩出するのであった。

2. 富士郡に於ける宝永噴火の様相

宝永地震による直接的被害は、日々寒さの加わる中で、人々に苦難の毎日を強いるのであったが、とりあえず余震の回数も徐々に減少し、平安な生活に戻れるのではないかと思われつつあった矢先の宝永4年11月23日の昼四ツ過、富士山に異常な事態が発生するのであった。そのことを、飽休庵は「大地震富士山焼出之事」に次のように記すのであった。「扨月を越霜月廿三日の昼四ツ過の比　諸人立騒き　あれあれ如何と怪み見物するに　富士山辰己之方八合目巍き所に　真白き蹴鞠ほとの形にて転々とくるくるくると舞うこと　見る者驚すと言事なし　次第々々に増大になり　後に見る刻は真の白□の凝り堅まりて舞うが如し　其故知る者なし　□よ□よ夥敷なり　富士南面の空まで靉靆覆い　殊に富士山振動する事頻なり　諸人怪望の事故□転し　是は富士山今般崩れ傾落はと　山下之□家主は奉公人男女暇を遣し牛馬を放ち　追□家財を捨置他郡へ□たるものあり　魂を冷し忙然と□東西南北に周章呼ぶ声哀れなり　怪むも道理也　此村里上へ空まで雲の如きもの靡き覆ひ来り万一大地の崩れ落る時は　人々忽に死すへしとなん　他国はしらず此里は天地も崩るる事かと悲みけり

然る処に昼八ツ過より西風吹来り彼寄物の雲まで東の方へ吹き靡かしければ　人々暫く人心地して居る　然共どろどろと鳴こと止す」飽休庵は、富士山の噴火の推移を昼四ツ（10時前後）過ぎの頃から、昼八ツ（午後2時前後）過ぎに至る

宝永噴火と暮らし

約4時間にわたって記録している。

　この噴火に当り富士山は「振動する事頻りなり」と記されているように、所謂火山性地震の頻発する中で、富士山の辰巳（東南）の方角の八合目付近に、真白い蹴鞠の形をした雲のような煙のようなかたまりが現れた。転々くるくると回るような状況に人々は「あれは何だ」と、誰一人理由もわからない中で、煙のような雲のようなものは刻々と大きくなり、ドンドンという爆発音も加えながら住民の頭上に覆いかぶさってきたというのである。

　このような未曾有の事態を前にして、こうなる理由も知らない人々は、地震が連続し、また大小の爆発音らしきものも聞こえ、見上げてみれば恐ろしい形をした暗雲が覆いかぶさってきたので、このままでは富士山は崩れ、傾落するのではないかと想像する人々もいた。こうした事を考える人は、最も常識的な普通の人であった。そうした人々の中には、富士山が崩れ落ちないうちにと、この危機に処する方法を模索する者もあった。そうした方法として、ある者は男女の奉公人を解雇し、ある者は飼っていた牛馬を解放し、またある者は家財道具を放置したまま安全地帯に逃げようとする等の事態となっていたという。このような富士山の異常事態を前にした人々の周章狼狽ぶりは、未曾有の事態を前にして、迫り来る危機を何とか避けようとする人々の対応の真剣な姿であった。

　このような理由不明の危機状況は、ますます深刻化するのであるが、四ツ過ぎから八ツ過ぎという約4時間余りの時間的経過ののち、様相は漸次変りつつあった。即ち「然る処に昼八ツ過より西風吹き来り彼奇物の雲まで東の方へ吹き靡かしければ　人々暫く人心地して居る然共どろどろと鳴こと止す」とあるのを見れば明らかなように、今の時刻で言えば午後2時頃から西風が吹き出し、人々の頭上を覆っていた奇物（きぶつ）の雲（噴煙）は東方に流れていった。この間肝を冷やし生きた心地のしなかった人々には、漸く人心地が戻ってきたというのである。とは言っても「どろどろ」という火山性地震と爆発音は絶えることがなかったという。

　ところで「奇物の雲」が東方に靡き去ることによって、この地の人々はようやく安堵の胸をなでおろし生きた心地を取戻すのである。以後この地の人々は飽休庵を含めて宝永噴火の望（傍）観者に一転するのである。望（傍）観者飽休庵は、それらのことを『大地震富士山焼出之事』

-379-

3.2 富士山の防災　　　　　　　　　　　　　第3章

に次のように述べるのであった。
「晩景になるに随い　白色薄黒く成暮合より焼火見え始め　彼の白色の雲と見えしは黒煙に見え　東のかたへ幾里ともしれず丑寅の方さして靡き　夫より夜に入不断震動し　凄き大火となり　大空へ積り　拾丈余計りも火の玉飛びあがり　其の火山上へ落れば微塵と散乱する事おそろし　又見事なり　東へ靡く黒雲の中に七八尺壱丈計り太刀の如きもの　火光十文字に切合の如く散乱し　是又不断也　諸俗は見て神事かと思ひけり　夜は益々震動凄き故　戸障子二六時中くわうくわうひびき地震の如し　夜は富士面の村里明るき事燈いらす　家内まで闇き事なし　扨又箱根山御関所より東都迄は昼も提灯　家内も行燈を用ひ　駿東御厨　殊に須走辺は　廿三日夜半より砂降り　或は石降り　又は大石など降り　人馬損しけり　たちまち居家砂降埋メ　以後砂除掘り見るに　家□上には□□も降り積りしよし　扨十一月大廿三日より十二□（月）八日夜半□に燈（焼）火消へ治り　其日数十六日也　火消へ直に暁天に富士絶頂より半腹まで　白々と雪降　山火□謐　諸人安堵の思ひをなし　爰にも難少し　今蘇生の如く祝（愁）眉致し

神を拝奉る」

夜に入った時の富士山の情景は、昼には白かった雲が黒くなり、更に暗くなると焼火（噴火の火）も見え始め、黒煙は東に靡くとともに、火山性地震は絶え間なくつづき、火柱もこれまた絶えることなく続き、飛び上った火の玉は落ちて微塵に飛び散り、それは見事であったという。東に流れる黒雲の中からは7・8尺から1丈もあるかと思える火光、即ち稲光のようなものが飛び交い、その異様さは神技としか思えないものであったという。火山性の震動とともに、これら火光によって、戸障子はビリビリと鳴り、その光により明るさは夜になっても灯明など不要であったという。

いっぽう黒煙の靡く空の下に入った江戸などでは、昼でも提灯を必要とし、ましてや家の中では行灯を必要とするような暗さであったという。

また、焼出しに近い駿東郡、就中みくりや（御厨）地方にあっては、須走村が深刻で、焼出しが始まるとすぐ砂降りがあり、時間の推移とともに大小の焼石が落下するようになり、住居を埋めたり焼いたりした。まさに阿鼻叫喚の巷となっていたのである。

こうした未曽有の恐ろしさに加え

－380－

宝永噴火と暮らし

て不安を抱かせ続けた富士山の山焼けも、宝永4年12月8日夜半には治り、鎮ると同時に富士山は雪に包まれるようになったという。

3. 富士山東麓に於ける宝永噴火の様相

　富士山の焼出しが始まるとすぐ砂降りがあり、大小の焼石が落下して住居を埋めたり焼いたりしたという現御殿場市や駿東郡小山町須走方面の様相はどうであったのか。この地域には、宝永噴火の顛末について伺い知る「大地震並砂大変之記」（小山町池谷家文書）とか、「三災記」（小山町室伏文書）等々があるので、それによって見ていこう。

　まず、「大地震並砂大変之記」（以下「砂大変」という）にあっては、
「当丑（延享2年）より三十九年以
　前宝永四年亥ノ十一月廿三日朝四
　ツ時より富士山焼出シ　地震雷電
　三四日之内ハ常闇ニ成　十二月八
　日之朝迄日数十六日砂降リ積リ
　其節宝永山出現仕（中略）
　村々一所集老若男女啼叫ビ（中略）
　名主六左衛門夫婦並伯母共三人
　旦那寺［　］（不明）請得仕（度脱
　力）剃髪仕　薪ヲ積其上座シ　引
　導焼香請候」
と記している。こうした記事と並んで「三災記」では、

「宝永四年之冬亥十一月廿三日ノ昼
　午ノ上刻　天地大ニ丹動揺シテ須臾
　シテ黒雲西方ヨリ出テ　一天ヲ盖
　ウ　雲中ニ声有利　雷電ノ一度ニ
　ナリハタメクガゴトク　巳刻斗ニ
　　頻ニ石砂ヲフラス　大イサ蹴鞠
　ノ如ク地ニ落テ　破烈シテ火焔ヲ
　出ス　草木ヲ焦シ　民家ヲ焼時ニ
　雷電東西ヨリ鳴出テ　中途ニ至テ
　亦東西ニ別　是ヲ聞キシニ十数里
　ノ間己ガ屋上ニ別ルガゴトシ　火
　災無キ処ハ　日中尚暗夜ノ如シ
　燭ヲ以テ是ヲ見レバ　黄色ニシテ
　塩ノ味有リ（中略）
　三災壊空ノ時至レリトオモヘリ
　先三災壊空ト云ハ（中略）七大劫
　之後金輪際ヨリ風　火　水ノ三災
　起而　海水渇キ尽　須弥山ヲ壊リ
　　乃至三千世界一時ニ焼崩テ　初
　天禅ヨリ二禅天　三禅天壊ル、
　是ヲ壊空ノ時節ト云　仏人ノ寿百
　歳ノ時西天ニ出世シタマイ　未ダ
　三千年ニ及バス　然レドモ此時ニ
　至テ誰カハ仏教ノ歴数テ考ヘ奉ラ
　ン　男女老少持仏堂ニ集リ　声々
　ニ仏ノ御名ヲ唱ヘ　念頭ニ聖教ヲ
　読ム　唯願ハ臨終ノ速カランコト
　ヲ　夜来ニ至テ雲間ニ星ノ光ヲ見
　ル　光ヲ見テ天ノイマダ地ニ　落
　ザル己トヲ知リ　云々」
と記している。

　宝永4年11月23日の突然の異変

3.2 富士山の防災　　　　第3章

は、地震や音のとび交うなか、吹き上げる噴煙で「三四日ノ常闇ニ成」（「砂大変」）、また「火災無キ処ハ日中尚暗夜ノ如シ　燭ヲ以テ是ヲ見レバ」（「三災記」）とあるように、この地方には日中でも「常闇」とか「暗夜」の状況が現出していたのである。

　このような未曽有の事態に対して「砂大変」では仏教の説くように末世となり、世界の人間生類とも滅び去るのではないかと考えるようになっていた。末世で人類ならびに生類が滅び去るようにならないよう、大御神村の名主六左衛門夫婦に伯母の三人が、旦那寺の住持の得度をうけ、薪を積んでその上に座し、人々の焼香をうけやがて薪に火を点じて焼身自殺しようという、悲劇的事態が生じようとしていた。

　「三災記」では、このような状況が現れたのは「三災壊空」の時が来たからだという。

　「三災壊空」の時というのは、風、火、水の三災がおこって、海水は乾きつき、須弥山を壊ぶり、三千世界が一時に焼崩れるというのが壊空の時節だという。「日中尚暗夜」のような今の状況は、まさに壊空の時に当る。こうした絶望的な末世であるから、男女老少は家の持仏堂の前に集り、それぞれ仏の御名を唱え、た

だひたすらに臨終の早からんことを祈ったという。こうした状況は、「砂大変」の大御神村名主六左衛門夫婦らと同様な状況であった。

　噴火発生直後は、富士山が噴火しているなどということは全く知らないから、人々は末世的状況に追いこまれ、生きる意欲さえ失いかけていた。時がたち、日がたつに従って空を覆っていた暗雲の間から星が見られたり、また昼ともなると暗雲中に日輪の姿も見られ、さらには途絶えていた村と村とを結ぶ情報の交流が徐々に回復してくると、富士山が噴火しているということとか、空を覆う暗雲の激しい所とか、そうで無い所があることが明らかになっていった。

　そうして大量の火山灰、火山砂等を噴き出した噴火活動も宝永4年12月8日（9日という資料もある）にはやみ、静かなもとの富士山に戻り、人々の心的状況も徐々に安定の道をたどっていた。

4. 富士山東麓の村々の復興

　富士山の噴火は終ったけれども、富士山東麓に展開していた村々の田畑は、地域的な差はあるが、噴き出した火山灰や火山砂によって一面に埋められていた。

　こうした姿を見て村人たちの心配

は、蒔いたばかりの麦作は砂をかぶり収穫不能が予測されるし、また春になって田植など出来るのであろうかなどといった、これからの生活についての深い心配であった。とは言っても人的被害の無かったことは、不幸中の幸いであったと言うべきであろう。

ところで、富士山の噴火という事態を前にして困惑を感じたのは幕府であり、またこの地を領有していた小田原藩等領主層であった。幕府は砂埋りの被災地を復興するため、この地を支配していた小田原藩、ならびに同支藩、更には旗本領等の支配者を各地に一時転封させ、幕府直轄地として、関東郡代伊奈半左衛門忠順を派遣し、相模国足柄下郡酒匂村（小田原市）名主宅に陣屋を開設して、復興事業に当らせたのであった。

命をうけて富士山東麓の被災地に足を踏み入れた伊奈半左衛門が見たものは、荒涼たる砂埋地の惨状であった。そうした中で具体的な復興プランを建てようにも皆目見当がつかなかった。だから当初は砂埋地の村々が亡村となってもやむを得ないと思い、村人たちに親戚、友人、知己等々の伝を頼んで離村することもやむを得ないと考えていた。こうした幕府の措置に対応して、瀬戸の六軒家（神奈川県山北町）とか、峠の三軒家（同）などと呼ばれる離村者集落の名が、現在に伝えられているのである。

伝を頼って離村をしてもいいとは言っても、実際に離村するということは困難のことであった。だから村人たちの多くは、寒さと飢えに耐えながら僅かに差しのべられた幕府の援助を頼りにして、自村の復興に当るのであった。

村人たちは、自力復興にむけて積砂を取除く作業進めるのであるが、積砂の厚さにもよるが大変な重労働であったらしい。積砂取除きの方法は「砂掃御金割簿帳」という文書の「砂掃」という文言によっても明らかなように、耕地の周辺に砂捨場を造成してここに砂を掃き集めていたようである。また、一般には「穴地、芝間、沢辺」の地を集落内外に見つけて、そこに掃き集め捨てられていたらしい。しかし、こうして掃き集められた積砂は、雨でも降ると雨水によって流れ出し、集落内にある用水路や河川に流入し、川ざらえをしないと田地の回復は不可能のような状況におかれていたという。

このように「砂掃」という作業が砂除けの一般的方法であったように思えるが、仁杉村（御殿場市）や大御神村（駿東郡小山町）などには「砂流堀」という堀の名称がある。砂流

3.2 富士山の防災

堀というのは、田畑等に積った砂を、堀を造成してその堀を用いて川に流したことをいうものであった。こうした砂除けの方法について、『三災記』には、

「富士ノ麓ノ須走ハ一丈二尺其山ギシ深キ沢ハ何丈トモハカリガタシ　余ガ村ハ須走ヨリ三里　富士ノ焼穴ヨリ九里　平地三尺五寸　其山沢ハ一丈　三丈　五丈　七丈ニ及ベリ　士峰ノ降砂ノ害ヲ恐テ一旦地方ニ迷ヒ　再石砂ノ中ニ飯リテ畚(モッコ)ヲ以テ屋上ノ降砂ヲ山沢ニハライ　水力ヲカリ田畠ノ積砂ヲ川谷ニナガス」

とあり、積砂を掃き集めて砂捨場に積んで置くという発想は見られず、当初から積砂は山沢に払い捨てて、水力（河川の水）を利用して取除くという考えをもっていた。こうした考え方が仁杉村や大御神村の砂流堀の造成にかかわるものであったように思われる。

こうして堰に流し込まれた火山灰は、流れ下ってこの地を流れる鮎沢川と支流である小山佐野川とか立沢川等に合流し、更にそれが鮎沢川を経て酒匂川に合流していくのである。このため酒匂川流域の村々では、上流から流れ下った大量の火山灰によって天井川となり、しばしば大洪水を発生させ住民たちを苦しめていた。

ともあれ宝永噴火によって噴出した膨大な灰砂の取除きは、各集落に住む人々の飢えと寒さと戦いながらの大変な労苦によって、享保元年（1710）には下郷十ケ村、八ケ郷八ケ村、ならびに原方十四ケ村の小田原藩領への復帰が実現した。また延享4年（1747）噴火後40年の歳月を経て南筋、中筋、北方、坂下等に属した村々の幕府直轄支配から小田原藩領への復帰が実現した。これは田畑等々が完全に復旧したからというのではなく、一部の復旧が完了したからという意味でもあった。

5. 須走村の復興と伊奈神社

そういう状況の中にあって、ただ一つ特殊の例として駿河国駿東郡須走村（現小山町）がある。

須走村は富士山東麓の標高800m前後の高地にある集落で、宝永噴火口の東北東に位置した所であったから、噴火によって噴き出した噴煙が東方に靡くと、その直下に当っていた。従って噴煙とともに運ばれていた火山灰砂は、しきりに須走村ならびに周辺の村々に落下していた。「砂大変」には、

「郡中砂深サ麓須走村ハ壱丈　火交リ降ル□□家々半焼砂ニ埋候」

とあって、宝永噴火口の東で最も近

- 384 -

宝永噴火と暮らし

い所に位置する須走村は、一丈余も砂が積った。降った砂は火が交っており、そのために「□□」とある部分は、不明であるが多分そのために住居が焼失したということを意味しているだろうと思われる。また須走村の住居の半数は焼砂に埋まったと記している。

これらの記述は、宝永6年（1709）5月の次のような文書を見ると、よりそのことは明らかである。

「乍恐書付を以申上候（概略）（須走　柴山豊彦蔵）
　一　家数合七拾五軒　焼失家参拾七軒　潰家三拾八軒　寺三ケ寺共ニ
　一　人数合四百三拾弐人　馬十四疋
　一　御金拾四両弐分七百五拾七文　是ハ去子ノ三月　惣人別　馬迄ニ被下置　難有頂戴仕候
　一　家作御救金千八百拾壱両　焼失家之分壱坪ニ壱両ツヽ　潰家之分壱坪ニ弐分ツヽ
　是ハ子ノ八月頂戴仕　町中不残家作仕　偏ニ難有奉存候
　右之通少モ相違無御座候　以上
　宝永六年　丑ノ五月　駿州須走村
　　　　　　　　　名主・組頭連印」

この文書によって見ると須走村は、家数は75軒、人口432人、馬14疋の規模をもつ村であった（この中には富士浅間神社ならびに神主は含まれていないように思われる）。この須走村が、宝永噴火により噴き出した火山灰砂によって75軒の集落中37軒は飛んで来た軽石等が砕けて発した火によって焼失、残る38軒（寺三ケ寺を含む）は降り積った焼砂の中に埋まってしまった。こうした事実はまさに『砂大変』の述べるとおりであった。

こうした須走村が壊滅的被害の中から復興を進めるのであるが、復興に当っては伊奈半左衛門が格別な配慮をしていたように思われる。というのは、須走村は「去子ノ三月」とあるのは宝永5年（1708）3月のことであるが、金14両2分757文が、人別ならびに馬にまで見舞金のような形で与えられていた。ついで宝永5年8月には、「家作御救金」として1,811両が下付され、焼失した家には坪1両が、潰家の場合は坪2分が下付されている。

こうした莫大な御救金が下付されることによって、村中残らず家屋の再建や修復が行われ、早々に復旧が実現できるのであった。このような壊滅状態の集落が異例の早さで復旧した理由は何か。須走には、富士浅間神社があり古くから富士山信仰の一つの拠点であったということも考えられる。しかし、そのこと以上

－385－

に、須走村は、甲斐国から駿河国の大岡湊あるいは沼津、さらには竹ノ下（小山町）を経て相模国小田原、広く関東にも通ずる重要な街道の要衝であったことによる政治的、経済的、社会的意味からであったもののように思われるのである。

このような須走村の大金を投じての復旧は、同じ頃、小山、御殿場地方に存在していた被災の村々に対する復旧事業への援助とは、あまりにも大きな格差があったのである。そうした著しい格差の存在が、須走村にあっては、後に伊奈半左衛門忠順を祀る伊奈神社を創建することに連なる遠因ともなっていたように思われるのである。

6. 災害記録の伝えるところ

飽休庵の記録「大地震富士山焼出之事」には、宝永大地震に遭遇した時、大地震の時には竹藪に避難すれば地割れ等の危険に遭うことはないとか、大地震の後には揺れ戻しという大きな余震が来るので警戒をするようにといった、大地震に対応する人々の防災の知恵が見られた。それは、地震国日本の人々の間で形成された生活の知恵であろう。

しかし、宝永噴火が発生した時、人々の間には火山とか噴火といったことに対する知恵のようなものが全く無かったことがうかがえる。それは、「大地震富士山焼出之事」で、飽休庵が富士山の「辰己之方八合目」付近に現れた「真白き蹴鞠ほどの形」をしたものが、だんだん大きくなり「後に見る刻は真の白□の凝り堅まりて舞うが如し」といって、その事について「其故知る者なし」と述べていることである。つまり常時噴火を繰り返す火山の周辺に住む人ならいざ知らず、富士山の場合は貞観6年（864）の大噴火以来宝永4年（1707）の宝永噴火の発生までの間、大きな噴火活動がなかった。その間850余年もの時間が経過すると、噴火の伝承は途絶え、富士山噴火という事実と、それへの対応といったものは、人々の関心から全く消し去られた結果、「其故知る者なし」という状況がつくり出され、それが人々の周章狼狽状況を現出させていったものと思われる。

「砂大変」や「三災記」についてみても、噴火についての情報が全く無いということから、世紀末だとか、壊空の時節が到来したなどと、空を覆う暗雲の下、降り積る灰砂を見て生きる意欲さえ失いかけていた。時がたち、日を経るに従って、周辺村々との情報の交流が復活し、また周囲の状況により富士山噴火の事実や、地域による降灰降砂の濃淡も明らか

になり、人々の不安も徐々に解消していった。

　今、東海大地震の対策は大方の理解を得ているが、人々の暮らしに重大な影響を与える噴火への対応はまだ余り意識されていない。宝永噴火の記録を通して、噴火への智恵といったものを学ばなくてはならない。そのためにも、改めて宝永（富士山）噴火の歴史を多くの人々に伝えることが重要であろう。また、富士山の火山活動にかんする情報を地域の人々が共有することが大事である。

参考文献
- 若林淳之著『地方史研究の諸問題』若林淳之, 1997
- 若林淳之著『静岡県史研究 七』
- 中部復建編『富士山の自然と社会』富士砂防工事事務所, 2002
- 浅間大社編『浅間文書纂』浅間神社社務所, 1931
- 「大地震並砂大変之記」池谷家文書　静岡県駿東郡小山町湯船
- 「三災記」室伏家文書　同県同郡同町生土

富士山のライブカメラ

遠藤 邦彦

日本大学文理学部は地球システム科学科を中心に平成13年（2001）12月末より、「日本大学富士山監視ネットワーク」(http://fuji.chs.nihon-u.ac.jp/) の運用を開始し、富士山の画像のインターネットによる配信を行ってきた。富士山の状況を全方位から捉えるため、富士山をとりまく5カ所にカメラを置き、リアルタイムの画像を一般に配信すると同時に、東京都世田谷区の日本大学文理学部のサーバに集積し、誰でも過去の画像を検索して見ることができるようにしている。

この監視ネットワークは、平常時の富士山をとりまく様々な状況を把握すること、平常時と比較して異常を迅速に捉えること、異常が見られた時に迅速にその進行や周囲への影響を判断すること、一般に公開され誰でもこのネットワークを活用できること、などが特徴である。

富士山は最後の噴火である宝永4年（1707）の宝永噴火から300年が経過したところである。富士山の噴火の歴史を紐解く時、この300年という時間は噴火の間隔としてかなり長い時間と言える。言い換えれば、噴火が近い将来起こっても不思議はないということである。しかし現在のところ、富士山が近く噴火をするという兆候は何もない。

このような平常時には、富士山監視カメラによって、毎日の雲の動き、雪の積もり方、消え方、などを観察することができる。雪の降り方・積り方は方向により異なる。また近年、雪の融け方は季節的に遅くなっているようである。「日本大学富士山観測プロジェクト」のページに移ると、激しく変化する気流や雲の動きを早回しの動画で見ることができるようになっている。富士山に掛かる笠雲や吊るし雲がどのように生じるのかを捉えることができる。年による積雪状況の違いも見ることができる。

「富士山監視ネットワーク」と「日本大学富士山観測プロジェクト」を合わせて活用いただきたい。

＊本項は『富士学会会員フォーラム』No.19の掲載原稿よりまとめた。

富士山のライブカメラ

富士山監視ネットワークのカメラ

北カメラ：山梨県河口湖町［湖南中学校］
山頂から15.2km

西カメラ：静岡県富士宮市田貫湖［日本大学生物資源科学部富士自然教育センター］山頂から15.0km

東カメラ：山梨県山中湖町籠坂峠付近［日本大学文理学部山中湖セミナーハウス］山頂から12.4km

南西カメラ：静岡県富士宮市［石の博物館，奇石博物館］山頂から11.8km

南東カメラ：静岡県三島市［日本大学国際関係学部］山頂から30.1km

富士山の防災
―ハザードマップに残された課題―

遠藤 邦彦

1. はじめに

平成12年(2000)～13年(2001)に富士山の直下で、深部低周波地震が急に増加し、社会的にも大きな関心をよんだ。国では、内閣府のもとに、富士山ハザードマップ検討委員会を設置して検討を始めた。そして平成16年(2004)6月に報告書(いわゆる内閣府富士山ハザードマップ)がまとめられ、提出された。その後、さらに周辺市町村レベルでの検討を踏まえて住民用のハザードマップを作成し、住民に配布する事業が進められた。

わが国で火山のハザードマップが検討されるようになった一つのきっかけは1986年の伊豆大島噴火であった。この噴火は三原山のストロンボリ式噴火からカルデラ底における激しい割れ目噴火に移行し、全島民の避難をもたらす、島民のみならず日本中に大きな衝撃を与えるものであった。当時の国土庁によるハザードマップの検討を始め、様々な噴火への対応策が検討された。こうした機運の中で、1990～1995年の雲仙普賢岳噴火、2000年の有珠山噴火、三宅島噴火などが大きな被害を発生させ、いかなるハザードマップが必要とされているのかが議論されていた。

富士山直下における低周波地震の発生はそのような中で起こった。

富士山の噴火が起これば計り知れない被害がもたらされる可能性があり、上記の気運の中で、これまでにない規模で詳細なハザードマップづくりが進められた。ここでは、その経緯と、成果としての富士山ハザードマップの特質について述べ、仮に富士山で火山災害が起きるとしたら、どのようにしてその災害を軽減するのかを考える糸口としたい。

2. 富士山ハザードマップの整備と課題

富士山にテーマを移す。富士山ハザードマップ検討委員会では、基図部会、活用部会の二つの部会での3年間の検討を経て、平成16年(2004)6月29日に最終報告書を提出した。その中で代表的なハザードマップとして「富士山火山防災マップ」がある(図1)。

富士山の防災

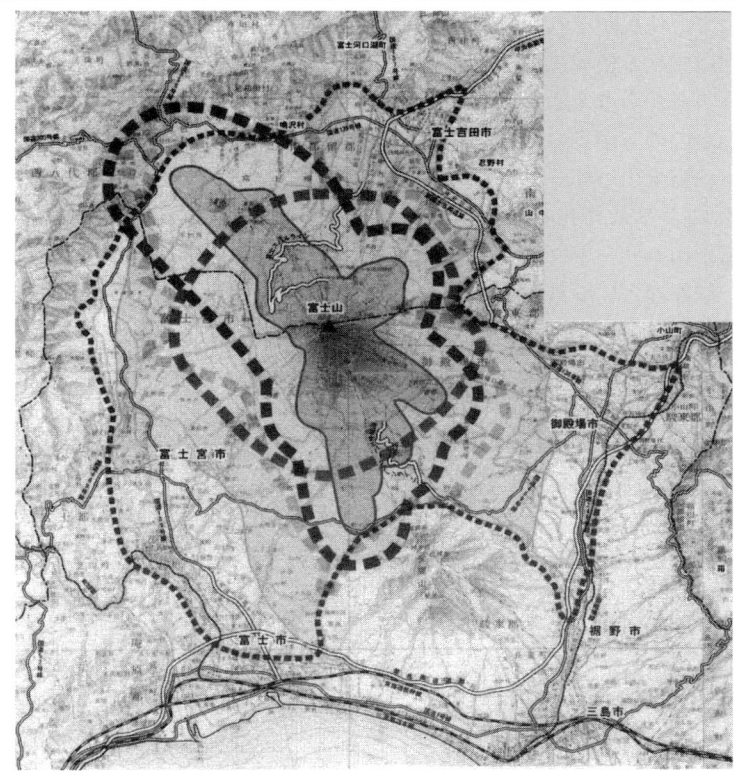

図1 富士山火山防災マップ（富士山ハザードマップ検討委員会, 2004）

作成: 富士山火山防災協議会
http://www.bousai.go.jp/fujisan-kyougikai/

　この図ではどの範囲が危険かということを示している。このハザードマップは、学識経験者が入り、富士山火山防災協議会で作成され、各地方自治体で住民配布用のものが作成された。静岡県では御殿場市、富士市、富士宮市などの市町村で「富士山火山防災マップ」が配布されている。山梨県側では、富士山火山防災協議会が「富士北麓住民ガイドブック」を配布している。各市町村へ配られたものは、簡単なものから非常に詳しいものまで様々で、御殿場市のもの、富士北麓住民ガイドブックなどはかなり詳しいものとなっている。その内容を、果たして住民が十分に理解できるか問題はあるが、この位の知識を持つようにしたいものだと思う。我々の目標はある程度高

-391-

3.2 富士山の防災

くおいて、住民がそれを理解して自分で判断できる領域に至って欲しいということから考えると、ある程度詳しいものの方が良いと思われる。

以下、富士山ハザードマップ検討委員会による最終報告書に基づいて、富士山ハザードマップの内容や特徴、課題などに触れる。

1）富士山の形成史

富士山の形成史を簡単に示しておこう。富士山は、小御岳火山の上に古富士火山が作られ、さらにその上に新富士火山が乗っている。新富士火山の活動は、約1万年前から現在までの間、5つの時期に分けられる（図2）。

最初のステージ1は大規模な溶岩流を出した。その後のステージ2は比較的活動が穏やかであった。ここを新富士のスタートだとする考えもある。そしてステージ3は、4500年から3200年前までの間で、山頂から中規模の溶岩流が活発に出ていた。その後のステージ4は、3200年前から2200年前の間で、大量のスコリアが降り、火砕流が発生した。そして最後のステージ5は、2200年前から西暦800年まで、800年から1707年まで、それ以降と三つに分かれる。この時代は、山頂からの噴火、次は山腹噴火、また次は裾野での噴火、と

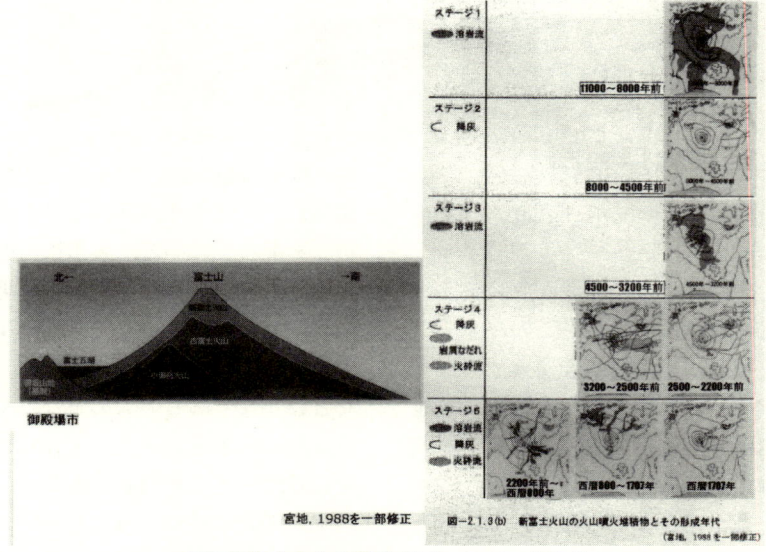

図2 新富士火山の活動 （宮地，1988を一部修正）

いうように時代によって噴火している場所が変わった。沢山の割れ目火口から溶岩流が頻繁に出ている時代であった。それを経て、最後の宝永4年（1707）の宝永噴火が起こった。

2）ハザードマップの作り方

富士山形成史を前提にして、ハザードマップの作り方を説明する。

2200年前以降に溶岩流が様々な方向に出ていることが、溶岩流実績図に示されている。それら溶岩流の出発点を見ると、大体は集中しているが、山腹のかなり高い所から発生した溶岩流、中には低い所から発生した溶岩流など、各所で頻繁に起きている。このうち、平安時代の貞観6年（864）に起きた貞観噴火は、歴史時代に起きた富士山の火山噴火記録の中でも最大級の溶岩流出とされている。鳴沢村の氷穴から長尾山にかけてと、大室山の南東から北西にかけての2つの割れ目火口列から青木ヶ原溶岩が流出し、当時あった「剗の海（せのうみ）」を埋め立て、現在の富士五湖のうちの精進湖と西湖を作った有名な噴火である。総噴出量は約7億m³と推定されている。

ハザードマップでは、最初に推定火口範囲を設定する（図3）。範囲は大規模・中規模・小規模の3段階がある。大規模とは宝永噴火並みで

図3 推定火口範囲
（富士山ハザードマップ検討委員会，2004）

ある。大規模な噴火が起こった火口の位置を地図上に落として、今後起こる可能性があるところを大体の範囲で推定していく。中規模・小規模の起こる位置はもう少し広がる。このように、まず火口の位置を推定する所から始める。これが大事な点である。火口の位置が決まらないと、この後のシミュレーションをどこから始めるのかが決まらない。実用的にも、火口がどこにできるかということは非常に重要となる。

火口の位置が決まると、次に噴石が到達する可能性のある範囲を推定する。これもシミュレーションに基づいているが、出発点は火口の位置である。

溶岩流も大規模・中規模・小規模と3規模に分かれる。それぞれの規模別に、溶岩流がここから出発した

3.2 富士山の防災　　　　　　　　　　　　　　　　　　　　　　　　　　第3章

図4 溶岩流可能性マップ
(富士山ハザードマップ検討委員会, 2004)

まで溶岩流が達するという範囲を示す。つまり、噴火が発生した位置が分かれば、今自分がいる位置に、何時間後に溶岩が達するのかが分かる。つまり、自分が避難するのに何時間の余裕があるのかが分かる、大変重要な図となる。

気象条件を考慮して、1月と8月の季節別に、スコリアがどのように降下するかの分布をシミュレーションした図がある（図5）。これは宝永噴火と同じような大規模な噴火を想定して、降下予想が示されている。1月と8月とで同じように見えるかもしれないが分布は異なる。1月に起きた場合は、かなりシャープに東の方向へ行く。これは宝永噴火の時の分布と似ているはずである。8月であれば、ある程度いろんな方向へ行くという違いが2つの図から分かる。

ら、2時間後にはここまで、3時間後にはここまでという到達範囲をプロットしたものがドリルマップと呼ばれる。このドリルマップの大規模・中規模・小規模の3図を合わせて溶岩流可能性マップを作成する（図4）。3規模の図から一番早く到達する位置を取り、時間ごとに、ここ

3）様々なハザードマップ

富士山ハザードマップ検討委員会

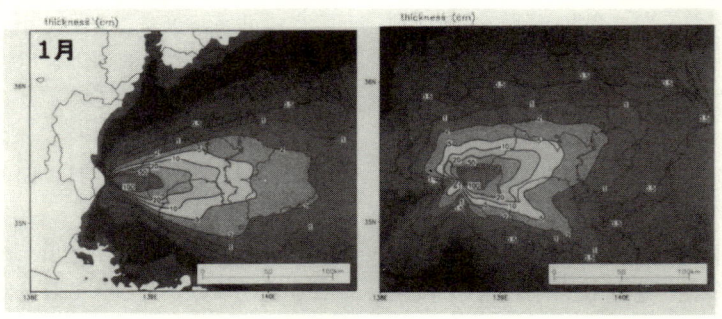

図5 冬と夏の降灰分布 (富士山ハザードマップ検討委員会, 2004)

の作業の中で注目すべきことは、ハザードマップ作成のために、詳細な調査が行われたということである。その典型的なものが火砕流である。富士山のような玄武岩質の火山では、火砕流はあまり起こらないだろうという一般的な考えがあった。しかし、富士山について調べたところ、滝沢火砕流と呼ばれる火砕流が確認され、推定分布範囲が非常に詳しく調査された。また、以前から知られていた大沢火砕流についても詳しく調査された。こうした調査に基づいて、火砕流のハザードマップが作られた。

先ほどと同様、まず、この範囲に火砕流を発生する火口ができるであろうと想定する。富士山のような火山では、なぜ火砕流が発生するのかということが大変問題になり、様々な考え方が議論されている。富士山の五合目から上は30度以上の非常な急傾斜となっている。そういうところでは、さらさらしたものが降ってきたら安定して堆積できない。安息角を超えている。おそらく噴出物は下に落ちていく。不安定な傾斜に落ちれば、崩れて流れざるを得ない、そういう背景が一つある。また、ハザードマップ委員会の中で考えられたメカニズムとして、一旦は火砕丘を作るが、火砕丘が壊れて火砕流を引き起こすモデルが出されている。いずれにしても、急傾斜がポイントになっている。火口ができるとすれば、その急傾斜の所であろう、そこから出発して火砕流がどこまで行くかを推定している。富士山の火砕流については、今後もさらに調査が進むと思われる。

この領域の外側にも、あるいは火砕流かもしれない堆積物が見出されており、さらなる研究の必要がある。これらを踏まえ、滝沢火砕流規模の火砕流が起こった場合の到達範囲、さらにそこから1km先の火砕サージの到達範囲を示すハザードマップが作成された（図6、左上は御殿場市、左下・右は富士山ハザードマップ検討委員会）。

火砕流に関連して、火砕流が積雪期に起こった場合、雪を溶かして融雪形の泥流になるであろうケースも想定し、同様に融雪泥流のハザードマップが作成されている。

また、土石流可能性マップも作られている。宝永噴火の後に、富士山から丹沢地域一帯で土石流、土砂流が発生した。その場所を調べていくと、スコリアが10cm以上溜まったところと合致している。そこをマークしていくことにより、土石流可能性マップが作られた（図7）。

3.2 富士山の防災　　　　　　　　　　　　　　　　　　　　　　　　　　　　　　　　第3章

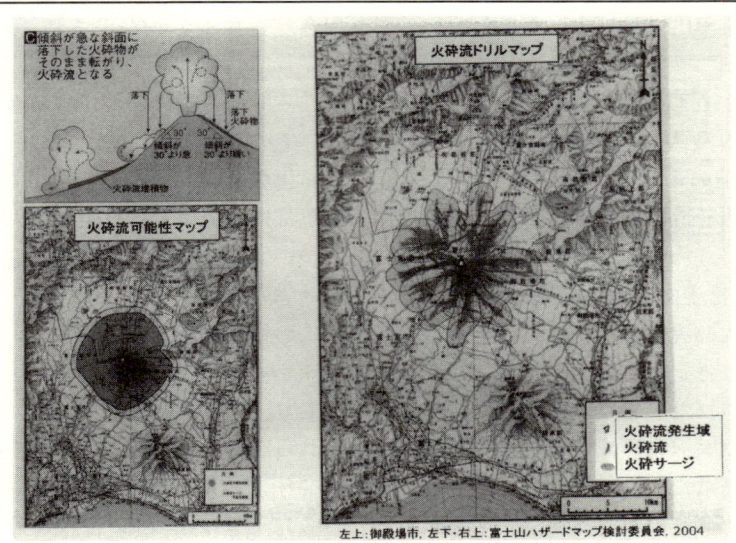

図6 火砕流のハザードマップ（富士山ハザードマップ検討委員会，2004）

図7 土石流可能性マップ（富士山ハザードマップ検討委員会，2004）

4) ハザードマップの課題

　ここで取りあげた富士山ハザードマップは、従来のものと比べ、優れている点が多い。非常に緻密なデータ・シミュレーションに基づいて、予想範囲を決定し、それを図にして

-396-

富士山の防災

危険範囲を明確にする、何時間後には土石流がここまでくるといったことまで予測する、大変先駆的なものになっている。

このハザードマップ全体を見た上で、火山現象そのものについて、またその歴史上の展開について、その両面においてさらに解明する必要があると強く感じる。物事は、解ってくると、さらにまたその先が必要になるものである。

5）さらなる基礎研究の必要性

富士山の活動史そのものについては、まだまだ分からないことが少なくない。火砕流、火砕サージ、火口の位置などについて、さらにはっきりさせていかなければならない。活動歴についても同様である。同時に沢山の噴火（同時多発噴火）が起こってはいないか。確率は非常に低いが、山体崩壊はどう扱われるべきか。水蒸気爆発、複合災害、二次災害などはどうなのか。富士山では噴火時以外の普段でも発生し災害となることもある。雪代（ゆきしろ、スラッシュフロー）と呼ばれる現象などがある。火山研究にはこうした沢山の課題が残されている。

6）発生頻度の問題

これまでのハザードマップは、比較的大規模な例について図示するにとどまっている。しかし実際の火山災害は、大規模なものもあれば、中規模・小規模なものもある。富士山北麓地域に配られた資料には、ほとんどの噴火が小規模噴火であることが示されている。75の例のうち87％は小規模噴火で、中規模は11％、大規模は2％である。こうした事実を知らせることも大切である。

7）低頻度だが破壊的な災害の扱い

その反面で、山体崩壊に伴って起こる岩屑なだれは、富士山の歴史の中でも何回かしか起こっていない。発生頻度は高い訳ではない。そういったものをどう扱うべきであろうか。例えば、この地域に岩屑なだれが来る、しかし頻度は非常に小さいことをどう表現すればよいかが問題になる。その危険を表現しなければ、安全宣言することと同じになってしまう。火砕流でも同様である。火砕流がここまでくる可能性が高い、と言った場合、その外側の人たちは、ここは安全なのだと受け止めてしまう。この両面が常にハザードマップにはあり、最も悩ましいところである。

例えば、規模別に何％の確率がある、といった形で表現できれば良い。

-397-

3.2 富士山の防災

しかしなかなかそういう表現ができないケースも少なくない。図で表示するかどうかは別として、危険性のあるものは何らかのかたちで表現していくことが重要であろう。

新富士火山の溶岩及びその他の噴出物の年代分布をまとめた図がある（図8）。縦軸は年代、横軸はおよそ3500年前からの噴出物を並べたものである。これを見ると、多くの噴出物が近い年代に集中していることがわかる。ある特定の時期に多くの噴火が起こっている。これはおそらく、山腹の高いところで割れ目噴火が起こり、溶岩流が出たものと考えられる。このとき、その反対側でも同時多発噴火が起こっていたかもしれない。このように活動が集中した時代があったり、その後は噴火が乏しかったりと様々である。こうしたデータからも、これから火山活動履歴を見直していかなければと考えさせられる。

8）ハザードマップの活用

ハザードマップの活用部会では、調査結果をいかに活用するかを検討している。例えば、ハザードマップから推定される危険地域をもとに、地域の避難所を図示したり、避難行動に結びつける地域避難用マップなどが作られている（図9）。避難行動は大事なことであり、必要なことであるが、私は、避難で終わりではないと考えている。実際に噴火が起こり避難する場合には、その間の情報をいかに伝達するか、など様々な問題が含まれている。

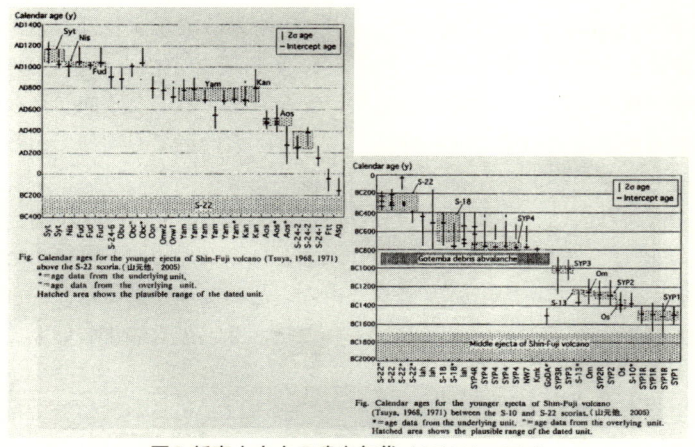

図8 新富士火山の噴出年代（山元ほか，2005）

富士山の防災

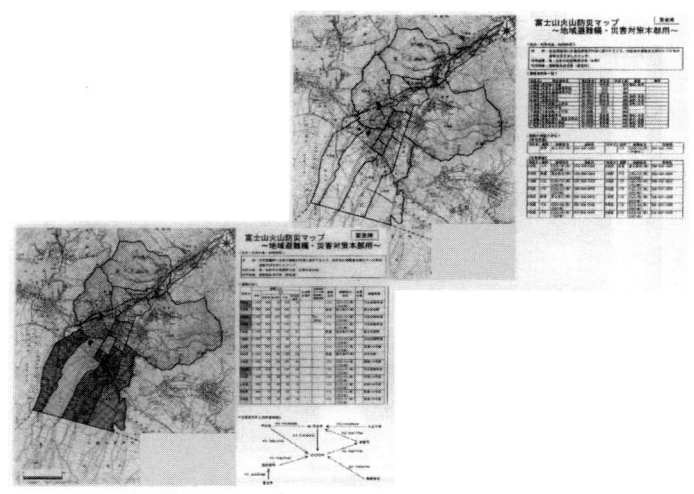

図9 地域避難用マップ（富士山ハザードマップ検討委員会，2004）

　もう一つ、今日であれば、予め噴火対策を講じることもできる。有珠山噴火のときは、噴火後に、集団移転を行い、避難道路を作ったが、予めそういうことはできないか、といった検討をする必要がある。

9) ハザードマップの更新性など

　さらに、今後も調査研究を進めることは必須である。ハザードマップは更新されていかなければならない。空白が生じて安全宣言になってはならない。空白を埋めるための努力を続け、ハザードマップを更新することが非常に重要である。

　また、自治体や住民の間でハザードマップを活用するにあたっては、単にここは危険だから避難しなさいというだけではなく、火山活動の本質を理解して判断ができるようなものにしていきたい。地域の中で、自主防災組織の中で、教育現場の中で勉強していく、ネットワーク化されていく、そのようにハザードマップが利用できるようになっていかなければならない。

　火山災害においてはリアルタイムの対応が大切である。そのためには、行政担当者に全てがかかっていくのではなく、より広いネットワークが機能しなければならない。

　単に避難の指示だけではなく、広い意味での火山との共生プログラムというものが、もっとダイナミックに作られて良いと考える。その中には土地利用のあり方なども含まれ

る。そうしたことも含めて検討されるような長期的な予防対策が必要になる。

3. 噴火へのリアルタイムの対応を目指して

こうした問題にこたえるための試みとして、富士山監視ネットワークを作り、富士山噴火災害情報の双方向の情報伝達システムに取り組んでいる。それらの内容を以下に紹介する。

1）富士山監視ネットワーク

日本大学富士山監視ネットワークは、富士山の周りに5台のカメラを置いて常時観察するシステムとして、平成13年（2001）12月末より運用を開始した。画像はインターネットで公開され、日時を指定して検索することができる。

http://fuji.chs.nihon-u.ac.jp/

また、日本大学富士山観測プロジェクトでは、富士山の雲、富士山の雪などの記録と画像を見ることができる。

http://www.geo.chs.nihon-u.ac.jp/quart/fuji-p/

2つのシステムについては、前項p388「富士山のライブカメラ」を参照して欲しい。

2）双方向の情報伝達システム

富士山の噴火災害情報を研究者間で共有するため、災害時情報共有ネットワーク（DGI-RTS）というシステムを作りつつある。火山に関する情報を取り出す側と、受け取る側とで、双方向に連絡し合えば、新情報を迅速に集めることができる。またそういうシステムを各自治体などが活用していけば、リアルタイムな対応が可能になっていく、という構想である（図10）。

このシステムでは、実際に国土地理院の数値地図の上に、富士山の災害実績、溶岩流の履歴、ハザードマップ、避難施設、避難路などの情報を載せていこうと考えている（図11）。このネットワークに加わったものは、誰でもこれに情報を入れることができる仕組みである。様々な情報をリアルタイムに取り込んでやり取りすることが自在にできる。現在は、特定の人間にだけ情報を書き込む権限を与えているが、今後は一般の方にも見てもらえることを考えている。

このシステムでは、地図に火口を示すマークを入れ、火口で何か起こっているか、いつ溶岩が出たとか、写真を貼り付けるなど、リアルタイムに更新できる。

私たちは、リアルタイムな対応を

考え、このような仕組みに取り組んでいる。

4. 減災に向けて

　火山災害は、火山ごとに、同じ火山でも一回ごとに状況が異なる。火山災害を最小限にとどめるためには、やはりハザードマップを作り、それを逐次更新していくことが大変重要である。また、リアルタイムな対応をするためには、システムも必要であるが、同時に、一人ひとりの知識、意識、判断力も問われている。私たちが様々な機会を通じて、学習し、経験を積むことが大切となる。また、地域の中に組織を作ったり、行動できるような仕組み、そして教育も大切である。

　自治体の役割が極めて大きいという問題が最後にある。火山災害に対する取り組みの中で、長期的な対策をもっと強く考えていくべきであろう。火山と共生するプログラムの中には、プラスの面と、マイナスの面とがある。マイナス面を少しでも軽減してプラスを強調するという、総体的なプログラムをもっていることが重要ではないだろうか。

＊本項は第4回富士学会シンポジウム（2005）の発表内容をもとにまとめた。

引用・参考文献

- 遠藤邦彦・坪井哲也・大野希一・小林貴之（2002）「富士山監視カメラシステム」『月刊地球』24（9），p.645-650.
- 富士山ハザードマップ検討委員会（2004）『富士山ハザードマップ検討委員会報告書』pp.240.
- 堀伸三郎・名取弘胤・遠藤邦彦・中山聡子（2003）「富士山噴火災害を想定した災害時情報GISネットワーク」『富士山はどこまでわかったか—最近の科学的成果と防災—』p.20-21.
- 清水崇博・大野希一・遠藤邦彦・山川修治（2004）「ライブカメラにより観察された富士山の笠雲・吊し雲」『研究紀要』（日本大学文理学部自然科学研究所）39，p.155-166.
- 宮地直道（1988）「新富士火山の活動史」『地質学雑誌』94，p.433-452.
- 山元孝広・高田亮・石塚吉浩・中野俊（2005）「放射性炭素年代測定による富士火山噴出物の再編年」『火山』50（2），p.53-70.

3.2 富士山の防災　　　　　　　　　　　　　　　　　　　　　　　　　　　　第3章

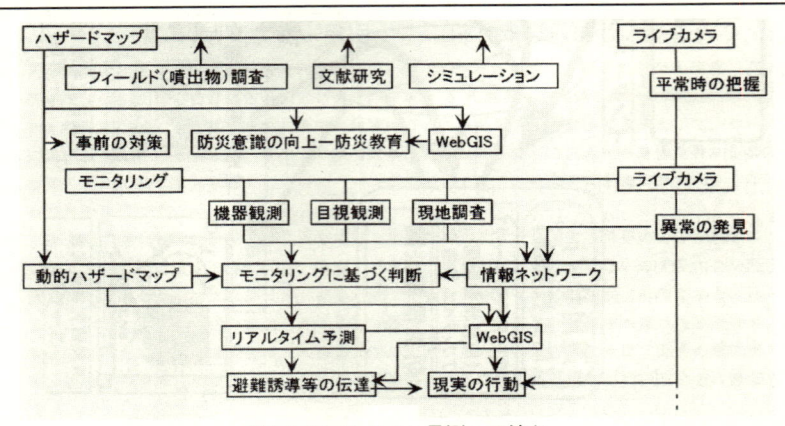

図10 リアルタイム予測への流れ

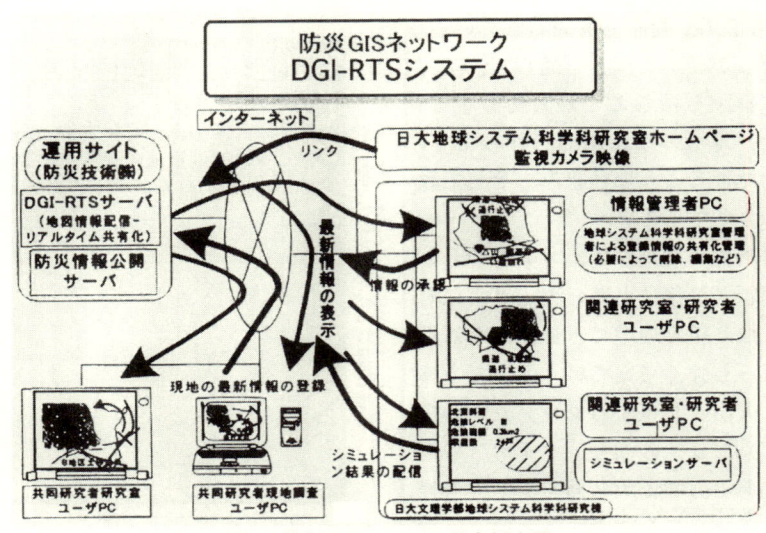

図11 情報リアルタイム共有概念図

Column
宇宙からみた富士山

　日本各地に、また世界各地に「〇〇富士」と名の付く山がある。富士山に形が似ているからそのように呼ばれる。スケールの最も大きな海外の富士は米国シアトルにあるタコマ富士レーニア山である（標高4,392m）。南洋富士（タラナキ山、エグモント山）はニュージランドにあり、南米では、チリ富士オソルノ山が代表格である。

　これら富士山の眺めはそれぞれに味わい深いが、実物を見て回るのは至難であった。ところが宇宙技術が、それを可能にした。衛星画像に地表面標高モデルを当てはめ、斜め上空から見た画像に変換すれば正確な鳥瞰が得られる。近年急速に普及したGoogle地図は、マウスの操作だけで地球表面の全ての「〇〇富士」の俯瞰を容易に得る手段を全世界の人々に提供している。富士山は、眺める方向、季節、天候、時間帯等によって容姿を変える。宇宙からの富士山の俯瞰は、その無数の美の想像を可能とした。

　「富士山を眺めると幸せがやってくる」と信じる人々がいる。様々な富士山の絵を部屋に飾ると幸せが来る。そんなことはウソだという人も居るが、そもそも幸せとは何かを考えるに「幸せと思うから幸せ」であることを知れば、「富士山を眺めると幸せがやってくる」ことは本当であることが判る。

　世界には名前の付いていない「〇〇富士」が幾らもある。目を宇宙に転ずれば、太陽系惑星にも「〇〇富士」が幾らもある。日本からのアメリカ移民は、富士山と同じ形のタコマ山を見て感激した。アンデス山脈の中のオソルノ山は最も富士山に似ている。気に入った「〇〇富士」を部屋に飾り幸せを呼ぼう。

　　　　　　　　　田中 總太郎

タコマからの三つの富士

チリ富士

3.2 富士山の防災　　　　　　　　　　　　　　　　　　　　第3章

笠雲

にかい笠 (雨, 全年)	はふ笠 (雨, 春)	れんず笠 (風雨, 春)	つみ笠 (風晴, 春)
みだれ笠 (風晴, 春・冬)	ひとつ笠 (雨, 春・夏)	うねり笠 (風, 夏)	よこすじ笠 (風雨, 夏)
おひき笠 (雨, 夏)	とさか笠 (雨, 夏)	まえかけ笠 (晴, 秋)	かいまき笠 (風雨, 秋)
ひさし笠 (雨, 秋)	われ笠 (雨, 秋)	なみ笠 (風雨, 冬)	えんとう笠 (風雨, 冬)
すえひろ笠 (風, 冬)	うず笠 (風, 冬)	ふきだし笠 (風晴, 冬)	はなれ笠 (晴, 冬)

吊し雲

なみ (全年)	つい (全年)	まわり (春)
はち (春)	きょうせき (春・夏)	はどう (夏)
だえん (夏)	かどう (夏)	つばさ (夏)
そうせき (秋)	えんとう (冬)	つみ (冬)

富士山にかかる笠雲と吊し雲
湯山生（1972）：富士山にかかる笠雲と吊し雲の統計的調査．気象庁研究時報，9，pp.415-420．

3.3

富士山を活かした地域づくり

「富士山の日」と「ふじのくに」
―地域ブランド・富士山―

佐野 充

1. 志賀重昂の風景論

富士山が「日本のシンボル」、国の象徴として、日本人、日本国民に認識されるようになったのはいつ頃なのか。国の象徴は、そこに住む人々が皆同じ国に住む国民だと認識・理解し、対外的な国際感覚を持たなければ、国のまとまりや国の象徴を意識することも必要とすることもさほどない。この前提条件が十分に満たされたのは、明治時代になり、日本が近代国家として歩み出した後のことであり、富士山が日本のシンボルになっていく過程で重要な役割を果たしたものに、明治期からの初等教育があると、阿部一（2002年）はいっている。また、その過程で国民精神と富士山を結びつけるのに大きな役割を果たしたものの一つに、日清戦争のさなかに出版された志賀重昂の『日本風景論』（1894年）があると指摘している。

志賀は、富士山を「全世界『名山』の標準」と表したため、当時の日本国民が日本の列強入りを願い、愛国心の鼓舞に熱狂していた状況下に、富士山は日本を代表するものにとどまらず世界の標準であるとの表現は、日本そのものが世界に通用する国であることを国民に意識させるに十分であった。それは、当時に日本人に、正しく日本の明るい未来を期待させるに十分であった。『日本風景論』は、1903年まで9年間に15版を重ねたベストセラーであった。阿部一（2002年）は、志賀の果たした役割について、次のように述べている。

…その（志賀重昂『日本風景論』）影響力は、日本の近代地理学の祖である山崎直方が追悼文で、志賀の偉大な功績として地理学の民衆化・国民化をあげたことからも明らかである。『日本風景論』は、日本の国土の美しさが世界に誇れるものであることを示す。それを証明するために用いられるのが、自然科学の知見であり、古典文学からの引用である。科学的な解説とは、自然と人間のあいだに切断線を入れる近代的な自然観にもとづくものである。志賀は、それに文学作品による賛美を組み合わせた。そこには、自然と向き合った文人の精神的なありさまが写しだ

されている。つまり、志賀は、自然と人間をいったん切り離したうえで、両者の精神的な結びつきをあらためて強調したのである。かくて、国土の美しさは、それを眺める人間の精神と結びつけられる。なかでも、人間性を高め、神聖なものにしてくれるものが山岳、とりわけ「名山」である。志賀は「名山」の基準として、「山の全体は美術的体式と幾何的体式とを相調合安排せるもの」と、「一山中の境遇は変化多々にしてかつ不規律なるもの」の二点をあげ、「名山」中の最「名山」を富士山であるとしている。その証拠として、古来の海外文化人の言葉をあげ、また、対数曲線という用語を用いてその形態の「理学上」の「優絶なるところ」を説く。さらに、古来から用いられた「〜富士」という名称が、「名山」の標準であったことの証明であると付け加えている。名山の条件のひとつである山中の境遇の多様性を知るには、その山に登る必要がある。そのため「日本風景論」では、登山が推奨される。登山は、山岳の美を知る経験というだけでなく、精神的なものをさらに高める経験でもある。山の上で「万象の変幻」に接することで、「君が頭脳は神となり聖となり、自ら霊慧の煥発するを知る」のである。そのため志賀は、「学校教員たるもの、学生生徒の間に登山の気風を大いに興作することにつとめ」なくてはならず、作文を書かせるときには、登山の記事を多く使う必要があると述べている。この影響のもとで、同時代につくられた小学校用の教科書には、富士山が名山であると教える教材とともに、富士登山の記事が載せられることになった。(『富士山と日本人』、p62〜p63)

富士山が日本のシンボルになっていく過程での『日本風景論』の影響がうかがえる。

2. 富士山の日

今や正真正銘の「日本のシンボル」となっている富士山は、富士山を県域に持つ静岡県・山梨県の両県によって、さまざまな活動が展開され、世界文化遺産登録が決定し、豊かで平和な地域づくりが行われている。その活動の一つに「富士山の日」の制定がある。それは、両県が、富士山の世界遺産推進機運が高まった平成10年(1998)年11月18日に、日本のシンボルである富士山を世界に誇る山として、後世に継承するための全国的運動の原点になる「富士山憲章」を制定したことに始まった。それは新たな展開を見せ、富士山麓に位置する周辺自治体が、日常生活の中に溶け込んでいた「普段着の富

3.3 富士山を活かした地域づくり

士山」を、あらためて「日本のシンボル」として見つめなおそうとする活動を盛んに行い契機となった。

平成13年（2001）に山梨県富士河口湖町（旧河口湖町）が口火を切って、2月23日を条例によって「富士山の日」を制定した。平成14年（2002）には山梨県富士吉田市が富士山憲章推進会議の場で「富士山の日」構想を提唱し、山梨県側の富士山周辺10市町村と2恩賜林組合がそれを了承した。平成23年（2011）12月には山梨県として「山梨県富士山の日条例」が定められた。

しかし、静岡県側は「富士山の日」の制定に対して、山梨県側ほど積極的ではなかった。平成15年（2003）には「富士山の日」を制定しようと、両県の音頭取りで全国レベルのキャンペーンを進めようとしたが、両県協議の場で具体的な行動や日にちの調整などが難航したため、結局中止となってしまった。静岡県側が本格的に活動し始めたのは、川勝平太静岡県知事（平成21年（2009）7月当選）のリーダーシップのもとに平成21年（2009）12月の静岡県議会で「富士山の日」を条例として制定してからである。

3. ふじのくに

静岡県では、第2回富士山の日となった平成23年（2011）2月23日に「富士見の式典」を開催した。そこでは世界文化遺産登録に向けた決意を確認し、「富国有徳の理想郷"ふじのくに"づくり」を基本理念とする県の新総合計画を推進する記念日として「"ふじのくに"づくり宣言」を行い、あわせて「"ふじのくに"平和宣言」を行った。この時に、「富士山の日」を学校の休みにしようと県教育委員会が県下各自治体に要望したが、足並みがそろわず、富士山のお膝元である富士市のように、学校の休みになじまないとの理由で休みにはしなかったが、市民に広く富士山を知り学ぶことを呼びかけ、さまざまな事業を展開した自治体もあった。

4. 富士山は地域の観光資源

このように、「富士山の日」は、富士山麓に位置する山梨県側の自治体が積極的に制定し、地域づくりや観光産業に活用しているが、静岡県側の富士山麓に位置する自治体は具体的に「富士山の日」を地域づくりや観光産業に使っていこうとする積極的な行動がはっきり見えてこなかった。これは、富士山を地域資源・観光資源として地域経済の基盤としている度合いに違いであると判断できる。

富士五湖を持つ山梨県側はまさに富士山で地域経済を成立させ、地域を活性化させている。富士登山、富士五湖地域を中心としたリゾート（休養）宿泊、ドライブ、キャンプ、テニスやサッカーなどのスポーツ、ボート遊びや釣りなどのレジャーのほか、別荘地・ゴルフ場・レジャーランドなどがあり、日帰りから長期滞在型まで多様に対応可能な観光地域を形成している。

一方、静岡県側は、富士登山と山麓の草原に展開する牧場・ゴルフ場、白糸の滝、ダイアモンド富士の撮影ポイントの田貫湖などがあるが、地域経済の中心は駿河湾沿岸に展開している工業地域で、富士山を活用することによって経済を成立させているとはいえない。つまり、このような地域的特徴が「富士山の日」に対する対応の違いになって現れたと思う。静岡県は、富士山の世界文化遺産登録を願望しているリーダーの登場を待って、県の音頭で「ふじのくに」静岡県づくりが始まったのである。

つまり、山梨県では富士山関連事業を富士山麓に視点を置いた形で推進しており、山梨県公式ホームページで見る限り、「富士の国やまなし」は観光ネット（山梨県公式観光情報）である。一方、静岡県では静岡県公式ホームページが「ふじのくに」であるように、川勝静岡県の「くに」づくりが県民を士民と位置づけ、県土づくりが富士山をキーワードに推進されようとしていることが前面に出されている。

参考文献

- 阿部一（2002）:「近代日本の教科書と富士山」、青弓社編集部編『富士山と日本人』青弓社 所収、57〜86.

3.3 富士山を活かした地域づくり 第3章

> Column
> # 朝霧高原と酪農
>
> 　朝霧高原では、雄大な富士山を背景に、緑豊かな広々とした牧場で牛がのんびりと草を食む景色が一面に広がり、人々の心を和ませてくれる。5月になると雪をかぶった富士山をバックに、牛達が遊ぶ牧草地の中に無数の鯉のぼりが飾られ、大空をゆったりと泳ぐ光景が目に飛び込んでくる。観光客もそのあまりの美しさに車を止めて、思わずシャッターを切っている。
>
> 　朝霧高原は、その名前のように、常に霧雨に包まれる富士西麓の標高500から900mに拡がる4,300haの草原である。ほんの60数年前までは、ススキやアズマネザサなどが生育した、黒ぼくと呼ばれている痩せた土壌の原野だった。この原野は開拓者の血の滲むような努力により緑豊かな酪農王国西富士に生まれ変わって、牧歌的な美しい景色を創出している。この富士を背にした牧歌的な風景は一朝一夕に出来あがったものではない。酪農が定着するまでには苦難の年月があった。
>
> 　高原の開拓は、太平洋戦争が終わった翌年の昭和21年（1946）、富士西麓地域が国営開拓地に指定されたことから、長野、静岡をはじめ、全国から集まってきた300余名の開拓団の人々により開墾が始められた。入植当初は共同生活で満足に食べるものもなく、開墾にとって最も大切な鍬や鋤の調達さえ難しいという状態の中で、開拓農家の労苦は、まさに筆舌に尽くし得ないものがあったと思われる。キャベツ、大根、白菜などいろいろな作物の栽培が試みられたが、結局はどれもうまくいかなかった。そして、酪農にたどり着くまで入植後10年ほどの年月がかかってしまった。今では県内最大の酪農地域になり、約60戸の酪農家で静岡県の飼育頭数の1/3を占める約5,500頭の乳牛が飼われている。また、牧草地の作付面積も約1,200haと県内の70％を占めている。
>
> 　開拓の歴史を通して、今では酪農と富士山とは切り離して考えることはできない存在になっており、牛達が富士山の魅力を存分に引き出してくれている。高原で生産された牛乳は「朝霧牛乳」と呼ばれている。「朝霧道の駅」などで高原産の牛乳を味わいつつ富士山麓の牧歌的風景を観賞するのもよいだろう。
>
> 望月 啓司

Column
ご当地ナンバー「富士山」

　自動車のナンバープレートに表示される地名は、これまでは運輸支局や自動車検査登録事務所の名称であった。平成16年（2004）に国土交通省自動車交通局は、「地域振興」「観光振興」等の観点から新たに、自動車検査登録事務所の設置の有無に関わらず地域名表示を細分化する制度の要項を発表した。いわゆるご当地ナンバーといわれている制度である。この要項では、地域名表示の基準として、地域特性等について一定のまとまりがある市町村の集合であり、登録されている自動車の数が10万台を超え、都道府県内の人口や登録自動車数等に極端なアンバランスがないこと、等が示された。

　現在、19種のご当地ナンバーがある中で、唯一、山の名前がナンバー名になっているのが「富士山」ナンバーである。しかも、静岡県と山梨県のように複数の県にまたがる越県ナンバーは全国初となる（中部運輸局と関東運輸局のように複数の運輸局によるナンバーの交付としても全国初）。

　「富士山」ナンバーとなる地域は、図に示す市町村が対象となる。静岡県は富士宮市、富士市、御殿場市、裾野市、駿東郡小山町、山梨県は富士吉田市、南都留郡富士河口湖町・西桂町・忍野村・山中湖村・鳴沢村・道志村である。

　この対象市町村における自動車の登録台数は、平成21年（2009）3月末現在の関東運輸局、中部運輸局の統計によると、静岡県で267,646台、山梨県で45,758台となっている。現在は、「沼津」「山梨」ナンバーの自動車も含まれているが、近い将来には「富士山」ナンバーに全て置き換わるということになっている。

　「富士山」ナンバーは、富士山を取り囲んだ市町村が、県や管轄行政機関の枠を越えて、富士山を中心に一体化した大変興味深い事例のひとつと言える。

　沼尻 治樹

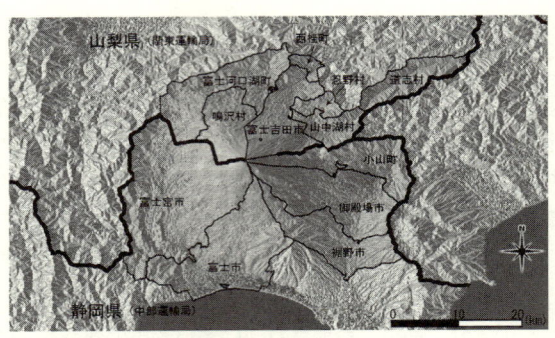

3.3 富士山を活かした地域づくり

図「富士山」ナンバー対象市町村
(この地図は、国土地理院が整備した基盤地図情報(縮尺レベル25000)「静岡県」「山梨県」「神奈川県」の「行政区画の境界線」を使用したものであり、背景はMETI/NASAに帰属するASTER GDEMを使用した)

富士伊豆さくら街道・桜道

藪崎 武彦

1. 富士山と桜の景観の創出に向けて

　静岡県は、伊豆半島を含む富士山麓地域を全国でも有数の新しい桜の名所に育て、日本を象徴する景観を創出するとともに、景観の創出による交流人口の拡大と地域振興を図るため、平成21年（2009）に「桜で彩る富士の景観づくり構想」をとりまとめた。構想では、富士山山体の自然や森林景観の保全に配慮したうえで、魅力ある新たな桜の名所づくりのため、①富士山の眺望の保全・活用、②富士山周辺を一体とした名所、③静岡県らしい景観、を市町や地域住民等との協働により進めていくこととした（写真1）。

写真1　大石寺からの富士山

2-1. 富士山麓地域の桜

　伊豆半島を含む富士山麓地域には、静岡県内に自生するサクラ類14種のうち、マメザクラ、オオシマザクラ、ヤマザクラなど13種の桜が自生している。

　当該地域は、フォッサマグナの中心地であり、オオシマザクラは伊豆半島・伊豆七島を中心に多く生育している。また、マメザクラは、この立地環境のなかで新しく生まれた種とされており富士・箱根・伊豆地域に多く生育している。

　マメザクラ、オオシマザクラからは、多くの園芸品種が生まれている。この理由のひとつには、立地環境の遺伝的変異を生じさせる火山地帯特有の要因があるといわれており、この原動力もフォッサマグナの特殊な地質環境とされている。

写真2　狩宿の下馬桜

2-2. 富士山麓地域の桜の名所

この地域には、マメザクラやオオシマザクラが多く生育している場所など、145か所の桜名所と言われている場所がある。このなかには、日本さくら名所100選（財団法人日本さくらの会選定）に選ばれている「冨士霊園」（小山町）や「さくらの里」（伊東市）、国指定特別天然記念物の「狩宿の下馬桜」（写真2）、河津桜まつりの期間中に100万人を超す観光客で賑わう伊豆の河津駅から河津川沿いのカワヅザクラ（写真3）などもある。

写真3 カワヅザクラ

2-3. 桜の魅力（開花期間）

地域の桜名所では、桜の品種や標高差などにより、10月下旬から5月上旬まで桜を楽しむことができる。

10月下旬から12月中旬にかけては、ジュウガツザクラ、ヒマラヤザクラが開花し、1月に入ると伊豆半島を中心にアタミザクラ（写真4）、イズトイザクラ、カワヅザクラ、シュゼンジカンザクラなど伊豆の早咲きの桜が順次開花する。

3月下旬からはオオシマザクラのほか、多くの平野部の桜名所でソメイヨシノが開花し、富士山や天城山の標高差により、高いところではマメザクラやヤマザクラとあわせて5月の上旬まで桜を観賞できる。

写真4 アタミザクラ

2-4. 富士山の眺望の魅力

この地域では、伊豆半島の南部を除き、富士山が眺望でき、距離的な遠近による見え方に、海越し、谷越しなど地形的要因による見え方などが加味され様々な姿の富士山を望むことができる（写真5）。

地域内の81か所の桜名所からは、桜とあわせて様々な富士山を観賞することができる。

写真5 黄金崎公園

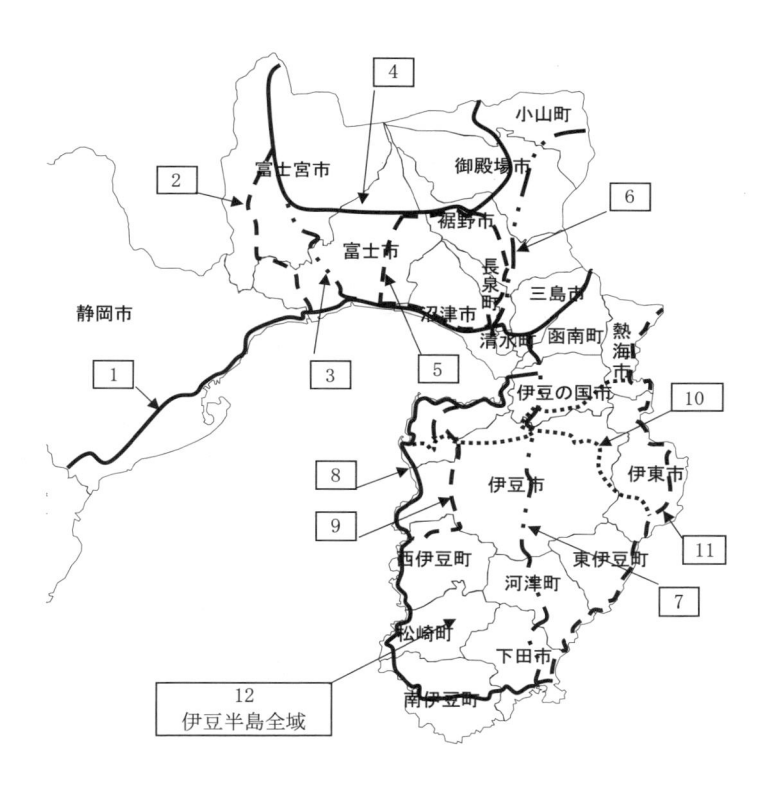

富士伊豆さくら街道・桜道

ぐるり富士・伊豆桜道

1	東海道桜道	7	伊豆縦断天城路桜道
2	富士川・芝川桜道	8	伊豆西海岸桜道
3	潤井川桜道	9	伊豆西稜線桜道
4	富士山周遊桜道	10	中伊豆横断桜道
5	愛鷹山周遊桜道	11	伊豆東海岸桜道
6	黄瀬川・鮎沢川桜道	12	早春の伊豆桜道

図1 ぐるり富士・伊豆桜道　1〜12は次項№1〜12の桜道

-415-

3.3 富士山を活かした地域づくり

3-1. 富士伊豆さくら街道・桜道

伊豆半島を含む富士山麓地域を一体的にとらえ、長い期間桜が楽しめる魅力ある地域「ぐるり富士・伊豆桜道」〈面〉の形成を推進する（図1）。

「ぐるり富士・伊豆桜道」は、既存の桜名所の充実（再生・保全、植栽による規模の拡大）や新たな桜名所の整備により、個々の桜名所〈点〉で桜や富士山の眺望の魅力をより高めるとともに、桜名所を富士山の眺望や歴史など地域のもつ特色や魅力により結んだ12の各「桜道」〈線〉を張り巡らせ形成する。

3-2. 桜道巡り

桜道では、地域の特色となる桜や桜と富士山の織り成す様々な景観などを楽しむことができる。また、複数の桜道を合わせることで長い期間、桜と富士山を楽しむことができる。

以下に12の桜道のコース、概要、富士山の眺望のある主な桜名所を紹介する。

No.1 東海道桜道

【コース】宇津ノ谷峠付近－駿府公園－日本平－薩埵峠－田子の浦－千本松原－柿田川－三嶋大社－山中城跡－箱根峠付近

【概要】国道1号沿いの桜名所から遠くに富士山が望める。

【主な桜名所】賤機山・静岡浅間神社、日本平（写真6）、船越堤公園、御殿山、岩本山公園（写真7）、香貫山（写真8）、本城山公園、遺伝研桜並木

写真6 日本平

写真7 岩本山公園

写真8 香貫山

No.2 富士川・芝川桜道
【コース】富士川河口付近－富士川楽座－西山本門寺－田貫湖－朝霧高原付近

【概要】富士川・芝川沿いの桜名所から遠くに富士山が望める。（富士川・芝川越しや三峯の富士山）

【主な桜名所】野田山健康緑地公園、西山本門寺、桜峠

No.3 潤井川桜道
【コース】田子の浦付近－富士山本宮浅間大社－北山本門寺付近

【概要】富士山麓の潤井川沿いの桜名所から富士山が望める。（三峯の富士山）

【主な桜名所】潤井川（龍巌淵周辺）（写真9）、富士山本宮浅間大社、大石寺（写真10）

写真9 潤井川（龍巌淵周辺）

写真10 大石寺

No.4 富士山周遊桜道
【コース】朝霧高原付近－白糸の滝－富士山こどもの国－十里木高原－富士浅間神社－篭坂峠付近

【概要】富士山麓の国道139号・469号・138号沿いの桜名所から富士山が望める。

【主な桜名所】狩宿の下馬桜、田貫湖（写真11）、富士桜自然墓地公園（写真12）、天照教社、富士山こどもの国、富士霊園、富士山スカイライン、ふじあざみライン

写真11 田貫湖

写真12 富士桜自然墓地公園

No.5 愛鷹山周遊桜道
【コース】沼川付近（富士市今井）－富士山こどもの国－十里木高原－裾野市運動公園－愛鷹広域公園－沼川付近（富士市今井）

3.3 富士山を活かした地域づくり 第3章

【概要】愛鷹山麓の桜名所から富士山が望める。
【主な桜名所】前川・沼川、パノラマロード

No.6 黄瀬川・鮎沢川桜道
【コース】沼津市大岡付近－三嶋大社－秩父宮記念公園－駿東郡小山町小山付近
【概要】富士山麓の黄瀬川・鮎沢川沿いの桜名所から富士山が望める。
【主な桜名所】平和公園、御殿場高原時の栖（写真13）、秩父宮記念公園

写真13 御殿場高原時の栖

No.7 伊豆縦貫天城路桜道
【コース】三島市南二日町付近－葛城山－浄蓮の滝－天城峠－河津七滝－下田市東本郷付近
【概要】国道136号・414号沿いの桜名所から富士山が望める。
【主な桜名所】日守山公園、天城さくらの里

No.8 伊豆西海岸桜道
【コース】狩野川放水路付近－内浦湾－大瀬崎－御浜岬－恋人岬－黄金崎－堂ケ島－雲見海岸－弓ケ浜－下田市東本郷付近
【概要】伊豆西海岸沿いの桜名所から海越しに富士山が望める。
【主な桜名所】大瀬崎、主要地方道沼津土肥線、健康の森（写真14）、黄金崎公園、富士見彫刻ライン（写真15）

写真14 健康の森

写真15 富士見彫刻ライン

No.9 伊豆西稜線桜道
【コース】沼津市西浦古宇付近－真城峠－戸田峠－仁科峠－仁科川河口付近
【概要】伊豆半島西側稜線沿いの桜

富士伊豆さくら街道・桜道

名所から海越し、山越しに富士山が望める。
【主な桜名所】だるま山高原マメザクラ、船原高原〜風早峠マメザクラ（写真16）

写真16 船原高原〜風早峠マメザクラ

No.10 中伊豆横断桜道
【コース】戸田港付近－戸田峠－修禅寺、ここから2ルートに分かれ、①サイクルスポーツセンター－山伏峠－熱海市下多賀付近、②天城高原－大室山－伊豆高原付近
【概要】主要地方道修善寺戸田線・伊東大仁線沿いの桜名所から富士山が望める。
【主な桜名所】サイクルスポーツセンター、修善寺虹の郷、六仙の里

No.11 伊豆東海岸桜道
【コース】熱海市泉付近－熱海温泉－伊東温泉－稲取温泉－下田市東本郷付近
【概要】伊豆東海岸沿いの桜名所から富士山が望める。（桜道内北側の一部）
【主な桜名所】網代朝日山公園

No.12 早春の伊豆桜道
【エリア】伊豆半島全域
【概要】伊豆の早咲き桜を活用した桜名所。

〈主な早咲き桜とその桜名所〉
　○印は富士山が望める桜名所。
- イズトイザクラ（写真17）：丸山スポーツ公園（○）
- シュゼンジカンザクラ（写真18）：修善寺、黄金崎公園（○）、さくらの里
- カワヅザクラ：柿沢川、井田、黄金崎公園（○）、さくらの里、河津駅から河津川沿い、青野川・下賀茂温泉（みなみの桜）
- アタミザクラ：梅園・あたみ桜ルート、姫の沢公園、アカオリゾート公国

写真17 イズトイザクラ

-419-

3.3 富士山を活かした地域づくり 第3章

- ヒマラヤザクラ：南熱海ヒマラヤザクラルート
- イトウザクラ：さくらの里
- オオシマザクラ早生：さくらの里、熱川温泉・桜坂公園、お吉ケ淵
- オオカンザクラ：伊豆高原桜並木、黄金崎公園（○）
- イトウコムロザクラ：一碧湖

写真18 シュゼンジカンザクラ

参考文献
・静岡県（2009）『桜で彩る富士の景観づくり構想』
・渡邊定元（1994）『樹木社会学』東京大学出版会

写真提供
・静岡県さくらの会（さくら写真コンクール）
・関係市町, 静岡県環境政策課

富士北麓のサクラの名所

杉本 悠樹

1. 富士北麓のフジザクラ

　富士北麓地域は、富士山の裾野に広がる標高約800mから1,000mにかけての地域の高原地帯にあり、富士五湖と称される山中湖、河口湖、西湖、精進湖、本栖湖の湖と、青木ケ原樹海などの広大な森林、御坂山系の山々などがあり、豊かな自然環境と景観美を有している。また、人々の生活の営みにより設けられた寺社や公園等も多く存在する。このような環境の中、多くのサクラの名所がみられる。

　富士北麓における地域色の強いサクラとしては、フジザクラが著名である。フジザクラは正式名マメザクラと呼ばれ、サクラとしては低木である。山梨県の県花としても人々に親しまれている。葉は卵形で複数の切れ込みがあり、花は葉よりわずかに早く開き、1～3個つけ、白色か、わずかに赤みをもつ。フジザクラは株によって変化に富む。分布は溶岩性の裸地に多く、富士山のほか箱根山等の火山地域にも適応分布する。富士吉田市上吉田の富士山の吉田口登山道沿いには中ノ茶屋から大石茶屋にかけての地域に、レンゲツツジとフジザクラの混生群落があり、昭和3年（1928）に「躑躅原のレンゲツツジおよびフジザクラ群落」として、国の天然記念物に指定されている。面積は33,000m^{2}を測り、東西はセンズイボリとカワラボリと呼ばれる二つの堀状の沢の間にまたがっている。フジザクラは、富士山を中心とした地域に分布しており、富士山周辺の地域で分化したものある。フジザクラの名所としては、富士河口湖町の船津胎内樹型周辺（河口湖創造の森付近）、西湖野鳥の森公園周辺などが挙げられ、例年では4月下旬から5月中旬に見ごろをむかえる。この時期には河口湖創造の森周辺において、「河口湖富士桜・ミツバツツジ祭り」が開催され、多くの観光客で賑わう。

　富士山の北麓に広がる青木ケ原樹海は、平安時代の貞観6年（864）に起きた富士山の側火山である長尾山などの噴火により流出した溶岩流の上に長い年月をかけて形成された森林である。樹種はツガとヒノキが大半を占めるが、混在している樹種

の中にはフジザクラ、カスミザクラやオオヤマザクラが点性する。精進湖を基点とし、富士山四合目で船津口登山道と合流する精進口登山道は、両側約180mが天然記念物富士山原始林に大正15年（1926）に指定され、豊富な植生が保全されてきた。

2. 富士に映える湖畔のサクラ

　河口湖の湖畔には多くのサクラの名所が存在する。特に河口湖の北岸からは、富士山と湖水とサクラが一望できる地点が多い。河口湖大橋の北詰めに位置する岬は産屋ケ崎と呼ばれ、河口浅間神社の伴う産屋ケ崎神社がまつられ、河口湖と関わりをもつ多くの文学碑などが設けられている。また、この場所は逆さ富士の名所であり、サクラの開花時期には、逆さ富士とサクラが一望できる絶景となる。河口湖美術館から長崎公園にかけての湖畔のウォーキングトレイル（遊歩道）沿いにはサクラ並木があり、サクラのシーズンの夜間にはライトアップされる。長崎公園からの富士山とサクラの眺望は産屋ケ崎と同様に素晴らしく、多くのカメラマンに愛されてきている。同じく北岸には、富士河口湖町長浜に奥河口湖さくらの里公園もある。

　寺社の境内地に伴うサクラの名所としては、富士河口湖町勝山に所在する富士御室浅間神社の参道のサクラ並木がある。神社の社殿側から参道を見ると、富士山とサクラ並木が一望できる絶景のロケーションを有する。富士吉田市浅間町の浅間公園では神社の境内地と慰霊塔にかけての山腹に多数のサクラが咲き、眼下の富士急行線下吉田駅付近から見事なピンク色の山の姿を見上げることができる。この公園からは、富士山と富士吉田市のほぼ全域が一望でき、サクラの花々とともに広大な富士山の裾野をとらえられる撮影スポットとしても知られている。

　庭園的なサクラの名所として著名なのが、富士河口湖町勝山に所在する富士ビューホテルである。このホテルの敷地内には27本ものシダレザクラがあり、特にホテル正面にある5本の並木は巨樹であり、富士山と一緒に眺めると壮観な光景である。シダレザクラのほかにもソメイヨシノが80本、ヤマザクラやフジザクラも見られる。

　近年では、富士河口湖町河口の善応寺の東に迫る山の斜面にサクラが植樹され、春季には斜面が一斉にピンク色に染まる。

　富士北麓のサクラの名所は、日本を代表する山岳である富士山と同じく日本を代表する花のひとつである

サクラという、両者の"共演"が見られることや、雲の流れなどにより同じ姿を見せない自然の風景、富士五湖の湖面に映るサクラや富士の姿といった折々の瞬間の変化に富んだ風景を楽しめることなどから、多くの人々の心を引き付けている。

ぐるり富士山食べ歩き
―食による地域おこし―

渡邊 定元

1. 富士山麓のふるさとの味

　旅をする楽しみの一つに、地域に根ざした「ふるさとの味」を味わうことがある。旅で経験するグルメの味は持って帰ることはできないが、旅の体験を通じてひとの人生のなかに集積される。古くからある素朴な郷土料理から、町おこしによって生まれた新しいグルメに至るまで、旅で体験したかずかずの味は、歳を経ると共に人それぞれの味わいとして記憶に残る。

　全国農山漁村の郷土料理百選、あるいは、御当地人気料理特選に選ばれている料理のなかで、富士山麓のものには、ふじのみや焼きそば、吉田のうどん、(郡内の)ほうとう、(三島の)うなぎの蒲焼きがある。

　富士山本宮浅間大社の門前町「富士宮」は富士山の麓の町というより、いまや「ふじのみや焼きそばの町」としての知名度が高い。普段、庶民の間で食べられている焼きそばは、「食による町おこし」によって、他にみられない富士宮特有な味として差別化され、年間60万もの人が焼きそばの味を求めて富士宮に来訪する。そこで、富士宮を起点に「食による地域おこし」を支える富士山麓のふるさとの味を訪ねてみる。

2. ふじのみや焼きそば
(1) ふじのみや焼きそばのルーツ

　ふじのみや焼きそばのルーツは、第二次大戦前からのお好み焼き屋である。ソース味のお好み焼きは、手頃な安価な食べ物として子供や絹糸工場の女工さんたちに好まれていた。焼きそばは少量の小麦粉と野菜があればできることから、戦後となってお好み焼き屋の新しいメニューとして加わり、60年間にわたり生活のなかに根づいてきた。ふじのみや焼きそばは、麺の製法、調理法、旨味を引き出す具に特徴がある。「蒸麺製法」によってつくられた水分が少なく硬い蒸し麺、鉄板のうえで水を加えたりキャベツの水分によって麺を柔らかくする。ウスター系の辛口ソースで麺をからませ、「肉かす」や「だし粉」などの具によって旨味を引き出す。かくして、独特の腰があり、硬めの味わいができあがる。こうして庶民に愛される独自

の焼きそばが富士山麓に育まれてきた。

(2) B級グルメ「ふじのみや焼きそば」の誕生

平成11年（1999）、中心市街地活性化のため市と商工会議所が主催した市民ワークショップが開催された。このワークショップに集った市民たちは、翌年独自性がある富士宮焼きそばに着目して「富士宮やきそば学会」を立ち上げ、ふじのみや焼きそばによる町おこし活動を始めた。そして平成16年（2004）、「ふじのみや焼きそば」は市民活動の結果として生まれたNPO法人「まちづくりトップランナーふじのみや本舗」の登録商標となる（写真1）。

写真1 富士宮やきそばアンテナショップ

ふじのみや焼きそばは、平成18年（2006）青森県八戸市で開催された第1回B級グルメの祭典「B-1グランプリ」の初代王者となり、平成19年（2007）富士宮市で開催された第2回祭典で「B-1グランプリ」2連覇を飾る。B級グルメという用語は、昭和60年（1985）、田沢竜次が考案し、その概念を全国に普及させた庶民感覚にぴったりの言葉である。B級グルメとは、贅沢でなく、安価で日常的に食される庶民的な飲食物のことであることから、全国各地で「食による町おこし」に用いられている。これら町おこしの団体がご当地のB級グルメを持ち寄ってグランプリを競うのが「B-1グランプリ」大会である。

地域ブランドの先駆けとなった商標の認定、「B-1グランプリ」2連覇により、ふじのみや焼きそばは全国に知られ、9ヵ年間の経済波及効果は、約400億円と推定されている。

(3) 市民参加によって保たれるふじのみや焼きそばの味

ふじのみや焼きそばの店は富士宮市内に150店ほどある。これらの店の味は絶えず市民ボランテア（Gメン（地麺））によって評価され、来訪者の味への期待に答えるよう町ぐるみで焼きそばの味の水準を保ち、高めている。

「ふじのみや焼きそば」を看板として営業するのには、まずトップランナーふじのみや本舗と登録商標使用料（ロイヤリティー）の契約を交わしたのち、特定の製麺会社と仕入れの契約を交わし、かつ富士宮の

PR活動を行うことが義務づけられる。「ふじのみや焼きそば」は、こうした市民の支援システムを確立することによって、味による町づくりを持続発展させている。

3. 吉田のうどん
（1）吉田の食文化「吉田のうどん」
　富士登山の最も多い登山口は富士吉田口である。江戸時代、富士講が盛んな関東から多数の参詣者が江戸から近い吉田口から登山するようになる。これは現代に至るまで続いている。北口浅間神社の門前町として栄えてきた吉田には、訪問者に向けた馳走や名物があってよい。この食の名物が「吉田のうどん」である。ぐるり富士山食べ歩きの旅をする者にとって「吉田のうどん」はあまりにも素朴であり、異質である。現代の飽食に時代にあって、価格は一杯250円〜500円と安く、伝統を護ってあえて付加価値を求めようとはしない。それは富士吉田市民に根づいたかたくなに護ってきた市民の味であるからである（写真2）。

　富士北麓は冷涼な気候と稲作が困難なゆえ麦作が行われ、小麦を中心とした粉食料理が日常食とされてきた。そして江戸末期から昭和にかけの産業は養蚕や機織業であったため、女性が働き、昼食は男性が用意した。吉田のうどんの特徴であるコシ、硬さ、太さはこうして男の力によって生まれたとされる。また、江戸時代には富士講の参詣客を相手に民家でうどんが売られた。現在、人口5万人富士吉田市には60軒以上のうどん店がある。そのなかには看板も暖簾も掲げない民家の居間で「吉田のうどん」を売る店も多い。「吉田のうどん」は富士山北麓吉田の風土そのものである。

（2）吉田のうどんの特色
　吉田のうどんは、麺が非常に硬くコシがあり、歯で噛まなければ切れない。手打ちの乱切りのため、茹で上がり後に緩くねじれるものが多い。ダシにはイワシなどの煮干、椎茸がよく用いられる。醤油と味噌の合わせ味が一般的である。味噌を基調とした汁が吉田のうどんの特徴である。具は細切りや輪切りのキャベツ、ニンジン、シイタケが多い。肉うどんの肉には主に馬肉を用いる。薬味は唐辛子をベースにゴマ、山椒を加えたものを油で炒めた「す

写真2 吉田のうどん

りだね」である。

（3）市民の味・吉田のうどん

　吉田のうどんの営業時間は11：00〜14：00頃までである。前日の仕込みから当日まで手打ち・手切の麺のみ提供し、売切れ営業終了としている。吉田のうどんの食べ方には、「かけ」と「つけ」とがある。吉田の郷土性を強く感じさせる馬肉の入った「かけ」の「肉うどん」、「つけ麺」には冷たい麺に冷たい汁を皿に満たした「冷やし」、温かい汁に冷たい麺をつけて食べる「つけ麺」などがある。吉田のうどんの個性が感じる固い麺を食べたい者にとっては冷やしは最高である。

4．郡内（ぐんない）のほうとう

　ほうとうは、山梨県を中心とした広い地域で作られる郷土料理である。小麦粉を練り、ざっくりと切った麺を野菜と共に味噌仕立ての汁で煮込んだ料理をいう。中国陝西省の方言でワンタンのことを「餛飩」と書いて「ほうとう」と発音することから、中国から伝来した料理のひとつとされる。「ほうとう」の名は「餺飥（はくたく）」の音読みしたものである。

　富士山麓の郡内地方は水稲がつくれなかったことから、ほうとうは地域住民の主食であった。このことから各農家自作の味噌を用いてコシの強い平打ち麺を根菜類ともに煮込み、家族の日常食としてとしていた。こうした伝統を受け、麺の加減や煮込む具材は各店ごとに特有な「おふくろの味」の味わうことができる。よって、訪問者は店ごとに個性ある味の違いを楽しむことをおすすめする。

5．忍野のそば

　ソバは大陸原産のタデ科の植物である。ソバの日本への伝来は、養老7年（723）の太政官符の記述から、奈良時代以前であるとされる。ソバは大陸では寒冷な高地や北国で栽培され、住民は主食としてそば粉を練って小麦粉とおなじ料理法で食べていた。富士山麓での古くからのソバの食べ方は、蕎麦粉を湯がいた蕎麦掻き（そばがき）が一般的であった。蕎麦切り（そばきり）と呼ばれる麺そばは祝い事の時などに限られていた。麺そばの食べ方は、盛り、ざる、天ざる、鴨せいろなどのつけそば系、月見、とろろ、鴨南蛮、肉南蛮などのかけ系をはじめ、地域や個々の店によってさまざまなメニューを提示されている。そばは日本全国での普通の食べ物である。このため、ふじのみや焼きそばや吉田のうどんのように他の地域との個性

化、差別化がされていない。山麓の庶民の家庭のそばにはセリやニンジンの千切りを入れるのが特徴といえよう。また麺打ちのつなぎに自然薯やたまごの白味を用いるなど家庭それぞれの家の味をもっている。

　富士山麓のそば屋は、個々の店ごとに個性化、差別化されている。忍野のそば屋は、吉田のうどんと異なり、一集落にたくさんのそば屋が集まっている。店ごとが個性化、差別化された集団である。このため、そば好きにとっては自分にあったそばに巡り会うのは楽しみであるし、「忍野八海」の湧水地に何回も足を運んで、好みの味どころの店を発掘するのがよい。富士山麓には絶品のそばを提供するそばどころがある。山麓のそばの味を確かめる食べ歩きの旅をお奨めする。

6. 裾野の水ギョーザ

　裾野市商工会が中心となって、平成18年（2006）から地域ブランドとして育てているのが「すその水ギョーザ」である。人口1万人当たりの餃子店数は、餃子の町として知られる宇都宮市4.45軒に対し6.04軒を数え、また市内の大手スーパー惣菜コーナーでは餃子が売上の34.4％を占めるという。裾野市民はまさに日本一の餃子好きといってよい。これまで裾野市民は「すその餃子」を差別化して宣伝してこなかった。そこで商工会が町おこしに採り上げたのが、栄養価の高い地元特産のモロヘイヤを皮に練り込み、同じく地元産の緑茶葉を具材の成分に使用した「すその水ギョーザ」である。鮮やかな翡翠色の皮とモチモチとした食感とが特徴である。スープ仕立てのヘルシー指向は女性や子供たち、お年寄りまで美味しく食べられる。平成19年（2007）に富士宮で開催されたB級ご当地グルメの祭典「B-1グランプリ」では4位を獲得、平成20年（2008）の福岡県久留米市「B-1グランプリ」では「ばさらかうまか賞」を受ける。モロヘイヤはビタミン、ミネラル豊富で健康に良く、モチモチっとした食感を生む。具はキャベツ、豚肉、ニラ、茶が入る。

　裾野市で水餃子を食べられる店は28店ある。和風、中華風など店それぞれのオリジナルなスープ仕立て「すその水ギョーザ」を味わうことができる。

7. 三島のうなぎ蒲焼き

　東海道五十三次の宿場町三島は、富士山の雪解け水が湧出る三島大社の門前町として栄え、古くからうなぎ蒲焼きは三島のグルメとして知られてきた。みしまのうなぎの美味し

い理由は、富士山の湧水に2・3日うなぎを曝し、うなぎ特有の生臭さと泥臭さを消し、余分な脂肪をとり除き身をしまらせることにある。三島のうなぎ蒲焼きは、ぐるり富士山食べ歩きのグルメとして欠かせない。うなぎの蒲焼きとして美味は全国に知られ、東京の名店に比べても遜色ない。

　三島商工会議所が町おこしに「うなぎ蒲焼き」を採り上げたのは最近のことである。三島ブランドに三島うなぎ横町町内会の「三島うなぎ」が認定されたのは平成21年（2009）12月のことである。また、平成22年（2010）1月に開かれた「うなぎまつりサミットin三島」では、大会宣言として「安全安心のうなぎの提供」、「うなぎの資源保護」と、1月最終の丑の日を全国一斉の「寒の土用丑の日」とすることを提案した。

8. 富士山麓の高原野菜
（1）高原野菜の鳴沢村

　鳴沢村は高原野菜で知られている。標高1,000～1,200mの高冷地で収穫される野菜は、高冷地ゆえの昼間と夜間の寒暖の差と駿河湾からの徐々に冷えた湿気によって甘みと柔らかさを生み、独特のシャキシャキした歯ざわりをも加味する。なかでもトウモロコシは圧巻である。糖度が20度近くにもなる「ゴールドラッシュ」はフルーツコーンと言われている。7・8月には「道の駅なるさわ」を訪れたい。大釜でゆで立てのトウモロコシは高原の味を満喫できよう。また、滞在者はダイコン、キャベツ、ジャガイモなど鳴沢の高原野菜の料理に腕をふるうのもよい。

（2）小山・御殿場の水かけ菜

　ミズカケナは地表面を保温するために湧水を掛け流しながら栽培する地域限定の野菜である。農薬を散布しない野菜としても注目される。水田の裏作として稲の借り入れが終わる10月頃から栽培し、2・3月に収穫する冬の青野菜として人気がある。塩だけで漬ける水菜漬、味噌汁、胡麻和え、お浸しなどさまざまな調理法がある。

（3）山麓キャベツは周年栽培

　ぐるり富士山食べ歩きの旅で、食の脇役として登場しているのが山麓産の美味しいキャベツである。ふじのみや焼きそば、ほうとう、吉田のうどん、すその水餃子などはむろんのこと、肉料理、鍋料理にいたるまでキャベツは山麓グルメのかくし味となっている。これは冬に日照の多い暖地から標高1,500mの涼しい夏の高原まで適地を利用して周年キャベツの栽培が行われ、1年を通じてキャベツの収穫ができるからであ

る。シャキシャキな歯ごたえとパリッとした甘くて美味しい味が富士山麓のキャベツである。

9. 富士山域で生まれたフルーツ
(1) 巨峰・ピオーネ・甲斐路
　山梨県は日本第一のブドウの産地で、富士山周遊道ではどこでもブドウが売られている。甲州ブドウといえば古くからのヤマブドウ改良品種であることは常識であるが、巨峰・ピオーネ・甲斐路といった世界の人びとに愛され人気のあるブドウが、富士山の見える静岡県と山梨県で品種改良された新品種であることを知る人は少ない。

　巨峰(きょほう)は静岡県の大井上氏の育成品種。最も栽培面積が多い黒色大粒種で、果粒は12〜13g程度になる。ピオーネは昭和32年（1957）年に伊豆の国市の井川氏の育成品種、イタリア語で「開拓者」という意味。上品な食味から高級感がある。果粒は18g前後。甲斐路(かいじ)は山梨県の植原氏の育成品種。山梨県を代表する赤色晩生種で、糖度が20度を超え食味は極めて良い。以上のほか、ロザリオビアンコ、紫玉(しぎょく)などの地元で改良された多彩なブドウ品種がある。

(2) 西浦の寿太郎みかん
　沼津市西浦から海をへだてて眺める富士は秀逸である。その西浦は温州蜜柑の特産地で、7月のハウスミカンから、極早生みかん、早生みかん、中生みかん、青島みかん、さらに2月中旬〜3月下旬の寿太郎みかんまで9月間みかんが食べられる。

　寿太郎みかんは、昭和50年（1975）西浦の山田寿太郎氏が青島みかんの枝変わりを発見し、苗木の育成・増殖を図り命名したものである。2月貯蔵明けの寿太郎みかんの味は秀逸で、糖度14.5〜15.5度に達する。現在、沼津市のみかん栽培面積の4割を占めるまでに拡大し、西浦みかんトップの生産量を誇る。

(3) 四ツ溝柿
　四ツ溝柿は富士山南麓特産の柿で、他の地域では栽培されていない。愛鷹山麓が原産といわれる渋柿である。渋抜きすると柿独特の深みのある甘味（糖度16〜19）があり最高級品にランクされている。熟し柿は西洋人に喜ばれ、干し柿の味も逸品である。

10. 富士山麓の乳製品と肉製品
　富士山のドライブで人気があるのが富士山西麓の朝霧高原（標高700〜1,000m）と、高原の牧場産牛乳やアイスクリームなど新鮮な原料によって作られた乳製品である。また、特製の酪農・肉製品も同様に道の駅や牧場などの直営店で人気を博して

いる。ヨーグルト状に加工した特別な飼料で育て、肉質柔らかく甘味に富みジューシーな富士朝霧高原ヨーグル豚、最新の育種技術成果として登場したうまい肉質の金華豚など企業ごとに個別化したハム・ソーセージ製品が朝霧高原をはじめ山麓全域で人気商品となっている。また、酪農・肉製品は、地ビール・地酒や富士宮やきそばと合いまって富士山麓のグルメを支えている。

11. 富士山麓の地ビール
(1) 地ビールとは

平成6年（1994）4月の酒税法改正により、全国各地で地域おこしのための小規模醸造のローカルブランドのビールが生まれた。これを地ビールとよんでいる。大手ビール会社が醸造、販売するビールの殆どがピルスナースタイルのビールであることから、日本でビールといえば大半がピルスナースタイルのビールを指す。ピルスナーとはホップの苦味を特長とする淡色の下面発酵ビールで、1842年チェコのピルゼン地方でラガーの醸造法で黄金色に澄んだビールがうまれ、世界中に広まったことからこの名称がある。富士山麓の地ビールにはピルスナースタイルのほか、製造法の異なるヴァイツェン（河口湖、御殿場）、ラオホ（河口湖）、シュバルツ（御殿場）などがつくられている。ヴァイツェンスタイルは大麦麦芽に小麦麦芽を混ぜて使用し、特殊なヴァイツェン酵母使う事からバナナやクローブのフルーティーな香りがある。ホップの苦味が少なく、女性におすすめのビールである。それぞれのビールにあった肉・乳製品があり、これらと共にビールを楽しむのが食の旅を新鮮にする。

(2) 河口湖の地ビール

富士桜高原ビールは富士河口湖にある企業の地ビールのブランド名である。本格的なドイツスタイルのピルス、ヴァイツェン、ラオホの3種類のビールを楽しめる。ラオホビアスタイルのビールは麦芽を乾燥させるときに生のブナを燃やして乾燥燻蒸させた独特な燻製の香りと味をもつ。河口湖の地ビールはビールのオリンピックといわれる「ワールド・ビアカップ」で2000年にラオホ、2008年にヴァイツェンがそれぞれ銀賞を獲得し、地ビールの質の高さを示している。

(3) 御殿場の地ビール

御殿場高原ビールは、御殿場に地域おこしのために地元の有志や企業が集まりつくりあげた地ビールのブランド名である。富士山の伏流水と麦芽、ホップ、酵母だけで作られた

純粋な本物志向の地ビールで、ピルス、ヴァイツェン、デュンケル、メルツェンなどの銘柄がある。デュンケルは、古いドイツのスタイルで醸造されたミュンヘン・モルトの甘味と、香ばしさと低温熟成のラガービール特有のすっきりとした風味がある。メルツェンは、モルトの香りが強くアルコール度数の高い、濃い黄金色のビールである。ヴァイツェンボックはアルコール度数の高いビール（6％以上）である。

12. 静岡の地酒・富士の地酒

平成20年（2008）北海道洞爺湖で開かれたサミットの夕食会は、静岡県酒造会社の純米大吟醸によって乾杯が行われた。また富士宮の酒造会社の大吟醸はパリ国際酒コンクールで金賞を受賞している。

これは沼津工業技術センター所長であった河村伝兵衛氏が富士山や南アルプスの水に合った静岡酵母を開発し、酒造会社はその製法技術を確立したことによる。静岡酵母は、酢酸イソアミル優勢の柔らかな果実香を引き出し、フルーティな香りと優しい味で、飲みあきしない静岡型の吟醸酒を生みだした。

13. 富士山麓の湧水や湖水の幸
(1) 湧水が育む虹鱒

富士山麓には大量の湧水がわき出るところが何カ所もある。静岡県は、昭和9年（1934）北アメリカ太平洋岸の河川原産のニジマスの増養殖を産業化するため、富士川支流芝川の水源、井の頭湧水に着目し、ニジマス養殖のために富士養鱒場を開設した。養鱒場は河川漁業に関する試験研究や、養鱒業者や内水面漁協に対し発眼卵や稚魚等を供給する事業を行い、現在、発眼卵としてニジマス約1,400万粒、アマゴ110万粒、イワナ7.5万粒のほか、稚魚や成魚を養殖用だけでなく河川放流用に供給している。現在、富士宮市のニジマス生産量は約1,500トンと全国1位を誇っており、湧水で育った「富士のにじます」はフライ、塩焼き、さらには曽我煮、甘露煮、昆布巻、スモーク（温燻）などはば広く料理の食材となっている。

(2) にじます寿司

町おこしための最も新しい食べ物として、サーモンピンク色が鮮な「にじます寿司」が富士山グルメの一つに加わった。道の駅あさぎりで「にじひめ」、「むすびマス」といった名で売られているニジマス寿司は、清流で育った虹鱒の味を引き立たせる。また富士宮市内のにじます寿司店では、紅鱒ずしどんぶり、富士の清流巻、のりまき、小袖すしなど、

板前さんごとに秘伝のにじます寿司を訪問者に提供している。

（3）山中湖のワカサギ

山中湖のワカサギは大正末頃、放流されてから次第に増殖し、昭和初期からはワカサギ漁業を専門に行なうようになった。山中湖は湖底に湧水が多く、川魚独特の臭みが無くワカサギの味が良いことで有名である。また、河口湖、西湖、精進湖、本栖湖でもワカサギ釣りは地域の風物詩となっている。ワカサギはテンプラやフライ、甘露煮など様々な方法で調理されている。

14．富士山域の海の幸

（1）沼津のひもの

沼津は低い湿度、少ない雨量、強い西風といった独特の気候のため、開いた魚を桶に塩水を漬込んでから天日乾燥したひものが江戸時代の末期頃からつくられるようになった。近年、味と鮮度を維持するための急速冷凍や配送システムが確立されたことから「沼津のひもの」の名が全国で知られるようになり、アジのひもののシェアーは静岡県の86％、全国の38％を占める。山麓のホテルでだされるひものは、沼津産といってよい。

（2）富士のしらす

シラスはいわし類の幼魚である。静岡県で漁獲されるシラスは、かたくちいわしとまいわしで占められている。しらす産地の静岡県で、最近うまい味を売り物にご当地グルメとして売り出しているのが「富士のしらす」である。炊きたてのご飯に釜ゆでのしらすを一度口にした人は、必ずリピーターとなることを保障しよう。

（3）さくらえび

富士川河口の砂浜にさくらえびを干す風景は南からみた富士の風物詩である。さくらえびは主に駿河湾の沼津沖から大井川沖にかけて獲れる。これは河川や富士山麓の海底湧水が餌である植物プランクトンの発生の要因であるためであろう。郷土料理百選に選ばれた「桜えびのかき揚げ」は富士山と駿河湾のもたらした恵みである。

参考文献

・本項は、山梨県富士吉田市、富士河口湖町、山中湖村、忍野村、鳴沢村、ならびに静岡県富士宮市、富士市、御殿場市、裾野市、三島市、沼津市、小山町の観光担当部局等からの提供資料によってまとめた。

富士北麓の風土と生活

中村 章彦

　富士北麓地方は標高が高いため寒冷で、土地は溶岩と火山灰土の痩せ地であり、そのため透水性が高く、総じて水の便が悪い等の風土的特徴をもっていた。当然稲作には適さず、北麓の多くの村、特に河口湖周辺の村は川口村（江戸時代の表記）を除き稲作を行っておらず、これが普及したのは昭和30年代以降である。したがって、食事も米以外の雑穀に依存せざるを得ず、昭和20年代でも朝はモロコシ団子、昼は麦飯、夜はホウトウが一般的な食事風景であった。米は極めて貴重で、たとえば、末期に近い重病人の枕辺で米を入れた竹筒を振ると、その妙音に病が癒えたり、あるいは安心して冥土へ旅立つことができたという話が伝えられている。また、現在は水が美味いことで知られている北麓の市町村であるが、水には大変苦労しており、江戸時代、河口湖南岸の村の多くは、飲料水、生活用水を全面的に河口湖に依存していた。風呂を沸かすのは容易でなく、隣保組で順番に沸かし、村人は皆当番が沸かした風呂に入る「貰い風呂」という風習が

あった。流し場がなく浴槽の中で皆が身体を洗うから、夜が更ければ湯水は汚れ放題、しかもその風呂を3日間炊き沸かしたという話も伝わっている。まさに文化とは縁遠い地域であった。

　一方で、富士信仰の隆盛により、この地方は次のような全く異なった一面も持っていた。現在の富士吉田市上吉田と富士河口湖町河口は、「御師の町」として知られている。御師は富士山に登拝する人に浄めの祓いを行うとともに、宿泊・食事など登拝の準備一切を行うことを業とした人をいうが、江戸時代の多い時には、上吉田には100人近くの、川口には130人を超える御師が集住していた。この2つの集落は、6・7月の登拝シーズンになると、多くの登拝客で大変な賑わいを見せたのである。登拝者は自分が所属している御師の家に投宿するのを慣例とし「檀家」と呼ばれた。また、御師達は登拝シーズンが終わると、それらの檀家を廻る「檀家廻り」の旅に出るのを恒例としていた。「檀家廻り」は檀家を繋ぎ止めるための大

切な仕事であったからである。このように、北麓地域は多くの人々が訪れ、又様々な所へ出かける御師が住む文化交流の場所でもあったのである。大正末期から始まる観光開発やリゾート開発によって、また富士登山の大衆化によって、現在の北麓地方は富士登山の拠点として、また世界的なリゾート観光地として繁盛している。このような現在の姿は、御師による文化交流を通して、前の時代にすでに準備されていたと云えるのである。

参考文献

- 伊藤堅吉『河口湖周辺の伝説と民俗』緑星社, 1980

3.3 富士山を活かした地域づくり　　　　　　　　　　　　　　第3章

夏の富士山　　　　　撮影　大八木英夫

冬の富士山　　　　　撮影　大八木英夫

4.1

富士山と交通

富士山周辺の鉄道整備

高橋 悠

はじめに

　富士山周辺の山岳地域を走る鉄道として、静岡県富士市の富士駅と山梨県甲府市の甲府駅を結ぶ身延線、山梨県大月市の大月駅から富士吉田を経て河口湖町の河口湖駅に至る富士急行線の二つの路線の歴史を概説する。

1. 身延線
1）中央線開業前後の動き

　地形的制約を持つ山梨県における最初の鉄道開業は明治36年（1903）の中央線開通であり、全国的にみても遅い時期であった。それまでの県との内外を結ぶ交易路は甲州街道、または富士川の舟運によるものが主であり、特に富士川舟運は山梨県への物資移送において大きな比重をしめていた。交通機関整備の遅れにより、山梨県域における物資輸送費は他地域と比べ高く、県内の物価高に直結していた。また、明治期の山梨県では製糸業が重要な産業と位置づけられていたが、輸送手段の脆弱さは原料繭の不足を招き、製糸業者における操業期間は他地域と比べ短期間にせざるを得なかった。こうした当時の状況は山梨県における産業発展の障害であるとされ、解消には交通網の発展、特に鉄道の開設が必要不可欠であると認識されつつあった。

　このような中、富士川の舟運に代わって山梨県と静岡県を結ぶ新たな移送ルートの整備として鉄道を建設する機運が高まりをみせていた。明治25年（1892）には政府による岩淵（静岡県）－甲府間の鉄道敷設計画が発表されたが、日清戦争開戦に伴う国家情勢の悪化によって実現しなかった。これに代わって私設による鉄道計画の動きもみられ、明治28年（1895）には東京の資産家・渡辺友次郎ら9名により、甲府－岩淵間の「駿甲鉄道」の建設計画が出願された。また、その1ヵ月後にはほぼ同一ルートの「甲府岩淵線私鉄道」計画が出願され、翌年にはこの両者統合する形で「富士川鉄道」が発足した。しかし、日清戦争後の不況によってこの計画が実現することなく、明治31年（1898）に免許を失効している。

富士山周辺の鉄道整備

身延線
[区間]　富士 – 甲府（88.4km）
[全線開業年]　昭和3年（1928）
[駅数]　39（うち無人駅30）
[単/複線]　富士 – 西富士宮は複線、
　　　　　西富士宮 – 甲府間は単線
1900　馬車鉄道「富士鉄道」開業
1913　富士身延鉄道が買収
1928　甲府まで延伸、全線開業
1941　国が買収、国鉄身延線に
1988　国鉄民営化

富士急行線
[区間]　大月 – 河口湖（26.6km）
[全線開業年]　昭和25年（1950）
[駅数]　18（うち無人駅3）
[単/複線]　全線単線
1901　都留馬車鉄道が開業
1927　富士山麓電気鉄道が経営権取得
1950　河口湖まで延伸、全線開業
1967　新御坂トンネル開通
2011　富士吉田駅を富士山駅に改称

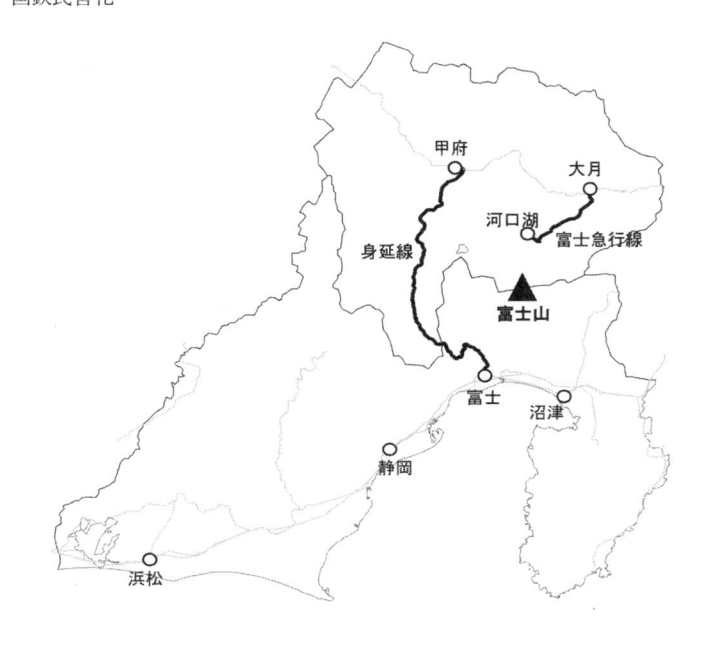

4.1 富士山と交通

その一方、甲府盆地内において馬車鉄道の敷設計画が持ち上がり、明治29年（1896）頃には甲府・勝沼間および甲府・小井川間を結ぶ山梨馬車鉄道が開業した。また、明治33年（1900）には小井川－鰍沢間を結ぶ鰍沢馬車鉄道が開業している。当時の富士川舟運による物資移送は、鰍沢で馬車に積替えた上で甲府方面へ運搬されていたが、この陸路部分を馬車鉄道とすることで、開業を控えていた中央線との競争が可能であると考えられた。またこの時期、明治26年（1893）の信越線碓氷峠ルートの開通によって、製糸業で山梨県と競合する諏訪地区と東京・横浜方面の所要時間が大幅に短縮されたため、甲府周辺においても速達性に優れる富士川舟運の活用によって諏訪地区との対抗を目論んでいた。しかし、明治36年（1903）に中央線が甲府まで延伸開業すると、山梨県への物資移入の大半を中央線ルートが占めるようになり、富士川舟運は大きな打撃を受けた。馬車鉄道の需要も激減し、明治37年（1904）には山梨馬車鉄道の甲府－勝沼間が廃止された。残りの区間は甲州財閥の雨宮敬次郎・小野金六に譲渡され、明治38年（1905）から山梨軽便鉄道として経営が続けられた。

一方、静岡県側では明治42年（1909）4月、東海道本線に富士駅が開設された。これは入山瀬における富士製紙の工場誘致決定に伴う鉄道駅設置の請願によるものであるが、その前の明治33年（1900）に鈴川(現在の吉原駅周辺)と大宮(現・富士宮市)とを結ぶ馬車鉄道として富士鉄道が開業していた。富士駅開業の半年後、富士鉄道は既設線の長沢と富士駅とを結ぶ路線を開通させ、富士－大宮間が馬車鉄道で結ばれた。

また、明治41年（1908）には富士宮地域の製紙業の原材料となる木材輸送を目的として、大宮－上井出間に富士軌道が開設され、翌明治42年（1909）に貨物営業路線として稼動を開始した。富士軌道は工業用木材輸送のほか、関東大震災における復興用木材の搬出にも活用された。その後、地域住民の要望を受け明治43年（1910）より旅客輸送を開始し、大正期までに庶民の足として定着していった。さらに、明治45年（1912）には第二期線として人穴まで延伸開業を実現したが、それ以降は用地買収の難航により延伸計画は頓挫し、延伸部は貨物専用の鉄道馬車によって運行されるにとどまった。その後、富士軌道は昭和13年（1938）ごろまで旅客営業を行っていたとされている。このように、

中央線甲府延伸および東海道線富士駅開業を前後して、富士川周辺地域では相次いで馬車鉄道の建設が進められた。

2）富士身延鉄道の開設

明治44年（1911）3月、東京の実業家・小野金六によって富士と甲府を結ぶ「富士身延鉄道株式会社」の設立が出願された。当初は富士川の西岸に敷設する計画であったが、地権者の反対運動により東岸にルートを変更した。その中で、当時すでに富士－大宮間で旅客営業を行っていた富士鉄道に着目し、富士鉄道を軽便鉄道に変更の上、買収することで鉄道施設および用地の確保を実現することになった。富士鉄道は大正2年（1913）に買収され、同年7月には富士－大宮間で蒸気機関車による旅客列車が運行を開始した。

なお、富士身延鉄道開設を前後する時期は、静岡県側の富士川流域において多くの鉄道敷設計画が出願された時期であった。明治44年（1911）4月、興津－身延間の「身延軽便鉄道」が出願され、同年11月にはやはり静岡と山梨を結ぶ「甲駿軽便鉄道」が富士川村役場内に設置されたが、いずれも後に却下されている。このような状況からも、当時は富士川の舟運に代わる新たな交通手段として鉄道敷設の重要性が地域社会の間で認識されつつあったということができる。

大正9年（1920）には富士から身延までが鉄道で結ばれ、身延詣でや富士登山といった当該地域における旅行者需要の創出をもたらした。しかしながら、地形的制約による建設費の増大によって、旅客運賃は富士－身延間で大人1円70銭と「日本一高額」といわれるほどの設定であった。また、国営鉄道の中古車両による運行は車両性能や輸送量の面において難があった。こうした状況のため利用客は伸び悩み、厳しい経営が続いた。

身延から先の甲府方面への延伸工事は、大正9年（1920）の臨時国会にて国による建設が決定された。この決定までの間には富士身延鉄道が建設を進めるという動きもみせていたが、国との間で建設計画に折り合いがつかず、身延－市川大門間を富士身延鉄道が、市川大門－甲府間を国が建設するという方針で決着がついた。しかし、第一次世界大戦に伴う緊縮財政によって予算計上が不可能となったため、最終的に全線を富士身延鉄道で建設することとなり、大正14年（1925）1月になってようやく甲府方面への延伸工事が着手された。昭和2年（1927）6月に富士－身延間の電化が達成さ

れ、身延以北の延伸区間も電化路線として建設が進められた。同年12月には市川大門までが、さらに翌昭和3年3月には甲府までの延伸が達成され、富士-甲府間で電車による運行が開始された。

こうして、大正2年（1913）の着工から15年の歳月を経て身延線は全線開通を果たすこととなった。しかし、建設費の増大や自然災害による復旧工事等が重なったこともあり、高額な運賃設定は全線開通後も引き継がれた。また、経営状況が厳しさを増す中でのさらなる運賃の値上げにより、利用客の減少に拍車をかけることになった。こうした中、昭和7年（1932）には沿線住民による「富士身延鉄道国営促成同盟会」が発足し、鉄道の国営移管を求める運動が起こった。政府側も第一次世界大戦後の全国鉄道計画の中において甲駿間の鉄道の重要性を認識し、また東海道線・中央線との一元的な経営に軍事上のメリットを見出していた。こうした沿線住民による運動、および軍事的機運の高まりを受け、昭和13年10月、経営権が国に借り上げられて民有国営となった。そして、昭和16年（1941）、富士身延鉄道は1,900万円で国に買収され、路線名も身延線となった。国営移管後は戦時体制下における軍需物資や兵士の輸送等、軍事上の重要な役割を担うこととなった。

3）戦後の身延線

昭和28年（1953）、沿線自治体による「身延線改善期成同盟」が発足し、複線化や速度向上等の輸送改善を求める運動が起こった。こうした要望を受け、昭和31年（1956）に富士-甲府間に快速列車が新設され、身延線に初めて速達列車が運行されるようになった。この快速列車は昭和39年（1964）より準急「富士川」号に格上げされて一日2往復運行とし、後に運転区間が静岡-甲府間に延長された。昭和43年（1968）以降は「急行」として徐々に増発が図られたほか、一部列車の三島駅乗り入れや、行楽シーズンにおける甲府-上諏訪間の延長運転も実施された。また、新宿から甲府経由で身延線の直通する臨時急行「みのぶ」号も運行されるようになるなど、身延線は観光路線としても定着をみせた。さらに、富士宮の日蓮正宗本山・大石寺への参詣客輸送も大きな比重を占め、昭和30年代以降は参拝客の急増に伴い多くの団体臨時列車が設定された。

その後、昭和48年（1973）には富士-西富士宮間で複線化が完成し、同区間での増発が図られるなど輸送改善が進む一方、その他の閑

散区間では普通列車の所要時間増大や運転間隔の不均等化といった問題が生じた。また、自家用車の普及に伴う鉄道利用者の減少は身延線においても例外ではなく、駅の無人化や要員削減などの経営合理化策が進められた。昭和62年（1987）には民営化によってJR東海の管轄路線となったが、身延線は現在も富士山周辺や下部温泉等への観光客輸送をはじめ、甲府と富士・静岡を直結する唯一の鉄道路線として大きな役割を果たしている。

4）身延線の現況

身延線は富士－甲府間88.4kmを結ぶ、東海旅客鉄道（JR東海）管轄の地方交通線である。富士－西富士宮間は複線であるが残りの区間は単線である。全39駅中駅係員が配置されているのは9駅（業務委託駅を含む）であり、他はすべて無人駅となっている。

平成21年（2009）3月現在、特急を除く身延線全線を走破する普通列車は下りが10本、上り11本であり、その他は両端の富士・甲府から途中駅までを結ぶ区間列車となる。最も運行密度が高い区間は静岡県側の富士－西富士宮間で、日中は普通列車が約20分間隔で運転されている。富士で接続する東海道線は主に沼津方面への通勤・通学流動が多いが、西富士宮－静岡間を直通する普通列車も1往復設定されており、沿線が静岡市の通勤圏としても位置づけられていることが伺える。山梨県側では甲府－鰍沢口間の利用客が多く、同区間は終日30～60分間隔での運行となっている。その一方、中間の西富士宮－鰍沢口間は閑散区間となり、普通列車の運行間隔が2時間以上開く時間帯も存在する。一方、特急「ふじかわ」号は1日7往復が静岡－甲府間で運行され、同区間を途中11駅停車の約2時間15分で走破する。かつては列車により停車駅に差異があったものの、現在はすべての列車において停車駅が統一されている。なお、昭和40年代に数多く設定された富士宮の日蓮正宗・大石寺への団体臨時列車は、需要の減少に伴い平成3年（1991）で運行を終了している。

5）身延線の車両

国鉄時代の身延線は、他路線から転用された旧型車両が比較的遅い時期まで残され、戦前に設計されたいわゆる「旧性能電車」が1980年代初頭まで運行された路線として知られていた。中には旧型車両の走行装置を流用し、車体のみを当時の新型車両と同等のものに載せ替えた身延線専用の車両（クハ62・モハ66型）も存在していた。

国鉄民営化以降は比較的早い時期に新造車の投入による車両更新が進められた。JR発足を前後して運行されていた車両は急行「富士川」号用の165系、中・長距離普通列車用の115系、および富士－西富士宮間の区間運転用として1～2両編成で使用された123系であった。これらの国鉄型車両に代わり、民営化後には初のステンレス車両である211系が、平成11年（1999）には最新型となる313系電車が投入されている。また、平成7年（1995）には急行列車の特急化に伴い、車両も特急用の373系電車が導入された。その後も車両の更新は続けられ、旧国鉄時代に製造された車両は平成19年（2007）までにすべて置き換えられている。こうした新型車両投入の背景には、旧型車両の老朽化のほか、列車乗務のワンマン化や車両運用の効率化など、鉄道業務全般における合理化の側面が大きいといえる。

なお、身延線内のトンネルは富士身延鉄道の建設時に掘削された狭小なもの多く、身延線に入線する車両はトンネルに対応した特殊な設計が求められた。具体的には屋根、特に集電装置（パンタグラフ）周辺部を低くすることでこの問題を解決しており、他路線からの転用車両についてもこれに対応した工事が必要で

あった。現在でもJR東海の在来線用として新造される車両の多くは身延線のトンネルに合わせた設計となっている。

2. 富士急行線
1）富士山北麓開発と富士山麓電気鉄道

富士急行線の歴史は、1900年代初頭に郡内地方（山梨県都留郡一帯）における馬車鉄道網の成立に端を発する。明治33年（1901）、都留馬車鉄道の瑞穂村（現・富士吉田市）－中野村籠坂（山中湖）間が開通した。すでに開業済みであった御殿場馬車鉄道（御殿場駅－籠坂間、明治36年全線開業）と連絡することで、東海道線（現・御殿場線）と郡内地方が馬車鉄道で結ばれた。当時の郡内地方は旧鎌倉街道を介した静岡県側との交易が盛んであり、このルートに馬車鉄道を敷設することで、中央線開通後もこれまでと同様に重要な物資移送手段として活用されるものと見込んでいたといわれる。

明治36年（1904）には富士馬車鉄道・小沼－大月間が開通し、同年に瑞穂村－小沼間が開業した都留馬車鉄道と小沼で接続した。これら3つの馬車鉄道は軌間（線路幅）が異なり直通運行は不可能であったが、中央線の大月から東海道線の御殿場

まで馬車鉄道を乗継いで移動することが可能となり、甲斐絹の搬出も小仏峠ルートから馬車鉄道経由に移った。また、富士登山客の流動にも変化が生じ、これまで主流であった大宮（富士宮）からの入山客が減少する一方、中央線と馬車鉄道を乗り継いで富士吉田から入山する旅行者が急激に増加した。

　馬車鉄道網の完成と中央線の開通は、御殿場経由と大月経由のどちらからも観光客の富士山北麓地域への流入を促進させることになった。また、富士登山が宗教的な目的を含むものではない一般的な観光として定着をみせたほか、富士登山だけでなく富士五湖における周遊旅行を可能にした。しかし、前述3社の馬車鉄道のうち、黒字経営を保ったのは大月での中央線との連絡によって観光客を中心に活況をみせた富士馬車鉄道のみであった。残る2社はもともと沿線人口が少ないため旅客流動は見込めず、さらに郡内地域の物資移出入ルートが御殿場経由から中央線方面へ移行したこともあり、当初の目論見に反して厳しい経営状況が続いた。その後、大正8年（1919）に都留馬車鉄道が電化され、翌年には富士馬車鉄道でも電化が完成した。社名はそれぞれ都留電気鉄道、富士電気軌道となったが、後に都留電気鉄道が一部区間を富士電気軌道に売却したため、大月－富士吉田間は富士電気軌道によって結ばれることになった。なお、御殿場馬車鉄道は大正7年（1918）に廃止されている。

　激増する富士山麓地域への観光客に対応するため、この地域における新たな交通網の整備が急務となっていた。当時の山梨県知事の山脇春樹は、県の主要事業として富士山周辺の交通網整備と観光開発を進めていくべきとの主張を繰り返し、産業としての観光事業の発展を交通に見出していた。こうして、大正6年（1917）6月、山梨県を中心に交通と観光両面における北麓地域の開発を目的とした岳麓開発事業創立準備委員会が東京の帝国ホテルにて開催された。この計画自体は第一次世界大戦突入における不況の影響で頓挫という形をみせたが、その後の「富士山麓電気鉄道」設立に向けた流れをつくる契機となった。

　富士山麓電気鉄道は、富士山周辺地域の観光開発および新たな交通網の整備を目的として、大正15年（1926）2月に設立が出願された。当時は本間利雄・山梨県知事らによる富士山麓開発構想が注目されつつあり、富士山周辺地域における交通網の構築が計画された。この計画は

富士身延鉄道の社長を務めた経験のある堀内良平によって具体化され、富士五湖周辺を周遊して富士身延鉄道へと連絡する鉄道網の敷設が構想されていた。

同年9月、富士山麓電気鉄道が発足し、堀内が初代社長に就いた。山麓電鉄は昭和2年5月に富士電気軌道の経営権を買収し、軌道路線の運行を継続しつつも新たに電気鉄道の建設を進めた。鉄道に転用できない併用軌道区間については別に用地を買収することになったが、特に谷村－富士吉田間は地主農民の強い反発によって難航した。路線敷設が完了し、大月－富士吉田間で電車の運行が開始されたのは昭和4年(1929)4月のことであった。

山麓電鉄設立と同じ大正15年(1926)、電鉄の姉妹会社である富士山麓土地株式会社が設立され、昭和3年(1928)の山中湖ホテル開設を契機として富士山北麓地域における観光開発に着手した。電鉄および土地会社は世界恐慌の影響で一時的な経営悪化をみせたが、昭和7年(1932)の両会社の合併、およびその後の景気回復によって経営は持ち直し、別荘地の開発や乗合バス路線の拡充といった積極的な事業展開がみられた。特に別荘地開発に関しては、山中湖周辺における集中的な投資が行われた。中央線の開通と馬車鉄道網の整備で、富士山観光はすでに大きな需要を得ている中で、山麓電鉄の開業と土地会社による観光開発の推進によって、富士山麓一帯は軽井沢や箱根と並び、関東周辺における高級保養地として位置づけられるようになった。しかし、こうした観光開発は県と山麓電鉄を主体として推進されたため、地元住民に対する利益の還元はほとんどなかったとされる(『富士北麓観光開発史研究』)。

戦時体制下においては登山等の観光需要が激減した一方、富士山麓周辺地域の交通企業の経営統合が進められた。郡内地方においては8つのバス事業者、計660kmに及ぶバス路線網が富士山麓電気鉄道に統合された。これによって富士山麓電鉄による地域交通独占体系が確立され、戦後の観光開発にも大きな影響を残すことになった。

2) 戦後の事業展開

昭和22年(1947)、富士山麓電気鉄道は富士吉田－河口湖間3.1kmの免許を取得し、3年後の昭和25年(1950)8月24日に開通した。また、戦時中一時中断していた国営区間からの直通乗り入れ運行は昭和21年(1946)より再開され、後に行楽期のみならず通年運行の定期列車とな

り、運行本数も増加した。なお、昭和31年（1956）には静岡県の岳南鉄道（吉原－岳南江尾）を傘下に収めている。

昭和35年（1960）、富士山麓電気鉄道は「富士急行株式会社」へと改称したが、この際の社名には「鉄道」や「交通」などの文字を冠しておらず。交通機関の運営を含めた総合的な事業展開を推進する観光開発企業としての位置づけをあらわすものといえる。特にこの時期は、富士急ハイランドの前身にあたる富士五湖国際スケートセンターの開設（1961年）をはじめ、山中湖畔のホテルマウント富士開業（1963年）、裾野市の日本ランド遊園地開設（1974年）など、観光開発に対する投資が積極的な時期であった。そして、昭和44年（1969）の富士急ハイランド開設によって、富士急は山梨県を代表する総合企業としての地位を築き上げた。現在、富士急の鉄道事業における収益は全事業収益の5％程度に留まる一方、観光事業等を含む副業部門の収益は全体の80％以上を占めている。

また、昭和30年代から40年代にかけては行政主導による道路網の整備が急速に進められた。特に昭和39年（1964）の富士スバルライン開通と昭和42年（1967）の新御坂トンネル開通は河口湖周辺地域への自動車によるアクセスの利便性を飛躍的に高めた。これらの結果、山中湖周辺地域においては富士山麓電気鉄道による戦前の高級別荘地開発、戦後のリゾートマンションやホテルの建設といった滞在型高級リゾート地としての性格をもたらし、河口湖周辺は富士急による富士急ハイランド建設や行政主導の富士スバルライン開通によって大衆的観光地としての性格を強くした。

3）富士急行線の現況

富士急行線は大月（山梨県大月市）－河口湖（同・南都留郡富士河口湖町）間26.6kmを結ぶ地方旅客鉄道線である。全線が単線であり、富士山駅（旧・富士吉田駅）を境界に進行方向が逆転する。路線名は富士山駅から大月側を大月線、河口湖側を河口湖線と称するが、実質的に一路線として扱われており、旅客案内上も「富士急行線」で統一されている。全18駅中、社員が配置されているのは大月・富士山・河口湖駅のみで、このほか無人駅3駅（上大月・赤坂・寿）、ならびに富士急ハイランド社員が駅務を担当する富士急ハイランド駅を除いた11駅は業務委託駅となっている。富士急行線の利用客の中心は定期外利用であり、観光客輸送が非常に大きな割合を占める。そ

4.1 富士山と交通

の一方、都留文科大学をはじめ、駅周辺に高等学校の立地がみられる大月駅・上大月駅・赤坂駅・谷村町駅・富士山駅などは、朝夕になると学生の乗降で非常に混雑する。こうしたこともあり、定期利用は通勤と比較して通学定期の割合が高い。

富士急行線で運行される列車のうち、各駅に停車する普通列車は終日30分に1本程度が設定されている。特急列車は平成10年（1998）に有料座席定員制列車として設定され、運行開始当初は都留市駅と富士山駅・河口湖駅に停車していたが、平成16年（2004）の都留文科大学前駅開業に伴い、都留市駅に代わって都留文科大学前駅に停車するようになった。平成21年（2009）現在、特急列車は平日の下り3本と上り4本、土休日の下り6本と上り8本が設定され、行楽シーズンには増発等の対応が行われる。全線の所要時間は普通列車が約51分、特急列車で約45分である。

また、富士急行線沿線からは立川・八王子・東京方面への通勤・通学利用も多いため、JR中央線への直通列車も1日3往復（高尾駅発着1往復、東京駅発着2往復）が設定されている。このほか、土休日ならびに行楽シーズンには東京方面からの臨時直通列車が多数運行されている。

4）富士急行線の車両

富士山麓電気鉄道の開業時における車両は、急勾配の多い路線特性に対応するため、当時の大都市周辺の通勤電車同様に電動機出力が大きく、高加減速性能に優れた電車（モ1形）が導入された。戦後の混乱期を脱すると、車体の大型化や木造車両の鋼製化といった大掛かりな車両の更新工事を行うことでサービスレベルの維持が図られた。

高度経済成長期に入ると、高性能で騒音が少ない新造車両（3100形）の導入と、在来車に近代化改造を施した更新車両（3600形）の整備を推進した。また、観光シーズンにおける国鉄からの直通列車の増強を図るため、国鉄と共通設計の気動車（キハ58形）を新たに導入している。こうした車両の増備・改造は、特に観光客に対するサービス向上を重視した富士急行の鉄道事業に対する姿勢が現れたものといえる。

その後、沿線人口の増加やモータリゼーションの進展は鉄道の需要にも大きく影響を及ぼすことになり、富士急行では観光客輸送と同時に沿線地域住民の輸送においても利便性向上が求められた。このような中で昭和50年（1975）に導入した自社発注の新型車両5000形は、当時の最新技術を積極的に採用した中小私鉄

向け車両として注目を集めた。同時に、国鉄から払い下げた中古車両を増備することで日中の列車増発を実施し、地域間輸送のサービス改善が図られた。

平成21年（2009）現在、富士急行で運行される車両は、前述の5000形2両を除く全ての営業用車両が他鉄道事業者からの中古車両で占められている。主力となっている普通列車用の1000系車両は、老朽化した旧式車両の代替用として平成5年（1993）に京王電鉄から購入したものである。車内の座席は従来、線路と平行なロングシート構造であったが、富士急行への導入に際し、一部の編成を除きセミクロスシート（枕木方向に配置したクロスシートと、線路に平行なロングシートを組み合わせた仕様の座席配列）に改造されている。特にクロスシート部分は背もたれを傾けることで座席の向きを変える転換クロスシートを採用し、着席時に車窓を眺めやすくするなど観光需要にも対応した構造となっている。平成21年（2009）8月にはこの1000形車両の車内を木製インテリアで再構成し、展望座席や販売スペース等を設けた観光用車両「富士登山電車」1編成2両が導入された。

特急用車両として使用されている展望室付き車両（2000形）は、JR東日本で使用されていた観光用車両を平成14年（2002）に購入したものであり、外装は富士山を模したキャラクターの無数のイラストが描かれている。

なお、前述したJR中央線方面からの直通列車については、すべてJRが保有する車両で運行されている。

参考文献

- 富士急行50年史編纂委員会『富士山麓史』富士急行株式会社，1977，901p.
- 『鉄道ピクトリアル』No.652，1998.4
- 『鉄道ジャーナル』No.486，2007.4
- 大月市史編纂室編『大月市史 通史編』大月市，1978，1249p.
- 富士吉田市史編さん委員会（1999）：『富士吉田市史通史編 第3巻 近・現代』富士吉田市，1999，723p.
- 加藤要一「鉄道敷設における地元の「認識」と「実際」―明治期山梨における馬車鉄道を事例に」『社会経済史学』63（3），1997，p.346-377.
- 土屋俊幸「交通資本による観光開発の展開過程 <昭和戦前期>―富士急行を事例として」『林業産業研究』100，1981，p.30-35.
- 富士市史編纂委員会『富士市史』富士市，1982，1053p.
- 身延町誌編纂委員会『身延町誌』身延町，1970，1264p.
- 南部町誌編纂委員会『改訂南部町誌 下』南部町，1999，1205p.
- 内藤嘉昭『富士北麓観光開発史研究』学文社，2002，195p.

ぐるり・富士山風景街道

土 隆一

　日本風景街道は、郷土愛を育み、日本の魅力・美しさを発見、創出するとともに、多くの主体による協働のもと、景観、自然、歴史、文化の地域資源を活かした国民的原風景を創成する運動を促し、それによって地域の活性化、観光振興、美しい国土の形成に寄与することを目指すもので、平成19年（2007）4月に国土交通大臣に提言され、国土交通省では国民的な運動として全国に展開することを目的に、同年9月10日から風景街道を募集、そこで、国交省静岡国道事務所、甲府河川国道事務所と、静岡市のNPO法人「地域づくりサポートネット」、甲府市のNPO法人「CCCMまちづくり」が"ぐるり・富士山風景街道"を申請し、平成19年11月1日に中部の第2号、関東の第15号として登録された。

　"ぐるり・富士山風景街道"は地図を見ればわかるように、富士山麓をめぐっている、東から国道138号線、469号線、139号線、計約115kmがこれにあたり、それらの脇道や登山道も含むこととされている。地域としては、静岡県の富士宮市をはじめ4市町、山梨県の富士吉田市をはじめ5町村が加わることになる。主な活動としては、道路を中心に富士山麓を磨き高めること、富士山の風景価値を高め、情報発信する活動、富士山の歴史、自然、風景、暮らしを学び守る活動をすすめ、富士山の裾野に広がる牧場の風景、豊かな自然、良好な眺望景観を一層高めることにある。

　そして、この活動の特徴は、地元住民団体、商工会、企業体、関係する有識者、道路管理者が協力してアクションネットワークで推進するところにある。

　現在、この街道を車でめぐって見ると、道路や富士山の景観の状況は一様でなく、近い将来には、たびたび富士山を眺めながら、あるいは、富士山麓の特色ある草原、樹林帯、牧場などの風景を眺めながら、歩くことができるような、あるいは、自転車でも走れるような、そして、いくつかの休憩所や案内板もあるような道にしてほしいと期待している。

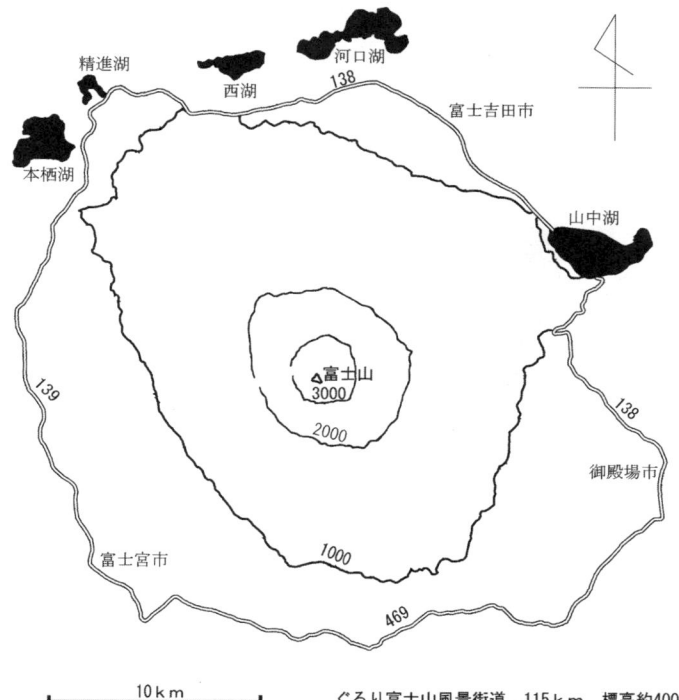

ぐるり・富士山風景街道

ぐるり富士山風景街道　115km，標高約400〜1000m
国道138，139，469号線　所要時間 約140分

ぐるり・富士山風景街道

写真1 南の「こどものくに」から眺めた富士山

4.1 富士山と交通

写真2 東の御殿場から眺めた富士山

写真3 北の道の駅「なるさわ」から眺めた富士山

写真4 西の道の駅「朝霧高原」から眺めた富士山

Column
車窓の富士山

　富士山を取り囲むようにして走るJR御殿場線・身延線、富士急行線などでは、車窓からその姿を間近に見ることができる区間がある。富士山に最も近い駅は富士急行線の富士山駅（旧・富士吉田駅）である。富士山頂からの直線距離はわずか14kmほどで、プラットホームからは迫り来るように聳え立つ富士山を眺めることができる。富士急行線の場合、全18駅中13駅から富士山を望むことができ、車窓風景とあわせて富士山との近さを実感することができる。

　東京周辺では近年の高架化によって駅や車内から富士山を望むことができる路線も増えてきている。JR中央線の杉並区付近や、埼京線の大宮－赤羽間などに加え、2000年以降に新たに高架化された世田谷区内の小田急線や、練馬区内の西武池袋線、三鷹・小金井市付近のJR中央線新設高架区間などは富士を望める新しい通勤路線といえる。高架線上に限らず、富士山の可視域が広い関東平野では多くの鉄道路線の地平区間でもその姿を眺めることが可能である。また、房総半島を走るJR内房線からも、東京湾越しに富士山を遠望できる地点がある。

　車窓から見える富士山として全国的に知られているものは、東海道新幹線であろう。東京都品川区・大田区付近の高架区間や、平塚市内、静岡市内などでも富士山が見られる区間はあるが、最も有名なのは三島駅付近から富士川鉄橋付近までの区間である。新大阪方面に向かう列車の場合、進行方向右側に富士山を見ることができる。列車がここに差し掛かると、乗客がしきりに富士の方向の車窓を気にし始め、窓の外にカメラを向ける姿は、新幹線の日常的な車内風景である。また、静岡市の安倍川鉄橋南側の曲線区間は、富士山が車窓の左側(東京行きの場合は右側)に現れる唯一の地点として有名である。

参考資料
- 田代博『富士山展望百科』実業之日本社，1998
- 田代博『富士山「発見」入門』光文社，2003
- 富士山と山の展望(2009.11検索)：http：//fujisan.world.coocan.jp/

高橋 悠

富士山の道路整備と環境対策

田中 絵里子

1. はじめに

富士山周辺の道路は、富士山をぐるりと囲むように整備されている。ここでは、富士山にちなんだ愛称をもった道路を中心に、富士山周辺の道路整備と環境対策について解説する。

2. 富士山にちなんだ道路の整備

富士山周辺の道路整備は、県ごとに実施されていることが多く、富士山にちなんだ道路としては、山梨県の富士山有料道路（富士スバルライン）と、静岡県の表富士周遊道路（富士山スカイライン）が知られている。

1）富士スバルライン（山梨）

富士スバルラインは、富士山有料道路の愛称で、山梨県の河口湖から富士山五合目までの約30kmを結ぶドライブウェイである。所要時間はおよそ40分で、通行料金は普通乗用車の場合、全線（往復）2,000円。アルプスなどの山々を遠くに眺めながら、緑の林間を走りぬけるルートは人気が高い。

昭和36年（1961）に着工され、昭和39年（1964）4月1日より供用が開始された。スバルラインの名は、建設当時に募集した名称の中に多かった「スバル」を採用したもので、星の名前に由来している。

富士スバルラインが開通する前は、急勾配・急カーブが続く未舗装の道路だったため、通行には時間がかかり、悪天候時には通行止めになったといわれている。現在は急勾配・急カーブのあまりない舗装道路が整備され、快適に走行できる。また、冬季でも除雪作業を行うことから、年間を通して富士山へ近づけるようになった。

富士スバルラインはもともと、起点～富士山料金所手前までの無料区間と富士山料金所～五合目までの有料区間を合わせて富士山有料道路（富士スバルライン）だったが、平成17年（2005）6月6日に償還期間が終了したことに伴い、翌7日から富士山料金所手前の交差点～五合目までが維持管理有料道路の富士スバルラインとなった。

2）富士山スカイライン（静岡）

富士山スカイラインは、表富士周遊道路の愛称で、静岡県の富士宮市、

富士市、御殿場市を通る34.7kmの道路である。富士山スカイラインは、富士宮から富士市を結ぶ富士宮区間(9.6km)、御殿場から富士市を結ぶ御殿場区間(12.0km)、両者の合流点(二合目)から富士山新五合目を結ぶ登山区間(13.1km)の3区間に区分される。

昭和45年(1970)7月1日に有料道路として供用が開始されたが、平成6年(1994)7月1日からは無料開放されている。

富士スバルラインと富士山スカイライは、いずれも「日本の道100選」に選ばれている。

3. 富士山における環境と交通
1) マイカー規制

近年、自動車が普及したことに伴い、観光地では観光客による自動車の渋滞や環境への影響が問題視されるようになった。特に美しい自然景観を有する自然公園等では、環境への配慮が求められている。

マイカー規制は、一定期間、規制範囲内に一般車両の通行を禁止する規制で、昭和50年(1975)に上高地で初めて導入された。観光客はマイカーを無料駐車場に停め、そこからシャトルバスなどの公共交通機関に乗り換えて規制範囲内を通行する。この取り組みは高く評価され、知床、尾瀬、立山などの自然公園をはじめ、全国で実施されるようになった。

富士山にもマイカー規制は導入されている。富士山五合目へのアクセス道路は、毎年の一定期間、マイカーの通行を禁止している。

富士スバルラインと富士山スカイラインでは、富士山の自然環境の保全と交通渋滞解消のため、夏季(8月)の一定期間にマイカー規制を実施している。さらに、ふじあざみラインでもマイカー規制の社会実験をふまえて、実施しているなど、積極的な対策が取られている。

また、富士山ではマイカー規制のほか、オフロード車等乗り入れ規制もかけられている。富士山の中腹部から上は自然公園法の特別地域にしているため、車両の乗り入れが禁止されている。

その他、アイドリングをしたままの駐車をしないなどの対策も、富士山の自然環境を守るために、利用者に求められている。

2) 新たな交通手段の検討

富士山が抱える問題の1つに、夏季に集中する観光客の多さが挙げられる。富士山の登山に適した季節は、地形的、気候的条件から、夏季の短い期間だけだといえる。そのため7～8月の開山期には集中して30万人

4.1 富士山と交通

超の観光登山客が訪れている。

　観光客の多さがもたらす自然環境への影響は計り知れない。しかし、富士山の美しさ、雄大さ、苛酷さ、神秘さ、すがすがしさは、実際に富士山を間近で眺め、体験すればこそ得られる感覚であるともいえる。第一、富士山の観光資源としての価値は絶大で、老若男女を問わず年間4千万人が登る山は、他に類をみない。

　現在、増加する観光客の交通対策として、マイカー規制等が実施されているが、マイカーは規制されるものの、タクシー、ハイヤー、大型バスは通行可能であり、夏季の混雑時には大型観光バスの往来が激しいなど、抜本的な解決には至っていないのが現状である。

　これらの解決策の1つとして、自動車道路を廃止し、代わりに登山鉄道を導入する案も出ているが、賛否は両論である。

　登山電車を導入することのメリットとしては、排気ガスを出す自動車を完全に排除することができる、交通量（入山者）を管理することができる、季節に左右されず富士山を楽しむことができる、などが挙げられる。登山電車に関してはヨーロッパ（特に山岳観光が発達しているスイスなど）に学ぶ点が多い。

　平成21年（2009）1月5日〜15日にインターネットの検索エンジン「yahoo!ジャパン」が、インターネット上で富士山の電気鉄道計画について賛否を問う調査を実施した。

　「富士山に電気鉄道を作る計画があるそう。利便性が高まる一方で、雪崩の不安や冬にも観光客が入ることで自然バランスが崩れるなどの心配も。あなたは、この計画に賛成？反対？」との問いに、合計27,145票が投票された。結果、富士山に鉄道を導入することに対しては、「賛成」23%（6,199票）、「反対」78%（20,946票）と、反対が多数を占めた。

　このような結果の背景には、単に日本における登山鉄道の導入事例の少なさや知識の少なさだけではなく、「鉄道建設＝開発行為＝自然破壊」といった負のイメージや、日本の象徴富士山に対する特別な感情が垣間見られる。

　富士山の自然を守りつつ、その美しさを間近で眺め、体験し続けられるよう、富士山の環境と交通について、今後は国民全員で考えていかなければならない時期に差し掛かってきている。

参考資料

- 山梨県道路公社富士山有料道路管理事務所「富士山有料道路（富士スバルライン）公式ホームページ」：http://fujisen.

web.infoseek.co.jp/
- 野口健『富士山を汚すのは誰か―清掃登山と環境問題』角川グループパブリッシング,2008
- Yahoo! ジャパン ニュース

Column
吉田口登山道の調査と整備

　富士山の登山道には幾つかの登山口がある。なかでも吉田口と称される北口登山道は、富士山信仰において本道とされてきたこともあり、古くから多くの登山者で賑わってきた。しかしながら、昭和39年（1964）の富士スバルライン開通以降、車利用の登山者が増えため五合目以下の登山道の利用は激減した。その結果、山小屋は維持ができず戸締め状態となり、道とそれに付随する建物は次第に廃れていった。道そのものは県道であるため、現在でも安全に登山できるように管理されてきた。古くは「道造り」として麓の村々でも登山道の維持がされてきた歴史もある。近年、登山道の復活や環境保全を望む声が高まり、平成8（1996）年度から「歴史の道整備活用推進事業」として吉田口（北口）登山道の調査と整備が富士吉田市によって進められた。発掘調査および保存整備は、馬返と一合目の2個所で、どちらも信仰上の拠点となる重要な地点である。馬返は、富士山の聖域との境界にあたるところで、中世から神聖視されていた重要な場である。調査によって江戸時代にさかのぼる古い道や小屋跡、奉納された石碑群が確認された。一合目においても社に直接登り上げる古い道や石碑の台石が陶磁器や古銭類などの遺物とともに確認された。馬返および一合目の整備では、これらの調査の成果をもとに道とそれに付随する石碑群などを修復・移設し、かつての景観復原おこなっている。また、登山道は地質的に崩れやすく、少しの雨水でも路面が抉られてしまうことがある。馬返の旧道整備では、地元の火山砂を樹脂で固めた舗装処理をして雨水による侵食を防いでいる。

　登山道の活用という点では、六合目に至る本来の登山道の歴史や自然の大切さを再認識してもらうことを目的に、文化財としての調査と整備を展開させていく必要がある。現在では、基点となる北口本宮冨士浅間神社から登山する人も増えてきており、麓から登る富士山も見直されてきている。

布施 光敏

富士山周辺の道の駅

新井 貴之

1. 道の駅の概要

道の駅は、平成5年（1993）に建設省（現・国土交通省）による第11次道路整備5箇年計画の施策のひとつとして誕生した事業により作られた施設である。道の駅の共通コンセプトは「休憩・情報交流・地域の連携機能を持った、地域とともにつくる個性豊かなにぎわいの場」と定義づけられており、車利用者に対する休憩施設の需要に応えるとともに地域活性化の手段となることを目的としている（国際交通安全学会1998, 飯田2000, 安島2004）。

積極的な整備により、平成20年（2008）現在は全国各地に868箇所ある道の駅だが、その近接性ゆえの競合問題や、施設規模の差による利用者量の違いの問題等の課題も多く、全ての道の駅が地域活性化に結びついているとは言い難いのが現状である（小川・鈴木, 2001、国土交通省, 2004）。

富士山周辺の道の駅を対象に、施設の概要と、地域資源である富士山の道の駅における利用方法を報告する。

2. 富士山周辺の道の駅

富士山周辺には富士山を地域資源として活用している道の駅が6か所ある。山梨県には鳴沢村に「なるさわ」、富士吉田市に「富士吉田」の2か所が、静岡県には富士市に「富士」、富士宮市に「朝霧高原」、富士川町に「富士川楽座」、小山町に「ふじおやま」の4か所がそれぞれ設置されている（図1）。

この地域における道の駅の設置は、1993年の道の駅誕生に伴う第1

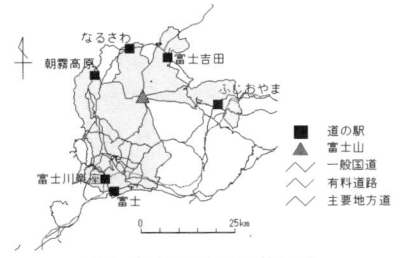

図1 富士山周辺の道の駅

名　称	登　録	供用開始
富士	1993年4月	1993年11月
なるさわ	1995年1月	1995年8月
朝霧高原	1999年8月	2000年3月
富士川楽座	1999年8月	2000年3月
富士吉田	2002年8月	2002年10月
ふじおやま	2004年8月	2004年11月

表1 道の駅の登録時期と供用開始時期

4.1 富士山と交通

回登録時に、富士市が登録をした道の駅「富士」がその始まりである。それ以降、鳴沢村、富士宮市、富士川町、富士吉田市、小山町の順で道の駅が登録されている（表1）。供用開始時期を見てみると、全ての道の駅が登録以降に施設の共用を開始している。つまり、施設を新設した際に道の駅に登録しているのである。全国的に道の駅がこれほどまでに増えた要因の一つに、道の駅は施設を新設しなくても、道の駅の条件を満たすことのできる既存の施設を改修して登録することにより、設置者の費用負担を軽減する形での整備が可能であることが挙げられるが、富士山周辺においてはこのような既存の施設を道の駅として登録した例は1つも見られない。

また、道の駅の整備形態には、道路管理者が駐車場等の休憩施設の整備を、市町村等が地域振興施設の整備をそれぞれ行い設置する「一体型」と、市町村等が独自に休憩施設と地域振興施設を設置する「単独型」の二種類があるが、富士山周辺では、鳴沢村が単独で整備をした「なるさわ」を除いた5か所は、道路管理者と共同で整備をした一体型の道の駅である。

道の駅は、その登録方法や整備形態から多種多様な施設形態をしているが、富士山周辺の道の駅においてもそれは例外ではない。国道1号線富士川料金所の跡地に立地しているため、主に長距離トラックドライバーの休憩所として利用されている道の駅「富士」や、土産物を多く扱っている物産直売所で、醤油や米などの地元住民向けと思われる商品も扱っている道の駅「なるさわ」や、土産物店と飲食店等合わせて16業者がテナントで入っている道の駅「富士川楽座」など、様々である。しかし、全ての道の駅に共通していることは、富士山を地域資源として積極的に利用していることである。

全ての道の駅は富士山のビューポイントに設置されており、様々な方向から富士山が一望できる（図2）。また、富士山をより良い環境で見られるように配慮した設備を整えている道の駅が多数ある。「なるさわ」、「朝霧高原」（写真1）、「富士川楽座」は、富士山側に大きな窓を設けた休憩所を設置しており、「富士」、「朝霧高原」、「富士川楽座」には展望台を設置している。そのほか、「富士吉田」、「なるさわ」（写真2）、「ふじおやま」には富士の天然水の水汲み場があり、地元住民を含む多くの利用者に利用されている。「富士吉田」（写真3）、「なるさわ」、「富士川楽座」には、富士山をテーマにし

富士山周辺の道の駅

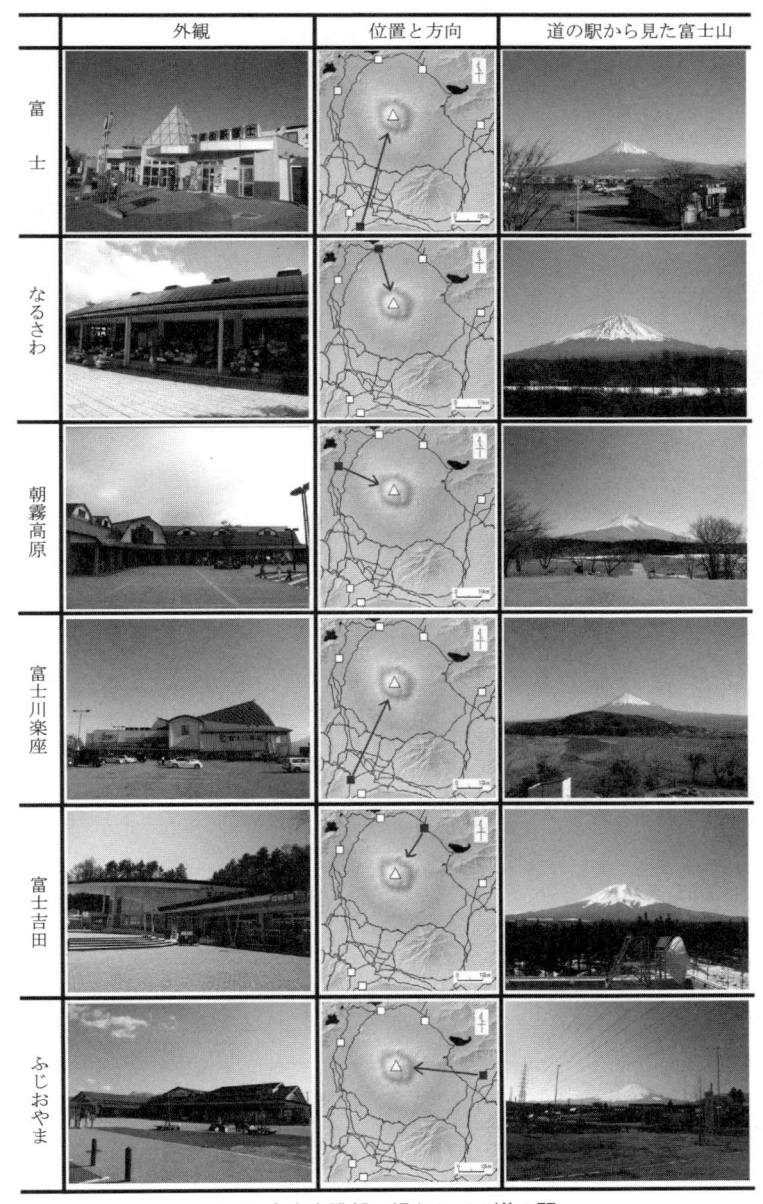

	外観	位置と方向	道の駅から見た富士山
富士			
なるさわ			
朝霧高原			
富士川楽座			
富士吉田			
ふじおやま			

図2 富士山眺望の場としての道の駅

4.1 富士山と交通　　　　　　　　　　　　　　　　　　　　　　第4章

た有料観光施設があり、主に観光目的の利用者に利用されている。

　道の駅ではこれらの付加価値をもった施設を設けることにより、富士山を地域資源として積極的に利用している（表2）。

写真1 富士山が見える休憩所
道の駅「朝霧高原」

写真2 天然水汲み場
道の駅「なるさわ」

写真3 富士山レーダードーム館
道の駅「富士吉田」

3. 道の駅の特性

　道の駅は、「ふじおやま」、「なるさわ」が地方自治体、「富士川楽座」が第3セクター、「朝霧高原」が民間企業、「富士吉田」、「富士」が公益法人よってそれぞれ管理運営されている。イベント開催やPR活動などについて管理者別にみると、民間企業や第3セクターが管理する道の駅では、旅行業者との提携やパンフレット作成等を積極的に行っているのに対し、地方自治体が管理する道の駅ではあまり積極的に行われていない傾向が見られた。公益法人が管

名　称	休憩所	展望台	水汲み場	博物館等
富士		○		
なるさわ	○		○	○
朝霧高原	○	○		
富士川楽座	○	○		○
富士吉田			○	○
ふじおやま			○	

表2 地域資源を活かした施設

富士山周辺の道の駅

名　称	管理主体者	パンフレット	WEBサイト	イベント	旅行業者斡旋
富士	公益法人				
なるさわ	自治体			○	
朝霧高原	民間企業	○	○	○	○
富士川楽座	第3セクター	○	○	○	○
富士吉田	公益法人	○	○	○	○
ふじおやま	自治体		○	○	

表3 地域資源を活かした施設

理する道の駅は一概にはどちらとも言えない結果であった（表3）。

このことから、道の駅は民間企業や第3セクターによる管理運営のほうが、自治体管理の道の駅より、運営状態が良好であることがわかった。

4．まとめ

富士山周辺の道の駅は富士山を囲むように6か所立地しており、裾野を周回する国道の整備がなされているため周遊性が高い。また、国道246号線や東名高速道路や中央道等の主要幹線道路により交通の便がよく関東と中部を結ぶ通過点でもあるため、偶発的来訪性も高い。

富士山周辺の道の駅は、既存の施設を改装することにより登録した例は1つもなく、すべてが施設を新設した道の駅であった。そのため、国や県などの道路管理者と施設の建設を分担する一体型の道の駅であるものがほとんどである。管理者と施設の運用の点は房総半島南部と同様に、第3セクターや民間企業が管理運営している道の駅がPR活動を行うなど比較的良好であり、自治体が管理する道の駅では積極的に行われていないという傾向がある。雇用の面では、富士山周辺の道の駅では年間を通して安定した雇用を確保しており、季節による雇用者数の差はほとんど見られない。房総半島南部同様季節による観光客数の変化はあるものの、観光地としての基盤の強さから通年雇用者が多くなっている。道の駅間のつながりは深くないが、富士山周辺の道の駅では地域資源である富士山を展望施設や湧水汲み場、博物館等の設置により有効に活用しており、富士山の眺望スポットとしても優れていることから、地域内外からの利用者がある。

これらのことから、道の駅は地域の特性を広域でとらえ周囲の自治体や道の駅と相互作用をすることにより、観光地形成の一躍を担うものと

なり得ることができるといえる。また、地域社会には雇用の創出や地元住民の利用などで活用されているといえる。

　富士山を周遊する「ぐるり・富士山風景街道」には、このほかに、道の駅「すばしり」（静岡県小山町）、「かつやま」（山梨県富士河口湖町）がある。「すばしり」は、国道138号と東富士五湖道路下りの須走ICからアクセスできる富士登山須走口に近い道の駅で、富士登山基地になっている。近くにはアウトレットモール、山中湖などもある。富士山の眺望は素晴らしく、足湯や富士の伏流水を汲むことができる施設もある。「かつやま」は、河口湖南岸にあり、目の前に芝生広場の小海公園と1.6kmの湖畔遊歩道がある。円形の展望台からの河口湖に映える夕日は素晴らしい。富士山周遊、富士山に登る前の休息地としての役割を担っている。

参考文献

- 国際交通安全学会（1998）：『魅力ある観光地と交通―地域間交流活性化への提案』技報堂出版，160p.
- 飯田克弘（2000）：「利用者の評価・行動結果に基づく道の駅の基本施設・サービスのあり方に関する考察」『都市計画論文集』35-1，p.421-426.
- 小川直仁・鈴木聡士（2001）：「北海道における「道の駅」の類型分類とその特性分析」『地域学研究』32-1，p.369-380.
- 安島博幸（2004）：「新しい観光と地域づくり戦略」『都市問題研究』56-2，p.62-72.
- 国土交通省総合政策局観光部観光地域振興課（2004）：「国における観光地域振興について」『都市問題研究』56-2，p.73-82.

＊本項は、富士学会誌『富士学研究』8巻1号発表原稿よりまとめた。

4.2

富士登山

第4章 富士登山と観光

富士山観光登山4ルート

佐野 充

1. 富士登山の心得

　富士山の登山シーズンは7月1日から8月下旬までである。この2ヶ月に毎年40万人以上の登山者が登頂をしている。基本は、ご来光を拝むための夜間登山である。4千メートル級の独立峰(3,776m)であるのに、夏の富士山は山岳観光気分で登山ができる山であるため、本格的な装備や登山知識がなくても老若男女が思い立った時に登頂可能な山である。個人で登山ガイドブックを用いた登山、ガイド付きのバスツアー登山などさまざまなスタイルの登山ができる。ただし、山頂付近は厳しい自然条件の場所であり、気圧が低く、空気も薄いため、体調不良や落石・滑落などによる怪我の他に、生命に係わる酸欠、高山病になる危険性がある。

　やはり、「みんなが登る富士山」ではあるが、山をよく知って、念密なスケジュールを立てて登山することが鉄則である。

2. 4つの観光登山ルート

　登山ルートは、富士宮口、吉田口、須走口、御殿場口からの4ルートである。実際のそれぞれの登山口は、自動車道の終点を五合目あるいは新五合目と名乗り、そこから登り始めるのが一般的である。**富士宮口コース**は距離が短い、岩場のため滑りにくい点が特色。最短で最速の登山が可能であるが山小屋が少ない。砂場が少なく歩きやすい。途中での御来光を拝むことが難しく、夜明け前に山頂に着く必要がある。**吉田口コース**は関東からのアクセスが良い点が特色。東京からでもアクセスがよくバスの便も多く登山しやすい。五合目は富士スバルラインの終点である。六合目～山頂までの間は登りと下りのコースが分かれている。登山者の人数が最も多く、登山道が常にラッシュの状態で、落石等の危険がある。山小屋の数は最も多いが、予約で満員の状態が多い。**須走口コース**は樹林帯があり、下りは砂走りで、途中で御来光が見られる点が特徴。五合目から砂払五合目までのしばらくは樹林帯の中を緩やかに登っていく。八合目で吉田口コース下山道分岐と合流し、それから上は吉田

口コースを登り下りすることになるが、ほぼ全行程登りと下りの道が別になっている。下りに砂走りがあるが岩場のあり、豪快に滑り下ることは無理である。御来光を最もよく拝めるコースである。**御殿場口コース**は距離が長く下りは大砂走りがある点が特徴。新五合目から始まり、七合目まで登り下りが別になっている。六合目付近に宝永山（2,693m）があり、この付近は砂礫の道が続き、登りは靴が少し埋まるほど、下りは大砂走りといわれるなだらかな砂地の道で、勢いをつければ一歩で5～6m下る。4コースの中で最も長い登山道である。

表 富士山観光登山の4ルート

登山ルート	富士宮口 （静岡県）	吉田口 （山梨県）	須走口 （静岡県）	御殿場口 （静岡県）
五合目（新五合目）登山口標高	2,380m	2,300m	1,970m	1,440m
山頂との標高差	1,400m	1,500m	1,800m	2,300m
山頂までの距離	約9km	約14km	約13km	約18km
標準所用時間（登り）	5時間	6時間	7時間	7時間30分
標準所用時間（下り）	3時間	3時間30分	3時間30分	3時間30分
登りやすさ	◎	△	○	×
下りやすさ	○	×	◎	○
山小屋数	9軒	19軒	11軒	5軒
登山者数の割合	25%	55%	15%	5%
マイカー規制とシャトルバス利用	あり	あり	あり	なし

資料：富士山観光交流ビューロー（静岡県富士市）、Rjの登山漫歩、環境省関東地方環境事務所の資料による。

4.2 富士登山　　　　　　　　　　　　　　　　　　　　　　　　第4章

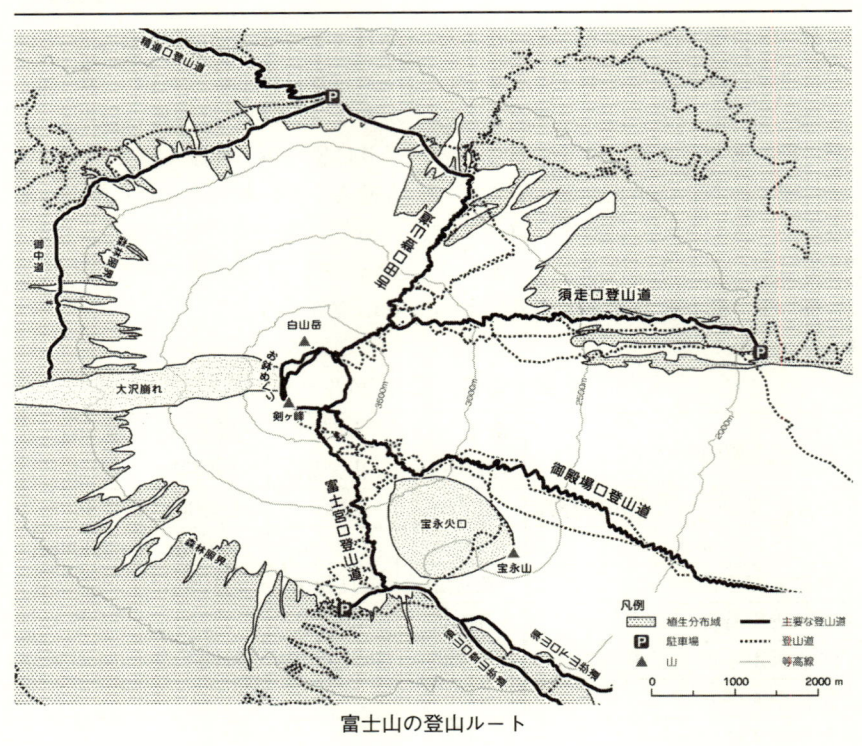

富士山の登山ルート

村山古道の歴史と保全

畠堀 操八

1. 村山古道の成立

　富士山に初めて人が登ったのがいつの時代かは、はっきりしない。
「不尽の高嶺は　天雲も　い行きはばかり　飛ぶ鳥も　飛びも上らず　燃ゆる火を　雪もち消ち　降る雪を　火もち消ちつつ」[1]
　万葉の時代の富士山はいつも噴煙を上げていたようだ。その後9世紀前半にはさらに活発になったようで、剗ノ海を分断して西湖と精進湖ができる青木ケ原溶岩流が湧き出した噴火は貞観6年（864）のことであった。
　今日の富士山本宮浅間大社、北口本宮冨士浅間神社、河口浅間神社、東口本宮冨士浅間神社などの創建がこの時期に集中しているのは、すさぶる富士の神を鎮めるための国家事業であった。したがって一般には登山の対象ではなかったはずである。しかし元慶3年（879）に没した文章博士・都良香の「富士山記」にはつぎの記述がある。
「頂の上に平地有り、広さ一里許、其の頂の中央窪み下りて、体炊甑の如し。甑の底に神池有り、池の中に大いなる石有り、石の体驚奇にして、宛も蹲る虎の如し」[2]
　虎岩などの描写もあって、噴火が治まっているときに猟師らが頂上まで登って、そのときの見聞が京都の貴族にまで伝わっていたものであろう。
　阿仏尼が弘安2年（1279）に鎌倉に下ったころは、噴煙は過去のことになっている。
「富士の山を見れば、煙もたゝず。むかし、父の朝臣にさそはれて、いかになるみの浦なればなどよみしころ、とほつあふみの国まではみしかば、富士のけふりのすゑも、あさゆふたしかにみえしものを、いつの年よりかたえしととへば、さだかにこたふる人だになし」[3]
　この間、組織的・系統的な富士登山がおこなわれるようになる。
「久安五年〔1149〕‥‥駿河国有一上人。号富士上人、其名称末代。攀登富士山、已及数百度、山頂構仏閣、号之大日寺」[4]
　末代上人というのは富士市・岩本山実相寺の初代院主智印の弟子で、伊豆・走湯山で修行して浅間大菩薩

のお告げを得たといわれる山岳修験僧である。「富士山に攀じ登ること已に数百度に及び」というのだから、個人的な登山ではない。富士宮市村山から頂上にいたる富士山でもっとも古い表口登山道・村山古道が成立したのは、12世紀半ばと考えていいだろう。

山頂に大日寺、登山口の村山に富士山興法寺大日堂を興した末代上人は、それまであった自然神道にちかい富士山信仰を仏教色で体系化し、「村山修験の祖」といわれる。さきに触れたように富士山鎮静のために9世紀に創建された仏教寺院が官立大学だとすれば、大日寺・大日堂は私立大学といっていいだろう。

2. 村山修験の隆盛

その後、頼尊上人によって村山修験が体系化されたようである。

「末代山頂ニ大日寺ヲ建テシハ、仏像ヲコノ山ニ置クノ初メテニシテ、ソノ後、漸々ニコノ山ニ登ルコトトナリテ、頼尊ヨリマサシク富士行ト云フ者モ始マリシニヤ、今ニ至リ富士行ハ、此ノ人ヲ以テ祖トス」5)

修験者は富士行を積んで初めて先達になり、道者（登山者）を導くことができるようになる。また彼らが各地を回って初めは関西方面に霞場（勢力範囲）を広げ、村山は門前町として大いに賑わうことになる。

「村山別当富士山興法寺は‥‥大僧正頼尊住せし所にて今其子院池西坊・辻之坊・大鏡坊存す、辻之坊は浅間宮の別当、池西坊大日堂、大鏡坊は大棟梁権現の別当なり、真言修験にて聖護院御門跡に属して、社領弐百四拾参石九斗あり、中古は社人十二人・山伏十三人・田中役一人・宮司三人・定使二人・神主一人あり」5)

坊というのは先達の組織であり、宿坊の役割も果たした。ともあれ聖護院門跡に所属し、全国の社寺仏閣に土足昇殿を許された村山修験の全盛は、今川氏と結びつくことによってもたらされる。山伏のもつ諜報能力・戦闘能力が戦国大名に買われたものであろう。今川氏によって駿河・遠江両国の山伏・道者の取り締まりを命じられると同時に、山伏や道者の特権と、村山の結界内ではある種の自治も認められたようである。

「一、村山室中にをひて魚類商買すへからさる事、并汚穢不浄之者不可出入事

一、つき来る道者前々可為如前之事…

一、道者参詣之間、他の被官以下主人ありとも、押取へからさる事」6)

「弘治二年〔1556〕五月廿四日」の日付のある今川義元の朱印状であ

る。村山には今日でも西見付跡・東見付跡が伝えられている。

この間、村山修験の勢力は関東にも広がり、北面には河口湖口のほか吉田口も開かれる。元亀3年（1572）、御師町を古吉田から今日のように北口本宮冨士浅間神社の社前に移転した背景には、道者が増えてきたこともあろう。このころは富士講ではなく、まだ修験道である。

しかし村山にとっては今川氏と結びついたことが裏目に出る。永禄3年（1560）、桶狭間の戦いで今川氏滅びて、村山修験は軍事的・政治的後ろ盾を失う。村山興法寺ものちに徳川氏から200石を安堵されているが、宝幢院（富士山本宮浅間大社）が江戸幕府から厚く庇護されたのにくらべて、明らかに冷遇されている。

あたかもこの時期、富士宮市人穴で修行した藤原（長谷川）角行によって富士講が唱えられる。教義をやさしく簡潔にして、頼母子講に似たツアー組織を作り出した富士講は、江戸時代半ばから爆発的広がりを見せるようになる。これにたいして村山修験は宗教改革もおこなわず、大衆化路線もとらなかった。

「今は三坊の外に山伏三人・神主一人になれり、其村も二百年ほど前は、戸数六百戸あまりありて、六七十年以前までも七十戸ありしが、文政九年〔1826〕にいたりては、山伏社人のほかには民戸二煙となれり、此村、深山霧にて山畑諸の作物みのりあしく、山かせぎのたよりなく、只富士登山の道者を宿し、又道の案内、荷物をはこぶなどのいとなみにて、世を渡る所なるに、西の方の国々の道者年を追て少くなり、又此道より登るものことにまれなれば、かくは衰へしなり」5)

ここでいう「今」とは、風土記の著者・新庄道雄が3度目の富士登山を果たした天保元年（1830）のことである。

3. 廃仏毀釈の大混乱

明治維新。倒幕軍が東海道に発向すると、宝幢院では大宮司・富士亦八郎を中心に駿州赤心隊が組織され、倒幕軍に従軍するという事態が起こっている。

新政府の神仏判然令によって宝幢院7坊1寺ではいち早く別当の還俗・改名がはじまる。村山修験を取り仕切ってきた村山三坊の責任者もそれぞれ復飾・改名して、境内にあった七社浅間を成り上がらせて村山浅間神社を独立させる。

明治7年（1874）7月、静岡県の役人・神官・宮司・常雇いの者たち18人が村山古道を登っていった。

「同廿六日　今明日間ニ　富士山

中仏像悉皆取除キ　元大日堂跡へ浅間大神鎮祭致候事」[7]

ここでいう「悉皆取り除き」がどんなものであったか、のちに触れる。

このとき大日堂にぎっしり仏像・仏具を詰め込んだのではないかと想像される。厳重に戸締まりして神社との間に柵を設け、祟りがあるなどと流言して柵の中には入れないようにしたらしい。

4. 村山修験は滅びず

しかし明治初年の国家神道の嵐が過ぎ去ってしまえば、村山の人々はいつの間にか神仏混交に戻してしまったようである。富士亦八郎は、生涯帰郷できなかった。先に帰国した赤心隊員が暗殺されたり重傷を負ったり、旧徳川家臣からの攻撃が相次いでいた。地元は、過激派神官が考えるほど反徳川でも反仏教でもなかった。富士山興法寺東泉院（日吉浅間神社）についてはのちにも触れるが、最後の別当・薬雄以下、下方5社の浅間神社神主たちは赤心隊への参加を断ったという。

時期ははっきりしないが村山では、浄蓮院・北畠氏と大宝院・秋山氏が聖護院の法印として活動を再開している。明治35年（1902）の村山浅間神社の登山者スナップ写真が残っており、法印の秋山寿芳氏と篠懸を着た北畠栄鎮氏と思われる人物が写っており、立ち入り禁止にしたはずの大日堂正面の石段を上っている[8]。

「現在境内は、村山浅間神社と大日堂（単立寺院）の二つの宗教法人に分けられているが、地元の人々は両方にかかわり、日常的には別々の宗教法人という意識は薄いようである」[6]

ときに、廃仏毀釈が村山古道の衰退をもたらしたといった記述を見受けることがある。しかし反仏教運動が大衆的にわき起こって村山修験に付随する登山施設を破壊したり登山者を迫害したわけでもない。むしろ明治維新は旅行・登山の自由をもたらした。とりわけ明治5年（1872）の富士登山女人禁制の廃止は、富士登山を一気に大衆化するのに貢献したと思われる。

ただ明治36年（1906）に大宮新道が開通したことは村山にとって致命的であった。中央線や御殿場線の開通によって登山客がとられることを恐れて、大宮（富士宮）から現在の新六合目に通じる近道が新設される。これで村山古道は息の根を止められる。

5. 村山古道復活への長い道

すでに述べたように、興法寺大日

堂での修験道は復活しており、なんとか村山古道を存続させようという努力は続けられる。明治41年（1908）には大宮新道に対抗して「富士山表口本道村山口登山案内」という宣伝のチラシを配布している[9]。しかし途中の山小屋の権利が大宮新道側に譲渡されるなどして、村山古道を利用する登山者はほとんど途絶える[10]。また、秋山芳季法印は昭和の初めまで峰入り修行をおこなっていたし[11]、北畠栄俊法印は昭和15年（1940）ごろまで護摩供養と峰入り修行を執行していたという記述もある[12]。最終的には太平洋戦争開戦以降、最終的には太平洋戦争開戦以降、村山古道を支えることはできなくなる。

　しかし戦後も昭和40年代になると、青年団を中心に古道復活の動きが始まってルート探索がおこなわれるようになる。昭和50年（1975）9月には、氏子の記憶に頼って大日堂の護摩壇で護摩供養が復活する。さらに昭和54年（1979）には京都から宮城信雅・聖護院門跡に来駕いただいて護摩供養と勤行が執行され[12]、その後もすこしずつ、手探りでルート復活作業がつづけられる。

　「村山浅間神社総代の赤野竹司さんの家は二代前まで村山口五合目小屋を所有していた。ここ十数年、仲間と古文書を片手に小屋跡や修行の場を探し歩き、ほぼ全ルートを突き止めた」[13]

　この新聞記事が、わたしが村山古道にのめり込むきっかけになる。

　しかしその翌年の平成8年（1996）9月22日未明、東海沖を通過した台風17号は富士山南東斜面で1,000haに及ぶ風損被害を出した。このためせっかく開かれた村山古道は、事実上ふたたび封鎖されてしまう。したがって平成15年（2003）7月以降足掛け2年、7回に及ぶわたしの村山古道探査は、平安末期以来刻みつけられた人々の踏み跡を嗅ぎ回り、これら数十年にわたる村山の人たちの古道復活にかける思いと、営々たる努力の積み重ねを読み取る作業とあった。

6. 村山古道の現状

　村山古道のルート自体は、90％は復元できたと、わたしは評価している。いまでも倒木の隙間に正しい踏み跡を見つけて修正している。古い木馬道跡と登山道が平行していて、とりあえずは便宜的に歩きやすい部分をつないでいるだけなので、きちんと評価しなおす必要がある部分もある。

　それより大きな問題は、古い絵図や史料に記載されている宗教施設の

大半が所在不明になったり、あるいは不確かなものになっていることである。

今日、標高1,860m地点の広場に石像が4体ある。まず目を引くのは4体とも首が飛ばされていることである。不動明王は光背の背後に鏨（たがね）を打ち込んだ痕がいまも生々しい。廃仏毀釈の狂気の跡である。ところでこの不動明王に「富士山表□瀧本前」と陰刻してあることから、この場所が古絵図にいう「瀧本・笹垢離」跡だと同定できたのである14)。おもしろいのは平成5年（1993）のこの報告書には合計3体の石像しか記載されていない。4体目の首なし石蔵は、どこから歩いてきたのだろうか。

唯一考えられることは、平成8年17号台風で根返りをした木によって土中から押し出されたのではないかという推論である。つまりここを専門家が掘り返せば、まだまだなにか出土する可能性がある。ぜひともやるべきである。現に平成18年（2006）10月に、ここで寛永通宝が1枚見つかり、富士市立博物館に寄託してある。

頂上のコノシロ池の南、環境省のトイレの右手前に8体の石像がうち捨てられたように集められているのに気づく人はあまりいない。全部首が飛ばされている。不動明王は火焔

頂上コノシロ池前に集められた首なし石像
左端のお題目と左手前の地蔵は新造（平成20年7月3日）

村山古道の歴史と保全

光背が大きすぎて打ち首にできなかったためか、顔面が潰してある。これも廃仏毀釈の仕事である。

「元大日堂跡に浅間大神を鎮祭し、改めて浅間宮と称した。……かくて仏像・仏器具の廃棄は、数日に亘り行はれたのであるが、登山の道者等はたゞ茫然として為す所を知らなかつたといふ」[15]

多くの石像類がこのとき内院に投げ捨てられたものと思われるが、工事などで見つかったものがわずかに、そこに集められたのであろう。

金属像や木像は担ぎ下ろして村山・大日堂に閉じこめたといわれるが、その後流出して今日では5体の仏像しか残っていない。

考古学調査、関係方面への聞き取り調査など、村山修験についての総合的調査が必要である。それが村山古道の保全の基礎資料になるだろう。富士市で準備が進められていた村山古道の発掘調査が、世界文化遺産騒ぎのなかで立ち消えになったのは誰の意思であろうか、なんとも理解がしがたいことである。

7. 岳南地方修験道史の見直しを

文政3年（1820）に著された地誌につぎのような記述がある。

「今按ニ村山別当ノ古書ニ興法寺開祖頼尊トアリ、当院モ然リ元一寺ニテ共ニ修験ナリ」[16]

ここでいう「当院」とは、村山の富士山興法寺大日堂と同じ山号・寺号をもつ富士山興法寺東泉院のことである。幕末までは岳南地方一帯に寺領を広げていた醍醐寺・当山派の修験寺であり、東泉院別当が下方5社（三日市の富知六所神社、原田の滝川神社、今宮の浅間神社、入山瀬の浅間神社、今泉の日吉浅間神社）の祭祀をつかさどるほどの力があったが、廃仏毀釈によって東泉院は廃寺、境内の氏神社を立てて日吉浅間神社となった。頼尊については村山修験の富士行を確立した人物であることはすでに述べた。

最後の別当・藥雄は還俗して六所家を名乗り、良邑と改名してそのまま宗教界から引退してしまったらしい。ここが歴史の不思議なところであるが、そのために寺院関係の資史料が破却・散逸されないでそっくり六所家に残ることになる。それらがすべて、平成18年（2006）に富士市立博物館に寄託されて、分析が始まった。六所邸の考古調査もおこなわれている。

「四万点を越える膨大な資料の中には、『富士山大縁起』や仏具等の富士山信仰資料、日吉浅間神社資料、鈴木香峰や大塚半山など絵画資料、郷土の歴史を解き明かす上で貴重な

-475-

古文書等が含まれています」[17]

すでに富士山信仰の変遷をあとづける史料も出てきている。下方5社は今日いずれもコノハナサクヤヒメを祭っているが、明和4年（1767）、東泉院から寺社奉行にあてられた「御由緒書」には、「富士浅間赫夜姫御誕生之地ニ而則此社ニ鎮座請候」[18]という記述がある。

平成21年（2009）1月から富士市立博物館で開かれた「大宝院秋山家資料展」も重要である。もともと村山・興法寺大鏡坊の跡を継ぐ大宝院秋山家についてもさきに触れた。村山における聖護院最後の法印・秋山芳季氏が晩年富士市に移転され、遺品が富士市立博物館に寄託された。それが全面的に分析・公開されたのである[19]。

村山に残された史料は、度重なる火災や地震、3坊の廃業・離散によって多くが失われて断片的である。仏像・石像は流出するか破壊されてしまった。宝幢院（浅間大社）史料についても大宮司・富士氏の芙蓉館が明治3年（1870）、旧幕臣による焼き討ちによって焼失したといわれている。

しかし今日富士市立博物館を中心に進められている資史料の解読が進めば岳南地方の歴史全体が書き換えられる可能性が強い。とくに村山・興法寺と今泉・東泉院の関係が史料的にもっとはっきりしてくれば、これまでとはちがった重層的な富士山の修験道史が解明され、村山古道のなにを保存するかがそこから見えてくるに違いない。

8. 登山道の保全

村山古道は、100年間まったく補修されなかった。それでも踏み跡はきちんと残っていた。崩落して通行不可能という場所は1カ所もない。

足場の悪い溶岩流はきちんと避けて古道は造られていた。

平成19年（2007）3月、スラッシュ雪崩が日沢でも発生したが、軽い表層雪崩が跳ね上がる最上段のさらに上に古道は造られていた。日沢を横切る横渡の岩組みは、雪崩が分散する岩棚に守られるように設定されていた。

したがって村山古道は節度ある登山者が入山するのであれば、特別な保全策をとる必要はない。

問題は標高1,000m以下の植林地である。

村山古道は標高500mの村山浅間神社から天照教本社までのあいだは民有地であり、すべてスギ・ヒノキの人工林で覆われている。林床に日光は差し込まず、下生えはほとんどない。このため雨が降ると登山道が

川になる。これが登山道かと驚く人も多い。

　ここではこの3〜4年、間伐・枝打ちが行われてきた。林が明るくなり林相が良くなった。しかし平成22年（2010）9月8日、台風9号崩れの豪雨によって様相が一変した。溶岩流がむき出しになり、2m近い段差のついたところもある。ブルドーザーが作業道を切り開き、そこに集まった雨水が洪水となって登山道に流れ込んだからである。ひと雨で山の形が変わるかも知れない。登山標識一本立てさせない行政当局は、どういうバランス感覚でこういう工事を許容したのであろうか。

　「村山古道全域、登山道周辺に富士山固有の広葉樹を植林しろとまではいわない。登山道の両側30メートル幅でいいから間伐を進めて、日光が地面に届くようにしてほしい。下草が生え、灌木が生い茂り、表土が流れなくなるだろう。まずそこから始めよう」[20]

　わたしが拙著で主張しているささやかな要求である。

　1,000m以上は国有林で、標高1,750mまでは地面がスズタケで覆われているので、少々の雨が降っても地面に保水力がある。ただし、富士山の全斜面で笹枯れが急速に進んでいる。いわゆる竹類の60年周期、スズタケの寿命が近づいているのだと思われる。少なくとも、スズタケの根の部分が、数年から10数年は枯死した状態がつづくだろうともいわれる。こうなったときに地面の保水力がどのようになっていくのかは、これから注意深く見守っていくほかないだろう。

　大倒木帯は、これまでは折り重なる倒木や小枝が地面を覆っていたので、地面の変化はなかったと思われる。しかし登山道が復活して溝路となれば、草の保水力は限られているので古道部分が川になるかもしれない。そうすると路面が浸食されて抉られることになるかもしれない。必要最小限で水切りを造っていく必要があるかもしれない。

　吉田口登山道は数年前に山梨県による大規模な補修がおこなわれた。一部、溶岩の岩盤を削岩機で削ったりしたところもあったようだ。古くからの登山道をなぜ造り替えたのか作業意図がよくわからない。

　コンクリートと重機を入れない！これが村山古道保全のための根本思想でなくてはならない。

9. 森林の保全

　村山古道で早急にやらなくてはならないのはコケの保護である。

　村山古道には水流はない。その代

わり駿河湾からの上昇気流が濃密な霧を発生させ、コケを発達させてきた。標高1,050〜1,500mはとくにすばらしい。笹枯れの下にはコケの絨毯が広がっていることもわかってきた。村山古道のコケはふわふわ乾燥して座りたくなる。ここはいくら登山者の理性に訴えても限界がある。杭を打ってロープを張る以外に有効な方策はないだろう。

もう1カ所、標高2,360m、宝永遊歩道から上の部分である。ここからシラビソが消えてダケカンバ・カラマツ林になる。下草が現れて一面のウラハグサとなり、上部はコケモモの絨毯になってガレ場に出る。ここには踏み跡が2本、付かず離れずに付いている。旧三合岩屋跡がある。下草がヤワだから、どこでも歩ける。国立公園第1種特別地域ですよ、落ち葉一枚動かしてはいけない場所ですよ、と全面立ち入り禁止を主張してもほとんど意味はないだろう。ここにも杭を打ってロープ規制して、被害を最小限にするよう誘導するほかないだろう。

こういう保護策は行政が主導しておこなうべきだと思うが、実現するまでには、行政が最大の壁になるだろう。

それよりも大きな問題である富士山南面の森林保全について、最後に述べておきたい[21]。

富士山は本体が形成されてからまだ1万年しか経っていない、若い山である。このため森林限界は固定化されていない。村山古道では、過去100年間に標高で100m登っている[22]。火山灰地をまずオンタデなど草本が先駆的に登り、カラマツ、ダケカンバ、ミヤマハンノキ、ミヤマヤナギなどの木本が森林限界樹叢を形成しながらあとに続き、さらにその下からシラビソ、ウラジロモミの樹林帯が追いかける。ブナ、ミズナラ、シナノキなどの落葉広葉樹はその後ろである。

おもしろいのはカラマツである。標高2,500m、森林限界である村山古道旧四合目（富士宮口新六合目）辺りのカラマツは株立ちして強風に押し流されてハイマツのように這いつくばっているが、2,390m旧三合目では盆栽状に矮性化している。明治35年（1902）に撮影された写真によると、このカラマツは当時高さ2mほどの幼樹だったことがわかる。2,360mの宝永遊歩道まで下ると樹高20mのシラビソ林になるが、天辺の枝が旗状に流されたカラマツが混じっている。さらにずうっと下って1,900m辺り、見渡す限りの倒木帯であるが、直径20cmで年輪250本のカラマツの倒木があった。

このようにカラマツは先駆植物でありながら樹齢が長いために、森林の歴史を身をもって説明してくれる。村山古道には文字通り捨てるほど大量に各種の風損木が転がっているのだから、系統的な調査をおこなえば森林限界の移動と後続樹林帯の変遷が手に取るようにわかってくるはずである。

　これが線の調査だが、面の調査も必要である。富士山の南斜面の標高1,000m以上は国有林でありながら森林乱開発のダメージを受けたままである。古くは豊臣秀吉が徳川家康に命じて洛東・大仏殿の棟木として伐りだしたという記録もあるが、ほとんどがつい最近、高度成長期前後の傷痕である。村山古道沿いでいえば、標高2,000mを超えても木馬道・作業道の跡があり、伐木と思われる水平な切り口の切り株が残っている。北面の山梨県側では、精進口・船津口・吉田口の各登山道の両側100m幅に原生林らしきものが残されているが、静岡県側そういった指標すら存在しない。

　しかしこの南面には幹周り3m超の巨樹が2,000本は残っているとわたしは推測している。樹種は標高によって変化するが、ブナ、ケヤキ、シナノキ、ミズナラ、イタヤカエデ、カラマツ、ウラジロモミ、ハリモミからダケカンバ、イヌザクラなど20種近くに及んでいる。生き残った理由は簡単である。これらの巨樹・巨木は芯が腐っていたり虚を抱えている。なかには気根と樹皮だけで奇怪な樹形を見せているシナノキもある。伐り出しても材木としては役に立たないからである。

　したがって南面全域の巨樹全数調査をすれば、乱開発・伐採されるまえの富士山原生林の姿が面として浮かび上がってくる。2,000サンプルもあれば統計学上、十分に有意な解析ができるはずである。そこで初めて富士山南面の森林について効果的な保全策が立てられることになる。

　ハリモミ、ウラジロモミの原生林は1,700m付近に辛うじて残っているが、その下は1,200mまでモミの人工林が広がっている。手入れもされていないまま成長も悪く、サルオガセをぶら下げて醜態をさらしている。モミを伐ったあとモミを植えても育たなかったのである。今日ではモミの最前線は2,100mを超えている。

文献

1) 『万葉集 一』日本古典文学大系4, 岩波書店, 1957
2) 都良香「富士山記」『日本の名山13 富士山』(串田孫一ほか編) 作品社, 1997
3) 阿仏尼『十六夜日記』『海道記・東関

4.2 富士登山

紀行・十六夜日記』（石田吉貞校註, 日本古典全書）朝日新聞社, 1951
4）藤原通憲「本朝世紀」『国史大系　新訂増補9巻』（黒板勝美編輯）, 吉川弘文館, 1999
5）新庄道雄「駿河国新風土記」『新修駿河国新風土記』国書刊行会, 1975
6）富士宮市教育委員会編『村山浅間神社調査報告書』富士宮市教育委員会, 2005
7）『浅間神社記録』『浅間文書纂』官幣大社浅間神社, 1931
8）京都探遊会『富士登山写眞　明治三十五年八月』（奈木盛雄氏蔵）1902：畠堀操八ほか「明治35年京都探遊会の富士登山, 100年後の足跡を辿る」『富士学研究』富士学会, Vol.7, No.2, 2010
9）富士周作・三井環ほか「富士山表口本道村山口登山案内」（富士根本宮村山浅間神社蔵）1909
10）小島烏水「すたれゆく富士の古道―村山口のために」『富士山』（深田久弥ほか著）雪華社, 1965
11）冠松次郎「富士の古道を行く」『富士山の旅』富士箱根厚生文化協会, 1949
12）赤野竹司編『富士山登山道　茂良山』富士山表口村山登山道保存観光資源化推進協議会, 1993
13）武田文男「古道復活　ふもとから歩いて登る魅力（ルポ・富士山4）」『朝日新聞』1995年7月20日付夕刊
14）富士宮市教育委員会編『富士山村山口登山道跡調査報告書』富士宮市教育委員会, 1993
15）官幣大社浅間神社社務所編『富士の研究Ⅱ　浅間神社の歴史』古今書院, 1929
16）桑原藤泰『駿河記』（足立鍬太郎校訂）臨川書店, 1974
17）渡井義彦「六所家総合調査について」『六所家総合調査だより』富士市立博物館, 第1号, 2007年3月
18）富士市立博物館企画・編集『富士山縁起の世界―赫夜姫・愛鷹・犬飼』富士市立博物館, 2010
19）富士市立博物館編『富士山の法印さん―大宝院秋山家資料展』富士市立博物館, 2009
20）畠堀操八『富士山・村山古道を歩く』風濤社, 2006
21）畠堀操八「倒木と巨樹調査―富士山南斜面の原生林復活を」『グリーン・パワー』森林文化協会, 2009年10月号
22）畠堀操八「1世紀で100m―村山古道の森林上昇速度について」『富士学研究』富士学会, Vol.5, No.2, 2007

富士登山の問題と改善提案
―山小屋・トイレ・案内看板など―

佐野 充・田中 絵里子

はじめに

　富士登山に関わる問題の現実把握のため、調査登山[1]を平成19年（2007）年8月19～20日に吉田口・河口湖口五合目から山頂までの間で実施した。以下に、その調査結果を報告する。なお、調査内容は吉田口・河口湖口五合目から山頂までの間に限ってたものである。

1. 施設・設備に関する報告(ハード面)
(1) 五合目の施設について

　富士山の登り口として多くの登山客が利用する五合目には、バスやタクシーの乗り場（図1）、団体客の集合場所（図2）などのほか、登山客が身支度を整えたり休憩したりするための施設（レストラン・売店（図3）・トイレ・休憩所・更衣室・コインロッカー（図4）・自動販売機）、郵便局などが整備されている。多くの登山客は富士山の標高に身体を慣らすため、五合目で時間をとる。その間に食事をしたり、登山に備えて準備をしたりしている。現在の五合目には、登山客の需要に応えるための施設が一通り揃っているといえる。

　しかし、今後より一層の整備の必要性が感じられた施設・設備などもあった。

　特に、五合目は富士山に関する情報を提供する施設・設備が不足していた。設置されていたのは富士山に関する短い文章が刻まれた石碑や富士山の環境美化（ゴミ）に関する看板であった。石碑は和文（図5-1）と中文（図5-2）のものがあった。しかし、設置されていた場所が登山客で混み合う広場のほぼ中央であったため、石碑に気づかない人が多かった。環境美化に関する看板は山頂に向かう登山道の登り口の脇に設置されているため、五合目を利用するほとんどの人が認識していたが、看板は木製で劣化が著しく、かかれている文字を読むことは困難な状態になっていた。

　世界遺産登録にむけて「富士山に関する説明文・案内看板など」の設備を早急に整備する必要が生じ[2]、山頂付近から進めてきた。

　また、ゴミ捨て場の設置が必要と思われる。五合目では、飲料水を中

4.2 富士登山

心とした自動販売機が多数設置されているが、この自動販売機で購入したペットボトルは、購入者が自ら処理することが取り決めとなっているようで、すべてのペットボトルは持ち帰るようになっている。一般的に、

図1 バス・タクシー乗り場(ロータリー広場)
撮影：田中絵里子

図4 休憩所内のコインロッカー
撮影：田中絵里子

図2 集合する団体登山客(ロータリー広場)
撮影：田中絵里子

図5-1 富士山の説明案内石碑（和文）『日本の代表的シンボル「富士山」の概要』
撮影：新井貴之

図3 登山客のための休憩食事施設
撮影：田中絵里子

図5-2 富士山の説明案内石碑（中文）『日本的象征 富士山简介』撮影：新井貴之

山岳・湿原などの自然公園などでは、ゴミの持ち帰りが基本だが、現地で特別な価格で販売しているものまで、購入者にその処理を一任する姿勢に若干の疑問を持つ。特に、五合目は路線バスや業務用のトラックが頻繁に往来している場所であるので、販売者側でのゴミ処理を検討してみる必要がある。すべてゴミの持ち帰りが原則であるために、あろう事か、一部のツアーでは、富士登山で出たゴミを帰路上にある高速道路のサービスエリアで処理するよう指示しているものまで出現している。実際、中央高速道路の東京方面のサービスエリアでは、登山の服装をした中高年が、ペットボトルやお弁当のカラ容器などをゴミ箱に捨てている。サービスエリアでは、大量に発生するゴミの分別もままならない状態が恒常化している。

(2) 山小屋(六合目～山頂)について

　山小屋は、富士登山の休憩所・避難所として登山道に沿って立地している。山小屋の数は登山道によって異なるが、夏の登山シーズンに集中して登ってくる登山客を充分に収容することができる容量を確保するために、各登山道にはそれぞれ特徴を持った山小屋がある。

　最も多くの登山客が訪れる吉田口・河口湖口の登山ルート上には収容人数の多い施設が揃っている。山小屋では宿泊のほか、売店、トイレ、休憩施設(有料)も併設している。立地の形態としては、登山道に隣接して売店や休憩施設を配置し、その奥にトイレや宿泊施設を配置している。なお、施設の整備状況は山小屋によって大きく異なっている。内装をリフォームして清潔感を保っている施設もあれば、納屋のようなホコリだらけの小屋に宿泊客をすし詰め状態に押し込む施設もある。近年、宿泊客数の見直しが行われ、無制限に宿泊客を受け入れないことになったが、実際の判断は各施設に委ねられているため、施設によっては、すし詰め状態が改善されていないところもある。

(3) トイレについて

　富士山におけるトイレは、登山道に沿って設置されており、多くは山小屋に隣接している。1990年代には、垂れ流し式のし尿処理が大問題化したが、その後の環境省・県・各山小屋の協力で平成19年(2007)までに全山小屋で環境対応型のトイレが整備された。し尿の処理方法は施設によって異なるが、バイオ式オガクズタイプ、浄化循環式タイプ、焼却式タイプの3つを挙げることができる[3)]。

　富士山に設置されたバイオ型のト

4.2 富士登山

イレは、その処理方法の違いによって使用方法も異なっている。基本的には施設内に掲示された「使用説明書」（図6）に沿って使用すればよいが、場所によっては説明書が複雑であったりして、わずらわしさを感じずにはいられない（図7）。利用実態を観察したところ、水溶性の紙以外使用してはいけないトイレで、水に溶けないポケットティッシュを使用している人が多数見られた。この理由としては、利用者がトイレの仕組みをよく理解できていないこと

が考えられる。なお、説明表記は和文と英文の併記がほとんどで、その他の外国語表記は見かけることができなかった。

富士山のトイレでは基本的にチップ（協力金）制を導入している。環境に配慮したトイレの設置・維持・管理には多額の費用がかかっているため、利用者の協力は欠かせない。利用料金は50〜200円程度（吉田口・河口湖口の場合、五合目は50円、六〜九合目は100円、山頂は200円）で、標高が上がるほど価格も上がる傾

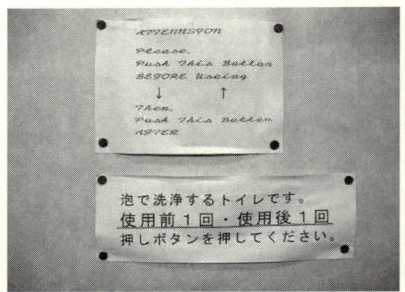

図6 トイレの使用説明書き（和文と英文）
撮影：田中絵里子

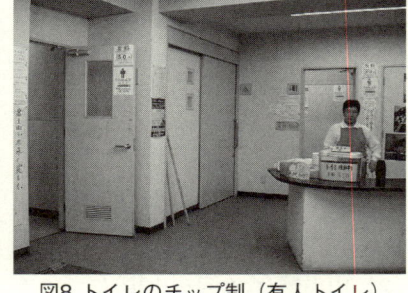

図8 トイレのチップ制（有人トイレ）
撮影：田中絵里子

図7 トイレ内の使用説明書きの貼紙
撮影：田中絵里子

図9 トイレのチップ制（無人トイレ）
撮影：田中絵里子

富士登山の問題と改善提案

向がみられた。有人トイレ（図8）の場合は入り口で係員に代金を支払う。無人トイレ（図9）の場合は入り口に料金箱が設置されている場合や、コイン投入式の扉が設置されている場合がある。いずれにしてもトイレを利用する際には、協力金としてチップを支払うのが富士山でのマナーであるといえる。しかし、実際の利用状況を観察したところ、チップを支払わない利用者があまりにも多いことに驚いた。

これは、もともと日本には日常の生活でチップを支払う習慣がないために、チップ制トイレになじみが薄く、年齢や性別に関係なくチップを支払わない利用者が多発する原因となったと判断した。富士登山には、まず、100円玉を10枚もって行くことを常態化する必要がある。「山のトイレもタダ」という感覚があらたまらない限り、国民的レベルで富士山の自然を守っていくことに暗雲がたなびいているといっても過言ではない。

(4) 案内看板について

富士山の登山道にはさまざまな看板が設置されている。最も多いのは登山ルートを示した看板で、分岐点などに設置されている。素材は木製のものが最も多く、場所によっては風雨によって劣化の著しいもの（図10）もあった。表記は和文と英文の二ケ国語併記が目立った。山頂付近ではハングルも目にすることができた（図11）。

落石などの恐れがある危険箇所には「落石注意」や「立入禁止」などの注意看板が設置されている。高さを表す看板としては、合目を表す看板と標高を表す看板が設置されている。各合目を表す看板はそれぞれの合目の上下に設置されている（図12）。しかし、それらに素材やデザ

図10 劣化が著しい案内看板
撮影：田中絵里子

図11 多言語表記の案内看板
撮影：田中絵里子

-485-

4.2 富士登山

図12 七合目を示す案内看板
撮影：田中絵里子

図13 海抜高度を示す看板
撮影：田中絵里子

インの統一性はなく、石材や木材などが主に用いられている。標高（海抜）を表す看板は、ほとんど県や各山小屋が設置したもので、色鮮やかなイラストを用いている。ただ、設置位置や内容に問題があるものもあった。たとえば「海抜3000m」の案内看板（図13）は実際の高度3000mの地点とは異なる位置に設置されていることが、現地ガイドの話から知ることができた。また、その他の看板としては、休憩所からの眺望を紹介するものなどがあったが、これは各山小屋が独自に山小屋の周囲に設置していることが多かった。しかし中には、記述内容に留意しなければならないものも見受けられた。

2. 富士山に関する知識に関する報告（ソフト面）

（1）富士山に携わる側の知識不足

富士山では個人の登山客のみならず、ツアーなどの団体客も多い。登山初心者～中級者を対象に、０泊２日や１泊２日の日程で往復バスによるツアーが人気を集めている。ツアーによっては、登山ガイドと一緒に富士山について学びながら山頂を目指すコースもある。しかし、ガイドによって富士山に関する知識に大きく偏りがある。実際、火山学や植生学に関する知識の乏しいガイドがツアー客の質問に曖昧な回答をしている姿を何度か目にしたが、恥ずかしい限りであった。

同様のことは山小屋で働く従業員についても言える。富士山に関する知識や情報に疎く、自然環境の保護・保全の必要性を十分に理解していない従業員が見うけられた。このような従業員に、ゴミ問題解決への協力を訴えかけられても登山客が積極的にごみの持ち帰りをしようとするための説得力に欠け、実効性も劣る。

（2）登山客の知識不足

　富士山に関する知識不足は登山客にもみられる。定められた登山道ルートを外れて歩いたり、置石で山体斜面に落書きをしたりする行為は、山での安全や貴重な自然環境に関する知識が欠如していることに他ならず、さらなる環境破壊の原因を作り出すことになる。ひどい悪戯の例に、登山道沿いの岩を鋭利なもので削って落書きをしているものがあった。

　またゴミの捨て方やトイレの使い方に関する理解も、富士山に関する学術的知識やマナーのあり方について登山客がきちんと理解していないことが挙げられる。

　富士山に関しては学術的にさまざまな研究がなされているが、その成果は登山客一般にまで広まっていない。現在の富士山には、五合目〜山頂間において、学術的な意義やマナーのあり方について学ぶ機会や施設がないのが現状である。

3. 改善のための提案
（1）富士山に関する学術的知識の提供

　現在の富士登山道には、富士山に関する学術的な情報を発信する施設がない。既存の施設としては、山梨県に「山梨県立富士ビジターセンター」（富士河口湖町）、静岡県に「裾野市立富士山資料館」（裾野市）がそれぞれ存在しているが、いずれも富士周辺地域に立地しているため、富士山周辺の観光で訪れる機会はあるものの、登山客が訪れることは少ない。

　五合目は多くの登山客が登山の起点・終点にしている場所でもある。そのような要所に富士山に関する学術情報を発信する施設を設置することは重要だと考える。富士山五合目に、図14のような富士山関連の研究・調査成果の学術的展示、富士登山情報に特化したインフォメーションセンター、ごみ・し尿処理を主とした環境対策のためのエコ・ステーション機能を兼ね備えた「富士山ビジターセンター」を設置することが望まれる。

　しかし、たとえビジターセンターのような大規模な施設でなくても、至急、登山道に学術的な案内パネル（和文・英文・中文・ハングル文表記）を設置するなど、迅速かつ柔軟な対応が望まれる（2010年度から、富士山頂の火口周辺部に、国による学術的な案内看板が、富士学会の協力のもとに設置されている）。さらに、現在の富士山にゴミを回収する施設はなく、登山客は全て持ち帰りが基本となっているが、実際は帰路上の

4.2 富士登山　　　　　　　　　　　　　　　　　　　　　　　　　　　　第4章

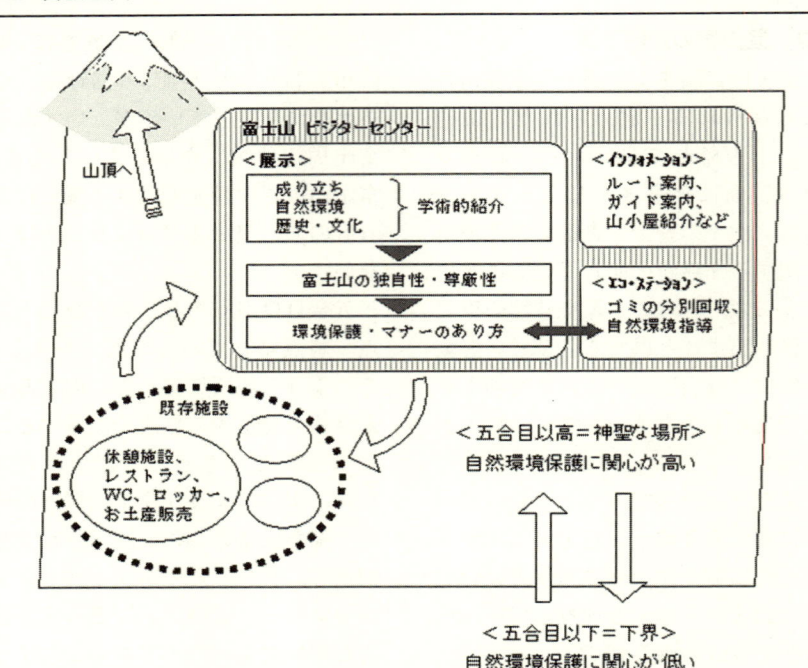

図14 五合目・富士山ビジターセンター設置の例

高速道路のサービスエリアなどに分別もままならない状態で無造作に捨てられているのが現実である。五合目にエコ・ステーションのようなゴミ回収施設を設ければ、富士山の美しさを体験して、自然環境保護に関心の高い状態で、ゴミの分別回収指導や環境教育などを展開することができる。

(2) 認定制度の導入
(2-1) 富士山公式ガイド
　富士山は日本一標高の高い山であるにもかかわらず、登山者の年齢は幅広く、老若男女を問わない。近年では手軽に利用できるバスツアーや登山ガイド付きのツアーが盛んに見られるようになった。登山ガイドは五合目から一緒に山小屋または山頂まで同行する。登山中は安全な登山のためのアドバイスや富士山に関する解説をしてくれる。つまり富士山の登山ガイドには一般的な登山に関する知識のほか、富士山に関する専門的な知識が求められている。しかし実際は、登山経験は豊富なものの、富士山に関する専門的知識が不足し

富士登山の問題と改善提案

ているガイドもいる。

　富士山の美しさや尊さを伝えるならば、やはりその学術的・科学的な知識を学ぶ必要がある。そこで、富士山の登山ガイドが富士山の学術的・科学的な知識を学び、評価される制度の導入が必要だと考える。たとえば、富士山に関する学術的・科学的な知識は、富士山に関する研究会やセミナー、公開講座などに参加することによって、幅広い知識を得ることができる。一定の知識を習得した者は検定試験を受け、合格者に「富士山公式ガイド○級」が与えられるという仕組みである。また、富士山公式ガイドの制度を運用するにあたっては、国・県・市町村や多くの学術団体からの意見を調整する必要がある。そのため、富士山に関する総合学術団体である富士学会が中心的役割を担うのが妥当といえる。

（2-2）施設認定と情報発信

　富士山では数多くの山小屋が営業している。ほとんどが予約制で、電話やインターネットで予約ができる。ホームページを開設している山小屋はまだ少なく、管理および運営は山小屋が独自に行っているため、情報が十分とは言い難い。掲載内容としては、立地場所、予約状況、料金、予約方法など、最低限のもののみ掲載されているものが多く、設備やサービス内容まで詳しく紹介されているものは少ない。言語は日本語のみの対応で、世界へ向けた情報発信には未対応といえる。

　設備やサービス内容は山小屋によって大きく異なっている。山での宿泊に贅沢は言えないが、雑誌やパンフレットの内容とあまりにも異なる扱いに不満を漏らす登山客も多い。宿泊代金を支払っているのにもかかわらず、すし詰め状態で納屋に押し込められれば、どうしても印象が悪くなってしまう。特に身体の大きな外国人を小柄な日本人と同様に扱うことには無理がある。今後、富士山がますます国際化していくと考えられるなかで、富士山における各種施設もレベルの向上が求められている。

　そこで、富士山における各種施設の評価制度を設けるとともに、同一基準に基づく情報発信を行っていくことを提案する。具体的には、施設に対して項目ごとに評価を行う。主な項目は、設備状況、快適性、サービス内容、国際対応など一般的な項目を中心に設定する。これらの結果はホームページなどで公表することによって、登山客にとっては施設選択の資料に、施設運営者にとっては意識の向上につながると考える。

注

1) 平成19年(2007)8月19日(日)〜20日(月)の2日間に実施。天候は晴れ。調査ルートは吉田口・河口湖口五合目から山頂の往復経路。調査者は、畠山輝雄・田中絵里子・森田圭・沼尻治樹・高橋悠・山登一輝・新井貴之の7名。分析は田中絵里子が実施し、報告内容は佐野充・田中絵里子が整理した。
2) 平成19(2007)年度から「富士山に科学(学術)的説明看板を設置する運動」を、富士学会が中心となって、東京地学協会・日本火山学会・日本国際地図学会・日本地質学会・日本地理学会などが協議会をつくって進めている。
3) 〔バイオ式オガクズタイプ〕オガクズの微生物で分解する。オガクズは定期的に交換。富士宮口登山道、御殿場口登山道で多く見られる。〔浄化循環式タイプ〕微生物でし尿を分解し、カキ殻を使用し水質改善を行う。浄化水は再利用する。須走口登山道はほぼこのタイプ。〔焼却式タイプ〕し尿を焼却処理する。焼却灰は廃棄物。山頂近くに多い。

富士山頂お鉢めぐり

佐野 充

1. 富士山頂の沿革

　富士山頂は、剣ヶ峰3775.6mが最高峰である。富士山頂の火口縁には周遊路があり、古来「お鉢（はち）めぐり」と呼ばれている。日本最高峰は、火口（大内院）の西縁に位置する西安河原（平坦地）の南側にある「剣ヶ峰」である。この西安河原の山麓斜面側は親子不知と呼ばれ、富士山の大規模崩壊地である剣ヶ峰大沢（大沢崩れ）が始まる。剣ヶ峰の南側には富士山測候所がある。富士山の気象観測は、昭和7年（1932）に東安河原で通年気象観測が始まり、昭和11年（1936）から山頂剣ヶ峰に「中央気象台富士山頂観測所」が建てられた。昭和25年（1950）に「富士山測候所」となり、平成16年（2004）に無人化するまで、気象台職員が気象情報を送り続けた。昭和34年（1959）9月22日に発生した台風15号（伊勢湾台風）で未曾有の大被害が発生したことを契機に、富士山頂に気象観測用レーダーを設置して精度の高い気象情報を発信することになり、昭和39年（1964）に気象レーダーが設置され、平成11年（1999）に廃止されるまで、富士山頂に白い観測ドームが輝いていた。科学の進歩によって、富士山頂の観測レーダーは撤去され、富士山測候所は無人化された。現在、観測ドームは富士吉田市の体験学習施設富士山レーダードーム館に永久保存されている。山頂の無人化した富士山測候所の気象観測施設は、平成17年（2005）に組織化されたNPO富士山測候所を活用する会によって、同年以降、日本一高い理科実験室として、夏季に活用されている。

2. 富士山頂の説明看板

　現在、富士山頂の周遊路には環境省によって、富士山を科学的・学術的に説明した「活火山としての富士山」、「富士山の気象」、「富士山の植生」、「富士山の歴史と信仰」の4本の看板（和文・英文、地図）が設置されている。これらの看板の記載内容に関しては富士学会が協力して解説文を執筆している。

　4箇所の説明文の内容、以下に紹介しよう。

1）火山の説明
活火山としての富士山

富士山は約10万年前に噴火を開始し、約3500年前にほぼ現在の姿にまで成長しました。山頂には2つの火口（大内院と小内院）があります。火口の内壁には、噴出した溶岩やスコリア（赤色や黒色の気泡の多い火山礫）の層が折り重なっています。スコリアの一部には融けて固く結合したため溶岩のように見えるものもあります。山頂火口の本格的な噴火は約2200年前に停止し、山腹噴火へと移りました。その後、山頂では水蒸気爆発が起きて現在の大内院火口が作られました。火口周辺に点在する巨大な灰色の岩塊はこの時に吹き飛ばされたものです。山頂火口一帯から立ち上る噴気は歴史時代を通じてたびたび目撃されましたが、1950年代以降は観測されなくなりました。

Mt. Fuji as an Active Volcano

Mt. Fuji's volcanic activity began about 100 thousand years ago. The mountain completed its current form about 3500 years ago. We can observe two craters on the summit, named Dainaiin (Dainai-in) and Shounaiin (Shonai-in). Several beds of vesicular red and black scoria lapilli and lava flow are overlying and exposed on the crater walls. Some of the scoria lapilli resemble lava because the grains were weld solidly together at high temperatures. Magma eruptions from the summit crater became flank eruptions about 2200 years ago. Afterwards, phreatic eruptions occurred from the Dainaiin (Dainai-in) crater; leaving large gray blocks scattered on the surface. Fumes around the craters were often observed from historic times until the 1950s.

2）歴史の説明
富士山の歴史と信仰

富士山は古くから崇拝の対象になってきました。平安時代後期に修験（しゅげん）道（どう）の修行の場となり、最初の登頂は12世紀中頃に末代（まつだい）上人（しょうにん）が成功したといわれています。14世紀に庶民の登拝が始まり、16世紀に武士の登拝が盛んになり、18世紀後半〜19世紀前葉にかけて、富士講（ふじこう）による集団登拝が盛んに行われました。明治初年の廃仏（はいぶつ）毀釈（きしゃく）で、富士山の仏像・石仏類は徹底的に破却されました。人びとの登頂が自由になったのは女性登山が解禁された明治時代以降のことで、現在は年間20〜30

万人以上の登山者が山頂を訪れています。山頂にまつわる伝説には役（えんの）行者（ぎょうじゃ）伝説や竹取物語などがあります。

History and Faith of Mt. Fuji

Since ancient times, Mt. Fuji has been the object of ardent adoration. Mt. Fuji became an ascetic training field toward the end of the Heian era (11th-12th centuries). The first summit climb was reportedly made by a holy priest, Matsudai Shounin (Shonin), in the middle of the 12th century. Ordinary people (limited to males) have climbed to the summit for worship since the 14th century. It was climbed by the warrior class (samurai) in the 16th century and by a religious group named Fuji-kou (Fuji-ko) in the late 18th and early 19th centuries. The Buddhist images built on the summit were completely destroyed in 1868 by an anti-Buddhist movement. Women have been allowed to climb to the summit since the Meiji era (late 19th century). Presently, approximately 200-300 thousand people climb to the summit annually. There are several legends and tales about Mt. Fuji's summit, such as En-no-Gyozya and Taketori.

3）植生の説明

富士山の植生

　富士山の植生は低地帯、山地帯、亜高山帯、高山帯、上部高山帯へと高度を上げるにつれて変化します。すそ野から亜高山帯までは落葉樹林や針葉樹林の森林が分布し、その上の高山帯は植物がまばらに生える高山荒原となっています。標高3,500mから山頂までは上部高山帯で、ここに生育できる植物は寒さ・強風・乾燥に耐えられるコケ類や地衣類です。夏期、山頂の火口内側や岩場には緑色のコケ類や、岩を白っぽく覆う地衣類が認められます。コケ類と地衣類が主として分布している上部高山帯を持つ山は日本列島では富士山だけです。近年、山頂付近には従来、山腹にしか確認できなかったイワツメクサやコタヌキランなどの植物も見られるようになりました。

The Vegetation of Mt. Fuji

The vegetation of Mt. Fuji changes with elevation and are classified as vegetation zones. The zones (from lower to higher) are: lowland, mountain, sub-alpine, alpine, and upper-alpine. Broad leafed deciduous and conifer trees are found in the lowland areas and range up to the sub-alpine zone. Vegetation is sparse at the alpine zone (alpine tundra) above 3,500m (11,475ft). Bryophyte and lichen thrive here because they can endure the cold, dry, and extremely windy conditions. In the summer, greenish bryophyte and white lichen cover rocks inside the volcanic crater and around the summit. This is the only place in Japan that has this vegetation zone. Recently, Stellaria nipponica and Carex doenitzii, which were once found only on the slopes, are now seen on the summit.

4）気象の説明
富士山の気象

　富士山山頂の気圧は年間平均638hPaで、海面気圧の3分の2しかありません。標高3,776mの孤立峰であるため、天気は変わりやすく複雑な風が吹き、夏山で山麓から山頂に向かって積雲が立ち昇るときは雷雨の前兆です。夏、上空に寒気が入り、山頂の気温が5℃以下になると雷雲が発達しやすくなります。冬は平均気温が最高-15℃、最低-22℃、平均風速が20～30m/s（稜線は5割増し）と厳しい環境になり、寒候季に低気圧通過のさいには大雪が降ります。富士山の5合目までは森林があるため風は弱いのですが、森林限界を過ぎると急に風速が強まります。風速が1m/s増すと体感温度は1℃下がります。レンズ雲は強風の兆候です。

The Weather of Mt. Fuji

　The average air pressure on Mt. Fuji's summit is 638hPa, which is two-thirds that of sea level. Mt. Fuji is an isolated cone-shaped peak at 3776m (12,380ft) above sea level. The weather changes drastically and the wind directions shift temporally and spatially. A cumulus (Cu) cloud rising from the base to the summit in the summer is an indication of thunderstorms. When strong, cold air reaches the upper levels in summer and the summit temperature drops below 5C, thunderstorms tend to form around noon. In the wintertime, Mt. Fuji weather conditions are extremely harsh. The maximum and minimum average temperatures at the summit are -15C (5F) and -22C (-8F), respectively. The average wind speed is 20 to 30 m/s (45 to 67mph) with a 50% increase at the ridgeline. Mt. Fuji has heavy snowfall when low pressure systems pass in the winter. The forest reduces wind speeds below the 5th Station, but they suddenly and drastically increase above timberline. The relative temperature falls by 1.0C with every increase of 1.0 m/s (1.8F per 2.2mph) in wind speed. A floating lenticular cloud is an indicator of strong winds.

富士山頂に登ったときには、最新の学術的・科学的情報に基づく富士山の説明看板をお鉢めぐりしながらご覧いただき、富士山を知っていただきたい。

参考資料
- 環境省関東地方環境事務所沼津自然保護官事務所資料
- 『富士山ブック2011（別冊山と渓谷）』山と渓谷社, 2011.5, p.97-101.

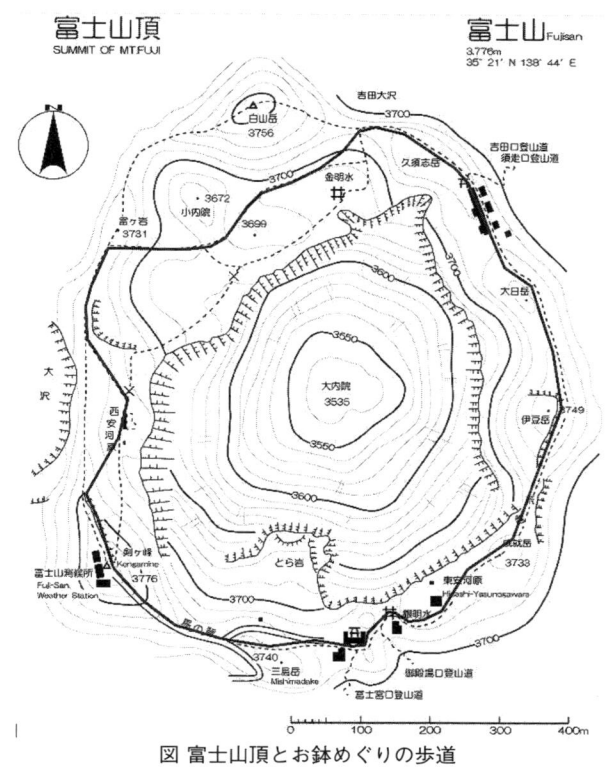

図 富士山頂とお鉢めぐりの歩道
提供：環境省関東地方環境事務所沼津自然保護官事務所

Column

富士登山競走と富士登山駅伝
―日本一高いところで開催される大会―

　日本一高いところで開催される大会。それは「富士登山競走」と「富士登山駅伝（正式名称は富士登山駅伝競走大会）」である。どちらとも日本一標高の高い富士山頂を目指して登山競走する大会だ。競走とはいっても普通に登山をするのではなく、みな全力で走って競走する。標高2,000mを超えると一気に酸素が薄くなり、歩いていても息苦しくなるのに、そこを走って競争するのだ。この日本一高いところで開催される富士登山競走と富士登山駅伝。似ているようだが、実際には全く違う大会なのだ。

　富士登山競走は、山梨県富士吉田市が主催し、昭和23年（1948）から開催されている、平成20年（2008）で61回を迎えた歴史ある大会である。毎年7月下旬に開催され、標高770mの富士吉田市役所をスタートし、吉田口登山口を通り山頂までの約21kmを走破する「山頂コース」と五合目までの15kmを走破する「5合目コース」の2コースでレースが行われる。山頂コースの完走率が43.2％（2008年大会）だから、過酷なレースといえる。これまでの最高記録（山頂コース）は、平成18年（2006）に出された2時間32分40秒というとてつもないタイムである。

　富士登山駅伝は、静岡県御殿場市などが主催し、大正2年（1913）年から開催されている（1939～1950、1955～1975年は中断）、平成20年（2008）で34回を迎えた1世紀近い歴史を誇る大会である。昭和30年（1955）以前は前身の富士登山競走であるため（前出の富士登山競争とは異なる、昭和51年（1976）から数えて34回目となる。毎年8月初旬に開催され、御殿場市陸上競技場から御殿場口登山道を利用して山頂の浅間神社を折り返し地点に往復し、各チーム6人が11区間・約47kmを4時間程度でタスキをつなぐ駅伝競走である。

　静岡県側と山梨県側の双方で日本一の富士山頂を目指し行われる競争。みなさん鍛えているとはいえ、一般人で新五合目から山頂まで8時間ほどかけて登ることを考えると、頭が下がる思いになる。

畠山　輝雄

4.3

富士山の観光開発と環境保全

第4章 富士登山と観光

国立公園としての富士山

田中 絵里子

1. 富士箱根伊豆国立公園富士山地域

日本の国立公園は、現在29箇所が指定されている。富士箱根伊豆国立公園はこのうち、富士山地域・箱根地域・伊豆半島地域・伊豆七島地域の4地域で構成される日本列島のほぼ真ん中に位置する富士山から太平洋上の島嶼にわたって連なる国立公園である。

富士山地域は、昭和11年(1936)2月に箱根地域とともに富士箱根国立公園として指定された(図1)。その後、富士箱根国立公園には昭和30年(1955)3月に伊豆地域が編入され、富士箱根伊豆国立公園と現在の名称に変更され、さらに昭和39年(1964)7月には、伊豆諸島が編入され、現在の4地域からなる富士箱根伊豆国立公園となった。行政区域としては、静岡県側は富士宮市・富士市・裾野市・御殿場市および小山町の4市1町、山梨県側は富士吉田市・富士河口湖町・西桂町・山中湖村・忍野村・鳴沢村および身延町の一部の1市3町3村にまたがっている。富士山地域の公園の範囲は、富士山を中心とした地域で、北東麓から北西麓に展開する富士五湖、北麓の御坂山系、西麓の天子山系、南東麓の愛鷹山の北西麓に続く一帯から構成されている。ふじ産地域の公園面積は60,591haであり、そのうち国有地が12,987ha(21％)、公有地が24,631ha(41％)、私有地が22,973ha(38％)となっている。静岡県側では国有地の占める割合が46％と高く、山梨県側では公(県)有林の占める割合が60％と高いことが特徴である。

富士山地域の公園のシンボルは、美しい左右均整のとれた稜線を持つコニーデ型火山の富士山である。このほかに特徴ある自然景観要素として、山麓に点在する寄生火山、風穴・氷穴などの溶岩洞窟、溶岩樹型、白糸の滝・猪ノ頭などの山麓に数多くみられる湧水地、堰止め湖である山中湖・河口湖・西湖・精進湖・本栖湖の富士五湖、フジザクラ・フジアザミなどの固有植物、青木ヶ原樹海などがある。これらを観光資源とし、レジャー施設や宿泊施設などを許認可のもとに整備し、日本有数の観光地を形成している。

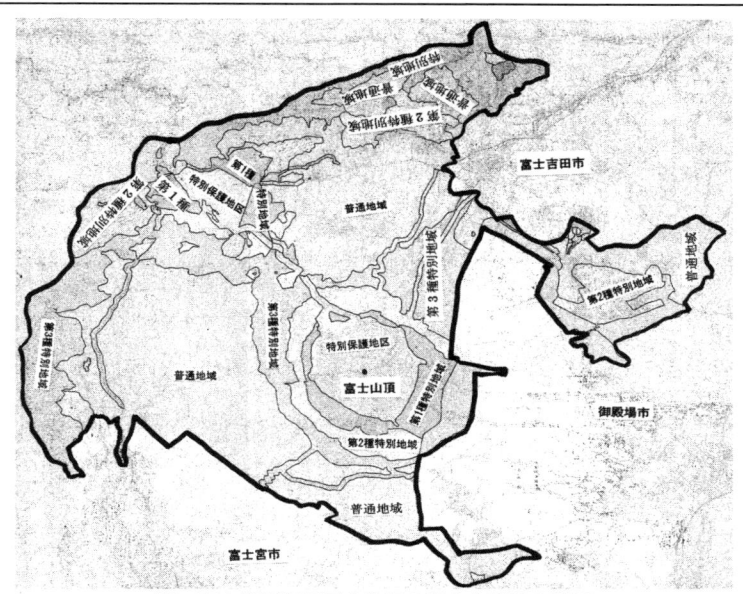

図1 富士箱根伊豆国立公園の富士山地域の範囲
(出典：環境省自然環境局国立公園資料)

なお、富士山の八合目より山頂までの部分は、登山道と富士山測候所を除き、富士山本宮浅間大社（浅間大社）の境内となっている。

2. 公園としての利用

公園利用としては、富士登山、山梨県側の富士五湖地域を中心としたリゾート（休養）宿泊、ドライブ、キャンプ、テニスやサッカーなどのスポーツ、ボート遊び、釣りなどが盛んであるが、富士山頂マラソンや富士山登山古道探訪、富士山写真撮影、野鳥観察、自然探勝なども行われている。

富士山地域は、年間を通して利用者が多く、年間3,000万人が訪れている。富士山地域へは、東名高速道路、中央自動車道、東富士五湖道路などの自動車専用道路を利用して、自家用自動車でくる利用者が最も多い。その利用者の多くは、東京・神奈川・千葉・埼玉などの関東地方からで、次いで山梨県を含めた中部甲信越地方の利用者が多い。最近では、関西方面からの利用者と中国を中心とした海外からの観光客が増加傾向にある。しかし、利用者の7割は日帰り観光であり、宿泊は1泊2日を中心とした短期滞在型である。富

4.3 富士山の観光開発と環境保全

士山の山麓には、富士山を周回する国道139号線が走っており、山麓に展開する景勝地を自動車で日帰り観光する利用者を増加させている主因となっている。

また、富士山の中腹までは、自動車で五合目まで登ることができる。山梨県側には富士山有料道路（富士スバルライン）、表富士周遊道路（富士山スカイライン）があり、有料道路の終点である五合目までは多くの観光客が自動車で登る。富士登山をする利用者は、自動車を降りて有料道路の終点から登り始めるのが一般的である。富士登山者は年間40万人を数えている。そのほとんどは、山開き期間の7・8月の2カ月間に登っている。現在、富士山有料道路と表富士周遊道路の登山区間は、富士山の環境保全と交通渋滞防止・自動車利用適正化のためにマイカー規制を実施している。

3. 新発見

現在、西湖、本栖湖には北海道を原産とするヒメマスが生息している。平成22年（2010）にヒメマスの近縁種であるクニマス（Onchorhynchus nerka kawamurae）が西湖に生息していることが発見され、大きな話題になった。クニマスの原産地は田沢湖であったが第二次世界大戦の開戦前に水力発電の用水として強酸性の玉川の水を田沢湖に引き込んだことで絶滅したといわれてきた幻の淡水魚である。

参考文献

- 国立公園協会（2003）:『富士箱根伊豆国立公園富士山地域安全利用対策調査』検討資料, p77.

科学的・学術的説明看板設置活動

荒牧 重雄・佐野 充

1. はじめに

「富士山」の世界遺産登録に向けた国民的レベルの推進活動が近年活発となり、平成24年（2012）の推薦書提出に至った。富士山を研究調査の対象としている研究者の集まりである富士学会では、この期に改めて「富士山」を学術研究対象として認識・評価を行い、自然科学・文化・文学などの視点から「富士山」の実像を解明し、その成果を科学的・学術的説明看板として富士山に設置し、富士山を訪れる多くの人びとに、広く富士山を知ってもらい、理解してもらうための活動をしている。

2. なぜ説明看板設置か

日本に28ある国立公園のうち、火山地域にあるものが20を数える。世界的に見ても、日本の自然公園は火山地形・地質・環境などについて卓越した「場」を提供している。その「場」とは、学術的研究の場であることは当然だが、市民の学習の場でもあり、レクリエーション・レジャーの場でもある。研究者と市民をつなぐ道具として、現地における説明的活動＝インタープリテーションが重要である。しかし、日本の自然公園は、西欧先進国の自然公園と比較して、インタープリテーションの活動・設備が格段に劣っている。これは緊急に改善すべき問題である。

富士山を世界遺産に登録する活動は、ユネスコへの推薦書提出によって、登録に向けての最終ステージに登壇したと言われている。静岡・山梨の両県から国への申請を起点とし、平成19年（2007）になってユネスコの暫定リストに登録された。以来、今日まで、両県の市民を中心に国民的レベルでの世界遺産登録運動が進められてきた。しかし、残念ながら一研究者としてみると、この間、世界遺産にふさわしい環境整備は—その中にはインタープリテーション活動も含まれるが—積極的に進めてきたようには見えないし、地元の自然保護・環境保全団体の動きも活発とはいえない状態であった。

静岡・山梨の両県や国レベルで登録推進が決定され、国民的な登録運動になっているのであるから、自然公園としての整備をある程度強力に

推進していく必要がある。そこで、富士学会を中心とした研究機関（東京地学協会・日本火山学会・日本国際地図学会・日本地質学会・日本地理学会・日本第四紀学会）は、啓発的内容を掲げた「看板」を現地に設置することを統一的に提案することを考え、活動を始めた。

日本の自然公園の多くは、所有者、権利者、管理者などの諸権利が錯綜しており、アメリカ、ニュージーランド、オーストラリアなどの公園で見られるような、徹底的で整合性の取れた公園管理を行うことが不可能だといわれている。富士山も例に漏れず、年間3,000万人とも言われる観光客向けの商業活動が、望ましくない傾向を助長しているという見方が一般だ。説明看板に限って言えば、その内容は統一がとれておらず、正確でなく、不適切なものが少なからずあるというのが現状である。たまたま気がついた研究者がその内容について注意を喚起したとしても、すぐに受け入れられるような状況ではないと考えられる。

富士山の世界遺産登録運動は、このような困難性が少しでも打ち破られるチャンスであるかもしれないという発想から、複数の学会を横断的に結んだ提案として、良質な情報を看板の文章として組織的に提供する案を提案する。

3. 説明看板の基本案

科学的・学術的説明看板の具体案としては、各学会が小委員会を作り、担当する課題について説明文を作成し、また看板の場所やテーマなどについて提言し、各専門分野・担当学会の間の調整は富士学会が担当する。提案をする相手は、当面静岡・山梨の両県で構成する「推進協議会」、あるいは国の担当機関宛である。さらに、統一的看板を作り、管理する協議体の設立を願い行動してきた。この模範に出来る事例としては、U. S. National Park Serviceの内部規定としての看板に関する細かい規約、Scenic AmericaというNGOが活動している看板規制問題などがある。以下に、「富士山に科学（学術）的説明看板を設置する運動調整委員会」（委員長: 荒牧重雄）の提案内容を示す。

1. 富士山を世界文化遺産に登録する運動が進められてきたが、それに伴って浮上するのが、自然公園として富士山地域の自然保護・環境保全を推進するという問題である。自然公園としての保全運動には、利用者が自然を学ぶという活動を通してより多くの成果を上げ

るために役立つ条件を整備することが含まれる。
2. 日本の他の自然公園と同様、富士山地域には、利用者に役立つ説明板、案内板等の施設が極めて少なく、また現存するものにはその内容が必ずしも適当でないものがある。その整備状況は西欧先進国の自然公園に見られる施設よりもはるかに劣っているのが現状である。
3. 富士山に関する学術研究者の集団である富士学会は、富士山地域に説明のための看板を組織的に設置する運動を提案する。看板の内容は一般市民が読んで容易に理解できるような、平易で明快なものにすべきである。その内容は富士山地域に関する自然科学的、人文科学的な知見を紹介するものを中心とする。
4. 実施の方法
   (A) 看板の形状、大きさ、体裁などは、各種法令などによって規制される場合があるので、管轄行政機関と協議するか、機関に対して勧告、提案を行う。
   (B) 看板に表示される文章の内容は、関連する学術団体又はそれに準ずるものが責任を持って作成する。文章の内容も、Aと同じく、看板を管理するものと協議する。
   (C) 統一された看板の形態や文章の内容などは、関係する学術団体や管理者が集まって協議することが望ましいので、そのことを提案する。

平成21年（2009）3月9日に「富士山標識関係者連絡協議会」が正式に立ち上がり、「富士山の標識類の設置、許認可等に係わる関係者で情報を旧融資、標識類の設置の方針やデザインの調整を図ることにより、登山等利用者の安全及び利便の確保並びに良好な風致景観の確保及び形成に資すること」を目的に活動を進めた。平成22年（2010）3月には、「富士山における標識類総合ガイドライン」が決められ、適用範囲・対象とする標識（サイン）の種類・適正な配置等・用語の統一と多言語化（日本語・英語・韓国語・中国語等）の推進・デザインの統一・維持管理などの指針が示されている。

4. 富士山頂の説明事例

現在、富士山頂では、お鉢めぐりの歩道に標識の設置事業が進んでいる。

富士山頂のお鉢めぐり周回路には、平成22年（2010）年度に環境省関東地方環境事務所（沼津自然保

護官事務所）が標識整備事業として、火山、歴史、植生、気象の4分野についての科学的・学術的記載内容の標識が設置された。この事業には、富士学会が標識掲示文章の作成において科学的・学術的な面から協力をして完成された。標識の説明は、現在一般的に通用している理論・とらえ方・考え方を基本にできあがっており、日本語（300字以内）と英語で記載されている。説明内容はp491「富士山頂お鉢めぐり」の項に詳しく紹介した。

　富士登山の折には、是非ともこれらの説明看板を読み、富士山への理解を深めていただきたい。

文化財としての火山洞窟

佐野 充

1. 火山活動と火山洞窟

　富士山には、121の火山洞窟がある。交通至便の場所にありながら、毎年新しい洞窟が発見されている。これは、紀元800年代から1000年代に起きた度重なる大噴火で流れ出た5億トンといわれる溶岩が造った青木ヶ原樹海（30km^2）の調査が極めて困難なためである。富士山の火山洞窟は、洞窟の数でも、変化に富んだ造形物や現象などがある点でも、日本の火山の中で群を抜いている。富士山は噴火によってできた成層火山でありで、どの方向からみても美しい山腹曲線を持つ孤峰である。海抜500m以上の山体容積は491km^3（大森房吉：1908）であるとされている。

　富士山麓で最長の火山洞窟は、静岡県富士宮市にある三ツ池洞窟2,202.0mであり、溶岩洞窟としては日本最長である。また、国の天然記念物に指定されている溶岩洞窟が、山梨県南都留郡に2穴あり、西湖コウモリ穴386.3m（富士河口湖町）、鳴沢氷穴155.7m（鳴沢村）と呼ばれている。

　富士山の噴火の記録（表1）の最も古いものは『続日本紀』にあり、天応元年（781）に「雨のように灰を降らし、木の葉枯れる」とある。その後、西暦800年代～1000年代にかけて、度重なる大噴火があったが、永保3年（1083）の大噴火の後、宝永4年（1707）の宝永大噴火まで、600年以上目立った火山活動を行わず、その後も現在まで活動間欠期といえる期間が続いている。

　富士山の火山活動は、古期と新期に分けることができる。古期の活動でできた火山を古富士火山、新期の活動で古期にできた火山の上にできた火山を新富士火山という（図1）。古富士火山は東麓・南西麓に分布している古富士泥流層（図1の区分5、2万4,000年～1万6,000年前に形成）で特徴付けられる。新富士火山は山麓に分布している新富士溶岩（旧期・中期・新期の溶岩）で確認ができる。旧期溶岩（図1の区分6、1万1,000年～8,000年前に形成）は南西麓の大淵溶岩流・村山溶岩流、南東麓の三島溶岩流、北東麓の猿橋溶岩流で確認ができ、ここには多くの湧水地

4.3 富士山の観光開発と環境保全

表1「富士山噴火記録」

(西暦)	(和暦)	(記録)	(出典)
781	天応元	雨のように灰を降らし、木の葉枯れる	続日本紀
800-802	延暦19-21	山頂噴火、昼は暗く夜は火が天を照らし、河水は赤く染まる。足柄道は火山灰のため廃道となり、新たに箱根道を開く	日本後記
826	天長3	噴火	寒川神社日記
859	貞観元	浅間神社三位に正三位を贈る(異変時に贈位)	類従国史
864-865	貞観6-7	地震3度して噴火す、火柱高さ60-70m、溶岩は剗の海と本栖湖に流入、また一部は河口湖に向かう。農家が埋まり魚・亀が死んだ。	三大実録
870	貞観12	富士山中央大いに噴く	寒川神社日記
932	承平2	溶岩礫激しく噴出。たまたま火焔飛んで大宮浅間神社焼失	三輪義熈「富士史」
937	承平7	神火、水海をを埋む。焼山、割目噴火、鷹丸尾溶岩流噴出	日本紀略,寒川神社日記
852	天暦6	北東側より噴火	
993	正暦4	北東山腹より噴火	
999	長保元	富士山焚く	本朝世紀
1017	寛仁元	北山腹の3箇所より噴火	三輪義熈「富士史」
1033	長元6	富士山火、峰より起り、山脚に至る	日本紀略
1083	永保3	富士山焼燃	扶桑略記
		7箇所より激しく噴火、溶岩と放出物を出し後沈静化する	三輪義熈「富士史」
1331	元弘元	地震、富士山頂崩れる事数百丈	太平記
1511	永正8	富士鎌岩燃ゆ	妙法寺旧記
1560	永禄3	噴火	日本災異志
1700	元禄13	噴火	日本災異志
1707	宝永4	地震群発し翌日昼過ぎ南東山腹より噴火。白煙4時間の後黒煙にかわる。16日後に止む	文献多数
1709	宝永5	富士山腹々焼く	国府年表
1825	文政8	鳴動	甲子夜話
1854	安政元	雪以上に解け、宝永火口より黒煙、また8合付近に火見ゆ	
1939	昭和14	地震群発	日本活火山総覧
1987	昭和62	地震群発	火山活動予知連会報

文化財としての火山洞窟

がある。中期溶岩（図1の区分7、5,000年前頃）は中腹に広く分布し、新期溶岩（図1の区分8、3,000年前以降）は山頂から放射状に分布している。

2. 火山洞窟の分布と特徴

富士山の火山洞窟（図2）は、万野風穴・三島・大淵・西臼塚・二子山・犬涼み山・青木ヶ原などの溶岩流中に発見されている。多くの火

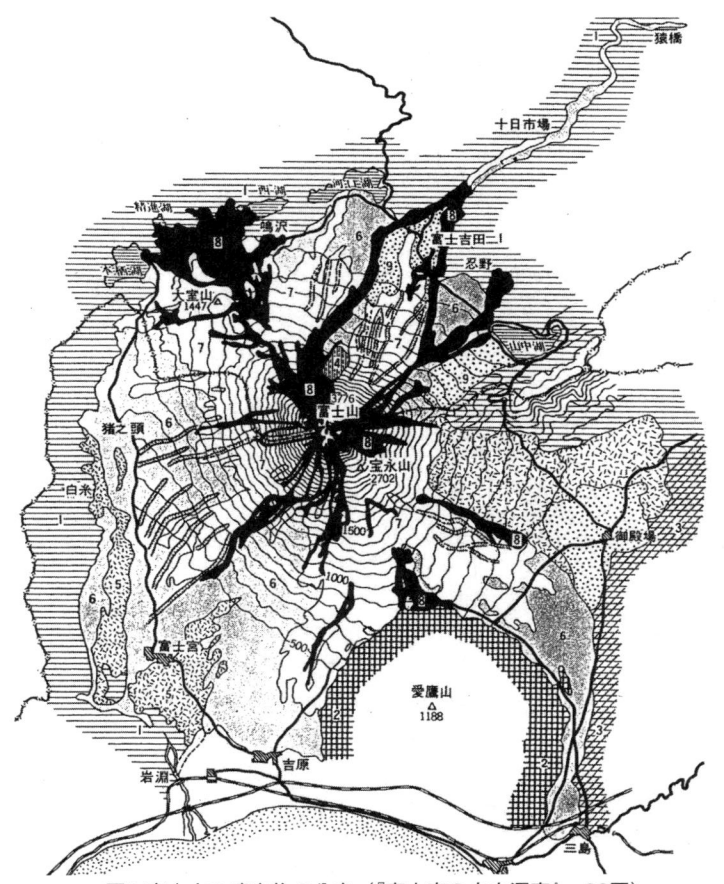

図1 富士山の噴出物の分布（『富士宮の火山洞窟』p23図）

1 おもに第三紀層（宝永4年噴出物その他の新しい火山砂礫を除く），2 愛鷹火山，3 箱根火山，4 小御岳火山，5 古富士火山泥流および砂礫層，6 旧期溶岩類，7 中期溶岩類，8 新期溶岩類，9 沖積扇状地堆積物および火山灰層（6-9：新富士火山）。津屋弘逵（1971）による

-507-

4.3 富士山の観光開発と環境保全

山洞窟（図2の区分では溶岩洞窟）は、珪素の含有量の少ない塩基性の玄武岩で、噴出時に高温・弱粘性の流動性の高い溶岩が大量に厚みを持って流れ出したところに形成されている。厚みのない溶岩流のところでは、溶岩樹型や複合溶岩樹型は形成されるが溶岩洞窟はほとんど形成されない。形成された時期は、新期溶岩がつくられた時期に形成された青木ヶ原溶岩流中の溶岩洞窟を除けば、大部分は旧期溶岩がつくられた時期に属するものである。

参考文献

- 富士宮市立郷土資料館（1991）：『富士宮の火山洞窟』, 富士宮市教育委員会, p.1-3, p.58-62.

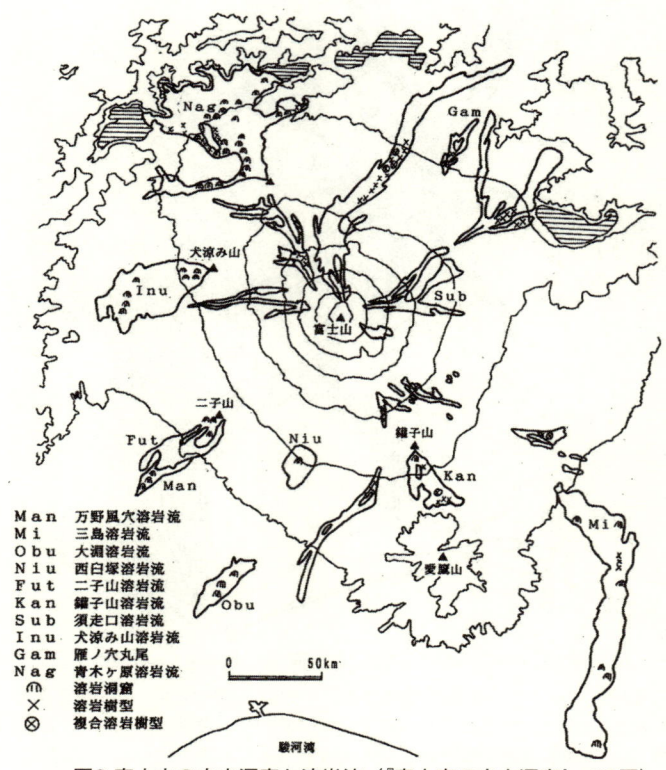

図2 富士山の火山洞窟と溶岩流（『富士宮の火山洞窟』p29図）

表2　富士山の溶岩洞窟

No	洞窟・溶岩流名	総延長(m) ※は推定	海抜(m)	備考
須走・御殿場溶岩流（静岡県駿東郡小山町）				
1	須走胎内	※20.0m	2630m	
三島溶岩流（静岡県裾野市）				
2	大野風穴第1		480m	土砂埋没
3	大野風穴第2	375.4m	480m	
（静岡県御殿場市）				
4	駒門風穴	625.3m	335m	国指定
（静岡県裾野市）				
5	岩波風穴	219.7m	260m	
6	裾野風穴第1	116.0m	115m	
7	裾野風穴第2	120.8m	125m	
（静岡県三島市）				
8	三島風穴	298.9m	42m	
砂沢溶岩流（静岡県御殿場市）				
9	須山胎内	40.0m	1485m	
大淵溶岩流（静岡県富士市）				
10	不動穴	124.5m	201m	
11	八幡穴	187.3m	150m	
12	厚原第1風穴	88.9m	110m	
13	厚原第2風穴	24.5m	88m	
14	厚原第3風穴	50.6m	107m	
鑵子山溶岩流（静岡県裾野市）				
15	雷穴	35.0m	1210m	
二子山溶岩流（静岡県富士宮市）				
16	婆々穴	621.2m	675m	
17	コウモリ穴第1	68.0m	685m	
18	コウモリ穴第2	※127.0m	675m	
万野風穴溶岩流（静岡県富士宮市）				
19	屋敷穴	238.8m	305m	
20	弘法穴	※40.0m	285m	
21	窓穴	510.1m	270m	
22	銀河風穴	185.8m	250m	
23	万野風穴	908.3m	253m	
24	観音穴	71.6m	235m	造成埋没
犬涼み山溶岩流（静岡県富士宮市）				
25	犬涼み山風穴第1	91.5m	1140m	
26	ムジナ穴	118.2m	1095m	
27	犬涼み山風穴第2	130.0m	1070m	
28	犬涼み山風穴第3	※50.0m	1000m	
29	犬涼み山風穴第4	※120.0m	995m	
30	犬涼み山風穴第5	701.0m	970m	
31	犬涼み山風穴第6	※250.0m	985m	位置不明
32	犬涼み山風穴第7	93.7m	975m	
33	犬涼み山風穴第8	76.3m	980m	
34	犬涼み山風穴第9	49.0m	985m	
35	犬涼み山風穴第10	85.0m	995m	
36	犬涼み山風穴第11	35.0m	1000m	
37	犬涼み山風穴第12		1150m	
38	三ツ池穴	2202.0m	815m	
39	姥穴	123.0m	750m	
40	鵼穴	820.1m	733m	
41	新穴	149.7m	720m	
42	人穴	83.3m	700m	
43	間々下穴	154.6m	665m	人工埋没
青木ヶ原溶岩流（山梨県南都留郡鳴沢村）				
44	軽水風穴	432.8m	1250m	
45	神座風穴第1	443.1m	1245m	
	カマボコ穴	28.0m	1245m	
46	神座風穴第2	51.3m	1240m	
47	眼鏡穴	154.5m	1210m	
48	神座風穴第4	100.0m	1165m	
49	神座風穴第5	105.3m	1160m	
50	神座風穴第6	42.3m	1160m	
51	神座ローリー風穴	61.8m	1150m	
52	神座風穴第7	80.0m	1150m	
53	神座風穴第8	100.0m	1150m	
54	神座風穴第9		1145m	
55	神座東海風穴	40.0m	1150m	
56	神座風穴第10	50.0m	1166m	
57	神座川越穴	85.0m	1163m	
58	神座風穴第11		1162m	
59	神座風穴第12		1159m	

4.3 富士山の観光開発と環境保全　　第4章

No	洞窟・溶岩流名	総延長(m)※は推定	海抜(m)	備考
60	神座風穴第13		1160m	
61	大室風穴第1	170.3m	1190m	
62	大室風穴第2	40.0m	1170m	
63	背負子風穴第1	230.0m	1160m	
64	背負子風穴第2	55.3m	1145m	
65	背負子風穴第3	35.0m	1140m	
66	背負子風穴第4	32.1m	1140m	
67	背負子風穴第5	30.0m	1125m	
（山梨県南都留郡富士河口湖街）				
68	本栖風穴第1	494.3m	1140m	氷穴
69	本栖風穴第2	235.7m	1155m	
70	本栖風穴第3	94.8m	1135m	
71	本栖風穴第4	32.0m	1125m	
72	本栖風穴第5	49.0m	1140m	
73	本栖氷穴	68.1m	1145m	氷穴
（山梨県南都留郡鳴沢村）				
74	富士風穴第1	582.0m	1110m	氷穴
75	富士風穴第2	57.0m	1110m	
76	富士風穴第3	52.0m	1110m	
77	富士風穴第4	118.0m	1100m	
78	富士風穴第5	143.0m	1100m	
79	富士風穴第6	60.0m	1100m	
80	富士風穴第7	130.0m	1105m	
81	青木ヶ原風穴第1	61.0m	1065m	
（山梨県南都留郡富士河口湖街）				
82	青木ヶ原風穴第2	141.5m	1060m	
83	富岳風穴	258.7m	1000m	氷穴
（山梨県南都留郡鳴沢村）				
84	鳴沢氷穴	155.7m	1025m	氷穴
（山梨県南都留郡富士河口湖街）				
85	精進御穴日洞	160.6m	990m	
86	精進御穴月洞	247.3m	985m	
87	精進風穴第1	47.1m	960m	
88	上人穴	46.5m	960m	
89	精進風穴第2	46.4m	960m	
90	精進風穴第3	53.3m	960m	
91	精進風穴第4	103.0m	960m	

No	洞窟・溶岩流名	総延長(m)※は推定	海抜(m)	備考
92	片蓋穴	※30.0m	1195m	
93	行者穴	※94.0m	1195m	
94	和人穴第1	253.6m	1190m	
95	和人穴第2	44.2m	1185m	
96	和人穴第3	※0.0m	1175m	
97	和人穴第4	101.5m	1060m	
98	和人穴第5	※0.0m	1135m	
（山梨県南都留郡鳴沢村）				
99	鳴沢コウモリ穴第1	69.2m	1005m	
100	鳴沢コウモリ穴第2	70.2m	1005m	
101	鳴沢コウモリ穴第3	40.0m	1005m	
102	鳴沢コウモリ穴第4	48.0m	1005m	
（山梨県南都留郡富士河口湖街）				
103	竜宮穴	95.9m	965m	
104	西湖風穴第1	72.3m	945m	
105	西湖風穴第2	31.7m	950m	
106	西湖風穴第3	41.4m	945m	
107	西湖風穴第4	114.0m	960m	
108	西湖風穴第5	142.0m	965m	
109	西湖風穴第6	32.0m	965m	
110	西湖風穴第7	42.3m	975m	
111	西湖コウモリ穴	386.3m	925m	
112	西湖風穴第8		939m	
113	西湖風穴第9	68.1m	941m	
114	西湖風穴第10	107.8m	923m	
雁ノ穴溶岩流（山梨県富士吉田市）				
115	崩れ穴	※130.0m	1010m	
鳴沢溶岩流（山梨県南都留郡鳴沢村）				
116	平次原風穴	106.9m	980m	
西臼塚溶岩流（山梨県富士吉田市）				
117	立堀沢風穴	82.0m	1165m	
氷穴溶岩流（山梨県南都留郡鳴沢村）				
118	弓射塚氷穴	61.7m	1410m	
小御岳風穴溶岩流（山梨県南都留郡鳴沢村）				
119	小御岳氷穴第1		2005m	割目噴火口
120	小御岳氷穴第2	90.3m	2020m	割目噴火口
121	小御岳氷穴第3		2020m	割目噴火口

富士山の環境保全

渡邊 定元

1. 富士山域の環境の劣化

　第二次大戦後の十年間、富士山の山地帯以上の自然環境はよく保全されていた。表口、吉田口ともに富士山に登る人も少なく、物資が乏しかったためか紙くずも落ちていなかった。あるのは砂走りにみられた草鞋の切れ端ぐらいであった。昭和25年（1950）に調査した御中道の御庭のカラマツ‐ハクサンシャクナゲ‐ハナゴケ群落や、桜沢から市兵衛にかけての高山植物群落は美しく、富士山の森林限界や高山帯の特徴をよく表していた。

　富士山自然環境の劣化が始まったのは昭和30年代の高度成長が始まってからである。昭和35年（1960）の富士スバルライン、昭和45年（1970）の富士山スカイラインの開通によって、五合目以上の登山道はゴミの道と化していった。富士登山に訪れた欧米の学者・著名人の多くは、異口同音に「ゴミの放置と登山者のマナーの悪さ」を指摘した。タバコの吸い殻、瓶や缶のポイ捨てを常識とする登山者のマナーの悪さは、環境倫理や道徳心の欠落した高度成長期の負の遺産である。行政が積極的に美化運動に取り組まなかったこともその一因である。

　高山地帯、亜高山帯域の自然林の劣化は、拡大造林やスバルライン建設に伴い顕在化する。制限林以外の多くの天然林は人工林へと転換された。リゾート開発は自然公園法や森林法など法による制限の範囲で計画され許可されるが、富士山麓は東名高速道路、中央自動車道の開通に伴い首都圏に最も時間距離の近いリゾート地として、法の許す範囲内まで開発が行われた。

2. 富士山の環境の主体とは

　環境という言葉が一人歩きしている。人間活動の影響は地球上の隅々まで行きわたった結果、温暖化、オゾンホール、酸性雨などの自然現象は、人間活動の結果として顕在化し、地球生態系を改変するまでになっている。

　地球温暖化ガス、NO_x・SO_xやダイオキシンなど人間の生態系への影響は、ヒトという消費者の活動によってもたらされたものである。こ

4.3 富士山の観光開発と環境保全

れは陸上生態系にとって始めて経験した現象である。人類の歴史は、まず、食料を得るために大形動物を消滅させた。そして、このことが原因となって、大形動物と森林を構成する樹木の相互関係を変え、気づかぬままに森林生態系を改変させてきた。19・20世紀になると産業革命の結果、人類は石炭・石油・鉄鉱石などの化石資源を思うままに消費してきた。そして築きあげた現代文明の負の遺産は、人類をはじめおおくの生物の生存をおびやかすまでに地球生態系を変貌させている。消費の極まった現在の私達は、誰もが環境問題と直面しなければならなくなったのである。地球生態系にとって適切な人間活動は、環境に配慮した社会経済活動が基本となる。

環境は、主体があって存在する概念である。環境とは「主体（たとえば人または生物）が存在している場、すなわち、ある主体に対するその外囲を、その主体の環境という」と定義されている。このことから、主体を特定しない環境は、実体として把握することができない。そこで、富士山の環境とは、①富士山の自然を主体とするのか、②私たち人間を主体とするか、によって環境をとらえる実態がことなる。さらに、富士山の自然といっても、富士山そのものを主体とするのか、山頂や高山帯、富士山を構成する個々の洞穴や樹木、動物を主体にするのかによって、それぞれの環境が異なってくる。国立公園特別保護地区や天然記念物などは、指定された地域の自然や指定対象が主体としてよい。また、私たち人間を主体とした場合であっても、国民全体にとっての富士山から、静岡・山梨県民、山麓住民、ツアー客にとって、それぞれの主体は異なっている。美しい富士山の自然景観は、これを愛でる人々が主体である。また、ゴミの見あたらない登山道は登山者が主体である。

このような視点から、富士山の環境保全は多角的に主体をとらえて、それぞれの主体にとって最適な環境保全のあり方を模索して行かねばならない。

3. 富士山域で失われたフロラとファウナ

自然保護は自然を主体とした環境保全である。人間活動に伴う自然の改変によって死滅してゆく生物相は数え切れない。富士山で新種として発見されながら、数十年間確認されていないのがフジダイゲキである。現在静岡県西部に2カ所だけの自生地が知られる絶滅危惧種である。環境基本法でいう環境の主体は、その

殆どが人間を主体としており、自然を主体とするものは限られている。私たちは自然保護を語るとき、常に対象とする生物（相）が主体であることを意識しなければならない。

開発によって消失したフロラ（植物相）やファウナ（動物相）は枚挙をいとわない。田貫湖湿原の開発により消失した貴重な植物にムラサキミミカキグサ、ホザキミミカキグサ、サワトンボ、ミズトンボ、トキソウがある。また富士山麓の草原に普通にみられたオキナグサ、アズマギク、ノハナショウブ、サクラソウも気づかぬうちに消失、または消失しつつある。また、草原性の蝶類も棲息環境を失って姿を消している。これらは種の保護には生育環境を保存し十全な対策を講ずる必要がある。

4. 富士山域の護るべき自然

富士山域の著名な自然は、特別名勝・天然記念物や、富士箱根伊豆国立公園の特別保護地区に指定され保護されいる。富士山高山帯は特別名勝や国立公園特別保護地区として、また、湧玉池、白糸の滝などの湧水、風穴・氷穴などの洞穴、青木ケ原や忍野のハリモミ林などの自然は、個別に天然記念物や自然公園法によって保護されている。

ここで、視点を変え、生態学的にみて護るべき富士山域の自然をあげると次のとおりである。

第一は、亜高山帯の森林植生の保全である。地球生態系の視点から日本の自然をとらえると、最も固有度が高いのは亜高山帯の森林群落である。富士山は日本列島のなかでその代表である。カラマツ、オオシラビソ、シラベ、トウヒ、イラモミ、コメツガ、ヤハズハンノキなど主要樹木の殆どが日本固有種である。また、林床に生育する低木・草本も日本固有種の比率が高い。

第二は、フォッサマグナ要素の保全である。富士山を中心とした愛鷹山・伊豆・箱根・丹沢など新第三紀地溝帯に生じた火山とその堆積物地域には、この地域固有な植物が生育する。このうち富士山には、オオサワトリカブト、ハコネグミ、アシタカツツジ、サンショウバラなど絶滅のおそれのある植物が生育している。

第三は、極限生物の保全である。極限とは気象、地質など生物にとって過酷で極端な生育環境をいう。日本で最も高い山頂に生育する地衣や蘚苔類や、「まるび」と呼ばれる新しく噴火した溶岩流に成立するフロラとファウナをいう。青木ケ原樹海はその典型である。また、ジェット気流を直接うける富士山北西面の高

4.3 富士山の観光開発と環境保全

山帯なども極限環境といってよいだろう。なぜか、富士山で樹木が最も高所まで生育しているのは西側斜面の2,850mである。

第四は、富士山麓に展開している草原性のフロラとファウナである。富士山麓地域には、氷河期に栄えたとされるキスミレ、オキナグサ、アサマシジミなどの植物や昆虫が成育している。これらは山麓住民の採草、火入れなど人間活動によって草原が維持されたため、富士山麓に遺存されてきたものである。東富士演習場に拡がる草原は草原性のフロラとファウナを持続させる生態学的な意義を持っている。草原の保全には区域を定めて計画的に野焼きなど行う必要がある。

第五は、豊富な湧水や湖沼に生育するフロラやファウナの保全である。湧水池のミシマバイカモ、バイカモ、河口湖のマリモなどは地域の宝として護っていきたい。

次に、人類による生態系の改変の結果、食物連鎖のサイクルに異常が生じ、護るべき自然を劣化させている事例として、シカの生息数の増大がある。シカの増えすぎは林床植生を食い尽くし、貴重な植物や食葉性動物を衰退・消失させている。人がオオカミを滅亡させ、また、法律によって狩猟の制限を加えてきたからである。富士山の貴重な自然を保全するためシカの生息数の管理は緊急な課題である。

以上、学術的にみて護るべき富士山域の自然は、保存・防御・保全などの管理手法を適宜用いて保護してゆく必要がある。

5. 外来種からの防御

富士山の自然を護って行くうえで、課題となるのが登山者による外来種の持ち込みである。靴底についた土、衣料に付着した種子など、登山者数が増えれば増えるほど危険度を増す。富士山麓は、明治以来多数の外来種が定着しており、その代表種であるオオマツヨイグサは太宰治をして「富士山は月見草がよく似合う」と言わしめるまでになっている。富士山麓に定着した代表的な外来種は、セイヨウタンポポ、ムラサキツメクサ（クローバー）、セイタカアワダチソウなどで、路傍でみられる普通種となっている。また、保全すべき生物に危害をくわえ、生態系を改変するまでになっているところは、河川や湖水である。オオカナダモなどの水生植物は、バイカモなど在来種を駆逐しつつあり、特別天然記念物の湧玉池では、市民によって定期的に駆除を行わなければ本来の自然を維持できない状態になって

いる。また、ブラックバスなど釣り魚の湖沼への放流は、土着種や養魚の稚魚を食い荒らし、湖沼生態系そのものを変えてしまっている。また、周遊道路の路傍では外来種数の割合が徐々に高まっている。青木ケ原など自然度の高い山地帯の自然や、富士山亜高山帯以上は、行政当局とNPO法人などボランティアが協力して外来種の抜き取りなど防御対策を常に講ずる必要がある。

6. 失われた自然の再生

　自然保護には、回復、復元、再生など積極的に自然を護って行こうとする管理概念がある。富士山域の失われた自然を復元再生するためには、将来の自然の姿がどうあるべきかを想定し、計画を建てて実践してゆくことが必要である。ブナ林地帯などではボランティアによる「自然の森づくり」活動によって、失われた自然の再生が行われている。これらの活動を一歩すすめて、これからは、かつて富士山麓で普通にみられた生物種の再生を試みることが必要である。集落共有地の協力を得て実施している、朝霧高原での草本群落の復元活動のように、望ましい生態系づくりの輪を山麓一帯に拡げたい。

7. 富士山麓の生活環境の保全
(1) 富士山麓で発生した水質汚染

　人間活動が私たちの生命や社会生活に負の影響を及ぼしているのが公害である。公害は人間を主体とした環境の概念であるが、自然環境へは人間以上に深刻な影響を及ぼしている。これまで富士山麓で顕在化した公害の主な環境要素に、大気・水質・土壌がある。環境基本法は、大気の汚染、水質の汚濁、土壌の汚染などから私たちの健康を保護し、生活環境を保全するため、環境要素ごとに必要な環境基準を設けている。環境基準は、人の健康等を維持するための最低限度としてではなく、より積極的に維持されることが望ましい目標として、その確保を図っていこうとするものである。

　富士山麓で最初に顕在化した公害は水質汚染で、経済高度成長期に発生した「田子の浦ヘドロ公害」と呼ばれたものである。この問題を経て、公害基本法の制定が促され、私たちが安心して生活できる環境基準が生まれた。生物化学的酸素要求量（BOD）、水質汚濁、浮遊物質、工場排水、生活排水などの環境基準によって、現在の潤井川などで魚の棲める環境が保たれるようになった。

　富士山麓で発生した地下水汚染は、化学物質の不法投棄によって起

こっている。かつて、富士宮市の水道源としていたある湧水で有害化学物質が検出された。草原や山林に穴を掘って廃棄物を埋める不法投棄は、土壌汚染や地下水汚染を生んだ。行政・住民の監視の目を常に張り巡らせなければならない。富士五湖など湖沼型の水質汚染を防止するため、湖底堆積物の常時監視など安全策を講ずる必要である。また、湧水や澄んだきれいな河川は、ヤマメ、イワナなどが棲息できる水質を確保しなければならない。

(2) 富士山麓で発生した大気汚染

経済の高度成長期以来、高速道路、国道1号線沿線、工業地帯周辺部で窒素酸化物（NOx）、硫黄酸化物（SOx）、光化学スモッグによる公害がたびたび発生している。大気汚染の結果、まず幹線道路沿線のスギに先枯れが発生し、徐々に沿線や都市部からスギが消失する。富士山麓では寺社の森の先枯れの程度で過去の大気汚染の程度が判断できる。最近では酸性雨が原因とされるモミ類の衰退も目立つ。これら樹木の衰退原因は、NOx・SOx、によって、葉の害虫からの防御機構が破壊され、フェノールの生成が阻害される。その結果、虫害が発生し葉は食葉性昆虫によって摂食され尽くされ、樹木は枯死するからである。

8. 築こう富士山域の環境倫理

山麓住民、国民がこぞって富士山のもつ文化的価値を共有し、美しい富士山の姿を持続して行くための富士山域の環境倫理とは、①富士山憲章の趣旨を理解し、②国立公園や特別名勝など文化財指定地域の指定要件や市町村条例を遵守するとともに、③自然にはその土地の所有権があるのと同時に公益権があることを了知して、よりよい方向へと環境価値を高める努力をひとり一人が行うことである。醜悪な都市等の景観を是正した、世界に誇れる文化的景観は、正しい環境倫理を身につけた行政・企業・個人のたゆまざる努力によって維持し創出して行くものである。富士山域の地域づくりは環境倫理の確立を基として実現できる。

富士山の世界遺産登録運動

佐野 充

1. 国民的財産「富士山」

　日本のシンボル、国民的財産であり、信仰の御神体である富士山は、日本がユネスコの「世界の文化遺産及び自然遺産の保護に関する条約」締結国入りした平成4年（1992）以降、世界遺産認定を受けるべく、今日まで、富士山を取り囲む地域の市民及び地方自治体を中心に国民的レベルの推進活動が行われてきた。

　富士山は、古来より、たびたび噴火を繰り返し、噴煙を立ち上らせた姿は雄大さと荘厳さを持つ、まさに不二の山そのものであった。そのため、富士山周辺には、「かぐや姫」や始皇帝の命により不老不死の秘薬を求めてやってきた「徐福」などの不老不死にまつわる伝説が多く存在している。

　また、富士山は今日まで数多くの絵画に描かれている。葛飾北斎の『冨嶽三十六景』と歌川広重の『富士三十六景』に代表される浮世絵がある。このほかに、江戸時代の地図学者伊能忠敬の作製した実測地図の伊能図に、富士山が日本列島を代表するランドマークとして描かれている。なお、この伊能図には、日本列島の各地から富士山の見える場所が記されている。その場所の中で富士山から最も遠いところは、東・千葉県犬吠埼、西・三重県阿児、南・東京都御蔵島、北・栃木県那須である。これらの場所では、理論的には現在も富士山を確認できる。現在、理論的に富士山をランドマークとして認識できる国民の数はおよそ4千万人、総人口の（31.5％）である。（図）（p353「富士山の可視域」の項参照）

　この富士山は、日本人の認識において、世界遺産に匹敵する。自然景観的には優美な姿を幾百年変わらぬまま持ち続けているし、文化的には古から信仰の山として存在しており、日本民族の痕跡が残されている顕著な価値を有する文化遺産として評価できる山である。しかし、現時点で富士山は世界遺産リストに登録されていない。つまり、次世代に残すべき「優れて普遍的な価値があると評価できる自然、文化財」であるとの評価が定まっていないためである。

2. 日本の風景「富士山」

「景色は売りものになるが、風土は売りものにならない」という通説がある。景色とは、富士山で言うならば、天空に浮かぶ山体と裾野に広がる自然の造形であり、国民的レベルの財産としての富士山が織りなす美しい風景である。一方、風土は地域を形成する重要な自然的・社会的な要素である。富士山の場合は、信仰の御神体として地域住民の暮らしと精神構造を支えている地域固有の資源である。一般的に、現在の富士山は、信仰の場所でありながら、誰でも登ることができる庶民的な山と認識されている。その庶民性のために美しい山体は「日本の象徴」として、より一層の評価を受けているといえる。

日本の風景像（原風景）についてのアンケート調査（2005年・回答199人）を実施したところ、「自然」を日本の風景と答える人が最も多く45.2％であった。さらに、日本の風景として認知している事物をスケッチしてもらったところ、「山」を描いた人が72.4％であった。その中で「富士山」を描いた人は52.1％で、特に「単独の山」を描いた人の91.7％が「富士山」を描いていた。まさしく、富士山は日本の風景ナンバーワンであることが確認できた（p535「日本の風景像」の項参照）。しかし、これが世界遺産になるための推進力になっているのであろうか。

3. なぜ、世界遺産候補なのか

世界遺産とは、皆が永遠に残したいと思うかけがえのない地球の宝である。日本人的には、富士山は世界遺産であってしかるべきであるが、未だに世界遺産認定されていない。

世界遺産には3種類があり、有形の不動産を対象に登録認定を実施している。文化遺産は、「顕著な普遍的価値を有する記念物、建造物群、遺跡、文化的景観など」、自然遺産は、「顕著な普遍的価値を有する地形や地質、生態系、景観、絶滅のおそれのある動植物の生息・生息地などを含む地域」、複合遺産は、「文化遺産と自然遺産の両方の価値を兼ね備えている遺産」である。

2012年6月現在、世界遺産リストには962件（文化遺産745、自然遺産188、複合遺産29）が登録されている。日本では姫路城、原爆ドーム、白神山地、知床などが、いずれもがかけがえのない人類の遺産として、破壊から守り、保護し、未来に残すべき価値のあるものとして登録されている。2007年登録の文化遺産「石見銀山遺跡とその文化的景観」以来、4年ぶりの2011年6月に文化遺産「平

泉」と自然遺産「小笠原諸島」の2つが登録され、日本は16件（自然遺産4件、文化遺産12件）になった。

2013年6月に、富士山は世界遺産登録された。日本の世界遺産17番目（文化遺産としては13番目）の登録である。

世界を見渡すと富士山型の成層火山は数多くあり、世界レベルでは、すでにキリマンジャロ山（5,895m）が、「アフリカの富士山」として自然遺産登録されており、その雄大さと手着かずの豊かな自然は、悔しいが比べものにならないレベルにある。つまり、日本人が「世界で最も美しい山」と思っている富士山を「美しい成層火山」として、自然遺産登録することは厳しい状況にある。

さらに、自然を保護し、将来に残していくという世界遺産のコンセプトからすると、これもまた厳しい現実が富士山には突き付けられている。

世界遺産登録は、ユネスコ世界遺産委員会が決める登録基準によっておこなわれる。自然遺産登録に関する基準の概要は、「地球の歴史上主要な段階を示すもの」「動植物の生態学的生物学的プロセスを示すもの」「優れた自然美や素晴らしい自然現象」「多様な生物を保全する重要な自然生息地（絶滅危惧種などを含む）」である。ユネスコ世界遺産委員会が自然遺産として各国から（1国が年に1申請）提出された世界遺産暫定リストの中から登録認定を実施するときには、世界的に顕著な普遍的価値があるものであり、委員会が定めた登録基準に一つ以上該当し、その価値を将来にわたって継承していくための保護措置が担保されていることが主要な認定基準になっている。

例えば、ニュージーランド北島の中央に位置するトンガリロ国立公園は、ルアペフ山、ナウルホエ山、トンガリロ山の三山を中心とした地域で、複合遺産として世界遺産に登録されている。なかでも、ナウルホエ山は富士山によく似た山体を持つ成層火山で、手つかずの自然が残っている。また、この山域はニュージーランドの先住民であるマオリ族の信仰の対象であり、世界的少数民族のかけがえのない聖地となっている。この意味において、トンガリロ国立公園は、自然と文化・伝統・歴史にかかわる複合遺産として認定されているのである。

富士山の世界遺産登録への挑戦は、平成4年（1992）に世界遺産条約締結国になった時から、地元静岡県・山梨県の各種団体が組織した推進活動組織と地方自治体が積極的

に行ってきた（表1）。

まず、自然遺産登録に向けての活動を本格的に進めたが、平成15年（2003）に世界遺産の自然遺産候補地の検討会で選定が見送られた。平成19年（2007）1月に国内における世界遺産登録で文化遺産暫定候補に選ばれ、6月のユネスコ世界遺産委員会で暫定リストに搭載された。平成24年（2012）1月、政府は正式の推薦書を決定し、ユネスコに提出し、平成25年（2013）6月に登録された。

富士山が世界遺産に認定されなかった理由はさまざまに語られているが、日本人の富士山観「富士山は日本国民が誰でも登ることができる身近な日本一の山、神聖な場所であり、日本人の大切な日本の風景である。」「日本の自然回復力からすると広大な富士山での排泄やゴミ捨てはそれほど大げさなことではなかった。」とのごく普通の国民的認識が、「世界的に顕著な普遍的価値」を求められている世界遺産基準に合致していないということに尽きる。

このような状況下で、日本政府、山梨県・静岡県の行政機関、市民、研究者などの粘り強い世界遺産認定推進運動の展開によって、2013年4月に国連教育科学文化機関（ユネスコ；UNESCO）の諮問機関の国際記念物遺跡会議（イコモス；ICOMOS）が富士山の世界文化遺産登録を勧告し、6月にカンボジア・プノンペンで開催されたユネスコの第37回世界遺産委員会で日本政府が推薦した富士山が、「富士山―信仰の対象と芸術の源泉」の名称で世界文化遺産に認定・登録された。25の構成資産（表2）からなる。4月にイコモスによって、富士山と一体したものではないとして構成資産から除外された景勝地の三保松原（静岡市）も日本政府、山梨県・静岡県などのユネスコに対するアピールやロビー活動によって、復活し、日本が描いていた富士山世界文化遺産が、日本の17番目の世界遺産として誕生した。

4. 富士山観の課題

現実の富士山であるが、富士山周辺には年間3千万人の観光客が訪れ、夏の山開き期間には富士山頂に20万人以上が登頂しており、まさに日本有数の観光地である。かつて、春になると山体斜面に残雪のごとく、夏の登山者の排泄残滓が灰色の筋を描いていた。現在では、五合目以上の登山道に、自然に負担をかけないタイプのさまざまなトイレが設置され、擬似残雪の筋は消えているといった状況にある。

これまで、世界文化遺産認定を目

指して推進活動が繰り広げられてきた結果、日本を代表する風景としての美しさを保つ富士山は「世界的に顕著な普遍的価値」をもつ文化遺産として認められた。これからは、霊峰富士を日本の象徴として崇め奉っていた日本人の美意識と自然観を超えて、科学的、学術的な視点を加味した「人類の宝もの」として位置づけ、世界に通用する「富士山観」を構築することが今求められている。

※本項は佐野充「CE建設業界」2010年7月号掲載原稿に2013年加筆した。

表2　富士山世界文化遺産の25構成資産

No	名　称	所在県	所在市町村（備考）
1	富士山域	山梨・静岡	
	1-1 山頂の信仰遺跡群	山梨・静岡	
	1-2 大宮・村山口登山道	静岡	富士宮市(現富士宮口登山道)
	1-3 須山口登山道	静岡	御殿場市(現御殿場口登山道)
	1-4 須走口登山道	静岡	小山町
	1-5 吉田口登山道	山梨	富士吉田市・富士河口湖町
	1-6 北口本宮冨士浅間神社	山梨	富士吉田市
	1-7 西湖	山梨	富士河口湖町
	1-8 精進湖	山梨	富士河口湖町
	1-9 本栖湖	山梨	身延町・富士河口湖町
2	富士山本宮浅間大社	静岡	富士宮市
3	山宮浅間神社	静岡	富士宮市
4	村山浅間神社	静岡	富士宮市
5	須山浅間神社	静岡	裾野市
6	冨士浅間神社	静岡	小山町　(須走浅間神社)
7	河口浅間神社	山梨	富士河口湖町
8	冨士御室浅間神社	山梨	富士河口湖町
9	御師住宅　旧外川家住宅	山梨	富士吉田市
10	御師住宅　小佐野家住宅	山梨	富士吉田市
11	山中湖	山梨	山中湖村
12	河口湖	山梨	富士河口湖町
13	忍野八海　出口池	山梨	忍野村
14	忍野八海　お釜池	山梨	忍野村
15	忍野八海　底抜池	山梨	忍野村
16	忍野八海　銚子池	山梨	忍野村
17	忍野八海　湧池	山梨	忍野村
18	忍野八海　濁池	山梨	忍野村
19	忍野八海　鏡池	山梨	忍野村
20	忍野八海　菖蒲池	山梨	忍野村
21	船津胎内樹型	山梨	富士河口湖町
22	吉田胎内樹型	山梨	富士吉田市
23	人穴富士講遺跡	静岡	富士宮市
24	白糸ノ滝	静岡	富士宮市
25	三保松原	静岡	静岡市清水区

4.3 富士山の観光開発と環境保全

表1 富士山の世界遺産登録運動（登録前まで）

年	主体	取り組み
1936		富士箱根伊豆国立公園に指定される
1952	文部省	富士山を特別名勝に指定される
1978	山梨県	富士山保存管理計画 策定（99年改訂）
1992	国会	「世界の文化遺産および自然遺産の保護に関する条約（世界遺産条約）」批准
1994	民間	「富士山を世界遺産とする連絡協議会」が246万人の署名を添え、衆参両院議長に推薦するよう支援を求める請願（請願審査、保留）
	民間	「富士山を考える会」が両院議長に請願、採択
1995	国・県・市町村	富士山地域の自然環境保全と適正な利用を推進する具体的な対策を協議するため、環境庁、山梨、静岡両県、地元市町村の代表を構成員とする富士箱根伊豆国立公園地域環境保全対策協議会を設置
1998	山梨県・静岡県	富士山憲章制定/富士山を国民の財産として世界に誇る日本のシンボルとして後世に引き継いでいく決意を確認
2000	文化財保護審議会	世界遺産条約特別委員会が富士山を世界遺産候補として推薦すべきだと報告
2003	環境省・林野庁	世界自然遺産候補地選定（国の検討会）の最終候補地選定から富士山と南アルプス落選
2003	山梨県	知事が定例県議会で富士山の世界文化遺産登録を目指す方針を表明
2004	山梨県	県教委が富士山保存管理計画の見直しに着手
2005	民間	「NPO富士山を世界遺産にする国民会議」が発足
	静岡県・山梨県	文部科学省と文化庁に富士山の世界遺産に向けての要望書提出
	山梨県	県庁に知事を本部長とする「富士山世界文化遺産登録県推進本部」が発足
	山梨県・市町村	県と富士北麓5市町村などが「富士山世界文化遺産登録県推進協議会」を設置
	静岡県・山梨県	山梨、静岡両県合同の「富士山世界文化遺産登録推進両県合同会議」発足
2006	静岡県・山梨県	山梨、静岡両県関係の国会議員が「富士山を世界遺産にする国会議員の会」を立ち上げ
2007	（ユネスコ）	第31回ユネスコ世界遺産委員会が暫定リストに「富士山」を登載（6月27日）
2007	富士宮市	「(仮称) 富士山世界文化遺産センター」建設・誘致推進協議会を議会内に設置
	富士市他	富士商工会議所、富士山検定協会など主催「2007富士山検定」実施
2008	静岡県・山梨県	宝永噴火300年記念「富士山世界文化遺産シンポジウム」を御殿場市で開催（2月）
2009	静岡県・山梨県	富士山世界文化遺産国際フォーラム開催（富士山世界文化遺産登録推進両県合同会議）富士河口湖町
2010	静岡県・山梨県	富士山世界文化遺産国際フォーラム開催（富士山世界文化遺産登録推進両県合同会議）静岡市
		第1回静岡県学術委員会・第2回山梨県学術委員会を合同開催　二県学術委員会を開催
2011	静岡県・山梨県	第4回静岡県学術委員会・第3回山梨県学術委員会を開催
2011	民間	富士急行線富士吉田駅が富士山駅に改名（7月1日）
2011	民間	富士山から震災復興に向けたエール！「富士山から～がんばろう日本！」プロジェクト

Column
世界文化遺産登録・認定

　平成24年（2012）1月25日、世界遺産条約関係省庁連絡会議（外務省、文化庁、環境省、林野庁、水産庁、国土交通省、宮内庁の7省庁で構成）で、「富士山」と「武家の古都・鎌倉」について、世界文化遺産への推薦書が正式に決定し、ユネスコに提出された。しかし、2013年4月のイコモス（ICOMOS：国際記念物遺跡会議）の登録勧告では、富士山のみがその対象となった。「富士山」は日本政府として、文化庁・環境省・林野庁が共同推薦していた。

　推薦書では、名山としての景観のほか、自然への信仰の対象、浮世絵など日本独自の芸術の源泉としての特色も挙げ、時代を超えた一国の文化の諸相とも深く関わる、顕著な普遍的価値が強調されている。構成資産は静岡・山梨両県の25件で、うち山体の神聖域の富士山域は9件の構成要素を含む。

　構成資産・構成要素を種類別に整理すると以下の通り（○は山梨県、◇は静岡県）。

〔富士山と展望地点〕　富士山域、山頂の信仰遺跡、○本栖湖、◇三保松原
〔登山道〕　大宮・村山口登山道、須山口登山道、須走口登山道、吉田口登山道
〔浅間神社・御師住宅〕　◇富士山本宮浅間大社、◇山宮浅間神社、村山浅間神社、◇須山浅間神社、◇冨士浅間神社、○北口本宮冨士浅間神社、○旧外川家住宅、○小佐野家住宅、○河口浅間神社、○冨士御室浅間神社
〔巡礼地の自然〕　○山中湖、○河口湖、○西湖、○精進湖、○本栖湖、○忍野八海（出口池, お釜池, 底抜池, 銚子池, 湧池, 濁池, 鏡池, 菖蒲池）、○船津胎内樹型、○吉田胎内樹型、◇人穴富士講遺跡、◇白糸ノ滝

　2013年6月にカンボジアで開催されたユネスコ（UNESCO；国連教育科学文化機関）の第37回世界遺産委員会で、富士山の世界文化遺産登録が決定し、日本の17番目の世界遺産になった。4月のイコモスの登録勧告時に構成資産から外すようにとの指示があった「三保松原」も25番目の構成資産と認定され、世界文化遺産「富士山―信仰の対象と芸術の源泉」が誕生した。

日外アソシエーツ編集部

4.3 富士山の観光開発と環境保全　　　　　　　　　　　　　　第4章

Column

「富士山の日」いろいろ

　2月23日は、223で「ふじさん」すなわち富士山の日と呼ぶ。言われてみれば「ああ、なるほど」ではあるが、知名度は正直あまり高くない。さて、この富士山の日、ちょっと調べてみると実は二つあることが分かる。一つは「山の展望と地図のフォーラム」というニフティサーブ発祥のネットコミュニティによって平成8年（1996）に制定（宣言した）、日本記念日協会という団体が平成12年（2000）に認定した記念日である。由来は、語呂合わせと、この時期は富士山がよく眺められるからということのようだ。もう一つ、山梨県富士河口湖町が平成13年（2001）に富士山の日条例を公布・施行し定めた記念日である。こちらは、富士山の理解を深め愛し町民憲章と富士山憲章の理念の推進をはかることを目的として、富士山の日の啓発とそれにふさわしい行事（花火大会・映画祭など）を行うというものである。また、富士山の日に関して富士山周辺自治体との連携も今後図っていく動きもあるようだ。そのほかの団体でも2月23日に富士山にまつわるイベントやシンポジウムが活発に行われている。

　223で「ふじさん」と読まずに「ふじみ」と読ませて、2月23日を「富士見の日」というのもある。こちらは長野県富士見町観光協会によって設定され、日本記念日協会によって2006年に認定された記念日である。この日にあわせて富士見町でも様々なイベント（国土交通省による関東の富士見百景に選定された富士見町内のポイントを巡るツアーなど）を行っている。

　記念日としての富士山はそれぞれあるが、いずれにせよ、富士山への思いや、観光資源としての富士山の大きなポテンシャルを感じることはできるのではないだろうか。

参考資料
田代博監修（1998）『富士山展望百科』実業之日本社, p.250-253.
日本記念日協会: http://www.kinenbi.gr.jp/
富士河口湖総合観光情報サイト: http://www.fujisan.ne.jp/
富士河口湖町公式ホームページ: http://www.town.fujikawaguchiko.lg.jp/
富士見観光協会: http://www.fujimikankou.com/index.html

　　　　　　　　　　　　　　　　　　　　　　　　　沼尻 治樹

5

日本の風景・富士山

日本人のアイデンティティ・富士山

竹谷 靱負

1. はじめに

　なぜ富士山は日本人万人から愛されているのだろうか。予期しないところから富士山が見えたりすると、その日一日得をしたような気分になる。また、江戸時代から「一富士、二鷹、三茄子」と言われて、富士は吉夢の筆頭に挙げられてきた。最近ではアマチュア写真家がダイヤモンド富士を追いかけるのも、富士の吉相の魅力に取り憑かれてのことであろう。さらには、霊山の魅力、八面玲瓏である魅力もあり、これらも富士山が日本人万人から愛されている理由ではないかと思う。しかしながら日本人はもっと深いところで富士山に何かを託しているのではないだろうか。本項では「日本人のアイデンティティ－富士山」と題し、議論を進めることとする。

2. アンビヴァレントな富士山の魅力

　少々古い資料になるが、静岡県商工部観光課が昭和63年（1988）に行った富士山意識調査の中で「富士山は女性的ですか、それとも男性的ですか。」という問いをしたところ、ほぼ半々で拮抗した結果が出ている。このように男性と女性、まったく逆の特性を備えているところが富士山の魅力のひとつではないだろうか。例えば、遠望するなだらかな稜線の富士山は非常に女性的だが、その一方で稜線を駆け上がるような乱れ雲などは雄雄しく雄大である。二つの側面を持つアンビヴァレントな特長が富士山の魅力と考える。また富士山の祭神にしても同様である。昔から富士山の守護神は浅間大神であり、本地垂迹説となると、大日如来を本地仏、垂迹して浅間大菩薩となっている。いずれも男神である。その一方で、大日如来の化身として示現した富士山の祭神は、江戸初期までは赫夜姫であり、それ以降は木花開耶姫命と女神であった。このように、祭神にしても男神と女神が共存していた。

　このように、富士山は両性を兼備した稀有な山であり、北村透谷は『富嶽の詩神を思ふ』の中で「遠く望んで美人の如く、近く眺めて男子の如きは、そも我文学史の證しするところの姿にあらずや。」と名言に残し

ている。

　また、それ以外のアンビヴァレントなものとして、高貴性と庶民性という特性が挙げられる。山部赤人は「天地の　分れし時ゆ　神さびて　高く貴き　駿河なる　布士の高嶺を…」と詠い、その反歌として「田子の浦ゆ　うち出でてみれば　真白にぞ　不尽の高嶺に　雪はふりける」と、富士山の高貴的な側面を詠んでいる。一方で、富士山は半径300km以内の色々な場所から見ることができ、誰でも登ることができ、毎年多くの庶民が登山者として登っている。江戸期には、富士山に登れない女性や子供のために江戸を中心に300ほどの富士塚も造られ、さらに大正期以降には、銭湯に富士山が描かれている。このように、富士山は誰にも親しめるという庶民的な側面ももっている。つまり、富士山は高貴性と庶民性というアンビヴァレントな性質を兼備しており、富士山をこよなく愛した深田久弥は「偉大なる通俗」と短い言葉で富士山のアンビヴァレントな特性を見事に表現している。

3. 富士山と日本国への帰属意識
―志賀重昂の富士感と「ところ富士」

　先述の富士山意識調査で「富士山は日本を代表する山ですか。」との設問に対して静岡県内では96.6％が、県外では98.0％の方がそうであると答えている。ではなぜ富士山は日本を代表する山なのだろうか、また県外の人の方が富士山を日本の代表だと思うのはどういうことなのかを次に考えてみたい。

　富士の前に地元の地名を冠した山は、見立て富士、ふるさと富士、また「ところ富士」とか「おらが富士」とか呼ばれている。例えば北は蝦夷富士の羊蹄山から南は薩摩富士の開聞岳まで、各地にある。地元の名前を冠したところ富士は元々富士山の素晴らしさを地元で偲びたいという思いから発したものである。古代から近世にかけてはどのくらいのところ富士があったかというと、まず一番古いのが比叡山で、平安期から都富士と呼ばれていた。鎌倉時代に入ると藤原定家が岩木山を富士に見立てた歌を詠んでいる。また室町期の尭孝法師も三上山を富士に見立てた歌を詠んでいる。江戸後期の高田興清は著書『国鎮記』の中で15のところ富士を紹介している。さらに江戸末期には30ばかりの富士が確認されている。ところが近代になると様子が一変し、富士山という共通のシンボルをつけることにより日本民族の帰属意識を目覚めさせようとする目論見から、盛んに「ところ富士」が

誕生した。現在では300ほどのところ富士があり、インターネットや著書で紹介されている。

「ところ富士」をこのような日本人の帰属意識に目覚めさせたのは、有名な思想家であり地理学者の志賀重昂であり、彼の名著『日本風景論』で述べられている。この中では、日本の風景を語りながら日本人のアイデンティティを啓蒙しており、地球的規模で富士山を布置している。すなわち世界地図の中で富士山が中心にあるといった発想を展開する。さらに日本の「ところ富士」に留まらず、海外の富士山に似た山をも「ところ富士」として命名している。その結果、河東碧梧桐は著書『日本の山水』の中で「処富士の無きは、土地の恥辱とさへ考えられる。」とさえ言わしめているのである。

4. 富士山と日本型花夷思想
―北斎の富士図を題材に

次に、また先述の富士山意識調査の結果だが、「富士山の見えるところに住みたいですか。」という設問では静岡県外の方でも60％の方が住みたいと答えている。また、「富士山が見えないところに住んでいる人は気の毒ですか。」という設問では県内は32％、県外でも10％がそうだと答えている。では、なぜ日本人がこのように富士山が見えることにこだわるかを考えてみたい。

現代では富士山可視マップというものがインターネットで閲覧できるが、江戸後期にも「富士見十三州輿地全図」という地図が存在しており、やはり江戸時代にもこのように富士山が見える場所にこだわっていたようである。

以下では葛飾北斎が描いた『富嶽百景』の「月下の不二」、「兀良哈の不二」、および『琉球八景』の「中島蕉園」という3作品の富士図について考えてみよう。まず「月下の不二」（図1）には、不思議な動物が描かれており、野犬もしくは狼といわれている。結論を急ぐと、他の資料を調査した結果、筆者は蝦夷狼との結論を導いた。従って、「月下の不二」というのは地名こそ書いてないが、蝦夷から見た富士山だと思われる。次に、「兀良哈の不二」（図2）は外国人らしき人物が富士を遠望する構図である。「兀良哈」は地名で「おらんかい」と読むのだが、現代人は予備知識なしでは到底読むことができない。しかし、「兀良哈」は江戸時代の寺子屋の教科書『諸国名山往来』（十返舎一九撰）に載っており、当時は人口に膾炙した地名であった。ここに「朝鮮兀良哈より天晴れたるときは富士山近くに見える

図1「月下の不二」(『富嶽百景』)

といえり。まことに三国無双の高山なり」と書かれている。さらに北斎は『琉球八景』にも富士山を書いて

図2「兀良哈の不二」(『富嶽百景』)

おり、その中の「中島蕉園」(図3)に富士山が描かれている。ここまでの議論でお気付きと思うが、もちろん蝦夷からも朝鮮からも琉球からも富士山は見ることができない。ではなぜ北斎が見えないはずの所から富士山を描いたのか、またなぜ日本人は見えないはずの富士山が見えるのだろうかといったことを次に整理する。

周辺国から見える富士山はいずれ

図3「中島蕉園」(『琉球八景』)

5 日本の風景・富士山

図4 吉田

図5 原

も北斎が描いている。そしてそれと呼応するように英雄不死伝説が存在する。これは日本の悲劇的英雄が周辺国に渡ったという伝説である。これは周辺国の人たちに日本の英雄の血が流れているという思想を盾に、日本への同化を求めるという思想を内包していた。明治期には中国大陸、台湾にも所々「ところ富士」を命名し、またそこから富士を遠望する図像を描いている。つまり富士山というのは日本型華夷思想のシンボルとして思想家たちは利用してきたという側面がある。これが近代になると富士山は神山として熟成されるようになり、同時に小学教科書の唱歌「富士山」で「外国人も あふぐなり わがくに人も ほこるなり」と歌われるようになるのである。

　それでは、なぜ日本人は外国人に富士山を仰がせたいのか。外国人の富士への視点の変容を辿ると、まずはじめにボストン美術館にある春信の無題の柱絵にたどり着く。この絵は朝鮮通信使と馬子が煙草をくゆらせている場面を描いたものである。朝鮮通信使と馬子は富士山に全く無関心である。つぎに北斎は東海道五十三次を7作ほど残しているが、その内の2作品を紹介する（図4、図5）。富士に目を向ける者もあれば、そうでない者もいる。さらに時

日本人のアイデンティティ・富士山

図6「来朝の不二」(『富嶽百景』)

が経つと『富嶽百景』の「来朝の不二」(図6)でも同じように朝鮮通信使が描かれているが、内容が一変する。それに描かれている朝鮮通信使は「来朝」の幟を掲げ、一斉に富士山を眺めている。朝鮮通信使は日本人に対して対等以上の意識をもっていたし、大陸文化を伝えるという使命感をもっていた。しかし、北斎は庶民に対して「来朝」の意識を植え付けたのである。そして遂には、北斎晩年の作「富嶽と徐福」(図7)では、画題の徐福は誤りで、朝鮮通信使が富士山を見上げて驚嘆している図が描かれている。

このように時系列を追ってみると、富士山に対する朝鮮通信使の視線が'一瞥する'から'注視する'、さらには'驚愕する'図像へと変容してきているのがわかる。明治に入ると、一光斎芳盛は「日本名山之不二」(図8)にて新たに、驚嘆する対象に、中国人と西洋人を加えてい

図7「富嶽と徐福」(小布施北斎館)

-531-

る。また昭和のはじめに発行された大人向けの雑誌『富士』の創刊号でも「日本精神の象徴として万国に仰がれる富士」と謳われている。

5. 日本人のアイデンティティ―富士山の特徴

次に、なぜ富士山は日本人の精神の象徴として仰がれるのかを考えてみる。有名な夏目漱石の『三四郎』の一節で「富士山を翻訳すると崇高だとか偉大だとか雄大だとかみんな人格上の言葉になる。人格上の言葉に翻訳することのできない輩には自然が毫も人格上の感化を与えていな

図8「日本名山之不二」

い。」と富士山の精神性を語っている。また、鉄道唱歌では「雪の冠 雲の帯 いつもけだかき姿にて」と富士山を神格化している。いずれも富士山を人間や神になぞらえてこのような表現をしているのである。

このような山に対する精神性はどのようにきたものかを、日本と欧米の登山に対する意識の違いから整理してみよう。マルセル・クルツの『世界登山記録年代記』で、登山史の中において世界で最初の登山は7～8世紀に日本の役行者であると記している。また、日本近代登山の父と言われているW.ウェストンは、近世の富士講を東洋の山岳クラブと命名している。さらに、日本では団体登山は中世から、あるいはそれ以前から行われていたと述べている。それに対してヨーロッパでの最初の登山は、イギリスのアルパインクラブが1954年に行った登山で、約1000年もの隔たりがある。また山に対する見方にしても、大きく異なっていた。

西洋では19世紀初頭までは、山は悪魔が住む場であり、自然は人間に対峙する存在であり、人間の対立軸上にある場であった。したがって、アルプスなどへの近代登山は、1854年のA.ウィルスによるウェッターホルンの登頂に始まる。ヨーロッパの近代登山が19世紀中葉からであるこ

とを想起すると、7～8世紀に既に富士山に登頂していたのは驚嘆に値する。日本近代登山の父と呼ばれるW.ウェストンは近世の富士講や御嶽講を「東洋の山岳クラブ」と呼んだが、英国最初の「アルパイン・クラブ」は1857年のことである。

　日本人は富士山はじめ日本の山々を信仰に基づき中世から団体登山していた。日本人は、山を眺望するにしても一種崇拝の感情をもち、聖地とし、霊地とした。日本人にとっては、富士山に限らず山は神が宿る神聖な場所であり、山へ入ることは参詣であり、その折には神仏の霊地を汚さないようにと極力配慮した。

　江戸末期の英湖斎泰朝は、著書『富士山真景之図』の中で、「富士は心の山なり」という名言を残している。また、富士講中興の祖である食行身禄は、ご詠歌の中で、「富士の山　登りて見れば　何もなし　善しも悪しきも　我が心なり」と、富士山は心の山であるといっている。このことから日本人のアイデンティティとしての富士山はシンボルであり、象徴であるといえる。そして、先に紹介した夏目漱石の『三四郎』の中に、「あれ（富士山）が日本一の名物だ。あれより外に自慢するものは何もない。ところがその富士山は天然自然に昔からあったものなんだから仕方がない。我々があつらえたものじゃない」という台詞が出てくる。筆者はこの台詞こそが日本人のアイデンティティとしての富士山の弱みではないかと思う。つまり、西洋人が自ら勝ち取ってきた有形無形のアイデンティティとは明らかに異質であるからである。

6. 富士山の環境破壊

　大正9年（1920年）の『日本と日本人』という雑誌の中で、「100年後の日本」という特集を組んでいる。この中で大野静方が富士山の極端な自然破壊の絵を描いている。これはあながち事実と反したものではない。富士山の山麓にはたくさんのゴルフ場があり、山肌は虎刈りになっている。このように富士山は乱開発され色々な汚染にあり、瀕死の重傷である。またスバルラインの整備により、五合目までの登山道をはじめ様々な遺産が失われている。

　病んでいる富士山というのは日本人の心のいたずきの表象ではないのではないのだろうか。美しい富士も病んでいる富士も日本人の心の山であり、日本人の心を映したものが現在の富士山ではないのだろうか。今、自然回帰と文化遺産の再構築が叫ばれているが、それは日本人の心の再生に他ならないのではないかと

思う。それには対処療法では限界がある。ひとつのヒントとして紹介したいのは、江戸時代の登山家は、登山道以外には決して立ち入らず、山を汚すことを恐れたということである。登山のルールを伝承するシステム作りを再構築することが必要あるのではいないかと考える。

7. まとめ

　最後に、富士山の根源的な治療のためにはどうしたらいいかを考える。近世から近代にかけて来日した外国人が富士山をこぞって賞賛しているなかで、共通の日本人の印象を、礼儀正しさ、勤勉さ、清潔さと述べていた。

　そのことから、物質的な価値から精神的な価値へと転換していく必要があるといえる。そして子供の徳育教育に力を入れる必要がある。学校だけに徳育教育を押し付けないで、まずは家庭で徳育教育を、そして社会でと、家庭・学校・社会が一体となって取り組むことが重要である。富士山が世界遺産に登録されるか否かは、ひとえに日本人の心の問題にかかっているというのが筆者の結論である。

日本の風景像
―アンケート調査から―

田中 絵里子・佐野 充

1. はじめに

日本には目に映ずる「けしき」の意を表す言葉が多くある。風土、風光、風景、景観、景色、情景、景相、景域などがあるが、風景は、古くから用いられている「けしき」を表す言葉として一般的に用いられている。つまり、風景は、現代の日本において人々の心象に近い言葉として使われているといえる。同類の言葉である「景観」は、植物学者の三好学が'Landschaft'に対する造語として使ったのがはじまりと言われており、その後、植物学や地理学の分野で明治から大正にかけて、風景という言葉よりも広い意味で使われるようになった。その概念は、現代の建築や土木などの分野で用いられている現象学的景観論にまで拡大され、今日では可視的現象としての意味合いが非常に強い言葉として扱われている。

しかしその一方で、景観の概念に可視的現象以外の多義性を求める声も出てきている。特に、より日本人らしいものの眺め方への関心が高まりつつある。これは主観性や主情性を含んだものの見方であり、つまりこのことは、客観性、場所性を表す景観に、主情性、主観性が求められてきているということに他ならない。この主観性、主情性を反映させる言葉こそが、「風景」であり、今を生きる現代人が風景をどのように捉えているのかを知ることは重要である。

そこで本項では、「風景」という言葉に焦点をしぼり、日本の風景描写の一端から、その構成要素と形成要因を明らかにする。

2. 調査の概要

平成17年（2005）、関東在住の小学生から高齢者までの199人を対象に、日本の風景像についてのアンケート調査を実施した。

被験者に白い調査用紙を渡し、「あなたが心に思い描く日本の風景」というタイトルで自由にスケッチをしてもらった。描き終ったところで、その風景の様子、時代的背景、実際にみた風景かどうか、風景の色彩などについての質問を実施し、自由回答方式で回答を得た。

3. 日本の風景と富士山

「日本の風景」をテーマに描かれたスケッチをその内容ごとに分類したところ、①農山村を描いたもの（第1図）、②自然環境を描いたもの、③都市を描いたもの（第2図）、④都市と農山村の両方を描いたもの、⑤歴史的町並みを描いたもの（第3図）、⑥意匠的建造物を単独で描いたもの（第4図）、の6パターンに分けることができた。

日本の風景として、自然に関するものをあげた人が最も多く、90人（45.2％）であった。さらに、日本の風景として認知しているものをスケッチしてもらったところ、構成要素として最も多く描かれていたのは山であり、145人（72.4％）であった。風景に描かれた山の出現数を見ると、3つ以上連ねて描く場合（第5図）が多く、山の多い日本の地形をよく反映しているといえる。また、富士山を描く例（第6図）も非常に多い。

145人が描いた山について、富士山かどうか判断のつかなかった1件は除外し、144件を分類したところ、描いた山が1つ（60人）の場合は91.7％、描いた山が2つ（27人）の場合は14.8％、描いた山が3つ以上（57人）の場合は28.1％、合計で52.1％が富士山を描いていた。富士山が「日本の風景」として、日本の山のシンボル的存在であることが伺える。

色彩的には、青色、緑色、赤色、橙色、黒色、白色を表現する人が多かった。青色は、空や海や川の色であり、緑は山や樹木、水田の色を示していた。赤や橙色は、夕日や鳥居の色を示し、黒や白は、お城や古い建物を示していた。ここで挙げられていた赤・青・緑・黒は、日本の伝統的4原色と一致している。このことから、現代人の思い描く日本の風景は、歴史的・伝統的事実に即していることが伺える。

しかしながら、描かれた風景の構図を分析してみると、圧倒的に俯瞰景（第1、2図）が多く、次いで正面景（第4図）、軸景（第3図）であった。対象を正面から捉える正面景および斜めに見渡す軸景は、実際の生活の中でも容易に眺めることが可能である。しかし、大きな広がりを高い位置から眺める俯瞰景は、展望台などがある限られた位置からしか眺めることができないはずである。それにも関わらず俯瞰景が多かったのは、その風景がイメージによる影響を受けていることに他ならない。事実、今回描いた風景像が実際にみたことのある風景かどうかという問いには、半数以上の人がイメージによ

るものだと答えている。実際にみたことのある風景を描いた人は、幼い頃に眺めた原風景や、今現在眺めている風景を描いていた。一方で、イメージで風景を描いた人は、テレビ、映画、雑誌、昔話などの外部からの情報を基に見たことのある風景と重ね合わせて描写していることがわかった。特に後者の傾向は、若者層に多く見られる現象である。

4. まとめ

現代人の思い描く日本の風景は、従来から指摘されているように、主観性や主情性を表すものであった。しかし、特に若年層においては、メディアなどの外部からの情報を強く反映しており、時代ごとの社会背景や生活志向が「日本の風景」像に大きな影響を与えていることが明らかになった。

富士山は、日本の山のシンボル的な存在であり、富士山を取り巻く自然環境は、青い空、碧い海と湖、緑の山麓森林、赤い夕焼けとダイヤモンド富士、雪の白い富士などのイメージから、富士山は正しく日本の風景であるといえる。

参考文献

- 内田芳明（1992）:「風景とは何か―構想力としての都市」朝日選書, p.232.
- 萩島哲（1996）:「風景画と都市景観―水・緑・道・まちなみ」理工図書, p.163.

5 日本の風景・富士山

第1図 農山村を描いたもの（俯瞰景）

第2図 都市を描いたもの（俯瞰景）

第3図 歴史的町並みを描いたもの（軸景）

第4図 意匠的建造物を単独で描いたもの（正面景）

第5図 3つ以上山を連ねて描いたもの

第6図 富士山を描いたもの

幕末における外国人の富士登山と日本人の対応

宮崎 ふみ子

1. 幕末の外国人富士登山隊

　安政元年（1854）以降、徳川幕府はアメリカ・イギリス・オランダ・ロシア・フランス・スイス・ドイツと和親条約や修好通商条約を結び、その結果多くの西洋人が来日した。条約の規定により外国人の行動範囲は開港場とその周囲に限定されたが、外交官には内地旅行の特権が認められた。幾人かの外交官はこの特権を行使し、幕府の支援のもとに富士登山した。外国人外交官の富士登山については、幕府の外交担当部署の記録・登山口の町村に残る文書記録・登山者自身の手記・開港場で発行された新聞などから情報が得られる。現存する史料からは次の6つの登山隊が確認できる。登山者名や登山日が判る記録もあるが、国名しか判らない場合もある。

（1）万延元年7月25日～27日（西暦1860年9月）英国総領事オールコック
（2）慶応2年7月前半（1866年8月）スイス公使
（3）慶応2年7月12日（1866年8月21日）英国人
（4）慶応2年8月後半（1866年9月）アメリカ人
（5）慶応3年8月（1867年9月）オランダ総領事ポルスブルック
（6）慶応3年9月前半（1867年10月）英国公使パークス夫妻

　いずれも領事館・公使館付きの士官など数名の随員と共に登山した。なお失われた史料や未発見の史料もあるはずなので、これ以外にも外国人が登山した可能性は否定できない。

2. 英国総領事オールコックの富士登山

　最も詳しい記録が残っているのは、最初の外国人富士登山者となったオールコックの場合である。オールコックは富士登山と熱海での湯治を目的とする内地旅行をしたが、これには一般の日本人に接して彼らの外国に対する態度を知ろうという副次的目的もあった。オールコックの一行は彼自身と7名の随員の他に、幕府の事務担当者・通訳・警備担当の武士など31人の幕臣が付き添い、荷物運びの人足や馬方を含めて総勢

100名程度という大規模なものだった。一行は7月19日に神奈川の総領事館を出発し、23日に東海道吉原の宿場に着いた。ここで台風による暴風雨に見舞われた。翌日は天候が回復に向かったので現在の富士宮市にある大宮浅間神社を経由して村山の修験の宿坊に宿泊し、25日早朝から登山を始めた。登山中は晴天に恵まれた。一行は石室に2泊して3日目に登頂した。頂上では祝砲を撃ち、国旗を立て、シャンパンで乾杯し、それから富士山の高さ、経度・緯度、噴火口の大きさを測量した。登山中は持参の米・ビスケット・コーヒーを飲食したという。他の登山隊はこれほど詳しい記録を残していないが、慶応2年（1866）のイギリス隊とスイス隊も同様に測量を行い、慶応3年のオランダ隊に同行した写真家フェリックス・ベアトは須走や吉田など登山口集落の写真を撮影している。

3. 外交官の富士登山に対する幕府官僚の対応

徳川幕府の外交担当部署は富士登山を望む外交官のために旅行や警備の手配を行った。しかし交渉の記録やオールコックの手記によれば、幕府は外国人の富士登山を歓迎しなかった。オールコックはその理由として、幕府は外国人と日本の住民が接することを嫌うからだと考えた。しかしそれだけでなく、尊皇攘夷派が勢力を増していた時期なので、外交官の内地旅行をきっかけに内政・外交上の問題が起こることを幕府は避けたかったのだろう。また外交官が内地旅行をすれば、外交担当部署の仕事が増えたし、事務官・通訳・護衛を随行させるために費用がかかることも幕府にとっては問題だった。

しかし幕府は条約締結国の外交官に対して富士登山を禁止しなかった。富士登山を容認したことは、天皇の祖先神を祀る伊勢、家康を祀る日光・久能山、京都の御所付近への立ち入りを認めなかったことと、対照的である。富士山は富士講など庶民信仰の聖地だったが、伊勢や日光のような天皇家や将軍家の聖地ではないので、幕府は差し支えないと判断したのだろう。富士山には登山前の精進潔斎や女人禁制などの宗教的慣行があったが、幕府は外交官に対して宗教的慣行への配慮を求めなかった。

4. 登山口の専門的宗教者たちの対応

徳川時代に富士山の登山口は、南麓の大宮・村山、東南麓の須山、東麓の須走、北麓の河口・吉田の計

6箇所があり、それぞれ富士信仰に関わる神職・修験者・御師などの専門的宗教者集団の根拠地となっていた。宗教者の立場から見れば富士山を信仰しない外国人の登山には問題があったはずだが、彼らは外国人を拒否しなかった。幕府の命令で仕方なく受け入れたというのではなく、少なくとも最初は外国人外交官一行を積極的に歓迎した。オールコックは大宮の浅間神社の別当から饗応を受け、村山の最高位の修験者からも丁重なもてなしを受けたと書いている。また須山口の神職や御師は、幕府の役人に対してオールコック一行を須山にも連れて来るように頼んだ。登山口の宗教者たちは外国の登山隊の来訪が地域経済の振興に効果があるだろうと期待していたのである。

しかし外国人登山隊は経済効果をもたらさないことが、すぐに明らかになった。日本の富士参詣者は祝儀という意味もあって惜しみなく金銭を遣ったが、外国人登山者は異なった。神仏を参拝して賽銭を出すこともなく、登山中の食料を持参し、旅館では自分が注文した物に対してのみ支払いをした。外国人に付き添う数十名の幕府の役人たちも勤務として富士山に来たに過ぎず、燃料費と米代しか支払わなかった。そのうえ外国人一行が通過する町村は、荷物運びの人夫や馬を準備しておくように幕府から命ぜられるために経済的負担が増加した。幕府は人夫や馬方の労働に対して賃金を支払ったが、待機している期間の賃金は町村の負担となった。このため外国人登山隊が頻繁に訪れた大宮の町は負担に耐えかね、外国人を連れて来ないでほしいと幕府に嘆願するまでになった。

5. 瓦版や出版物に見られる庶民の反応

徳川時代後半期には本屋や貸本屋を通じて書物が流通し、瓦版などの刷り物によって庶民にまで情報が広まった。その情報は必ずしも正確である必要はなく、読者の関心に応えることが重要だった。オールコックの富士登山は興味深い話題だったので、本や瓦版に取り上げられた。流行作家の仮名垣魯文は万延元年に『滑稽冨士詣』という富士登山道中記を初編から順次出版していたが、その途中で英国人の富士登山という新たな話題が浮上した。これに合わせて魯文は第九編の口絵に英国総領事一行の東海道中を描いた木版画を載せ、大田蜀山人の狂歌を添えて出版した。外国人が富士山にあこがれることは、一般の日本人にとって誇

らしく好ましく思われたのだろう。

しかし外国人の富士登山に対して反感を持つ人々もいた。富士山は神仏の聖地なので不適当な者は登ることができないとされていた。女性は無条件に禁止で、男性でも忌中やその他の不浄に関わった場合には登山できなかった。外国人の登山は想定外だった。しかしオールコックの登山が現実となったとき、外国人の登山は富士山の神聖さを損なうという考え方が浮上した。それに応じ、外国人が神の怒りに触れて登山に失敗したという内容の瓦版が出版された。その種の瓦版は3種が確認されている。そのうち1種類には富士山を背景に黒雲から天狗の姿をした神が現れ、洋服を着た人々が吹き飛ばされる場面が描かれている。添えられている文章によれば、小御嶽に祀られる石尊が、日本第一の霊山に異人は登ってはならないと宣告したという。別の1種類もほぼ同じ内容である。もう1種類は外国人たちが正座して神に謝罪している場面が描かれ、今後は日本の霊山に登山しないと外国人が約束する文章が添えられている。オールコックは台風通過後の晴天のもとで無事登山したので、これらの瓦版の内容は事実と異なる。しかし外国人の富士登山に反対し、神は天変地異を起こして彼らを排除するだろうと期待した人々の考え方が、ここに現れている。

6. パークス夫人の登山と女人禁制緩和の試み

外国人の富士登山への反発が強い中で、吉田（現在の富士吉田市）の御師たちは英国公使パークス夫妻の富士登山と吉田来訪に利用価値を見出した。吉田は富士講身禄派やそこから発展した不二道のような宗教団体がよく利用した登山口だった。これらの宗教団体は独自の教義を持ち、女性を不浄とする通念や女人禁制に反対していた。それに合わせて吉田の御師は女性の登山規制緩和を試み、それによって参詣者を誘致しようとした。しかし地元の地域社会も、そこを支配する代官も女性の富士登山には反対だった。万延元年には富士の縁年という理由で一時的に女性の登山が認められたが、それ以後は再び禁止された。そのようなときにパークス夫人が幕府の許可と支援を受けて登山したことは、吉田の御師にとって好都合だった。彼らはこれを根拠に幕府に対して女人禁制の解除を承認するように求めた。これは幕府が崩壊したため実現しなかったが、外国人の富士登山による注目すべき影響の一つだった。

参考文献

- 青柳周一『富嶽旅百景―観光地域史の試み』角川書店, 2002
- 興津要校『滑稽冨士詣』上,下 古典文庫, 1961
- 小野洸「異国人富士登山詫証文の事―その1―」『あしなか』163, 1979.9
- オールコック『大君の都』(岩波文庫) 岩波書店, 1962
- 木下直之・吉見俊哉編『ニュースの誕生』東京大学総合博物館, 1999
- 静岡県『静岡県史 資料編十五 近世七』静岡県, 1991
- 裾野市史編さん専門委員会『裾野市史 第三巻 資料編 近世』裾野市, 1996
- 明治文化研究会『幕末明治新聞全集 第一巻』大誠堂, 1934
- 伏見功『富嶽歴覧―外国人の見た富士山』現代旅行研究所, 1982
- 富士宮市教育委員会『袖日記(八番・九番)』富士宮市教育委員会, 2000
- 富士宮市史編纂委員会『富士宮市史 上巻』富士宮市, 1986
- 富士吉田市史編纂委員会『富士吉田市史 史料編 第五巻』富士吉田市, 1997
- 富士吉田市歴史民俗博物館『冨嶽写真―写された幕末・明治の富士山』富士吉田市教育委員会, 2003
- 宮崎ふみ子「富士山における女人禁制とその終焉」『環』(藤原書店) 8号, 2002
- Rutherford Alcock. *The Capital of the Tycoon: A Narrative of a Three Year's Residence in Japan.* New York: Harper and Brothers, 1863
- 外務省外交資料館所蔵『通信全覧』巻七十一(写本)

5 日本の風景・富士山

> **Column**
>
> ## 筑波山と富士山
>
> 「東の筑波」、「西の富士」といわれる筑波山。常陸国風土記には次のような有名なエピソードが伝えられている。親神（祖神）さまが御子神さまのもとを巡って福慈（富士）山に行ったとき、新嘗の物忌みを理由に宿を断られてしまった。親神さまは「おまえは、夏も冬も雪が降り登る人もなく、お供え物もないだろう」と恨み嘆いた。あらためて筑波山に行ったときに、同じように宿を頼んだらところ、新嘗の物忌み中だったにもかかわらず、親神さまがいらっしゃったというので、食事を用意してもてなしたところ、親神さまは喜んで、
>
> 愛乎我胤（いとしいわがこよ）　巍哉神宮（たかいかみのみやよ）　天地竝斉（あめつちとともに）　日月共同（ひつきとともに）　人民集賀（ひとらつどいよろこび）
> 飲食富豊（たべものゆたかに）　代々無絶（よよたえず）　日日弥栄（ひましにさかえ）　千秋万歳（とこしえに）　遊楽不窮（あそびきわまらじ）
>
> とお詠いになった。このエピソードは、筑波山を語るときによく紹介される。関東平野の中にある筑波山は、富士山と同じように広い範囲から見ることができる。さて、その筑波山の麓や頂からは、冬になると雪化粧した富士山を望むことができる。その眺めは、富士山の雄大さを感じずにはいられない程にドーンと大きく見える。高い山が筑波山しかない常陸野で生活する古人が突如かなたに姿を現すその山を見て、冒頭のように語り対抗したのかもしれない。つまり富士山は大きな存在として意識されていたと言えるだろう。
>
> ところで、富士山には浅間大神（アサマノオオカミ）と木花之佐久夜毘売命（コノハナノサクヤヒメノミコト）を祀る富士山本宮浅間大社（浅間神社）があるが、筑波山にはその姉である磐長媛（イワナガヒメ）を祀った月水石（がっすいせき）神社がある。筑波山を御祭神とするのは筑波山神社で、筑波男大神（ツクバオノオオカミ）と筑波女大神（ツクバメノオオカミ）を祀っている。風土記に記されている話に加えて、それぞれに姉妹神を祀った神社が存在するのも興味深い。
>
> **参考文献**
> 吉野裕訳（1969）『風土記』平凡社，p.5-6.
>
> 沼尻 治樹

Column

中国人からみた日本の象徴―富士山

　中国では日本の富士山の知名度がとても高い。9年間の義務教育を受けた中国人がほとんど富士山のことを知っている。大都市と離れている内陸部の農村の人たちに実施した独自の調査でも、富士山を知っていると答える住民が14％を占めている。さらに、歴史、地理、戦争、文化の関係で、中国の東北地域（旧満州）と沿海地域の中国人は、日本の富士山に対する認知度がさらに高い。この地域の農村部の住民でも、富士山を知っていると答える人が23％を占めている。

　中国人の外国の名山への認知度は、富士山と比べると相当低い。不思議なのは、中国人の、中国の代表的な山についての答えがばらばらなことである。日本人のように富士山を自分の国の代表的な山をほとんど認めるのと全く違う。

　実は昔から、中国人が山と言うと「三山五岳」（華山、嵩山、泰山、衡山、恒山）という言葉がすぐ出てきた。その五つの山の中で泰山が最神聖な山だと考えられている。その理由は、泰山が中国の中心部にあり、歴代の皇帝が禅を封じ、神様を祈る場所は必ず泰山を選ぶからである。しかし、民間の庶民は自分なりの基準で、景色が素晴らしい黄山を一位だと評価している。

　現在の中国人は、富士山という山を知るだけでなく、富士山は日本のシンボルであることも知っている。もし中国人に日本のシンボルという質問をすると、ほとんどが富士山、桜、相撲、着物、箱根温泉およびトヨタ自動車の順で答える。もちろん前後の順番が違うことはあるが、富士山は必ずその選択の中に入る。さらに、中国人の富士山への認識は映像まで含まれる。多数の中国人が、日本の富士山と言うと必ず、白い雪を被って山頂は平な形の山の映像を浮かべる。しかし、ほかの外国の山と聞かれるとその映像はまったくイメージできない。さらに、ほとんどの中国人は、自分の国の山に対しても、山の名前は挙げられるが、映像は思い浮かばない。

　富士山の高い知名度によって、訪日中国人客の行為に影響を与えた。訪日中国人客が日本での旅行コースの中には富士山が必ずある。もし、せっ

かくの訪日旅行で来日する場合は、富士山の姿を拝見しないと、どうしても不満足と感じる。

しかし、中国人が富士山を知り、日本のシンボルであることは分かるが、中国人にとって親近感がない。訪日中国人客が日本への旅行する場合は富士山を一度見たいが、この旅行動機は富士山への憧れにならない。富士山は地理的に近く隣国の日本にあるが、中国人の心の中では富士山が中国人にとってちょっと遠く感じられている。

中国人が富士山を知り、その模様も覚えているが、本当の富士山については、あまり知らないのが実情である。例えば、富士山の山麓には何の植物があるのか、有用な鉱山資源があるのか、箱根温泉は富士山のどの方向にあるのか、山麓や周りに人が住んでいるのか、なぜ富士山が日本一の名山であるのか、地球温暖化の影響で山頂の白い雪は減っているのかなど、以上のさまざまな問題は全部、中国人が関心を持ち、もっと知りたい事柄である。中国人は、日本のシンボルとしての富士山を再認識し、さらに富士山を通して本当の日本を理解したいと思っている。

中国語で『だれにでもよくわかる富士山と日本の桜』のようなタイトルで、自然、文化、歴史、伝説、経済、人々の暮らし、桜の分布、日本の季節と桜などについての、学術的な内容がわかりやすく写真・地図・イラストなどを用いて書かれた観光ガイドブックがあれば、富士山観光＝日本観光はもっと盛んになるだろう。

陳 晶

Column
富士山と桜

　中国人に年齢を問わずに「日本の象徴は何か」を聞くと富士山を選ぶ人が多い。これは、中国で長年にわたり、日本の象徴である富士山を日本のイメージとして宣伝したことが成功していると言える。

　しかし、中国人に「日本の愛すべきものは何ですか」と聞くと富士山ではない回答が多い。つまり日本人に、「中国の象徴は何ですか」と聞くと万里の長城だと答えるが、「中国の最も愛すべきものはなんですか」と聞くと殆どの日本人がパンダだと答えるように、中国人に日本の愛すべきものを聞くと「桜」と答える中国人が圧倒的に多い。

　この答えを検証するために、2009年1月、中国現地西安観光専門学校の学生に行ったアンケート調査の結果では、3分の2の若者が「桜が日本の象徴」と答えている。富士山が日本の象徴であると分かっていても、日本の愛すべきものは桜だと考える若者が多いことが、はじめて具体的に明らかになった。

　富士山は中国人にとっても神聖、神秘的なものであり、外国人として簡単に近づきにくい。日本を代表する存在であることを理解しているが、日本のイメージはやはり桜である。日本の桜は可愛らしいピンク色で、満開の時期は壮観でロマンチックな雰囲気がある。めでたい赤色が好きな中国人にとって、桜の花は受け入れやすいし、好きになるのは自然なことである。中国人にとっては、桜はもう一つの日本の象徴である。

　富士山は日本の男性を象徴し、桜は日本の女性を象徴すると中国人は思っている。つまり富士山は男らしい武士を象徴するものであり、桜は世界一優しい日本人女性を象徴するものであると考えている。

　中国では、街や室内を飾る時、壮大な富士山よりも可愛い桜のデザインに人気があり、さまざまな場所で使われている。例えば、中国の有名な観光地である南京の中山陵は、元中華民国初代大統領の孫中山の墓で、革命聖地であるが、中山陵敷地の入り口に私の目を疑うほどの桜の模様が描かれていることを発見した時は驚いた。入り口の駐車場に待機している電動遊覧バスの車両の窓にはピンク色の満開の桜模様のカーテンがかかってい

た。日本の象徴である桜の模様が、いかに中国人に広く愛されているかが分かった体験であった。

　現在、中国各地で見かける日本の観光宣伝ポスターは、ほとんどが富士山を目立つように作成したものである。実は、中国人が最も好きなのは桜ということを、日本人はあまり認識していない。満開の千鳥が淵の美しい壮観な桜の映像は、きっと中国人を魅了すると信じる。

肖 潜輝・陳 晶

富士山の文化的景観と文明的景観

渡邊 定元

1. 景観について知ろう
(1) 景観の概念を明らかにする

景観は、人によってとらえ方はまちまちである。風景としてとらえる人の概念と環境権を意識する人のそれとは大きな隔たりがある。漢字の「景」と「観」はともに「ながめ」の意味を有するが、その意味するところは異なる。前者は光あきらかな所を眺めるのに対し、後者は眺めてえたところのかたちを心でとらえ、顕かにするところに力点があって、風致や風景を人の心でとらえるところに意味合いがある。このように景観は、みる人の立場を強調する人の行動があっての概念であり、みる人、みる時、みる所、みる目的によって異なり、また良い景観も悪い景観も相対的なものである。

景観という術語は三好（1906）がドイツ語のAnsichtの訳語として用いた学術用語である。このAnsichtは、現在用いられているLandschaft（landscape）よりも景観という術語のもつ意味あいをよく表現している。

辻村（1930）は、ドイツ語のLandshaftを日本語で景観と訳したが、景観の語感からしてその土地基盤自体を意味する術語としては少々無理がある。西川治（私信）は、地景（風景の土地基盤と被服の全体）の特徴的な地区的まとまりを景域と定義しているが、西川のとおりlandscapeの概念をよく表す日本語は「景域」が適切である。

(2) 自然景観と文化景観

景観要素は、自然的要素と人間活動の結果として集積された人工的要素、さらに両者の力が加わった半自然的要素に分けてとらえることができる。景観の概念明らかにしたトロル（Troll, 1945）や辻村の景観区分によると、人の手の加えられていない自然は自然景観、加わったものは文化景観に区分けされる。この区分に従うと里山の雑木林、人工林をはじめ、棚田など農業的景観はすべて文化的景観に区分けされる。富士山の自然景観は、富士山山体そのもののほか、景観を創出する自然林、湖沼、河川、湧水などの構成要素をはじめ、雲、雪、雨、光などの物理現象や花、紅葉、鳥の渡りなど生物現

象を含む。そして、人工林、牧野、田畑などのほか屋敷林や人工貯水池など半自然的要素をはじめ、市街地、工場、道路、鉄道などの構築物はすべて文化景観のカテゴリーに属する。

(3) 景観法による景観

景観法においては、良好な景観についての概念を定めておらず、良好な景観の要件とは地域固有の自然、歴史、文化などと調和を保った生活環境と風土を形成するものとしている。また、景観法制定の趣旨は、都市や農山漁村を対象に国土の形成、生活の創造、地域社会をキーワードとした国土全体をつつむ良好な景観を創造する施策を講ずることとしている。ところが、その実行過程を国土利用計画法の視点からとらえてみると、国土の2/3を占めている森林地域に関する規定が極めて不十分であるのに対し、都市地域については景観地区の指定など具体的な内容が盛られており、景観法は都市等の生活施設周辺環境に対し快適空間の形成を求めている法律である。よって、景観法の具体的な枠組みは都市計画関連法として性格づけられている。

(4) 文化財保護法の重要文化的景観

景観法の制定に伴い平成16年（2004）に文化財保護法が改正されて、文化財の指定項目のなかに「重要文化的景観」が加わった。ただし、重要文化的景観についての具体的な概念規定がなく、文化財としての価値を持つ「良好な景観のうち特に重要なもの」と規定している。そして選定基準としては農林漁業、鉱工業などすべての人間活動に関係した地域の人々の生活や風土により形成された特に良好な景観地としている。

(5) 世界文化遺産としての文化的景観

富士山は世界文化遺産として登録するに際し、「信仰と芸術」の視点からの検討が行われてきた。ただし、現代日本人のアイデンティティは富士山の持つ象徴性な景観であることから、これら2つの要件に加えて「文化的景観」の視点からの検討を行うことが求められよう。

1992年の「世界遺産条約履行のための作業指針」に「文化的景観」が新たに加わった。文化的景観とは、文化的資産であって、「自然と人間との共同作品（combined works of nature and of man）」に相当するものである。人間社会又は人間の居住地が、自然環境による物理的制約のなかで、社会的、経済的、文化的な内外の力に継続的に影響されながら、どのような進化をたどってきたのかを例証するものであって、歴史上、芸術上、民族学上又は人類学上

顕著な普遍的価値を有する景域である。文化的景観の選定要件は、次のとおり要約されている。
ア．人類によって故意に意匠・創造されたことが明らかな景観
イ．有機的に進化し続ける景観
ウ．関連する文化的景観

2．文化的景観と文化景観
(1) 景観用語の明確化

　人間活動が地球上の隅々まで行きわたると、Troll（1967）や辻村（1930, -32, -37）らが定義した自然景観（natural landscape）と文化景観（cultural landscape）の区分けは不明瞭でかつ曖昧となってきている。富士山の稜線、雪や雲は自然景観要素であるのに対し、山腹のスギ・ヒノキ人工林、草原、田畑、集落は文化景観要素である。私たちは文化景観と自然景観の入り交じった景観を常に眺めているのである。

　また、英語のcultural landscapeに対し、学術用語としては「文化景観」、日本の景観法、文化財保護法や世界文化遺産では「文化的景観」としている。文化景観と文化的景観を同じ概念として定義するのか、または異なった用語として使用するのか、また、日本人が日本の象徴として富士山をとらえるのに文化景観や文化的景観の概念でとらえているのか、など判断のしかたはヒトにより様々で統一したとらえ方ができない。眺める対象に対し、用いる用語がその対象を明確に表せないのであ

写真1　心象のなかでの文化的景観としての富士山

5 日本の風景富士山

れば、用語を的確に定義し、使い分けるのが賢明である。

これに対し、自然景観の概念は極めて明確である。人間活動の影響を受けない自然の眺めは総てが自然景観であるからである。ところが、自然景観であっても、富士山を信仰や芸術の山としてとらえるとき、富士山の自然そのものを文化的景観としてとらえることが多い（写真1）。たとえば、私たちは三峰の富士山に仏の三尊が座していると心でとらえると、自然景観も立派な文化的景観であるといえる。日本人のアイデンティテイとしての富士山の容姿は、文化的景観の価値を有しているからである。

これは富士の形容や周辺環境を「とらえる主体である私たち個人」が、客体である景観をどの様にとらえるかの心の問題に突き当たる。私たちは富士山のある景観を心象としてとらえているのである。そして日本人が「富士山の景観」をとらえているときには、すでに文化的景観としての富士を眺めているのである（写真2）。

このような視点から自然景観、文化景観、文化的景観に対し、新しい概念で定義し、富士山の文化的景観について考察しよう。

(2) 文化的景観の新しいとらえ方

景観資源は、地球生態系のなかでヒトをとりまくすべての対象に存在する。屋久島の縄文杉一本に往復一日の時間を費やしても何万人のヒトが訪れるのは、縄文杉という自然の造形物をヒトは文化としてとらえているからである。そこで、ヒトに感動を与える自然の造形物およびヒトが自然に手を加えて造成してきた造形物が醸成する優れた景観を「文化的景観（culturally perceived landscape、注:文化的景観に対しこの概念を与える）」と定義しよう。世界文化遺産では、「自然と一体となった文化遺産を文化的景観という」と定義しているが、これはまさしくここでいう「文化的景観（culturally perceived landscape）」の概念に収まっている。また、富士山麓に住む人々にとって「おらが富士」も文化的景観である。山麓に住む住民に「最もすばらしい富士山の

写真2 文化的景観としての三峯の富士
（山麓から丑寅の方向にみた富士山）

景観はどこからか」と質問すると、いつも決まって「おらが富士が第一だ」との答えが返ってくるからである。富士山域の住民は自分たちが生活している故郷の富士を第一として愛でているのである。

(3) 新しい文化景観の定義

文化的景観を自然景観をも包含した心で観ずる美しい眺めとしてとらえるのに対し、社寺・史跡などの歴史的な景観を特に文化景観（cultural landscape）と定義しよう。これまで多くの人々は文化的景観と文化景観の違いを意識していないし、学術的にも同じ意味で取り扱われている（辻村1930, 1932, Troll1967）が、前者の富士山を心象のなかでの文化的景観として、また後者の富士山本宮浅間大社の特有な「浅間造り」の本殿（文化財指定）（写真3）を精神的感動を覚える景観とを区別してとらえようとするものである。後者は富士山を崇める精神的・歴史的な建築物として文化景観を感じさせるからである。文化景観はヒトがテクノロジーをもって創造した構築物であるからである。

(4) 文化的景観と景観技術

名勝天然記念物などの優れた景観は、景観技術を用いて文化的景観としてとりだされ、山岳、瀑布など諸々の自然景観が文化財保護法によって保護されてきた。わが国の代表的なリゾート地である富士五湖や

写真3 文化景観：富士山本宮浅間大社

箱根は、景観技術的な手法によって開発と保全を調和させ、国立公園としての優れた景観を創出させてきた。富士箱根国立公園のなかにあって、幽玄な風情を醸し出している箱根芦ノ湖周辺は、明治中期まではすべて二次的自然であった。江戸時代、箱根関所の「かご抜け」を阻止する措置として、見通しをよくするために灌木すら生やさなかったからである。明治時代となって明治天皇の箱根御用邸の対岸にモミジなどが植栽され、周辺はスギ・ヒノキ人工林として富士山を望む風景が創造されていった。その70〜100年後の姿が、元箱根からみた芦ノ湖と富士山の風景である。

3. 富士山域の文化的景観

国指定重要文化財である絹本着色富士曼荼羅図（富士山本宮浅間大社蔵）には、三尊の仏が三峯の富士に描かれている。剣が峰を中心とする三峯の富士山は、山麓からは丑寅方向からでないと見ることができない（写真２）。

静岡市の北方に真富士山（まふじやま）という小さな山がある。これまで山岳名の由来は不明であるとされているが、試みに地図上で富士山頂の剣が峰から南東に定規をあてると真富士山に直線が引ける。このことから、江戸時代、府中（静岡）にあって丑寅の方向に三峯の富士をみることに由来するものと考えられる。富士山頂を三峯の富士ととらえる見方は、富士山信仰が盛んになった16世紀、室町時代に始まったとされる。そして三尊の仏が座す三峯の富士は、地域固有の造形物としての富士山体（自然景観）を文化景観としてとらえる立場にたっている。山腹、雲などの環境要素を加えて富士山を世界文化遺産でいう文化的景観として眺めているのである。三保の松原、薩埵峠、三つ峠、三国峠からの富士は共に文化的景観である。また、風景を楽しむために植栽された桜と湖の富士やモミジに染まる富士などは、日本人にとって四季を愛でる心象を具現化したものである。農業用の貯水池として造成された田貫湖は、一年のうち４月と６月の２回だけ、ダイヤモンド富士がみられる（口絵参照）。あたかもダイヤモンド富士を眺めるために造成されたといってよい人造湖で、一瞬の輝きは富士山の文化的景観の珠宝である。これらは富士山の文化的価値をよく理解し、地域の宝として護っていくことが求められよう。

4. 富士山域の文化景観
(1) 文化景観としての浅間神社
　富士山域の文化景観は浅間神社によって代表される。浅間神社の境内における遙拝形式、社殿など文化景観としてとらえられる。富士山登山口に存する富士山本宮浅間大社(富士宮市、本殿:重要文化財)、北口本宮冨士浅間神社(富士吉田市、本殿：重要文化財)、冨士御室浅間神社(河口湖町、本殿：重要文化財)の社殿は文化景観そのものである。山宮浅間神社は、本殿がなく古代祭祀の原初形態をとどめる。マルビと呼ばれる新しい溶岩流の末端であることは、噴火を鎮めるために神を祀るのにふさわしい地である。この地の地名は宮内という。周辺に外神・宮原などの地名があるのは、伊勢神宮にも似て、富士山天孫降臨説を起想させる。伝承としてAD213年ごろ?に垂仁天皇が噴火を鎮めるために神を祀ったとされる「山足の地」を示唆している地である。その後、日本武尊が東征のおり山宮浅間神社の地に浅間の大神を祀られたと伝えられる。このことから、浅間信仰の始祖と位置づけられよう。大同元年(AD806)、山宮の浅間の大神は大宮の地へ遷座する。以来、富士山本宮浅間大社は4月の初申に山宮浅間神社を参拝する神事が続けられている。

(2) 富士講施設としての浅間神社
　村山浅間神社・人穴浅間神社は富士講施設としての文化景観である。12世紀初頭、平安末から鎌倉期にかけて富士山修験道の定着によって始まったとされ、正嘉3年(1259)の大日如来座像はこれを裏付ける。富士講は18世紀の江戸期に全盛を迎える。明治初期となり廃仏毀釈により、浅間神社となった。このような経緯のなかで村山浅間神社は神仏習合を留める大日堂と浅間神社が現在まで並立し、富士山修験道の形態を現在に伝えている。

(3) 富士五山 (p277参照)
　富士山に関係する仏教施設の一つとして富士五山がある。富士五山とは富士山を山号(さんごう;寺には必ず山の名称をつける)とする日蓮(正)宗寺院で、多宝富士大日蓮華山大石寺、富士山法華本門寺根源、富士山妙連寺、富士山西山本門寺、富士山久遠寺の5カ寺をいう。富士五山は伽藍配置に特色があり、客殿から本堂が丑寅(北東の方位のこと)方向にあることで、また、久遠寺を除いて丑寅方向に富士山を配していることである。丑寅の方位は鬼門の方向である。仏法では鬼門は帰命を意味し、丑の終わり寅の始めは陰陽生死の中間にして三世諸仏成

5 日本の風景富士山　　　　　　　　　　　　　　　　　　　　第5章

道の時（すべての仏が仏になる時刻の意味）とされており、最も重要な方向と時刻とされる。

5. 文明的景観の創造
（1）文明的景観とは

　人間活動によって高度に集積が進んだ都市社会、とくに交通網が発達し都市化がすすんだ地域に形成された造形物が創出する景観を「文明的景観（civilized landscape）」と定義しよう。文明的景観は文化的景観のひとつの特殊化された形態である。富士川の鉄橋を渡る新幹線車両の雄姿は文明的景観そのものといってよい（写真4）。そして文化的景観である富士山の姿と組み合わされたとき、文化と文明が融合した現代の富士山の景観が展開される。

　景観を文化と文明の視点からのとらえるのは、科学技術の発達に伴う景観を扱うテクノロジー（技術）とエンジニアリング（工学）との手法の展開のしかたに違いがあるからである。

（2）文明的景観と景観工学

　都市化が進むなかにあって醜悪なる景観を抑止する目的から、景観工学が都市計画のなかで一般化してくる。これは地球生態系のもろもろの構成要素を「快適環境」としてとらえてきたはずの景観が、人間活動の結果、「醜悪な環境」と観ずるまでに劣悪化してしまったことへの対案

写真4 文明的景観：富士川を通過する新幹線列車と富士（望月久撮影）

として景観が認識されたからで、快適環境を維持しようとするニーズが景観工学を発展させてきたものととらえてよい。現代人の要求するリゾートは都市文明の所産である。リゾート地域は都市が自然のなかに転移したものと見ればよい。この立場からリゾート地域は自然環境の保全とは相容れないものである。景観工学的手法でリゾート開発が行われたのは、第二次大戦後の日本経済が高度成長期になってからである。昭和62年（1987）策定の四全総における定住化構想、過密・過疎対策型、余暇休養型などへと進むなかで、昭和63年（1988）リゾート法が制定される。静岡県のにっぽんリゾート・ふじの国構想（平成5年・1993）の初島リゾート計画などは景観工学的手法によって地域開発が行われたものである。

（3）文明的景観と富士山

文明の進歩に伴い人類はさまざまな構築物を地表に造成してきた。高層建築、海をまたぐ橋梁など現代文明の所産である。横浜の象徴ベイブリッジからみた夕焼け富士の景観は、文明的景観のなかに文化的景観としての富士が眺められる。また、薩埵峠からの富士を眺めてみよう。東名高速道路、国道1号線、東海道本線を通して田子の浦からの富士山

写真5 文明的景観：薩埵峠からの富士（望月久撮影）

は、万葉の昔をしのぶ文化的景観のなかに現代の文明的景観をとらえることができ、これらは文化と文明が融合した現代の風景といえる（写真5）。

新幹線に乗っていて美しい富士山の写真を撮ろうとしても建物、電柱などが横切り、シャッターチャンスは3秒しかない。車窓からは醜悪な景観を前景とした富士山が眺められるだけである。こうした実態は都市域においても普通にみられる。生活するのにとって便利な機能を求め続けた結果である。富士山域の文明的景観を最適にするのは富士山が眺められる市街化地域などに対し、それぞれの目的に叶った景観計画を立案し、景観技術と景観工学を用いて文明的景観と文化的景観を融合した景観を創出することが求められる。富士山域の景観計画は、美しい街並みと富士のみえる町づくりを目標に、富士山を借景とした市街地の地域指定、建築物の高さ制限、修景美化などが盛り込まれたものでなければならない。美しい景観を創出する都市計画・公園計画の策定、修景美化条例や都市地域の建築規制条例の制定、市民参加の美しい町づくりの展開など具体的な施策の展開が求められる。

6. 富士山域の景観管理と環境倫理の確立

日本人の心のよりどころとしての富士の姿を遺し伝えるため私たちに求められるのは、富士山域の文化的景観の持続を可能にする景観技術の展開と環境倫理を確立することにある。その具体的策は、行政と市民の一体化をキーワードとした環境文化教育、公衆道徳、法令遵守などの環境倫理を盛り込んだ住民参加の行動計画にあり、また、この計画に基づいた地域住民をはじめ国民や企業がこぞって参加する景観管理の実践活動である。富士山をとりまく周辺地域では、自然保護、環境保全等多数のNPO法人やボランテア団体が活動している。これら諸団体は、世界に誇れる文化景観を創出するため、正しい環境倫理を身につけ、醜悪な景観を是正するための美しい地域づくりや人づくりに貢献しなければならない。

富士山域全体の環境倫理が確立されることによって、富士山が望まれる都市や農山村の多様なすばらしい景観を創出することが可能となり、高層建築物をつくらない、つくらせないとする地域のコンセンサスが生まれ、富士山を借景とした美しい街づくり、村づくりができる都市計画や農村計画をつくることができる。

新幹線から眺める富士山は格別である。高層建築物のない富士市であるからこそ、それが実現できていることを市民の常識としよう。

　文化的景観は、自然との接点が最も緊密な文化遺産である。その意味からも、自然と文化を併せ持った富士山域の景観形成をつうじて日本人のアイデンティティを育んでいく意義は大きい。

引用文献

- 三好学（1906）「植物の景観」『理学会』3（10）：p.1-4.
- 西川治（1951）「地理的景観とその研究」『地理学評論』25（5）：p.36-37.
- Troll, C.（1967）"Die Geographische Landshaft und ihre erforschung." *Studium Gerale* 3：p.163-181.
- 辻村太郎（1930）「文化景観の形態学」『地理学評論』6（7）：p.657-689.
- 辻村太郎（1932）「景観の研究」『岩波講座地理学』岩波書店, p.19.
- 辻村太郎（1937）『景観地理学講話』地人書館, 326pp.
- 渡邊定元（2007）「世界遺産としての富士山域景観形成」『富士学研究』5（2）：p.9-13.

資料編　富士山キーワード

本文項目で取り上げられなかった最近のトピックなどをまとめた。

●環境保全

富士山憲章

富士山の環境保全を目指す憲章。山梨・静岡両県が平成10年（1998）11月18日に制定した。日本の象徴である富士山を美しい姿のまま後世に引き継いでいくことを基本理念とし、富士山の特色をうたった前文と、取り組みを示した5項目の行動規範から成る。

富士山カントリーコード

富士山の自然環境を保全するための対策綱領。平成10年（1998）3月、環境庁（現・環境省）、山梨・静岡両県、地元自治体などで構成する富士箱根伊豆国立公園富士山地域環境保全対策協議会が策定した、富士山地域環境保全対策要綱の一つ。国民的な保全運動を呼びかける「富士山憲章」に対し、富士山を訪れ利用する一人一人が守るべきルールを要点10項目として定めている。

●国の指定文化財

特別名勝・史跡「富士山」

富士山は日本最高峰の火山として昭和27年（1952）に国の特別名勝に指定された。平成23年（2011）2月には、日本を代表する信仰の山として史跡に指定され、同年11月には富士山信仰の関連遺跡・神社5件（人穴富士講遺跡、富士山本宮浅間大社の社有地の一部、大宮・村山口登拝道、須走口登拝道、須山口登拝道）を追加指定するよう答申が出された。

名勝「富士五湖」

富士山の火山活動により形成された風致景観として、また富士講「八海巡り」、浮世絵にも描かれた「逆さ富士」など芸術作品の源泉として、平成23年（2011）9月に富士五湖（山中湖、河口湖、西湖、精進湖、本栖湖）が名勝に指定された。

天然記念物

〈火山地形〉富士山原始林及び青木ヶ原樹海（山梨県富士河口湖町・鳴沢村）、吉田胎内樹型（山梨県富士吉田市）、船津胎内樹型（山梨県富士河口湖町）、大室洞穴、鳴沢氷穴（以上山梨県鳴沢村）、富岳風穴、富士風穴、本栖風穴、竜宮洞穴、西湖蝙蝠穴およびコウモリ（以上山梨県富士河口湖町）

〈水環境〉白糸ノ滝（名勝・天然記念物、富士吉田市）、忍野八海（忍野村）、湧玉池（特別天然記念物、静岡県富士宮市）

〈植物〉躑躅原レンゲツツジおよびフジザクラ群落（富士吉田市）、山中のハリモミ純林（山中湖村）、狩宿の下馬ザクラ（特別天然記念物、静岡県富士宮市）

〈動物〉カモシカ（特別天然記念物）、ヤマネが生息

名勝「三保松原」

静岡県静岡市清水区の海岸の景勝地。富士山や伊豆半島を望む名勝として古くから知られ、羽衣伝説の舞台ともなっている。世界文化遺産の推薦書で構成資産の一つとなった。

重要無形民俗文化財「吉田の火祭」

山梨県富士吉田市の北口本宮冨士浅間神社とその摂社・諏訪神社の祭り。日本三奇祭の一つにあげられる。毎年8月26日から27日に行われ、7月1日のお山開きに対するお山仕舞いの行事にあたる。富士信仰の隆盛とともに400年にわたり伝承されてきた火祭りで、26日夜、高さ3メートルの大松明約80本が盛大に燃やされる鎮火祭として知られる。平成24年（2012）3月8日に国の重要無形民俗文化財に指定された。

●富士山に関わる名数

日本百名山

〔富士山〕小説家の深田久弥が選定した、富士山など日本の名山百座。昭和39年（1964）刊行の同名の著書に記された。自身が登頂した山の中から、原則として標高1,500m以上で、「品格・歴史・個性」を兼ね備えた山を基準としている。

21世紀に残したい日本の風景

〔富士山〕NHKが視聴者からの投票に基づいて紹介した日本の風景ベスト100。平成13年（2001）にBS2の番組として一般公募し、富士山が1位に選ばれた。

21世紀に残したい日本の自然百選

〔青木ケ原樹海（山梨県）、柿田川湧水群（静岡県）〕財団法人森林文化協会と朝日新聞社が発表した自然100選。昭和57年（1982）に全国から公募し、翌昭和58年（1983）元旦の新聞紙面で発表された。「国立公園内の特別保護地区、国指定の天然記念物」など保全環境の整っているものは対象外とされた。

名水百選

〔忍野八海（山梨県）、柿田川湧水群（静岡県）〕日本全国の清澄な水、特に湧水と表流水の100選。昭和60年（1985）、環境庁（現・環境省）が「水質、水量、周辺環境、親水性の観点から見て状態が良好なもの」

「地域住民等による保全活動があるもの」を選定した。

日本三大急流河川
〔富士川〕山形県の最上川、熊本県の球磨川とともに、富士川が挙げられる。これらの川は古くから舟運の盛んな川であり、舟の航行の上で急流に留意する川として、各地域を代表する三川が選ばれている。

日本の道百選
〔富士スバルライン（山梨県）、富士山スカイライン（静岡県）〕道路の意義・重要性への関心を高めることを目的に選定された100選。建設省（現・国土交通省）が「道の日」（8月10日）制定記念として、昭和61年(1986)に歴史性と親愛性をテーマに53道を選定、翌昭和62年度には、美観性と機動性をテーマに51道、計104道を選定した。

歴史の道百選
〔富士吉田口登山道（山梨県）〕歴史の道と地域の文化財への関心・理解を深めることを目的に選定された街道・運河の100選。平成8年(1996)、文化庁が「歴史の道」の調査・整備・活用事業の実績と蓄積を踏まえて選定した。

●イベント

富士山検定
富士山をテーマとした"ご当地検定"。自然、地質、気象、歴史、文化などあらゆる側面から富士山に関する知識や理解度を出題する。富士商工会議所・富士吉田商工会議所・富士山検定協会などで構成する富士山検定実行委員会が主催。誰でも参加できる3級、3級合格者を対象とする上級検定の1級・2級がある。2006年度から実施され、『富士山検定公式テキスト』も刊行されている。

ウルトラトレイル・マウントフジ
富士山の周囲160kmの登山道、歩道、林道などを走る日本最大のトレイルランニングレース。NPO法人富士トレイルランナーズ倶楽部と山梨県・静岡県の10市町村で構成するウルトラトレイルマウントフジ実行委員会が主催。勝つことやスピードを競うことが目標ではなく「自分自身を探求する」「自然環境を尊ぶ精神を養う」「すべての人々とトレイルを共有する」を大会理念とする。

富士・鳴沢紅葉ロードレース大会
富士山北西麓の森林地帯を走るランニング・レース。山梨県鳴沢村・鳴沢村体育協会が主催。2010年に第1回が開催された。大会名の通り紅葉の時期の10月に開催され、標高1000m～1200mのアップダウンの多いコースを走る。ハーフマラソン、10km、5kmの3種目がある。

Mt.富士ヒルクライム

富士スバルラインを走る自転車ロードレース。山梨県自転車競技連盟、山梨日日新聞社などで構成するMt.富士ヒルクライムが主催。2004年に第1回、以後2011年までに8回開催された。富士吉田市の富士北麓公園をスタートし、河口湖口富士山五合目をゴールとする全長25km、高低差1270mのコースで、自転車のほかマウンテンバイクやクロスバイクでも参加できる。

富士山ダービー

サッカーJリーグ1部の試合。「FUJIYAMAダービー」「フジヤマダービー」とも表記される。富士山の地元の清水エスパルス、ヴァンフォーレ甲府の両チームがJ1所属のシーズンに開催される。2006年に命名され、2007年、2011年にも開催された。

富士山写真大賞

富士山をテーマとした写真コンテスト。山梨県富士河口湖町などが主催。富士山そのものを撮影した写真のほか、富士山を点景に用いた写真、各地の見立て富士や富士塚、富士山を連想させるものなど、富士山に関わりがある内容すべてを対象とする。入選作品の展示が毎年、河口湖美術館で行われている。

富士山百景写真コンテスト

静岡県富士市内の100エリアから見える富士山の風景を対象とした写真コンテスト。富士市の撮影ポイントを全国に知ってもらうために、富士市が主催し、2006年度の第1回以来、毎年開催されている。公式ガイドブックとして「マスターコレクション」「ビギナーコレクション」が刊行されている。

秀景ふるさと富士写真コンテスト

全国で「富士」の名前を付けた「ふるさと富士」（見立て富士）の山をテーマとした写真コンテスト。富士山そのものの写真は対象から除いている。2月23日を「富士山の日」と定めた静岡県が、平成23年（2011）の「富士山の日」を前に第1回を開催。平成24年（2012）に第2回が開催された。

富士山俳句（Fujisan Haiku）

富士山をテーマとした俳句公募。信仰の対象、芸術の源泉である富士山の価値を伝えるべく、平成23年度に始められた。山梨県と7市町村で構成する「富士山世界文化遺産登録」山梨県推進協議会が主催。日本語俳句部門のほか、国際俳句部門（英語、フランス語）があり、平成23年度は海外33カ国からも応募があった。審査結果は富士山の日（2月23日）に発表される。

ふじのくに百人一首

富士山をテーマとした短歌の公

募。静岡県が主催。平成23年（2011）2月23日の富士山の日に「富士山百人一首」（万葉集から現代までの短歌から心に残る歌を公募により撰歌）を発表したのに続き、平成24年（2012）には自作の短歌を全国から公募した。小・中学生の「こども歌」、高校生以上の年代の「おとな歌」の2部門がある。なお、俳句については、古今の俳人による富士山の俳句から好きな句・心に残る句を公募をもとに選ぶ「富士山百人一句」が行われ、「ふじのくに百人一首」とともに平成24年の富士山の日に発表された。

富士山を詠む俳句賞

富士山に関わるあらゆる分野の歳事をテーマとした俳句の公募。静岡県富士宮市が主催。全国から募集する一般の部、市内の小・中学生が対象の小中学生の部がある。平成15年度に第1回が実施され、平成23年度までに第9回を数える。

富士山・河口湖映画祭

富士山を映画映像文化と融合させて発信することを目的とした映画祭。富士河口湖町が主催。毎年、富士山の日（2月23日）前後に開催される。2008年に第1回が行われ、2012年は2月11日～19日の9日間にわたって行われた。富士山麓を舞台としたオリジナルのシナリオ作品を募集し、その審査発表・表彰式が行われる。さらにグランプリ1作品は、町が制作費を負担して映画化し、翌年の映画祭で上映する。ほかに記念講演などの関連イベントが行われる。

●博物館・公開施設
〔山梨県〕
山梨県立富士ビジターセンター

国立公園等のビジター（訪問者）のための案内施設。登山・自然、文化のテーマ別に富士山を知ることができる。［所在地］〒401-0301 富士河口湖町船津字剣丸尾6663-1 ［Tel］0555-72-0259 ［開館］8：30～16：30/22：00（季節により変動）、年中無休　［料金］無料

山梨県環境科学研究所

広大な自然の中で環境について学べる体験型施設。研究、教育、情報、交流の各活動を通じて環境保全活動を支援する。　［所在地］〒403-0005　富士吉田市上吉田字剣丸尾5597-1　［Tel］0555-72-6211　［開館］9：00～17：00、年末年始（12/29～1/3）休　［料金］無料

環境省自然環境局生物多様性センター

植生、動植物など生物多様性についての調査研究施設。調査結果や活動事例を展示・公開し、来館者が学べる環境も備える。　［所在地］

〒403-0005 富士吉田市上吉田字剣丸尾5597-1 ［Tel］0555-72-6031 ［開館］9：00～17：00、展示室は冬季（11月～4月）・土日祝休、図書資料閲覧室は年末年始（12/29～1/3）・土日祝日休 ［料金］無料

富士山世界遺産 金鳥居インフォメーションセンター

旧称「富士吉田市世界遺産インフォメーションセンター」。富士登山の出発点とされる金鳥居近くの空き店舗を利用し、市と富士山の歴史を展示する。また専門知識を持つ富士山世界遺産ガイドマイスターがガイドツアーを行う。お休み処「金鳥居茶屋」では食事もできる。 ［所在地］〒403-0005 富士吉田市上吉田1-10-15 ［Tel］0555-24-8660 ［開館］9：00～17：00、年末年始（12/29～1/3）休 ［料金］無料

富士吉田市歴史民俗博物館

平安時代に始まる富士信仰と登山、富士講など富士山の歴史を展示紹介する。敷地内に小佐野家住宅を復元、旧宮下家住宅、旧武藤家住宅（市文化財）が移築されている。 ［所在地］〒403-0005 富士吉田市上吉田2288-1 ［Tel］0555-24-2411 ［開館］9：00～17：00、火曜（祝日の場合はその翌日）・年末年始休 ［料金］大人300円、小中高生150円

旧外川家住宅

江戸時代の富士山参詣者が宿泊した御師住宅の最古の遺構。富士吉田市歴史民俗博物館の付属施設として、外川家の歴史と富士山の信仰に関する資料を展示。平成23年（2011）国の重要文化財に指定。 ［所在地］〒403-0005 富士吉田市上吉田3-14-8 ［Tel］0555-22-1101 ［開館］9：30～17：00 ［料金］大人100円、小中高生50円（歴史民俗博物館チケットで観覧可能）

なるさわ富士山博物館

特別天然記念物の溶岩樹型を擁する鳴沢村の道の駅なるさわ内の施設。見て触ることのできる溶岩の展示などがある。鉱石ミュージアムを併設。 ［所在地］〒401-0320 鳴沢村字8532-64 ［Tel］0555-20-5600 ［開館］9：00～18：00、年中無休 ［料金］無料

富士山レーダードーム館

富士山頂で昭和39年（1964）～平成11年（1999）まで使われた気象観測用レーダードームを復元展示した体験学習施設。 ［所在地］〒403-0006 富士吉田市新屋1936-1 ［Tel］0555-20-0223 ［開館］9：00～17：00、火曜休（祝日の場合はその翌日） ［料金］大人600円、小中校生400円

富士博物館

御師の家を移築した建物を使った私設博物館。富士レークホテルの先

代経営者が収集した、山梨県文化財の丸木舟、富士山の噴火の様子を示す熔岩や火山弾熔岩樹型、富士北麓地域の生活を物語る石臼や水桶等の生活用具類、古文書などを展示。［所在地］〒401-0301　富士河口湖町船津3964　［Tel］0555-73-2266　［開館］9：00〜16：00　［料金］大人200円、中学生以下100円（富士レークホテル宿泊客は半額）
河口湖フィールドセンター
　標高1,050mの剣丸尾溶岩流上にあり、富士山麓に生息する草花や動物、樹型溶岩の見本などを学ぶ体験施設。　［所在地］〒401-0301　富士河口湖町船津6603　［Tel］0555-72-4331　［開館］9：00〜17：00、月曜休、7〜9月は無休　［料金］大人200円から（体験コースによって異なる）
西湖コウモリ穴案内所
　国天然記念物である西湖蝙蝠穴を中心に、周辺一帯に広がる青木ヶ原樹海の自然を体験するネイチャーガイドの拠点。　［所在地］〒401-0332　富士河口湖町西湖2068　［Tel］0555-82-3111　［開館］3月20日〜11月30日の9：00〜17：00　［料金］一般300円、小・中学生150円
富士の国やまなし館
　東京都内、東京駅八重洲北口にある山梨県の観光PR施設。観光情報の発信、山梨県の特産品の販売を行う。ワイン販売・試飲カウンターもある。　［所在地］〒103-0027　中央区日本橋2-3-4　日本橋プラザビル1F　［Tel］03-3243-8600　［営業］10:30〜19:30、年末年始休　［料金］無料

〔静岡県〕
富士山世界遺産センター（仮称）
　世界文化遺産登録に向けて静岡県が構想を進める、保存・情報提供の拠点となる施設。平成24年（2012）3月までに「守る」「究める」「交わる」「伝える」の4つの機能をもたせる基本構想案がまとまった。4月から立地場所などの計画策定を始め、平成25年度の整備を目指している。
裾野市立富士山資料館
　富士山の成り立ち、歴史、動植物、人々の生活など富士山に関する資料を展示。郷土資料館を併設。　［所在地］〒410-1231　裾野市須山2255-39　［Tel］055-998-1325　［開館］9：00〜16：30、月曜、祝日の翌日、年末年始は休館　［料金］大人200円、小中学生100円
富士市立博物館
　「富士に生きる」をテーマに資料の収集・保存、研究調査、講座を実施する。　［所在地］〒417-0061　富士市伝法66-2　［Tel］0545-21-3380

[開館] 9:00〜17:00 (11月〜3月は16:30まで)、月曜日、祝日の翌日、資料燻蒸期間 (6/24〜6/29)、年末年始 (12/28〜1/4) は休館 [料金] 大人100円、小中学生50円

富士山樹空の森

御殿場市富士山交流センターの通称。映像や展示物で富士山を紹介する常設展示室を設け、富士山の情報発信、地域活性の役割を担う。[所在地] 〒412-0008 御殿場市印野1380-15 [Tel] 0550-80-3776 [開館] 9:00〜17:00 (12月〜2月は16:00まで)、火曜 (祝日の場合はその翌日)・年末年始は休館。7月20〜8月31日は無休 [料金] 大人300円、小中学生150円

東口本宮冨士浅間神社御鎮座千二百年記念資料館

富士信仰関連の資料を収集、保存。神社伝来の社宝、古文書類、富士講・宿坊・山室資料を収蔵展示。[所在地] 〒410-1431 小山町須走126 [Tel] 0550-75-2038 [開館] 不定休 [料金] 200円

道の駅すばしり

富士山に最も近い道の駅として、冨士浅間神社や小山町の歴史に関する資料を展示。[所在地] 〒410-1431 小山町須走338-44 [Tel] 0550-75-6363 [営業] 9:00〜20:00 [料金] 無料

静岡県東京観光案内所

東京都内、銀座にある静岡県の観光PR施設。観光情報の発信のほか、静岡県名産のお茶と茶菓子の販売も行う。[所在地] 〒100-0006 千代田区有楽町2-10-1 東京交通会館地下1階 [Tel] 03-3213-4831 [営業] 10:00〜19:00、年末年始休 [料金] 無料

●関連団体

富士山を世界遺産にする国民会議

2005年設立のNPO、政治・経済・学術的識者主体団体。略称「富士山会議」。富士山の世界文化遺産登録に向け、内外へ情報発信および啓発活動を行う。

富士山クラブ

1998年設立の環境NPO。環境浄化型バイオトイレ設置、ゴミ清掃キャンペーン、富士登山古道 (村山古道) 再開など富士山の自然環境保護活動を行う。

富士学会

2002年設立、2006年日本学術会議協力学術研究団体。富士山に関する学術研究 (学会活動) を推進する。

(データ作成:日外アソシエーツ編集部)

資料編　参考資料一覧
（文献とWebサイト）

【文献】
- 1970年以降に刊行された図書を対象とした。
- 本文のテーマごとに分類し、その中は刊行年月順に掲載した。
- 児童書は末尾にまとめた。

●富士山全般
『富士山』毎日新聞社, 1970
『富士山―富士山総合学術調査報告書（別冊含む）』国立公園協会編, 富士急行, 1971
『富士山（朝日カラーシリーズ）』小川孝徳著, 朝日新聞社, 1971
『富士山―自然の謎を解く（NHKブックス）』木沢綏ほか著, 日本放送出版協会, 1978
『富士山』中日新聞静岡支局編, 中日新聞本社, 1980
『富士山―歴史と風土と人と』中日新聞静岡支局編, 中日新聞本社, 1980.8
『富士（別冊太陽 日本のこころ）』平凡社, 1983
『富士山大雑学―ここまで知りたい（広済堂ブックス）』広済堂出版, 1983.2
『富士山全案内』朝日新聞社編, 朝日新聞社, 1985.7
『富士山（とんぼの本）』大岡信ほか著, 新潮社, 1987.1
『富士山よもやま話』遠藤秀男著, 静岡新聞社, 1989.7
『富士山の謎（ワニ文庫）』上村信太郎著, ベストセラーズ, 1994.7
『富士北麓幕末偉人伝（山日ライブラリー）』小佐野淳著, 山梨日日新聞社出版局, 1995.10
『富士山―自然から文化史まで（JTBキャンブックス）』日本交通公社出版事業局, 1996.8
『あっ、富士山』メイセイ出版, 1997.5
『日本の名山　13　富士山 Part.1』串田孫一ほか編, 博品社, 1997.1
『日本の名山　14　富士山 Part.2』串田孫一ほか編, 博品社, 1997.12
『日本の名山　15　富士山 Part.3』串田孫一ほか編, 博品社, 1999.1
『図説富士山百科―富士山の歴史と自然を探る（別冊歴史読本）』新人物往来社, 2002.7
『富士山が世界遺産になる日』小田全宏著, PHP研究所, 2006.3
『富士を知る』小山真人責任編集, 集英社, 2002.11
『富士山検定公式テキスト』富士山検定協会編著, スキージャーナル, 2006.12
『富士山99の謎―知れば知るほど魅力が増す富士山のヒミツ』小林朝夫著, 彩図社, 2008.4
『富士山―信仰と芸術の源』富士山世界文化遺産登録推進静岡・山梨両県合同会議, NPO法人富士山を世界遺産にする国民会議編, 小学館, 2009.4
『富士山インタープリティブ・ガイドブック』新谷雅徳著, 静岡新聞社, 2009.6
『今日はなんの日、富士山の日』田代博著, 新日本出版社, 2009.12
『週刊ふるさと百名山　No.01　富士山』集英社, 2010.6

-568-

参考資料一覧

●自然・地形
『富士の地理と地質（富士の研究 第5）』石原初太郎著, 名著出版, 1973
『富士山—その生成と自然の謎（講談社現代新書）』森下晶著, 講談社, 1974
『富士山99の謎—魔の樹海から化石湖まで（サンポウ・ブックス）』春田俊郎著, 産報ジャーナル, 1977
『富士の自然（カラーブックス 434）』長田武正著, 保育社, 1978.6
『富士山（講談社カラー科学大図鑑）』佐島群巳著, 講談社, 1981
『四季の自然 富士山』行田哲夫著, 静岡新聞社, 1985.5
『日本の名峰　14　富士・御坂・丹沢』山と渓谷社, 1986.8
『富士山—地質と変貌』浜野一彦著, 鹿島出版会, 1988.2
『空からみる日本の火山（理科年表読本）』荒牧重雄ほか編, 丸善, 1989.1
『富士山はなぜそこにあるのか』貝塚爽平著, 丸善, 1990.2
『富士山—大いなる自然の検証』読売新聞社編, 読売新聞社, 1992.8
『富士山—その自然のすべて』諏訪彰編, 同文書院, 1992.11
『富士山自然大図鑑』杉野孝雄編著, 静岡新聞社, 1994.7
『絵でみる富士山大地図（ピクチャーアトラスシリーズ）』同朋舎出版, 1994.9
『日本の大自然　21　富士箱根伊豆国立公園』森田敏隆写真, 毎日新聞社, 1995.1
『富士山の自然と対話』山本玄珠著, 北水, 1999.6
『樹海』大山行男著, 毎日新聞社, 2003.1
『活火山富士—大自然の恵みと災害（中公新書ラクレ）』読売新聞特別取材班ほか著, 中央公論新社, 2003.8
『地学見学案内書 富士山』上杉陽編著, 日本地質学会関東支部, 2003.9
『日本の天然記念物』講談社, 2003.10
『樹海の歩き方』栗原亨著, イースト・プレス, 2005.5
『富士火山』「富士火山」編集委員会（日本火山学会）編集, 山梨県環境科学研究所, 2007.3
『Mt.FUJI 3776—富士山頂の世界』小岩井大輔著, 山と渓谷社, 2008.8

●動植物
『富士の動物・富士の植物（富士の研究 第6）』岸田久吉, 矢部吉禎著, 名著出版, 1973
『富士山の植物』清水清解説・写真, 東海大学出版会, 1977
『富士山の花（花紀行）』イズミエイコ著, 文化出版局, 1982.6
『富士山の植物（自然観察シリーズ 14 生態編）』井上浩著, 小学館, 1982
『富士山の花と四季』菅原久夫著, 静岡新聞社, 1984.4
『富士の鳥—写真集 バードウォッチングとフォトテクニック』浅見明博著, 保育社, 1985.4
『富士山麓の花』山本大二郎著, 講談社, 1985
『富士山にすめなかった蝶たち』清邦彦著, 築地書館, 1988.9
『富士山の植物たち』渡辺健二著, 静岡新聞社, 1993.5
『四季の花と富士』スポット須山会編, 淡交社, 2003.3
『富士山自然の森づくり—理論と実践—』渡邊定元著, 日本森林技術協会編・刊, 2006.3
『富士山の植物図鑑』邑田仁監修, 東京書籍, 2007.7

資料編

●水
『富士川―その風土と文化』遠藤秀男文, 静岡新聞社, 1981.1
『富士と五湖（カラーブックス 679)』村谷宏著, 保育社, 1985.5
『柿田川の自然（そしえて文庫 503)』漆畑信昭著, そしえて, 1991.2
『柿田川の自然―湧水河川を科学する』柿田川生態系研究会著, ITSC静岡学術出版事業部, 2010.2

●文学
『富士の文学（富士の研究 第4)』高柳光寿著, 名著出版, 1973
『富士山（フジヤマ）の北麓郷談々　上, 下』萱沼明著, 萱沼利子, 1981
『富士北麓と文人たち』内藤成雄著, ぎょうせい, 1986.5
『富士山をめぐる川柳歴史散歩』清博美著, 静岡郷土出版社, 1988.12
『富士北麓 忍野の民話と民謡』後幡義隆著, 郷土出版社, 1995.2
『富士山トポグラフィー―透谷・正秋・康成らの旅　増補版 (Ichigei library)』橋詰静子著, 一芸社, 2006.4
『富士山の文学（文春新書)』久保田淳著, 文芸春秋, 2004.10

●歴史・信仰
『浅間神社の歴史（富士の研究 第2)』宮地直一著, 名著出版, 1973
『富士の信仰（富士の研究 第3)』井野辺茂雄著, 名著出版, 1973
『富士の歴史（富士の研究 第1)』井野辺茂雄著, 名著出版, 1973
『富士山―その風土と参道』飯島志津夫著, 研光社, 1973
『神奈川の富士講（神奈川県民俗シリーズ 11)』神奈川県教育庁社会教育部文化財保護課編, 神奈川県教育委員会, 1974
『富士山の謎』遠藤秀男著, 大陸書房, 1974
『富士山の信仰（富士吉田の文化財 その4)』富士吉田市教育委員会, 1974.3
『富士山の信仰　第2集（富士吉田の文化財 その9)』富士吉田市教育委員会, 1978.3
『富士・御岳と中部霊山（山岳宗教史研究叢書 第9)』鈴木昭英編, 名著出版, 1978.4
『富士山御師（富士吉田の文化財 その16)』富士吉田市教育委員会, 1981.12
『富士信仰と富士講』三浦家吉著, 三浦家吉, 1981
『富士講の歴史―江戸庶民の山岳信仰』岩科小一郎著, 名著出版, 1983.9
『富士の人穴草子―研究と資料』小山一成著, 文化書房博文社, 1983
『流鏑馬（富士吉田の文化財 その20)』富士吉田市教育委員会, 1984.3
『富士講と富士詣―特別展図録』豊島区立郷土資料館編集, 豊島区教育委員会, 1984
『富士講（富士吉田の文化財 その22)』富士吉田市教育委員会, 1985.2
『富士山真景之図―江戸時代参詣絵巻』長島泰行筆画, 名著出版, 1985.7
『富士浅間信仰（民衆宗教史叢書 第16巻)』平野栄次編, 雄山閣出版, 1987.6
『富士古文献考証』三輪義熙著, 八幡書店, 1987.8
『富士と日蓮大聖人』松岡裕治著, 曉洲舎, 1987
『富士山―史話と伝説』遠藤秀男著, 名著出版, 1988.8
『新富士遺跡と富士講―平成三年度企画展写真集』目黒区守屋教育会館郷土資料室編集, 目黒区守屋教育会館郷土資料室, 1992.2

『山と森のフォークロア』静岡県文化財団共編, 羽衣出版, 1996.1
『富士山歴史散歩』遠藤秀男著, 羽衣出版, 1996.7
『民衆宗教の祈りと姿―マネキ』西海賢二著, 西海賢二, 1997.10
『谷津富士講調査報告書―東京都武蔵村山市　本編（武蔵村山市文化財資料集 21）』武蔵村山市立歴史民俗資料館編, 武蔵村山市教育委員会, 2001.3
『富士吉田の火祭りと富士講調査と研究』伊藤真里著, 國學院大學儀礼文化研究会, 2002.3
『富士と四尾連湖―自分史と先祖探索の山登り』大寄越彦著, 山と渓谷社（制作）, 2004.7
『江戸東京富士塚めぐり―富士塚のある社寺歴訪』百目鬼喜久男著, 百目鬼喜久男, 2004.10
『富士信仰と富士講（平野榮次著作集 1）』平野榮次著, 岩田書院, 2004.11
『「甲斐国志」富士山北口を往く』富士吉田市歴史民俗博物館編, 富士吉田市教育委員会, 2005.3
『富士山の祭神論』竹谷靱負著, 岩田書院, 2006.9
『富士の人穴草子（室町物語影印叢刊 26）』石川透編, 三弥井書店, 2006.12
『富士山の謎と奇談（静新新書）』遠藤秀男著, 静岡新聞社, 2007.1
『富士・大山信仰（山岳信仰と地域社会 下）』西海賢二著, 岩田書院, 2008.11
『ご近所富士山の「謎」―富士塚御利益散策ガイド（講談社＋α新書 431-1D）』有坂蓉子著, 講談社, 2008.12
『富士山御師の歴史的研究』高埜利彦監修, 山川出版社, 2009.3
『富士塚考―江戸高田富士築造の謎を解く』竹谷靱負著, 岩田書院, 2009.9
『富士塚考　続　富士祭の「麦藁蛇」発祥の謎を解く』竹谷靱負著, 岩田書院, 2010.10
『富士山と女人禁制』竹谷靱負著, 岩田書院, 2011.6
『富士塚ゆる散歩―古くて新しいお江戸パワースポット』有坂蓉子著, 講談社, 2012.1

● 絵画
『百富士』中野好夫著, 毎日新聞社, 1982.11
『富士の名画―日本のこころ　富士絵の世界　雪舟から現代まで』東京富士美術館編, 東京富士美術館, 1984.4
『絵は語る　14　凱風快晴』葛飾北斎筆, 狩野博幸著, 平凡社, 1994.8
『風呂屋の富士山』町田忍著, ファラオ企画, 1994.10
『日本の心　富士の美展』NHK名古屋放送局, 1998.7
『役者夏の富士―けしょうをおとしたやくしゃのすがお』平木浮世絵美術館編, 平木浮世絵財団平木浮世絵美術館, c2000
『日本の美富士』鈴木進監修, 美術年鑑社, 2000.1
『あやかり富士―随筆「江戸のデザイン」』草森紳一著, 翔泳社, 2000.5
『富士山の絵画―収蔵品図録』静岡県立美術館編, 静岡県立美術館, 2004.2
『富士山―美JAPAN』河野元昭監修, 四季出版, 2005.3
『富士山の絵画史』成瀬不二雄著, 中央公論美術出版, 2005.11
『北斎―富士を描く』葛飾北斎画, 山形美術館, 2007
『富士―山を写し、山に想う（三の丸尚蔵館展覧会図録 No.46）』宮内庁, 2008.3
『富士山―近代に展開した日本の象徴』山梨県立美術館, 2008.5
『広重の富士（集英社新書 ヴィジュアル版）』赤坂治績著, 集英社, 2011.1
『北斎の富士・北斎と甲斐の国―山梨県立博物館開館五周年記念・葛飾北斎生誕二五〇年

資料編

記念特別展「北斎の冨嶽三十六景」』山梨県立博物館編, 山梨県立博物館, 2011.3

●写真

『富士』岡田紅陽著, 求竜堂, 1970
『富士山』白籏史朗著, 朝日新聞社, 1977
『富士山（山渓フォト・ライブラリー 名峰シリーズ）』白籏史朗著, 山と渓谷社, 1978
『日本の美孤峰富士（現代日本写真全集 第10巻）』浜谷浩著, 集英社, 1978.9
『富士山―写真集』藤本四八著, 桐原書店, 1983.9
『新富岳百景（岩波グラフィックス）』英伸三写真, 岩波書店, 1984.5
『富士山』大山行男撮影, グラフィック社, 1984.12
『富士山―飯島志津夫写真集』飯島志津夫著, 日本カメラ社, 1985
『富士光彩』飯島志津夫著, ぎょうせい, 1986.7
『富士山―松本明宜写真集』松本明宜著, さきたま出版会, 1987.10
『富士―写真集』斉藤庫山著, 山と渓谷社, 1987.11
『富士山』白籏史朗著, 山梨日日新聞社, 1988.3
『富岳』日本観光写真連盟編, 月刊さつき研究社, 1988
『富士山―伊志井桃雲写真集』伊志井桃雲著, 京都書院, 1989.2
『富士秀景』木村伸久著, くもん出版, 1989.3
『富士魅了―中村璋写真集』中村璋著, ぎょうせい, 1989.9
『富士―紅陽会写真集（Natural・eye books 6）』紅陽会著, 文一総合出版, 1990.11
『富士山』飯島志津夫著, 日本カメラ社, 1991
『ふじふじ富士』白籏史朗編, 朝日新聞社, 1991.1
『富士山の四季』飯島志津夫著, 日本カメラ社, 1991.6
『新富士五十景―峰広敬一写真集』峰広敬一著, 東京新聞出版局, 1991.7
『富士山（ブティックムック）』シンク, 1992
『白籏史朗の変幻富士―写真紀行』白籏史朗著, 新日本出版社, 1992.1
『初めての富士山』大山行男撮影, 小学館, 1992.8
『山の心、花の心―富士山』伊志井桃雲著, 京都書院, 1992.11
『富士山の四季を撮る―感動の風景写真への招待（講談社カルチャーブックス）』紅陽会編, 講談社, 1993.12
『富士眩耀』白籏史朗著, 朝日新聞社, 1993.12
『富士を写す（シリーズ日本カメラ No.97）』日本カメラ社, 1994.3
『Mt.Fuji―富士山 大山行男写真集（QP books）』大山行男撮影, キュウ・フォト・インターナショナル, 1994.9
『富士讃歌―紅陽会写真集』紅陽会著, 文一総合出版, 1994.12
『富士よわれらの』白籏史朗編, 朝日新聞社, 1995.1
『100 Mt.Fuji―神々の宿る山』大山行男著, キュウ・フォト・インターナショナル, 1995.8
『富士異彩―写真集』東京新聞編集局編, 東京新聞出版局, 1995.11
『富士山雲の変幻―竹内トキ子写真集』竹内トキ子著, 文一総合出版, 1996.2
『素晴らしき富士―深見重利写真集』深見重利著, けやき出版, 1996.4
『私の逢った富士山―大成憲二写真集（Bee books）』大成憲二著, 光村印刷, 1996.12
『富士山―三好和義写真集』三好和義著, 講談社, 1996.12

参考資料一覧

『富士山天地―浜口タカシ写真集』浜口タカシ著, 日本カメラ社, 1997.6
『四季富士山の撮影（別冊家庭画報）』中村修写真・解説, 世界文化社, 1997.12
『富士雪月花（Natural‐eye books）』竹内トキ子著, 文一総合出版, 1998.1
『富士山1999―紅陽会写真集（Natural‐eye books）』紅陽会著, 文一総合出版, 1998.12
『富士―その雄姿と撮影ガイド』峰広敬一著, 誠文堂新光社, 1999.2
『四季富士山の撮影 名作を撮る入門編（別冊家庭画報）』中村修写真・解説, 世界文化社, 1999.5
『富士紀行―写真集』前田孝夫編著, ストーク, 1999.8
『俗界富士』藤原新也写真・文, 新潮社, 2000.1
『富士よ富士この美しき』白簱史朗編, 朝日新聞社, 2000.1
『富士光明―竹内トキ子写真集』竹内トキ子著, 文一総合出版, 2000.4
『日本のこころ富士山』キュウ・フォト・インターナショナル編, クレオ, 2000.5
『富士』大山行男著, 毎日新聞社, 2001.1
『富士―Mt.Fuji and Fuji―like mountains in Japan（Suiko books 102）』森田敏隆著, 光村推古書院, 2001.2
『富士輝きの瞬間（とき）―富士の美と生命力』深見重利著, けやき出版, 2001.10
『晴れ着の富士山』富塚晴夫著, 小学館, 2002.6
『富士の月―竹内トキ子写真集』竹内トキ子著, 東方出版, 2002.10
『富士山四季の撮影入門―Best 100 selections』中村修著, 大泉書店, 2003.4
『変幻富士』山下茂樹写真, ピエ・ブックス, 2003.5
『冨嶽写真―写された幕末・明治の富士山』富士吉田市歴史民俗博物館編, 富士吉田市教育委員会, 2003.11
『富士山四季の絶景撮影ガイド（Motor magazine mook カメラマンシリーズ）』中橋富士夫責任編集, モーターマガジン社, 2003.12
『富士山風光200景―日々刻々と変化する富士山の撮影ポイントとガイド』白簱史朗著山岳写真の会「白い峰」著, 日本カメラ社, 2003
『冨嶽百景』全日本富士写真連盟, 2004.7
『富士山撮影ガイド』竹内敏信監修, 学研, 2004.12
『富士を写す―構図のまとめ方』白簱史朗編著, 新日本出版社, 2005.1
『富士四季讃歌』白簱史朗編, 朝日新聞社, 2005.1
『富士・不二・不死』尾形真隆著, 鹿島出版会, 2005.5
『富士山撮影 最新版―竹内敏信・冨嶽変幻（Gakken camera mook）』学研, 2005
『富士山―冨嶽写真家協会創立30年記念写真集（NC photo books）』日本カメラ社, 2006.1
『宇宙の富士山』大山行男著, 山と渓谷社, 2006.5
『富士山大全―365日を撮り尽くす, 徹底撮影ガイド（ニューズムック）』ニューズ出版, 2007.12
『空撮富士山―磯西昭写真集』磯西昭著, 日本写真企画, 2007
『冨嶽百景 第貳集』全日本富士写真連盟, 2007.9
『誰も見たことのないときめきの富士』ロッキー田中著, 飛鳥新社, 2008.1
『Mt.Fuji』石川直樹著, リトルモア, 2008.12
『富士山（Seiseisha Photographic Series）』山下茂樹著, 青菁社, 2008

資料編

『富士燦々』ネイチャー・プロ編集室構成・文, 角川書店, 2009.3
『富士百景―白籏史朗The Best Selection』白籏史朗著, 山と渓谷社, 2009.8
『富士山12カ月撮影ガイド―撮らずに死ねるか!(Motor Magazine Mook カメラマンシリーズ)』中橋富士夫責任編集, モーターマガジン社, 2009.11
『富士山大全―新たな365日を撮り尽くす、徹底撮影ガイド 2 (ニューズムック)』三栄書房, 2009.12
『パノラマ富士山』山下茂樹著, ピエ・ブックス, 2010.11
『富士詩―大山行男写真集』大山行男〔撮影〕, クレヴィス, 2010
『富士山雲の変幻―竹内トキ子写真集 2』竹内トキ子著, 文一総合出版, 2011.7
『大地の富士山』大山行男著, 山と渓谷社, 2011.8

●見立て富士

『ふるさとの富士―列島100座』吉野晴朗著, ぎょうせい, 1990.3
『日本の「富士」たち―ふるさとの山、思い出の山 (講談社カルチャーブックス 58)』講談社, 1992.8
『おらが富士340座―全国富士行脚18年の記録 (My books)』中島信典著, 中島信典, 1993.8
『ふるさと富士百名山』川村匡由著, 山と渓谷社, 1996.3
『ふるさとの富士200名山 (写真紀行)』吉野晴朗写真・文, 東方出版, 1996.8
『ふるさとの富士250山をゆく』吉野晴朗著, 毎日新聞社, 2000.10
『世界の富士山』伊藤和明監修, 山海堂, 2004.7

●地理

『富士山はなぜフジサンか―私の日本山名探検』谷有二著, 山と渓谷社, 1983.9
『富士の見える風景―かながわ53選』浜口タカシ著, 東京新聞出版局, 1997.7
『「富士見」の謎――番遠くから富士山が見えるのはどこか? (祥伝社新書)』田代博著, 祥伝社, 2011.6

●防災

『気象百年史 資料編』気象庁編, 日本気象学会, 1975
『富士山が噴火する日』大山輝共著, 大陸書房, 1981.8
『富士山大爆発 (トクマブックス)』相楽正俊著, 徳間書店, 1982.8
『富士山の噴火―万葉集から現代まで』つじよしのぶ著, 築地書館, 1992.4
『富士山噴火と東海大地震―あなたの生命と家族、財産を守るために』木村政昭監修, イースト・プレス, 2001.9
『富士山宝永大爆発 (集英社新書)』永原慶二著, 集英社, 2002.1
『富士山測候所物語 (気象ブックス)』志崎大策著, 成山堂書店, 2002.9
『変わる富士山測候所』江戸川大学土器屋由紀子ゼミ編, 春風社, 2004.12
『1707富士山宝永噴火報告書』中央防災会議災害教訓の継承に関する専門調査会編, 中央防災会議災害教訓の継承に関する専門調査会, 2006.3
『富士山の謎をさぐる―富士火山の地球科学と防災学』日本大学文理学部地球システム科学教室編, 築地書館, 2006.4
『富士山噴火―ハザードマップで読み解く「Xデー」(ブルーバックス)』鎌田浩毅著, 講談社,

2007.11
『富士山大噴火が迫っている!―最新科学が明かす噴火シナリオと災害規模（知りたい!サイエンス）』小山真人著, 技術評論社, 2009.1
『富士山噴火とハザードマップ―宝永噴火の16日間（シリーズ繰り返す自然災害を知る・防ぐ）』小山真人著, 古今書院, 2009.7
『富士山大噴火!―不気味な5つの兆候』木村政昭著, 宝島社, 2011.8

●地域づくり
『富士・富士宮・沼津・三島・駿東歴史散歩―オールカラー・富士山周辺の史跡ガイド』遠藤秀男著, 静岡新聞社, 1987.9
『富士山（岩波写真文庫 復刻ワイド版 111）』岩波書店編集部編集, 武田久吉ほか写真, 岩波書店, 1990
『西富士100の素顔（もうひとつのガイドブック）』東京農大西富士100の素顔編集委員会編, 東京農業大学出版会, 2003.10
『富士をめぐる―しずおか・やまなし文化財ガイドブック』静岡県教育委員会, 山梨県教育委員会, 2006.3
『B級ご当地グルメで500億円の町おこし―なぜ富士宮やきそばはB-1グランプリの覇者となりしか?』渡邉英彦著, 朝日新聞出版, 2011.10

●富士登山
『富士案内（新選覆刻日本の山岳名著 15）』野中至著, 大修館書店, 1978
『富士の見える山小屋』工藤隆雄著, 実業之日本社, 1989.12
『親と子の初めての富士登山』佐古清隆著, 文化出版局, 1990.6
『雪炎―富士山最後の強力伝』井ノ部康之著, 山と渓谷社, 1996.6
『富士山―限りなきオマージュ』大貫金吾著, ユニバーサル・プランニング, 2001.12
『富士八海をめぐる（富士山叢書 第2集）』富士吉田市歴史民俗博物館編, 富士吉田市教育委員会, 2003.3
『富士山「発見」入門―知れば知るほど楽しい展望ガイド（知恵の森文庫）』田代博著, 光文社, 2003.12
『富士山周遊図（富士山叢書 第3集）』富士吉田市歴史民俗博物館編, 富士吉田市教育委員会, 2004.3
『富士登山ハンドブック―富士の自然を楽しむ 改訂新版』富士自然動物園協会編, 自由国民社, 2004.6
『ゆっくり登れる富士山と富士山の見える山（Seibido mook）』成美堂出版, 2004
『富士案内（平凡社ライブラリー 563）』野中至著, 平凡社, 2006.1
『富士を登る―吉田口登山道ガイドマップ（富士山叢書 第4集）』富士吉田市歴史民俗博物館編, 富士吉田市教育委員会, 2006.3
『富士山・村山古道を歩く』畠堀操八著, 風濤社, 2006.8
『富士山に登ろう』八乃峰寿昭著, ルネッサンスブックス, 2007.2
『登ってわかる富士山の魅力（祥伝社新書）』伊藤フミヒロ著, 祥伝社, 2008.5
『富士山ではじめる山歩き（学研ムック）』学研, 2009.6
『登れる! 富士山―一生に一度は登りたい日本の最高峰』佐々木亨著, 山と渓谷社, 2010.6

資料編

『日本人なら富士山に登ろう!―初心者のための安心・安全登山術（アスキー新書）』田部井淳子著, アスキー・メディアワークス, 2010.6
『富士登山パーフェクトガイド（大人の遠足BOOK 全国）』JTBパブリッシング, 2010.6
『富士山―最後の強力・並木宗二郎（新人物文庫 い-5-1）』井ノ部康之著, 新人物往来社, 2010
『「富士山道しるべ」を歩く 第2版（富士山叢書 第1集）』富士吉田市歴史民俗博物館編, 富士吉田市教育委員会, 2010.3
『人はなぜ富士山頂を目指すのか（しずおかの文化新書 1）』八木洋行ほか執筆, 静岡県文化財団, 2011.2
『まいにち富士山（新潮新書）』佐々木茂良著, 新潮社, 2011.6
『富士山に登ろう!!（GAKKEN SPORTS MOOK）』学研パブリッシング, 2011.6
『富士山に千回登りました（日経プレミアシリーズ）』實川欣伸著, 日本経済新聞出版社, 2011.7
『富士山ブック 2011 日本一の山へ!』山と溪谷社, 2011
『富士登山サポートBOOK 2011 目ざせ、ニッポンのてっぺん（NEKO MOOK 1639）』ネコ・パブリッシング, 2011

● 観光開発と環境保全

『富士山麓史』富士急行50年史編纂委員会編集, 富士急行, 1977.8
『富士は生きている』静岡新聞社編, 静岡新聞社, 1994.10
『Mt.Fuji 富士周遊百景』村川茂夫撮影, JWF日本の自然を守る会, 2000.2
『富士山世界遺産への道―山麓に生きる人々の姿を追って』静岡地理教育研究会編, 古今書院, 2000.12
『富岳旅百景―観光地域史の試み（角川叢書）』青柳周一著, 角川書店, 2002.2
『富士北麓観光開発史研究』内藤嘉昭著, 学文社, 2002.3
『富士山を汚すのは誰か―清掃登山と環境問題（角川oneテーマ21）』野口健著, 角川書店, 2008.5
『富士山学への招待―NPOが富士山と地域を救う 第2版』渡辺豊博著, 春風社, 2010.8
『世界遺産ガイド 世界遺産登録をめざす富士山編（世界遺産シリーズ）』古田陽久編, シンクタンクせとうち総合研究機構, 2010.11

● 観光案内・ガイドブック

『富士箱根』川崎敏著, 木耳社, 1975
『グラフィックガイド富士山―富士五湖 朝霧高原（山と高原シリーズ）』学習研究社, 1977
『富士山 地図を手に』伊藤幸司著, 東京新聞出版局, 1980.12
『富岳歴覧』伏見功著, 現代旅行研究所, 1982.4
『富士山の洞穴探険』遠藤秀男著, 緑星社, 1983
『ズームイン日本 第6巻 中部』暁教育図書, 1984
『富士・富士五湖―三ッ峠・愛鷹山・白糸ノ滝（山と高原地図 18）』昭文社, 1985
『山からの富士発見』峰広敬一著, 東京新聞出版局, 1994.8
『箱根と富士山麓（旅行作家塾新しい旅シリーズ 2）』旅行作家塾編集部編, 旅行作家塾, 1994

『富士を見る山歩き（Shotor travel）』工藤隆雄著, 小学館, 1996.10
『富士山と遊ぶ・登る―日本一の山を裸にする百科 自然を愛で、頂を究める（あるすぶっくす 32）』婦人画報社, 1996
『富士を見る山歩き 続（Shotor travel）』工藤隆雄著, 小学館, 1997.10
『富士山展望百科』山と地図のフォーラム編, 実業之日本社, 1998.12
『富士山とその周辺を歩く（フルカラー特選ガイド 14）』平田謙一文と写真, 山と渓谷社, 1998
『絶景!! 富士山と花を眺める百名山―中高年のための登山術（Kodansha sophia books）』鈴木澄雄監修, 講談社, 1999.6
『富士山周辺、駿遠の山（アルペンガイド）』山と渓谷社, 1999.6
『富士山とその周辺を歩く（フルカラー特選ガイド）』平田謙一文と写真, 山と渓谷社, 1999.7
『富士を見ながら登る山36（Shotor travel）』工藤隆雄著, 小学館, 1999.8
『富士山の見える山60選――一度は訪れてみたい（Seibido mook）』成美堂出版編集部編集, 成美堂出版, 2000.3
『富士山が見える日帰り100低山―気軽な山歩きで富士の絶景を楽しむ本（ひと目でわかる！図解）』穂高亜樹編著, 主婦と生活社, 2000.4
『富士を眺める山歩き』山村正光著, 毎日新聞社, 2001.6
『富士の見える山ベストコース（ごきげん!ハイキング）』佐古清隆著, 山と渓谷社, 2003.3
『まるごと富士山、みんなの富士山（別冊宝島）』宝島社, 2005.8
『富士登山バスツアー 二日間の旅（toppu）』丸田英孝著, 新風舎, 2005
『平成富嶽百景』工藤隆雄著, 東京新聞出版局, 2006.2
『ほら!富士山。―遠足案内富士山麓を見る、歩く、撮る』伊藤フミヒロ著, 東京新聞出版局, 2006.6
『富士山・伊豆・箱根（ヤマケイYAMAPシリーズ）』平田謙一著, 山と渓谷社, 2006.6
『やまなしの富士―名峰からの眺望（山日カラーブックス）』上野巌著, 山梨日日新聞社, 2006.8
『富士山一周絶景自転車旅マップ（自転車生活ブックス じてんしゃといっしょにくらす）』自転車生活ブックス編集部編, ロコモーションパブリッシング, 2009.5
『富士山の見える山ベストコース45（ヤマケイアルペンガイドNEXT）』佐古清隆著, 山と渓谷社, 2011.10
『富士山―御坂・愛鷹 2011年版（山と高原地図 31）』佐古清隆調査執筆, 昭文社, 2011

●富士山と日本
『極東の遊歩場』ウォルター・ウェストン著, 山と渓谷社, 1984.5
『日暮しの岡―東に筑波、西に富士（碓連房文庫 1）』平塚春造著, 谷根千工房, 1990.2
『日本アルプス再訪（平凡社ライブラリー）』W.ウェストン著, 平凡社, 1996.9
『富士山の精神史―なぜ富士山を三峰に描くのか』竹谷靱負著, 青山社, 1998.9
『黒船富士山に登る!』谷有二著, 同朋舎, 2001.12
『富士山と日本人』青弓社編集部編, 青弓社, 2002.5
『あらかわと富士山―遥かな富士みぢかな富士』荒川区教育委員会編, 荒川区教育委員会, 2006.1

資料編

『関東の富士見百景』「関東の富士見百景」事務局〔編集〕, 国土交通省関東地方整備局企画部企画課事業景観係, 2006.4
『富士山をめぐる日本人の心性―法政大学国際日本学研究所「日本学の総合的研究」研究プロジェクト(「私立大学学術研究高度化推進事業(学術フロンティア部門)」採択)テーマプロジェクト(3)「古典文化と民衆文化」研究成果報告書』天野紀代子編, 法政大学国際日本学研究所, 2007.3
『富士山と日本人の心性』天野紀代子編, 岩田書院, 2007.10
『富士山―聖と美の山(中公新書)』上垣外憲一著, 中央公論新社, 2009.1
『富士山コスモロジー』藤原成一著, 青弓社, 2009.5
『富士登山と熱海の硫黄温泉訪問―1860年日本内地の旅行記録』ラザフォード・オールコック著, 露蘭堂, 2010.12
『富士幻景―近代日本と富士の病』小原真史監修・著, IZU PHOTO MUSEUM, 2011.12

● 児童書

『富士山(小学生自然科学シリーズ 6)』西宮克彦著, 小峰書店, 1975
『カンテラ日記―富士山測候所の五〇年(ちくま少年図書館)』中島博著, 筑摩書房, 1985.3
『富士山が大爆発する?!―火山の恐怖(学研のドッキンシリーズ 4)』学習研究社編, 学研, 1991.3
『ふところにいだく生命の水・富士の自然(子ども科学図書館)』近田文弘著, 大日本図書, 1994.12
『富士山大ばくはつ(かこさとし大自然のふしぎえほん)』かこさとし作, 小峰書店, 1999.6
『富士山学習―知りたい, 学びたい, 共に生きたい』「富士山学習」研究会編, 国土社, 1999.10
『山の自然教室(岩波ジュニア新書)』小泉武栄著, 岩波書店, 2003.7
『富士山の大研究―知れば知るほどおもしろい日本一高い山(PHPノンフィクション)』江藤初生著, PHP研究所, 2004.11
『富士山にのぼる』石川直樹著, 教育画劇, 2009.11
『ぼくの仕事場は富士山です(世の中への扉)』近藤光一著, 講談社, 2011.7
『もし富士山が噴火したら』鎌田浩毅著, 東洋経済新報社, 2012.1

【Webサイト】
・自治体や公的機関を対象とし、個人サイトなどは除いた。
・平成24年3月参照現在

○ 自治体

静岡県ホームページ 富士山情報
    http://www.pref.shizuoka.jp/a_content/pr/fuji.html
山梨県ホームページ 観光情報
    http://www.pref.yamanashi.jp/shigoto/kanko/kankojoho/index.html
富士吉田市 富士山ガイド.com
    http://www.fujisanguide.com/forms/top/top.aspx

参考資料一覧

○観光情報総合サイト
富士の国やまなし観光ネット
　　　http://www.yamanashi-kankou.jp/index.html
山梨日日新聞社・山梨放送 富士山NET
　　　http://www.fujisan-net.jp/index.php

○世界遺産登録運動
富士山を世界遺産にする国民会議
　　　http://www.mtfuji.or.jp/
同　　公式Facebook
　　　http://www.facebook.com/Mt.Fuji.Worldheritage/
富士山世界文化遺産登録推進両県合同会議
　　　http://www.fujisan-3776.jp/

○ライブカメラ
日本大学富士山監視ネットワーク
　　　http://fuji.chs.nihon-u.ac.jp/
山梨県 富士山ライブカメラ
　　　http://www.pref.yamanashi.jp/livecamera/index.html
静岡県 ライブカメラ富士山ビュー
　　　http://www.pref.shizuoka.jp/~live/
富士市 富士山ライブカメラ
　　　http://www.city.fuji.shizuoka.jp/livecamera/fujiyama_main.htm
鳴沢村 ライブカメラ
　　　http://www.vill.narusawa.yamanashi.jp/forms/info/info.aspx?info_id=8450

○防災機関
富士山火山防災協議会
　　　http://www.bousai.go.jp/fujisan-kyougikai/index.html

○環境保全活動
富士山クラブ
　　　http://www.fujisan.or.jp/

○研究機関
日本大学富士山観測プロジェクト
　　　http://www.geo.chs.nihon-u.ac.jp/quart/fuji-p/
富士学会
　　　http://www.fujiology.jp/

（データ作成：日外アソシエーツ編集部）

索引

- ABC順、五十音順に排列し、掲載ページを示した。
- 本文中で同内容を指す用語・表記をできる限り1項目にまとめた。統合した用語・表記は〈　〉内に示した。
- 必要に応じて、参照を設けた。

【ABC】

CCCMまちづくり……………………450
DGI-RTS ………………………………400
Google地図 ……………………………403

【あ】

アイデンティティ……………………526
青木ケ原〈←青木ケ原樹海〉…… 87, 203, 421, 505, 513, 561
青木ケ原溶岩〈←青木ケ原溶岩流〉…34, 162
赤池善左衛門…………………………247
赤富士…………………………………311
アカマツ林……………………………89
安芸皎一………………………………123
秋山永年………………………………372
亜高山植物……………………………81
亜高山針葉樹林………………………74
亜高山帯の森林植生…………………513
英虞湾…………………………………354
朝霧高原……………107, 133, 304, 410, 515
朝霧高原の酪農製品…………………430
朝日岳…………………………………306
浅間……………………………………351
アサマシジミ……………………107, 514
浅間神社　→浅間神社（せんげんじんじゃ）を見よ
浅間神〈←浅間大神〉… 157, 204, 221, 526, 555
浅間山…………………………………359
足利義教………………………………192
足柄平野……………………………21, 168
アシタカツツジ………………………513
愛鷹山……………………154, 156, 336

愛鷹山周遊桜道………………………417
芦ノ湖……………………………303, 311
足和田土石流災害……………………23
吾妻鏡………………193, 208, 244, 250
アズマギク……………………………513
吾妻錦絵………………………………290
明見村…………………………………177
翌日見村………………………………186
甘利山…………………………………307
鮎沢川…………………………………132
荒井清兵衛……………………………270
新井白石………………………………165
アンケート調査………………………535
安藤広重　→歌川広重を見よ
案内看板………………………………485
イエズス会……………………………370
維管束植物………………………80, 85, 88
池大雅…………………………………371
イコモス（国際記念物遺跡会議）…523
十六夜日記……………………………192
石川啄木………………………………323
石塚溶岩グループ……………………35
異称日本伝……………………………370
伊豆大島噴火…………………………390
伊豆縦貫天城路桜道…………………418
伊豆西稜線桜道………………………418
伊豆西海岸桜道………………………418
伊豆半島………………………………308
伊豆東海岸桜道………………………419
伊勢物語………………………………192
市川団十郎……………………………186
一富士、二鷹、三茄子………………526
一夜富士伝説〈←一夜伝説、一夜噴火説、霊峰出現伝説〉……152, 175, 186, 347

— 580 —

索引

一光斎芳盛……………………………531
一遍上人伝絵巻………………………280
伊東志摩守日記………………………165
伊東祐賢………………………………165
伊奈神社………………………………384
稲妻型の道路……………………………13
伊奈半左衛門……………………167, 385
犬涼み山………………………………244
犬吠埼…………………………………354
伊能図〈←大日本沿海輿地全図〉……353,
　371, 373, 517
伊能忠敬………………353, 371, 373, 517
猪の頭湧水……………………………133
猪之頭林道……………………………307
井野辺茂雄……………………………326
今様櫛﨟雛形…………………………293
異名……………………………………338
イワナガヒメ…………………………155
岩本実相寺……………………………206
インタープリテーション活動………501
印野胎内樹型……………………………60
印むすび………………………………198
ウェストン, ウォルター……………532
上に凹……………………………………3
浮島沼…………………………………135
浮世絵……………………………282, 289
丑寅の方向………………………554, 555
歌川広重〈←安藤広重〉……284, 294, 296
歌川芳幾………………………………233
内八湖…………………………………269
内房線…………………………………453
鵜ノ島…………………………………143
午年雪代出水五カ年違作次第之事……42
ウラジロモミ帯…………………………73
潤井川………… 23, 43, 117, 121, 132, 515
潤井川桜道……………………………417
ウルトラトレイル・マウントフジ……562
永久凍土……………………………45, 84
英湖斎泰朝……………………………533
エグモント山…………………………403
エコツーリズム…………………………63
延喜式…………………………………337

役行者〈←役小角〉……158, 179, 210, 230,
　231, 532
役行者および前鬼・後鬼像……………196
役行者堂………………………………242
円楽寺……………………………159, 196
近江富士………………………………323
大嵐村…………………………………176
オオカナダモ…………………………514
大沢火砕流……………………………395
大沢川………………………………23, 43
大沢崩れ…………………………………22
大沢源頭部…………………………27, 46
オオサワトリカブト…………………513
大地震並砂大変之記…………………381
大地震富士山焼出之事……………166, 376
大田蜀山人……………………………541
大中里丘陵地帯…………………………75
大野静方………………………………533
オオマツヨイグサ　→月見草を見よ
大峰……………………………………229
大宮新道………………………………472
大宮浅間神社…………………………162
大宮・村山口登山道　→富士宮口登山道
　を見よ
大室洞穴………………………………560
大目村…………………………………176
大寄友右衛門…………………………269
岡田紅陽……………………………145, 297
オキナグサ……………………………513
翁草……………………………………246
沖縄海岸国定公園……………………333
荻生徂徠………………………………336
奥秩父山系……………………………306
小河内ダム……………………………127
オコジョ…………………………………94
尾碕龍王碑……………………………269
小佐野家住宅…………………………523
御師………………………………229, 264
御師集落〈←御師坊, 御師の町〉…198,
　220, 224, 434
忍野湖……………………………………33
忍野高原………………………………304

- 581 -

索引

忍野のそば……………………………… 427
忍野八海………………… 110, 269, 523, 561
忍野村……………………………… 口絵(1)
オーストリア外交官の明治維新……… 201
オソルノ山………………………………… 403
お胎内無戸室神社〈←船津胎内神社〉…
　………………………………………… 178
小田急線………………………………… 453
織田信長………………………………… 246
小田原藩………………………………… 383
御中道………………… 97, 231, 240, 511
乙ケ妻の枝垂桜………………………… 310
乙女湖…………………………………… 144
御鉢　→富士山頂を見よ
お鉢巡り〈←お鉢めぐり〉… 201, 341, 342, 491
御風先侎………………………… 225, 238
御室浅間神社…………………… 196, 272
御室大日堂……………………………… 274
おらが富士……………………………… 552
折たく柴の記…………………………… 165
オールコック…………………… 201, 539
恩証……………………………………… 212
温帯系植物……………………………… 82
御大行の巻……………………………… 246
温帯性針葉樹…………………………… 88

【か】

絵画……………………………………… 280
廻国雑記………………………………… 200
甲斐国志〈←甲斐国誌, 甲斐国志草稿〉…
　……………………… 181, 197, 200, 237
外国人…………………………… 531, 539
外国人の富士登山……………………… 539
甲斐路…………………………………… 430
改正日本輿地路程全図………………… 371
甲斐叢記………………………………… 339
海東諸国紀……………………………… 369
海東諸国総図…………………………… 370
外来種…………………………………… 514
科学的・学術的説明看板……… 491, 501
鏡味完二………………………………… 326

柿田川…………………… 110, 132, 150
柿田川工業用水道……………………… 134
柿田川みどりのトラスト……………… 150
柿田川湧水群…………………………… 561
柿本集…………………………………… 161
柿本人麻呂……………………………… 161
角行〈←長谷川角行, 藤原角行〉… 209, 224, 234, 237, 246
赫夜姫（祭神）〈←かくや姫〉… 171, 249, 476, 526
かぐや姫（竹取物語）… 152, 163, 192, 262, 324
懸仏……………………………… 197, 223
風穴　→風穴（ふうけつ）を見よ
火砕物降下………………………………… 8
火砕流………………………………… 7, 65
火砕流マップ…………………………… 395
傘雲……………………………………… 312
風祭川……………………………… 43, 65
火山………………………………………… 2
火山ガス…………………………………… 7
火山景観…………………………… 12, 62
火山性降下物堆積地…………………… 75
火山洞窟〈←溶岩洞窟〉……… 53, 505
火山灰……………………………………… 5
火山礫…………………………………… 16
可視域〈←可視マップ〉……… 353, 528
カシ帯…………………………………… 71
河川……………………………………… 121
河川サミット…………………………… 128
活火山……………………………………… 4
葛飾北斎… 口絵(3), 282, 293, 296, 297, 371, 528
勝山記…………………………………… 198
桂川136
桂川水系………………………………… 132
仮名垣魯文……………………………… 541
狩野永徳………………………………… 370
狩野川…………………… 121, 129, 132
上高下…………………………………… 307
カモシカ　→ニホンカモシカを見よ
雁堤……………………………………… 123

索引

狩宿の下馬ザクラ	414, 417, 561
河口湖	口絵(1), 32, 134, 135, 143, 297, 303, 422, 431, 523
河口湖フィールドセンター	566
河口浅間神社	522
川越広四郎	298
河津桜	414
河東碧梧桐	326, 528
河村岷雪	293
瓦版	43, 541
灌漑用水	→農業用水を見よ
環境省	560, 561
環境省自然環境局生物多様性センター	102, 564
環境対応型トイレ	483
環境保全	511, 560
環境倫理	516, 558
観光資源	408
観光洞窟	56
観光登山ルート	466
神田川	114
関東ローム層	61, 65
帰化植物	86
菊田式部広道	242
菊田日記	242
偽高山	79
気象レーダー	491
キスミレ	514
黄瀬川	132, 133
黄瀬川・鮎沢川桜道	418
季節凍土	47
義楚六帖〈←釋氏六帖〉	182, 232, 337
北口本宮冨士浅間神社	157, 200, 239, 523, 555
北畠親房	185
北富士演習場	7, 64, 98
北村透谷	526
北山用水	134
切手	口絵(4), 296
基盤地図情報	366
旧期溶岩	36
旧外川家住宅	523, 565
経ケ岳	210
経ケ岳経塚	222
行基図	370
尭孝	192
郷土富士	→見立て富士を見よ
郷土料理	424
享保・元文諸国産物帳	101
極限生物の保全	513
餃子	428
巨樹・巨木	479
巨峰	430
魚類	98
霧ケ峰高原	304
金槐和歌集	164
金華豚	431
禁忌	183
金峰山	306
空胎	209, 225
空中写真	364
久遠寺	277
櫛形山林道	口絵(1), 307
国指定文化財	560
クニマス	99, 500
首のない石仏〈←首なし石像〉	214, 474
クリ帯	72
クリンカー	132
クルツ, マルセル	532
ぐるり富士・伊豆桜道	415
ぐるり・富士山風景街道	450
紅富士	311
黒いダム	149
郡内のほうとう	427
景観	535, 549
景観管理	558
景観法	550
慶長見聞集	152, 185
景色と風土	518
原生林	70
源頭域対策	30
玄武岩	4
工業用水	134
高原野菜	429

索引

高座山 … 307
高山植物 … 79, 511
甲州の吹き溜まり … 174
庚申登山 … 198
降水量 … 113, 130
構成資産 … 523
光清派 … 239
興法寺 … 199, 207
光侎寺 … 209, 226, 248
コウモリ類 … 93
孝霊天皇 … 175
古今和歌集 … 164, 192
国師ヶ岳 … 306
国道139号線 … 500
国土交通省 … 562
国立公園 … 12, 62, 498, 501
国立公園切手 … 296
国立公園特別保護地区 … 512
コケ … 91, 477
語源七説 … 341
五合目 … 229, 481
五合目駐車場 … 308
五合目・富士山ビジターセンター … 488
呼称 … 336
小田貫湿原 … 75
古地図 … 369
滑稽雑談 … 153
滑稽冨士詣 … 541
御殿場口登山道 … 201, 466, 496
御殿場高原ビール … 431
御殿場市 … 496
御殿場線 … 201
ご当地ナンバー … 411
木花開耶姫〈←木花開耶姫命, コノハナサクヤヒメ〉… 155, 177, 232, 253, 476, 526
小浜池 … 110, 133
古富士火山 … 8, 17, 43
古富士集塊質泥流地域 … 75
甲武信岳 … 306
駒門風穴 … 56
駒込富士 … 275
ゴマシジミ … 107

小御岳火山 … 8, 43
ゴミ問題 … 481
小室浅間神社 … 272
今昔物語集 … 158
昆虫 … 99, 516

【さ】

彩雲 … 312
災害時情報共有ネットワーク … 400
埼京線 … 453
西湖 … 32, 135, 144, 523
西湖蝙蝠穴〈←西湖コウモリ穴〉… 56, 505
西湖コウモリ穴案内所 … 566
西湖蝙蝠穴およびコウモリ … 560
祭神構造 … 261
材木座海岸 … 309
逆さ富士 … 311, 315, 422, 560
逆さ富士の雪 … 294
相模川 … 121, 136
相模湾 … 309
酒匂川 … 20, 121, 129, 168
さくらえび … 433
サクラソウ … 513
桜で彩る富士の景観づくり構想 … 413
桜の名所 … 413, 421
撮影スポット … 300
薩埵峠 … 308, 557
サトー, アーネスト … 201
讃岐七富士 … 322
砂防事業 … 28
砂防樹林帯 … 30
更級日記 … 164, 192
サワトンボ … 513
沢名 … 345
山岳宗教 … 220
三国所属説 … 336
三災記 … 381
サンショウバラ … 513
三四郎 … 532
酸性雨 … 516
撒銭 … 223

索引

三大急流河川	126, 337, 562
三代実録〈←日本三代実録〉	34, 144, 162, 203, 215, 221
山体崩壊	8, 397
山中のハリモミ純林	→ハリモミを見よ
山腹噴火	9
山麓キャベツ	429
シカ	95, 514
志賀重昂	406, 527
史記	181
食行身禄	226, 240, 264, 292
職原抄	185
四国所属説	337
地酒	432
宍野半	212
地震墓	377
静岡県	407, 413, 526, 560
静岡県東京観光案内所	567
自然景観	549
自然公園	61
自然保護	229
七浅間参り	275
七面山	296
十界修行	230
シナイ山	334
芝川	117, 132
芝山浅間神社	248
地ビール	431
四尾連湖	135, 269
姉妹富士	178
下方五社	200
下田富士	154, 178
釈義楚	182
杓子山	307
写真	口絵(1), 300
写真偵察機F-13	364
シャトルバス	467
集雲和尚遺稿	157
秀景ふるさと富士写真コンテスト	563
十合区分	230
十二岳	158
重要文化的景観	550
樹海	87
修験道	215, 229, 249
寿太郎みかん	430
須弥の御柱	244
貞観噴火〈←貞観の大噴火〉	34, 162, 203, 393
貞観溶岩流	11
精進湖	32, 135, 145, 303, 523
精進口登山道	96, 201
荘田子謙	371
聖徳太子	158, 180, 210
聖徳太子絵伝障子絵	280, 369
聖徳太子伝暦	180, 337
聖徳太子補闕記	337
上部高山帯	85
照葉樹林	71
続日本紀	162, 192, 203, 215, 231, 505
植物	84
植物帯	68
食物連鎖	514
女神	526
女性の富士登山〈←女人登山〉	235, 542
徐福	152, 181, 232
白糸の滝〈←白糸ノ滝〉	110, 116, 304, 513, 523, 561
白川家	263
シラベ帯	74
新幹線	453, 556
信玄堤	121
針広混交林	73
新古今和歌集	164, 192
神仙思想	340
信長公記	246
浸透湖	136
新道峠	305
新富士火山	8, 43, 392
神仏分離〈←廃仏毀釈〉	212, 242, 273, 471
針葉樹林	91
森林限界	47, 70, 74, 478
森林植生	68

索引

森林保全……………………… 478
水位変化〈←水位変動〉……… 34, 136
水温変化……………………… 138
水温・溶存酸素……………… 140
水質…………………………… 141
水質汚染……………………… 515
垂直分布……………………… 68
水墨画………………………… 281
菅原孝標の女………………… 164
スギ枯れ……………………… 516
スコリア………………… 15, 23, 46
鈴木春信……………………… 530
裾野市立富士山資料館……… 566
裾野の水ギョーザ…………… 428
砂沢スコリア………………… 20
須走…………………………… 20
須走口登山道…………… 466, 523
須走浅間神社　→冨士浅間神社を見よ
須走胎内洞窟………………… 55
須走村………………………… 384
スバルライン　→富士スバルラインを見よ
須山口登山道…………… 200, 523
須山浅間神社…………… 157, 523
すやり霞……………………… 274
スラッシュ雪崩………… 24, 26, 42
スラッシュ・ラハール…… 46, 48
聖域観………………………… 229
背比べ伝説……………… 155, 178
成層火山………………… 2, 519
セイタカアワダチソウ……… 514
西武池袋線…………………… 453
西洋人　→外国人を見よ
セイヨウタンポポ…………… 514
青龍寺………………………… 158
世界遺産……………………… 518
世界遺産登録運動…………… 517
世界自然遺産…………… 61, 519
世界登山記録年代記………… 532
世界文化遺産……… 520, 523, 550
雪舟…………………………… 281
雪氷気象……………………… 44
絶滅危惧種…………………… 512

節用集………………………… 336
剗の海〈←剗の湖, 剗ノ海〉… 11, 33, 137,
　　144, 162, 204, 216, 393, 469
剗の海復元図………………… 36
千円冊………………………… 145
千居遺跡……………………… 220
浅間信仰……………………… 215
浅間神社………… 155, 157, 177, 204, 216
浅間大社奥宮………………… 351
浅間大菩薩…… 171, 208, 245, 249, 276, 526
全国ふるさと富士サミット… 331
先小御岳火山………………… 43
禅定………………… 198, 222, 231, 249
銭湯………………………… 298, 527
全日本富士写真連盟………… 300
川柳…………………………… 185
草原性のフロラとファウナ… 514
早春の伊豆桜道……………… 419
側火山噴石丘………………… 75
祖師堂………………………… 211
袖日記………………………… 211

【た】

大我講………………………… 269
大観山………………………… 308
大気汚染……………………… 516
大君の都……………………… 201
泰山…………………… 334, 545
大石寺………………………… 277
大泉寺………………………… 211
ダイダラボウ…………… 153, 175
胎内現象……………………… 57
大日堂………………………… 248
大日如来…………… 223, 249, 526
大日如来坐像………………… 207
大日蓮華山…………………… 277
大日本沿海輿地全図　→伊能図を見よ
大場川………………………… 121
太平記………………………… 192
太平洋戦争…………………… 364
大菩薩峠……………………… 306
題目塔………………………… 210

索引

ダイヤモンド富士……口絵(2), 303, 304, 307, 315, 554
タイワンリス…………………………… 94
田面の不士…………………………… 284
高田興清…………………………… 326
高田藤四郎…………………………… 227
高田富士…………………………… 275
高橋虫麻呂…………………… 161, 203
高ボッチ高原………………………… 304
鷹丸尾溶岩流……………………… 34, 40
武田勝頼…………………………… 272
武田信玄……………………… 121, 273
竹取物語……… 163, 192, 221, 324, 337, 340
田子の浦ヘドロ公害………………… 515
タコマ富士…………………… 334, 403
太宰治………………………… 192, 514
竪樹型樹型…………………………… 57
田中阿歌麿…………………… 136, 149
田貫湖…… 75, 135, 303, 311, 417, 513, 554
ダブルダイヤモンド富士…… 口絵(2), 315
多摩川……………………………… 121
玉川上水…………………………… 127
タラナキ山………………………… 403
俵藤太のムカデ退治………………… 324
炭化樹幹…………………………… 65
檀家廻り…………………………… 434
男神………………………………… 526
地域避難用マップ…………………… 398
地域ブランド……………………… 406
地下水涵養量……………………… 117
竹生島……………………………… 190
チップ制トイレ……………………… 484
地名…………………………… 336, 351
　栄養湖…………………………… 141
　線……………………………… 453
　…………………… 531, 545, 547
　使……………………………… 531
　…………………………… 99, 107
　ウ………………………………… 95
　沈………………………………… 403
　ッカ……………………………… 40
　…………………………………… 89

ツキノワグマ………………………… 94
月見草〈←オオマツヨイグサ〉… 192, 514
筑波山………………………… 359, 544
躑躅原レンゲツツジおよびフジザクラ群落………………………… 421, 561
ツマグロヒョウモン………………… 107
吊るし雲…………………………… 312
低周波地震………………………… 5, 390
鉄道………………………… 438, 453
鉄道唱歌…………………………… 532
テフラ……………………………… 18
デブリ堆積物………………………… 51
テン………………………………… 94
天地別……………………………… 235
天然記念物…………… 421, 512, 560
トイレ……………………………… 483
東海道五拾三次之内〈←東海道五十三次〉
　…………………………… 286, 296
東海道桜道………………………… 416
東海道本線………………………… 315
東海道名所一覧……………………… 371
凍結地盤…………………………… 46
道志村……………………………… 176
道者………………………………… 274
道者坊……………………………… 208
透水試験…………………………… 46
動物………………………………… 93
透明度…………………………… 141
トウモロコシ……………………… 429
道路……………………………… 454
トキソウ………………………… 513
徳川家康………………………… 246, 273
特別保護地区…………………… 513
登山ガイド……………………… 488
登山鉄道………………………… 456
登山道〈←登山コース〉（→御殿場口登山道, 精進口登山道, 須走口登山道, 須山口登山道, 富士宮口登山道, 船津口登山道, 吉田口登山道も参照）…… 200, 466
土石流…………………………… 20, 22, 23
土石流可能性マップ……………… 395
抖擻〈←抖藪〉………… 158, 204, 232

- 587 -

索引

土地利用図……………………………… 口絵(5)

【な】

内外八海巡り　→八海巡りを見よ
内務省直轄河川………………………… 123
中伊豆横断桜道………………………… 419
長尾山溶岩グループ…………………… 35
長久保赤水……………………………… 371
長坂遺跡………………………………… 20
ナガサキアゲハ………………………… 107
中島信典………………………………… 326
中野弘…………………………………… 326
中村星湖………………………………… 174
梨が原〈←梨ケ原〉……………… 98, 304
那須……………………………………… 354
夏目漱石………………………………… 532
成子富士………………………………… 275
鳴沢氷穴……………………… 56, 505, 560
なるさわ富士山博物館………………… 565
鳴沢村…………………………………… 176
南瞻部州大日本国正統図……………… 370
難透水性凍結地盤……………………… 48
南洋富士………………………………… 403
賑岡村…………………………………… 176
二国所属説……………………………… 337
西川林道………………………………… 305
ニジマス………………………………… 432
にじます寿司…………………………… 432
21世紀に残したい日本の自然百選…… 561
21世紀に残したい日本の風景………… 561
二十曲峠………………………………… 307
日蓮…………………………… 210, 277
日興……………………………………… 277
仁田四郎〈←仁田四郎忠常〉…… 245, 276
日本型花夷思想………………………… 528
ニホンカモシカ………………………95, 561
日本記念日協会………………………… 524
日本紀略〈←日本紀畧〉………… 203, 215
日本後紀…………………………… 162, 337
日本国本図……………………………… 370
日本さくら名所100選………………… 414
ニホンザル……………………………… 101

日本三代実録　→三代実録を見よ
日本誌…………………………………… 371
日本書紀………………………………… 337
日本図世界図屏風……………………… 370
日本精神………………………………… 532
日本大学富士山監視ネットワーク…… 388,
　400
日本大学富士山観測プロジェクト……
　　　　　　　　　　　　354, 388, 400
日本平…………………………………… 308
日本地誌略図用法……………………… 372
日本通記………………………………… 162
日本の山水……………………………… 528
日本の道100選………………… 455, 562
日本百名山……………………………… 561
日本風景論……………………… 406, 528
日本名山之不二………………………… 531
日本野鳥の会…………………………… 105
ニホンリス……………………………… 93
日本霊異記……………………… 179, 231, 337
日本旅行日記…………………………… 201
日本列島図……………………………… 371
入峰……………………………………… 230
丹羽正伯………………………………… 101
沼津のひもの…………………………… 433
ネズミ類………………………………… 93
農業用水〈←灌漑用水〉………… 134, 136
ノウサギ………………………………… 93
能「富士山」…………………………… 170
ノハナショウブ………………………… 513

【は】

バイカモ………………………………… 514
誹風柳多留　→柳多留を見よ
廃仏毀釈　→神仏分離を見よ
白山……………………………………… 150
パークス夫妻…………………………… 5
博物館……………………………………
ハコネグミ………………………………
箱根山……………………………………
ハザードマップ　→富士山ハザ…
　プを見よ

- 588 -

索引

長谷川角行　→角行を見よ
長谷部言人……………………… 102
八海巡り………………………… 224, 560
爬虫類…………………………… 98
八葉九尊図……………………… 199
八葉巡り　→お鉢巡りを見よ
八葉蓮華………………………… 277, 340
発電用水………………………… 134, 136
八百八沢………………………… 345
初山参り………………………… 275
鳩の巣…………………………… 294
羽田健三………………………… 105
林羅山…………………………… 158
ハリモミ………………………… 513, 561
パール富士……………………… 口絵(2), 315
ピオーネ………………………… 430
日帰り観光……………………… 499
東口本宮冨士浅間神社御鎮座千二百年記
　念資料館……………………… 567
東駿河湾工業用水道…………… 134
東富士演習場…………………… 514
B級グルメの祭典「B-1グランプリ」… 425
英彦山…………………………… 229
常陸国風土記〈←常陸風土記〉… 179, 215,
　220, 337, 544
左富士…………………………… 315, 453
人穴208, 224, 244
人穴浅間神社…………………… 247, 555
人穴草紙　→富士の人穴草子を見よ
人穴探険………………………… 193
人穴富士講遺跡………………… 523
比奈赫夜姫……………………… 262
ヒノキ林………………………… 89
ヒメシジミ……………………… 107
ヒメシロチョウ………………… 107
百富士…………………………… 293
氷山陰山………………………… 174
ヒュブナー，アレクサンダー・F・V．… 201
氷穴……………………………… 53
氷穴溶岩グループ……………… 35
広重　→歌川広重を見よ
琵琶湖…………………………… 152, 190

貧栄養湖………………………… 141
ファウナ（動物相）…………… 513
風景像…………………………… 518, 535
風穴……………………………… 53
富栄養湖………………………… 141
フォッサマグナ………………… 68, 124
フォッサマグナ要素…………… 513
冨嶽三十六景…………… 口絵(3), 283, 293, 296
富嶽と徐福……………………… 531
富嶽の詩神を思ふ……………… 526
富嶽百景………………………… 192, 283, 528
富岳風穴………………………… 56, 560
深田久弥………………………… 527, 561
深良用水………………………… 134
複合樹型………………………… 57
福田次吉………………………… 123
富士浅間宮……………………… 273
覧富士記………………………… 192
冨士御室浅間神社……………… 523, 555
富士学会………………………… 502, 567
富士川…………………………… 121, 562
富士川橋梁流出………………… 125
富士河口湖町…………………… 524
富士川・芝川桜道……………… 417
富士川水系……………………… 132
富士川鉄橋（新幹線）………… 556
富士川用水道…………………… 134
富士紀行………………………… 192
富士急行線……………………… 444, 453
富士行人………………………… 199
富士講… 208, 215, 226, 237, 269, 275, 532,
　555
富士五湖… 32, 110, 131, 135, 303, 311, 516,
　560
富士五賛………………………… 319
富士五山………………………… 277, 555
富士垢離祭り…………………… 154
フジザクラ……………………… 421, 561
富士桜高原ビール……………… 431
富士山域………………………… 523
富士山意識調査………………… 526
富士山駅………………………… 439, 453

- 589 -

索引

富士山を世界遺産にする国民会議……… 567
富士山を詠む俳句賞……………… 564
富士山火山防災マップ……………… 390
富士山・河口湖映画祭……………… 564
富士山観……………………………… 520
富士山カントリーコード…………… 560
富士山記… 157, 163, 179, 197, 221, 337, 469
富士山北口女人登山之図…………… 233
富士山クラブ………………………… 567
富士参詣曼荼羅図〈←富士参詣曼荼羅〉
　　　………………………… 274, 281, 369
富士山憲章…………………… 407, 560
富士山原始林及び青木ヶ原樹海……… 560
富士山検定…………………………… 562
富士山写真大賞……………………… 563
富士山周遊桜道……………………… 417
不二三十六景………………………… 285
冨士三十六景………………………… 285
富士山樹空の森……………………… 567
富士山資料館………………………… 487
富士山真景之図……………… 247, 533
富士山スカイライン…… 26, 454, 511, 562
富士山世界遺産 金鳥居インフォメーショ
　ンセンター……………………… 565
富士山世界遺産センター…………… 566
富士山測候所………………………… 491
富士山ダービー……………………… 563
富士山頂（→御鉢巡りも参照）… 85, 232,
　　341, 351, 491, 503
富士山頂の気象観測………………… 130
富士山頂の信仰遺跡………………… 523
富士山と桜…………… 口絵(1), 309, 547
「富士山」ナンバー………………… 411
富士山の日…………………… 407, 524
富士山俳句（Fujisan Haiku）……… 563
富士山ハザードマップ…………… 10, 390
富士山ハザードマップ作成協議会……… 5
富士山百景写真コンテスト………… 563
富士山百人一句……………………… 564
富士山百人一首……………………… 563
富士山本宮浅間大社…… 157, 199, 216, 242,
　272, 274, 351, 424, 523, 553, 555

富士山道知留辺……………………… 248
富士山レーダードーム館……… 491, 565
富士市………………………………… 363
富士市立博物館……………………… 566
富士信仰……………………… 249, 434
富士スバルライン〈←スバルライン〉
　　　……………… 97, 178, 308, 454, 511, 562
冨士浅間神社………………………… 523
富士全図……………………………… 371
フジダイゲキ………………………… 512
富士塚………………………… 226, 275, 527
富士登拝……………………………… 196
富士登山（→外国人の富士登山，女性の富
　士登山も参照）……… 179, 466, 481
富士登山駅伝………………………… 496
富士登山競走………………………… 496
富士・鳴沢紅葉ロードレース大会……… 562
富士日記……………………………… 247
ふじのくに…………………………… 408
ふじのくに百人一首………………… 563
富士の国やまなし…………………… 409
富士の国やまなし館………………… 566
富士のしらす………………………… 433
「富士」のつく地名………………… 359
富士の八葉　→富士山頂，お鉢巡りを見よ
富士の人穴草子……………… 209, 246, 276
富士の巻狩り………………… 193, 244
富士宮口登山道……………… 466, 523
ふじのみや焼きそば………………… 424
富士博物館…………………………… 565
富士箱根伊豆国立公園……… 296, 498, 513
富士ビジターセンター　→山梨県立富士
　ビジターセンターを見よ
富士ビューホテル…………………… 422
富士風穴……………………………… 560
富士北麓住民ガイドブック………… 391
富士本宮浅間社記…………… 158, 217
富士亦八郎…………………… 212, 472
フジマリモ…………………… 144, 514
富士曼荼羅図〈←富士曼荼羅〉… 208, 223,
　554

索引

富士見十三州輿地之全図〈←富士見十三州輿地全図〉･･････････････ 372, 528
フジミドリシジミ････････････････････ 107
富士見の日････････････････････････ 524
富士見百図････････････････････････ 285
富士見町観光協会････････････････････ 524
富士吉田口登山道　→吉田口登山道を見よ
富士吉田市････････････････････････ 496
富士吉田市歴史民俗博物館･･････････････ 565
不殺生･･････････････････････････ 232
扶桑拾葉集････････････････････････ 152
扶桑略記････････････････････ 158, 215, 337
仏教信仰････････････････････････ 203
ブドウ･･････････････････････････ 430
不動明王････････････････････････ 249
ブナ帯･･････････････････････････ 72
船津口登山道･･････････････････ 96, 200
船津胎内樹型〈←船津胎内〉･････ 57, 523, 560
芙蓉亭･･････････････････････････ 247
芙蓉之図････････････････････････ 371
芙蓉の花････････････････････････ 340
ブラックバス･･････････････････････ 515
プランクトン･･････････････････････ 145
ふるさと生き物の里･･････････････････ 150
ふるさと切手･･････････････････････ 297
ふるさと富士　→見立て富士を見よ
フルーツコーン････････････････････ 429
ブロックスクリーン工････････････････ 30
フロラ（植物相）････････････････････ 513
噴火記録････････････････････ 161, 505
文化景観････････････････････････ 549
文化財保護法･･････････････････････ 550
文化庁･･････････････････････････ 562
文化的景観･･････････････････････ 551
噴火のデパート････････････････････ 62
噴火被害････････････････････････ 12
文明的景観･･････････････････････ 556
ベアト, フェリックス････････････････ 540
丙辰紀行････････････････････････ 158
別名････････････････････････････ 338
ペンキ絵････････････････････････ 298

宝永山〈←宝永火口, 宝永火山〉･･･ 3, 8, 15, 70, 308
宝永地震〈←宝永の大地震〉･･･ 11, 15, 376
宝永地震供養塔････････････････････ 377
宝永スコリア･･････････････････････ 18
宝永噴火〈←宝永の大噴火〉････ 5, 15, 61, 165, 192, 199, 376, 393
宝永遊歩道･･････････････････････ 478
北条義時････････････････････････ 273
北斎　→葛飾北斎を見よ
北麓の風土････････････････････ 173, 434
ホザキミミカキグサ････････････････ 513
哺乳類･･････････････････････････ 93
洞の水場････････････････････････ 98
ボーリング調査････････････････････ 35
ポルスブルック････････････････････ 539
本地垂迹説〈←本地垂迹思想〉･･･ 208, 232, 249
本朝世紀･･････････････････ 159, 205, 231, 337
ホンドキツネ･･････････････････････ 94
ホンドタヌキ･･････････････････････ 94
本門寺･･････････････････････････ 277

【ま】

マイカー規制････････････････････ 455, 467
埋納経･･････････････････････････ 207
Mt.富士ヒルクライム･･････････････ 562
松下見林････････････････････････ 370
末代上人･･･ 159, 205, 222, 231, 250, 273, 470
間遠ケ原三里････････････････････ 246
真富士山････････････････････････ 554
マヨン火山･･････････････････････ 3
マリモ　→フジマリモを見よ
まるび････････････････････････ 74, 513
丸山林道････････････････････････ 307
万葉集〈←萬葉集〉･･･ 161, 179, 192, 203, 215, 221, 337
万力林･･････････････････････････ 122
三上山･･････････････････････････ 323
御蔵島･･････････････････････････ 354
御坂峠･･････････････････････ 口絵(1), 305
三島ケ岳経塚････････････････････ 222

索引

三島のうなぎ蒲焼き………………428
ミシマバイカモ……………………514
三島溶岩……………………………111
三島楽寿園…………………110, 126
実生のゆりかご……………………92
水かけ菜……………………………429
水ケ塚………………………………308
水垢離…………………………232, 274
水資源………………………………130
ミズトンボ…………………………513
見立て富士〈←ふるさと富士, 郷土富士〉
　…318, 321, 331, 332, 334, 403, 527, 563
道の駅………………………………459
道の駅すばしり……………………567
三つ池穴……………………………56
三ツ池洞窟…………………………505
密教…………………………………249
三つ峠〈←三ツ峠〉…………297, 305
三峰の富士…………………………552
源実朝………………………………164
源頼家………………………………276
源頼朝……………………193, 244, 272, 349
身延線………………………………438
三保…………………………………308
三保松原〈←三保の松原〉…340, 523, 561
宮ケ瀬ダム…………………………127
都良香……………157, 163, 179, 197, 337, 469
宮島…………………………………229
妙法寺記………………………………42, 173
妙蓮寺………………………………277
ミラムイ……………………………332
民話……………………………152, 173, 193
無戸室浅間神社　→お胎内無戸室神社を見よ
村上光清………………………239, 246
ムラサキツメクサ（クローバー）……514
ムラサキミミカキグサ……………513
村山古道……………………………469
村山修験道………………………231, 470
村山浅間神社…159, 199, 274, 471, 523, 555
名所江戸百景………………………294
名水…………………………………149

名水百選……………………………150
木版画………………………………289
モグラ類……………………………93
本栖湖…………………32, 135, 145, 303, 523
本栖ハイランド……………………310
本栖風穴……………………………560
本栖村………………………………177
本部富士……………………………332
貰い風呂……………………………434
モンタヌス…………………………371
文徳実録…………………………221, 337

【や】

役者夏の富士………………………288
八ケ岳〈←八が岳〉………156, 178, 306
柳多留〈←誹風柳多留〉…175, 177, 185
ヤノウエノアカゴケ………………84
流鏑馬………………………………272
ヤマキチョウ………………………107
山小屋………………………………52, 483
日本武尊……………………………180
山中湖……32, 135, 143, 149, 303, 433, 523
山中湖旭丘…………………………98
山中湖の形成………………………38
山中湖パノラマ台…………………304
山梨県…………………………407, 560
山梨県環境科学研究所……………564
山梨県立富士ビジターセンター…97, 487, 564
ヤマネ…………………………94, 561
山の成立……………………………14
山部赤人……………………………527
山宮浅間神社………………………523
湧水……………110, 132, 149, 432, 514
雪代……………………42, 132, 174, 397
遊行上人縁起絵……………………369
ユネスコ世界遺産委員会………519, 523
弓沢川………………………………43
溶岩樹型〈←熔岩樹型〉（→印野胎内樹型, 船津胎内樹型, 吉田胎内樹型も参照）
　………………………………56, 64
溶岩石筍……………………………56

溶岩洞窟　→火山洞窟を見よ
溶岩ドーム……………………………… 3
溶岩流……………………………………… 6
溶岩流域………………………………… 75
溶岩流可能性マップ………………… 394
横浜……………………………………… 316
横山大観……………………………… 296
吉田口登山道〈←富士吉田口登山道〉…
　………………… 95, 458, 466, 523, 562
吉田家………………………………… 263
吉田胎内樹型〈←吉田胎内〉…57, 523, 560
吉田のうどん………………………… 426
吉田の火祭…………………… 324, 561
四ツ溝柿……………………………… 430
頼尊上人……………………………… 470

【ら】

ライチョウ…………………………… 105
ライブカメラ……………… 354, 363, 388
酪農…………………………………… 410
落葉広葉樹林………………… 72, 72
ラハール………………………………… 20
リゾート開発………………………… 511
琉球八景……………………………… 528
竜宮洞穴……………………………… 560
梁塵秘抄……………………… 196, 204
両生類…………………………………… 98
両部神道……………………………… 263
霊峰出現伝説　→一夜富士伝説を見よ
歴史の道整備活用推進事業………… 458
歴史の道百選………………………… 562
レーニア山…………………… 334, 403

【わ】

ワカサギ……………………………… 433
和漢三才図会………………… 152, 185
湧玉池………… 110, 114, 274, 513, 561
鷲尾蟄龍……………………………… 123
和田平太……………………………… 276
和邇部民済…………………………… 217
ワールド・ビアカップ……………… 431

- 593 -

あ と が き

富士学会副会長　渡邊 定元

　富士山を世界遺産登録へ向けての準備が整い、ユネスコへの申請が行われた2012年の春、日本人に富士山をよく理解して頂くために富士学会が企画した『富士山を知る事典』をようやく読者のもとにお届けすることができました。2013年6月に晴れて、富士山は世界文化遺産となった。
　『富士山を知る事典』は、世界に知られる日本のシンボル富士山の世界遺産登録へ向けて国民の理解と知識を養い、さらには登録後の未来にむかって、富士山のすばらしい自然やこれまで培われてきた文化・芸術を次世代に遺し伝えて行くための啓蒙書としてまとめたものである。このため、執筆者は専門分野ごとの権威者をはじめ、富士山学を探求しつつある若手の研究者、さらには地域の自然や文化を護ろうとするNPO法人の方々にまで多彩にわたっている。これは、富士山に対する正しい知識を読者に伝え、かつ、話題性のある情報を読者と共有したいと願ったからである。そして有り難いことに、元首相・「NPO法人富士山を世界遺産にする国民会議」会長の中曽根康弘様には、事典発刊の趣旨をご理解いただき、「日本の至宝－富士山」なる巻頭のお言葉をいただきました。ここに厚く御礼申し上げます。富士学会は2002年11月に設立され、すでに十周年を迎える学術団体である。学会は、古来より日本人の文化・精神面に深大な影響を及ぼしてきた富士山の全体像を、広域かつ総合的に科学的な探求することを根幹に、自然科学、人文・社会科学、学際的分野にわたる広範な多重・多層的交流を持って、綜合的な富士学（Fujiology）の確立を目指している。事典は学会誌『富士学研究』などを通じて研鑽してきた成果を、自然から絵画・写真・文化論まで広汎にわたり、市民にわかりやすく、親しみやすいコンパクトな事典としてまとめたものである。この事典の発刊が富士山の世界遺産にむけての活動に幾分かでも貢献ができたことは感無量である。

執筆者一覧

(五十音順、肩書きは原則として執筆時)

新井 貴之	神奈川県立綾瀬西高等学校教諭
荒牧 重雄	山梨県環境科学研究所所長
安間 荘	(株)法地学研究所所長。専門は応用地質学、応用雪氷学、法地学
伊藤 和明	防災情報機構会長。著書『地震と噴火の日本史』(岩波新書)など
伊藤 昌光	富士宮市教育委員会
井原 博之	エコ・エネ・リサーチ代表、技術士。専門はエネルギー技術
植松 章八	富士市・富士宮市文化財審議会委員
漆畑 信昭	公益財団法人柿田川みどりのトラスト会長
榎木 境道	鎌倉・護国寺住職
遠藤 邦彦	富士学会理事長、元・日本大学文理学部教授
大高 康正	富士市立博物館学芸員。専門は日本中世史・社会史
大八木 英夫	日本大学文理学部地球システム科学科助教。専門は陸水学、水文学
大寄 越彦	日本工業大学工学部機械工学科非常勤講師。専門は機械工学
荻野 裕子	奈良教育大学非常勤講師。専門は日本民俗学
粕谷 宏紀	日本大学名誉教授。専門は近世後期文学(戯作・狂歌・川柳など)
北垣 俊明	奇石博物館副館長。専門は鉱物・岩石学
北川 光雄	元・静岡英和女学院短期大学教授。専門は自然地理学
小林 政能	日本地図センター上級研究員
小山 一成	立正大学名誉教授。専門は日本近世文学。著書『貝祭文・説教祭文』(文化書房)など
佐野 充	日本大学大学院理工学研究科教授、富士学会副理事長
肖 潜輝	上海春秋国際旅行社社長
杉本 悠樹	富士河口湖教育委員会生涯学習課文化財担当
清 邦彦	元・静岡雙葉学園教諭。著書『女子中学生の小さな大発見』(メタモル出版)など

高橋 悠	日本地図センター研究員。専門は交通地理学、地理情報学
高橋 裕	東京大学名誉教授。専門は河川工学
竹林 征三	富士常葉大学名誉教授。専門は風土工学
竹谷 靱負	拓殖大学名誉教授、富士山文化研究会会長
立原 弘	NPO法人火山洞窟学会会長
田中 絵里子	日本大学理工学部社会交通工学科助教。専門は景観地理学、地理情報学
田中 圭	日本地図センター研究員。専門は自然地理学、地理情報学
田中 總太郎	東洋大学大学院客員教授、日本大学文理学部非常勤講師、専門はリモートセンシング
千葉 達朗	アジア航測株式会社主任技師、日本大学文理学部地球システム科学科非常勤講師
陳 晶	別府大学短期大学部准教授。専門は日中国際観光、観光人類学
土 隆一	静岡大学名誉教授。専門は地質学
時枝 務	立正大学文学部准教授。著書『修験道の考古学的研究』など
土橋 寿	元・帝京学園短期大学教授、日本自分史学会会長。専門は心理学、国語教育
中川 章	富士学会顧問。世界の富士山切手収集家
長野 覺	日本山岳修験学会顧問。専門は歴史地理学、修験道。著書『英彦山修験道の歴史地理学的研究』など
中村 章彦	富士河口湖町文化財審議会副会長
中村 司	山梨大学名誉教授、国際鳥学会シニア委員、山梨鳥類研究所評議員、日本野鳥の会名誉顧問
中村 俊彦	千葉県立中央博物館・生物多様性センター副館長・副技監。専門は生態学。著書『里やま自然誌』など
沼尻 治樹	日本測量協会測量技術センターGIS研究所専門役
畠堀 操八	NPO法人シニア大樂山樂カレッジ事務局長。著書『富士山・村山古道を歩く』（風濤社）
畠山 輝雄	鳴門教育大学准教授。専門は社会・福祉地理学
羽田 麻美	日本大学文理学部地理学科助教。専門は自然地理学、地形学
藤田 直晴	明治大学教授。専門は都市地理学

布施 光敏	富士吉田市歴史民俗博物館学芸員
堀内 眞	日本民俗学会会員
本多 力	NPO法人火山洞窟学会理事、国際火山洞窟学委員会委員、日本洞窟学会評議員
正井 泰夫	立正大学名誉教授。専門は人文地理学、地誌学、地図学
増澤 武弘	静岡大学理学部教授。専門は植物生態学、極限環境科学
松田 巧	フォトグラファー
松沼 延幸	日本大学大学院。浮世絵研究家
宮崎 ふみ子	恵泉女学園大学教授。専門は日本近世史
宮地 直道	日本大学文理学部地球システム科学科環境・防災研究室教授
三輪 賢志	国土交通省富士砂防事務所所長
村松 茂基	全日本富士写真連盟事務局
望月 啓司	静岡県畜産技術研究所所長
藪崎 武彦	静岡県くらし・環境局環境政策課緑化班班長
山口 桂三郎	国際浮世絵学会会長
山登 一輝	長寿社会開発センター研究員
吉田 榮夫	立正大学名誉教授、極地研究振興会理事長
吉田 洋	山梨県環境科学研究所研究員、NPO法人獣害対策支援センター顧問
若林 淳之	静岡大学名誉教授。著書『定本静岡県の街道』（郷土出版社）など
渡井 英誉	富士宮市教育委員会学芸員
渡井 正二	富士宮市文化財保護審議会会長。専門は民俗（昔話・伝説）、地域史
渡邊 定元	森林環境研究所総括研究員・環境コンサルタント、富士学会会長

世界文化遺産「富士山」
－地球の宝ものを未来に伝えるために－

世界遺産認定までの道のり

　2013年6月22日に開催されたユネスコ（UNESCO；国際連合教育科学文化機関）の第37回世界遺産委員会で、富士山は日本17番目の世界遺産、『地球の宝もの』となった。この日本を象徴する名峰富士が世界遺産になるまでの道のりは、思いのほか苦難続きであった。

　日本では当初、世界遺産運動は自然遺産登録を目指したが、ユネスコ関係者から「富士山は観光客のために瀕死の状態にある」と、自然破壊と環境保全対策両面の指摘を受け、暫定リストにも載らなかった。この予想外の展開を契機に美しい富士山を取り戻す運動が地元から始まった。富士山体一面に捨てられていたゴミ、登山客の出した排泄物、産業廃棄物や建設残土などの環境汚染物質を除去した。今では五合目以上の山室や山頂に、自然に負担をかけないタイプのバイオ・コンポスト式・焼却式・簡易浄化式などのトイレが設置されたため、「雪解けを過ぎても富士山の斜面に残雪の如く現われていた排泄残滓の灰色の筋」はなくなった。

　この環境型トイレの設置効果は大きく、登山者の意識を変え、日本人に山の環境保全の大切さを再認識させた。2005年からは世界文化遺産登録を目指し、2007年1月にユネスコの世界遺産暫定リストに載った。そして2013年4月にイコモス（ICMOS；国際記念物遺跡会議）から世界文化遺産登録への勧告を受け、6月22日のユネスコ世界遺産委員会の審議で"Fujisan, sacred place and source of artistic inspiration"（富士山 - 信仰の対象と芸術の源泉）の名称のもとに、晴れの日を迎えることができた。

世界に通用しない観光登山感覚

　改めて考えてみると、富士山が自然遺産暫定リストに載らなかった主因が「富士登山や観光に代表される日本人の自然観・行動」にあることを認識した。「日本の自然は回復力旺盛。動物である人間の破壊などは、

富士山の自然力にとっては些細なこと。バチの当たらない程度なら大丈夫」といった、豊饒な国土に対する日本人の神話的な自然観は、世界遺産が『人類共通の宝もの、未来に受け渡していくもの』の認識を基本とする「世界遺産の常識」からはかけ離れたものであった。世界に誇るべき『宝もの』になるためには、バチの当たらない程度の環境破壊など通用しないものであり、存在しないのであった。

　富士山は美しい山である。観光資源として経済的価値も高い山である。世界文化遺産となった富士山には、熟年登山者・山ガールなど普通の人びとが「行ってみたい」との理由で、気楽にハイキング気分で登る観光登山が確実に増加するであろう。

　富士山を『地球の宝もの』として未来に引き継いでいくためには、「守るべき登山のルールとモラル」の確立が欠かせない。富士山頂は夏でも麓より気温が20度ほど低く、天候が悪化すれば風速30mの暴風雨が足元から巻き上がってくる。つまり、富士山は本格的な登山対象の「4000m級の単独峰」である。この山岳に、弾丸バスツアーで充分な休憩もとらず、登山途中でごく普通に飲食をし、トイレを利用するような観光登山は常識外である。

富士山を守り未来に伝える

　江戸時代に盛んであった「富士講」による神事としての登拝は、現代風に言えば、江戸から引率者付きの団体ツアーでの富士登山であったが、富士吉田まで来た富士講の各団体は、御師の宿に泊まり、御師から富士山参詣の仕方の教授を受け、御師の案内で、浅間神社に詣で、浅間神社の鳥居を出発点として、御師の指示のもとに六根清浄を唱えながら行者として登拝したのである。途中、御師の講話に耳を傾け、神事を行いながらの登山であったため、充分な休憩を取りながらの「基本に忠実な登山」であったと思われる。

　これから求められる「富士登山」は、富士山と富士登山を科学的、経験的に知り尽くした御師に準じる「山岳ガイド」のもとに登る団体と、4000m級の登山の知識を常識的に持った個人による登山だと思う。安全な登山と環境保全のために、まず、登山者の数の調整が必要であると思うが、単なる入山制限では、実効性が薄い。制限や規制は、そこに至っ

た理由と期待される効果が提示されたうえでの行動が必須である。
　富士信仰では六合目を天上といい、ここから先は聖域度が高まり、人は歩いて登ることとされている。まず、自動車で登ることができる五合目までの入山については、自動車1台ごとに入山料を徴収し、それを富士山の学術・科学的普及活動と環境保全教育のためのビジターセンター（自然と文化のミュージアム）と富士山山岳レンジャーの養成のために活用する。六合目以上への登山者には天上以上への入山料としてトイレ使用料込の環境整備費を徴収し、環境保全の推進と山岳ガイド養成のために使用する。こうした実効性のある処方箋のもとに「富士山宝もの作戦」としてさまざまな対策、啓蒙活動、教育活動が必要である。そのためには、「富士山を守る」意識が国民的レベルでの常識になる必要がある。
　一方、観光による地域活性化、地域振興は必要である。人々が豊かで快適に暮らすための地域経営推進に、富士山観光は欠くことができない、21世紀の主要な地域産業である。富士山はこれからも、富士山麓地域の地域振興資源として、その姿がある限り続くであろう。日本の霊峰、日本の象徴である富士山からの儲けは『自然の恵みである』と理解し、世界遺産は『人類共通の宝もの、未来に受け渡していくもの』であるとの認識のもとに、富士山の環境保全と観光推進の共存する地域発展を、目に見える形で実践することが、今、世界から求められている。
　ユネスコからは、「富士山には世界文化遺産としての資質があり、それが保たれているか」について、自ら証明することを、世界遺産認定条件として要求されている。つまり、仮免許運転中の世界文化遺産「富士山」は、第37回世界遺産委員会での勧告に基づく保全状況報告書を2016年2月1日までに提出し、第40回世界遺産委員会で審査を受け、承認されなければ、危機遺産入りをするかもしれない状況にある。
　富士山を国民的なレベルで『人類共通の宝もの、未来に受け渡していくもの』にしていくことが、今まさに日本人に課されている。

2013年6月（世界遺産登録の報を受け）

富士学会副理事長　佐野　充

編者略歴

渡邊 定元（わたなべ・さだもと）
1934年、静岡県富士宮市生まれ。1956年、北海道大学農学部卒業。農学博士・技術士。東京大学農学部教授、三重大学生物資源学部教授、立正大学地球環境科学部教授・同環境科学研究所長を歴任。現在、森林環境研究所総括研究員・環境コンサルタント。富士学会副会長。専門は森林生態学、樹木社会学、森林育成学、生態系管理学。1994年、日本林学会賞受賞。
著書に『樹木社会学』（東京大学出版会、1994年）、『森とつきあう』（岩波書店、1997年）など。

佐野 充（さの・みつる）
1951年、静岡県富士宮市生まれ。1978年、日本大学大学院理工学研究科満期退学。理学博士。日本地理学会理事、富士学会副理事長、東京地学協会評議員、日本地域政策学会理事、神奈川県地方自治研究センター理事などを歴任。現在、日本大学大学院理工学研究科教授。
専門は地理学、地域研究、地域環境政策。2011年、日本国際地図学会賞（功労賞）受賞。
著書に『仕事が見える地理学』（共著、古今書院、2008年）、『日本の地誌 5 首都圏』（共編、朝倉書店、2009年）など。

富士山を知る事典

2012年 5 月25日　第 1 刷発行
2013年 8 月25日　第 3 刷発行

企　画／富士学会
編　集／渡邊定元・佐野充
発行者／大高利夫
発行所／日外アソシエーツ株式会社
　　　　〒143-8550 東京都大田区大森北1-23-8 第 3 下川ビル
　　　　電話(03)3763-5241(代表)　FAX(03)3764-0845
　　　　URL http://www.nichigai.co.jp/
発売元／株式会社紀伊國屋書店
　　　　〒163-8636 東京都新宿区新宿3-17-7
　　　　電話(03)3354-0131(代表)
　　　　ホールセール部(営業)　電話(03)6910-0519

装　丁／熊谷博人
組版処理／有限会社デジタル工房
印刷・製本／光写真印刷株式会社

©Sadamoto WATANABE & Mitsuru SANO 2012
不許複製・禁無断転載　　《中性紙三菱クリームエレガ使用》
〈落丁・乱丁本はお取り替えいたします〉
ISBN978-4-8169-2166-7　　　　Printed in Japan,2013

事典・日本の地域遺産
──自然・産業・文化遺産

A5・430頁　定価12,600円（本体12,000円）　2013.1刊

自然・風景・産業・文化から技術系遺産など、官公庁や地方自治体、国際機関が選定した「○○遺産」「○○資産」などと呼ばれる地域遺産73種4,700件を通覧できる初のデータブック。種別に登録・選定の趣旨、選定機関、開始年を掲載。

日本全国 発祥の地事典

A5・560頁　定価9,975円（本体9,500円）　2012.7刊

主に明治期以降におこった産業・文化、歴史の事物起源を示す発祥の地1,247件を収録した事典。製鉄、企業、大学、農産物、医学、鉄道、姓氏、祭礼、芸能など様々な発祥の地を掲載。

事典・日本の観光資源
──○○選と呼ばれる名所15000

A5・590頁　定価8,400円（本体8,000円）　2008.1刊

「名水百選」など全国から選ばれた名数選や「かながわの公園50選」など地方公共団体による名数選、計15,000件を収録。地域別に各地の観光資源を通覧できる第1部「地域別一覧」と、選定別に概要を一覧できる第2部「選定別一覧」で構成。広く知られた観光名所だけでなく、知られざる意外な観光スポットもわかる。

事典 日本の大学ブランド商品
──開発商品からキャラクターグッズまで

A5・370頁　定価12,600円（本体12,000円）　2010.4刊

全国の大学・短大が独自に開発した商品、産学官連携で共同開発した商品、大学に関するグッズ類など「大学ブランド」を大学ごとに一覧できる初のデータブック。農林水産一次産品、工業製品、大学キャラクターなど約900件を収録、商品の来歴なども掲載。

データベースカンパニー
日外アソシエーツ

〒143-8550　東京都大田区大森北1-23-8
TEL.(03)3763-5241　FAX.(03)3764-0845　http://www.nichigai.co.jp/

N

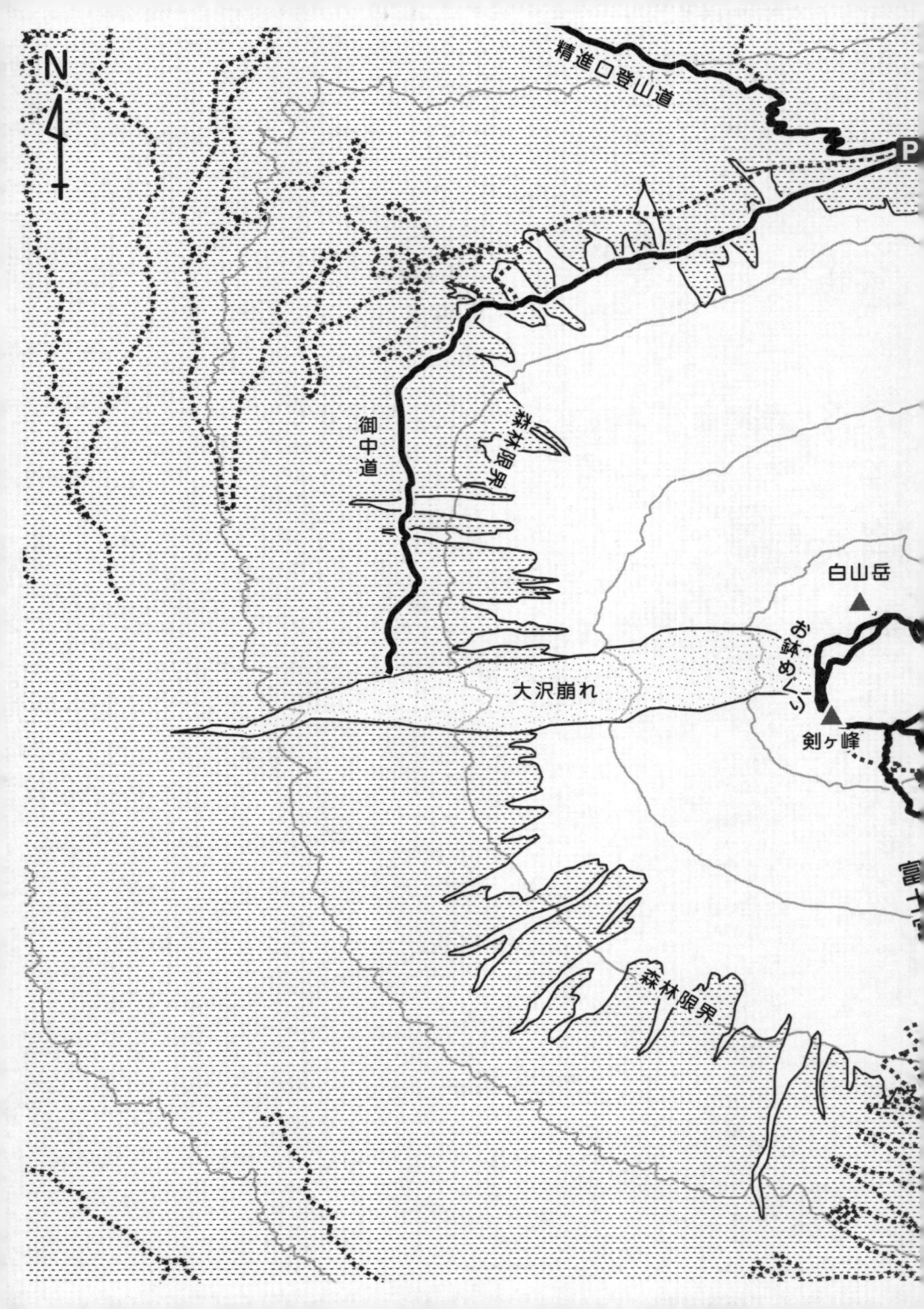

精進口登山道

P

御中道

森林限界

大沢崩れ

お鉢めぐり

白山岳 ▲

▲ 剣ヶ峰

富士

森林限界